KB123151

코드걸스

CODEGIRLS

코드걸스

2차 세계대전의 숨겨진 승리자,
여성암호해독자들의 이야기

글
리자 먼디

번역
이순호

CODEGIRLS

갈라파고스

모든 여성 암호해독자들과 마거릿 탤벗에게 이 책을 바친다.

저는 모종의 극비 업무를 수행하고 있어요. 일터는 워싱턴 D.C.의 모처에 있고요.

무슨 말이라도 했다가는 교수형을 당할 수도 있습니다.

아무래도 저는 목숨 거는 일에 종사하게 된 것 같아요. 그래도 상관없습니다.

—1945년 자엔 마그달렌 코즈가 어머니에게 쓴 편지에서

차례

저자의 말

지난 몇 년간 내가 이 책의 연구와 집필을 위해 사용한 자료들은 전쟁이 진행되는 동안과 전쟁이 끝난 뒤 미 육군과 해군의 암호해독 부서들이 작성한 세 건의 방대한 기록 수집물이다. 그 대부분이 수십 년 동안 기밀 서류로 분류돼 있었으며, 지금은 메릴랜드주 칼리지파크에 있는 미 국립문서보관소에 소장돼 있다. 분량만 해도 수백 상자에 달하는 그것들은 침몰한 선박들의 명단부터, 특정 암호들이 해독된 방법에 대한 설명, 신참 암호해독자들의 이름과 주소, 적군으로부터 탈취한 암호 책자에 이르기까지 온갖 사항이 수록된 수천 건의 메모, 내적 역사, 보고서, 의사록, 명부들로 구성돼 있다. 국가안보국NSA에 내가 의무적 기밀 해제 검토를 요청한 결과로, 국가안보국 직원들이 지난 몇 년간 여성 암호해독자들과 진행한 15건가량의 구술 기록과 전시의 알링턴 홀과 관련된 다량의 다중 역사 등, 근래에 기밀 서류에서 해제된 자료들도 많다(놀랍게도 그 역사의 다른 부분은 여전히 기밀 사항으로 분류돼 있다). 그밖에 의회도서관과 다른 문서보관소들에서 찾아낸 40여 건의 구술 기록과 스크랩북, 명부들도 사용했으며, 암호해독과 2차 세계대전에 관련된 학술논문, 그리고 다수의 서적도 참고했다.

나는 다양한 방법으로 암호해독자들이 있는 곳을 수소문해, 지금껏 생존해 있는 20명 넘는 여성들과 인터뷰도 했다. 그들 가운데 몇몇은 국가안보국을 통해 접촉하거나 가족 구성원을 통해 접촉했다. 웹사이트에 공지도 했다. 입수한 명부에서도 여성들을 찾아냈으며, 데이터베이스에서 연락처를 알아낸 경우도 있다. 친구와 지인들을 통해 이름들을 알게 된 사례도 있고, 한 여성이 다른 여성에게 다리를 놓아준 때도 있다. 미주리주 세인트루이스에 있는 국립인사기록관리센터에서 얻은, 군민軍民 인사 기록도 이용했다. 고등학교와 대학교의 졸업앨범, 스크랩북, 신병 모집 팸플릿, 신문, 개인 편지, 여러 대학들이 소장하고 있는 동창생 명부들도 보충 자료로 썼다. 물론 경우에 따라서는 여성들의 기억에만 의존해야 할 때도 있었다. 하지만 놀랍게도 그들이 기억하고 있는 내용 가운데 놀랄 정도로 많은 부분이 문서보관소 기록물들로도 확인되었다. 반면에 몇몇 경우에는 문서보관소의 기록물들이 오히려 불충분한 것으로 드러났다. 알링턴 홀의 아프리카계 미국인 부서에 관한 정보만 해도 관련 기록이 거의 전무하여, 책에 많이 포함시키지 못했다.

이 책에 인용된 대화는 내가 당사자를 직접 만나 듣거나, 작성자가 당사자에게서 직접 녹음한 구술 기록만 포함시켰다. 이름은 결혼 전 것을 썼으며 에필로그, 감사의 말, 주석을 제외한 다른 용어들은 당대에 통용되던 것을 그대로 썼다.

비밀편지들

1941년 12월 7일

비행기들은 얼핏 멀리 떨어져 있는 표적처럼 보였다. 비행기에서 탑재체들이 떨어질 때까지도 비행기를 심각하게 받아들이는 사람은 거의 없었다. 오아후섬 북단의 레이더 기지에서 훈련 중이던 육군 이병이 대규모 비행 편대가 하와이로 향하고 있는 듯한 영상을 레이더에서 포착하고 그 사실을 교관에게 알려, 두 사람이 상관에게 전화 보고를 했을 때도 상관은 걱정할 것 없다고 말했다. 상관은 레이더가 포착한 영상이 그날 비행이 예정돼 있던 B-17 플라잉 포트리스(2차 세계대전 때 미 육군의 주력 폭격기로, 보잉사가 만들었다_옮긴이) 폭격기 편대가 캘리포니아에서 오고 있는 모습일 거라고 짐작했다. 해군 사령관도 집무실 창밖을 살피다 비행기 한 대가 급강하하는 모습을 보고, 미군 조종사가 무모한 행동을 하는 것쯤으로 판단했다. 그는 하급 장교에게 "저 친구의 번호를 알아놓게. 상부에 보고해야겠어"[1]라고 말했다. 그 순간, 하급 장교는 비행기에서 떨어져 나온 검은 물체가 밑으로 횡날아가는 모습을 보았다.

그리고 나서 오전 8시가 되기 몇 분 전, 비행기들은 이제 완연히 모습을 드러낸 채 빠르게 이동하는 뇌운과도 같이 온화한 하늘을 가득 메우며 번개처럼 몰려들었다. 일본의 일급 조종사들이 모는 200대 가까운 전투기와 폭격기들이었다. 사람들은 그제야 상황을 파악했다.

폭격기들 밑으로는 미국 전함들의 열, 즉 진주만의 전함열이 방공防空을 위한 조색기구도, 어뢰 방지용 망도 설치돼 있지 않은 하와이의 푸른 바다 계선안에 한가롭게 정박해 있었다. 미 태평양 함대의 절반이 넘는 100척 가까운 배들이 항구를 점점이 수놓고 있었다. 부근 비행장에도 마치 적을 부르듯 날개 끝들을 나란히 한 채 항공기들이 밀집된 형태로 정렬해 있었다. 첫 공습이 있고 나서 한 시간 후 적의 두 번째 공격이 시작되었다. 폭격기들은 요란한 굉음을 내며 수심 얕은 진주만을 공격하기 위해 특별 개조된 어뢰와 폭탄들을 투하했다. 폭탄 하나가 아침 국기를 게양하느라 병사들이 서 있던 전함 애리조나호에 떨어졌다. 폭탄이 전함의 앞 간판을 뚫고 화약고에 명중하자 거대한 폭발이 일어났다. 애리조나호는 결국 되풀이 폭격을 당한 끝에 수면 위로 솟구쳐 올랐다가 파손되어 침몰했다. 또 다른 폭탄과 어뢰들도 캘리포니아호, 오클라호마호, 웨스트버지니아호, 테네시호, 네바다호, 메릴랜드호 그리고 태평양 함대의 기함인 펜실베이니아호에 떨어졌다. 일본 폭격기들은 급강하를 하고 편대를 벗어나고 돌아오기를 되풀이하며 구축함과 순양함, 건물들을 폭격했다. 이 폭격으로 전함 세 척이 침수되고 한 척은 전복되며 병사 2천 명 이상이 죽었다. 많은 병사들이 아직 잠들어 있을 때 일어난 일이었다. 희생된 장병의 시신 절반은 애리조나호에서 나왔으며, 그중의 23쌍이 형제지간이었다.

비행장의 항공기들도 거의 전파되었다.

미국 본토의 전화교환대들에서는 불이 났다. 교환원들은 전화선 연결하기에 바빴다. 동부 시각으로 이른 오후에는 진주만 공격 뉴스가 라디오, 신문 호외, 거리 보행자들을 통해 미 전역으로 빠르게 퍼져 나갔다. 방송 중이던 프로그램과 연주회가 중단되는 등 평온한 일요일이 그 뉴스로 엉망이 되었다. 이튿날 미 의회는 일본에 선전포고를 했다. 사흘 뒤에는 일본의 동맹인 독일이 미국에 선전포고를 했다. 이후 몇 주간 각지의 모병소에는 남자들이 구름처럼 몰려들었다. 미국인들 모두, 진주만 공격이라는 비극적인 사건과 세계대전, 양 대양 전쟁에 미국이 갑작스레 참전하게 된 것에 자신이 영향을 받고 있다고 느꼈다.

전쟁은 일 년 넘게 미국으로 다가오고 있었다. 아무리 그렇다 한들 참전과 동시에 전면전에 돌입하게 된 것은 그것의 단초가 된 사건만큼이나 깜짝 놀랄 일이었다. 무엇보다 놀라웠던 것은 일본이 태평양 전쟁이 시작되기도 전에 미국 함대를 분쇄해 끝장내려는 심산으로, 정당한 이유나 사전 경고도 없이 공격했다는 것이었다. 하지만 그 못지않게 상상하기 힘들었던 건, 미국 지도자들이 일본의 공격을 눈치채지 못했다는 것이었다. 미국 지도자들은 중국과 태평양 유역에서 일본이 자행하는 침략 행위 때문에 미국이 일본과 수년간 긴장 상태에 있었다는 사실과, 프랭클린 D. 루스벨트 대통령이 일본의 자산을 동결했다는 사실을 알고 있었다. 심지어 대다수 해군 지휘관들은 태평양 어딘가에서 뭔가 일이 벌어질 듯한 조짐이 있다는 것도 인지하고 있었다. 그럼에도 진주만 공격을 예상하지 못한 것이다.

진주만 공격은 미국이 어떻게 기습을 당할 수 있었던 것인지를 묻는, 영원히 끝나지 않을 논쟁을 촉발시켰다. 의회 청문회에서는 관련

당사자들끼리 비난의 손가락질을 하고 희생양을 만들었다. 음모론도 확산되었다. 몇몇 사람들의 경력이 끝장나고 평판이 훼손되었다. 전시 편제가, 지금은 규모 확장으로 불리는 갑작스런 확대에 따른 격변으로 몸살을 앓았다.

미국이 적국의 의도를 간파하지 못하는 일은 두 번 다시 일어나서는 안 되었다. 진주만의 규모를 낮춰 보는 일도 두 번 다시 있어서는 안 되었다. 미국은 수십 년까지는 아닐지라도 수년 동안 전쟁을 준비해온 적들과 전쟁을 하고 있었던 만큼 첩보도 그 어느 때보다 중요했다. 그러나 첩보를 입수하기는 쉽지 않았다. 미국은 20년 동안이나 군비 축소와 고립주의 정책을 시행한 탓에, 체계가 엉망인 정보기구를 가진 배타적 해군과 뼈대뿐인 육군만을 보유하고 있었고, 공군도 독립된 입지를 갖고 있지 못했다. 믿기 힘들겠지만 첩보 기관들이 확산되고 중첩되는 시대에는 해외에서 활동하는 변변한 첩자 하나 없었다. 대외 첩보망을 구축하는 데에는 시간이 걸리는 데도 말이다.

미국이 전쟁에 뛰어든 지금, 그리고 가까운 미래에 적의 통신 시스템을 마비시키려면 최상의 암호해독 조직이 필요했다. 타국의 외교관, 정치 지도자, 독일 잠수함 함장, 태평양 섬들의 감시병, 쌀 운송선 선장, 격전 중에 있는 공군, 심지어 회사와 은행들까지 세계 모처에서 누가 무슨 말을 하든 미국은 그 모든 내용을 알 필요가 있었다.

그렇게 해서 비밀편지들이 보내지기 시작했다.

* * *

몇몇 편지들은 이미 발송되었다. 진주만 공습이 있기 몇 달 전 미 해군이 미국의 정보 부족을 일깨우는 전례 없는 행동을 취할 필요성을 깨닫기 시작한 결과로, 1941년 11월부터 미 대학들의 우체통에 편지가 꽂히기 시작한 것이다. 매사추세츠주에 있는 웰즐리 대학교 4학년생 앤 화이트[2]도 어느 가을날 스페인 낭만주의를 주제로 한 어느 망명 시인의 강의를 듣고 나서 얼마 안 되었을 때 문제의 비밀편지를 받았다.

점심 식사를 하기 위해 기숙사로 돌아오니 편지가 그녀를 기다리고 있었다. 편지를 열어본 앤은 깜짝 놀랐다. 천문학과 교수 헬렌 도슨이 보낸 것이었기 때문이다. 천문대에서 개인적으로 만나자는 내용이었다. 독일어 전공자였던 앤은 천문학이 졸업을 위한 필수 이수 과목이 된 것인가 싶어 가슴이 철렁 내려앉았다. 하지만 며칠 뒤 웰즐리 대학교의 풀밭 길을 걸어 캠퍼스 중앙에서 멀리 떨어진 언덕에 홀로 서 있는 돔 형태의 천문대에 들어선 앤에게 헬렌 도슨이 물어본 것은 딱 두 가지였다.

십자말풀이 하기를 좋아하는지와 결혼하기로 약속한 사람이 있는지가 그것이었다.

웰즐리 대학교에서 수학을 전공하는 엘리자베스 콜비[3]도 앤 화이트와 마찬가지로 뜻밖의 편지를 받았고, 식물학 전공자인 낸 웨스트콧, 심리학 전공자인 이디스 유혜, 이탈리아어 전공자인 글로리아 보세티, 스페인어 전공자인 블랑슈 드퓨, 역사학 전공자인 베아트리스 노턴 그리고 앤 화이트의 친한 친구로 영어를 전공하는 루이즈 와일드도 같은 비밀편지를 받았다. 웰즐리 대학교에서 이렇게 사적인 면담을 제의받고 그에 대해 똑같은 대답을 한 4학년생들은 모두 합해 스무 명이 넘었다. 그들 모두 십자말풀이 하기를 좋아했으며 결혼을 앞두고 있지도 않았다.

스미스 대학교의 앤 바루스[4]도 4학년 가을, 그들이 받은 것과 똑같은 비밀편지를 받았다. 역사 전공자였던 그녀는 국제관계클럽의 회장으로서 당시 워싱턴 D.C.의 명망 있는 인턴직을 얻어놓은 상태였다. 여성은 물론이고 어느 누구에게나 드물게 찾아오는 기회였기에 그녀도 그 인턴직을 통해 다양한 정부 업무를 접해볼 수 있으리라는 기대에 차 있었다. 하지만 동급생 무리와 함께 스미스 대학교 과학관에서 있을 비밀 회합에 참석해달라는 요청을 받은 뒤에는 그녀도 본래의 계획을 서둘러 취소했다.

브린모어 대학교, 마운트 홀리요크 대학교, 바너드 칼리지, 래드클리프 칼리지에도 1941년부터 1942년 초 끔찍했던 겨울까지 비밀편지가 도착했다.[5] 재학생들이 붕대를 감고, 재봉틀로 암막 커튼을 만들며, 응급처치법을 배우고, 적 항공기를 식별하는 법을 익히며, 영국에 구호 꾸러미들을 보내고 있을 때였다. 고기 구경도 힘들고, 연료가 부족해 기숙사 방에는 냉기가 돌던 때이기도 했다. 세븐 시스터즈(7개 명문 여자 대학)의 일원이었던 그 대학들은 하버드, 예일, 프린스턴, 다트머스와 같은 미 동부의 명문 대학들이 남학생만 입학을 허가하는 것에 맞서, 19세기에 여성 교육을 위해 설립된 학교들이었다. 그런데 이 대학들의 여러 캠퍼스들에서는 전시의 급박함이 특별히 더 가깝게 느껴졌다. 그 무렵 북대서양의 차가운 바다에서는 미 해병과 선원들이 독일 U보트들에게 괴롭힘을 당하고 있었다. 포위 공격에 직면한 영국을 돕기 위해 식품과 물자를 싣고 다니는 수송선들을 늑대 떼라고 불리는 적의 잠수함들이 떼 지어 몰려다니며 공격하고 있었던 것이다. 그러다 보니 보스턴 항구에서 고작 32킬로미터밖에 떨어져 있지 않은 웰즐리 대학교도 항구에 정박 중인 배들을 숨겨주기 위해 전등을 켜지 않았고, 때문에 학생들은 손전등을 비춰 길 찾아다니는 법을 배웠다.

그 대학들이 설립될 때만 해도 많은 사람들은 여성들이 고등교육을 받는 것을 적절치 않다고 여겼다. 하지만 이제는 그 생각이 싹 바뀌었다. 고학력 여성들이 필요하게 된 것이다. 그것도 절박하게.

비밀 회합에 참석한 학생들은 해군이 (그들에게 곧 그 의미가 명확해질 테지만 모임 밖에서는 절대 발설해서는 안 될 단어인) '암호해독' 분야에서 그들을 원한다는 사실을 알게 되었다. 해군 인력 담당관은 그들에게 암호해독 훈련 과정을 밟을 것을 제안하고, 시험을 통과하면 학교 졸업 뒤 워싱턴에 가서 해군 군무원으로 일하게 될 것이라고 말했다. 친구, 부모, 가족, 룸메이트를 막론하고 어느 누구에게도 업무 내용을 말하지 못하도록 비밀 엄수 서약도 하게 될 것이라고 했다. 그들이 암호해독 훈련을 받는다는 사실이 누설돼 학교 신문에 실리게 해서도 안 된다는 것과, 입대한 형제나 남자친구에게 편지를 쓸 때 훈련 받는다는 사실을 털어놓아서는 안 된다는 주의도 주었다. 귀찮게 캐묻는 사람에게는 일반 해군 메시지들을 전송하는 통신 업무를 공부하고 있다고 말하라고 시켰다.[6]

선발된 학생들은 예비 모임 때 마닐라 봉투를 지급받았다.[7] 봉투 안에는 코드와 사이퍼에 관련된 이해할 수 없는 역사 개론 외에, 일련 번호가 적힌 문제 세트와 알파벳 글자가 인쇄된 종잇조각들이 들어 있었다. 학생들은 일주일에 한 번 이 문제들을 풀어 교수에게 제출해야 했다. 문제를 풀 때는 두세 명씩 짝을 지어 도움을 주고받을 수도 있었다. 해군이 뽑은 헬렌 도슨 같은 교수들이 수업 자료를 가지고 훈련을 마칠 때까지 학생들을 지도했다. 학생들의 답안지는 워싱턴으로 보내져 그곳에서 채점되었다. 훈련 과정은 말하자면 시험관이 입회한 일종의 통신 교육 강좌처럼 기능했다. 암호해독 훈련은 또 속도가 생명이었기 때문에, 지도교수들도 때로는 학생들보다 한 챕터 정도 진도를 앞서 나가는 것이 고작일 만큼 빠르게 진행되었다.

젊은 여성들은 기묘하고 낯선 과제와 씨름을 했다. 그리고 그 과정에서 영어의 어떤 글자들이 사용 빈도가 가장 높은지도 알게 되었다. s와 t처럼 쌍으로 잘 쓰이는 글자들, est, ing, ive와 같이 세 글자가 한 묶음으로 쓰이는 것들, tion처럼 네 글자가 한 묶음이 된 것들이 그런 글자들이었다. 학생들은 '경로 환치route transposition'와 '암호cipher 알파벳', '다중문자치환 암호polyalphabetic substitution cipher' 같은 용어들도 공부했다. 르네상스 시대로 거슬러 올라가는 표table 기법을 이용해 글자들을 감추는 비즈네르 암호 기법(16세기에 프랑스 외교관이던 블레즈 드 비즈네르가 고안한 암호_옮긴이)도 마스터했다. 그뿐 아니라 플레이페어 암호와 휘트스톤 암호라 불리는 암호화 방식도 습득했다. 여성들은 (전신 타자기에서 종이를 끄집어내듯) 카드보드를 뚫어 만든 구멍에서 길고 가느다란 종잇조각들을 끄집어내는 연습도 했다. 비밀 강좌의 부름을 받지 못한 룸메이트들이 그들이 하는 일을 보지 못하도록 방에 이불 칸막이도 쳤다. 과제는 데스크 패드 아래 숨겨놓았다.[8] 그들은 일주일에 한 번 강좌를 들을 때 이외에는 '암호해독'이라는 말을 입 밖에 내지 않았으며, 같은 강좌를 듣는 동기생들에게도 그 점은 마찬가지였다.

비밀편지는 미 북동부 이외의 지역들에도 발송되었다. 메릴랜드주 볼티모어시에 있는 4년제 여자대학으로 과학 분야에서 이름을 날린 가우처 대학교도 그중 하나였다. 코페르니쿠스 연구의 저명한 권위자이자 그 대학의 학장이기도 했던 도로시 스팀슨의 사촌이 공교롭게도 전쟁부 장관 헨리 스팀슨이었는데, 진주만 공습 뒤 그가 가우처 대학교의 4학년생들 중 가장 우수한 학생 몇 명을 뽑아달라는 은밀한 요청을 사촌에게 해온 것이다. 비밀강좌를 이끌어갈 교수로는, 미국 선교사 조너선 에드워즈 전기를 집필하여 퓰리처상을 수상한 영어과 교수 올가 윈슬로가 뽑혔다.[9] 그녀가 해군 장교 한 사람과 함께 가우처홀 맨 꼭대기 밀실에서 주 1회 수업을 진행했다.

가우처 대학교는 볼티모어시 중심에 위치해 있었다. 미 해군사관학교가 있는 아나폴리스에서 불과 52킬로미터밖에 떨어져 있지 않아, '가우처의 여자들'로 불렸던 학생들은 데이트를 하거나 춤을 추러 종종 해군사관학교로 여행을 가고는 했다.

1942년 가우처 대학교의 비밀 강좌에서 가장 인기가 높았던 학생 하나는 프랜시스 스틴이었다.[10] 나치에 점령되고 국왕마저 타국으로 망명한 상태였던 노르웨이와 미국을 오가는 곡물 운반선의 선장이 할아버지였던(노르웨이가 그의 출생지였다), 생물학을 전공하는 학생이었다. 프랜시스의 아버지도 볼티모어 부두에서 곡물 보관 창고를 운영하고 있었다. 프랜시스의 남자 형제 에길 또한 해군사관학교를 졸업하고 프랜시스가 비밀편지를 받았을 무렵 북대서양에서 함대 호위임무를 수행하고 있었다. 이런 배경을 지녔던 만큼 스틴 집안은 전시 노력에 할 수 있는 한 모든 지원을 아끼지 않았다. 프랜시스의 어머니 또한 요리할 때 나오는 베이컨 기름을 버리지 않고 모아두었으며, 탱크와 대포 만드는 데 쓰라고 냄비와 프라이팬도 기꺼이 내놓았다.

그런 스틴 가문이 이제 에길의 안전을 지키는 일에 뭔가 또 다른 기여를 할 수 있게 된 듯 했다. 바로 프랜시스였다.

전쟁이 나라를 집어삼키자 비밀편지도 계속 발송되었다. 비밀편지는 진주만 공격의 충격이 가신 뒤인 1942년, 1943년, 1944년까지도 계속 보내졌다. 암호해독이 적의 작전을 교란시키고 연합군의 생명을 구하는 데 결정적인 역할을 하는 것으로 드러났기 때문이다. 뉴욕주 포킵시의 언덕에 자리한 배서 대학교의 학부생 이디스 레이놀즈도 어느 토요일 오전 9시 30분 도서관의 한 방에서 만나자는 비밀편지를 받았다.[11] 이디스는 초등학교 때 두 학년을 월반해 열여섯 살에 배서 대학교에 입학한 학생이었다.

편지에 적힌 대로 대학 도서관에 있는 어느 방에 들어가 서 있으려니, 머리끝에서 발끝까지 번쩍이는 금몰로 도배를 한 듯 눈이 부신 우람한 체구의 해군 대령이 걸어들어왔다. 그가 이디스와 함께 선발된 몇 명의 동급생들에게 말했다. "학생들, 국가가 여러분을 필요로 하고 있어요."

이디스가 해군의 부름을 받았을 무렵은 독일 U보트들이 대서양 연안을 오르내리며 선박들을 공격한 상태였다. 이디스의 가족이 여름을 보내는 뉴저지 해안가에도 파괴된 배 조각들이 밀려 올라왔고 포성도 들렸다. 일본이 미국 본토(알래스카, 아니 어쩌면 캘리포니아까지도)를 침공하거나 미국이 파시스트 지배 아래 들어가는 것도 불가능한 일은 아닐 것 같았다.

한편 미 육군도 암호해독 요원들의 필요성을 느껴 자격 있는 여성들의 모집에 나섰다. 처음에는 그들도 해군이 요원들을 뽑은 몇몇 대학들에 접근했다.[12] 하지만 해군 요원들을 가로채려 한다는 해군 고위급 장교의 격앙된 항의 메모를 받고는 그만두었다. 육군도 해군처럼 대학 교육을 받은 젊은 여성들을 원했다. 외국어, 과학, 수학이 포함된 리버럴 아츠 중심으로 학력을 쌓은 여성들을 이상적으로 보았다. 1940년대의 미국에서 그런 고등 교육을 받은 여성들에게 지속적으로 가능한 직업은 딱 하나, 교사뿐이었다.

그리하여 흰 장갑을 낀 뻣뻣한 해군 장교들이 북동부 해안지대의 명문 여자대학들을 집중 공략하는 동안, 육군은 동부지역 여자대학들보다는 급이 많이 떨어지는 남부와 중서부 일대의 교육대학들에 인력 담당관들을 파견했다. 펜실베이니아주 인디애나에 위치한 인디애나 주립 교육대학에서 수학 교사를 희망하며 고급수학을 전공하고 있던 도로시 라말리도 육군 인력 담당관에게 선발된 경우였다.[13] 도로시는 코크런스 밀즈라 불리는 조그만 고장에서 성장했다. 사실 여부는 모르겠으나 아무튼 저널리스트이자 작가인 넬리 브라이의 태생지로 알려진 곳이었다. 세 자매 중 둘째였던 도로시는 어린이 극장의 현관에 앉아 더 넓은 세상을 꿈꾸었다. 지구상의 모든 대륙에 가보는 것이 도로시의 꿈이었다. 어릴 때 더 넓은 세상과 그녀를 이어주는 유일한 통로는 여성 최초로 대서양 횡단 비행에 성공한 미국의 작가 겸 비행기 조종사인 어밀리아 에어하트가 그곳 묘지에 묻힌 친척을 기리기 위해 묘지 위를 비행하는 광경과 같은 진귀한 구경거리를 보는 것이었다. 도로시는 그때 학교 친구들과 함께 머리 위를 나는 그 전설적인 여류 조종사에게 손을 흔들었다.

도로시의 아버지는 대공황 시기에 농사를 짓고 교회 묘지를 관리하며 가족을 부양했다. 힘을 보태줄 아들이 없는 것이 아쉽지 않느냐고 사람들이 한 마디씩 툭툭 던질 때면 곧바로 아들 못지않은 세 딸이 있어 괜찮다고 맞받아쳤다. 실제로 도로시는 건초를 쌓거나 새로 판 무덤 안으로 기어 내려가 아버지가 떨어뜨린 연장을 찾아오는 등, 아버지 일을 거들어주었다. 대학에서 그녀는 삼각법 강의를 듣는 유일한 여학생이기도 했다. 여자가 수학 공부하는 것이 권장되지 않고, 미국의 일부 지역에는 여자 수학 선생이 아예 없을 때였다. 도로시도 여자가 수학 공부를 하는 것의 불리함을 알았다. 하지만 빠져드는 것은 어쩔 수 없었다.

4학년이던 2월의 어느 날 도로시는 밤늦게까지 잠을 자지 않고 있다가 군 복무가 시작되는 피츠버그로 가기 위해 버스에 오르는 남자 동급생들을 배웅하기 위해 밖으로 나갔다. 그녀는 눈물로 그들을 배웅했다. 남학생들이 떠나고 나자 캠퍼스가 휑하게 느껴졌다. 그러고 있을 때, 여학생 처장이 비밀 면담을 요청하자 그녀는 냉큼 처장의 제안을 받아들였다.

하지만 그 정도로는 충분하지 않았다.

육군은 더 많은 암호해독자를 필요로 했다. 아주 아주 많이 필요했다. 육군은 여교사들이 색다른 일을 하는 것에 흥미를 보인다는 것을 알고 캠퍼스 밖으로도 눈길을 돌렸다. 그런 여성들을 찾기는 어렵지 않았다. 교사의 봉급은 턱없이 적었던 반면, 수업을 해야 하는 부담은 터무니없이 클 때가 많았기 때문이다. 육군은 미남 장교들을 작은 동네, 외딴 도시, 농촌 마을들로 보내 우체국, 호텔, 그 밖의 공공장소들에 상주시켰다.[14] 포스터와 신문 광고를 통해 그들이 왔음을 알리고, 워싱턴으로 와 전시 노력에 힘을 보탤 뜻이 있는 여성, '입 다물고 있을' 자신이 있는 여성들을 찾았다.

* * *

도트 브레이든이라는 이름의 젊은 여선생도 그렇게 해서 1943년 9월의 어느 토요일, 버지니안 호텔의 천장 높은 로비 테이블 뒤에 서 있는 두 인력 담당관 앞으로 다가갔다.[15] 버지니안 호텔은 그녀의 고향 도시인 버지니아주 린치버그에서도 가장 고급스런 숙박 시설이었고, 버지니아주 내에서도 가장 호화로운 호텔들 가운데 하나였다. 테이블 뒤에는 육군 장교 한 사람과 민간인 복장의 여성이 서 있었다. 도트로 말하자면 검은 머리에 호리호리한 몸매를 지니고 모험을 즐기며 자신의 능력에 자신감이 넘쳤던 스물세 살의 여성이었고 프랑스어, 라틴어, 물리학을 공부한 랜돌프-메이컨 여자대학교 1942년 졸업생이었다. 졸업 뒤에는 공립 고등학교에서 1년간 교사로 재직했다. 하지만 그녀는 두 번 다시 교사로 일하고 싶지 않았다. 집에서는 4남매 중의 맏이였고, 남자 형제 둘은 당시 육군에 복무하고 있었다. 따라서 그녀는 자신의 생계비를 벌고 어머니에게도 경제적 도움을 줄 필요가 있었다.

인력 담당관들이 구체적인 내용을 알려주지 않아 도트 브레이든은 어떤 직종에 응모하는지도 모르고 전쟁부 구직 신청서의 칸을 메웠다. 그리고 불과 몇 주 뒤 그녀는 덜커덩거리는 기차를 타고 담배를 경작하는 버지니아 남부 지역의 시골을 벗어나, 북쪽으로 290킬로미터 떨어진 워싱턴 D.C.로 향했다. 지갑 속에는 돈이 거의 없었고 직장이 어딘지도 몰랐지만, 가슴 저 깊은 속에서는 흥분이 끓어올랐다.

들어가는 말
학생들, 국가가 여러분을 필요로 하고 있어요

미 군부가 '우수한' 젊은 여성들을 선발하기로 결정하고 여성들도 군부의 요청을 흔쾌히 들어준 일이야말로, 미국이 2차 세계대전에 참전한 직후 하룻밤 사이에 뚝딱 효율적인 암호해독 조직을 구축할 수 있었던 주요인이다. 수백만 명의 여성들이 바지 차림이나 위아래가 붙은 점프 수트 차림으로 소매를 걷어붙이고 공장에서 일하며 전시 노력에 힘을 보탰던 것도 잘 알려진 사실이다. 폭격기와 탱크, 항공모함을 만드는 군수공장에서 일한 리벳공 로지가 그 여성들을 대표하는 상징이었다. 이들보다는 한층 덜 알려졌지만 1만 명이 넘는 여성들도 워싱턴 D.C.에 가서 그들의 지성과 힘겹게 배운 지식을 제공했다. 2차 세계대전 기간에 가장 잘 유지된 비밀 가운데 하나가 바로 이 미국 여성들을 채용한 일과, 암호해독이 해낸 가장 중요한 몇몇 개별적 성공의 배후에 그 여성들이 있었다는 사실이다. 그들이 수행한 암호해독의 군사적, 전략적 중요성은 실로 막대했다.

　암호해독이 가장 실속 있는 정보 형태의 하나로 진가를 인정받은 것은 2차 세계대전 때였다. 적의 대화를 도청하면 축어적 보고를 할 수 있고, 적이 생각하고, 행하고, 논의하고, 우려하고, 계획하는 일을 실시간으로 알 수 있었다. 전략, 병력의 움직임, 해상 활동 스케줄, 정치적 동맹, 전장의 사상자 수, 임박한 공격, 공급 부족에 대한 정보도 알 수 있었다.[1] 2차 세계대전의 암호해독자들은 적뿐 아니라 때로는 동맹국의 암호 전문도 읽는, 이른바 통신정보 기술도 발전시켰다. 현재 급성장하고 있는 분야로서 적의 공격에 맞서 데이터, 네트워크, 통신을 보호하는 사이버 보안의 토대를 마련한 것도 이들이다. 암호해독자들은 오늘날의 컴퓨팅 산업으로 이어지게 될 일을 개척한 사람들이기도 했다. 지금의 국가안보국도 2차 세계대전 후 미 육군과 해군의 암호해독 조직들이 합쳐져 탄생한 기관이다. 지금보다는 규모도 작고 논란도 크지 않았던 비밀 도청 분야의 토대를 놓은 것 역시 여성들이었으며, 많은 경우 국가안보국의 초기 문화를 형성한 것도 여성들이었다.

여성 암호해독자들은 전쟁을 단축시키는 데도 중요한 역할을 했다. 해상에서도 그랬고, 싸우다 죽을 각오를 하고 사실상 땅굴 작전으로 나오는 적(전쟁 막바지에 벌어진 동굴 전투, 가미카제 공격, 그 밖의 자살 공격들은 끔찍하기 이를 데 없었다)에 맞서 태평양 섬들에 처절한 육해군 합동 공격을 가할 때, 연합군이 일본군을 격파하는 데 결정적 역할을 한 것이 바로 암호해독이었다. 극히 중요했던 대서양 전역에서도 나치의 잠수함 위협을 완전히 제거하는 데 일조한 것은, 미국과 영국이 독일 해군제독 카를 되니츠가 U보트 함장들에게 지시를 내리는 데 사용한 나치의 에니그마 암호를 푼 일이었다.

여성들을 암호해독자로 선발하기까지는 오랜 시간 이어진 일련의 사건들이 있었다.[2] 그렇기는 해도 중요한 계기는 있었다. 리 노이즈

미 해군소장이 1941년 9월 하버드 대학교의 자매 학교로 설립된 여자 대학, 래드클리프 칼리지의 아다 콤스톡 학장에게 편지를 쓴 것이 그 계기였다. 해군은 1년 넘게 명문대학들에서 남성 정보장교들만 비밀리에 선발해오고 있었다. 그런데 이제는 여성을 상대로도 같은 실험에 착수를 한 것이다. 해군소장은 콤스톡 총장에게 암호해독 훈련을 받을 만한 역량을 지닌 래드클리프 학생들을 추려줄 수 있는지 물었다. 총명하고 말수 적은 자국 학생들, 다시 말해 비밀을 지킬 수 있는 분별력과 능력을 지녔을 뿐 아니라 미국에서 태어나고 다른 나라들과 밀접한 관련도 없는, 학업 성적이 좋은 학생들을 찾고 있다는 사실을 털어놓았다.

노이즈는 언어나 수학에 재능이 있다고 입증되면 선발에 유리할 수 있다는 말과 함께 심한 사회학적 기벽이 있는 학생은 바람직하지 않을 것이라는 말도 덧붙였다. '기벽'이 정확이 무엇을 뜻하는지는 밝히지 않은 채, 소수의 유망한 4학년생들이 해군이 개발한 훈련 과정을 밟게 될 것이라는 점만 분명히 했다.

노이즈는 콤스톡에게 이런 말도 했다. "전면전이 일어나면 이 일에 여성들이 필요해질 것이고, 남성들보다는 아무래도 여성들이 이 일을 더 잘 해낼 것 같아서요."

아다 콤스톡도 그의 말에 선뜻 동의했다. "저도 매우 흥미가 가는 일이니 도움이 될 만한 모든 조치를 취하도록 하죠." 그녀는 즉시 폭넓은 해군 선발 과정의 키맨 역할을 하고 있던 하버드 대학교의 천문학과 교수이자 그녀의 친구인 도널드 멘젤에게 편지를 썼다. 천문학은 수학적 과학일 뿐 아니라 (항해 활동도 몇백 년 동안 해와 별의 위치를 보고 행해졌을 만큼) 해양 과학이기도 했고, 비밀 강좌를 담당한 교수들 다수도 그 분야 전공자들이었다.

콤스톡은 또 다른 편지도 받았다. 보낸 이는 미 해군에서 활동하는 숙련된 극소수 암호해독관들 중 한 사람으로 당시에는 규모가 확대된 암호해독 부서의 편성을 책임지고 있던 로렌스 새퍼드였다. 새퍼드는 해군이 원하지 않는 학생의 종류를 일일이 열거해가며 까다로운 요건을 제시했다.

"(적과 내통하는) 제5열 분자도 안 되고, 진짜 충성은 모스크바에 바칠 수도 있는 학생도 안 됩니다. 평화주의자도 적절치 않겠지요. 체코슬로바키아인, 폴란드인, 유대인과 같이 박해받는 국민이거나 해당 민족을 조상으로 둔 학생도 안 됩니다. 그런 학생에게는 미국의 참전을 바라는 내적 충동이 일 수도 있기 때문이죠." 아다 콤스톡은 즉시 40여 명의 4학년 재학생과 갓 졸업한 젊은 여성들로 후보 명단을 작성했다. 그중 20명 정도가 기준에 부합할 것으로 예상됐다. 해군 정보의 노골적인 반유대주의를 무시하고 유대인 여성도 두 명 명단에 포함시켰다.

콤스톡은 해군의 요청에 따라 다른 여자대학의 학장과 총장들에게도 연락을 취했다. 그들 모두 여성 교육의 대의에 헌신적이고, 파시즘과 전체주의적 신념 체계에 맞서 자유liberty와 사상의 자유를 지키는 데도 열심인 사람들이었다. 학생들의 취업 기회도 열성적으로 찾아주려고 했다. 그들은 경험상 전쟁이 지금까지는 여성들에게 문호가 닫혀 있던 분야를 개방시켜주고, 대학원들의 문턱도 낮출 것으로 예상했다. 콤스톡이 해군의 편지를 받기 전부터 이미 몇몇 여자대학 지도자들은 바너드 대학교 학장 버지니아 길더슬리브가 '훈련된 두뇌들'이라 부른 학생들을, 과학과 수학의 진보에 좌우되는 전시 노력에 제공할 방법을 찾기 위한 전략을 짜고 있었다.[3]

1941년 10월 31일과 11월 1일 마운트 홀리요크 대학교에서 여자 대학 지도자들의 회합이 열렸다.[4] 바너드, 브린모어, 배서, 웰즐리, 래드클리프, 스미스, 마운트 홀리요크 대학교의 대표들이 모임에 참석했다. 콤스톡은 그 자리에서 해군의 요청을 언급하면서, 래드클리프는 해군의 계획에 동참할 것이라고 말했다. 그리고 해군이 만든 자료인 '강사용 지침'과 '학생용 입문서'도 배포했다. 선발된 학생들은 4학년 남은 기간 동안 강좌를 듣고 워싱턴으로 가서 해군 군무원으로 일하게 될 거라는 것이 콤스톡이 밝힌 해군 계획의 요지였다. '강사용 지침'에 나온 내용으로 보면 사전 경험은 필요 없고, '홈파는 기계'가 지급되거나 문제의 답도 제공될 것이 확실했다. 그들에게는 단기 속성 교육을 위해 「암호기법에 관한 논문Treatise on Cryptography」과, '통신보안에 대해 알아야 될 사항Notes on Comunications Security' 그리고 '세계대전에서 암호해독국들이 기여한 것들The Contributions of the Cryptographic Bureaus in the World War'이라는 제목의 팸플릿 등 몇 권의 교본도 지급되었다. 팸플릿 제목에 나오는 세계대전이란 이른바 모든 전쟁을 끝내는 전쟁, 1차 세계대전을 말하는 것이었다.

이리하여 1941년 가을, 대학의 우편함들에는 비밀편지들이 나타나기 시작했다. 편지를 받은 학생들은 비밀 면담에 나오라는 내용을 보고 깜짝 놀랐다. 면담을 요청받은 여성들 대부분이 성격이 좋고, 나라에 대한 충성심이 깊으며, 담력이 좋을 뿐 아니라 학업 성적도 좋은,

학년에서 상위 10퍼센트 안에 드는[5] 학생들이었다(래드클리프 칼리지의 관리자 메모에는 한 학생의 미선발 이유를 두고 "적극성"이 부족하고, "부유한 집안 배경과 기 센 어머니 때문에 버릇이 나빠진 듯 해서", "그 일에 진지한 흥미를 보이거나 성실하게 임할 생각이 없어 보였기 때문"이라고 적혀 있었다[6]). 선발된 학생들은 강의실 밖에서는 암호해독이라는 말을 입밖에 내서는 안 되고, 비밀 강좌를 듣는 학생들 이외의 어느 누구에게도 '정보'나 '보안'이라는 말을 해서도 안 된다는 주의를 받았다.[7] 적에게 비밀 정보가 누설되는 것을 막기 위해서였다. 아닌 게 아니라 브라운 대학교 안에 세워진 여자대학, 팸브룩 칼리지는 얼마 지나지 않아 그 문제로 곤경에 처했다.[8] (한 해군이 메모에 적은 성난 표현을 빌리자면) 브라운 대학교의 한 교수가 "제멋대로 굴면서" 비밀 강좌 이야기를 떠벌리고 다닌 것이다. 브라운 대학교는 결국 1942년 2월 해군 암호해독 프로그램의 요주의 명단에 올랐다.

암호해독 강좌의 학점 제공 여부에 대해서도 논란이 있었다.[9] 해군은 처음에는 학점 제공에 반대했다. 학생의 동기 유발과 독립성을 주요 선발 요건으로 보았기 때문이다. 하지만 그 강좌에 지대한 관심을 갖고 있던 해군의 고위급 정보장교 존 레드먼은 시간이 지나자 학점을 줘도 괜찮겠다는 생각을 하게 되었다. 성적을 매기면 학생들의 학구열이 높아질 것이고, 그러면 졸업을 앞둔 여성들이 이미 직면해 있던 과중한 학업 부담도 약간은 덜어질 것으로 여긴 것이다. 비밀 강좌를 실시하는 많은 대학들은 실제로 카탈로그에는 올리지 않았지만 비밀 강좌에 학점을 부여하고 있었다. 기밀 유지를 위해 성적표에는 그 강좌를 계속 수학 과목으로 기재했다.

1942년 3월 무렵에는 비밀 강좌가 웬만큼 자리를 잡아 학생들에게 문제지 세트도 일부 교부되었다. 랠프 S. 헤이스 해군 소령도 도널드 멘젤에게 쓴 편지에서, 학생들의 수행 성적이 좋아 이듬해에는 여자대학들에서 더 많은 학생들을 선발하고, 여자대학 밖으로도 폭을 넓혀 휘튼 대학교와 코네티컷 대학교 같은 학교들에서도 학생들을 선발할 수 있으리라는 기대에 차 있다고 말했다. 해군의 관점으로는 "이 일에 있어 우수한 여성들에 대한 요구는 한동안 계속될 것 같다"는 말도 덧붙였다.[10]

1942년 4월 중순 무렵 도널드 멘젤은 래드클리프 학생들이 훌륭하게 잘 해내고 있다고 해군에 보고했다.[11] 본인이 직접 래드클리프 학생들을 가르치며 그들의 성적에 자부심을 느꼈기에 할 수 있는 말이었다. "하버드에서 유일하게 일본어 강의를 듣는 여학생이기도 하고 나의 애제자이기도 한 매코믹 양이 대규모 수업에서 모든 남학생들을 제친 거예요." 5월 중순에는 래드클리프 학생 25명이 중앙인사위원회로부터 해군 군무원 임명장을 받고, 6월부터 근무에 들어갈 것으로 예상되었다.

해군은 신분을 중시하는 조직이었다. 그래서 이번에도 사회적 연고가 좋은 여성들을 원했다. 여성들의 외모에 대한 관심도 컸던 듯, 구직 신청서에 여권사진을 제출하라는 요구를 했고, 일부 사진들에 대해서는 코멘트까지 해놓았다. 도널드 멘젤도 "외모의 중요성을 감안해, 해군은 직책에 관계없이 큰 사진을 받는 게 좋겠다"고 하면서, "여권사진으로는 학생들을 적절히 평가하기가 힘들다는 점을 지적해야겠군요"라고 힘주어 말했다.

같은 시기 또 다른 모임도 진행되고 있었다. 미 육군이 워싱턴 D.C.의 격조 높은 메이플라워 호텔에서 20개 여자대학 대표들과 별도의 선발 계획을 짜고 있었던 것이다. 여성들이 광범위한 전시 노력에 필요해지리라는 것은 의심할 필요 없는 사실이었다. 노동부 조사관도 나라가 극심한 인력 부족 사태를 맞자, 성인 일반인만으로는 남성 근로자가 죄다 빠져나간 경제를 지탱하기 어려울 것이라는 점을 지적했다. 학생들이 필요해질 것이고, 그렇다면 여학생들부터 시작하는 것이 합리적이었다. 육군은 이렇게 해군이 접근하기 전부터 이미 여자대학들과 네트워크를 구축하고 있었다. 실제로 해군은 육군에 선수를 빼앗겼다는 것을 알고 코네티컷 대학교에서 예정돼 있던 훈련 과정을 중단시키기도 했다.

해군과 육군의 부름에 응한 여성들은 배경이 천차만별이었던 것만큼이나 공통점도 많지 않았다. 똑똑하고 용의주도하다는 것, 여성의 교육이 장려되지 않으며 그에 대한 보상도 거의 없던 시대에 허용된 여건 내에서 악착같이 배우려 했다는 것이 그들의 공통된 특징이었다. 그들은 수학이나 과학, 외국어에 정통했고, 더러는 그 세 가지 모두를 잘하기도 했다. 성실하고 애국적이며, 모험심이 강하고 적극적인 것도 그들의 공통점이었다. 게다가 그들은 자신들이 수행하게 될 비밀 업무에 대해 그 어떤 공적 명예도 바라지 않았다.

그러나 가장 중요한 것은 아마도 마지막 사실이었을 것이다. 해군에 선발된 1차 후보생들이 비밀 훈련 과정을 끝내고 마지막 문제 세트의 답안지를 제출한 때는 1942년의 늦은 봄이었다. 이들 중 강의를 충실히 듣고 정답을 충분하게 쓴, 전체 인원의 절반이 조금 안 되는 학생들이 워싱턴 D.C.의 해군본부에 가서 업무를 시작했다. 그리고 얼마 안 돼 그곳은 암호해독 여성들로 만원을 이루었다. 자리가 없어 일부 여성들은 휴지통을 엎어 놓고 그 위에 앉아 일할 정도였다.

여성들은 자신들이 하는 일을 누군가에게 발설할 경우, 단지 여자라는 이유만으로 총에 맞지 않을 것이라는 착각은 하지 말라고 경고를 받았다.[12] 전시의 반역 행위가 초래할 결과가 성별에 따라 다르게 적용될 거라는 생각을 해서도 안 되었다. 공개 석상에서 직무에 대한 질문을 받으면 휴지통 비우는 일과 연필 깎는 일을 한다고 말하도록 훈련받았다. 부대 지휘관의 무릎 위에 앉기도 한다고 순발력 있게 대답할 수도 있었다. 사람들도 그들의 말을 곧이곧대로 믿었다. 미국의 젊은 여성들이 자신은 저급한 일을 하거나 남자의 노리갯감일 뿐이라고 말하며 호기심 많은 외부인을 납득시키기란 식은 죽 먹기보다 쉬웠다.

몇 년 뒤 그들 가운데 한 명이었던 여성도 이렇게 말했다. "거의 모든 사람들이 우리를 비서에 지나지 않는 존재로 보았죠."

그러나 전무후무한 비용 지출과 재산상의 손실을 가져오고 엄청난 수의 인명 살상을 초래한 인류 역사상 가장 폭력적이었던 세계 전쟁이 진행 중일 때, 진주만 공격이 있기 전부터 시작돼 2차 세계대전이 끝나는 바로 그 시점까지 운영된 역사상 가장 성공적인 정보 조직들 가운데 하나의 등뼈를 형성한 것이 바로 이 여성들이었다. 워싱턴에 도착하기 전에 열어본 마닐라 봉투 속에는, 앞으로 그들이 수행하게 될 암호해독이 그 전까지는 남성의 전유물이었던 것으로 나타나 있었다.

해군의 편지에도 "여성들이 그 일을 성공적으로 인계받을 수 있을
지 여부는 미지수입니다"라는 말과 함께, "잘해내리라 믿습니다"라는
말이 부연돼 있었다.[13]

* * *

신입 여성 암호해독자들은 과장되고 충돌하는 남성적 자아 속으로 들
어가고 있었다.[14] 육군과 해군은 전시가 아니었다면 완전히 코미디라
고 할 만한 격렬한 내분을 겪고 있었다. 두 조직은 수십 년 동안 소규모
암호해독 부대를 따로 운영하면서, 때로는 진짜 적이 누구인지도 모를
만큼 극심한 경쟁을 벌였다. 그 무렵 해군 암호해독관을 지낸 프레스
콧 커리어도 훗날 "육군에 협조하려면 죽을 각오를 해야 했어요"[15]라
고 말했다. 물론 그것은 과장된 말이었지만 그렇더라도 일말의 진실
이 없지는 않았다. 두 조직의 충돌은 부분적으로 돈과 관련이 있었다.
조직의 규모가 커지기 시작하자 양자 간에 정부의 국방 지출 쟁탈전
이 벌어진 것이다. 군산복합체의 힘이 막강해지고 있던 것도 그것과
일부 연관이 있었다. 2차 세계대전 중 미국에는 기관들이 우후죽순처
럼 생겨나고 성장했으며, 그 기관들 모두 힘과 재원 확보를 위해 혈안
이 되었다. 연방통신위원회, 연방수사국FBI, 신설된 전략사무국OSS(중
앙정보부CIA의 전신) 모두 암호해독 활동의 일부를 떼어가려고 치열한
경쟁을 벌였다.

　　중앙집중적 암호조직을 가동하고 있던 영국마저 그 꼴을 보고는
기겁을 했다. 영국의 한 미국 주재 연락관이 전쟁 초기의 미국인들을

'사무실에서 노는 다수의 아이들'이라고 묘사할 정도였다.[16]

그 말이 암시하듯, 미국인들은 암호해독 분야의 '쟁쟁한 남녀들'이 포진해 있던 영국의 유명한 정보기관 블레츨리 파크와 경쟁도 벌이고 협조도 해야 하는 상황이었다. 런던에서 100여 킬로미터 떨어진 지역의 우중충한 땅에 세워진 그 칙칙하고 냉기 도는 '오두막들'에서 옥스퍼드 대학교와 케임브리지 대학교의 일류 수학자와 언어학자들이 연구에 매진하고 있었다. 여성은 몇 명에 불과했고 대부분이 남성이었다. 블레츨리 파크 안과 그 주변에서도 대부분이 상류층 가정 출신인 여성 수천 명이 독일 해군은 물론이고 육군과 공군의 정보기관들도 사용하는 에니그마 암호의 해독을 목적으로 개발된 '봄베bombe 머신'을 운전하고 있었다. 이렇듯 미국이 본격적으로 참전했을 무렵에는 영국이 양키 동맹국보다 훨씬 오래되고 정교한 암호해독 조직을 보유하고 있었다.

그러나 미국의 암호해독 조직도 급속히 성장하여 전쟁이 진행될수록 블레츨리 파크보다 오히려 역할도 중요해지고 규모도 커졌다. 연합국은 두 나라의 협력이 처음 시작되었을 때만 해도 영국이 유럽 전역의 암호해독 분야를 선도할 것으로 예상했다. 실제로 미국은 동맹국들의 도움을 받아 광대한 태평양 전역을 책임지기에도 바빴다. 그러나 전쟁이 계속됨에 따라 미국의 암호해독 조직은 유럽 전쟁에서도 중심축을 담당하게 되었다. 암호해독 부서의 구성원들도 남성들이 북아프리카의 뜨겁고 건조한 사막, 이탈리아의 산악 지대, 눈 덮인 유럽의 숲 지대, 태평양 항공모함의 갑판, 이오섬의 해변으로 차출됨에 따라 차츰 여성 일색으로 변해갔다.

그런 경쟁적인 문화 속에서 여성들의 기여는 쉽사리 간과되었다. 여성들이 비밀 엄수 서약을 진지하게 받아들이고, 공직 생활 중에 거둔 성과의 공을 기대하지 않거나 영예를 차지하지 않았던 것도 그렇게 된 이유였다. 여성들은 수뇌부로도 기용되지 않았으며, 전쟁이 끝난 뒤 역사서나 자서전을 집필하지도 않았다. 하지만 그들은 전쟁의 모든 국면에서 유용한 존재였다. 암호해독용으로 개조된 복잡한 사무기기들을 운전한 것도 여성들이었다. 메시지들을 해독하고 그 내용을 이해하는 데 도움이 되도록 대중 연설, 선박의 재고 물품, 선박명과 적군의 지휘관들이 적힌 목록 등, 중요한 부대附帶 자료들을 취합해 정보자료실을 꾸린 것도 그들이었다. 여성들은 번역자로도 일했다. 또한 병력 이동에 관한 사항(메시지가 수·발신되는 기지국, 무선 트래픽에 나타나는 급작스런 변동, 불길한 침묵, 새로운 기지국의 돌연한 출현 등)을 알기 위해 암호화된 메시지의 외형적 특성을 들여다보는 방법인 '트래픽 분석'과 같은 새로운 분야를 개척하기도 했다. 여성들은 주된 암호 체계를 밝혀내지 못해 메시지 해독에 애를 먹고 있을 때 결과적으로 중요한 역할을 한 것으로 드러난, 날씨 암호와 같은 부수적 암호 체계를 푸는 일을 전담하기도 했다.

　주요 암호 체계들을 공격해 해독한 것도 주로 여성의 수가 압도적으로 많은 팀들이었다. 암호는 해독이 되면 이용되어야 하고 때로는 재해독이 되기도 하는데, 여성들이 조립라인처럼 일사불란하게 움직이며 그 일을 해낸 것이다.

　여성 암호해독자들은 미국이 만든 암호가 안전한지에 대한 실험도 했으며 전 세계의 도청 기지에서 무선 도청 통신원으로도 일했다.

해군은 많은 여성들이 원하는데도 여성의 해외 근무를 허용하지 않았으나 육군은 여성 암호해독자들이 해외 무대에서 활동하는 것을 허용했다. 몇몇 여성들은 오스트레일리아와 뉴기니 같은 태평양 섬으로도 파견되었다. 2차 세계대전 뒤 군정사령관이 된 더글러스 맥아더 장군을 따라 도쿄로 옮겨간 여성들도 있었다. 또 다른 여성들은 D-데이에 실시될 연합군의 노르망디 상륙 작전이 노르웨이나 프랑스의 파드칼레에서 실시될 것처럼 독일을 속이는 데 이용된 가짜 무선 신호, '모조 트래픽'을 만들어내는 데도 일조했다.

때는 각 나라들이 과학기술 발달로 통신문을 암호화하고 숨길 수 있는 새로운 길이 열리자 안전한 교신 방법을 앞다퉈 개발하여 오늘날 '정보 보안'이라 부르는 것이 형성되던 시기였다. 그러므로 암호해독도 신생 분야였던 항공학처럼 거의 신천지에 가까운 분야였고, 여성들도 그 덕에 암호해독 분야에 진출할 수 있었다. 요컨대 암호해독은 아직 사람들의 인정을 받거나 알려진 직업이 아니었던 것이다. 전문가 협회, 대학원 학위증, 면허증, 클럽, 학회, 자격 승인 등 법률이나 의학과 같은 분야에서 여성들을 배제하기 위한 장벽으로 오랫동안 사용된 세부 규정과 자격증 제도가 암호해독 분야에서는 아직 자리를 잡지 못한 것이다.

남성들이 노동에서 해방되어 자유롭게 입대할 수 있도록 여성 인구를 노동 인력에 편입시킨 것 또한 여성들이 독특한 위치를 갖게 된 요인이었다. "싸울 수 있도록 남자를 해방하라"가 당시의 구호였으니 말이다. 이리하여 의자에 앉아 사무를 보던 남성들은 폭력적인 전장으로 떠날 수 있게 되었다. 하지만 이 현상은 당시의 여성들이 1960년대와 1970년대에 일터로 나온 여성들과는 사뭇 다른 양상으로 환영받을 뿐 아니라 원한을 사게 되는 결과로도 이어졌다.

심리적 상황이 심각했다. 여성들은 노동에서 벗어나 죽을 수도 있는 곳으로 내몰린 남성들의 자리를 차지하고 앉은 것이었다. 그런데 이런 그들이 전장으로 차출된 남성들의 생존을 보장해주는 일을 하고 있었다. 간단히 말해 여성들은 암호해독 분야에 진출함으로써 위험에 처하게 된 사람들의 생명을 지키는 노력을 하고 있었던 것이다. 여성이 암호해독자로 채용되던 그 무렵에는 아직 그런 류의 일에 잘 대처할 수 있는 사람을 가려내는 심리검사가 보편화되지 않았고, 외상 후 스트레스도 관리의 대상으로 인정되지 않았다. 또한 암호해독을 하는 여성들은 모두 전쟁터에 나가 싸우는 남자 형제, 애인, 약혼자, 친구가 있었다. 자신의 남자 형제가 탄 배와 부대의 운명이 기록된 암호문을 해독하는 여성도 적지 않았다. 암호를 해독하는 일은 이렇게 여성들에게 막대한 정신적 손상을 입혔으며, 몇몇은 그때 얻은 신경쇠약에서 결코 회복하지 못했다. 에니그마 암호해독 프로젝트의 계산원으로 일한 루이즈 피어설도 전쟁이 끝난 뒤 신경쇠약으로 고통받은 사람들 가운데 하나였다. 그녀의 형제 윌리엄은 "그녀는 완전히 망가졌어요"라고 말했다.

노이즈 해군소장이 아다 콤스톡에게 보낸 편지에서 말했듯, 암호를 해독하는 일에는 남성보다 여성이 더 적합하다는 말은 칭찬이 아니었다. 아니, 그 반대였다. 그것은 여성들이 재능을 비약적으로 쓰는 일보다는 지루한 일을 더 잘 할 것으로 생각했다는 뜻이기 때문이다. 그것이 1940년대의 일반적인 관점이었다. 천문학 분야에서도 여성들은 오랫동안 '컴퓨터(계산기)'로 고용돼, 낮은 수준의 계산 임무만 수행했다.[17] 문제가 흥미로워지고 난해해지는 지점에서 남성이 넘겨받을 수 있도록, 시작 부분에서 꼼꼼하게 반복 작업을 하는 것이 합당한 여성의 영역으로 인식되었다. 남성들은 또 여성들보다 두뇌는 명석하지만 성급하고 변덕이 심하다고도 생각되었다. 반면에 "여성들은 따분한 일에 능하다는 것이 일반적 믿음이었죠. 게다가 나도 일찍이 알게 된 사실이지만 암호해독의 초기 단계는 지루하기 이를 데 없었어요."[18] 앤 카라크리스티는 말했다. 앤 카라크리스티가 암호해독자로 처음 수행한 일이 바로 다량의 도청 트래픽을 분류하는 것이었다.

실제적인 범주에서 보면, 여성에 대한 편견은 오늘날까지도 계속되고 있다. 수학과 실험, 컴퓨터 공학과 같이 여성들이 뚫고 들어가기 가장 힘든 분야가 지금까지도, 그리고 그릇되게 남성들에게만 적용되었던 특성인 타고난 재주에 좌우되는 분야로 믿어지고 있으니 말이다. 암호해독에 관련된 책들도 이 신화를 부추기는 일을 했다. 암호해독의 업적을 다룬 이야기들이 흔히 번뜩이는 영감으로 암호를 해독하고 주요 정보를 줄줄이 나열하는 천재에 초점을 맞추고 있는 것이다. 이런 이야기들은 보나마나 남자일 게 뻔한 고독한 개인의 두뇌에서 비범한 재능이 고립적으로 솟아나는 것이라는 관념을 조장한다. 암호해독의 공적 역사에 기록된 전설적인 이름들도, 블레츨리 파크에서 근무한 앨런 튜링, 암호해독 팀을 지휘해 미드웨이 해전에서 미국이 승리하는 데 일조한 해군장교 조지프 로슈포르, 미 정부가 시행한 코드명 베노나 프로젝트에 참여해 소련의 정보를 훔쳐 소련 스파이들의 정체를 밝혀낸 미국의 암호해독자 메러디스 가드너처럼 한결같이 뛰어난 사람들이었다. 그들의 명성은 때로 기행이나 비극적 최후로 더 빛이 났다. 조지프 로슈포르만 해도 흔히 헐렁한 평상복과 실내화 차림으로 오아후섬 지하에 있던 그의 은신처를 어슬렁거리는 사람으로 묘사되었고, 앨런 튜링도 동성애로 박해받던 끝에 자살했으니 말이다. 하지만 그런 역사가 만들어지는 내내, 그 옆에는 남성들 못지않게 암호해독에 기여한 여성 천재들이 있었다. 그들은 단지 주목을 받지 못했을 뿐이고, 때로는 최고의 자리도 거부당했다. 그런 일이 뒷받침되었다면 더 많은 인정을 받았을 텐데 말이다.

암호해독의 천재 이야기는 과장된 것이다. 암호해독은 고독한 작업과는 거리가 멀고 여러 모로 천재와도 관계없는 작업이었다. 비범한 재능은 오히려 집합적 현상인 경우가 많다. 암호해독의 성공이 번뜩이는 영감에 좌우되는 것은 맞다. 하지만 그것은 파일을 꼼꼼하게 유지 관리하는 것에 달린 문제이기도 했다. 그래야만 새로 들어온 암호 메시지를 6개월 전에 들어온 유사한 메시지들과 비교할 수 있기 때문이다. 2차 세계대전 때의 암호해독은 거대한 협동의 산물이었다. 요컨대 전시의 암호해독이 거둔 성과는, 여성 암호해독 팀을 이끈 예일 대학교 출신의 유명한 해군 암호해독가 프랭크 레이븐이 '팀원들의 작업'이라고 부른 것이었다. 암호해독 부서들은 거인의 두뇌에 비교될 만했다. 구성원들이 살아 숨 쉬며 기억을 공유하는 사람들이었으니 말이다. 암호는 독립된 개인들에 의해 풀린 것이 아니었다. 전체 구성원들이, 잡동사니 수집가처럼 숫자와 기타 유용한 항목들을 머릿속에 저장하고, 동료의 작업을 어깨 너머로 보면서 기억하고 암호해독에 중요하게 작용할 패턴들을 지적해주며, 배우고 인지하고 수집한 것들의 조각들을 서로 주고받는 과정에서 풀린 것이었다.

암호해독을 하는 데 있어 가장 중요한 자산 하나는 기억력이다. 한 사람만 기억력이 좋은 것보다는 여러 사람들의 기억력이 좋은 것이 낫다. 적의 트래픽을 독립된 암호 체계로 분류하는 일, 흩어져 있는 우연의 일치를 알아채는 일, 인덱스와 파일을 만드는 일, 다량의 정보를 관리하는 일, 소음 속에서 신호를 포착하는 능력을 기르는 일 등, 암호해독 과정의 매 단계를 거치다 보면 엄청난 직관적 도약을 하는 것이 가능해진다. 그런데 전시에 선구적 작업을 수행한 사람들은 거의 언제나 여성들이었으며, 많은 경우 그런 엄청난 직관력을 발휘한 사람들 또한 여성들이었다.

여성들이 협동을 잘했던 것은 명예나 진급을 기대하지 않았기 때문이다. 해군, 그들 중에서도 특히 출세 지향적인 부문에서 인정받기 위해 싸우던 사람들과는 대조되는 특징이었다. 앤 카라크리스티도 수년 뒤 이렇게 말했다. "우리 분야에 모인 여성들은 매우 열심히 일했습니다. 사소한 경우를 제외하면 누구도 성공하려는 마음가짐이나 남을 능가하려는 태도를 갖지 않았어요. 내 말은, 특정 문제를 가장 먼저 푼다거나, 암호를 첫 번째로 해독하고 싶은 마음은 누구한테나 있었겠죠. 하지만 돈이나 뭐 그 비슷한 것을 얻기 위해 경쟁하는 일은 거의 없었어요. 구성원들 모두가 전쟁이 끝나면 당연히 일터를 떠난다고 생각했기 때문이죠. 구성원들은 대부분 그 일을 일시적인 삶의 방식으로 생각했어요."[19]

* * *

여성 암호해독자들은 독특하게 간과된 집단이었다. 그들의 다수가 미국 여성들에게 참정권이 주어진 역사적인 해, 1920년도에 태어났다. 따라서 그들도 삶의 초기에 여성들에 대한 기회의 폭이 넓어지는 분위기 속으로 이끌려 들어갔다. 플래퍼(재즈시대였던 1920년대의 신여성들이 입던 펄럭이는 짧은 치마를 플래퍼라고 부르는데, 보통은 그 시대의 자유분방한 젊은 여성들을 상징하는 말로 쓰인다_옮긴이) 시대에는 정녕 행동의 제약이 풀리고 여성의 잠재력을 인정받을 듯한 징후가 보였다. 어밀리아 에어하트와 열일곱 살의 어린 나이에 뉴욕 이스트강 4개의 모든 다리를 밑으로 비행한 엘리너 스미스(일명 '프리포트의 하늘을 나는 아가씨') 같은 여성들이 거둔 모든 업적도 새로운 자유를 약속해주는 듯 했으며, 넬리 브라이(본명은 엘리자베스 코크런 시먼)와 같이 도전적이고 사람들의 이목을 끄는 일을 추구한 여성도 그 점에서는 마찬가지였다.

하지만 1920년과 그 언저리에 태어난 미국 여성들은 어릴 적 대공황을 겪은 세대기도 했다. 기회의 문이 닫히고 진보는 뒷걸음쳤다. 많은 여성들이 직장에서 해고되었으며, 남은 일자리도 남성들에게 돌아가기 십상이었다. 가정이 흔들렸고, 1차 세계대전에 참전한 사람이 많았던 아버지들은 특히 전쟁 뒤에 얻은 정신적 외상과도 싸우고 있어 상태가 심각했다. 딸들 또한 집안에서 가사를 도울 책임이 있었으며, 그러다 보니 가족 구성원들의 정서적 혼란에 곧잘 격렬하게 휩쓸려 들어갔다. 그렇다고 가난한 가족만 대공황의 영향을 받은 것도 아니었다. 해군이 암호해독자들을 선발한 명문 여자대학들에 장학금을 받으면서 학교를 다닌 학생들이 얼마나 많았으며 어린 시절 마음의 상처를 겪었던 학생이 얼마나 많았는지를 알면 놀랄 수밖에 없다. 웰즐리 대학교의 1943년도 졸업반 학생이던 잔 해먼드도 대공황 때 거의 모든 것을 잃은 사업가의 딸이었다. 부엌 식탁에서 식구들이 저녁 식사를 할 때 브로커와 만나고 온 아버지가 어깨를 축 늘어뜨린 채 돈을 다 날렸다고 말하던 그날 밤을 그녀는 결코 잊지 못했다. "걱정마라, 빵과 우유는 언제나 배불리 먹을 수 있을테니."[20] 아버지는 그렇게 말했고, 어린 해먼드는 그녀가 영원히 먹게 될 것은 빵과 우유뿐이라고 생각했다. 장학금을 받고 웰즐리에 들어가서도 그녀는 성적을 높여 장학금을 놓치지 말아야 한다는 강박관념에 늘 시달렸다. 해먼드는 '비밀편지' 속 제안도 군사훈련을 받을까봐 염려되어 거절했다. 군대를 그녀가 자란 환경처럼 지나치게 엄격하고 기를 죽이는 곳이라고 생각했기 때문이다.

수천 명의 여성들이 비밀편지의 요청을 받아들였다. 워싱턴에 가서 일하고, 독립해 살거나 친구와 함께 살 수도 있다는 것이 그들에게는 가정생활의 근심에서 벗어나 쉴 수 있는 기회였기 때문이다. 그 일은 세상 구경을 할 수 있는 기회였으며, 딸의 역할을 요구받는 것과 어머니로서 져야 하는 책임감 사이에 놓인 휴식기였다. 1930년대와 1940년대에는 미국 여성들의 다수가 매우 촌스럽게 살았다. 암호해독에 뛰어든 여성들 중에는 달라질 것 없는 미래가 펼쳐진 농장이나 소도시 출신이 많았다. 그런 여성들은 전쟁이 끝난 뒤에도 결코 고향으로는 돌아가지 않았다. 그들의 삶은 이미 그들이 수행한 일 때문에 되돌릴 수 없게 변해 있었다.

미국의 여성 암호해독자들이 영국의 여성 암호해독자들과 달랐던 점 가운데 하나는 이동의 자유가 있다는 것이었다. 영국 여성들은 블레츨리 파크와 그 주변 땅에 일단 발을 디디면, 런던에 가는 것 외에는 이동에 제약을 받았다. 긴급한 업무를 수행하는 것 외에 갇힌 생활도 해야 했던 것이다. 반면, 미국 여성들은 버스나 기차를 타고 자유롭게 여행을 했다. 빠르게 성장하는 나라의 수도에 살면서 셋방을 얻고, 숙소 쟁탈전을 벌이며, 동료와 침대를 같이 쓰고(그들은 근무시간이 다른 동료와 함께 쓰는 침대를 '따끈따끈한 침대'로 불렀다) 원하는 집을 찾으면 그곳에 살 수도 있었다. 미국의 수도는 작고 신기한 하숙집들로 넘쳐났다. 몇몇 하숙집들의 방에는 문간에 커튼만 드리워져 있는 경우도 있었으며, 일부 하숙집 주인들은 남부 음식을 접해보지 못한 북부인들에게 콜라드 그린과 동부 콩이 들어간 식사를 제공했다. 미국의 암호해독자들은 48시간이나 72시간의 휴가를 받아 기차를 타고 뉴욕이나 시카고에 가 주말을 보내기도 했다.

암호해독자로 선발된 배서 대학교 출신의 이디스 레이놀즈가 수도에 와 첫날 아침을 맞은 곳은 워싱턴 D.C.의 근교 조지타운의 갈색 사암 건물이었다.[21] 그런데 그녀가 잠에서 깬 붉은색 파자마 차림으로 침대에 앉아 있자니 창문에 커튼이 쳐져 있지 않았다. 그때 보도를 걷던 한 남자가 방안을 들여다보다 그녀를 발견하고는, 모자에 손을 대 인사를 하는 것이었다. 그것이 전시에 암호해독자들이 살아간 방식이었다.

워싱턴에서 암호해독자들은 버스와 전차를 타고 움직였다. 이 교통수단들을 이용해 미국위문협회USO의 댄스 모임이나 바에 다니기도 했다. 그럴 때면 그들은 서로를 돌봐주었다. 암호해독자의 한 팀은 바에 놀러 갈 때, 그곳에서 팀원 한 명이 보드카 콜린스를 시키면 낯선 사람이 그들이 하는 일에 과도한 호기심을 보인다는 신호로 받아들이고, 그 즉시 여자 화장실로 흩어져 달아나기로 하는 규칙을 정했다. 그들은 1943년 3월에 초연된 뒤 죽음이 포함된 어두운 분위기로 개작된 뮤지컬 〈오클라호마!〉도 보았다.

여성 암호해독자들은 그들이 예상하지 못한 방식으로 많은 것을 배우기도 했다. 웰즐리 출신의 수잰 하폴 또한 짧은 휴가를 마치고 돌아왔더니, 도심에 위치한 그녀의 고상한 하숙집 방이 그녀가 방을 비운 사이 군 장교 커플에게 세 놓아진 것을 알았다.[22] 그녀가 평소보다 조금 일찍 온 것이 문제였다. 결국 그녀는 두 연인의 밀회가 끝날 때까지 거실에서 기다려야 했다.

* * *

1942년에 4년제 대학을 졸업한 여성은 미국 전체 여성의 4퍼센트에 지나지 않았다. 많은 지역들이 여성에게는 입학 허가를 내주지 않은 것이 일이 그렇게 된 일부 요인이었다. 남녀공학 대학들마저 여성 입학생 수에 상한선을 두었으며, 여학생이 마치 학생회의 정회원이 아닌 특별 보조회원이기라도 한 듯 '여학생 처장'이라는 교직원을 두는 경우도 간혹 있었다. 가정에서도 딸보다는 아들의 교육을 우선시했다. 대학 교육을 시켜봐야 여성이 받는 경제적 보상이 미미했기 때문에 학위를 딴다 해도 남성들처럼 미래의 수입이 보장되지 않았고, 그러다 보니 딸을 굳이 대학에 보낼 이유가 없다고 여긴 사람들이 많았던 것이다. 이 말은 단순히 여성이 건축가나 엔지니어가 될 수 없다거나, 다수의 여성들이 그럴 기회를 갖지 못했다는 의미가 아니었다. 전문대학원들에도 여성들이 비집고 들어갈 구멍이 없다시피 했고, 때에 따라서는 아예 없는 경우도 있었으니 말이다.

대학을 간 여성들은 유별난 동기부여를 받은 사람들이었다. 배움 자체를 중시한 가정 출신들도 일부 있기는 했다. 또 다른 가정에서는 대학을, 딸이 주변 남자대학들의 댄스 모임이나 친목회 등을 다니며 얼굴을 알려 장래가 촉망되는 남편을 얻을 수 있는 창구로 보았다. 여성 교육으로부터 나오는 이득은 배우자의 성취 정도에 달릴 개연성이 컸다. 독일, 프랑스, 이탈리아 등지에서 온 이민자 가정들은 왕왕 딸의 대학 진학을 가족이 최대한 빨리 미국화될 수 있는 수단으로 보았다. 1세대 대가족의 경우에는 대학 나온 딸이 형제자매와 경쟁을 벌여 사회적 신분 상승을 이루는 수단이 되었다. 딸의 지적 욕구가 워낙 커서 대학 진학을 말리지 못하는 가정도 있었다. 1940년대에는 똑똑한 여성으로 사는 것이 쉽지 않았다. 사람들은 그런 여성을 성가신 존재로 보았다.

4년제 여자대학들은 뛰어난 두뇌, 지독한 출세주의, 결혼에 대한 노골적 야망이 혼합된 곳이었다. 대학이 학생들에게 주는 메시지도 제각각이었다. 세븐 시스터즈 대학들의 지도자들은 여성의 교육에 주안점을 두었다. 버지니아주에 있는 스위트 브라이어 대학교의 총장 메타 글래스를 포함해 몇몇 남부 대학들의 지도자들도 그 점에서는 마찬가지였다. 많은 여자대학들이 동물학부터 고전에 이르기까지 모든 과목에 엄격한 학과과정을 적용하고 빼어난 성적을 강조하며 학생들을 닦달했다. 주로 그리스어, 물리학, 셰익스피어와 같이 자신들의 전공 분야에 평생을 바친 여교수들이 그렇게 했다. 그들은 학생들에게 완벽함을 장려했다.

학생들도 대개는 대학들의 이런 방침과 높은 기대 수준에 호응했다. 웰즐리 여자대학만 해도 선한 일과 봉사를 장려하는 뜻을 가진 라틴어 구절, 'Ministrari sed Ministrare(봉사 받는 사람이 되지 말고 봉사하는 사람이 되라)'를 교훈으로 채택했다. 몇몇 학부생들은 그보다도 원조 페미니스트들의 구호인 '봉사하는 사람의 부인이 되지 말고 봉사하는 사람이 되라'를 더 좋아했다.

그러나 결혼에 대한 압박 또한 강했다. 웰즐리 여대도 학교의 졸업 앨범 '레겐다Legenda'의 한 페이지를 약혼자 명단(예를 들면 메이블 J. 벨처, 레이먼드 J. 블레어와 약혼, 알라세나 P. 스미스, 프레더릭 C. 카스텐과 약혼)과 근래에 결혼한 여성들의 명단(예를 들면 앤 S. 해밀턴, 아서 H. 제임스 중위와 결혼)으로 채웠다. 1940년대에는 학생들을 상대로 '직업으로서의 결혼', '결혼의 생물학적 측면', '산부인과학', '어린아이 돌보기' 등을 주제로 한 일련의 결혼 강연을 실시했다. 학교 전설에 따르면 웰즐리는 또 졸업반 학생들 중 훌라후프 돌리기 대회(학생들은 대학 예복 차림으로 신나게 훌라후프를 돌렸다)에서 일등한 사람에게는 '학년의 첫 신부'가 될 거라면서 부상으로 부케를 수여했다고 한다.

그 세대의 여성들이 흥미로웠던 것은 그러면서도 언젠가는 보수를 주는 직장에 다녀야 되리라는 점을 인지하고 있었다는 것이다. 대공황의 여파가 거세지자 결혼이 제아무리 좋다 해도, 그리고 결혼을 했든 안 했든 교사의 봉급에 의존해서라도 제 앞가림은 해야 할 것이라는 점을 알고 있었다는 얘기다. 물론 그들 일부는 남자를 만나기에 더할 나위 없으리라는 생각으로 대학을 간 경우도 있었다. 하지만 그래도 일단 학위를 따 놓으면 필요할 때 교사직을 가질 수 있었다. 일부 여성들은 야심을 갖고 대학에 갔다. 경쟁을 해서라도 여성들에게 할당된 몇 안 되는 법대나 의대의 자리를 차지하고 싶었던 것이다.

그런데 돌연 이런 여성들, 다시 말해 이 여성들의 지성을 원하는 곳이 생긴 것이다. 사우스캐롤라이나주 록 힐에 위치한 윈스럽 대학교에서 군대 암호해독 과정을 이수하고 고등학교 밴드 지휘자로 일하고 있던 주얼 배니스터에게 "지금 당장 오세요. 워싱턴에 일자리가 있습니다"[23]라는 메시지가 전달된 것도 이때였다.

1940년대에는 미국의 노동 인력이 성별에 의해 뚜렷이 구분되었다. 신문 구인란에도 '남자 일손 구함'이라는 광고와 '여자 일손 구함'이라는 광고가 따로 실렸다. 고학력 여성들도 직업 구하기가 하늘의 별 따기였고, 설령 구한다 해도 남성들보다 언제나 임금이 적었다. 그런데 이게 웬일, 사회에서 여성의 일로서 낮게 인식되던 직업의 특징들이 암호해독 업무의 성격과 딱 맞아떨어진 것이다. 그런 직업들 중에서도 으뜸은 교직이었다. 교직에 요구되는 학문 때문이었다. 라틴어와 그리스어 지식, 문학과 고대 원전을 깊이 있게 공부한 것, 유창한 외국어 실력, 다량의 데이터를 꼼꼼하게 읽고 생각하고 이해하는 능력, 이것이야말로 암호해독에는 더할 나위 없는 기능들이었던 것이다.

여성의 일로 인식된 또 다른 직업들도 암호해독에 유용한 것으로 드러났다. 그리하여 이번엔 또 사서들이 복잡하게 뒤얽힌 암호 메시지의 해독자로 채용되었다. 사서 출신으로 해군에 들어온 암호해독자들 가운데 한 사람인 자엔 코즈도 "정리된 게 하나도 없었어요. 완전히 뒤죽박죽이었죠. 해군은 그 일을 위해 미국 전역에서 사서들을 싹쓸이 해왔어요"[24]라고 했다. 암호해독에는 비서들도 유용했다. 정리와 기록 보존, 그 자체로 암호의 한 종류이기도 했던 속기에 능했기 때문이다. 도표작성기나 천공기 같은 사무기기를 운전하는 일 또한 여성의 업무였다. 그리하여 그 일에 종사한 여성 수천 명이 다중 숫자로 된 중복 코드군들을 비교해 일치된 부분을 찾는 IBM 기계들의 운전 인력으로 채용되었다. 암호해독은 음악 전공자들도 필요로 했다. 패턴을 따르는 능력이 포함된 음악적 재능이 암호해독의 기량을 알게 해주는 하나의 지표로 인정되었기 때문인데, 여성의 일이었던 피아노 연습도 그 덕에 보상을 제대로 받았다. 전화 교환수들 또한 아무리 복잡한 기계라도 겁내는 일이 없었다. 실제로 통신 산업은 초기부터 여성들에게 적합한 직종으로 간주되었다. 전보 배달을 남자들이 하고 전화 연결을 여자들이 한 것도 여성들이 남성들보다는 전화 거는 사람들에게 더 공손하다고 여겨졌기 때문이었다.[25]

암호해독 일에는 품성도 중요했는데, 이 부분에서도 여자대학이 이상적이었다. 여자대학들 모두 통금, 여사감과 감독관, 기숙사 방에서의 흡연 금지, 개인적 사유에 따른 남성들의 방문 금지, 성행위 불가, 공개된 장소에서 바지나 짧은 바지의 착용을 금하는 교칙을 두고 있었으니 말이다. 이것들은 모두 군대의 신원 조회를 무사통과할 수 있는 요소였다. 그런데 이런 여자대학들보다 더 나은 데가 있었으니, 바로 졸업생들 대다수가 술을 마시지 않는 성경 연구 대학이었다.

여성들에게는 물론 암호해독에 불리한 점도 있었다. 모두가 알다시피 여성들은 수군거리고, 수다 떨고, 소문내기를 좋아해 비밀 유지를 잘 못할 것이라고 생각했기 때문이다. 그러나 성적性的인 행동 면에서는 여성들이 남성들보다 보안상의 위험이 낮다고 여겨졌다. 미국이 참전하기 직전 육군이 무선 도청 훈련병을 모집하기 시작했을 때도, 군 내부 메모에는 청년들에게 극비 업무를 맡겼을 때 파생될 수 있는 문제점에 대한 우려가 제기돼 있었다. 메모에는 청춘기가 "젊은 혈기로 여자와 술에 빠져 방탕하게 지내는 시기이기 때문에, 제정신으로는 꿈도 못 꿀 이야기들을 잘도 주절거리게 된다"[26]고 적혀 있었다. 여성들은 최소한 음주나 떠벌리는 버릇 측면에서는 문제가 적었다.

미국이 고학력 여성들을 필요로 하고 그들을 남성들의 경쟁 상대로 만든 것은 미국 역사상 전례 없는 진기한 경우였다. 그 전까지는 많은 대학 지도자들이 공부를 해봤자 여성에게는 일자리가 귀했기 때문에, 여학생들에게 수학이나 과학 전공을 권하지 않았다. 그런데 진주만 공격 직후에는 상황이 바뀌어 허큘리스 파우더사와 같은 회사들이 웰즐리 등의 여자대학들에서 화학 전공자를 채용하기 시작한 것이다.[27] 전략사무국과 연방수사국도 여성들을 앞다퉈 데려갔다. 1941년에서 1942년까지의 고작 1년 사이에 여자대학들의 직업 전망이 확 바뀌었다. 남성들이 전쟁터로 떠나도 군수산업은 복합체의 형태로 계속 돌아갔고, 누군가는 그곳의 직원이 되어야 했던 것이다. 탄도 산업만 해도 탄도유도탄의 탄도를 계산할 수학자가 있어야 했다. 레버 브라더스사와 암스트롱 코크사도 화학자를 필요로 했다.[28] 군용기 제작업체인 그러먼사 역시 설계도를 볼 줄 아는 여성들을 원했다. 이 회사는 관례적으로 '요구 사항: 남성'이라는 조건을 내걸었는데, 여성들을 뽑을 때도 이 용어를 계속 사용했다. 군수업체 레이시온사 또한 여성 엔지니어를 채용했으며, 베들레헴 스틸사도 장갑판의 도안자로 여성들을 뽑았다. 매사추세츠 공과대학교MIT에서는 아날로그 컴퓨터 운전을 맡기기 위해 여자 대학원생들을 뽑았다. 군대는 군대대로 여성 인력을 빼앗아오기 위해 민간 영역과 경쟁을 벌이고, 그들 간에도 경쟁을 벌였다. 물론 이를 일시적 현상으로 보는 시각도 있었고, 성차별이 지속된 것 또한 사실이었다. 교육자들만 해도 여학생들에게 수학과 과학 전공을 장려했다가 나중에 곤경에 처하게 될 것을 우려했다. 한 전기회사는 가우처 대학교에 졸업생 20명을 뽑아달라고 하면서, 종전 뒤에도 책임지기는 싫으니 예쁜 학생들을 보내달라는 조건을 달았다.[29]

* * *

추축국은 연합국만큼 여성 인력을 많이 동원하지 않았다. 일본과 독일만 해도 오래된 전통 문화를 보유하고 있었기 때문에, 여성들을 암호해독이나 여타 중요한 목적을 가진 전시 복무에 투입하지 않았다. 물론 연합국이 2차 세계대전을 승리로 이끌 수 있었던 데에는 여러 가지 요인이 있었다. 미국의 산업적 역량, 군사령관과 정치인들의 지도력, 폭격과 궁핍의 기간을 잘 이겨낸 영국인들의 극기, 프랑스와 노르웨이가 벌인 지하 레지스탕스 운동, 책략이 비상한 첩자들이 벌인 뛰어난 활약, 유대인 이웃들을 돕고 숨겨준 시민들의 영웅적 행위, 사상자 수와 죽음에 과감히 맞선 소련 병사 수백만 명이 포함된, 육해공군 군인들의 용기와 희생이 그것이었다.

그러나 여성들이 전시에 행한 활약 또한 연합국이 승리할 수 있었던 한 가지 요인이었다. 그것은 단순히 여성들이 남성들을 해방시켜 드와이트 D. 아이젠하워 연합군 최고 사령관이 노르망디 작전 때 더 많은 남성들을 해안에 상륙하게 해주었다거나, 태평양 함대 사령관 체스터 니미츠 제독이 태평양의 항공모함들에 더 많은 남성들을 승선시킬 수 있게 해주었다는 의미가 아니었다. 여성들은 남성들의 자리만 꿰차고 앉았던 게 아니라 전쟁의 적극적 행위자이기도 했다. 두뇌 쓰는 일을 통해 전투에 영향을 미친 것이다. 그것은 중요하지만 흔히 간과되었던 사실이다.

진주만 공격 직전 미 육군이 워싱턴 시내의 소규모 극비 암호해독국에 보유하고 있던 요원은 고작 181명이었다.[30] 그랬던 것이 1945년에는 버지니아주 변두리의 알링턴 홀 본부에 8,000명에 가까운 요원과 2,500명의 또 다른 요원을 둔 거대 암호해독 조직으로 규모가 확대되었다. 그런데 그중의 약 7,000명이 여성이었다. 육군의 암호해독 인력 1만 500명 가운데 70퍼센트가 여성이었던 것이다. 해군도 육군과 유사하게 전쟁 초기에는 대부분이 워싱턴에서 근무하고 일부만 하와이와 필리핀에 파견돼 일하던 몇백 명의 암호해독 요원만을 두고 있었다. 그랬던 것이 1945년에는 워싱턴에서 근무한 암호해독자만도 5,000명으로 늘어나고, 그와 비슷한 수의 요원들이 해외에서 근무하게 되었다. 그 가운데 자국에서 활약한 암호해독자의 80퍼센트(4,000명 정도)가 여성이었다. 이렇게 보면 전시에 활약한 약 2만 명의 미국 암호해독자 중 1만 1,000명 정도가 여성이었던 셈이다.

2차 세계대전 중에 암호해독 프로그램이 거둔 주요 성과의 많은 부분은 종전이 된 뒤에야 알려졌다.[31] 대중도 그제야 암호해독 인력이 비밀리에 완수한 일을 인지할 수 있었다. 1945년 말 《뉴욕타임스》에는, 전시였던 1944년에 치러진 미국 대통령 선거 때 조지 마셜 장군이 민주당 후보인 프랭클린 D. 루스벨트의 상대였던 공화당 후보 토머스 듀이에게 미국이 거둔 전투의 몇몇 승리는 암호해독 인력 덕분이라고 하면서, 그 사실을 비밀에 부쳐달라고 간청하는 내용의 편지가 실렸다. 전쟁이 끝나자 편지가 공표된 것인데, 마셜 장군은 이 편지에서 미국의 암호해독 인력 덕분에 일본의 전략과 관련된 다량의 정보를 손에 넣었다는 점을 이야기했다. 해군이 거둔 몇몇 유명한 승리의 숨겨진 요인이 무엇이었는지를 밝히면서, 태평양 전쟁의 작전들은 대체로 일본군 부대들의 배치와 관련해 우리가 획득한 정보를 토대로 전개되었다는 점을 분명히 한 것이다.

상하 양원으로 구성된 진주만 공격 합동조사위원회도 전쟁이 끝난 뒤 육해군의 암호 정보가 역사상 미국이 손에 넣을 수 있었던 가장 값진 정보의 일부였고, 적군을 쳐부수는 데도 많은 기여를 했으며, 전쟁 기간도 크게 단축시켰고, 수천 명의 인명을 구했다는 점을 적시했다. 태평양에서 복무한 스티븐 체임벌린 소장 역시 암호해독에서 나온 것이 태반인 군사정보가 태평양 전역 한군데서만 수천 명의 인명을 구했으며, 전쟁도 2년이나 단축시켰다고 공표했다.

국회의원들도 재빨리 암호해독 군단에 찬사를 보냈다. 1945년 10월 25일에는 뉴욕주 의원 클래런스 행콕이 의회에서 연설을 했다. "암호해독자들의 작업이 수천 명의 고귀한 생명을 구했다"고 운을 뗀 그는 이렇게 연설을 이어나갔다.

암호해독자들은 영광과 나라의 찬사를 받을 자격이 있습니다. 그러나 결코 받지 못하겠지요. 그들은 전쟁이 거의 시작될 무렵부터 일본의 암호를 해독했고, 우리는 전쟁이 끝난 뒤에야 그 사실을 알았습니다. 그들이 암호를 해독했기에 우리는 필리핀이나 태평양 섬들로 향하는 거의 모든 물자 보급선과 수송선을 요격하고 파괴할 수 있었습니다. 한 예를 들자면 맥아더 장군이 필리핀의 레이테섬에 상륙한 직후 일본은 그 섬의 군사력 강화를 위해 4만 명 규모의 병력이 실린 대규모 수송선을 파견했습니다. 그런데 그들이 해상에서 우리 함대와 비행기들을 만나 전멸을 당한 것입니다.

그는 "우리의 암호해독자들이 … 일본과의 전쟁에서 그 어떤 다른 남성 집단들 못지않게 전쟁의 승리를 가져오고 종전을 앞당기게 했다고 믿는다"고 말했다.

그러나 그 암호해독자들의 절반 이상이 여성들이었다는 사실은 어디에도 언급되지 않았다.

1부

전면전이 일어나면 여성들이 필요해질 거예요

1장
28에이커의 여자 동네

1942년 9월

채텀은 버지니아주 남쪽 지역에 위치한 특색 있는 동네다. 보존 상태
가 좋은 빅토리아풍의 건물들이 있고 도심에는 그리스 복고풍의 법원
건물도 있는 것으로 유명한, 천 명이 조금 넘는 주민이 사는 그림같이
아름다운 곳이다. 본래는 몇 마일이나 뻗어나간 담배 경작지를 소유
한 농부들의 거래 중심지였던 채텀은 식민지인들에게 공감하고 부당
한 과세에 반대한 제1대 채텀 백작, 윌리엄 대大 피트Pitt의 이름을 따
지어진 핏실바니아Pittsylvania 카운티의 중심이기도 하다. 그런 역사 때
문인지 조금 외진 마을이기는 해도 그곳에는 늘 고상한 기운이 감돌
았다. 채텀은 1942년에도 예쁜 여자 기숙학교가 있고, 버지니아주와
노스캐롤라이나주의 상류층 아이들과 상류층 진입을 꿈꾸는 아이들
을 교육하는 군대식 남자 사립 고등학교가 있는 것을 자랑으로 여기
는 곳이었다.

그러나 도트 브레이든은 아쉽게도 이 멋진 두 학교에는 채용되지
않았다.[1] 그녀가 학생들을 가르치게 될 곳은 중심가에서 몇 블록 떨

어진 곳에 있는 평범한 공립고등학교였다. 수수한 벽돌 건물인데다, 1942년에는 각종 풍파에도 시달리고 있던 학교였다. 풍파 중에서도 가장 심각했던 것은 거의 모든 직원들의 이직과, 교원들 사이에 일어난 총체적 혼란이었다. 그렇다고 채텀 고등학교에서만 특별하게 그런 일이 벌어졌던 것은 아니다. 그 무렵에는 미국이 2차 세계대전에 참전한 지 1년 가까이 된 시점이라, 징병 연령에 달하고 신체 건강한 남성들 거의 모두가 전장으로 빠져나가 미국 전역의 학교들이 만성적인 교원 부족 사태를 겪고 있었기 때문이다. 한 번도 충분히 공급돼본 적이 없는 남교사들은 거의 자취를 감추고 없었다. 대부분의 여교사들도 마찬가지였다. 전쟁으로 온 나라 사람들이 서둘러 결혼식장으로 몰려가자, 많은 여선생들이 사표를 내고 남성들이 전장으로 떠나기전 결혼을 하려고 했기 때문이다. 사회의 격변과 개인생활의 변화가 가져온 여파가 얼마나 컸던지, 1942년, 새 학년이 시작되었을 무렵 채텀 고등학교의 교육 활동은 완전히 정지된 상태였다. 아니, 스물두 살의 도트는 그렇게 느꼈다.

도트 브레이든은 대학을 갓 졸업한 여성으로서, 채텀 고등학교 교사가 되기 전에는 학생들을 가르쳐본 경험이 없었다. 그런 신출내기가 학교에 부임하고 나서 첫 주에 고등학교 11, 12학년(한국식으로 말하자면 고등학교 3학년과 4학년이 된다. 참고로 미국의 고등학교는 4년제_옮긴이) 영어, 초·중급 프랑스어, 고대 그리스 역사, 공민, 보건, 체조과목을 가르치는 것 외에 젊은이들의 체력 강화를 위해 정부가 새롭게 부과한 운동 과목도 떠맡게 되었다. 정부가 부과한 새로운 운동이란 점심 식사 후 최고학년 여학생들에게 이리저리 행군을 시키는 것이었다. 행군할 때 학생들이 자신을 '브레이든 장군'이라고 불러도 그녀는 꾹 참았다. 키 165센티미터에 푸른 눈과 갈색 머리를 가지고 성격도 단호했던 그녀는 자신에게 주어진 그 모든 업무를 무리 없이 해냈다. 그러던 차에 물리 선생이 학교를 떠나자 학교는 또 다시 혼란에 빠졌다. 그런데 도트가 교직원 회의 때 방정맞게도 물리 교사 자격이 있다는 말을 해버렸고, 그리하여 세상에! 그 많은 과목들에 더해 그녀는 고급 물리까지 가르치게 되었다. 도트는 하루 여덟 시간, 일주일에 닷새를 일했다. 이 교실 저 교실을 뛰어다니며 가르치고, 강의하고, 점수 매기고, 학생들을 행군시켰다. 그 수고의 대가로 그녀가 받는 돈은 연 900달러, 하루 5달러 정도였다.

도트는 힘든 일에 이골이 나 있었다. 하지만 누군가가 물었다면(물론 아무도 묻지 않았다) 미국이 이런 방식으로 전쟁을 수행하는 동안에는 누군가에게 무엇을 가르치는 일이 불가능하다고 말했을 것이다. 채텀 고등학교의 2학년생들(이후 2년이 지나는 동안 2학년생들의 숫자는 절반으로 줄어들었다. 십대들도 전일제로 전시 노력 봉사에 투입됐기 때문이다)도 나중에 졸업앨범 '더 채트The Chat'에, 1942~1943년은 그들이 경험한 학교생활 중 가장 혼란스러운 시기였다고 기록했다. "끔찍했죠." 도트도 훗날 이렇게 말했다. "정확히 말해, 학교는 모든 일을 나한테 떠맡겼어요."

그 상황을 더는 참지 못하게 된 결정적인 계기는 성탄절에 터졌다. 도트는 또 다른 여교사 한 명과 보안관 부부 집에서 하숙을 하고 있었다. 그런데 그해의 절반이 지났을 무렵 그 룸메이트가 별안간 결혼을 한다고 떠나버려 도트는 그녀가 맡고 있던 영어작문 과목까지 가르치게 되었다. 설상가상으로 도트가 식사를 해결하던 식당마저 같은 시기에 문을 닫았다. 일손도 부족하고 고기, 커피, 버터, 치즈, 설탕 등 사람들이 먹고 마시는 거의 모든 물품이 배급제로 바뀐 탓이었다. 그때부터 보안관의 가정부가 그녀의 식사를 조리해주기 시작했고, 도트는 매일 밤 피곤에 지쳐 돌아와 하숙집 방에서 홀로 밥을 먹었다.

그녀가 왜 직장을 그만두지 못했는지를 설명하기는 쉽지 않았을 것이다. 다만 고집이 세고 집요한 성격이어서 무슨 일이 있어도 끝장을 보려고 했던 것은 분명하다. 그리고 그녀는 최선을 다했다. 도트에게 작문을 배운 학생들만 해도 글쓰기 대회에서 기숙학교인 채텀 홀의 학생들을 물리치는 공전의 쾌거를 이루었으며, 그녀에게 물리를 배운 한 학생의 어머니는 학교로 직접 찾아와, 딸이 대학에 가서도 물리를 공부할 생각이라며 도트가 행한 그 모든 노고에 감사를 표했다. 하지만 그해의 마지막 학교 종이 울리자 도트 브레이든은 스커트와 스웨터, 그리고 새들 신들을 꾸려 그곳에서 80킬로미터 떨어진 버지니아주 린치버그의 집으로 갔다.

"학교로는 절대 돌아가지 않겠어요." 집에 온 도트가 어머니에게 말했다. "그랬다가는 죽고 말 거예요. 나는 이제 교직과 그 모든 잡무에서 손을 뗐어요."

모녀는 시내에서 멀지 않은 주택가 가파른 언덕의 꼭대기, 린치버그 패더럴 스트리트 511번가에 있는 빅토리아풍의 수수한 목조주택에 서 있었다. 도트의 어머니가 얻은 셋집이었다. 도트의 어머니 버지니아는 혼자 힘으로 네 아이를 키우고 있었기 때문에, 도트가 벌어오는 돈은 집안 살림에 보탬이 되었다. 좋은 일자리를 구하기도 힘들었다. 도트처럼 고등교육을 받은 근면한 젊은 여성이라도 다를 게 없었다. 지역 구인광고가 원하는 인력은 전화교환수, 웨이트리스, 가정부 정도였다. 물론 늘 그렇듯 교사 구인 광고도 있기는 했다. 하지만 버지니아는 맏딸이 싫어하는 일을 억지로 시키고 싶지는 않았고, 그래서 다른 직업을 알아보겠다는 도트의 의견을 따라주었다.

모녀가 그런 대화를 나눈 지 얼마 지나지 않은 어느 때, 외출에서 돌아온 어머니가 집에서 800미터 정도 떨어진 시내 중심가의 웅장한 그리스 복고풍 노란색 벽돌 건물인 버지니안 호텔에 정부의 채용 담당관들이 와 있다는 말을 했다. 들리는 얘기로는 교사들을 찾고 있다고 하는데, 그들이 제공할 일자리가 정확히 무엇인지는 알 수 없다는 것이었다. 일종의 스파이 행위 같은 일이 아닐까 싶을 정도로 어머니의 말은 알쏭달쏭했다. 정부 채용 담당관들의 말인즉슨, 채용된 사람은 워싱턴 D.C.에 있는 직장에서 전쟁과 관련된 일을 할 거라는 것이었다.

워싱턴 D.C.라! 도트 브레이든은 북쪽으로 고작 3시간 남짓 거리인 미국의 수도를 한 번도 가본 적이 없었다. 그녀가 알고 있던 대다수 사람들과 마찬가지로 그녀도 자신이 사는 주를 거의 떠나본 적이 없었다. 친척들을 방문할 때를 제외하면 휴가를 가본 적도 없고, 여행도 좀처럼 하지 않았다. 그녀가 기억하기로 버지니아를 떠난 적은 몇몇 친구들과 함께 사관생도들과의 댄스 모임을 위해 뉴욕주의 육군사관학교를 찾았을 때가 유일했다. 그것을 빼면 삶의 대부분을 그녀는 두 곳에서만 보냈다. 당시 살고 있던 린치버그와 버지니아주 서쪽 끝에 붙은 조그만 탄광촌 노턴이 그곳이었다. 도트의 가족은 도트가 소녀일 때 노턴으로 이사했다. 아버지는 그곳에서 우편 차를 모는 집배원으로 취직했다. 하지만 부모의 결혼생활은 지속되지 못했고, 결국 어머니는 아이들을 데리고 친척들이 사는 린치버그로 삶의 터전을 옮겼다. 소녀 시절의 도트는 수업시간에 저녁 식탁 주위로 가족이 단란하게 모여 앉은 삽화가 그려진 책을 읽고 있을 때 선생님이 그녀의 뒤로 걸어와 꼼짝 않고 서서 그 그림을 쳐다볼 때면 창피함을 느꼈다. 미국의 많은 가정들이 대공황이 야기한 고난과 혼란을 겪을 때였지만, 결혼생활의 파탄 같은 일들은 여전히 숨기고 싶은 이야기였던 것이다.

린치버그는 대도시가 아니었다.[2] 그래도 노턴보다는 컸다. 주민도 4만 명가량 되었고, 다수의 철도선들(노펙-웨스턴 철도선, 체서피크-오하이오 철도선, 사우던 철도선)도 도시의 철도역으로 덜컹거리며 들어왔다. 언덕이 많은 도시 린치버그는 한때 남부 최대의 담배 시장이 형성되었던 곳이기도 하여, 도시화되던 초기에는 노예들이 삿대질하는 평저선에 커다란 담배통들이 실려 제임스 강변에 위치한 린치버그로 운송되고는 했다. 그 다음에는 운하와 철도가 건설되었고, 신발 공장, 주물 공장, 제지 공장, 제분 공장, 제재소 등의 산업 시설도 더 많이 들어왔다. 도트의 어머니도 작업복 제조 공장에서 비서로 일했다. 돈 벌기는 쉽지 않았다. 어떤 면에서 도트는 대공황을 거의 실감하지 못했다. 대공황이 닥쳤다고 해봐야 평소의 생활과 별로 달라진 것이 없었기 때문이다. 그녀가 태어난 해는 1920년이었고, 주식시장이 붕괴한 것은 그녀의 나이 아홉 살 때였다.

도트는 네 형제의 맏이로서 엄마의 조수 역할도 했다. 바로 아래 남동생(별명이 부바였다)과 죽이 맞아 두 동생을 윽박지르며 허드렛일도 곧잘 시켰다. 도트는 동생들에게 '다이시'라고 불렸다. 동생 한 명이 너무 어려 '도로시'를 발음하는 데 애를 먹었기 때문이다. 티디라는 별칭으로 불린 동생에게는 도트가 언제나 학업과 학업 외 활동으로 분주한, 성취욕 강한 거대한 회오리바람처럼 보였다.

티디는 누나 도트가 분석력과 문학적 감수성이 뛰어나다고 확신했다. 브레이든 집에는 책이 많지 않았지만, 도트는 가지고 있는 책을 읽고 또 읽었다. 어느 성탄절 때 얻은 『서니브룩 농장의 레베카』만 해도 스물다섯 번은 족히 읽었을 것이다. 집에는 그밖에 가죽 장정된 영국 시인 키츠의 책과, 도트가 가장 좋아한 작가 에드거 앨런 포의 전집도 있었다. 수업 중에 발표자로 지명되면 그녀는 급우들을 주눅 들게 하려고, 포의 시나 소설을 연기하듯 즐겨 인용했다(포의 시 '더 레이븐The Raven'에 반복적으로 등장하는, "까마귀가 말하길 '네버모어'" 같은 구절). 그녀에게는 '그 즉시forthwith'나 '서한epistle'과 같은 단어들을 평범한 회화체로 말하는 배우적 기질이 있었다. 도트와 형제들은 공립도서관에서 빌려온 성인용 탐정소설도 탐독했다. 귀가한 어머니가 방안에 옹기종기 모여 앉아 책 읽는 아이들 모습을 보고 "얘들아 밖에 나가 햇볕 좀 쐬렴!"이라고 소리치기 일쑤였다.

도트는 성격이 밝고 활달한 어머니와 매우 친했다. 버지니아 브레이든은 그녀 스스로 경제적 혜택을 못 누리고 자라서인지, 자식들에게는 자신보다 나은 기회를 기필코 부여해주려고 했다. 도트도 집에서 4킬로미터 정도 떨어진 랜돌프-메이컨 여자대학교에 보내기로 일찌감치 결정을 해놓았다. 린치버그 중심지에 위치한 손질 잘된 100에

이커 크기의 캠퍼스와 제임스강을 굽어보는 열여덟 동의 붉은색 벽돌 건물들이 들어찬 4년제 대학 랜돌프-메이컨은 1918년까지는 공립대학이 들어서지 않았던 버지니아주에 젊은 여성들을 교육시킬 목적으로 19세기에 설립된 다수의 사립대학교들 가운데 하나였다. 그런데 랜돌프-메이컨은 버지니아주의 여러 유명 사립대학교들(스위트 브라이어, 홀린스, 웨스샘프턴, 메리 볼드윈) 중에서도 가장 엄격하고 까다로운 학교로 정평이 나 있었다.

도트도 어머니의 지시를 기꺼이 따랐다. 문제는 돈이었다. 지역의 경영자협회가 수여한 장학금으로 수업료는 충당되었다지만, 학교를 다니려면 도서 구입비도 필요했는데 집에는 돈이 없었다. 도트는 방에 틀어박혀 엉엉 울었다. 결국 너그러운 삼촌이 그녀의 구세주로 나타났다. 삼촌이 숙모에게는 말하지 말라는 입단속을 시킨 뒤 책 살 돈을 빌려준 것이다. 도트는 재학 중에는 꽃집에서 일하고 물리학 답안지를 채점하며 가욋돈도 벌었다. 유복한 동급생들이 사교계 데뷔를 하고 여가 시간에 풋볼 경기를 보러갈 동안에도 도트는 전차를 타고 집, 직장, 강의실을 분주히 오갔다. 그녀는 랜돌프-메이컨을 다니는 동안 자신이 언어에 소질이 있다는 것도 알게 되었다. 그래서 중학교 7학년 때부터 배우기 시작한 라틴어와 프랑스어를 대학에 들어가서도 계속 배웠다. 프랑스어의 경우, 일부 동급생들과 달리 그녀는 유럽 여행을 해보지 않았기 때문에 말하기는 힘들어했으나 쓰기와 읽기는 수월하게 해냈다.

* * *

도트가 버지니안 호텔에 모습을 드러낸 것은 1943년 9월 4일 토요일이었다. 그 무렵에는 린치버그도 전쟁의 분위기에 젖어들어 그해 여름 내내 도시의 조간·석간신문들(《더 뉴스》와 《더 데일리 어드밴스》)은 로마와 시칠리아 등지에서 벌어지는 전투 기사들로 도배가 되다시피했다. 연합군의 폭격 상황, 독일 철도 시스템의 형세와 히틀러의 유럽 제국, "죽음 앞에서도 웃는 미국의 젊은 비행사들"의 용맹함, 일본군이 남태평양의 거점으로 쓰고 있던 뉴기니의 도시 라바울과 같이 멀리 떨어진 전역에서 벌어지는 전투의 새로운 전개 양상이 줄줄이 실렸다. 신문들은 국내 상황에도 관심을 돌려, 지역 암시장들, 천정부지로 치솟는 물가, 버터 공급, 석탄 상태, 면직물 부족, 아동들의 발 사이즈가 커진 데 따른 특대 신발 배급권의 발행, 노퍽에서 "가을의 전령사" 굴이 처음 출하되어 최근 도시로 들어왔으나 굴 껍질을 깔 일손이 없다는 기사들을 게재했다. 그밖에도 신문에는 시민들에게 전시 우표 구매를 독려하는 디스플레이 광고, 설탕을 배급받던 시기에 급히 치러지는 예식에 쏠 웨딩케이크 만드는 법을 알려주는 식품 기사, "위원회 모임과 모금 운동, 여타 애국적 활동 모임에서 가장 돋보일 수 있는, 공적 생활에 어울리는 최상의 복장"을 구비하고 있다는 밀너의 옷가게 광고도 실렸다.

그런 상황이었으니 한 호텔의 로비에 전시의 인력 채용 담당관들이 나타난 것은 전혀 이상할 게 없었다. 도트가 호텔 출입구에 들어서니 남녀가 한 팀을 이룬 채용 담당관 두 명이, 휘황찬란한 샹들리에가 걸린 9미터 높이의 반원형 아치 천장 아래 로비 테이블 뒤에 서 있는 게 보였다. 두 사람은 도트의 유창한 언어 실력에 관심이 많은 듯, 구직 신청서에 그녀의 이름, 주소, 학력, 경력을 자세히 기재해달라고 했다. 본인의 성격이 어떤지와 가족 구성원 가운데 군대에 복무 중인 사람이 있는지도 적어달라고 했다. 그 무렵 도트의 두 남동생은 군대 복무 중이었다. 실명이 보이드 주니어인 부바는 무선 조작병과 육군 항공대의 기술병을 훈련시키는 일리노이주 스콧 필드(스콧 공군 기지의 전신)에 주둔하고 있었고, 티디라는 별칭으로 통한 존은 텍사스주에 신설된 대규모 육군 신병훈련소인 캠프 패닌에 있었다. 신청서에는 도트가 회원으로 가입된 클럽 이름들도 기재하도록 되어 있어, 그녀는 '내셔널 아너 소사이어티(전미 우등생 협회)'와 '퀼 앤 스크롤(국제 고등학교 저널리즘 단체)'을 적어 넣었다.

채용 담당관들은 도트에게 추후에 연락해주겠다고 했다. 거리로 나온 도트는 희망을 느꼈다. 워싱턴에서 일한다는 것은 생각할수록 매력 있는 일이었다. 브레이든 가족도 미국의 여느 다른 가족들과 다를 바 없이 전시 노력에 힘을 보태는 일에 열심이었다. 심지어 티디는 집에서 기르던 개 푸치의 지원 요청서를 관계 기관에 보내라는 편지를 도트에게 보낼 정도였다. 군견 훈련소의 정중한 거절 편지를 받기는 했지만 말이다. 도트에게 있어 미국의 수도에서 일한다는 것은 그녀가 스스로에게 주고 싶어 했던 삶의 소중한 쉼표였다. 그 일이 어떤 종류인지 알 수 없다는 것도 그녀를 흥분시켰다.

그로부터 몇 주 뒤 도트의 희망은 현실이 되었다. 통신대의 일부인 미 육군 통신정보국의 군무원으로 일해 달라는 통지서가 패더럴 스트리트 511번가로 배달된 것이었다. 워싱턴까지 가는 여비는 본인 부담으로 기재돼 있었지만, 연봉이 교사 봉급의 거의 두 배에 달하는 1,620달러였으므로 문제될 것은 없었다.

공기에서 가을 기운이 느껴지던 1943년 10월 11일의 아침, 버지니아 브레이든은 린치버그 기차역으로 딸을 바래다주러 갔다. 도트의 이모 한 명도 동행하여 두 노부인은 울면서 그녀를 배웅했다. 도트는 긴장이 되어 눈물도 나오지 않았다. 손에는 비옷과 우산, 그리고 집에 있던 의복을 모두 꾸려 넣은 딱딱한 재질의 소형 여행가방 두 개가 들려 있었다. 기차는 만원이었다. 휘발유와 타이어가 배급제여서 대다수 사람들이 원거리를 여행할 때는 자동차를 이용하지 않았기 때문이다. 기차 안에서도 군인들에게 좌석 우선권이 주어져, 민간인들은 서서 가거나 복도에 세워놓은 여행가방 위에 앉아가기 일쑤였다. 하지만 도트는 이날 운이 좋아 고등학교 때부터 알고 지내던 청년 곁에 자리를 하나 잡았다. 그가 훈련소에 가는 길이라고 하면서 그녀의 행선지를 묻자 도트는 "정부기관에 일자리를 얻어 워싱턴으로 가는 길이야"라고 자랑하듯 말했다. 무슨 일이냐고 묻는 질문에는 솔직히 모르겠다고 말했다. 신청서에 '암호해독'을 말하는 듯한 암시가 어렴풋이 있었던 것 같은데, 그것이 무엇을 의미하는지 그녀로서는 알 길이 없었다.

* * *

열차가 버지니아의 남쪽 지역을 떠나 피드몬트의 구릉 지역을 향해

감에 따라 차창 밖으로 마을, 나무, 농지들이 연달이 지나갔다. 수도에 가까워질수록 피드몬트의 대지는 평평하게 변했다. 몇 시간 뒤 기차는 워싱턴 유니언 역에 들어섰다. 미국이 세계대전 와중에 있다는 엄연한 사실과 필승을 다지는 결의가 역의 모든 곳에서 감지되었다. 기차에서 내린 도트에게도 그곳은 고향 도시보다 돌아가는 속도도 빠르고, 결연함도 더 강하게 느껴졌다.[3] 린치버그에는 전쟁이 모습을 드러냈을 뿐이지만, 워싱턴에는 전쟁이 어디에나 있었다. 열차에서 내리는 승객이 하루 10만 명을 상회한 유니언 역이 특히 그랬다. 승객은 흑인, 백인, 남성, 여성 등으로 다양했다. 미국 전역의 도시들을 돌아다니는 양복 차림의 남성들이나 군복 차림의 남자들은 물론 심지어 여자 군인들도 있었으며, 허리춤을 단정하게 여민 의복이나 웃옷 차림에 모자를 쓴 민간인 여성들도 있었다.

개찰구를 지나 역의 중앙홀로 들어선 도트는 공간의 규모에 위축감을 느꼈다. 워싱턴 기념탑을 펼쳐놓을 수 있을 만큼 거대하다고 알려졌으니 그럴 만도 했을 것이다. 아치형의 출입구, 대리석과 흰색 화강암, 근육질의 다리와 허벅지가 여성들에게 심하게 노출되지 않도록 방패로 앞을 가린, 고대 군단병의 조상들이 장식된 유니언 역은 그녀가 보았던 시설물들 가운데 가장 으리으리한 곳이었다. 기존 매표 창구 외에 추가 매표 창구들도 설치돼 있었으며, 폭증하는 전시 여행자들의 편의를 위해 플랫폼들도 길게 연장돼 있었다. 어마어마한 크기의 대합실도 있었으며, 그곳의 기다란 마호가니 의자들에는 언제나 그렇듯 사람들이 빈틈없이 앉아 있었다. 기차역에는 역마다 으레 있게 마련인 신문 가판대, 동전으로 구동되는 로커, 잡화점, 소다수 판매

소 외에도 군인 식당이 추가로 설치돼 있었다. 도트의 머리 위 천장에서도 '미국은 언제나 자유를 위해 싸울 것이다'라고 적힌 대형 포스터가 펄럭거렸다. 하지만 이렇게 군대 냄새 물씬 풍기는 역에는 여성의 역할도 있었다. 기차의 도착 시간을 알려주는 것이 여성의 목소리였던 것이다.

도트는 소지품을 단단히 부여잡고 인파를 헤치고 나갔다. 택시라고 적힌 도로 위 간판을 눈으로 따라가며 역 한 편의 정류소에 가서 난생 처음 택시를 불러 탔다. 그녀는 기사에게 정부의 채용 담당관들이 알려준 주소를 말해준 뒤 흥분되고 떨리는 마음으로 뒷좌석에 앉았다. 택시는 도트가 실물로 본 적은 없지만 학교 다닐 때 교과서에서 보아 낯이 익은 워싱턴의 주요 장소들을 차례로 지나쳤다. 국회의사당과 하늘 높게 치솟은 워싱턴 기념탑이 차창 밖으로 언뜻 스쳐지나가는 것이 보였다. 이윽고 택시가 내셔널 몰(워싱턴 D.C.에 있는 공원)의 서쪽 언저리를 지나자 링컨 기념관이 보였고, 알링턴 기념교의 넓은 띠가 나타났다. 에이브러햄 링컨의 동상과 그가 상징하는 모든 것(노예해방, 단합)을, 버지니아의 한 언덕에 서 있는 우아한 알링턴 하우스(로버트 E. 리 장군의 옛 주거지)의 형태로 남북전쟁에서 패한 남부와 이어주는 연결고리, 단순한 물리적 연결고리에 그치지 않고 상징적 연결고리 역할도 하는 그 알링턴교였다. 택시가 포토맥강을 지나 푸른 언덕과 흰 묘석들이 점점이 찍힌 알링턴 국립묘지 언저리의 국도를 달릴 때는 미국의 과거와 현재 역사가 사방에 펼쳐졌다. 그러고 나자 택시는 이제 포토맥강을 뒤로 하고 버지니아 교외로 깊숙이 들어서기 시작했다. 그들은 대체 어디로 가고 있었던 걸까? 택시가 멈출

줄 모르고 계속 달리자 도트는 목적지야 어찌 됐든 요금이 모자랄지도 모른다는 생각에 속이 탔다.

택시가 드디어 도트가 본 것들 가운데 가장 낯설어 보이는 장소 앞에 멈춰 섰다. 도로에서 멀리 떨어져 있어 보행자들 눈에도 잘 띄지 않는 그곳은 작은 도시를 방불케 하는 기지였다. 나무들의 장막 뒤로 도트에게도 익숙한 모습의 커다란 학교 건물이 어렴풋이 보였다. 넓은 중앙 진입로가 있고 이오니아식 기둥 여섯 개가 떠받치는 형태의 포티코가 높은 노리끼리한 L자형 4층 벽돌 건물이었다. 여기저기 신축 건물들도 흩어져 있었다. 두 개의 철조망 펜스가 기지 주변을 둘러싸고 있었고, 각 건물들에도 보안 펜스가 설치돼 있었다. 도트가 그곳에서 받은 주된 인상, 평생 잊지 못하게 될 주된 인상이 바로 보안 펜스의 철조망이었다. 고위급 장교들도 넘어 다니고, 비옷과 우산 그리고 두 개의 여행가방을 손에 든 스물세 살의 전직 교사인 그녀도 통과할 것으로 예상되는 무시무시하고 높은, 셀 수도 없이 많은 철조망들을 그녀는 영원히 잊지 못하게 될 터였다.

도트는 가지고 있던 돈을 탈탈 털어 택시 요금을 지불하고 게이트로 걸어 올라갔다. "여기 오기로 돼 있는 사람인데요." 그녀가 불안하게 이름을 말하자 경비병이 전화기를 집어 들었다. 그런 다음 그가 알려준 대로 학교 건물에 가서 문을 여니 다행히 기다리는 사람이 있었다. 도트가 들어간 곳은 알링턴 홀이라고 불리는 곳이었다. 백합 연못과 실내 승마장이 완비돼 있고 깔끔하게 조성된 중앙 진입로 양옆으로 만개한 벚꽃나무들도 줄줄이 심어져 있는 2년제 초급대학으로 일종의 신부 학교였던 곳인데, 그 무렵에는 미국 전쟁부가 징발해 목적이 불분명한 정부기관으로 개조해 쓰고 있었다. 하지만 그곳에 존재하는 수많은 군 장교들을 보자 도트는 자신이 앞으로 할 일이 추측했던 것보다 훨씬 중요하리라는 확신이 들었다. 그러자 덜컥 겁이 났다. 본관 안에는 아직도 프랑스식 문(좌우로 열리는 두 짝 유리문_옮긴이)이 남아 있고 여학교 특유의 아름다운 쇠시리 장식(요철이 있는 곡선 윤곽의 장식적인 모양. 주로 창틀이나 기둥, 가구의 테두리를 꾸민다_옮긴이)과 우아한 중앙 계단도 남아 있었다. 하지만 비품은 사무용 의자와 책상들뿐이었다. 도트와 비슷한 나이 또래처럼도 보이고 조금 어리게도 보이는 당당한 민간인 여성이 그곳 전체를 관리하고 있는 듯 했다.

　도트 이외의 다른 여성들도 알링턴 홀에 도착하여 복도로 모여들고 있었다.[4] 그들도 도트와 마찬가지로 불안해 보였고 여행으로 꾀죄죄한 모습들이었다. 여성들 무리가 복도에 모이자 당당해 보이는 아까 그 여성이 응접실 같은 곳으로 그들을 데려가 합중국에 대한 충성의 선서문을 한 장씩 나눠주었다. "국내외의 모든 적으로부터 미합중국의 헌법과 법률을 옹호하고 준수한다"는 것과, 이 같은 의무를 "어떤 주저함도 없이 또한 회피의 의도 없이 자유로이" 수행한다는 말이 적힌 선서문이었다. 도트는 거기에 서명했다. 공적 업무 이외에는 어느 누구와도, 지금이나 그 어느 때나 직무 관련 이야기를 논하지 않을 것이고, 이를 어길 시 스파이법의 적용을 받아 기소될 수 있음을 받아들이겠다는 내용의 비밀 엄수 서약문에도 서명했다. 이 모든 과정이 그녀를 두려움에 떨게 했다. 비로소 새 일터에 왔다는 느낌이 들었기 때문이다. 그 당당한 젊은 여성이 도트에게 오늘은 이만하겠으니, 내일 다시 오라고 했다.

"여기서 버스를 타면 숙소까지 갈 수 있을 거예요." 그녀가 말했다.

도트가 멍한 얼굴로 "숙소가 어디죠?"라고 물었다.

그러자 그 여성은 어처구니가 없다는 듯 "숙소 안 정하셨어요?"라고 되물었다.

당황한 도트가 "네, 안 정했는데요"라고 더듬거리며 말했다. 그녀는 전시 복무에 대한 대가로 숙소는 당연히 미국 정부가 제공해줄 것으로 믿고 있었다. 아니 그렇게 들었는지도 몰랐다. 하지만 그것은 그녀의 오판이었다. 그곳에는 도트가 신세 질 만한 사람도 없었다. 워싱턴이나 워싱턴 근교에는 그녀의 지인이 한 사람도 없었던 것이다.

그 당당한 젊은 여성은 딱하다는 표정을 지으면서도, 근처에 방을 빌릴 수 있는 시설이 하나 있다고 말했다. 도트가 그 말을 듣고 짐을 주섬주섬 챙겨들고 버스에 올랐다. 하지만 15분인가 20분 후에 버스에서 내리니 그곳은 또 다른 대학 캠퍼스였다. 게다가 그곳 건물들은 오래되지도 않았고 천장이 높지도, 격조가 높지도 않았다. 새로 포장된 도로들과 연결되도록 일렬로 배열된, 급조된 신축 건물들이어서 보기에도 흉했다. 건물들 사이에 심어놓은 울창한 나무들도 아치형으로 늘어진 나뭇잎들과 조악한 신축 건물들이 따로따로 놀아 쾌적하기보다는 조화롭지 못한 느낌이 들었다. 도트는 버스를 함께 타고 왔던 근로자들이 가는 쪽으로 향했다. 그들 모두 여성이었다. 그들이 향해 간 장소는 도트처럼 직장을 얻어 정부의 전시 노력에 힘을 보태기 위해 워싱턴에 온 젊은 여성들에게 숙소를 마련해주라는 영부인 엘리너 루스벨트의 지시로 지어진 곳이었다. 예전에 남북전쟁과 1차 세계대전 같은 전쟁을 치를 때도 여성 근로자들은 수도로 몰려들었지만, 이번에 쇄도한 여성들의 물결은 그때와는 비교도 안 될 만큼 많았다. 유니언 역에서 기차를 내리는 여성이 하루 수백 명이어서 수도와 수도 주변 일대에는 심각한 주택난이 야기되었다.

여성 전용 주거 단지 또한 알링턴 홀처럼, 워싱턴 중심과 비교하자면 좁고 특징 없는 근교에 불과한, 버지니아주 알링턴 카운티에 위치해 있었다.[5] 그 무렵 알링턴은 인구가 급증하고 있던 수도와 마찬가지로 펜타곤(미국 국방부)이 건설되면서 남쪽 지역이 사실상 군사도시가 됨에 따라 인구가 곱절로 빠르게 늘어나고 있었다. 하지만 강 근처 땅에 생뚱맞게 들어선 여성 전용 주거 단지는 전쟁 기간에만 사용할 계획이어서, 시공사조차 존속 기간이 짧을 것임을 염두에 두고 지은 것이 분명한 날림 구조물이었다. 한 신문기자는 그 주거 단지를 "지극히 임시방편적으로 보이는 잿빛 외관"을 지닌 곳으로 묘사했다.

여성 전용 주거 단지는, 한때 미국 초대 대통령의 아내였던 마사 워싱턴의 자손인 로버트 E. 리 장군의 부인 메리 애나 커스티스 리의 가족 소유 땅에 지어진 곳으로 도트가 오기 고작 몇 달 전에 완공되었다. 남북전쟁이 끝나자 그 땅의 많은 부분이 연방정부 소관이 된 것인데, 그래서 얼마 전까지도 미 농무부는 그곳에 '실험 농장'을 조성해 놓고 농작물과 재배 방법에 대한 원예 연구를 실시하고 있었다. 이름하여 알링턴 농장이었다.

그러나 꼴사나운 여성 전용 주거 단지에는 비공식적인 다른 명칭들도 있었다. 워싱턴 일대에서는 그곳이 빠르게 여자 동네로 소문나고 있었다.

다른 지역 주민들은 그곳을 '28에이커의 여자 동네'라고 불렀다.

도트는 그런 사실을 몰랐다. 하지만 미국의 언론매체들은 워싱턴에 젊은 여성들이 유입되는 상황을 진작에 주목하고 있었다. 중앙인사위원회가 방어력 강화를 위해 근로자들을 채용하기 시작한 1940년에만 정부기관에 채용된 여성이 2만 4,000명이 넘었고, 이후에도 수만 명이 더 들어왔으니 말이다. 도시에 생겨난 수많은 하숙집들과 함께 워싱턴의 인구도 20만 명 넘게 증가했다. 그래도 인구 변화를 가장 상징적으로 보여주는 곳은 역시 여성 근로자 7,000명이 사는 곳, '여성들의 장기 주거지'인 알링턴 농장이었다. 매체들은 그곳 거주자들을 수도에 사는 순진한 촌뜨기들로 묘사하며 허세를 부렸다. 여성잡지인 《굿 하우스키핑》도 알링턴 농장 거주자들을 "포토맥강변의 새로운 군단, 비상시국에 정부기관에서 일하기 위해 외딴 농장, 활기 없는 조그만 동네, 어수선한 도시들에서 워싱턴으로 몰려온, 생기발랄한 미국 젊은이들"[6]이라고 부르며 잘난 척하는 기사를 게재했다.

여성들은 농장의 풀이 자랄 새도 없이 알링턴 농장에 입주했다. 어떤 여성들은 의회에서 일하기 위해 왔고, 다른 여성들은 연방 기관에서 일하기 위해 왔으며, 또 어떤 여성들은 전쟁부의 새 청사가 된 펜타곤에서 일하러 왔다. 도트처럼 알링턴 홀에 고용된 여성들도 많았다. 이들은 정부기관에서 일하는 여성들, 줄임말로 여성 공무원들g-girls로 알려졌다. 주거 단지는 여성들이 일상생활에 신경 쓰지 않고 전쟁의 승리를 돕는 일에만 매진할 수 있도록, 가능한 한 편리하게 설계되었다. 식사는 알링턴 농장의 카페테리아에서 해결하게 하고, 의복을 드라이클리닝하는 일이나 세탁도 세탁실에 맡기게 했다. 기거하는 방의 청소도 일주일에 한 번 청소원이 해주었다. 알링턴 농장에는 피아노와 스낵 바, 그리고 미국 드럭스토어 안 데이트 장소를 본 떠 만든 아늑한 쉼터도 갖춰져 있었다. 단지 내 건물들의 명칭은 미국 각 주의 이름을 따 붙여졌다.

도트가 주거 단지의 접수처로 다가가자, 직원이 아이다호 홀에 빈 방이 있다고 하면서 한 달 치 방세 24달러 50센트를 선금으로 요구했다. 도트는 깜짝 놀랐다. 그만한 액수의 돈을 가져본 적도 없거니와 첫 봉급을 받을 때까지는 가져볼 가능성도 없었기 때문이다. 풀이 죽은 그녀는 공중전화 박스로 가서 어머니에게 장거리 전화를 걸었다. "방세를 선불로 내야 한대요." 도트가 버지니아 브레이든에게 말했다.

"방세가 선불이라니, 금시초문이구나." 어머니가 귀에 익은 목소리로 말했다.

"제 말이 그 말이라니까요, 엄마." 도트가 맞장구를 쳤다. 어머니의 경제적 부담을 덜어주려고 직장을 잡은 것인데 도리어 부담을 가중시키는 것 같아 도트는 죄책감이 들었다.

"그래, 알았다. 돈을 구해서 보내주마." 어머니는 그렇게 말했고, 그것으로 일은 해결되었다.

아이다호 홀은 조립식으로 보이는 정사각형과 직사각형의 공간들에 1인용 방과 2인용 방들을 들이고, 긴 복도를 따라 출입문들을 줄줄이 배치한 2층짜리 건물이었다. 주거 단지에는 그런 건물들이 총 10군데 있었으며, 각 건물의 정원은 700명가량이었다. 그중의 하나인 아이다호 홀에는 그곳을 자주 드나드는 군인 및 선원들과 브리지 게임을 하고 춤을 추거나, 함께 앉아 차를 마실 수 있는 로비와 휴게실도 있었다("노처녀의 집을 운영하고 싶지는 않았거든요." 아이다호 홀의 관리자였던 윌리엄 J. 비셀이 그곳에서 남녀 교제가 쉬웠던 사실을 변명하듯 말했다). 그밖에 아이다호 홀에는 오락실, 화장품 및 잡화를 파는 상점, 우편함들이 밀집해 있는 거대한 창구에서 여성들이 편지를 수령할 수 있는 우편 데스크도 있었다. 여성들은 어디에나 있었다. 그들은 나이대도 다양했다. 도트 또래의 젊은 여성들이 있었는가 하면, 몇몇 여성들은 그녀보다 나이가 많았고 서른 살 혹은 마흔 살 정도 되는 여성들도 있었다. 도트는 아이다호 홀의 I-106호실을 배정받았다. 문을 여니 그곳은 침대 하나, 책상 하나, 거울 하나, 재떨이 하나, 베개 두 개, 의자 하나, 창문 하나가 있는 조그마한 1인용 방이었다. 복도 끝에는 공동욕실과 샤워장 그리고 입주 여성들이 옷을 빨고 머리를 감을 수 있는 세면대가 설치돼 있었다. 이곳에서는 여성들이 실내복 차림이나 브래지어와 팬티 차림으로 활보할 수 있었다. 다만 알링턴 농장이 주택으로 보이지 않도록 세탁물은 실내에만 널도록 되어 있었다. 각 층에는 다리미 판과 간이 부엌도 설치돼 있었다. 벽에는 벽화가 그려져 있었다. 여성들에게 영감을 주기도 하고 막사였던 장소를 값싸게 치장하려는 목적으로 공공사업진흥국WPA이 제작한 것이었다. 복도를 따라 걷던 도트는 일부 여성들의 방에 커튼이 쳐져 있는 것도 보았다. 자세히 보니 화려한 꽃무늬가 있는 사라사 무명 커튼이었다.

그날 도트는 난생 처음 낯선 사람들 틈에서 밤을 보냈다. 이튿날 아침에는 정류장까지 걸어가, 손에 핸드백을 들고 셔츠웨이스트 드레스(보통은 허리띠가 있고 칼라와 몸통이 셔츠 형으로 만들어진 원피스 형태의 옷_옮긴이) 차림에 모자를 쓴 다른 여성들과 함께 버스를 기다렸다. 알링턴 홀로 향하는 버스에는 아무 표시가 없었고, 도착지 표시도 없었다. 버스를 타고 펜스가 둘러쳐진 영내에 들어온 도트는 어제처럼 다시 여자들의 무리 속에 섞였다. 어제 본 여성들 몇 명이 눈에 띄었다. 누구도 자신이 그곳에 와 있는 이유를 알지 못했다. 혼란이 그들을 감쌌다. 여성들이 지시 사항을 기다리며 우왕좌왕하는 사이 도트는 노스캐롤라이나주의 더럼에서 온, 그녀보다 나이가 약간 많아 보이는 리즈라는 여성과 잡담을 나누었다.

"이제부터는 네 곁에서 떨어지지 않을 거야." 리즈가 말했다. "네 얼굴에는 네가 하는 일을 다 알고 있다는 표정이 서려 있거든."

그 말에 도트는 실소를 금치 못했다. 워싱턴에 온 지 고작 24시간밖에 되지 않아, 그녀 역시 아직은 처음 왔을 때처럼 모든 것이 어리둥절하게 느껴졌기 때문이다. 도트는 '도로시 V. 브레이든'이라는 글자와 '7521'이라는 번호가 적힌 표지를 들고 정면 사진과 측면 사진을 찍었다. 그리고 그것을 영내의 특정 구역을 드나들 때 필요한 배지에 부착했다. 이어서 진행된 며칠간의 오리엔테이션에서 그녀는 앞으로 하게 될 업무의 비밀 엄수 필요성에 대해 집중 교육을 받았다. 방들과 작업 공간들도 둘러보고, 그곳들에서 진행되는 활동을 통해 '암호해독'에 수반될 일들을 어렴풋이 감지했다. 수반될 일은 상당히 많을 터였다. 매일 밤 그녀는 랜돌프-메이컨 대학 출신이자 전직 교사인 자신이 적군의 암호를 해독하는 사람으로 채용되었다는, 도저히 믿기지 않는 일이 벌어졌다는 생각을 하며 1인용 방으로 돌아왔다.

***

도트는 학교 건물 본관 뒤쪽의 경사지에 지어진 나지막한 2층 건물, 빌딩 B에서 대부분의 시간을 보냈다. 새로운 일터 역시 그녀가 묵고 있던 건물과 마찬가지로 '전시의 임시 워싱턴'이라 해도 좋을 만큼 기능적으로 설계돼 있었다. 빌딩 B는 위에서 보면 근처의 빌딩 A와 마찬가지로 커다란 빗 모양을 하고 있었다. 건물의 중심부를 형성하고 있는 후면의 수평 통로 양옆으로 12개 정도의 윙이 중심부와 직각이 되게 이빨처럼 삐죽삐죽 돌출돼 있는 구조였다. 건물 안쪽의 각 윙들 중앙에는 복도가 있고, 그 양옆으로 방들이 배치돼 있었다.

방들에는 사람들이 빼곡히 들어차 있었다. 대부분이 여성인 그들은 그 방들에서 그래프 용지, 카드, 연필, 여러 장의 종이들을 가지고 작업에 열중했다. 책상에서 일하는 여성들도 몇몇 있었으나, 대다수는 테이블에서 일했다. 도트는 그렇게 많은 여성이 붙어 앉아 일하는 광경을 본 적이 없었다. 랜돌프-메이컨 대학 재학 시절, 시험 기간의 도서관에서도 보지 못한 광경이었다. 한 사람의 책임자를 중심으로 돌아가는 구조도 아닌 듯 했으나, 테이블에서 일하는 여성들은 자신들이 하는 일을 잘 알고 있는 것처럼 보였다. 그들은 자리에 앉아 일에만 열중했다. 몇몇 테이블에는 카드와 종이 더미가 쌓여 있었고, 다른 테이블에는 마치 마른 국수 가닥처럼 가는 종이 띠들이 줄에 걸려 있었다. 벽에도 상자와 서류함들이 배치돼 있었다. 금속 재질의 함은 전시 노력의 제물로 바쳐졌기 때문에 그곳에 있는 서류함은 모두 목재로 만들어져 있었다. 방에는 사람들이 오가는 통로가 마주치는 곳마다 높이 2미터 정도의 대형 선풍기도 세워져 있었다. 소음이 심하고 종이들을 사방으로 날려, 사람들은 그 지점에만 오면 어느 쪽으로 방향을 잡아야 할지 갈피를 잡지 못했다. 간단히 말해 그 작업실은 도서관 같이 조용하지는 않았지만 카페테리아 정도로 시끄럽지는 않은, 낮은 목소리로 속삭이는 듯한 소리가 끊이지 않는 곳이었다.

도트는 며칠 뒤 그곳 사정을 훤히 꿰게 되었다. 처음에는 빌딩 B의 많은 부분이 비슷비슷해 보여 분간이 되지 않았으나, 시간이 조금 지나자 여러 공간에서 일어나는 일들의 차이점이 눈에 들어오기 시작했다. 빌딩 B에는 여성들이 책상이나 테이블에서 일하는 방들 외에 도표작성기와 천공기, 낯선 종류의 타자기와 같은 기계들을 운전하는 방들도 있었다. 소형 기계, 대형 기계, 소음이 많은 기계, 두꺼운 케이블 다발을 통해 다른 기계들로 접속되는 기계들 등, 기종도 다양했다. 도트는 그에 대해 아는 것이 없었다.[7] 그래도 세계 최대의 암호 전문 시설에 무난히 안착했다.

여성들은 곳곳에서 항공우편, 케이블, 텔레타이프를 통해 쏟아져 들어오는 적의 메시지들을 공격하고 있었다. 메시지들은 나치 독일, 일본, 이탈리아, 독일 점령하에 있던 비시 프랑스, 사우디아라비아, 아르헨티나는 물론이고 심지어 스위스와 같은 중립국들에서 최고 정치 지도자들과 군 사령관들이 주고받은 것이었다. 연합국의 도청 기지들에서 1차로 도청을 하면, 미국 통신원들이 암호화 기계를 사용해 그것을 2차로 암호화하여 알링턴 홀로 보내주었다. 그러면 알링턴 홀에서는 덧대진 미국 암호를 제거하고 저변에 깔린 적의 암호를 풀어 메시지를 해독하는 것이었다.

그 모든 과정이 비상식적으로 복잡했다.

엄밀히 말해 알링턴 홀은 군 기지, '알링턴 홀 기지'로 알려진 곳이었다. 도트도 공장의 조립라인을 본 떠 설계된 그곳 시설에서 수천 명의 사람들이 일하는 광경을 볼 수 있었다. 구성원들은 소수의 군 장교와 사병들, 나이든 교수와 신체검사에서 탈락해 입대하지 못한 젊은 장애인들(그중 일부는 간질과 같은 심각한 장애를 갖고 있었다)을 포함해 몇몇 민간인 남성들도 있었으나, 대다수는 도트와 같은 민간인 여성들이었고, 그들 대부분이 또 도트처럼 교사 출신이었다.

교사들은 이미 그들이 갖춘 교육 수준을 넘어서는 여러 가지 이유로 암호해독 일에 적합하다는 판정이 난 상태였다. 도트가 암호해독자로 채용될 무렵, 알링턴 홀에서는 직원 한 명이 상사의 재촉을 받아 유능한 암호해독자의 자질을 정리하는 보고서를 작성하고 있었다.[8] 자질을 파악하기는 쉽지 않았다. 관리자들에게는 유감스럽게도, 한 사람의 배경과 그 사람의 암호해독 능력 사이에는 상관관계가 없는 것으로 결론이 났다. 일부 박사학위 소지자들은 암호해독에 부적격자로 판명이 난 반면, 몇몇 고등학교 중퇴자들이 암호해독의 적격자로 판명이 난 것만 해도 그랬다. 암호를 깨끗하게 풀어낸 연극배우가 있었는가 하면, 정규 교육을 거의 받지 못한 여성이 퍼즐과 암호광들 단체인 미국암호협회의 스타 회원인 경우도 있었다. 암호해독에는 문해력, 수리력, 신중함, 창의력, 디테일에 꼼꼼하게 주의를 기울이는 능력, 필요할 때 과감하게 추측할 수 있는 판단력이 요구되었다. 단조로운 일도 견뎌낼 수 있는 끈기와 지칠 줄 모르는 에너지도 필요했다. 그 무렵에는 신뢰할 만한 적성검사가 아직 개발되지 않은 상태였다.

그러므로 알링턴 홀의 관리들도 그때까지는 '추론'과 '단어들의 의미'를 기초로 하여 만든 문제들이 암호해독자로서의 적합성 여부를 가려내는 데 약간의 통찰만 준다고 알고 있었다. 그것도 계산력 검사에서 낮은 점수를 받은 사람들은 간단한 지시를 따르고 단순한 기술을 이해하는 데도 곤란을 겪을 수 있다는 전제하에 내려진 결론이었다. 계산력 검사에서 높은 점수를 받은 사람들은 암호해독 결과도 대체로 양호하게 나타났다.

취미, 특히 예술적 취미를 가진 사람도 암호해독에 긍정적인 징후를 보였다. "창의적이고 외향적인 관심사 혹은 흥미를 가진 사람이, 영화나 그와 유사한 오락에 관심을 보이는 사람에 비해 암호해독 능력이 뛰어났다"고 보고서에는 적혀 있었다.

기질도 중요했는데, 이것도 교사가 점수를 따고 들어간 부분이었다. 알링턴 홀의 관리들은 최상의 암호해독자로 '명민한 지성'을 갖춘 사람이되, 상황에 "기민하게 대처할 수 있을 정도로 젊고, 융통성이 있으며, 필요시 조정에 기꺼이 응하고, 상관의 감독을 받아들이며, 워싱턴에서 일하는 불편을 감수할 수 있는" 누군가를 원했다. 그리고 이 조건에 완벽하게 부합하는 사람들이 바로 도트 브레이든이 포함된 다수의 교사들이었다.

여성과 관련된 몇 가지 진실도 드러났다. 보고서에는 기혼 여성들의 문제가, 본인들의 과실 때문이기보다는 남편들을 따라 옮겨 다니는 경향 때문이라고 적혀 있었다. 그리고 이 역시 도트와 같은 교사들이 암호해독에 적합한 또 다른 이유였다. 여교사들은 거의 모두 미혼이었기 때문이다. 1940년대 미국에서는 지방 교육위원회의 4분의 3

이(전화 회사나 여성을 노동력으로 쓰는 다른 고용주들과 마찬가지로) 교사 채용 시 '결혼 장벽'을 적용했다.[9] 기혼 여성들이 채용에서 배제되고, 아내가 있을 곳은 집이라는 통념에 따라 재직 중인 교사도 결혼하면 퇴직이 요구되는 구조였다. 그러니 여교사들의 대부분이 미혼인 것은 당연했다.

교사들은 똑똑하고, 교육도 받았으며, 힘든 일을 하는 데 이골이 나 있었고, 높은 봉급을 받은 적도 없으며, 젊으면서도 신중했고, 거치적 거리는 아이나 남편이 없는 경우도 많았다. 요컨대 그들은 완벽한 일꾼이었다.

보고서에는 "그 소문난 '노처녀' 선생은 철저한 '닭장의 지배자'에서 '많은 닭들 중의 하나'가 되는 변화를 받아들이기 힘들어했지만, 그래도 이곳에 있는 다수의 최고 일꾼들은 교사 출신"이라고 적혀 있었다.

* * *

채텀과 린치버그에는 도트가 워싱턴에 오기 전에 이미 미 전쟁부의 조사관들이 파견돼 있었다. 그 두 곳에서 조사관들은 도트의 지인들과 접촉하고 경찰서를 방문하며 출생기록부에서 그녀의 외국 태생 여부를 살피는 등 신원 조회를 실시했다. 그녀에게 정서 불안과 같은 바람직하지 않은 자질, 별난 행동, 나쁜 업무 습관이 있는지, 공산주의에 동조하는지 여부도 그들의 조사 대상이었다. 린치버그의 상급 경찰관은 조사관들에게 도트를 안 지 15년이 되었고, 그녀가 평균 이상의 지력을 지녔으며, 그 어떤 책임 있는 지위라도 믿고 맡길 수 있는 사람이라고 했다. 랜돌프-메이컨 대학의 학장 클레먼트 프렌치도 도트를 스스로 노력해서 대학을 마친 매우 근면하고 성실한 여성이며, 그 점이야말로 그녀의 진짜 강인함을 보여주는 것이라고 말했다. 린치버그의 교육감 역시 여러 곤란, 특히 경제적 곤란에 맞서 싸운 젊고 훌륭한 여성이라고 도트를 극찬했다.

도트는 해고된 적이 없고, 술을 마신 적도 없으며, 법률에 저촉되는 행위를 한 적이 없다는 점에도 모든 사람들의 평가가 일치했다. 랜돌프-메이컨 대학의 영어과 학과장 A. A. 컨은 대학교에서 도트가 모범생의 표상이었다고 의견서에 썼다.

조사관들은 이런 의견서들을 토대로 도트 브레이든의 '충성심과 기질'에 대한 보고서를 작성했다. 보고서에는 그녀의 대학 성적이 좋았다는 것과 앵글로색슨족이고 평범한 외모를 지녔다는 점이 명시되었다. 부모와 그녀 모두 미국 본토박이라는 점도 적시되었다. 조사관들은 도트의 부모가 이혼하고 아버지는 린치버그 기독교청년회YMCA에서 생활하고 있지만, 두 사람 모두 국가에 충성하는 중산층 시민들이라고도 적었다. 끝으로 그들은 도트가 신뢰할 만하고 정직하며 건전한 습관을 지닌 여성이며, 린치버그의 괜찮은 동네에서 어머니와 함께 사는 미혼 여성이라는 말과 함께 그녀의 충성심에 의문을 가질 이유는 없다는 결론을 내렸다.

·

***

그래도 도트에게는 아직 정규 암호해독자가 되는 데 필요한 단계가 남아 있었다. 알링턴 홀에서 하는 일 치고 중요하지 않은 일은 없었으나, 그래도 몇몇 업무는 다른 일보다 더 힘이 들었다. 그곳에는 타이피스트, 키펀처가 있었고, 그밖에 '초보자', '2단계 중복 작업자', '최종 판독자'라는 직함을 가진 암호해독자들이 있었다.

도트가 처음 투입된 작업은 초보자에게 첫 과제로 주어지는 메시지 분류 작업이었다. 그녀가 복잡하게 뒤얽힌 도청 메시지들을 가려내는 데는 이틀이 걸렸다. 이것은 그녀에게, 암호 메시지를 보낸 도청 기지와 암호 체계의 일부를 나타내는, 메시지의 첫 부분에 표시된 숫자들을 인식할 능력이 있음을 보여주는 것이었다. 그 다음에는 네 자리 일련 숫자를 주고 거기에서 패턴을 찾아내라는 과제가 주어졌다. 도트는 고등학교와 대학교에서 많은 시험을 치러보았고, 그때마다 성적이 좋았다. 그래서 이번에도 숫자들을 보자 은근히 자신감이 들었다. 도트는 몇몇 신참자들과 함께 큰 테이블에 앉아 있었다. 그런데 그녀 옆에 있던 한 여성이 울음을 터뜨리기 시작했다. 도트에게도 그 문제는 쉽지 않았다. 마치 복잡한 퍼즐을 푸는 느낌이었다. 그래도 용케 문제를 풀었던 듯 그녀는 이내 다음 단계로 옮겨가라는 말을 들었다.

도트가 훈련을 받았다고 말하는 것은 과장일 것이다.[10] 이후 몇 주간 그녀는 암호해독의 기초와 암호 작법에 대한 강의를 들었다. 섬들과 그 밖의 영토들을 점령하고 태평양의 많은 지역을 장악하고 있던 일본군이 사용하는 암호에 대해서도 조금 배웠다. 일본군이 편제된 방식과 군 통신에 사용되는 기초 일본어도 습득했다. "한번 해볼 만한 정도로는 배웠죠." 그때 받았던 교육을 그녀는 나중에 그렇게 이야기했다. 일본어 시험도 보았지만 외국어 교육을 자주 받아온 그녀였기에 부담스럽지는 않았다. 애국심 고취와 군의 사기 진작을 목적으로 제작된 프랭크 카프라 감독의 영화 〈우리는 왜 싸우는가〉도 감상했다. 무엇보다도 그녀는 보안, 비밀 엄수, 침묵의 중요성을 강조하는 말과 무심결에 종이 한 장이라도 집에 가져가거나 입 밖에 내지 말아야될 말을 했을 때는 평생을 두려움에 떨며 살게 될 것이라는 말을 많이들었다. 얼마나 귀가 닳도록 들었던지 그녀는 기지를 떠나 있을 때도자신의 행동을 늘 점검하며 경계하는 버릇이 생겼다.

도트는 일대일 심층 면접도 보았다. 면접관은 그녀에게 알고 있는외국어, 학교에서 배운 과학과 수학 과목, 고등학교와 대학의 졸업연도를 물었다. 라디오로 작업해본 적이 있는지, 대학 다닐 때 물리 과목을 좋아했는지, 취미가 무엇인지도 물었다. 도트는 '책 읽기와 브리지게임'을 좋아한다고 말했다. 면접관의 평가서에는 그녀가 지적이고고상할 뿐 아니라 매력적이고 옷 잘 입는 여성으로 기록되었다.

기지 내에서 하게 될 그녀의 업무는 이 평가서를 토대로 결정되었다. 한 단어로 된 암호가 그것이었다.

구체적으로는 알링턴 홀 B-II 구역의 K부가 도트 브레이든의 근무처였다.[11] 무슨 말인지 아리송할 수도 있겠으나, 그것이 핵심이었다. 그녀가 수행하는 정보 업무의 비밀 유지를 위해 일부러 그렇게 아리송하게 만든 것이었다. 그때까지 도트의 삶은 대부분의 미국인들이 그렇듯 전쟁에 의해 제한되고 뒤집어졌으며, 그런 변화들이 그녀의 삶 전반에 영향을 끼쳤다. 그런데 이제는 그녀가 도리어 자신의 삶을 뒤집어놓은 전쟁의 결과에 영향을 미칠 수 있는 위치에 선 것이었다. 그녀 스스로 직접 결과를 만들어내지는 못하겠지만, 알링턴 홀이 떠맡은 가장 긴급한 임무 하나를 부여받았으니 말이다. 머나먼 태평양 섬들을 오가는 상선들을 지시하는 데 사용되는 암호를 해독하는 것이 그녀가 할 일이었다. 그 배들은 일본군에 주요 군수 물자를 실어다주고 있었다. 도트는 그 배들을 통제하고 앞으로의 예상 경로를 알려주는 암호를 해독하게 될 것이었다. 적의 생명선인 식량, 연료, 기타 주요 물자들의 공급을 차단함으로써, 맥아더 장군과 니미츠 제독으로 하여금 미국인 수만 명의 목숨이 달려 있고 아직은 승패가 판가름 나지 않은 태평양 전역戰域에서 일본군을 쳐부술 수 있게 해주려는 것이었다.

도트 브레이든이 적선들을 침몰시키려 하고 있었다.

2장
이건 남자의 능력이 요구되는 일이지만, 저는 용케 해낸 것 같네요

1916년 6월

1941년 가을 세븐 시스터즈 대학들에서 여학생들을 뽑을 때 미 해군은 여성들이 수행할 전시 업무가 본래는 남자들의 일이었다고 기록했다. 하지만 그것은 진실과 거리가 멀어도 한참 먼 거짓이었다.

미국이 2차 세계대전 전에 암호해독 역량을 약간이라도 지니고 있었다면 그것은 상당 부분 총명한 소수의 여성들 덕분이었다. 그들은 스스로 생계비를 벌어야 될 필요도 있었지만, 그 못지않게 지적 만족감도 느끼고 가능하면 정신적 충만감도 함께 느낄 수 있는 직업을 선호한, 호기심 많고 재기 넘치는 여성들이었다. 그런 그들이었으니 교직에는 거의 대부분 만족하지 못했고, 그래서 자신들의 지력과 재능을 펼칠 수 있는 다른 길을 모색했다. 그 과정에서 간혹 운이 닿으면 그들의 목표를 지지하고 생각을 존중해주는 남성 조언자나 협력자 혹은 그 둘 다를 얻기도 했다. 과학계만 해도 연구소의 남성 과학자 한 명이 어떤 분야를 연구하기 시작할 때 여성들을 고용하면, 그 여성들이 재능 있는 다른 여성들을 그곳으로 데려와 나중에는 그 분야에 여성들이 이례적으로 많아지는 이른바 '적립 효과'라는 게 있었다. 암호해독에도 그와 비슷한 원리가 작동했다. 주요 여성 몇 명이 그들의 재능을 일찌감치 입증하면 주요 남성 몇 명이 그들을 고용하고 격려해주었으며, 그러면 더 많은 여성들이 그 분야로 진출하게 되는 식이었다.

전시에 암호해독의 중요성이 부각된 것도 여성들로 하여금 그 분야에 참여하도록 한 또 다른 요인이었다. 암호해독도 의료 분야와 마찬가지로 치열한 전투가 전개되는 와중에 발전한 것이다. 살기 위한 필요가 발명의 어머니가 되고 그에 따라 기술이 혁신을 추동하면, 그 결과 국가의 재정자금이 풀리게 되었기 때문이다. 물론 2차 세계대전이 일어나기 전부터 군대에는 암호해독이 존재했다(단, 미국은 독립전쟁과 남북전쟁 중에 암호해독부를 두었다가 폐지하는 등 양상이 고르지 못했다). 통신의 이동 속도가 느려 전투에 실시간으로 영향을 끼치지 못할 때도 암호는 느슨하게나마 작용을 했다.

상황이 급진전한 것은 군대가 라디오를 이용해 군대와 선박, 그리고 얼마 지나지 않아서는 항공기에도 지시를 내리기 시작한 1차 세계대전 때였다. 하지만 커져가는 중요성에도 암호해독은, 적어도 초기에는 직업군인들이 선호하는 직종이 아니었다. 장교들만 해도 사무실에서 편하게 지내는 것보다는 전쟁터에서 총 맞고 사병들을 지휘하는 것이 더 나은 출셋길이라고 여겼다. 암호해독이 절실했던 전시에 여성들이 남성들의 대타로 고용된 것은 그래서였다.

이러한 사실은 암호해독이 초기에는 인정받는 분야이기는 고사하고 심지어 알려진 분야도 아니어서 존중받는 직업이 되지 못했던 이유를 설명한다. 유럽에는 수백 년 동안 암호해독이 존재했다. 은밀한 기관들에서 외교문서를 탐지하는 일에 암호해독이 사용된 것이다. 그런데도 암호해독은 특히 미국에서는 상당히 오랫동안 떳떳하지 못하거나 기이한 직업, 그보다 더 심하게는 취미 활동이나 아마추어들이 하는 일쯤으로 간주되는 경향이 있었다. 이렇게 평판도 낮고 대접을 못 받는 분야다 보니, 다시 말해 남성의 분야나 독자적인 분야가 되지 못하다 보니 여성들에게도 기회의 문이 크게 열리게 된 것이다. 반면에 암호해독이 홀대를 받은 상황은 은밀하고 변덕스러운 일에 관대한 태도를 보이고, 남의 글을 읽으면서도 양심의 가책을 받지 않으며, 미지의 것을 기꺼이 수용하는 결과를 낳는 데도 일조했다. 약간의 절박감이 꼭 나쁜 것만은 아니었다.

* * *

그 모든 점들이 자신이 사는 좁은 세상의 테두리를 벗어나고 싶은 강렬한 욕구를 지녔지만, 아직은 전심전력을 다할 정도로 만족스러운 분야를 찾지 못해 조바심을 내던 미국 중서부인, 엘리제베스 스미스의 성격과 맞아떨어졌다.[1] 인디애나주에서 아홉 형제 중 막내로 자란 엘리제베스는 퀘이커교도 아버지를 두고 있었다. 그래서 대학에 갈 나이가 되자 자연스레 스와스모어 칼리지와 같은 명문 퀘이커 대학에 입학할 수 있도록 아버지가 손써줄 거라고 내심 고대했다. 그런데 나중에 그녀의 아버지는 엘리제베스가 대학 가는 것에 심드렁해 했고,

결국 그녀는 자력으로 오하이오주에 있는 우스터 대학교에 입학했다. 수업료도 이율 6퍼센트의 이자를 쳐서 아버지에게 빌린 돈으로 냈다. 2년 뒤 그녀는 미시간주의 힐스데일 대학교로 전학해 영어를 주전공으로 라틴어, 그리스어, 독일어를 부전공으로 공부했다. 딸이 '일라이자Eliza'로는 결코 불리게 않게 하려고 어머니가 이름을 별나게 지어, 엘리제베스Elizebeth라는 생소한 이름을 갖게 된 그녀는 작은 시골학교에서 1년간 교사 겸 교장으로 재직한 뒤, 좀 더 그녀의 성미에 맞는 생계 수단을 찾기로 결심했다. 1916년 여름에는 시카고로 여행을 가 친구들과 사우스 사이드에 머물러 지냈다. 시인이자 음악가인 미남 청년과의 약혼이 깨져 의기소침해 있던 터라 평범하게 살고 싶지 않다는 생각만 할 뿐, 구체적으로 뭘 하고 싶은지에 대해서는 아무 생각이 없을 때였다.

시카고의 직업소개소를 찾아갔을 때도 소득이 없었다. 그런데 소개소에서 1623년에 2절판으로 출간된 셰익스피어 희곡들 중 하나와 관련된 일이 있을지도 모른다고 하면서 그녀에게 뉴베리 도서관에 가보라고 하는 것이었다. 엘리제베스는 셰익스피어 작품의 2절판 초판본 같은 것이 존재한다는 사실만으로도 깜짝 놀라, 직업이야 구하든 못 구하든 그것만은 꼭 구경해야겠다고 마음먹었다. 그녀는 속도가 빠른 시카고의 L전차를 타고 뉴베리에 갔다. 나중에 그녀가 쓴 글에 따르면, 셰익스피어 작품의 초판본을 보는 순간 그녀는 고고학자가 파라오의 무덤을 발견하고 아찔해 했을 법한 전율을 느꼈다고 한다. 그것에 얼마나 매료되었으면 친절하게 대해주는 사서에게 말을 붙여 셰익스피어 초판본과 같은 훌륭한 원서를 접하며 일할 수 있는 데가 있는지 알아봐달라고 조르는 지경이 되었다.

　마침 가는 날이 장날이었는지 자리가 있었다. 일터는 뉴베리 도서관이 아니라 조지 파비안이라는 부호가 운영하는 사설 연구소였다. 그가 영국의 철학자 프랜시스 베이컨 경과 관련된 문학 연구를 수행해줄 적임자를 찾고 있었던 것이다. 특히 그는 단정하고 매력 있고 말 잘하는 젊은 여성을 원했다. 사서는 그 자리에서 파비안에게 전화를 걸었다. 파비안은 시내에 사무실을 두고 있었다. 오래지 않아 리무진 한 대가 도서관에 와 멈추었다. "그와 더불어 거구의 남자가 폭풍 같은 회오리바람을 일으키며 도서관 안으로 들어오고, 쩌렁쩌렁한 그의 목소리가 온 도서관에 울려 퍼졌다"고 엘리제베스는 나중에 그날을 회상했다. 그녀의 잠재적 고용주는 가족이 면제품으로 부를 일군 직물업자로 과학에 미쳐 있었지만 과학 교육을 받지는 않은, 부리부리한 눈에 과도하게 활동적인 사람이었다. 그는 호기심도 많았지만 거부였던 덕에 그 많은 호기심을 스스로 충족시킬 수 있었다. 파비안은 일리노이주 제네바에 있는 사유지에 그 스스로 '리버뱅크 연구소'로 이름 지은 싱크탱크를 보유하고 있었으며, 그곳에서 자신의 온갖 연구 프로젝트를 만들어냈다.

　조지 파비안이 엘리제베스에게 함께 리버뱅크에 가서 하룻밤 묵어갈 수 있는지를 물었다. 그녀가 갈아입을 옷이 없다고 하자 옷을 빌려주겠다고 했다. 엘리제베스가 동의하자 그는 그 자리에서 그녀를 리무진에 태우고는 시카고-노스웨스턴 철도역으로 향했다. 그러고 나서 정신을 차려보니 그녀는 어느새 통근 열차에 앉아 있었다. '여기가 어디지? 나는 누구지? 지금 어디로 가고 있는 거야?' 그녀의 마음

속에는 별별 생각이 다 들었다.

　엘리제베스는 몸집이 큰 데다 수염을 길러 텁수룩한 파비안에게 매력과 함께 약간의 거부감도 느꼈다. 대학 다닐 때 말솜씨 좋기로 이름이 난 그녀였지만 그가 자신을 '보잘 것 없는 새침데기'로 본 것 같아 걱정이 되었고, 그래서 그 오해를 바로잡아주어야겠다고 단단히 별렀다. 그녀는 자신과 동행하고 있는 사람이 백만장자라는 것도 알고 있었다. 그래서 말도 세련되게 하고 행동도 고상하게 해야겠다고 마음먹었다. 그런데 그녀가 생각하는 세련된 말투와 고상한 행동이란 고딕 소설에서 튀어나온 것 같은 느낌을 의미했던 것 같다. 파비안이 "알고 있는 게 뭐예요?"라고 묻자 차창 가에 얼굴을 갖다 대고는 실눈을 뜬 채 의아스럽게 그를 쳐다보며, 제 딴에는 최선을 다해『제인 에어』라고 말한 것을 보면 말이다. 그러고는 "나머지 사항은 선생님이 알아보세요"라고 말하자 파비안은 배꼽을 쥐고 웃었다. 더할 나위 없는 대답이라고 여긴 것 같았다. 역에 도착하니 또 다른 자동차가 대기해 있었고, 차에 탔는가 했는데 엘리제베스 스미스는 어느새 과일 바구니와 남성용 파자마 한 벌이 놓인 리버뱅크의 손님 침실에 들어와 있었다. 그런 다음 정찬이 차려진 아래층으로 내려가니, 그녀의 새로운 상사 엘리자베스 웰스 갤럽이 테이블에 앉아 있었다. 리버뱅크에 살고 있던 그녀는 또 다른 전직 교사 출신으로 둘째가라면 서러워할 기인이었다.

　갤럽은 윌리엄 셰익스피어의 희곡과 소네트들을 쓴 진짜 저자가 프랜시스 베이컨이라는 주장을 믿는, 그녀와 유사한 기인들이 모인 국제비밀결사의 회원이었다. 베이컨이라면 엘리자베스 1세 여왕의 인쇄기를 돌리기도 한(그가 가진 많은 직업들 가운데 하나였다) 영국의 정치인이자 철학자로, 비밀 기호에 잠시 손대기도 했던 여러 르네상스 사상가들 가운데 한 사람이었다.[2] 베이컨은 16세기에, 그 자신이 말하기를 두 글자만 있으면 어떤 뜻의 말이든 만들 수 있다는 이른바 '두 글자biliteral 암호'라는 것을 발명해냈다. 그는 가령 A와 B 같은 두 문자 혹은 부호만 있으면, 알파벳의 어느 글자, 어느 단어라도 만들어 낼 수 있음을 보여주었다. AAAA로는 A, AAAAB로는 B, AAABA로는 C, AAABB로는 D 등을 나타낼 수 있다는 것이었다. 물론 부호 두 개만으로 사실과 생각을 완벽하게 전달하는 일은 더디고 힘겨운 작업이었다. 하지만 가능은 했다. 해와 달, 사과와 오렌지, 남자와 여자 같은 형상들로도 그 일은 가능했으며, 그러니 공교롭게도 얇은 활자와 두꺼운 활자로 여왕의 인쇄기를 돌리는 위치에 있던 사람에게도 그것은 충분히 가능한 일이었다. 현대에 개발된 다수의 암호 체계도 그와 같은 이진법 원리에 토대를 두고 있었다. 점과 대시 기호로 이루어진 모스 부호와 0과 1로 구성된 기호를 사용하는 디지털 컴퓨터가 대표적인 예다.

초로의 나이에 귀족적이며 온화한 태도를 지녔지만 광신적이었던 갤럽은, 베이컨이 셰익스피어 작품의 2절판 초판본에 작품의 원저자가 자신임을 알리는 내용을 두 글자 암호로 숨겨 놓았다는 주장에 확신을 가졌다. 파비안과는 공통 지인을 통해 만났다. 파비안도 경천동지할 중요성을 지닌 그녀의 논제에 즉각 매료되었다. 갤럽은 확대경으로 2절판의 활판인쇄 살펴보기를 좋아했다. 그래서 자신의 방법을 완벽하게 전수해줄 젊은 여성들의 견습 동아리를 만들 계획을 세웠다. 물론 비용은 파비안이 대고. 그녀의 후원자 파비안도 명망 있는 학자들을 리버뱅크 밤 모임에 초대하여, 파워포인트 프레젠테이션의 초기 버전이라 할 수 있는 랜턴 환등기 디스플레이하기를 좋아했다. 그들에게 감명을 주어 베이컨 논제를 납득시키기 위해서였다. 엘리제베스 스미스가 리버뱅크에서 할 일이 바로 베이컨 신봉자들의 공적 얼굴이자 홍보 담당자가 되어, 그들의 연구와 강연에 힘을 보태는 것이었다. 파비안은 윌리엄 셰익스피어 작품의 원저자를 찾아내 그의 정체를 밝히는 것이야말로 20세기 최고의 지적 성과가 될 것이고, 그 또한 그 덕에 불후의 명성을 얻게 되리라고 믿었다.

엘리제베스도 그 제의를 받아들였다. 하지만 이윽고 파비안의 어두운 면모가 드러났다. 파비안은 그녀에게 특정 옷을 입으라고 막무가내로 강요하는가 하면 시카고의 최고급 백화점 마셜 필드에서 그녀의 경제력으로는 감당이 안 되는 모자와 의복을 사 입도록 했다. 그의 사유지인 리버뱅크에서도 전원적 분위기와 미친 모자장수Mad Hattter(미친 모자장수는 루이스 캐럴의 소설 『이상한 나라의 앨리스』에 등장하는 인물이다_옮긴이)의 기괴한 분위기가 동시에 느껴졌다. 파비안과 그의 아내 넬은 그들이 사들인 약 300에이커 면적의 일리노이주 땅에 미국의 유명 건축가 프랭크 로이드 라이트를 고용해 본래 있던 농가를 빌라로 개축해 자신들이 살고, 엘리자베스 웰스 갤럽과 그녀의 자매 케이트 웰스가 살게 될 공간 '로지'를 비롯해 다른 집들도 새로 짓거나 개조했다. 사유지 경내에도 네덜란드에서 부품을 하나둘씩 들여와 네덜란드식 풍차를 짓는가 하면, 모형이 아닌 실제 등대, 샘물로 채워지는 로마식 풀장, 일본식 정원, 클라이밍을 즐기기 위한 대형 로프

거미줄을 설치하고, 신발, 병, 벌거벗은 몸들이 찍힌 감광판 등 그가 즐겨 사 모은 소유주 불명의 꾸러미들 속 물건을 되는 대로 쌓아놓은, 그 스스로 잡동사니 성전이라 부른 것을 만들어놓았다. 그뿐만이 아니었다. 엘리제베스의 표현을 빌리자면 그는 지지 장치에 매달린 가구에도 미친 사람이었다. 파비안 부부의 침대만 해도 사슬에 매달려 있었으며, 빌라 응접실의 소파와 의자들도 마찬가지였다. 집 밖에도 해먹을 설치하고, 모기 퇴치를 위해 파비안이 여름에도 불을 피워놓았던 난로 근처의 고리버들 의자도 지지 장치에 매달아 놓았다. 파비안은 그 의자에 앉아 손님들과 줄담배를 피우며 난롯불을 쑤시기 좋아했다. 그러다 누군가가 자신과 다른 의견을 피력하면 자리에서 일어나 (그의 말을 따르자면) 혼쭐을 내놓았다.

넬 파비안도 동물 기르기를 포함해 남편 못지않은 기벽을 지니고 있었다. 우량 소들을 잔뜩 길러 대회에 참가시키는가 하면 가격이 3만 달러나 했다는 스코틀랜드산 황소를 사들이며, 야외 동물원을 만들고, 패스티라는 이름의 애완용 수컷 침팬지를 길렀다. 부부의 사유지는 도로를 사이에 두고 주거 구역과 연구 구역으로 양분돼 있었다. 사유지 주변으로는 폭스강이 흘렀다.

파비안은 정규 교육을 거의 받지 못했다. 이로 인한 열등감이 그로 하여금 어떤 수단을 써서라도, (엘리제베스의 말을 빌리자면) 주류 학자들의 오류를 입증해 학계의 코를 납작하게 해줄 마음을 먹게 했던 것 같다. 파비안은 또 자신의 존재를 병적으로 과장하는 버릇이 있어 스스로를 대령이라고 부르기를 좋아했다. 일리노이주지사가 경칭으로 부여해준 것이었을 뿐인데도 말이다. 그뿐 아니라 그는 말을 타지 않으면서도 자신의 사유지에서 가죽 부츠에 저고리 뒷면 아래쪽이 제비 꼬리처럼 째진 앨버트 공(빅토리아 여왕의 남편)의 승마복을 차려 입기 좋아했다. 그 외의 치장에는 무관심하여 시카고의 사무실을 오갈 데 이용하는 기차 안에서도 그는 닳아서 너덜너덜해진 소맷부리의 실오라기들을 성냥불로 태워버리고는 했다.

파비안은 리버뱅크 연구소를 차릴 때 문학 원전의 비밀을 파헤치는 것 외에 음향학과 농학에서도 '자연의 비밀을 캐내려는' 야망을 갖고 있었다. 그리고 그것을 위해 젊은 남성들 다수를 고용했다.[3] 코넬 대학교에서 유전학 연구 대학원 과정을 막 시작한 윌리엄 프리드먼도 그들 가운데 한 사람으로, 달이 어둠에 있을 때 씨 뿌리는 것과 관련해 파비안이 읽은 책에 제시된 특정 방식에 따라 귀리 씨를 뿌리며, 리버뱅크의 들판과 정원에서 실험을 하고 있었다. 러시아계 유대인 이민자의 아들이었던 프리드먼은 장학금을 준다는 이유로 대학에서는 농학을 공부했으나 그 외에도 다방면으로 흥미가 많았다. 그는 자신이 사는 리버뱅크의 풍차 2층에도 작업실을 두고 멘델의 유전 법칙을 시험하기 위해 초파리로 각종 실험을 했다. 말쑥한 외모에 박식가였던 그는 또 사진촬영에도 취미를 붙였으며, 오래지 않아서는 갤럽과 스미스가 자세히 살필 수 있도록 2절판 초판본 페이지들을 확대해 주는 일도 했다.

윌리엄 프리드먼과 엘리제베스 스미스는 이렇게 미친 것 같으면서도 개방적이었던 리버뱅크의 독특한 분위기 속에서 오래지 않아 베이컨 주장(베이컨이 셰익스피어 작품의 2절판 초판본에 작품의 원저자가 자신임을 알리는 두 글자 암호를 숨겨놓았다는 주장)의 불합리성을 깨달았다. 엘리제베스의 말을 빌리자면 갤럽은 그녀의 전제에 동의하는 사람들하고만 어울렸고, 옛 것을 수리해 재사용한 인쇄기로 찍어낸 것이었을 뿐인데도 그곳 직원들은 그녀가 주장하는 인쇄상의 패턴을 전혀 구분하지 못했다. 그런 사실을 윌리엄과 엘리제베스가 간파한 것이었다. 그래도 두 사람은 암호 세계에는 빠져들었다. 파비안이 제삼자가 알지 못하도록 비밀 교신의 방법을 써서 거래했던 사람들이 수백 년에 걸쳐 집필한, 암호 쓰기와 관련된 다량의 희귀 서적들을 리버뱅크에 쌓아놓고 있었던 것이다. 따라서 설령 베이컨 주장이 막다른 골목이라 해도 암호해독의 주제는 정당성을 얻게 되고, 대개는 엘리제베스와 윌리엄 덕에 그것의 중요성도 점점 커질 것이 분명했다.

암호는 문명이 시작된 때부터, 아니 어쩌면 문명보다도 더 오래 존재했다.[4] 사실상 인간이 말하고 쓰는 능력을 갖게 되면서부터 어딘가의 누군가는 제삼자가 이해할 수 없는 방식으로, 또 다른 누군가에게 무언가를 말하고 싶은 욕구를 느꼈을 것이기 때문이다. 암호화된 메시지의 요체는 제삼자가 읽거나 듣지 못하는 상황에서 상대방과 비밀스럽고 때로는 긴급하게 교신할 수 있다는 점에 있다. 요컨대 암호는 교신을 가능하게도 하고 방해하기도 하는 시스템인 것이다.

그 두 가지 양상은 똑같이 중요하다. 좋은 암호의 요건은 아마도 그것에 은밀히 관여하고 있는 사람들에게는 간단히 이해되지만, 그렇지 않은 사람들에게는 쉽게 해독이 안 되도록 충분히 난해한 체계일 것이다. 율리우스 카이사르도 암호를 개발했으나 알파벳의 각 글자가 뒤의 세 번째 글자와 치환되는 방식(A는 D로, B는 E로 치환되는 식이었다)이어서, 사용하기는 쉬웠지만 '난해함'의 기준에는 미치지 못했다.

스코틀랜드 여왕 메리 1세도 자신의 영국 왕위 계승권을 지지하는 파벌과 교신할 때 암호화된 서신을 이용했으나 아쉽게도 그녀의 사촌 엘리자베스 1세 여왕에게 들켜 읽히는 바람에 참수되는 운명을 맞았다. 동맹이 수시로 바뀌고 궁정 음모가 난무했던 중세의 유럽에서는 암호화된 서신이 용인된 관례였고, 외교 행낭을 베어 열어 그 안의 내용물을 읽으려 한 은밀한 시도 역시 관례였다. 수도사들, 샤를마뉴 대제, 몰타섬의 종교재판관, 바티칸(열심히, 자주 이용했다), 이슬람 학자들, 비밀스런 연인들도 암호를 이용했다. 이집트 지도자들과 아랍 철학자들도 예외가 아니었다. 인쇄술과 문학이 활짝 꽃피고 수학과 언어학의 발달이 함께 이루어진 유럽의 르네상스 시대에는 새로운 암호 체계가 많이 만들어졌다. 탁상 철학자들이 심심풀이로 독창적인 암호표들을 고안해, 글자들을 치환하거나 재배열이 가능한 '완벽한 암호' 만들기를 즐긴 것이다.[5] 그렇게 혼란스럽게 메시지를 작성해 보내도 받는 쪽에서는 글자들을 재조합해 읽을 수 있었다. 그런 표들 몇몇은 수백 년이 지나도록 해독이 안 되었다. 전 세계 암호해독자들이 그것을 풀려고 한 노력은 흡사 셜록 홈즈 시리즈에 나오는 홈즈와 모리아티의 대결을 방불케 했다.

르네상스 암호 사용자 다수는 그들에 앞서 중동의 암호해독자들이 그랬던 것처럼 알파벳 자체에 수학적 특성이 있다는 사실도 알아챘다. 모음이 6개, 자음이 20개인 것, 알파벳 중 사용 빈도가 다른 글자들보다 유독 높은 글자들이 있다는 것을 간파한 것이다. 암호 체계는 흔히 예를 들자면 한 알파벳 줄의 B가 다른 알파벳 줄의 L과 짝이 되고, C는 M과 짝이 되며, D는 N과 짝을 이루도록 알파벳을 행렬로

'배열하는' 방식으로 만들어진다. 1500년대에 프랑스 외교관 블레즈 드 비즈네르가 발명한 이른바 비즈네르 암호도 그렇게 만들어진 암호 체계들 가운데 하나였다. 한 줄 내려갈 때마다 글자 하나가 이동하는 형식으로, 기준이 되는 원문 알파벳 줄밑에 암호 알파벳 줄 26개를 나열해놓고(원문 알파벳 밑에 26×26의 정사각형 알파벳 표를 만드는 것) 암호 키를 이용해 메시지의 각 글자를 암호로 바꾸는 방식이었다. 미국의 위대한 혁신가 토머스 제퍼슨도 알파벳 배치 순서가 서로 다른 여러 개의 원판(바퀴)을 통에 꽂아, 각각의 글자가 새 글자로 치환되게 만든 원리의 제퍼슨 디스크(바퀴 암호)를 발명함으로써, 암호 체계에 한 눈을 판 사람으로 남았다. 이것은 그가 죽은 지 백 년도 더 지난 후 그의 개인 서류들 속에서 발견되었다.

　미국 독립전쟁 중에도 외교관과 정치인들뿐 아니라 첩자와 반역자들까지 다수의 암호 체계를 사용했다. 물론 외교관과 정치인들이 첩자와 반역자인 경우도 있었다. 제퍼슨 그리고 미국 건국 당시 주요 정치인이었던 벤저민 프랭클린도 때로 암호화된 언어를 이용했으며, 독립전쟁에 참전한 장군 베네딕트 아널드 역시 마찬가지였다. 남북전쟁 때는 군대가 암호를 시험적으로 사용했다.[6] 북군 사령관들이 소형 암호 원판을 조작할 줄 아는 병사를 이용해 메시지를 보낸 것이다. 병사가 원판으로 암호문을 만들어 수기手旗를 사용하는 신호 암호인데, 메시지를 수령할 사람 쪽으로 커다란 기를 흔들어 알려주는 방식이었다. 남군도 암호를 사용했으나 지나치게 복잡하여 그들 스스로 혼동을 일으켰다. 남군은 또 때로 북군의 암호를 가로채 신문에 발표해놓고, 독자들을 향해 암호를 풀어달라고 요청하기도 했다.

엘리제베스 스미스와 윌리엄 프리드먼은 이런 암호 역사에 매료되고, 서로에게도 매료되었다. 두 사람은 함께 장거리 자전거 여행을 다니고, 로마식 풀장에서 수영을 하며, 스터트 베어캣(클래식 자동차)을 타고 시골길 드라이브를 즐겼다. 그들의 관계는 말하자면 지금의 사회학자들이 동류교배로 부르는, 같은 부류의 사람들끼리 결혼을 한 초기 사례였다. 엘리제베스는 윌리엄을 세련된 멋쟁이 남성으로 보았으며, 윌리엄도 엘리제베스를 발랄하고 똑똑하며 활기찬 여성으로 보았다. 두 사람은 만난 지 1년이 채 안 된 1917년 5월에 결혼했다. 결혼과 함께 엘리제베스의 거처도 풍차로 바뀌었다.

신혼부부가 갤럽을 불신하는 것과 별개로 리버뱅크의 밤 모임은 계속되었다. 밤 모임에서 다루는 주제도 이제는 베이컨을 넘어 암호와 암호의 해독까지 포괄하게 되었다. 파비안은 또 이따금씩 시카고 대학교의 영문과 교수이자 아마추어 암호해독가였던 존 맨리를 리버뱅크로 초청해 엘리제베스와 암호해독 대결을 하게 하는 것도 좋아했다. 그 무렵에는 암호해독이 실내 게임이었다. 리버뱅크의 이름도 세상에 알려져 유명 영화배우들도 종종 그곳을 찾았다. 프리드먼 부부도 그 무렵에는 암호해독에 관한 진정한 전문 지식을 개발해 그것으로 프리랜스 일감을 따내고, 서신 한 묶음을 해독해 힌두 분리주의자와 독일 첩자들이 영국령 인도에서 꾸미려 한 반영 혁명의 음모가 들통나게 하는 데도 일조했다. 하지만 일은 같이 했는데도 윌리엄만 법정에서 증언을 하게 되자(재판 도중 피고 한 명이 총에 맞아 죽었다) 엘리제베스는 실망했다. 그녀 말을 빌리자면, 그녀가 뒷전으로 밀린 이유는 누군가는 리버뱅크의 기계에 기름칠을 해주어야 했기 때문이었다.

전쟁은 리버뱅크의 암호해독 향배에도 변화를 주었다. 이상야릇한 환경이라는 사실에도 불구하고 파비안 연구소가 미군 최초의 진정한 암호 노력의 산실이 된 것이었다. 1916년 파비안은 미국이 머지않아 1차 세계대전에 참전하리라는 것을 감지하기 시작했다. 그래서 자기과시적인 능란한 언변으로, 때로는 윌리엄 프리드먼까지 대동하고 다니며 워싱턴 요인들과 인맥 쌓는 일에 열을 올렸다. 거구에 으스대는 기질이 있었던 파비안이 그와 비슷한 기질을 지닌 육군 장성으로, 6개월 동안의 증기선 여행 중 난해하기로 유명한 플레이페어 암호(5×5행렬로 구성된 알파벳 표에서 두 개가 한 묶음이 된 글자 쌍들을 다른 글자 쌍들로 치환하도록 만든 암호 방식으로, 영국군의 주요 암호 시스템으로 이용되었다)를 해독할 만큼 무선에도 미쳐 있던 조지프 모본과 친구가 된 것도 그 무렵이었다. 미 육군이 암호 만들기와 암호해독에 지대한 관심을 갖게 된 것도 모본의 영향력 덕이었다.

육군 이외의 다른 기관들도 암호에 지대한 관심을 가졌다. 무선통신과 케이블을 통해 이동하는 메시지의 양이 점점 많아지자 다수의 정부기관들이 정보를 탐지해 내용을 알아내야 될 필요성과, 그들이 보호해야 될 시스템의 필요성을 동시에 느끼게 된 것이었다. 파비안은 리버뱅크를 미국 정부의 암호 노력을 전담하는 아웃소싱 부서로 만들어야겠다고 결심했다. 그런데 놀랍게도 독학으로 암호를 배운, 이제 고작 20대밖에 안 된 신출내기 직원들인 윌리엄과 엘리제베스가 리버뱅크의 암호부를 운영하게 되었다. 두 사람은 과학자, 외국어 전공자, 번역자, 속기사 등이 포함된 30명에 달하는 직원으로 암호부를 조직했다. 그리하여 엘리제베스에 따르면 암호부는 육군, 해군, 국무부, 법무부, 우정청 등이 보내준 도청 암호문을 받아, 워싱턴 정부를 위해 모든 종류의 암호 업무를 대행하게 되었다. 암호부 직원들은 갖가지 종류의 교신(엘리제베스가 머리를 싸매고 해독한 한 암호문은 체코슬로바키아인의 연애편지로 밝혀졌다)을 연구하여 그것을 바탕으로 리버뱅크 간행물이라 불린 책 시리즈도 발간했다.

한편 프랑스와 영국 같은 나라들은 르네상스 전성기 유럽의 비밀 암호해독 기관들을 부르는 명칭이던 블랙 체임버(암흑실)의 계통을 잇는 진정한 암호해독국들을 가동하면서 그 분야에서는 미국을 한참 앞질러 가고 있었다. 미국이 1차 세계대전에 참전하게 된 것도 알고 보면 (영국 본토와 유럽 대륙의 주변 바다를 항해하는 모든 국가들의 선박을 공격하겠다고 선언한 독일의 무제한 잠수함 작전과 더불어) 영국이 감청하여 해독한 치머만 전보 때문이었다. 독일제국의 외무장관 아르투르 치머만이 멕시코 주재 독일 공사에게, 만일 멕시코가 독일과 동맹을 맺고 북부의 이웃 국가(미국)를 침략해주면 그 나라에 빼앗겼던 텍사스, 애리조나, 뉴멕시코를 되찾아주겠다는 제의를 멕시코 대통령에게 하라고 지시한 것이 비밀 전보문의 내용이었다. 그런데 1917년 1월 영국이 그 전보문을 해독했고, 그 내용을 알게 된 미국은 경악했다. 조지 파비안의 예견대로 미국이 참전하게 된 것이다.

* * *

파비안은 전투에는 참가하지 않았지만 군생활의 외적 요소들을 좋아했다. 한 번은 참호전이 벌어져 킬링필드가 된 프랑스의 전선으로 미국이 원정군 파견 준비를 하고 있을 때, 자신도 역할을 하겠다며 리버뱅크에 참호를 파놓기도 했다. 하지만 그 무렵 미군은 그 기인과 모종의 결별을 선언하기 위한 작업에 착수하고 있었다. 리버뱅크의 암호해독부를 워싱턴 D.C.로 옮기자는 군 정보관리들의 요청을 파비안이 거부하자, 전쟁부가 엘리제베스와 암호해독 대결을 벌였던 바로 그 존 맨리 시카고 대학 교수와 국무부의 암호 요원이었던 허버트 O. 야들리를 영입하여 은밀하게 그들만의 소규모 암호해독부를 구축하고 있었던 것이다. 그러자 파비안은 자신의 영향력 유지를 위해, 자비로 군 장교와 여타 사람들에게 집중 교육을 시키는 암호해독과정 양성소를 리버뱅크에 설립하겠다고 제안했다. 훈련생들(윌리엄, 엘리제베스, 파비안, 그리고 몇 명의 직원을 제외하면 총 일흔한 명이었다)은 유럽으로 떠나기 전 파노라마 사진을 찍기 위해 그들이 묵고 있던 오로라 호텔 앞으로 집결했다. 이들 각자에게는 정면을 응시하거나 측면을 바라보는 자세로 도열하라는 지시가 내려졌다. 그 두 자세를 이용해, 프랜시스 베이컨이 남긴 명언 "아는 것이 힘이다Knowledge is power"를 두 글자 암호문으로 만들기 위해서였다. 그런데 아뿔싸, 인원이 부족해 'Knowledge is power'는 마지막 글자가 빠진 'Knowledge is powe'로 표현되고 말았다. 게다가 한 사람이 틀린 방향을 바라보는 바람에 암호화된 글자 하나에도 오류가 생겼다.

그 무렵 리버뱅크를 방문한 사람들 중에는 또 한 명의 여성 암호해독자가 있었는데, 육군 장교 파커 히트의 부인이었던 제너비브 영 히트였다.[7] 그녀는 멕시코와 미국 국경 양쪽에 설치돼 있던, 무선통신 장비를 갖춘 미국 트럭들에서 수신된 멕시코 군부와 정부 간 교신 내용을 해독해 이를 오클라호마주 기지 포트 실에 주둔 중이던 남편에게 보내주는, 암호해독의 선구적 업적을 이루었다. 파커 히트도 윌리엄 프리드먼과 마찬가지로, 자신과 관심사가 같고 교육받은 여성과 결혼했다. 의사의 딸이었던 제너비브는 텍사스주의 사립 기숙학교인 세인트 메리스 홀에 들어가 영어, 식물학, 화학, 천문학을 공부했다. 재학 때는 숙녀다운 품행과 기독교인의 인성을 지녔다는 교장의 평가를 받았다. 하지만 숙녀다운 품행도 그녀가 남편을 도와 도청 암호문을 해독하는 것을 막지는 못했다. 제너비브는 또 미군이 펴낸 최초의 암호해독 훈련 교본들 가운데 하나로 파커가 저술한 교본의 시험 문제들도 풀어냈으며, 디스크가 아닌 평평한 면들에 알파벳들을 나열한 것이 특징인 '스트립 암호' 방식에도 정통하여, 리버뱅크를 방문했을 때 이를 시연하기도 했다.

제너비브는 파커 히트가 유럽으로 파견된 뒤에는 텍사스주의 포트 샘 휴스턴 암호실도 인계받았다. 그곳에서 암호화와 복호화, 정보 급송, 암호 책자들을 지속적으로 관리하는 일을 했다. 제너비브도 엘리제베스처럼 군대에서의 정신노동이, 외적인 면에 치중하며 한가롭게 살았던 자신의 옛 생활방식과 다르다는 사실에 신선한 충격을 받았다. 그녀는 비밀 자료를 회수하러 워싱턴에 갈 때면(기차로 왕복 8일이 걸리는 여정이었다) 시어머니에게 이런 편지를 썼다. "때로는 웃음밖에 나오지 않아요. 제가 받은 교육, 사회 속 여성의 위치에 대해 우리 가족이 가졌던 고리타분한 사고방식 등과 달라도 너무 다른데도 가족들은 그런 점들에 전혀 충격을 받지 않는 것 같아서요. 아마도 전쟁 때문이겠지요. 하지만 설령 이번 전쟁이 끝나 우리 모두 집으로 돌아간다 해도 예전처럼 허송세월하며 사는 일은 없을 겁니다."

그녀는 조금은 흡족해하는 투로 "글쎄, 저야 뭐 제가 원하는 바를 얻었으니 우쭐해지는 마음이 드는 것은 어쩔 수가 없네요"라고 한 뒤 상념에 젖으며 이렇게 편지를 이어나갔다. "이건 남자의 능력이 요구되는 일이지만, 전 용케 해낸 것 같고 그래서 끝장을 보려고 합니다."

파커 히트도 아내로부터 업무에 대한 이야기를 듣고 축하 편지를 보냈다. "내가 복귀할 때쯤에는 당신이 포트 샘 휴스턴을 지휘하는 모습을 볼 수 있기를 고대할게. … 잘했어, 동지!"

파커 히트도 윌리엄 프리드먼처럼 여성들을 옹호하고, 그들의 지구력과 지적 능력을 신뢰하는 사람이었다. 당시 그는 유럽의 전장에서 미 육군 통신대의 해외 교신 업무를 책임지고 있었다. 유럽 일대에는 미국, 영국, 프랑스의 전화선들이 깔려 있었다. 따라서 교신을 위해서는 전화 교환수가 필요했으나 남자 군인들은 그 일을 하지 않으려했고, 프랑스 교환수들은 능률적이지 못했다. 그래서 미 육군 통신대가 영어와 프랑스어를 할 줄 아는 미국의 교환수들을 뽑아 유럽행 배에 태운 것이었다. '헬로 걸스'로 알려진 이 전화교환수들은 간호사들을 제외하면 미군이 위험 지역으로 파견한 최초의 미국 여성들이었다.[8] 그들이 연결해준 전화를 받고 장교들이 흔히 하는 첫 마디는 "잘 왔어요, 반갑습니다"였다. 파커 히트는 이들이 능력과 용기를 입증할 수 있도록 후원했다. 헬로 걸스도 그의 노력에 부응해, 파리 폭격 때는 피난 명령이 떨어졌는데도 떠나지 않고 그곳에 남아, 전선들로 이동하면서 폭격과 화염이 난무하는 곳에서 전화교환수 일을 계속했다.

엘리제베스 프리드먼도 나라를 위한 일을 하고 싶어 했다. 1917년에는 미 해군에 정보 업무를 수행할 기회가 있는지를 묻는 편지를 보냈으나 답장을 받지 못했다. 파비안이 프리드먼 부부 모르게 그들의 우편물을 몰래 열어보고, 그가 보유한 최고 암호해독 팀에 대한 자신의 장악력을 약화시킬 수도 있는 내용이 적힌 편지들을 모조리 없애버렸기 때문이다. 그는 또 상당 기간 미 육군과 윌리엄의 접촉도 막았다. 하지만 그런 방해 공작에도 윌리엄은 결국 미 육군 중위로 임명되었다. 1918년 8월에는 프랑스에 파견되어 전선에서 사용되는 암호를 개발하는 등 주요 임무를 수행했다. 윌리엄은 독일 암호도 연구했고, 유럽의 암호 작성과 암호해독 전통에도 흠뻑 빠져들기 시작했다(두 분야를 포괄하는 '암호 작성과 해독술'이라는 분야도 있었다).

윌리엄 프리드먼은 종전 뒤에는 미국에서 군 통신의 위장법을 아는 극소수 중 한 사람이 되었다. 그 무렵에는 미국도 군 통신을 잘 알아야 한다는 필요성을 느끼고 있던 터라 육군은 윌리엄에게 3,000달러, 엘리제베스에게는 그 절반인 1,520달러의 봉급을 제시하면서 두 사람을 영입하기 위해 공을 들였다. 프리드먼 부부도 엘리제베스가 '비열한 인간'으로 간주한 파비안의 손아귀에서 벗어날 수 있기를 고대하고 있었기 때문에 6개월 계약을 받아들였다. 두 사람은 1921년 초 워싱턴으로 이사했다. 그곳에서 일주일에 몇 차례씩 연극을 보러 다니고, 좋아하는 교외에 집도 마련하며, 중부 대서양 연안의 온화한 기후도 만끽하면서(일리노이주를 벗어난 사람이 느낄 수 있는 기분 좋은 변화였다) 육군의 통신 체계를 강화하는 일을 계속했다. 윌리엄 프리드먼은 이후 정규직으로 채용되어 30년 넘게 육군 통신대에 근무하게 된다.

그러나 1차 세계대전이 끝나고 2차 세계대전이 일어날 때까지 미국의 암호해독은 침체기를 겪었다.[9] 전후에도 블랙 체임버를 계속 운영했던 다른 나라들(영국만 해도 해군이 1차 세계대전 때 독자적으로 운영했던 40호실이라는 암호해독반을 나중에 육군 정보기관과 통합해 정부암호연구소로 개편했다)과 달리 미군 정보기관은 전쟁부와 국무부가 공동으로 자금을 대는 소규모 암호국만을 유지했다. 암호국의 책임은 독학으로 암호해독을 깨우친 전신 사무원 출신의 허버트 O. 야들리가 맡았다. 그가 1919년 서른 살의 나이에 스스로 '코드 컴파일링사'라고 이름 지은 암호해독국을 뉴욕시 이스트 37번가 141의 한 가옥에 차려놓고 운영을 시작한 것이다. 직원들은 대부분 여성이었다. 뉴욕시 교육청에서 뽑힌 외국어 교사들이었던 그들은 채용 면접을 볼 때면 왕왕 부모와 함께 시험장에 왔다. 부모들로서는 간판도 없는 미드타운의 갈색 사암 건물에서 그들의 딸들이 대체 무슨 일을 하게 될지 걱정스러웠던 것이다.

야들리는 음주도 잦고, 속옷 바람으로 밤늦게까지 일하고, 직원 한 명과 염문을 뿌리다 나중에 결혼하는 등 기벽을 지녔지만 친절하고 카리스마 넘치는 인물이었다.[10] 그런 그가 1921~1922년 동안 워싱턴 D.C.에서 개최된 워싱턴 회의 때, 협상에 임하는 일본의 처지를 알게 해주는 외교 암호를 해독해 일생일대의 쾌거를 이루었다. 양차대전 사이의 불안했던 그 시기, 군비 축소 문제를 논의하기 위해 모인 이 회의에서 세계의 주요 국가들은 각국이 보유할 수 있는 주력함의 수와 배수량 총량을 제한하는 협상을 진행하고 있었다. 그런데 야들리가 공공연하게 주력함 비율을 높게 요구하는 일본이 실은 상대국들의 협상

태도에 따라 그보다 낮은 비율을 받아들일 수도 있다는 내용의 암호를 해독하는 정보상의 행운을 거머쥐고, 미국과 영국이 협상 때 그 카드를 이용할 수 있게 해준 것이었다. 그런데 1928년 미국의 31대 대통령에 당선된 허버트 후버의 신임 국무장관이 된 헨리 L. 스팀슨이 야들리의 암호해독국이 다른 나라들의 비공식 외교 서신을 탐지했다는 충격적인 사실을 알게 되었다. 결국 그는 1929년 국무부의 자금 지원을 중단하고 암호해독국도 폐쇄했다.[11] 그 조치에 대해 그가 내놓은 해명은 고지식하게도 신사는 남의 편지를 훔쳐 읽지 않는다는 것이었다. 유럽의 신사들은 언제나 남의 편지를 훔쳐 읽었고 그것은 수백 년 동안 지속돼온 일이었는데도 말이다.

그 조치에 분개하고 직장까지 잃게 된 야들리는 모든 것을 까발리는 『아메리칸 블랙 체임버The American Black Chamber』라는 책을 발간했다. 그 책은 미국과 일본에서 베스트셀러가 되었다. 미 육군도 겉으로는 함구했지만 암호해독 조직을 가까스로 살려놓고 윌리엄 프리드먼을 조직의 책임자로 앉혔다. 그리하여 육군에서 암호를 작성하는 일을 했던 프리드먼이 이제는 통신정보국이라 불리는 기관의 장이 되어 암호해독하는 일도 병행하게 되었다. 그가 통신정보국을 이끌며 인계받은 것은 야들리의 파일뿐만이 아니었다. 그는 전임자를 지독하게 모욕하는 취미도 함께 물려받아 공식 메모와 알려진 역사를 통해 야들리를 헐뜯거나 기회가 올 때마다 놓치지 않고 그의 암호해독 능력을 조롱했다.

엘리제베스 프리드먼은 첫 아이가 태어나자 알파벳의 기원에 관한 아동용 책이나 쓰면서 집에 조용히 머물러 지내려고 했다. 하지만 그녀만한 기술을 가진 사람이 워낙 귀하고 그런 사람을 찾는 기관 또한 많다 보니 그 계획은 오래가지 못했다. 1924년에는 《워싱턴포스트》의 발행인 에드워드 빌 매클레인이 개인 용도로 암호 개발하는 일에 프리드먼 부부를 고용했다. 두 사람도 당시의 추세대로 지휘는 윌리엄이 하고 잡무는 아내 엘리제베스가 거의 전담하기로 하는 근로조건을 받아들였다. 저녁 시간에 부부가 벽난로 옆에 앉아 함께 작업할 수도 있는 편안한 직업이 될 것으로 여긴 것이다. 그런데 문제는 매클레인이 임금을 잘 지불하지 않았다는 것이었다. 엘리제베스의 말을 빌리면, 두 사람은 결국 부유한 남자들에도 신물이 나고 금전 문제를 대하는 그들의 태도에도 신물이 나 일을 그만두었다.

* * *

남편의 들러리 역할에 그치는 것 같던 엘리제베스는 이윽고 남편보다 한층 주목받는 분야를 개척했다. 1차 세계대전은 끝났으나 새로운 전쟁이 시작되고 있었던 것이다. 술과의 전쟁, 그리고 술에 목말라하는 사람들에게 술을 판 범죄자들과의 전쟁이 그것이었다. 1919년 반살롱연맹Anti-Saloon League은 수정헌법 18조, 다시 말해 금주법을 통과시키는 데 성공했다. 그에 따라 술의 양조, 운반, 판매는 금지되었으나 치명적이게도 마시는 것 자체는 금주법에 저촉되지 않았다. 따라서 구할 방도만 있다면 미국인들은 술을 마실 수 있었고, 이러한 금주법의 맹점은 범죄를 부르는 요인이 되었다. 외국의 주류 제조업자들이 미국의 갱단과 손잡고 수출입이 금지된 술을 배에 실어 미국의 해안으로 보낸 것이다. 다량의 술이 적재된 밀수선을 미국 법의 적용을 안 받는 공해상에 머물도록 해놓고 암호화된 무선통신을 이용해 작은 배들과 교신하며, 이 배들로 하여금 불을 끄고 밀수선으로 재빨리 다가가 술을 옮겨 담게 하는 교묘한 방식의 해상 작전도 개발되었다. 주류 밀수로 불린 이것은 지금의 마약 카르텔에 버금갈 정도로 고수익의 돈벌이였다. 상황이 그렇다 보니 범죄자들은 암호를 즐겨 사용하는 또 다른 조직이 되었다.

호리호리한 체격에 졸린 눈을 하고 있었지만 모험을 즐기고 저돌적이었던 엘리제베스 프리드먼은 바로 이런 범죄 조직에 맞서 싸우는 정부의 비밀 병기가 되었다. 그녀의 법 집행관 이력은 1927년 윌리엄 프리드먼이 주류 밀수업자들의 암호문을 풀어달라는 미 해안경비대의 의뢰를 받으면서 시작되었다. 육군 업무만으로도 일이 벅찼던 윌리엄이 아내에게 그 일을 맡긴 것이다. 이 상황에 대한 그녀의 심술궂은 묘사를 빌리자면, 그 일은 이내 습관으로 굳어졌다. 법무부도 윌리엄 프리드먼이 바쁘면 그의 아내를 통해 그의 지력을 이용했다고 하면서, 그 무렵 아이가 둘이었던 엘리제베스가 재택근무를 할 수 있도록 '특수요원'이라는 융통성 있는 직책을 부여했다. 작업량이 늘어나 재택근무가 불가능해진 뒤에는 그녀가 집에 가정부와 보모를 들이고 사무실로 근무처를 옮겼다. 엘리제베스는 법무부, 재무부, 세관국, 해안경비대, 여타 정부기관들에 다양하게 고용되었다. 금주법을 집행하는 책무를 맡아 이곳저곳 뛰어다니며 주류 밀수 암호를 해독하고, 법정에 불려나가 전문가로서 증언을 하여 유죄판결을 이끌어냈다. 금주법이 철폐된 뒤에는 밀수와 조직범죄가 포함된 다른 사건들을 위해 일했고, 그 과정에서 때로는 정부의 보호가 필요할 만큼, 위험한 범죄자들에게 불리한 증언도 했다. 한 번은 그녀의 귀가가 늦자 윌리엄이 "아무래도 엄마가 당한 것 같네"라고 아이들에게 농담 섞인 말을 하기도 했다. 엘리제베스는 해안경비대에서 대원들을 훈련시키고, 밀수 단속을 위한 암호해독 부대를 창설하는 일도 했다.

법을 집행하는 여성 암호해독자의 등장은 당연히 미 언론 매체들에도 거부할 수 없는 기삿감이었다. 1930년대 미국 신문들에는 "지역의 가정주부가 재무부 팀의 핵심 인물이 되어 재무부의 암호문을 해독하다"나 "미국 내 모든 스파이들이 두려워하는 여성"이라는 제목의 엘리제베스 프리드먼 관련 기사가 대문짝만하게 실렸다. 엘리제베스는 그 기사가 선정적이라며 분개했다. 자신을 '용모가 예쁜 중년여성'으로 지칭한 기사와, 분홍색 주름 장식 드레스를 입은 '젊고 예쁜 여성'으로 묘사한 또 다른 기사를 보고도 경악했다. 그녀는 야들리의 『아메리칸 블랙 체임버』가 발간된 뒤에는 암호해독이 거둔 성과가 폭로된 데 따른 피해도 입었다. 그 폭로가 동료들 간의 시기심을 유발시켜 그렇지 않아도 대중의 관심 때문에 예민했던 협소한 정보계를 뒤흔들어놓았기 때문이다.

엘리제베스는 성차별적 무례함 때문에도 곤욕을 치렀다. 그녀는 이따금씩 해안경비대의 암호문을 남편에게 건네주며, 육군의 암호해독 교육에 사용하도록 했다. 하지만 그렇게 수고한 보람도 없이 남편의 몇몇 훈련생들은 윌리엄이 엘리제베스의 일을 대신 해주고 있다는 의심을 했다. 훈련생들 가운데 한 명이던 솔로몬 쿨백도 "나는 오해라고 생각했지만, 우리가 받은 느낌은 그녀가 거둔 좋은 성과의 대부분이 프리드먼 씨가 기울인 노력의 결과라는 것이었어요. 이 문제들의 다수가 실은 부부 공동으로 푼 것이 아니라 프리드먼씨 혼자 푼 것이라고 … 생각한 거지요"[12]라면서 훗날 그런 일이 있었던 사실을 인정했다. 반면에 신문들은 엘리제베스가 윌리엄을 훈련시킨 장본인임을 주장하는 기사를 즐겨 게재했다. 그러나 프리드먼 부부는 워싱턴 최고의 암호 팀으로 자신들의 존재감을 나타내고, 암호로 된 성탄절 카드를 보내며, 디너파티에서 손님들에게 암호를 주고 그 문제를 풀어야 다음 단계로 이동하게 하는 게임을 즐겨했지만, 각자의 일을 서로 논할 수 있는 입장이 못 되었다. 두 사람 모두 조직이 점점 비대해지고, 그로 인해 기관들 사이에 불신이 심해져가고, 때로는 불협화음이 생기기도 하는 연방 관료제의 서로 다른 지부들에서 비밀 자료를 해독하고 있었기 때문이다.

* * *

한편 미 해군은 당시의 추세가 그렇듯 육군이나 다른 경쟁적 기관들과는 철저하게 거리를 두고, 암호해독 조직의 일부로 그들만의 여성 비밀 병기를 개발하고 있었다. 미국이 1차 세계대전 참전을 계기로 성장이 더딘 해군력을 빠르게 강화하고, 민간인 남성들과 때로는 수학이나 과학 분야 등의 전문가 집단도 전시에 투입할 수 있도록 해군 예비군을 조직하기 위해 각고의 노력을 기울인 것은 사실이었다. 하지만 그럼에도 인력은 여전히 부족했으며, 그러자 해군장관 조지퍼스 대니얼스는 해군 서무계 하사관은 반드시 남자여야 한다는 법이라도 있는 것이냐며 혼잣말을 읊조리는 상황이 되었다.[13] 놀랍게도 그런 법은 없었다. 1916년에 제정된 해군 예비군 법령의 어디에도 해군 하사관이 남자여야 된다는 내용은 없었다.

이러한 법령의 맹점 덕분에 미국 여성들은 1차 세계대전 때 해군 예비군으로 이름을 올리고, 서무계 여하사관을 뜻하는 'Yeoman(F)'로 명부에 등재되는 일도 가능해졌다. 하지만 이런 움직임은 논란을 야기했고 대중들 역시 그 사실에 충격을 받았다. 그런데도 해군의 예상을 웃도는 많은 여성들이 서둘러 해군에 입대했다. 다만 이들은 실망스럽게도 배에는 타지 못하고(간호사들은 다른 범주로 분류돼 배를 탔다) 해군 관료제가 야기한 산더미 같은 서류들을 처리하는, 서무계 하사관의 본업이었던 일을 하며 대개는 사무원이나 속기사로 근무했다. 20세기 최초의 세계대전 중에 이렇게 서무계 여하사관[Yoeman(F) 외에 yeomanette도 이들을 부르는 호칭이었다]으로 복무한 미국 여성은 1만 1,000명이었다.

나중에 전무후무하게 뛰어난 암호해독자들 중 한 사람으로 이름을 올리게 될 젊고 총명한 교사 아그네스 마이어도 그들 가운데 한 사람이었다. 1889년 일리노이주에서 태어난 마이어는 오하이오주의 오터바인 대학교에 들어가 공부하다가, 오하이오 주립대학교로 전학해 그곳에서 수학, 음악, 물리, 외국어를 전공했다.[14] 또한, 별것 아닐 수도 있겠으나 그녀는 틀어 올린 긴 머리에 조각 같은 외모를 지닌 뛰어난 미모의 소유자였다. 마이어는 미국이 독일에 선전포고를 한 1917년에는 텍사스주의 애머릴로 고등학교 수학부 부장직을 맡고 있었다. 그러다 그녀 나이 스물여덟 살이던 이듬해 해군에 입대한 미국 최초의 여성들 가운데 한 사람이 되고, 그러기 무섭게 여성 계급으로는 가장 높았던 고급 하사관이 되었다. 마이어는 해군에서 처음에는 속기사로 근무를 시작했다. 그 다음에는 우편 및 해외전보 검열부로 옮겨가 교신 내용들을 검사하며 간첩 행위를 살피는 업무를 담당했다. 그러던 그녀는 교신 보호에 목적을 두고 미국이 보내는 메시지를 암호로 바꾸기 시작한 시점에 다시 해군통신부장실의 암호 및 통신과로 옮겨갔다. 그리고 이곳에서 윌리엄 프리드먼이 했던 것처럼 암호해독법을 배우는 데 있어서는 최상의 훈련이었을, 암호 작성 일을 시작했다.

1차 세계대전이 끝난 뒤에는 그녀도 다른 예비군들과 함께 해군을 제대했다(의회는 수치스럽게도 입대 조건에 '남자'라는 단어가 적시되도록 예비군 법을 개정했다). 하지만 뛰어난 능력을 지닌 그녀를 해군이 그냥 둘 리 만무했다. 그녀는 군무원으로 해군에 즉시 다시 채용되었다. 이 시기 그녀가 맡은 업무에는, 발명자들이 제품을 홍보할 때 완벽한 암호문을 만들어주는 기계가 될 것이라고 장담한 이른바 '대박 기계'의 성능을 테스트하는 것도 포함되어 있었다.

* * *

엄밀히 말하자면 암호 체계에는 두 종류가 있다. 그중의 하나가 코드인데, 이것은 단어나 문장 전체를 또 다른 단어나 일련의 글자, 혹은 '코드군'이라고 불리는 숫자 배열로 바꾸는 암호 체계다. 코드는 비밀 유지뿐 아니라 요약과 생략을 위해서도 사용할 수 있다. 속기야말로 정확히 그런 류의 코드이고, 지금 우리가 사용하는 휴대전화 문자메시지도 왕왕 코드가 된다. 일상에서 흔히 쓰이는 말도, 설령 그것이 긴 문장이라 할지라도, 짧은 코드군으로 줄여 빠르게 메시지를 보낼 수 있다. 20세기 초 몇십 년 동안 많은 사람들이 그랬듯 케이블을 이용하면 값싸게 보내는 것도 가능하다. 정부기관들로서는 예산 절감이 언제나 중요한 문제였기에, 짧은 메시지가 가진 이점은 정부기관들에도 중요한 일이었다. 케이블 회사들은 단어 수에 따라 요금을 부과한다. 따라서 "지난달 귀하가 요청하신 건은 승인이 났습니다"와 같은 상투적 문구를 지명, 이름, 단위들처럼 코드군으로 요약하면 전보를 보낼 때 상당한 예산 절감 효과를 볼 수 있는 것이다. 1925년 전쟁부에서도 '일반 호칭과 특수 호칭' 코드를 만들어 사용했다.[15] 'cavalry(기갑부대)'는 HUNUG, 'Pursuit Squadron(추격 비행대대)'는 LYLIV, 'Bombardment Squadron(폭격대대)'는 BEBAX, 'Wagon Company(왜건 회사)'는 DIGUF, 'U.S. Naval Academy(미 해군사관학교)'는 HOFOW, 'Fourth Division Air Service(제4공군사단)'은 BABAZ로 표기하는 식이었다[OMG(Oh My God)와 IMO(In My Opinion) 같은 문자 메시지가 간결함과 동시에 때로는 의미를 숨기는 목적으로 사용되는 것과 같은 원리다]. 최상의 암호는 그 안의 코드군을 운율도 없고 이유도 없이 제멋대로 배열하여 적이 알아차릴 수 없도록 만든 것이다. 암호를 수집해 정리한 암호 책자(코드북)도 있는데, 암호 작성자는 사전과 다를 것 없는 이 책자를 보고 단어나 구, 그리고 구가 나타내는 코드군을 찾아볼 수 있다. 하지만 아무리 뒤죽박죽으로 섞어놓은 코드라 해도 약점은 있을 수 있다. 메시지들에서 같은 코드군을 반복적으로 사용하는 것만 해도, 암호해독자들은 문맥이나 위치만 보고도 메시지의 뜻을 간파할 수 있다.

암호 체계의 또 다른 종류로, 한 글자나 숫자를 다른 글자나 숫자로 치환하는 방식의 사이퍼(부호)가 있다. 사이퍼는 글자들의 이동, 곧 전치로 만들어진다. 'brain'을 'nirab'로 바꾸는 식이다. 사이퍼는 개개의 글자들을 다른 글자들로 바꾸는 방식으로도 만들어진다. b를 X, r을 T, a를 V, i를 O, n을 P로 바꿔 brain을 'XTVOP'로 만드는 식이다. 사이퍼는 수백 년 동안 수작업으로, 대개는 한 글자가 또 다른 글자로 치환되는 원리의 사각형 알파벳표를 창안한 머리 좋은 르네상스인들에 의해 만들어졌다. 하지만 무선과 전신이 등장하여 수기 신호법으로 보낼 때보다 메시지의 양이 많아지고 전송 속도도 빨라지자, 암호를 신속히 작성할 수 있는 기계의 필요성이 대두되었다. 게다가 메시지를 대량으로 보내고 그것이 감청될 때는 암호 패턴이 단순할수록 탐지되기도 쉽기 때문에 복잡한 사이퍼가 요구되었다. 물론 사람도 복잡한 사이퍼를 만들 수는 있지만 사람은 실수를 하기 마련이다. 그에 비해 기계는 실수가 적다. 나중에 암호화로 불리게 된 것의 초기 형태를 만든 것이 바로 이런 기계들이다. 그 점에서 기계 암호를 해독한 사람은 해커의 초기 버전이라 할 수 있을 것이다.

아그네스 마이어가 바로 그런 해커였다. 그녀는 적의 암호화 방식을 알아내고, 발명자들이 미 해군에 팔려고 내놓은 기계들의 성능을 시험해 그것들의 내적 결함과 약점을 들춰내는, 대박 기계들을 해킹하는 일을 했다.[16] 그런데 당시 그녀가 시험한 기계들 중에는 말 도둑질을 한 범죄 행위로 수감 생활을 한 적이 있는, 믿지 못할 인물 에드워드 헤번이 개발한 무적의 기계도 포함돼 있었다. 해군 잡지에 헤번이 '해독 불가능'이라고 광고한 기계의 암호마저 아그네스가 술술 풀어내자 헤번은 이에 감탄하여 자신과 함께 더 좋은 기계를 만들어보자며 그녀에게 전직을 제안했다.[17] 그녀도 남성 중심의 군대에서 민간인 여성이 진급하기는 바늘구멍보다 좁은 현실에 좌절해서였는지 그의 제의를 받아들였던 것 같다. 그런데 공교롭게도 아그네스가 잠시 떠난 자리에 해군이 데려다 놓은 임시 직원이 바로 엘리제베스 프리드먼이었고, 그리하여 두 여성 사이에는 경쟁의식이 싹텄다. 남편의 능력을 추켜세우기에 바빠 자신의 재능을 과소평가하는 버릇이 있었던 엘리제베스는 아그네스를 주제넘은 야망을 지니고 공직에 대한 충성도가 낮은 사람이라며 경멸했다. 또한 아그네스를 오로지 자신의 입신만을 생각하는 사람, 헤번의 제의에 혹해서 넘어간 사람이라고도 비웃었다(엘리제베스는 마이어의 해군 상사 로렌스 새퍼드도 대놓고 얼간이 취급을 했다). 그리고 1924년 헤번이 다시 개량된 암호 기계를 들고 나타나자 해군은 이번에는 윌리엄 프리드먼을 불러 성능 테스트를 시켰고, 프리드먼은 암호를 거뜬히 해독해냈다.

이것이 양자 간의 경쟁 관계를 돌이킬 수 없게 만들었다. 이윽고 아그네스는 헤번의 회사마저 그만두고 해군의 군무원 직책으로 돌아왔다. 이때부터 그녀는 윌리엄 프리드먼을 혐오하기 시작했다. 그녀가 품은 원한은 재능을 생계 수단으로 삼는 사람들 사이에 흔하게 나타나는 경쟁적 본능에서 비롯된 것(암호해독자들 사이의 경쟁도 대학 학과들 간에 벌어지는 경쟁과 다르지 않았다)이기도 했지만, 그 못지않게 그녀가 해군에서 받는 대우보다 윌리엄 프리드먼이 육군에서 받는 대우가 훨씬 나왔던 것에서 비롯된 것이기도 했다.

아그네스에게 암호를 배운 해군의 암호해독자 토머스 다이어도 이렇게 말했다. "프리드먼의 급여 등급은 그녀보다 항상 두세 단계 높았지요. 그러니 아그네스가 그것을 남녀차별로 받아들인 것은 사실일 겁니다."[18] 다이어는 아그네스가 비상한 두뇌를 가진 여성이었다고 하면서 프리드먼과 전적으로 대등한 존재였다고 힘주어 말했다.

그 무렵 암호(코드와 사이퍼)를 아는 사람들의 동네는 지극히 협소하여 상호의존적인가 하면 너무 밀집해 있는 것을 불안해했고 시기심 또한 강했다. 그들은 서로를 속속들이 알고 있었으며 다른 사람들이 무엇을 할 수 있는지와 무엇을 할 수 없는지에 대한 의견도 갖고 있었다. 그리고 아그네스 역시 다수의 다른 암호해독자들이 그랬듯 리버뱅크에서 암호를 연구한 적이 있었다. 1920년에는 조시 파비안이 아그네스에 대해 그 젊은 숙녀분에게 매우 좋은 인상을 받았다고 하면서 어느 때든 그녀를 놓아줄 생각이 있다면 기꺼이 채용하겠다는 내용의 편지를 해군에 보냈다.[19] 아그네스는 허버트 야들리의 암호해독국에서도 잠시 일했다. 해군의 군무원 직책도 계속 보유한 채 해군의 남성 암호해독자 거의 대부분을 훈련시켰다.[20] 2차 세계대전 중에 암호해독의 공을 세워 유명해진 군인들이 바로 그녀에게 교육받은 사람들이었다. 정보장교였던 에드윈 레이턴도 아그네스는 2차 세계대전 때 활약한 해군 주요 암호해독자 대부분을 훈련시켰다고 하면서 "천부적 재능이 만들어낸 그녀의 업적은 누구도 능가하지 못했다는 데 그들 모두의 의견이 일치했다"고도 썼다. 아그네스는 또 공식적으로 영예를 차지한 적은 없지만 공훈이 될 만한 여러 가지 기초 작업을 했고, 해군 최초의 암호 기계도 공동으로 개발했다. 미 의회도 이 공적을 인정해 아그네스와 공동 개발자에게 1만 5,000달러의 상금을 수여했다. 아그네스는 워싱턴에서 변호사로 활동하던 마이클 드리스컬과 결혼했다. 드리스컬 부부도 프리드먼 부부처럼 맞벌이 부부가 장안의 화제였던 50년 전에 맞벌이 부부가 된 것이었다.

1920년대가 되자 미 해군은 일본이 장차 미 해군의 적수가 될 것임을 깨닫고 독자적 암호해독 계획을 수립하기 시작했다. 1905년 일본은 러일전쟁에서 승리했고, 그러니 미국 함대에 필적하거나 능가할 수 있는 태평양 함대를 건설하려고 할 것이 불 보듯 뻔했다.[21] 게다가 석유, 철, 고무 같은 천연자원이 부족했던 일본으로서는 지배적 세계 강국이 될 필요가 있었으므로 미국 영토인 괌과 필리핀을 위협해서라도 태평양 지역의 다른 나라들에서 그 자원들을 기어코 확보하려 할 것이 분명했다. 그래서 미 해군도 일본의 메시지들을 도청하고, 태평양 지역의 도청 기지도 더 많이 설치하기 시작했다. 1923년에는 해군 정보장교들이 뉴욕시의 일본 총영사관을 비밀리에 급습하여 증기선에 실어온 외교관의 가방을 뒤져 1918년에 작성된 해군 암호 책자를 찾아 훔쳐낸 다음, 책의 페이지들을 사진으로 찍은 뒤 가방에 도로 집어넣고 그 사진들을 워싱턴으로 보냈다. 이 암호 책자도 결국에는 아그네스 마이어 드리스컬의 손에 들어갔다.

그때쯤에는 해군의 암호 및 통신과도 지금의 워싱턴 D.C. 컨스티튜션 대로 위 나지막한 대형 목조건물에 있던 해군본부 1645호실에 '연구 부서'를 설치해놓고 있었다.[22] 명칭이 요상하기는 지금이나 그때나 마찬가지였다. 부서의 직원도 해군 장교 몇 명과 군무원 등 소수였다. 그런데 문제는 암호 책자 연구가 큰 임무에 도움이 된다 해도 장교의 이력에는 불리했다는 것이다. 다른 군대보다 해군이 특히 그랬다. 암호해독이 육지 근무, 즉 사무직이었기 때문이다. 미 해군에서 야망을 가진 장교치고 육지 근무를 원하는 사람은 없었다. 그들이 바라는 것은 해상 근무를 하는 것, 그리고 항해 병과장교와 지휘관이란 직책을 갖는 것이었다. 종류가 무엇이든 전문직은 유망한 출셋길이 아니었다. 사정이 이렇다 보니 연구 부서는 장교들이 몇 년간 잠시 머물다 경력을 위해 해상 근무를 하러 바다로 떠나는 정거장 같은 곳이 되어버렸다.

아그네스 마이어 드리스컬만이 연구 부서를 끝까지 지켰다. 민간인에다 여성이다 보니 그녀만 1920~1930년대에 일본이 열심히 마무르고 있던 일본 해군 암호의 비밀을 캐내는 육지 근무의 종신형을 선고받은 것이었다. 일본 해군 암호는 기지와 선박 그리고 조직들이 전략, 전술, 병참, 정보, 병사들의 사기, 선박의 움직임, 상황 보고는 물론이고 심지어 날씨에 이르기까지 사령관이 중요하게 생각한 모든 요소들에 대해 서로 대화를 주고받을 때 사용하는 주된 암호 체계였다. 그래서 아그네스 드리스컬도 일 년 열두 달, 날이면 날마다 정보장교들이 훔쳐온 암호 책자를 연구한 것이었다. 그녀에게 암호를 배운 교육생들 가운데 한 명이던 해군장교 조지프 로슈포르도 연필 끝에 붙은 지우개로 책장을 넘기며 암호 책자의 앞뒷면을 살피던 그녀의 모습을 기억했다. 아그네스는 선원처럼 욕을 해댔다.[23] 주변 사람들은 그녀를 냉담하고, 자신이 보호받는 듯한 느낌이 들게 하는 모든 종류의 행동에 예민하게 반응하는 사람으로 인식했다. 에드윈 레이턴은 그녀의 그런 태도를 남자 군인들에게 수적으로 압도된 여성이 느낄 수 있는 불편함으로 해석했다. 아그네스는 또 남성이 만든 암호치고 여성이 해독하지 못할 것은 없다는 말도 즐겨했다. 그녀와 그녀의 남편은 사교 활동도 많이 하지 않았다. 장성들을 대접하고 디너파티를 개최하는 아내의 내조가 남편의 출세에 도움이 되는, 처세가 중시되는 해군 문화에서 이는 약점이 될 수 있었다.

그런데도 남성들은 그녀의 재능을 열렬히 숭배했다. 태평양을 본 적도 없고 일본 선박 한 번 구경해본 적 없는 그녀가 암호 책자만으로 공부하면서도 일본 선박의 이름들을 유창하게 읽고, 무엇보다 그들의 암호 작성 습성까지 파악했으니 그럴 만도 했을 것이다.

아그네스는 코드와 사이퍼 두 가지 모두를 포괄하는, '초암호화 단계'라 불리는 방법을 사용해 일본이 해군 암호를 숨기는 법도 알아냈다. 일본 해군은 단어, 음절, 구는 물론 심지어 구두점까지 표현할 수 있는 세 글자 암호 수천 개가 기재된 방대한 암호 책자를 가지고 해군의 주된 암호를 작성했다. 일본 해군이 메시지를 작성하는 방법은 일단 암호 메시지를 써놓고, 보낼 때는 글자들을 다시 암호화하여 그 메시지의 코드군들이 전혀 다른 글자들의 세트가 되게 하는 것이었다. 재암호화 방법을 쓴 것인데, 따라서 아그네스의 '연구 부서'도 훔쳐온 암호 책자 덕분에 그 코드군들이 무엇을 나타내는지만 알 수 있었을 뿐 의미는 알 수 없었다. 메시지를 실제로 도청해보니 코드군들이 재암호화되어 있었기 때문이다. 그러니 코드군들에서 그 재암호화된 것을 제거하고 본래의 형태를 복구하지 못하면 메시지는 해독될 수 없었다.

아그네스와 해군장교 한두 명, 사무원 겸 타이피스트 두 명, 그리고 번역자 한 명으로 구성된 소수의 해군 암호 팀이 그 암호문을 푸는 데는 수년이 걸렸다.[24] 조지프 로슈포르는 한 마디로 그것은 넌더리나는 과정이었다고 말했다. 하루 종일 책상에 앉아 그가 '노려보는 일'이라고 표현한 일을 하면서, 시가가 됐든 담배가 됐든 파이프가 됐든 손에 닿는 것이면 무엇이든 종류를 가리지 않고 피워댄 통에 식욕마저 잃어 그는 체중이 9킬로그램이나 빠졌다. 오죽하면 퇴근한 뒤에도 바로 식사를 하지 못하고 몇 시간 동안 침대에 누워 휴식을 취해야 했다. 그런 그도 해군 팀이 암호해독에 성공한 공을 암호화가 글자들의 전치나 교환으로 이루어졌다는 것을 알아낸 미스 애기(아그네스 드리스컬을 부르던 호칭)에게 돌렸다.

암호해독의 성공은 종종 세부 사항보다는 적이 개발한 통신 위장술의 기초 시스템을 파악하는, 다시 말해 나무보다는 숲을 보는 진단으로 이루어졌다. 그런데 아그네스가 바로 일본의 통신 위장술[그리드(모눈종이처럼 생긴 표)에 암호 메시지를 가로 방향으로 기재한 다음, 보낼 때는 글자들이 채워지지 않은 그리드의 맨 아래 칸들을 공란으로 남겨둔 채 세로 방향으로 전송하는 이른바 '세로 방향 전치columnar transposition' 방식(키워드에 따라 그리드의 모양은 자주 바꾸었다)을 이용한 것]을 진단해낸 것이었다. 해군장교로서 암호 팀을 지휘한 조지프 로슈포르도 일본 통신 위장술의 초기 해법을 알아내고 새로운 암호와 '전치 형식'을 찾아낸 사람이 드리스컬 여사였다고 말했다. 미국은 이렇듯 해군 암호 팀이 애써 수집한 정보를 가지고 일본군의 연료 공급, 선박 사고, 군용기의 발전 상황, 해군의 기동 작전, 그리고 무엇보다 미국에 대한 전투

작전의 수행 전략을 간파했다. 또한 그 정보로 미국은 일본이 미국의 해전 계획에 놀랍도록 정통해 있다는 사실도 알아냈다.

해군 암호의 정복은 일본에게나 아그네스에게나 끝이 없는 작업이었다. 일본은 보안 조치의 일환으로 암호 책자들을 주기적으로 교체했다. 옛 책자들을 태워버리고 새로운 책자들을 만들어 선박, 기관, 섬들에 배포했다. 이렇게 되면 단어들도 새로운 암호들을 부여받게 되어 미국의 암호해독자들은 처음부터 작업을 새로 시작해야 했다. 변화의 폭이 유난히 클 때도 있었다. 1931년에도 훈련생 토머스 다이어가 새로운 도청 메시지를 접하고 쩔쩔매는 모습을 보고 아그네스가 그의 뒤로 걸어와 작업표를 바라보더니 "암호가 새로 바뀌었으니 해독에 진전이 없는 것도 당연하지요"[25]라고 말한 적이 있었다.

그녀의 판단은 정확했다. 일본이 암호 체계를 바꿔, 전보다 길고 까다롭고 복잡한 방식의 코드군들을 만들어낸 것이었다. 그리고 이번에도 가장 복잡한 암호 체계들 중 하나를 해독해 문제 대부분을 해결한 것은 아그네스였다. 이 새로운 암호 체계를 밝혀내는 데는 무려 3년이 걸렸다. 로슈포르는 "이번에도 늘 그렇듯 문제 해결의 첫 단추를 꿴 사람은 드리스컬 여사였다"[26]고 말했다. 로렌스 새퍼드도 나중에 그녀가 한 일이 "그때까지 해군이 수행한 암호해독 임무 가운데 가장 난해한 것이었다"[27]고 썼다. 에드윈 레이턴 역시 순환 교대 근무를 하러 그 부서로 돌아왔을 때, 아그네스가 행한 기여의 중대성을 인정하고 눈부신 성과라고 말했다.

그녀가 세운 공적은 현실 세계에 막대한 영향을 끼쳤다. 1936년에도 아그네스가 기울인 노력의 결과로 미국은 일본이 26노트 이상의 속도로 항해할 수 있도록 전함을 재장비한 사실을 알아냈다. 미국에는 아직 그 정도로 빠른 전함이 없을 때였고, 따라서 그것을 바탕으로 미 해군은 일본의 전함 속도를 능가하는 한층 업그레이드된 새로운 등급의 전함을 개발할 수 있었다. 그 정보들의 중요성은 연구 부서 설치에 들어간 모든 비용을 정당화시킬 정도였고, 해군 암호해독부도 그때부터 규모가 확대되었다. 그래도 1937년에는 아직 모든 것을 아는 사람이 아그네스 드리스컬뿐이었다. 공식 역사서에도 "해군 암호해독 팀의 상근 인력 가운데 완벽하게 훈련되어 모든 문제를 해결할 수 있는 것은 한 사람뿐이다"[28]라는 사실이 기록되어 있다.

이런 상황에서 일본의 암호 체계는 또 바뀌었고, 이번에는 전보다 변화의 폭이 컸다. 1939년 6월 1일 일본 해군은 연합군이 JN-25라고 명명한 암호를 사용하기 시작했다.[29] 그 무렵에는 글자 대신 숫자로 암호 체계를 바꾼 일본이, 3만여 개의 단어 및 구로 이루어진 평문과 그에 상응하는 5자리 숫자 3만여 개가 기재된 방대한 암호 책자를 사용하기 시작한 것이다. 암호화하는 방법도 달라졌다. 메시지를 송신하기 전 수학의 '덧셈' 방식을 이용해 글자들을 암호화한 것이다. 암호문 작성은 이렇게 진행되었다. 먼저 방대한 암호 책자를 보고 메시지의 각 단어(또는 음절, 구, 또는 구두점)에 해당하는 5자릿수를 그것들 아래에 적는다. 문장이 끝날 때까지 그 과정을 반복한다. 그 다음에는 또 다른 난수책자(덧셈 암호 책자)를 꺼내 아무 페이지나 펼쳐놓고 5자리 코드군을 작성자 마음대로 골라, 먼저 기재된 5자리 코드군 밑에 적어 넣는다. 문장이 끝날 때까지 그 과정을 계속한다. 그런데 그 다음 세 번째 단계에서 작성자는 세로열의 수를 합해 10이거나 10보다 큰 데도 윗자리로 받아올림을 하지 않는, 미 해군 암호해독자들이 '가짜 받아올림noncarrying addition 또는 false addition'이라고 부른 독특한 셈법을 이용했다. 이를테면 8 더하기 7의 합을 15가 아닌 5로 만든 것이다. 가령 단어 'maru'에 해당하는 첫 번째 코드군이 13563, 두 번째 코드군이 24968이라고 하면, 둘의 합을 37421이 되게 하는 식이었다(1+2=3, 3+4=7, 5+9=4, 6+6=2, 3+8=1). 일본은 이것을 최종 암호로 송신했다. 따라서 미국인들이 이것을 해독하려면 이 독특한 덧셈 방식을 규명해야만 했다. 그래야만 코드군이 의미하는 것을 알 수 있었다.

이번에도 새로운 암호 체계를 밝혀낸 것은 아그네스 드리스컬이었다. 그때까지는 전치나 교환의 방법만 암호 체계로 사용되었기 때문에, 덧셈 암호는 그녀와 해군 구성원들 모두에게 금시초문이었다. 그런데도 아그네스는 그것을 밝혀내는 데 성공했다. 아그네스가 그 방식을 알아내는 데는 일 년이 채 걸리지 않았다. 3월 1일자 미 해군의 암호해독 팀 현황 보고서 'GYP-1'에도 "5자릿수 시스템(JN-25의 이전 호칭이었다)의 첫 해결사는 드리스컬 여사다. 암호해독 과정은 순조롭게 진행 중"[30]이라고 적혀 있었다. 아그네스는 이후에도 몇 달간 더 JN-25 해독하는 일을 한 뒤 1940년 말에는 독일 암호를 해독하는 팀으로 옮겨갔다. 대서양 전역이 2차 세계대전의 주요 분쟁지로 떠오르던 때였기에 그녀에게 이 이동은 곧 승진이었다. 해군의 기존 암호 팀은 그녀의 방법을 이용해 JN-25 해독하는 일을 계속했다.

덧셈 암호 방식을 규명해 코드군의 의미를 알아내는 과정은 지난한 작업이었다. 하와이와 오스트레일리아에서 근무하던 미국 암호해독자들은 2차 세계대전이 끝나고 나서 몇 년이 지난 뒤까지도 일부 코드군들의 의미를 놓고 워싱턴 D.C. 본부의 암호해독 팀과 여전히 논쟁을 벌였다.[31] 아그네스 드리스컬 또한, 전시 비행을 하게 된 남성들을 훈련시킨 여성들이나 미 해안경비대 대원들을 훈련시킨 엘리제베스 프리드먼과 마찬가지로, 전장의 남성들에게 암호해독을 가르쳤다. 태평양 함대 사령관 니미츠 제독 밑에서 해군 정보부를 이끌었던 에드윈 레이턴도 "아그네스는 해군의 비길 데 없는 암호해독자였다"[32]라고 썼다. 1940년 12월에는 일본 해군의 암호 체계가 연합군이 JN-25B라고 명명한 것으로 다시 바뀌었고, 암호 팀은 이것의 일부만 해독하는 데 성공했다. 그리고 진주만 공습이 있기 며칠 전이었던 1941년 12월 초 일본의 두 번째 암호 책자(난수책자)는 또 다시 바뀌었다. 다행히 첫 번째 암호 책자는 그대로여서 미 해군도 그 덕에 진주만 공습이 있기 전 새로운 암호 체계의 상당 부분을 밝혀내는 데 성공했다. 하지만 충분히 밝혀내지는 못했고, 그리하여 결국 일이 터지고야 말았다.

그래도 로렌스 새퍼드는 "일본 해군이 만일 1941년 12월 1일 암호키와 더불어 암호 책자까지 바꾸었다면, 태평양 전쟁이 얼마나 끔찍하게 전개되었을지는 누구도 모를 일이었다"[33]고 말했다.

진주만 공습은 미국에 큰 타격을 입혔다. 그래도 아그네스가 수십 년간 암호해독 노력을 기울인 것이 큰 역할을 하고, 엘리제베스 또한 다른 여성들의 귀감이 되었던 덕에 미국은 2차 세계대전에 무방비 상태로 나가는 것을 면할 수 있었다.

3장
최대의 난제

1940년 9월

1940년 9월은 폴란드가 독일과 소련에 점령된 지 1년째로 접어든 달이었다. 그 몇 달 전에는 체코슬로바키아가 저항 한 번 변변히 못해 보고 독일에 영토를 분할 당했다. 나치의 전쟁 기계는 노르웨이와 덴마크를 굴복시키고 벨기에와 다른 여러 나라들도 격파한 뒤 파리로 진격해 들어갔다. 파리에 들어간 나치의 군 장교들은 샹젤리제 거리에 늘어선 최고급 레스토랑들에서 카페오레를 마시고 샴페인을 터뜨렸다. 영국도 저항은 하고 있었지만 독일군의 폭격에도 난타당하고, 독일에 점령된 프랑스로부터 예상되는 해상 공격에도 대비하느라 전전긍긍하고 있었다. 일본은 자원을 확보하고 아시아 국가들을 서구의 지배로부터 벗어나게 하여 일본의 지배를 받게 한다는 이른바 '동아 신질서'를 근간으로 한 대동아공영권의 수립을 꿈꾸면서 중국을 점차 점령해 들어갔고 태평양 지역으로의 진출도 본격화했다. 이런 차제에 워싱턴 시내의 미 육군 부서들이 빽빽이 들어찬 곳에서는 한 젊은 민간인 여성이, 한 무리의 남성들이 이야기를 어서 끝내고 자신의 말을 들어주기를 선 채로 참을성 있게 기다리고 있었다. 그들에게 급히 전할 말이 있었지만 소심한 성격 탓에 대화를 도중에 끊지 못해 머뭇거리고 있는 것이었다.

그녀가 서 있던 장소는 1918년 전쟁부의 본부로 건립된 뮤니션즈 빌딩, 워싱턴의 눈엣가시 같은 건물들에 숨겨진 듯 위치한, 몇 개의 사무실이 전부인 내세울 것 하나 없는 부서였다. 뮤니션즈 빌딩과 해군본부 건물은 공교롭게도 1차 세계대전 중에 전시의 임시 구조물로 나란히 지어져, 오래 전 전쟁이 끝났는데도 미 국무부와 내셔널 몰 사이 워싱턴 D.C.의 한 부분을 점유한 채 그 무렵까지도 계속 사용되고 있었다. 두 건물 모두 콘크리트 외관을 지녔고, 중앙 양옆으로 좁은 윙들이 수직 형태로 줄줄이 늘어선 구조였다. 그러다 보니 그곳에서 일하는 것은 마치 여러 층으로 된 창고에서 일하는 것 같았다.

윙들의 1층에는 길고 좁은 복도에 문들이 배치돼 있는데다 자전거로 이동하는 메신저들도 느닷없이 곧잘 튀어나왔기 때문에, 이곳을 지나는 사람들은 가방을 휘두르며 자전거를 타고 가는 소년과 부딪치지 않도록 조심해야 했다. 반면에 위층들에는 개방형 작업실들에 나무 책상들이 배열돼 있고 큰 창문들도 달려 있어, 계절과 습기 정도에 따라 좋을 수도 나쁠 수도 있는 바깥 공기를 들이마실 수 있었다. 쌍둥이 건물은 정확히 말하면 해군본부와 뮤니션즈 빌딩으로 알려져 있었다. 1940년도는 전쟁의 물리적 확장이 아직 실행되지 않은 때여서, 펜타곤도 완공되지 않고 알링턴 홀도 징발되지 않은 상태라 땅딸막하고 보기 흉한 두 건물에 미국의 내로라하는 군 전문가들이 모두 모여 있었다.

육군 암호해독부는 뮤니션즈 빌딩의 한쪽 윙 위층 뒤편에 붙은 방 몇 개를 차지하고 있었다.[1] 지난해 제법 커졌다지만 그래도 아직은 부서의 규모가 변변치 못해 협소한 공간을 벗어나지 못한 상태였다. 한 방에는 분류와 대조 같은 일을 할 때 사용되는 다량의 사무기기들이 비치돼 있었고, 다른 방들에는 도청 암호문들을 넣어둔 파일 캐비닛들이 자물쇠가 채워진 채 보관돼 있었다. 사람들은 이 파일 캐비닛들이 있는 대부분의 방들에서 고개를 숙인 채 말없이 테이블에 앉아, 간혹 담배를 피우거나 커피를 마시기도 하면서 줄 쳐진 종이나 모눈종이 위에 연필로 작업을 했다. 사무실에는 기기들 외에 관청에서 지급한 닳아빠진 책상, 홈집투성이 캐비닛, 다이얼식(기계식) 전화기들도 있었다. 어느 정도는 우연의 일치로 해군의 암호해독부 역시 육군의 암호해독부와 가까운 윙에 위치해 있었다. 두 조직은 마음만 먹으면 협력을 할 수도 있었겠지만, 그 무렵까지도 여전히 편집증적으로 경쟁을 하고 충돌을 일으키며 으르렁대고 있었다. 육군의 암호해독부는 또 해군의 암호해독부와 달리 수학자, 전직 교사, 언어학자, 사무원 등 구성원들이 거의 민간인이었다. 또한 일본의 해군 암호만 집중적으로 파고든 해군 암호해독부와 달리 육군 암호해독부는 이탈리아, 독일, 일본, 멕시코의 군부와 외교관들이 사용하는 암호를 해독하는 데 많은 노력을 기울였다.

미국이 2차 세계대전으로 비화될 조짐을 보이던 전쟁에 조만간 공식적으로 뛰어들게 될 것은 분명해 보였다. 따라서 그날 금요일 오후 늦여름 더위 속에서도 암호해독부에서는 긴박감이 감돌았다.

육군 암호해독부의 중심인물은 윌리엄 프리드먼이었다. 본래는 수기 신호보다 정교하고 안전한 암호 작성자로 채용되었던 그가 그 무렵에는 세계 최고라 해도 좋을 암호해독자로도 성장해 있었다. 테이블에서 작업에 열중하고 있던 사람들도 그를 우러러봤다. 프리드먼의 상관인 육군 장교들만 간혹 그를 빌이라고 불렀을 뿐 하급 직원들은 그를 언제나 프리드먼 씨라고 불렀다. 자기들끼리만 있는 사석에서는 '윌리 삼촌'이라고 부를 때도 있었지만 그의 면전에서는 감히 그러지 못했다.[2] 프리드먼은 감수성이 예민하여 남의 말에 쉽게 상처를 받았다. 또한 일처리 습관이 명확해서 역량 있는 사람들에게 중요한 임무를 잘 맡기기는 해도 칭찬은 좀처럼 하지 않았다. 그런 그가 또 테니스는 잘 치고 사교댄스에도 능하며 얇은 콧수염을 기르기도 했다. 프리드먼은 'repeat'를 명사로 사용하는 것도 참지 못해 'repetition'을 써야 한다고 우길 만큼 정밀함에 병적으로 집착했다.

그런 프리드먼이 이제는 사십대 후반에 접어들어, 여전히 좁은 동네를 탈피하지 못한 전 세계의 암호 작성과 암호해독 종사자들 사이에 전설이 되어 있었다. 그는 리버뱅크 연구소를 그만둔 뒤 암호 관련 책자들을 수집해 몇 안 되는 희귀본 장서 가운데 하나를 보유하고 있었다. 거기에는 프랑스 장군 마르셀 기비에르주가 저술한 『암호론 과정Cours de Cryptographie』, 이탈리아 장군 루이지 사코가 쓴 『암호학 교본Manuale di Crittografia』, 프랑스 대위 로제 보두앵이 쓴 『기초 암호론Elements of Cryptography』도 포함돼 있었다. 이 중에서 특히 『암호학 교본』은 파리 함락 직전 프랑스에서 몰래 빼내온 것이었다. 프리드먼은 가장 중요한 논문 다수를 직접 쓰기도 했다. "암호해독의 첫걸음Elements of Cryptanalysis", "종속 알파벳들의 위치에 나타나는 간접 대칭 원리와 다중문자로 된 대치 암호의 해법에 그 원리 적용하기The Principles of Indirect Symmetry of Position in Secondary Alphabets and Their Application in the Solution of Polyalphabetic Substitution Ciphers", 그의 걸작인 "우연의 일치 지수와 암호해독에 그것을 적용하기The Index of Coincidence and Its Applications in Cryptanalysis"가 그것들이다. 그뿐만이 아니었다. 프리드먼은 암호해독계에서는 성전 대우를 받는 훈련 교본들도 집필했다.

프리드먼이 한 무리의 신참자들로 소규모 암호해독 팀을 꾸리는 데는 10년이 걸렸다. 1930년 허버트 야들리의 암호해독국이 졸지에 문을 닫은 직후 그는 암호해독부를 꾸리라고 상관들이 대준 자금으로 세 명의 젊은 수학자를 고용했다. 밀조주 생산으로 가장 유명한 버지니아주 로키 마운트의 고등학교에서 수학을 가르치던 남부인 프랭크 라울릿, 고등학교와 뉴욕시립대학교를 함께 다닌 친구 사이였던 에이브러햄 신코브와 솔로몬 쿨백이 그들이었다. 프리드먼은 암호해독을 배우는 데는 수년이 소요되리라는 것을 알고 처음부터 젊은 사람들을 직원으로 채용했다. 그리하여 이들과 이후 합류한, 일본어를 잘해서 해독된 암호문을 영어로 번역하는 일을 했던 버지니아주 출신의 존 허트가 코드와 사이퍼를 공격하는 프리드먼의 방식을 10년 가까이 함께 연구하게 된 것이었다. 부서의 운영비는 한 번도 풍족한 적이 없었다. 대공황에 신음하던 최악의 시기에는 심지어 값싼 연필마저도 각자 조달을 하고 연습 용지를 집에서 갖다 쓰기도 할 정도였다.

부서의 규모가 커지자 프리드먼은 전과 다른 조치를 취했다.[3] 여성들을 고용하기 시작한 것이다. 그가 여성들을 고용하려 한 데에는 몇 가지 이유가 있었다. 첫 번째 이유는 워싱턴에 여성 가용 인력이 많았기 때문이다. 전쟁이 시작되기 아직 한참 전이었던 1930년대 워싱턴에는 루스벨트 대통령이 시행한 뉴딜 정책으로 여성 근로자들이 몰려들었다. 확대된 연방정부가 민간 영역보다는 동등한 기회를 주었기 때문이다. 물론 정부 고용에도 차별은 존재했다. 그래도 여성으로서 연방정부에 지원하면 표준화된 공무원 시험을 치른다는 이점이 있었다. 여성도 남성과 똑같이 시험을 보는 것이었다. 연방정부의 기관들은 또 시험 점수를 보고 그에 맞게 일자리를 제공하기도 했다. 1920년도의 인구조사에도 워싱턴에 고용된 인력의 40퍼센트가량이 여성인 것으로 나타났다.

첫 번째 못지않게 중요했던 두 번째 이유는 똑똑한 여성들과 일하기를 좋아한 프리드먼의 성향과 관련이 있었다. 그 무렵 해안경비대에 고용되어 암호해독 하는 일과 오늘날의 통신보안 컨설턴트라 할 만한 일을 함께 수행하고 있던 엘리제베스와 결혼한 것에서도 그의 그런 면모를 엿볼 수 있다. 당시 해안경비대는 미 정부의 '중립법'을 집행하고 있었기 때문에 엘리제베스의 부서에는 대서양을 오가는 온갖 종류의 선박들로부터 메시지가 쇄도해 들어왔다.[4] 엘리제베스는 다른 정부기관들을 위해서도 일하는 중요한 멀티 플레이어여서, 오래지 않아 전략사무국으로 개칭될 미국의 새로운 첩보기관, 정보조정국을 위한 암호 작성부 설치안도 마련했다.

엘리제베스가 타 여성들에게 귀감이 되었던 것은 윌리엄 프리드먼이 느끼는 것 이상으로 그에게 중요한 역할을 했다. 유럽에서 전쟁이 발발한 뒤였던 1939년 10월 프리드먼은 육군으로부터 암호해독자 증원에 필요한 자금을 지원받았다.[5] 그 자금을 바탕으로 초기에 고용한 사람들 중 하나인 윌마 베리먼만 해도, 엘리제베스의 명성에 이끌려 암호해독 분야에 지원한 여성이었다. 베리먼은 웨스트버지니아주 비치보텀 출신으로 베서니 대학교의 수학 전공자였다.[6] 대학 재학 때는 고등학교 수학 교사가 되기 위한 과정을 밟았으나, 시기가 대공황기였던 만큼 그녀가 할 수 있는 일이라고는 아이들 마흔다섯 명이 복작대는 교실에서 초등학교 1학년생들을 가르치는 것뿐이었다. 그러던 중 남편이 워싱턴의 직장에 취직을 하자 베리먼도 남편을 따라가 그곳에서 우드워드 앤드 로스로프 백화점의 (문고본 책꽂이들 옆에 사무실이 있었던) 급여담당부 직원을 시작으로 인구조사국과 일련의 다른 기관들에서 일했다. 그렇게 직장을 전전하던 그녀는 워싱턴의 일간지 《이브닝스타》에 소개된 엘리제베스 프리드먼의 공훈에 관한 기사를 읽고 마음 속 무언가가 깨어나는 느낌을 받았다(기사에는 윌리엄도 언급되었으나 그녀의 눈에 들어온 것은 그의 아내가 세운 공뿐이었다). 베리먼은 또 다른 미래를 꿈꾸기 시작했다.

월마 베리먼은 여기저기 수소문을 한 끝에 미 해군이 장교들을 양성하는 통신 강좌를 개설한 것 외에, 암호해독에 취미가 있는 사람과 암호해독에 소질이 있는 민간인들에게도 재택 학습을 실시한다는 사실을 알게 되었다.[7] 암호해독을 가르치기보다는 재능 있는 사람을 발굴하고 그렇지 않은 사람은 솎아내는 데 목적을 둔 과정이었다. 월마 베리먼은 홈스쿨링 교재를 우편으로 주문하고 혼자 힘으로 문제를 풀어 답안지를 보내는 등 몇 년간 혼신의 힘을 다해 그 과정을 수료했다. 그런데 당시 해군 암호해독부와 육군 암호해독부는 마음만 먹으면 상대 조직을 엿볼 수 있을 만큼 관리가 허술했기 때문에, 그녀가 보낸 답안지는 군무원들 명부는 물론 손에 닿는 모든 정보를 살피고 시험 점수를 평가해 적소에 인재를 배치하는 일을 하고 있던 윌리엄 프리드먼의 손에도 들어갔다. 이리하여 육군 암호해독부에 채용된 그녀는 다짜고짜 이탈리아 팀에 투입되어, 교부받은 초급 이탈리아어 교재를 가지고 이탈리아 파시스트 정부의 비밀 정보 캐는 일을 시작했다. 베리먼의 동료 한 사람은 매일 아침 그녀의 책상으로 다가와 "오늘 아침 무솔리니는 어때?"라고 묻는 게 일이었다.

그것이 프리드먼의 암호해독 팀이 돌아가는 방식이었다. 요컨대 그곳은 스스로 알아서 깨우쳐야 하는 부서였다.[8] 신참자들은 훈련 교본을 공부하고 "히트 대위가 암호해독에 성공할 수 있는 네 가지 기본 요건으로 본 것은 무엇일까?"[9]라든가(답은 참을성, 신중한 분석 방법, 직관, 행운이었다), "암호문에서 다른 곳들에 비해 유독 단어들의 추측에 의한 공격을 쉽게 받을 수 있는 두 곳은 어디일까"(답은 문장의 시작과 끝이다)와 같은 문제들을 푸는 데 오전 시간을 다 소비했다. 오후에는 실제 암호를 풀었다.

윌마는 그 일을 좋아했다.

버지니아주의 스위트 브라이어 대학교를 졸업하고 스미스 대학교에서 석사학위를 받은 델리아 앤 테일러 역시 그 일을 좋아했다. 그리고 그녀 옆에는 당시엔 가세가 기울었지만 양갓집 딸이었던 메리 루이즈 프래서가 있었다. 암호해독부에서 그녀가 하는 일은 인색한 정부 관료들로부터 예산을 따내는 데 선수였던 프리드먼이 상관들을 구워삶아 구입한 선별기, 복제기, 도표 작성기, 천공기 같은 사무기기를 운전하는 것이었다. 단순하고 지루한 업무라고 생각될 수도 있겠지만

(사무기기 운전은 여직원의 일로 인식되었다) 그녀가 다루는 것들은 보통 기계가 아니라 적의 메시지 분류에 도움이 되도록 특수 개조된 기계들이었다.

프래서는 도청 암호문을 정리하고 보존하는 일도 했다. 엄밀히 말하면 미국은 참전국이 아니었기 때문에 타국 외교관들의 무선과 케이블 트래픽을 도청하는 것은 위법이었다.[10] 1934년에 제정된 연방통신법에는 외교관의 트래픽을 도청하면 중벌에 처해진다는 조항이 있었다.[11] 하지만 암호해독자들은 그것을 모른 체하기로 했다. 그 무렵에는 육군 소장이었던 프리드먼의 상관 조지프 모본도 연방통신법은 묵살해도 좋은 것으로 여겼다. 그래도 도청하기는 쉽지 않았다. 육군은 자체적인 비밀 도청 기지를 많이 가지고 있지 못했던 탓에 해군으로부터도 일부 암호문을 넘겨받고, 태도가 우호적인 케이블 회사들로부터도 몰래 암호문을 넘겨받았다. 프래서는 이렇게 입수한 암호문들을 하나도 빠뜨리지 않고 꼼꼼하게 정리하고 보존하는 일을 했다.

육군 암호해독부에는 1939년 10월 연봉 2,000달러에 채용된 스물일곱 살의 초급 암호해독자, 제너비브 마리 그로찬도 있었다.[12] 뮤니션즈 빌딩에서 남성들이 자신의 말을 들어주기를 참을성 있게 기다리며 서 있던 여성이 바로 그로찬이었다. 뉴욕주 버펄로 태생인 그로찬은 버펄로에 있는 베넷 고등학교에 들어가 일상 라틴어로 졸업식 인사말을 했을 정도로 재원이었고, 고등학교 졸업 뒤에는 리젠트 장학금(성적 우수자에게 수여하는 전액 장학금 _옮긴이)을 받고 버펄로 대학교에 입학했다. 대학 재학 때는 수학을 전공하고 국제관계클럽의 회원으로도 활동했다. 그로찬은 1938년 버펄로 대학교를 최우등으로 졸업하고, 수학 상도 받으며, 대학원 과정을 밟을 수 있는 조교직도 얻어 대학교에서 수학을 가르치려는 포부를 가졌다. 하지만 그 시대의 다른 수많은 여성들이 그랬듯 그녀도 대학 수학과에서는 자리를 얻지 못했다. 그리하여 워싱턴에 온 그로찬은 철도청은퇴자위원회라는, 듣도 보도 못한 정부기관의 통계 사무원으로 취직해 연금 계산하는 일을 했다. 그로찬은 그 일을 좋아했다. 그러던 중 정기적인 급여 인상을 받는 데 필요한 수학 시험을 치렀는데, 그녀의 시험 성적이 프리드먼의 눈에 띈 것이었다. 그녀는 '암호부'에서 일해볼 의향이 있는지를 묻는 육군 통신정보국의 질문에 그 일이 무엇인지도 모른 채 그러겠다고 말했다.

육군의 암호해독자들은 대부분 서로 친목을 다졌다. 하지만 그로찬은 그들과 어울리지 않았다. 그녀는 테 없는 안경, 깃 높은 블라우스, 금발머리 앞부분을 동그랗게 말아 이마에 붙이는 실용적 헤어스타일을 좋아할 만큼 낯가림이 심하고 내성적이었다. 숙소도 워싱턴 북서쪽의 수수한 지구였던 유클리드가 1439번가의 하숙집 방이었다.

그런 그로찬이 육군 암호해독부에 들어온 지 1년도 지나지 않아, 부서에서 가장 유망한 암호해독자들 가운데 하나가 되는 장족의 발전을 이루었다. 그녀는 철저하고 관찰력이 뛰어나며 놓치는 것 없이 꼼꼼하다고 정평이 나 있었다.[13] 말수가 적고 겸손했던 그녀는 또 부서 내에 존재한 조직정치와 경쟁에 신경 쓰지 않고 오직 숫자만을 위해 살았던 순수한 영혼의 소유자이기도 했다. 그런 그녀의 적성을 고려해 프리드먼은 부서의 일 중에서 가장 까다로운, 전 세계 일본 외교관들이 사용하는 암호 체계를 밝혀내는 일을 맡겼다. 일본 외교관들은 군대와는 완전히 다른 암호 체계를 사용했다. 더하기와 계산하기를 많이 이용한 수작업으로 공들여 만든 암호를 주로 사용했던 해군과 달리, 외교관들은 기계 생성 암호를 즐겨 사용했다. 따라서 그로찬이 속한 육군의 소규모 암호 팀도 이제껏 거의 접해본 적 없는 낯선 암호 체계를 풀어야 했다. 암호 전체는커녕 일부도 구경해본 적 없고 설계도나 도면 하나 없는 상태에서 일본의 암호 기계를 재현해내야 했으니 말이다. 암호 팀은 자리에 앉아 무작위로 배열된 듯한 글자들, 기계에서 출력된 도청 암호문의 글자들을 뚫어져라 쳐다보며 기계의 내적 작동 원리를 알아내려고 했다.

그 일을 하는 데는 많은 난관이 뒤따랐다. 무엇보다 큰 문제는 일본의 암호 기계가 그들이 다가갈 수 없는 환경에서 만들어진 것이었다. 때는 정부나 기업들이 (모스 기사부터 실제 스파이에 이르기까지) 중간 메신저들에게 자신들의 정보가 새어나가지 않게 하려고 암호 기계를 사용하기 시작하고, 기계 발명자들 또한 그들의 요구를 충족시킬 수 있는 새로운 기계들을 속속 만들어내던 시기였다. 프리드먼의 사무실에도 취미에 몰두하는 사람들이 팔려고 가져온 기상천외한 기계들의 목록이 정리된 '대박 기계 파일'이 있었다.[14] 기계의 발명자는 보통 정부기관에 일자리나 거액의 금전을 요구했다가 거부당하면 러시아나 독일에 기계를 팔아넘기겠다고 협박했다. 그러나 프리드먼은 그의 해군 경쟁자 아그네스 드리스컬 못지않게 대박 기계들의 약점을 잡아내는 데 귀재였고, 그의 조수들 또한 단 몇 시간 만에 대박 기계의 암호 체계를 알아내는 일이 잦았다.

그러나 서구 시장에 나온 일부 기계들은 성능이 최상급이었다. 그중에서도 단연 최고는 에니그마였다. 1920년대에 독일의 한 엔지니어가 개발하고 독일의 한 회사가 시장에 내놓은 에니그마는 본래 은행원들에게 쓰일 것을 예상하고 사무기기용으로 만든 것인데, 나치가 군사용으로 개조한 기계였다. 1933년 히틀러는 그의 군대만 사용하게 할 목적으로 상업적 용도의 에니그마 기계들을 시장에서 모두 수거하도록 명령했다. 군사용 기계들은 대개 에니그마처럼 타자기 정도의 작은 크기에 가볍고 견고했다. 그런데 에니그마는 그런 기계들 중에서도 특히 더 튼튼했고 휴대가 가능했으며 배터리로도 작동되는 기계였다. 따라서 전장에 들고 다니며 사용하기 용이했고, 잠수함 지휘센터와 결합해 쓸 수도 있었다. 잠수함 내에서 메시지의 각 글자를 다른 글자들로 변환하는 것이 에니그마가 하는 일이었다.

일본의 새로운 암호 기계도 에니그마처럼 글자가 변환되는 원리로 작동했지만 누구도 그 원리를 알지 못했다. 서구인들 중 그것을 본 사람은 아무도 없었다. 그것의 모조품이나 초기 형태조차 본 적이 없었다. 일본의 새로운 암호 기계는 에니그마와 달리 휴대가 가능하지도 않았다. 전류로 작동되는 구조여서 플러그를 꽂을 수 있는 콘센트가 필요했다. 그러다 보니 해외 공관이라고 모두 비치된 것이 아니라, 워싱턴, 베를린, 런던, 파리, 모스크바, 로마, 제네바, 브뤼셀, 베이징 등 주요 도시들의 유력 대사관들에만 비치되어 있었다.

기계로 생성되는 암호 체계는 외교관들에게 효과 만점이었다. 1930년대는 전화 거는 데 드는 비용이 크기도 했거니와 도청될 위험도 있었다. 게다가 일본 외무성은 종종 동일한 메시지를 해외의 여러 공관들에 보낼 필요가 있었기 때문에 일일이 전화를 걸어 같은 말을 반복하기보다는 일본말로 메시지를 작성하여 사무원에게 건네주고, 배 이름에 (호號와 같은 개념인) 마루maru를 붙이듯 일본어의 가나음절을 로마자로 바꿔 타이핑(로마지Romaji)하도록 하는 편이 한층 수월했다. 그리하여 사무원이 'maru'를 치면 암호기에서는 가령 'biyo'와 같은 새로운 글자들이 출력되었고 이것이 암호로 송신되었다. 게다가 암호기는 비밀 키로 회전자와 배전반을 어떻게 세팅하느냐에 따라 용도를 달리할 수도 있었다(비밀 키를 이용해 해독할 때와 작성할 때 암호기를 역으로 조작할 수도 있으므로_옮긴이). 요컨대 이 기계는 암호문 작성과 해독에 모두 사용될 수 있었고, 따라서 외교관들도 공관에 비치된 기계로 메시지를 해독할 수 있을 뿐만 아니라 도쿄의 외무성으로 답신을 보낼 수도 있었다.

물론 일본 외교관들은 자국의 전쟁 계획도 논의했다. 그들은 히틀러와 무솔리니는 물론 다른 추축국 지도자들과도 만났다. 따라서 만일 미국이 일본 암호기의 작동 방식을 알아낼 수 있다면 그들의 통찰과 전략, 풍문을 줄줄이 입수해 일본의 의도뿐 아니라 유럽 독재자들의 의도도 알 수 있었다.

하지만 암호기의 작동 방식을 알아내기는 어려웠다. 제너비브 그로찬이 일본 암호 팀에 투입되었을 때 미국인들은 이미 그것과 몇 달 동안이나 씨름을 한 상태였다. 1939년 3월 미국이 도청한 새 암호기의 첫 메시지는 바르샤바의 일본 대사관에서 송출한 것이었다.[15] 암호해독자들이 메시지 송출 사실을 알 수 있었던 것도 1930년대에 일본이 주로 사용하던, 새것보다는 조금 단순했던 기계 생성 암호문을 해독해본 경험이 있었기 때문이다. 일본은 그것에 91식 구문인자기

(또는 A형 암호기)라는 지루한 명칭을 붙였고, 이번의 새 기계에는 97
식 구문인자기(B형 암호기)라는 호칭을 붙였다. 미국에서는 첫 기계를
레드, 새 기계를 퍼플로 불렀다. 퍼플은 레드와는 다른 방식으로 작동
했다. 레드보다 더 복잡했고, 미국의 암호해독자들이 그 무렵 그렇게
애를 먹었던 것도 그 때문이었다.

퍼플 암호의 존재를 알고 있던 몇 안 되는 서구인들은 윌리엄 프
리드먼이 이끄는 미국의 소규모 일본 암호 팀이 시간 낭비를 하고 있
다고 여겼다. 퍼플 암호의 해독을 시도했던 독일과 영국 사람들 모두
해독이 불가능하다면서 두 손을 들었다.[16] 육군 암호해독부의 옆 윙
에 위치해 있던 해군 암호해독부 역시 4개월간 퍼플 암호해독 작업을
해본 뒤 그것에서 손을 떼고 JN-25 암호해독에만 전념하기로 했다.[17]
끝까지 포기하기를 거부한 사람들은 윌리엄 프리드먼 부서에서 일하
는 일군의 군무원들뿐이었다. 어쩌면 기질상 포기를 못하는 것일 수
도 있었다.

1930년도에 채용된 남자들은 그나마 다년간 암호해독 훈련 과정
을 밟을 기회가 있었다. 하지만 유럽과 아시아에서 전쟁이 맹위를 떨
치고 프랑스가 함락된 뒤 미국의 참전도 불가피하게 임박해 있던 당
시, 제너비브 그로찬 같은 신참자들은 훈련받을 새도 없이 암호해독
에 곧바로 투입되었다. 퍼플 암호해독의 관리 감독은 프랭크 라울릿
이 맡았다. 몸집이 크고 붙임성이 좋았던 그는 "나는 촌구석 출신 촌
놈이에요"라고 말하며 시골 사람 이미지를 부각시키는 방식으로 자
신의 전략과 경쟁 본능을 숨기는 버릇이 있었다. 하지만 그로찬은 그
를 풍채 좋고 함께 일하기 편한 사람으로 생각했다.

윌리엄 프리드먼은 군무원들의 명부를 찬찬히 살펴보고 자신의 암호해독 팀을 꾸렸다. 그가 어떤 류의 사람을 원하는지는 분명하지 않았다. 그는 머리 좋고 끈기 있는 사람을 찾았다. 혹자는 십자말풀이를 좋아하는 사람도 암호해독에 소질이 있다고 보기도 했지만, 프리드먼은 신문의 십자말풀이하기와 암호해독을 유사하게 보는 관점을 비웃었다. 십자말 퍼즐은 풀기가 쉽다. 실마리가 보이면 자극을 받고 힘이 솟는 것을 느낀다. 십자말풀이는 작은 승리와 보상이 주어지는 구조다. 처음부터 문제가 풀리도록 설계돼 있다. 반면에 코드와 사이퍼는 해독이 안 되게 하는 데 목적을 두고 설계된 구조다. 따라서 몇 달 아니 몇 년이 걸려도 풀지 못할 수 있다는 각오를 해야 한다.

1940년 9월에 벌어진 일이 딱 그랬다. 암호 풀기에 실패한 것처럼 보였으니 말이다. 암호해독자들이 1년 넘게 좌절의 시간을 보낸 뒤 유일하게 알아낸 확실한 사실은 전송비를 아끼려 한 것이 퍼플 머신의 한 가지 약점이 되었다는 것이다. 퍼플의 전신인 레드 머신이 1930년대에 만들어졌을 때 메시지들은 왕왕 네 개 혹은 다섯 개 글자군으로 전송되었다. 발음될 수 있는 글자군으로 보내는 것이 글자들을 임의로 조합해 보내는 것보다 비용이 싸게 먹혔기 때문이다(프리드먼도 각 나라 전신회사들이 주파수 비용, 구조, 할당 등을 조정하며 관련 통행 규칙을 수립하는 회의들에 참석했다). 그런데 발음이 되기 위해서는 다섯 개 글자군에 최소한 두 개의 모음이 포함되어야 했고, 그에 따라 레드 머신도 모음은 모음끼리, 자음은 자음끼리 변환되어 'marus'가, 가령 'xbvwq'가 아닌 'biyav'와 같은 암호로 생성되도록 설계된 것이었다.

프리드먼의 암호해독 팀은 레드 머신이 그 요건을 충족시키기 위해 6모음자와 20자음자를 별도로 암호화하는 두 개의 메커니즘을 사용했다는 사실을 밝혀냈다.[18] 그들은 그것에 '6'과 '20' 효과라는 명칭을 붙였다. 그들은 서구의 부품으로 모조 레드 머신을 조립하는 데도 성공했다. 이 모조 기계의 성능이 얼마나 좋았던지, 프리드먼의 암호해독 팀은 종종 일본 직원들이 그들의 상관에게 암호문을 전달하기도 전에 레드 암호를 해독해 미군 정보과에 전달해주기도 했다. 그랬던 레드 머신이 1939년부터 접속이 끊어지기 시작하자 미국 관리들은 그동안 달게 먹던 과일을 빼앗긴 것 같은 허탈감에 빠졌다.

퍼플 머신이 등장할 무렵에는 케이블 회사들도 발음되는 글자군에만 저렴한 요금을 부과하던 전신 규정을 완화하여, 6모음자와 20자음자로 분리하는 메커니즘도 더는 필요 없게 되었다. 하지만 새 시스템에도 간혹 레드 머신에서 보이던 요소가 나타나는 때가 있었다. 이른바 '암호의 연속성'이라고 알려진 것이었다. 암호해독자들은 그것을 기초로 퍼플 머신에도 두 개의 메커니즘이 사용되었으리라는 가설을 세웠다. 6글자와 20글자를 따로따로 암호화하되, 이번에는 6글자를 모음에만 국한시키지 않고 모음과 자음을 함께 써도 좋도록 만들었으리라는 가정이었다. 아니나 다를까, 프리드먼 팀 암호해독자들은 새로 도청된 퍼플 암호문에서 6글자가 나타나는 빈도가 다른 글자들에 비해 높다는 사실을 발견했다. 복병은 20글자였다. 암호 체계란 체계는 다 분석해봐도 그 글자들이 암호화된 방식을 찾을 수 없었던 것이다.

암호해독자들에게는 좌절을 극복하는 저마다의 방법이 있었다. 프랭크 라울릿은 일찍 잠자리에 들었다가 한밤중에 일어나 영감이 불쑥 떠오르기를 기다렸다.[19] 윌리엄 프리드먼은 면도를 하면서 해법을 찾기 위해 이리저리 궁리를 했다.[20] 그는 문제 해결에는 잠재의식이 중요하다는 점을 굳게 믿는 사람이었다. 제너비브 그로찬은 팀원들 중에서도 참을성이 가장 많은 축에 속했던 만큼, 몇 시간이고 자리에 앉아 글자들을 노려보며 필요한 사항을 기재하고 차트를 만들었다.

윌리엄 프리드먼은 충분한 시간을 갖고 가능한 한 모든 각도에서 암호를 분석하다보면 패턴은 저절로 떠오르게 돼 있다고 팀원들에게 가르쳤다. 물론 암호 작성자들도 임의로 작동되어 절대 해독이 안 되는 체계를 만드는 것을 목표로 하겠지만, 그렇게 완벽한 체계를 갖기는 쉽지 않았다. 암호 생성기들은 대개 스위치나 회전자(키나 세팅에 따라 매일 혹은 2~3일에 한 번씩 순서가 바뀌도록 하는 것)에 의해 글자가 변환되도록 설계돼 있다. 대개는 여러 단계를 거치도록 하여, 가령 A에서 D로, D에서 P로, P에서 X로 변환되도록 한다. 다음번에는 같은 글자가 첫 번째와는 완전히 다른 경로를 밟는다. 그래도 어쨌거나 회전자들은 한 바퀴를 돌게 되어 있고, 그러다 어느 시점에 와서는 최초 지점으로 돌아와 같은 글자를 같은 방식으로 암호화한다. A에서 D로, D에서 P로, P에서 X로 글자를 바꾸는 것이다. 따라서 메커니즘이 복잡할수록 (톱니바퀴 수가 많아지면 기계의 세팅도 복잡해지므로) 반복이 일어나는 주기가 길어진다. 그래도 어느 순간에는 반드시 반복이 일어난다.

윌리엄 프리드먼이 알아낸 것은 그뿐만이 아니었다. 그는 수학적 방식을 이용하면 언어의 종류뿐 아니라 글자들의 기본적인 움직임도 파악할 수 있다는 사실을 알아내, 이를 팀원들에게 가르쳤다. 영어에서 사용 빈도가 가장 높은 글자는 E다. 따라서 만일 암호를 만들 때 메시지에 포함된 E를 모두 Z로 바꾸면 Z도 E의 성질을 갖게 된다는 것, 요컨대 사용 빈도가 가장 높은 글자가 된다는 논리였다. 암호해독자가 문제를 풀 때 첫 번째로 하는 일 중의 하나는 암호 메시지에 쓰인 모든 글자들의 '빈도'를 산출하는 것이다. 그런데 이때 만일 Z의 빈도가 가장 높게 나타나면, Z가 의미하는 글자는 E일 확률이 높은 것이다. 빠른 속도로 난해해지는 암호도 통계적 방법의 도움을 받을 수 있다. 수학의 힘은 실로 놀랍기 그지없다.

프리드먼은 팀원들을 교육할 때 설령 해당 외국어를 모르더라도 그 언어의 글자들이 움직이는 방식만 알면 외국어로 된 암호도 풀 수 있다는 것을 알려주었다. S와 같은 특정 글자들은 T 같은 특정 글자들과 조합되는 경우가 많다고 하면서, 그런 종류의 이중자二重字, ing, ent, ive와 같은 삼중자, tion과 같은 사중자가 나타나는 횟수를 메시지에서 세어보라고 했다. 프리드먼은 일상 영어 100글자 속에는 평균 33개 내지 47개의 모음이 등장한다는 사실도 알아냈다. 나란히 쓰이는 경우가 극히 드문 글자들도 파악했다. 그는 심지어 100글자 안에 빈 공간, 다시 말해 글자들이 나타나지 않은 곳이 몇 군데인지도 계산해냈다. 일상 영어에서 빈도가 가장 높게 나타나는 자음들(D, T, N, R, S)과 빈도가 가장 낮게 나타나는 자음들(J, K, Q, X, Z)도 파악했다. 프리드먼은 프랑스어 글자들의 움직임(es, le, de re, en, on, nt가 프랑스어의 흔한 이중자라는 것)과, 영어 단어를 전신으로 보내면 어떤 현상이 벌어지는지도 알아냈다.[21] 전신 메시지에서는 'the'가 생략되는 것이 보통이므로, 전보에 나타나는 E의 확률론적 움직임에도 약간의 변화가 생긴다는 것을 밝혀낸 것이다. 통계학자들만이 알 수 있는 미묘한 차이(임의변이와 표준편차)를 포착해낸 것이다.

프리드먼 팀의 암호해독자들은 몇 달에 걸쳐 생각할 수 있는 모든 공격을 퍼플 암호에 퍼부었다. 로마자로 표기된 일본어의 성질도 습득해, oo, uu, ai, ei 같은 모음 쌍들이 자주 등장한다는 것과, Y의 뒤에는 거의 언제나 O나 U가 따라붙으며, ryoo, ryuu, kyoo, kyuu처럼 이중으로 따라붙는 일이 흔하다는 것도 알아냈다.[22] 암호해독자들은 서구 시장에 출시된 기계들의 작동 방식을 분석해 일본이 아이디어를 빌려온 부분이 있는지도 살폈다.[23] 그중에는 태엽 장치와 같은 기어의 메커니즘으로 움직이는 시끄러운 암호기 크리하도 있었고, 발명자인 스웨덴 엔지니어 아르비드 담의 이름을 따 '담 기계'로 불리는 해독이 쉬웠던 기묘한 암호기도 있었으며, 말을 훔쳐 징역살이를 했던 혜번이 개발한 기계들도 있었다. 그것들 모두 한 글자를 입력하면 다른 글자를 출력해내는 기계들이었다. 일부 기계들은 단계별로 변환되었고, 또 어떤 기계들은 몇 글자를 앞으로 건너뛰거나, 한 차례 건너뛰고 그 다음에는 건너뛰지 않았다. 프리드먼 암호해독 팀은 일본의 재외 공관들에 퍼플 머신이 설치될 때, 설치 기사가 옛 레드 머신을 통해 도쿄로 보내는 최신 정보를 훔쳐 읽는 방식으로(메모들에는 도시들을 옮겨 다니며 새 암호기를 설치한 기사의 이름이 '오카모토'라고만 표시돼 있었다) 그의 여행 일정도 추적했다.[24] 그의 동선을 추적하면서 그가 레드 머신을 이용해 퍼플 머신의 정체와 작동 방식을 알 수 있는 모종의 단서가 들어간 보고서를 본국에 보내기를 학수고대한 것이다. 하지만 아쉽게도 오카모토는 그들의 기대를 저버렸다.

프리드먼의 암호해독 팀은 엄청난 압박을 받았다. 퍼플 암호가 처음 가동되기 시작했을 때만 해도 몇 달이면 해독할 수 있을 것으로 예상했던 암호가 풀리지 않은 탓이었다. 1940년이 속절없이 흘러가면서 유럽의 유대인들이 체포되고 강제수용소 수가 늘어나며 독일의 전격전이 확대되자, 루스벨트 대통령은 기존의 추축 세력인 독일과 이탈리아에 일본까지 합세해 삼국동맹으로 이어지지나 않을까 몹시 궁금해했다. 암호해독부에는 군 정보과 사람들이 매일같이 들락거리며 최선을 다하고 있는지 묻고 불안감을 잔뜩 심어주면서 프리드먼을 닦달했다. 암호해독자들은 해독자들대로 퍼플 암호를 전달해주는 회로에 이상이 없는지를 확인하라며 현장의 무선 도청 기사들을 볶아 댔다.[25] 속속 입수되고 있던 퍼플 암호문 분류를 위해 새롭게 개조한 IBM 기계(계산과 분류를 속성으로 할 수 있는 도표작성기)도 사무실에 더 많이 들여놨다. 그래도 소득은 없었다.

프리드먼은 팀원들이 암호문의 각 글자를 하나하나 베껴가며 작업하기를 바랐다.[26] 암호와의 신체적 접촉, 다시 말해 암호의 감촉을 느껴보게 하기 위해서였다. 암호문을 종이에 옮겨 쓰고 그 위나 아래에 사용 빈도가 높은 평문平文 조각인 '크립crib'을 적어 넣는 것도 하나의 기법이었다. 크립이란 암호문의 원문(심지어 한 단어나 구절까지 포함하여)을 경험에 의한 추측으로 예상하여 작성한 평문 조각을 말한다.[27] 비중이 낮은 일본의 몇몇 부서와 해외 공관들은 그 무렵까지도 여전히 옛 레드 머신을 사용해 암호를 보냈으며, 도쿄의 외무성이 해외 공관들에 회람장을 돌릴 때도 간혹 레드 머신과 퍼플 머신 두 가지 모두를 활용할 때가 있었다. 이런 회람장도 유용한 크립 재료가 되었다. 프리드먼의 팀원들은 레드 암호를 해독할 수 있었으므로 그것과 퍼플 암호를 비교해 상관관계를 알아볼 수 있었던 것이다.

팀원들은 모든 나라의 외교관들이 그렇듯 일본 외교관들도 "각하께 알려드리게 되어 영광입니다"와 같은 의례적 인사말을 암호문의 도입부에 즐겨 쓴다는 사실도 간파했다. 그래서 때로는 퍼플 암호 밑에 그와 비슷한 문구를 적어 놓고 효과가 나타나는지를 살폈다. 그들은 레드 암호의 6모음자를 해독할 수 있었으므로 행맨 게임(두 사람이 하는 게임으로 한 사람은 사형 집행인이 되고 다른 한 사람은 죄인이 되어, 집행인이 단어 하나를 골라 단어의 알파벳 수만큼 빈칸을 그려놓으면, 죄인이 그에 해당하는 단어의 알파벳을 하나씩 맞춰가는 게임_옮긴이)을 할 때처럼, 기본이 되는 몇 글자로 크립의 위치를 확인할 수도 있었다.[28] 당시 미 국무부가 일본과 통상조약에 관한 협상을 진행 중이었던 것도 퍼플 암호를 분석하는 데 도움이 되었다. 간혹 영어 인용구가 포함된 메시지들이 들어왔기 때문이다. 국무부도 프리드먼의 요청에 따라 메시지 원본을 암호해독자들에게 은밀히 건네주어 크립으로 사용할 수 있게 해주었다.

암호해독자들은 뭐라고 딱히 이유를 댈 수 없는 가설을 수립했다. 퍼플 머신의 글자 변환이 바퀴가 아닌 스위치로 이루어진다는 가설이었다.[29] 그들은 이 장치가, 가동 접촉자(와이퍼)로 불리는 무언가를 이용해 한 스위치를 다음 스위치로 옮겨가게 하여 전화의 자동 교환이 이루어지게 만든, 일반 전화 회로에 사용되는 모종의 '스테핑 스위치(일명 유니셀렉터)'와 유사할 가능성이 있다고 보았다. 그리하여 그들이 (20자음자의 암호화 비밀을 캘 수 있는) 장치로 상정한 것이, '직렬로 움직이는 6단계(입력선이 6개라는 뜻이다_옮긴이) 스테핑 스위치 4개로 된 한 세트가 입력선들에 연결된 각각의 와이퍼를 이용해 25개 터미널 중 하나에 가닿도록 설계한 장치'였다. 그래도 아직은 이를 확신할 수 없었다. 그들은 급격한 리듬을 만들어내 글자들의 반복을 막는 데 이용되는, 스테핑 스위치 한 세트의 기능을 능가하는 다른 요소가 있을 수도 있다고 보았다. 그들에게는 그것을 확인해볼 수 있는 가설도 있었다. 암호 메시지의 문장을 깊이 연구하다 보면 반복 주기를 나타내는 일치하는 글자들을 발견할 수도 있으리라는 가설이었다. 암호와 크립을 나란히 놓고 보면, 스테핑 스위치들의 작동 방식을 보여주는 패턴이 나올 수 있을 것으로 본 것이다. 하지만 설령 그 가설이 맞다 해도, 주기적으로 일어나는 반복 사이에는 수많은 글자들이 나타나게 될 것이었다. 그렇더라도 반복은 어딘가에 분명히 존재할 것이었다. 다만 그것을 찾으려면 긴 암호문이 필요했다. 아니, 긴 암호문 하나만으로도 부족했다. 같은 날짜에 동일한 키로 암호화된 하나 이상의 암호문이 필요했다.

그때까지 팀원들이 밟아온 과정은 그런 가설을 세우고, 미친 듯이 그 가설을 확인하려 하다가 실망을 하고 마는 일들의 연속이었다. 그런데 맨 나중에 세운 이 가설로 그들은 다시 희망의 불씨를 살렸다.[30] 프랭크 라울릿과 그의 퍼플 암호해독 팀은 같은 날 보낸 세 건의 긴 암호문을 애타게 찾았다. 그리고 마침내 파일 캐비닛을 이 잡듯 뒤진 끝에 그것들을 찾는 데 성공했다. 그렇다면 이제 필요한 것은 크립이었다. 그때 마침 암호문을 철저하게 정리·보존하는 일을 하고 있던 메리 루이즈 프래서가 별로 복잡하지 않은 일본의 암호 체계로 같은 날 전송된 암호문이 하나 있는 것을 생각해냈다.[31] 그것은 진정 기억력의 놀라운 개가였고, 그로써 그들은 필요한 크립을 얻었다.

프랭크 라울릿은 동일한 암호문과 크립들로 여러 장의 작업표를 만들었다. 다른 팀원들에게도 작업표들을 나눠주고 실마리를 찾을 수 있는지 살펴보도록 했다. 팀원들은 폭 9미터, 길이 4.5미터 크기의 방에 놓인 책상에 저마다 엎드려 눈이 빠져라 작업표를 살피며 분석에 들어갔다. "정확히 무엇을 찾는지도 모른 채 우리는 우리가 찾는 그것이 찾아지기를 바라고 있었죠."[32] 훗날 프랭크 라울릿은 말했다.

1940년 9월 20일 오후 2시 무렵이었다. 팀원들 중에서도 특히 기계 만지기를 좋아하는 사람들 가운데 하나였던 라울릿(기계 고치기와 물건 쌓아두기를 좋아했던 그는 전화기 부품마저 자신의 집 지하실 장작더미 뒤에 숨겨놓은 보관함에서 찾곤 했다)은 그 시간에 몇몇 사람들과 대화를 나누고 있었다. 그런데 그렇게 자리에 앉아 잡담을 하고 있던 라울릿이 위를 쳐다보니, 수학 선생 지망자였다가 철도청은퇴자위원회의 연금 계산원으로 일했던 제너비브 그로찬이 곁에 서 있었다.[33] 라울릿이 나중에 기억하기로, 그녀는 그때 작업표를 가슴에 꽉 끌어안고 있었다. 그런 자세로 그녀는 조심스럽게 "죄송하지만, 보여드릴 게 있어서요"라고 말했다.

그들도 기대감을 갖고 그녀를 주목했다. "(그로찬은) 흥분한 기색이 역력했어요. 그녀의 태도로 볼 때, 뭔가 굉장한 것을 발견한 것이 분명했죠."[34] 라울릿이 말했다.

그로찬은 테이블 위에 작업표들을 펼쳐놓고 일치하는 두 글자에 연필로 동그라미 표시를 했다. 각각 위아래에 놓인 암호 메시지 글자와 크립 글자였다. 그녀는 두 번째 작업표로 이동해서도 일치하는 두 글자에 동그라미 표시를 했다. 팀원들이 찾고 있던 패턴이 확인된 것이었다. 그로찬은 길게 나열된 글자들의 끝에서도 세 번째로 일치하는 글자들을 찾아냈다.[35] 네 번째 글자들도 찾아내 동그라미를 쳤다. 그러고는 뒤로 물러섰다. 그것이었다. 패턴을 찾은 것이다. 반복 주기를 찾아낸 것이고 그로써 그들의 가설은 확인되었다. 그로찬이 20자 음자의 암호화 비밀을 캐낸 것이다.

그로찬은 석사 논문도 완성하지 못한 대졸자인데다 직장 내 교육 기간도 1년이 채 안 되는 햇병아리 수학자였다. 반면에 그녀 상사들 다수는 수년 혹은 수십 년간 그 분야에서 활동한 베테랑 수학자들이었다. 그들 중에는 그로찬이 학교에 다닐 때 공부했던 교과서를 저술한 사람들도 있었다. 그랬으니 그들 가운데 누구도 그녀가 해낸 일을 납득하지 못하는 것은 당연했다. 하지만 그로찬은 집중력이 대단했고 그렇게 집중한 상태에서 문제를 다른 식으로 바라보는 능력이 있었다. 암호해독에서는 계산하기와 차트, 그래프, 표 만들기가 작업의 일부였다. 하지만 때로는 그런 작업 과정을 거친 뒤 깊이 생각에 몰입하는 순간 순수한 통찰이 일어나면서 그 시점에 찾고 있는 것만 눈에 보이게 된다. 그리고 그것이 옳다는 것을 깨닫는다.

팀원들은 그들이 보고 있는 것의 실체를 즉각 알아차렸다. 그로찬이 문제 해결의 첫 단계를 알아낸 것이었다. 쥐 죽은 듯 조용히 서 있던 그들의 입에서 환호성이 터져 나왔다.[36] 프랭크 라울릿이 소리치기 시작했다. "이거야, 이거! 우리가 찾고 있던 것을 제너비브가 발견한 거라구!"

다른 사람들도 무슨 일인가 싶어 그들 주위로 모여들었다. 윌리엄 프리드먼도 소음의 정체를 파악하기 위해 그곳으로 왔다. 라울릿이 묘사한 바에 따르면 그 순간 그로찬은 잔뜩 흥분이 되어 안경을 벗고는 말을 잇지 못했다. 결국 라울릿이 프리드먼에게 무슨 일이 있었는지를 이야기하고 반복 주기를 찾아낸 사실을 알려주었다. 프리드먼이 그들이 해낸 일을 납득하기까지는 시간이 좀 걸렸다. 그리고 마침내 성공을 확신하자 그는 마치 몸에서 진액이 모두 빠져나간 사람처럼 테이블에 팔을 얹고는 그대로 엎어져버렸다. 프리드먼은 전에는 거의 대화를 나눠본 적 없는 그로찬에게 축하의 말을 해주었다. "저야, 라울릿씨가 시키는 일만 했을 뿐인데요."[37] 그로찬이 그에게 말했다. 그녀는 벌써 매일 바뀌는 비밀 키를 알아낼 방법과 같은, 암호해독에 필요한 다음 단계의 일을 생각하고 있었다. 하지만 팀원들이 바랐던 성공은 그녀가 해낸 일로 이미 달성된 것이었다. 이어, 성공을 축하하는 소다수 파티가 열렸다. 프리드먼만 마음을 가라앉히기 위해 자기 방으로 돌아갔을 뿐, 나머지 사람들은 테이블 주변으로 와서 그로찬으로부터 그녀가 발견한 것과 어떻게 그 일을 해낼 수 있었는지에 대한 이야기를 들었다.

퍼플 암호 팀은 이제 암호해독에 필요한 모조 기계도 조립할 수 있게 되었다. 프랭크 라울릿은 나중에 이렇게 말했다. "제너비브가 작업 표들을 가져와 특정 사항들을 지적해주니 … 그제야 우리가 그간 퍼플 머신에 흠뻑 빠져 있었고, 이제는 비밀이 풀리리라는 것을 알겠더군요."[38]

그 말인즉슨 기계 암호는 시작이 어렵지 일단 첫 단추를 꿰면 그 다음부터는 술술 풀리게 되어 있다는 뜻이었다. 퍼플 암호가 해독된 뒤 윌리엄 프리드먼은 1941년의 첫 세 달을 월터 리드 종합병원에서 보내며 쇠약해진 마음을 추슬렀다. 신경쇠약에 걸린 것이었다. 그는 퍼플 암호와 싸운 기나긴 시련기 동안 외부인들과는 전혀 대화를 나누지 못했다. 아내도 예외가 아니었다. 그가 한밤중에 잠 못 이루며 주방에서 샌드위치를 만들어먹던 모습은 엘리제베스도 보았다. 프리드먼은 심지어 그로찬이 퍼플 머신의 비밀을 캐낸 날도 저녁을 먹으러 집에 와서는 아무 말도 하지 않았다. 아니 할 수가 없었다. "남편은 어떤 이야기도 하지 않았어요"라고 엘리제베스는 말했다. 극심한 스트레스가 그를 무너뜨린 것이고, 이후 프리드먼은 예전의 모습을 결코 되찾지 못했다.

그가 제너비브 그로찬, 메리 루이즈 프래서, 다른 팀원들을 극찬하는 극비 메모를 작성한 것은 그로부터 3년이 지난 뒤였다.[39] 프리드먼은 퍼플 암호에 대해서도 "전 세계의 어떤 통신 정보기관도 풀지 못한 가장 난해한 암호해독 과제였다. 그것을 우리가 처리해 해결한 것이다"라고 썼다.

프리드먼은 일개 암호해독 팀이 적을 제외하고는 누구도 본 적 없는 기계를 만들어낸 것 또한 유례없는 일이었다는 점도 강조했다.

그밖에도 기록해둘 사항은 또 있다. 퍼플 암호는 연합국이 일본의 의도를 간파할 수 있게 해주는 데에만 그치지 않았다. 프리드먼도 말했듯이 퍼플 머신이 생성한 암호를 해독할 수 있는 힘은, 2차 세계대전이 진행되는 내내 파시스트 국가들과 적국에 협력한 다른 유럽 국가들의 의도를 포함해 연합국의 소용에 닿는 '전략적으로 가장 유용한 장기적 정보원'이 되기도 했다.

암호해독 팀이 거둔 성과는 극비에 부쳐졌다. 따라서 공식적으로도 인정받지 못했다. 퍼플 암호를 해독한 사실은 소수의 사람들만 알았다. 일본이 그것을 알게 되거나 눈치라도 채는 날에는 퍼플 머신의 사용을 멈출 것이었기 때문이다.

암호해독 팀이 그들이 발견한 것을 시험하여 입증하기까지는 일주일이 걸렸다. 프리드먼은 그 과정을 거친 뒤에야 소수의 군 정보 관계자들과 정보 접근 권한을 가진 루스벨트의 측근 그룹에 퍼플 암호의 해독 사실을 알렸다. 1940년 9월 27일에는 그에 대한 비공개 발표를 했다.[40] 그날은 일본이 전 세계의 호전적 국가들이 '신질서'를 추구하여 서로 돕고 협력하게 될 것임을 알리는 신호로, 삼국동맹 조약(나치 독일, 이탈리아, 일본이 추축국을 형성한 조약_옮긴이)에 서명한 날이었다.

암호해독자들은 그로부터 2주도 안 돼 퍼플 머신의 모조기계를 조립했다. 그러기 무섭게 베를린, 로마, 바르샤바(소문이 만들어지는 유럽의 주요 수도들)의 일본 외교관들이 타전한 메시지들이 쇄도해 들어왔다. 메시지들은 대개 외교관들이 추축국 지도자들과 나눈 대화 내용을 도쿄에 보고하는 것들로, 생생하고 독선적이며 유익한 정보를 담고 있었다. 내용도 상세하여 분량이 여러 페이지인 것도 있었다.

2차 세계대전이 진행 중이던 대부분의 기간 동안 유럽, 특히 독일의 생각과 그들이 말하고 구매한 것, 개발한 것, 제조한 것에 대한 긴요한 정보를 연합국에 제공해준 것은 일본의 퍼플 암호였다. 그리고 연합국이 그 덕을 볼 수 있었던 것은 주로 대게르만제국(2차 세계대전 중에 나치 독일이 수립하려고 했던 국가명_옮긴이)의 일본 대사 오시마 히로시 덕분이었다. 군인이었다가 주 독일 대사가 된 오시마는 아돌프 히틀러와 친분을 쌓으며 그와 폭넓은 대화를 나누었다. 그는 나치를 숭배하고 독일의 군 시설도 견학했다. 그리고 그렇게 얻은 정보로 세세하고 유식한 장문의 보고서를 작성해 본국으로 보냈다. 오시마가 프랑스 해안선을 따라 지어진 독일의 요새(대서양 방벽)에 관한 내용을 꼼꼼히 작성하여 일본에 전송한 암호문만 해도 노르망디 상륙 작전을 지휘한 연합국 사령관들에게 귀중한 정보로 사용되었다.

일본의 모든 암호문은 유럽 전역에서 벌어지는 사태의 추이에 귀 기울인 사람들이 보고 들은 내용을 솔직하게 기록한 것이었다. 일본 외교관들은 전쟁이 끝날 때까지 줄곧 퍼플 머신을 통해 그것들을 보냈다. 히틀러가 프랑스 내 그의 협력자들에게 무슨 말을 했는지, 유럽 거리를 오가는 사람들의 정서는 어땠는지, 신문들에는 어떤 기사가 났는지, 나치 독일의 군수장관 알베르트 슈페어가 군수품에 대해 히틀러에게 어떻게 보고했는지, 독일군 장교들이 꾸민 히틀러 비밀 암살 계획은 어떻게 누설되었는지 등이 퍼플 머신을 통해 전송된 것이다[오시마가 전송한 한 암호문에는 "정말 신기했던 것은 폭탄이 터질 때 현장에 가장 가까이 있었던 총통(히틀러)이, 옷만 갈기갈기 찢어지고 화상만 조금 입었을 뿐 다치지 않고 멀쩡했다는 것입니다"[41]라는 내용도 있었다].

1941년 초 프리드먼의 몇몇 팀원들이 새로 부임한 영국 대사를 아나폴리스에 내려주고 항해 중이던 영국의 최신예 전함 킹 조지 5세호에 은밀히 탑승했다. 손수 만든 퍼플 머신도 나무궤짝 속에 숨겨 소중히 배에 실었다. 그들은 U보트들이 잠복해 있는 위험천만한 해역을 통과해, 깜짝 놀란 영국의 암호해독자들에게 기계를 건네주었다.

암호문에서 외교관들이 구사한 언어는 지금 읽어도 생생하고 친밀하고 활기찬 느낌이 든다. 1943년 유럽에 주재한 일본 외교관들이 퍼플 암호와 몇몇 다른 외교 암호를 이용해 자기들끼리도 주고받고 도쿄의 외무성으로도 보낸, 거의 무작위로 추출한 표본 메시지들에서도 그 점이 확인된다.

"영국과 미국이 계속 경고를 보내고 있어요."[42] 이것은 풍문으로 떠돌던 스페인의 중립성 여부가 아직은 가늠하기 힘들고, 스페인이 추축국에 합세하지 못하도록 연합국이 막고 있던 때에 도쿄 외무성이 마드리드의 일본 외교관에게 전송한 메시지였다.

헬싱키의 외교관은 도쿄 외무성에 이런 메시지를 보냈다. "이 런던 보고서는 사실을 왜곡하고 있어요. 아마도 핀란드와 추축국 간에 중대한 균열이 생겼다는 인상을 주기 위해 일부러 그런 것 같습니다."

외무성이 접수한 암호문에는 비시 프랑스의 일본 대사가 "히틀러가 말하기를, '이 전쟁이 끝나면 독일은 새로운 유럽을 건설하겠다'고 하더군요"라고 보낸 메시지에 비시 정부의 내각 수반이던 피에르 라발이 "'어째서 새로운 유럽을 먼저 건설하면 안 되는 거죠?'라고 차갑게 대꾸했다"는 내용도 있었다.

"이탈리아에 대한 적국의 공습이 극렬하게 진행되고 있습니다." 이것은 로마의 일본 대사관이 도쿄로 타전한 암호문이었다.

독일이 레닌그라드를 점령하기 위해 안간힘을 쓰면서 러시아 공세에 박차를 가하고 있을 때는 베를린의 오시마가 이렇게 경계하는 암호문을 보냈다. "독일이 이번에 승리하지 못하면 전력이 바닥나 만

사가 끝장날 것 같네요."

"영국과 미국 비행기들이 매일 밤 프랑스 상공을 가로지르며 이탈리아를 쑥대밭으로 만들고 있습니다. 프랑스인들은 영국과 미국이 승리하기를 염원했던 만큼 이제는 아주 승리를 기정사실화하며 신바람을 내고 있어요. … 프랑스인들은 자국민을 독일에 노동 인력으로 보내는 문제도 가증스럽게 여깁니다." 이것은 비시 프랑스의 일본 대사가 도쿄에 보낸 메시지였다.

빈의 일본 대사관은 도쿄로 이런 암호문을 전송했다. "추축국 병력이 아프리카에서 제거되었으니, 앵글로색슨인의 유럽 침입 문제는 이제 현실이 된 거죠."

프리드먼이 이끄는 암호해독 팀에서는 이와 같은 암호문이 매일같이 해독되어 위아래에 극비 문구가 찍힌 특수 용지에 요약되어 타이핑되었다.[43] 프리드먼의 육군 상관들이 암호해독 팀을 마법사들magicians이라고 언급한 것에 걸맞게 이 요약문은 '매직Magic'으로 불렸다. 암호해독 팀은 이 매직 요약문을 서류가방에 담아 메신저를 통해 정보 열람 권한을 가진 소수의 사람들에게 전달했다. 출처가 매우 확실하고 신뢰할 만하다고 여겨진 정보는 대개 매직 요약문이었다. 1944년에 작성된 육군 메모에도 퍼플 암호가 가장 중요하고 신뢰할 만한 유럽 정보원으로 적혀 있었다. 암호문은 암호해독자들 곁에서 로마지를 영어로 옮기는 작업을 하던 번역자들이 질려했을 정도로 많았다. 번역팀의 한 내부 기록에는 "일본은 그들 암호 체계의 보안에 대해 거의 순진할 정도로 확신하고 있었지만, 기밀 회의들에서 그들이 수다를 떤 내용은 그들이 알지 못하는 새 우리 측으로 새어나오고 있었다"[44]고 적혀 있었다. 1943년부터 1945년까지 미군 정보과에는 만 건이 넘는 퍼플 암호가 전달되었다.

퍼플 암호해독은 한동안 미 육군과 해군 간의 경쟁도 달아오르게 했다. 육군이 퍼플 머신의 비밀을 밝혀내자, 해군은 일본이 암호 키의 세팅을 다변화한 방식과 그것을 예측할 수 있는 방법을 알아냈다. 공로를 차지하려는 열망이 얼마나 컸던지 두 조직은 어느 한쪽이 '불공평한 우위'를 점하지 못하도록 홀수 날에는 해군이, 짝수 날에는 육군이 퍼플 암호를 해독한다는 웃지 못할 타협을 하기도 했다.[45] 그것도 모자라 짝수 날이 암호문이 전송된 날을 의미하는지, 암호문이 접수된 날을 의미하는지를 두고도 두 조직은 다툼을 벌였다. 중요한 암호문은 육군과 해군이 함께 해독하되, 전달을 어느 쪽이 먼저 할지는 경쟁으로 가리기로 했다.

* * *

퍼플 암호를 해독한 역사적인 사건이 일어난 지 7개월 후인 1941년 4월, 제너비브 그로찬은 미 육군 통신정보국의 '으뜸 암호해독요원'으로 승진하고 급여도 300달러 인상되었다. 프리드먼의 암호해독 팀도 빠르게 규모가 확대되기 시작했다. 미국이 진주만 공습을 예견하지 못했던 것은 암호해독자들이 퍼플 암호를 풀지 못했기 때문이 아니라, 일본 군부가 앞으로 벌어질 일에 대한 실마리를 외교관들에게는 제공하지 않았기 때문이다.[46] 요컨대 암호해독자들은 미국과의 교섭을 운운하는 말로 끝이 나는, (영어로) 정확하게 표기된 문장이 담긴 일본의 선전포고문(14부로 구성된 장문의 포고문)을 해독했는데, 거기에는 해군의 공격을 예상할 수 있는 최후통첩성 경고가 없었던 것이다. 그 무렵 워싱턴 시내에서 일한 암호해독자는 181명이었다. 거기에 더해 신규 암호해독자들도 밀려들어오기 시작했다. 그 무렵에는 뮤니션즈 빌딩에 있던 전쟁부도 본래의 목적을 다해 빠르게 완공되어가고 있던 펜타곤으로 이전할 준비를 하고 있던 터였다. 따라서 프리드먼의 조직도 이전이 필요했다. 미국 군사행정의 급속한 발전과 확장이 시작된 것이었다.

육군의 비밀 도청 기지도 그 무렵 블루리지 마운틴 산기슭에 위치한 빈트 힐 팜의 개조된 건물에 설치되고 있었다. 그런데 그 시설을 둘러보고 오던 일군의 육군 장교들이 넓은 교정과 격조 높은 건물을 갖춘 알링턴 홀 초급대학을 보게 되었다.[47] 공교롭게도 그곳은 학교 시설을 리조트 호텔로 제공해 재정난을 타개하려던 대학의 노력이 실패로 돌아간 때에, 델리아 앤 테일러와 윌마 베리먼이 여름 한 철 동안 방을 세내 살던 곳이기도 했다.[48] 2년제 초급대학으로 (음악, 타이핑, 가사, 태도 등 '정숙한' 여성이 되는 데 필요한 여타 과목을 가르치는) 일종의 신부 학교였던 그곳은 개교한 지 20년도 못 돼 재정난에 빠지고 학문적으로도 좋은 평가를 받지 못했다. 그러다 대공황기에 파산을 하고, 이제는 전쟁 때문에 학생 수마저 격감한 상태였다.

학교는 원래 작은 카운티의 중심지로, 날씨가 습해 짜증나는 여름철이면 주민들이 도시를 떠나 별로 나을 것 없는 교외로 탈출하던 시대에 워싱턴과 폴스 교회를 이어주던 전차 선로변의 볼스턴 마을과 클라랜든 마을 가까이에 있는, 늪과 목초지였던 곳에 자리해 있었다.

전차 선로는 없어지고 그 자리에는 이제 차도가 들어서 있었다. 100에이커에 달하는 학교 교정에는 사냥터, 승마장, 하키 경기장, 골프 코스, 별장, 찻집도 있었다. 학교는 워싱턴을 오가기 편리한데다 적군의 폭격을 피하거나 첩자들의 주목을 받지 않을 만큼 충분히 멀리 떨어져 있어 위치도 좋았다. 한때는 미 육군 통신정보국이 그곳에서 몇 마일 떨어진 펜타곤으로 이전될 거라는 말이 돌기도 했으나, 펜타곤에서의 공간 배치가 문제로 떠오르고 암호해독자들도 군대의 감시를 받는 것을 달가워하지 않아 그 계획은 무산되었다.

일은 그렇게 매듭지어졌다. 전쟁부가 전쟁권한법에 의거해 학교 징발서를 제출하고, 알링턴 홀 이사들이 원하는 금액에 못 미치는 65만 달러를 지불하고 학교를 인수한 것이다. 교직원과 학생 202명은 퇴거 조치 되었다.

1942년 6월 14일, 45구경 권총을 든 육군 소위 한 명과 짧게 자른 빗자루를 어깨에 멘 사병 14명이 포함된 소규모 경비 부대가 알링턴 홀을 점거했다. 소총이 부족하여 빗자루를 대용으로 쓴 것이었다. 조직 이전은 여학생들이 미처 방을 빼지도 않은 상태에서 속전속결로 이루어졌다. 유개 화물 자동차들이 뮤니션즈 빌딩을 은밀히 빠져나와 사무기기와 도청 암호문이 가득 들어찬 파일 캐비닛들을 알링턴 홀로 실어 날랐다. 이런 상황이었으니 알링턴 홀의 존재도 영외에서는 발설되지 않는 것이 옳았으나, 정부의 오랜 관행 탓에 보도자료가 배포되었다. 볕 잘 드는 식민지풍의 학교 본관 1층에는 공식 접견실과 응접실, 예배당, 도서관, 대형 그랜드 피아노와 파이프 오르간이 놓인 강당이 있었다. 기숙사 방들은 2층과 3층에 있었고, 4층에는 교실이 있었다. 암호해독자들은 기숙사 방들이 있는 곳에 작업실을 마련하고, 화물차가 실어다준 도청 암호문들을 욕조에 보관했다. 방들에 남아 있던 침대와 화장대들도 치우고 오리엔탈 카펫은 둥글게 말아놓았으며 커튼도 떼어냈다. 그리하여 한 메모에 적힌 표현을 빌리면 "신부 학교의 분위기는 눈부신 효율성을 자랑하는 조직에 의해 엉망이 되었다".[49] 학교에는 펜스도 설치되고 경비 초소들도 세워졌다.

퍼플 머신 또한 본관 2층에 설치되었다.[50] 퍼플 머신과 관련 없는 사람이 그곳 가까이에 있는 화장실을 사용할 때는 장막으로 기계를 가려놓았다. 화장실 사용은 한 시간에 한 차례만 허용되었다. 도표작성기는 무게가 무거워 2층에 설치하지 못하고 지하에 설치했다가 새로운 건물로 다시 옮겨졌다. 실내 승마장은 콘크리트 포장을 하여 창고로 이용했다.

제너비브 그로찬은 알링턴 홀의 퍼플 머신이 설치된 곳에서 동료 암호해독자 메리 조 더닝과 함께, 퍼플 머신에서 일어나는 수정과 변화를 놓치지 않고 따라잡는 일을 했다. 그렇게 일하다 보니 두 여성에게는 일본 외교 암호의 복잡함이 마치 오래된 친구처럼 익숙해졌다. 전쟁이 진행됨에 따라 다수의 낯선 암호들이 등장했을 때는 그로찬이 다른 부서로 파견돼 그 암호들이 제기하는 문제를 해결하기도 했다.

알링턴 홀은 이윽고 핀란드, 포르투갈, 아르헨티나, 터키, 비시 프랑스, 자유 프랑스, 중국, 태국, 벨기에, 아이티, 아일랜드, 헝가리. 라이베리아, 멕시코, 칠레, 브라질, 다수의 중동 국가들 등 적국과 중립국을 포함한 25여 개 국가의 암호를 해독하는 곳이 되었다. 그 나라 중 일부는 코드를 사용했고 일부 나라는 사이퍼를 사용했으며, 또 어떤 나라들은 코드와 사이퍼 두 가지 모두를 사용했다. 암호해독자들이 젤리피시라고 부른 프랑스 암호도 있었고, 재버워키(의미 없는 말이라는 뜻_옮긴이)라고 부른 중국 암호도 있었으며, 그리폰(또는 그리핀. 그리스 신화에 나오는 상상의 괴수를 가리키는 말_옮긴이)으로 칭한 암호도 있었다.[51] 어떤 암호들은 중요했으며, 또 어떤 암호들은 단순히 흥미롭기만 했다. 해독된 주요 암호문들은 일주일에 한 번 극비 보고서로 작성되었다. 그런데 암호문의 다수가 여성들에 의해 해독되었으니 놀라운 일이 아닐 수 없었다. 1943년 9월에 작성된 한 보고서에도 이런 글이 적혔다. "그 주의 놀랄 만한 성과는 플로베스 에닝거 여사가 '천금 같은 추측'으로 사우디 암호를 해독한 것이었다. 사우디 암호 체계는 얼핏 변화가 많은 두 자릿수 치환 암호로 보였다. 그런데 에닝거 여사가 특정한 반복이 '아라비아 땅'을 뜻할 수도 있다는 가정을 한 것이고, 그녀의 생각은 맞아떨어졌다. 그로부터 2시간 내에 암호해독 팀은 4글자를 제외한 모든 아라비아 알파벳을 해독했으니 말이다."[52]

암호해독 조직의 성격도 변하고 있었다. 에이브러햄 신코브, 프랭크 라울릿, 솔로몬 쿨백과 같은 상관들은 장교로 임관되어 육군에 입대했다. 몇몇 암호해독 팀에도 군인들이 책임자로 들어와, 대개는 여성 군무원들을 조수로 거느렸다. 윌리엄 프리드먼도 암호조직에서 점잖게 밀려났다. 병원에서 요양을 마치고 알링턴 홀로 돌아온 그에게 주어진 보직은 조직의 운영자가 아닌 자문 역할이었다. 윌마 베리먼의 말대로 그것은 제대로 된 복귀가 아니었다. 그래도 육군 암호해독 팀의 채용 전략에 따라 대다수 신규 직원은 이후에도 계속 민간인으로 충당되었다. 옛 뮤니션즈 빌딩에서 함께 일했던 솜씨 좋은 형제자매들도 비공식적 우정을 이어나갔다. 그러나 그들은(월마 베리먼과 델리아 앤 테일러 같은 여성들도 포함되었다) 신속히 자신들이 상당한 권한을 지닌 자리에 있음을 깨닫게 된다.

제너비브 그로찬은 버스를 타고 하숙집과 알링턴의 새 사무실을 오갈 때면 이따금씩 통찰의 순간을 떠올리면서 흡족하고 즐거운 감정을 느끼곤 했다.[53] 하지만 그런 일이 자주 있지는 않았다. 자화자찬을 하기에는 그녀의 성정이 너무 겸손했고, 일이 너무 바쁘기도 했다.

4장
넘쳐나는 여성 근로자

1943년 12월

도트 브레이든은 알링턴 농장에서 살기가 싫었다. 그곳은 연방 정부가 밀려드는 여성 근로자들의 유입을 감당하지 못해 급하게 조성한 주거 단지였기에 조잡하고 싸구려 냄새가 났다. 벽면의 두께도 얇아 누군가 복도를 걸어 다니기만 해도 벽이 흔들렸다. 공공사업진흥국이 설치한 벽화가 있든 없든, '세메스토cemesto'라 불리는 건축 재료로 지은 가건물에서 살다 보면 마음이 울적해졌다. 그곳에 사는 여성들은 또 우편물을 받거나 부칠 때, 샤워장을 이용할 때, 카페테리아에서 식사할 때, 전화 걸 때, 버스 탈 때 등 늘 줄서서 기다리는 것이 일이었다. 여성 공무원들의 유입은 알링턴 카운티의 분위기도 바꿔놓았다. 알링턴 홀의 육군 통신정보국이 가동에 들어가기 시작하자 암호해독부의 고위 관리들은 앞으로 극비 업무를 담당할 여성들이라는 사실도 무시한 채 지역민들의 집을 일일이 찾아다니면서 지하실이든, 침실이든, 좁아터진 방이든, 다락방이든 어디라도 좋으니 근면한 여성 공무원들을 숙박시켜달라고 애걸을 하고 다녔다. 지역 주민들도 기꺼이 그들의 집을 개방했다. 알링턴 농장에 여성 주거 단지가 조성된 뒤에도 부족한 숙박 시설 문제는 해결되지 않았다.

그러자 택지 개발업자들이 돈 벌 기회를 포착하고 알링턴 홀 주변에 가든 아파트를 짓기 시작했다. 그들은 지역 신문들에 광고도 냈다. 그러던 어느 날 더럼 출신인 도트의 친구 리즈가 월터 리드 드라이브 변 부근에 지어진 필모어 가든이라는 새 아파트 단지의 신문 광고를 보고 도트에게도 그 사실을 알려주었다. 그녀는 도트에게 그곳으로 이사하여 함께 살자고 제안했다. 두 여성은 동료 직원인 루스 웨스턴에게도 접근하여 이사할 의향이 있는지를 물었다. 루스는 도트보다 일주일 빠른 10월 4일에 채용되어 그녀와 오리엔테이션도 함께 받고, 암호해독 팀에 새로 합류한 신규 여성 멤버들을 환영하고 응원하기 위해 열린 멋진 성탄절 파티(윌리엄 프리드먼을 비롯한 다른 암호해독 거물들도 얼굴을 내민 행사였다)에도 함께 참석한 적이 있었다. 두 여성은 출퇴근하는 버스 안에서도 이야기를 나누고 여가 시간에도 친하게 지냈다. 아이다호 홀에서도 함께 살았다. 그때는 아직 알링턴 농장의 시설 일부가 마무리되지 않은 상태여서 여성들은 일종의 공동구 시설이었던 건물 내 지름길을 살금살금 걸어 도트의 방으로 가고는 했다.

루스 웨스턴도 혼잡한 주거 단지를 벗어나자는 두 여성의 제안에 응했다. 필모어 가든은 어두운 계단통에서 약간 벗어난 곳의 으슥한 귀퉁이에 세워진 이층 건물로, 침실 하나, 욕실 하나, 주방 하나, 거실 하나로 구성된 아파트였다. 그 무렵에는 아직 단지가 조성되지 않아 아파트는 벌판 한 가운데 덩그러니 서 있는 건물 한 동에 불과했으나 그래도 알링턴 농장에 비하면 대궐이었다. 그곳이라면 여성들이 원하는 때에 어디서든 음식을 조리해 먹을 수 있었고, 화장실도 그들끼리만 사용하면 되었다. 알링턴 홀과도 2.4킬로미터밖에 떨어져 있지 않아 버스를 기다리는 수고를 할 것 없이 걸어서 출퇴근할 수도 있었다. "그래서 우리는 돈을 모았죠." 리즈가 말했다. 세 여성이 입주 신청을 한 것도 받아들여졌다.

그런데 가구를 찾기가 쉽지 않았다. 물자도 귀하고 돈도 부족했기 때문이다. 침대는 린치버그에 사는 도트의 어머니가 열차 편으로 보내준 침대 틀로 해결하기로 했다. 도트와 루스가 침대를 함께 쓰고 리즈는 간이침대를 쓰기로 합의를 본 것이다. 그런데 침대 틀만 있고 매트리스가 없는 것이 문제였다. 도트와 루스는 신문을 보고 매트리스를 파는 백화점을 찾아냈다. 그러고는 전화를 걸어 물건이 있는 것이 확인되자(전시였기에 확실히 있다는 장담은 할 수 없었다) 퇴근 후 버스와 전차를 타고 시내로 나갔다. 그들이 값을 치르자 매장 점원은 뒷문에 물건을 갖다놓겠다고 했다. 두 여성이 아차 싶은 생각이 들었던 순간은 물건을 인수하러 건물 뒤로 갔을 때였다. 백화점이 물건을 배달해주지 않는다는 사실을 깨달은 것이다. 여자 둘이 대중교통수단을 이용하여 그곳에서 8킬로미터나 떨어진 알링턴까지 매트리스를 손수 운반하는 것은 불가능했다. 게다가 시간도 늦어지고 있었다. 길 잃은 두 영혼은 결국 양옆에서 매트리스를 낑낑대며 붙들고 서 있는 처지가 되었다. 그러다 안 되겠다 싶었는지 도트가 키 154센티미터의 단신인 루스에게 매트리스를 곧추 세우고 있게 한 뒤 백화점 안으로 들어갔다. 마침 매장에는 폐점 준비를 하고 있는 듯한 점원이 있었다.

"매트리스를 샀는데 가져갈 방법이 없어서요. 우리 집은 알링턴에 있어요. 그런데도 매장에서는 배달을 안 해주시네요." 도트가 점원에게 말했다.

"우리는 물건을 배달하지 않습니다." 점원이 말했다. 그러더니 금세 태도를 누그러뜨리며 "그럼, 이렇게 합시다. 나도 알링턴에 살고 있고 지금 퇴근하는 길이에요. 자동차 지붕 위에 매트리스를 실을 수도 있어요. 혹시 댁들 집에 달걀 몇 알이 있다면 우리 집에 버터가 좀 있으니 그것으로 요리를 해주세요. 그러면 매트리스를 운반해 드릴게요"라고 말하는 것이었다.

두 여성도 그의 제안을 받아들였다. 점원이 차에 매트리스를 묶어 그들을 집까지 태워다주고, 그들은 달걀을 풀어 그에게 스크램블 에그를 만들어주었다. 낯선 남자가 여자들만 사는 좁은 아파트에 들어와 테이블에 앉아 달걀 요리를 먹는데도 그들은 걱정하지 않았다. 여자 셋이면 자기 앞가림은 충분히 할 수 있을 것으로 여긴 것이다.

매트리스 모험(그들에게는 대도시에서 자립을 해본 첫 경험이었다)은 도트 브레이든과 루스 웨스턴이 돈독한 우정을 쌓아가는 계기가 되었다.

* * *

루스 웨스턴은 도트 브레이든보다 남부 사투리를 더 심하게 썼다. 이 것도 도트가 루스를 좋아한 여러 가지 이유 가운데 하나였다. 미시시피주 출신인 루스가 버스를 함께 타고 가다가 'transfer'를 'transfuh'로 발음하며 차를 갈아타자고 할 때면 도트는 배꼽을 잡고 웃었다.

도트도 버지니아주 남쪽 출신이었던 만큼 'tomato'를 'tomahto'로, 'aunt'를 'auhnt'로 말하고, 'mouse'와 'house'의 'o'도 'gross'처럼 길게 늘여서 발음했다. 식민 정착지였던 흔적이 여태껏 남은 탓이었다. 그런데도 도트는 'transfuh'로 발음하는 루스의 말투를 좋아하고 그녀의 흉내를 내며 장난을 쳤다. 루스도 토라지는 기색을 보이다가도 이내 도트의 놀림에 선의의 맞장구를 쳐주었다. 도트가 루스를 좋아한 또 다른 이유는 말이 없고 내성적인 것 같으면서도, 도트의 제안을 받아들여 모험에 기꺼이 동참하기 때문이었다. 낯선 남자에게 매트리스 배달을 시킨 것이나, 7일간 8시간 근무교대를 하고 하루 쉬는 날 해변으로 당일치기 여행을 갔다 온 것만 해도 그랬다. 루스는 겉보기와 달리 투지만만한 여자였다.

키가 작고 다소 둥근 얼굴에 올리브색 낯빛과 검은 눈을 가진 루스는 미시시피주 워싱턴 카운티의 교차로들이 있는 버번에서 일곱 아이들 가운데 하나로 자랐다.[1] 형제가 아들, 딸, 아들, 딸, 아들, 딸, 아들로 이어져, 그 집의 딸들에게는 모두 오빠 아니면 남동생이 하나씩 있었다. 그들의 어머니는 딸은 원하지 않았고 가능하면 아들을 많이 낳으려고 했다는 사실을 숨기지 않았다. 말하자면 웨스턴가의 딸들은 틈새 사고였던 것이다. 막내딸 키티는 그때를 이렇게 떠올렸다. "어머니에게는 딸보다 아들이 중요했죠. 물론 대놓고 '너를 낳고 싶지 않았어'라고 말하지는 않았어요. 하지만 느낌으로 알 수 있었죠." 다행히 그들의 어머니도 때로는 자신보다는 신이 더 많은 것을 안다는 사실을 받아들였다.

버번은 사실상 면화 농장에 둘러싸인 우편 주소상의 동네에 지나

지 않았다. 루스의 아버지는 우체국장을 하면서 종합 소매점도 운영
했다. 농사도 지었으나 솜씨는 좋지 못했다. 미시시피주에 사는 대다
수 사람들이 그랬듯 루스 집안도 대공황기에는 힘겨운 나날을 보냈
다. 아이들도 가게에서 일했으며, 하루 5달러어치 물건을 팔면 그 날
은 운 좋은 날이었다. 1931년 6월에는 루스의 아버지가 뇌출혈을 일
으켰다. 때문에 루스의 어린 동생들은 아버지의 성한 모습을 한 번도
보지 못했다.

루스의 어머니는 딸들에 대한 편견이 심했지만 집안 내력으로 교
육은 중시했다. 독일 출신이었던 외조부모들이 고등교육을 미국 문화
에 신속히 동화할 수 있는 수단으로 본 영향이 컸다. 그 덕에 루스의
어머니도 어지간한 대학을 나오고, 루스의 집에 함께 살면서 집안의
왕처럼 굴었던 아이들의 이모 역시 대학을 다녔다. 루스도 언니 루이
즈, 동생 키티와 함께 대학을 나왔다. 세 자매 모두 남북전쟁 이후 남
부가 경제 재건을 위한 고학력 여성의 필요성을 느껴 (백인 여성들을
위한 산업대학으로) 설립한 공립여자대학, 미시시피 여자대학교를 다
녔다.

루스는 자질이 뛰어난 여성이었는데도 교직을 얻는 데 애를 먹었
다. 그 무렵은 아직 전쟁이 일어나기 전이어서 남교사들이 선호되었
기 때문이다. 어렵사리 얻은 첫 직장도 근무 여건이 열악하고 급여도
낮았다. 플레전트 그로브라는 곳에 있는 학교였는데, 집에서 96킬로
미터나 떨어져 있어 남동생 클라이드가 자가용으로 그녀를 태워다 주
었다. 미시시피주 북쪽에 위치한 그곳은 클라이드도 생전 처음 보는,
버번보다도 더 벽촌이었다. 루스는 난방도 되지 않고 전기도 들어오

지 않으며 수돗물도 나오지 않는 그런 오지 학교에서 또 한 명의 선생과 함께 하숙을 하며 71달러의 월급을 받고 학생들을 가르쳤다. 1년 뒤에는 같은 미시시피주의 웹에 있는 학교로 옮겼으나 이곳도 먼젓번보다 원시적인 상태만 조금 덜했을 뿐 급여가 낮기는 마찬가지였다.

전쟁이 시작되자 웨스턴 집안이 독일 출신인 것이 문제가 되었다. 사람들은 루스의 남자 형제들에게 그들의 어머니가 전쟁을 어떻게 생각하는지와 어느 쪽 편을 드는지를 물었다. 루스의 여동생 키티는 훗날 어머니가 그런 말을 들을 때 몹시 속상해하셨다고 말했다. 그들의 어머니가 독일의 유산을 자랑스럽게 여기기는 했지만 가족은 뼛속까지 미국인이었고 애국심도 강했다. 루스의 아버지만 해도 날마다 국기를 게양했으며 자식들에게도 시민적 의무를 강하게 주입시켰다. 지역 주민들도 그를 지도자로 존경했고 그가 뇌출혈로 쓰러진 뒤에도 그 태도는 변함이 없었다. 루스도 아버지와 친하게 지냈다. 외모도 친탁을 했다. 그녀의 아버지는 네 번째 자식 루스가 태어났을 때 아이가 자신의 어머니를 닮은 것을 보고 몹시 기뻐했다. 그래서 루스를 귀여워했으며 그녀도 아버지를 좋아했다. 루스는 아버지를 본받아 애국심이 컸고 공익을 위한 시민의 의무도 중시했다. 그랬던 만큼 그녀에게는 아버지의 뇌출혈 발병이 큰 시련이었다. 이 모든 이유로 암호해독은 루스에게 더할 나위 없는 직업이었다.

루스는 수학적 머리만 뛰어났던 것이 아니라 음악에도 재능이 있었다. 피아노도 수준급으로 연주했다. 당황스런 일이 생겨도 냉정함을 잃지 않았다. 한 번은 이런 일이 있었다. 그녀가 핑크색 이브닝드레스를 입고 연주회를 하는데 살을 내놓은 그녀의 등 위로 풍뎅이 한 마리가 기어 올라왔다. 그러자 그녀는 악보의 쉼표 부분에서 연주를 잠깐 쉴 때 손을 뒤로 돌려 풍뎅이를 떨쳐버리고는 한 음도 놓치지 않고 하던 연주를 계속했다. 관중석에 앉아 있다가 그 광경을 감탄스럽게 바라보고 있던 막냇동생 키티는 벌레를 태연히 털어내던 루스의 침착한 태도를 결코 잊지 못했다.

하지만 주위 사람들이 루스 웨스턴을 떠올릴 때 가장 먼저 떠올리는 요소는 다른 것이었다. 그녀는 누구에게 무슨 말을 듣든 철저하게 비밀을 지켰다. 루스는 상상할 수 없을 정도로 차분하고 입이 무거웠다. 천성이 내성적이어서 교직도 힘들어했다. 물론 루스가 교직을 싫어한 데에는 여러 가지 이유가 있었다. 급여가 형편없이 낮았던 것(그녀는 교직을 '흥하지 않게 굶어죽기 좋은 직업'이라고 말했다)도 교직을 싫어한 주된 이유 중 하나였으며 관심의 한가운데 있기를 싫어한 것도 또 다른 이유였다.

루스의 가족은 그녀가 알링턴 홀에 직장을 얻게 된 경위를 자세히 알지 못했다. 아들 여럿이 군복무를 위해 타국으로 떠나는 어수선한 분위기 속에 부모의 관심이 남자 형제들에게 쏠린 틈을 타 슬그머니 집을 나와 그곳에서 멀지 않은 미시시피주의 릴랜드에서 워싱턴까지 이틀간의 철도 여행을 감행했으니 그럴 만도 했을 것이다. 갑작스럽게 벌어진 일이라 의복도 제대로 챙겨가지 못해 그녀의 어머니는 루스가 떠난 뒤에야 수선을 마친 옷가지들을 그녀에게 보내주었다. 남동생 클라이드도 누나의 신원 조회를 하는 조사관들의 전화를 받고서야 깜짝 놀랐다. 어머니도 루스가 어릴 때 이하선염과 홍역을 앓았는지를 묻는 정보 요원들의 전화를 받고, 집의 아이들 모두 어린아이라면 누구나 걸리는 병을 앓았지만 잘 이겨냈다고 말해주었다.

　루스 웨스턴은 비밀만 잘 지킨 것이 아니라 남의 말을 들어도 판단하지 않는 장점도 지니고 있었다. 그런 특질 또한 보수적인 버지니아 사람들 뿐 아니라, 친척 집의 숟가락 수까지 세어가며 시샘을 하는 집안사람들의 속물근성에도 신물이 나 있던 도트를 편하게 해준 요소였다. 루스는 도트의 부모가 이혼한 사실을 알았다. 도트의 아버지가 훌륭한 사람이고 그녀의 어머니 역시 좋은 사람이라는 것도 알았다. 아버지의 뇌출혈을 경험한 루스에게는 가족의 어려움이 낯설지 않았다. 대공황은 사람도 힘겹게 하고 가족도 힘겹게 했던 것이다. 두 여성은 함께 쓰는 침대에 나란히 누워 서로의 비밀을 털어놓았다. 하지만 그들에게도 서로 털어놓지 않는 것이 있었다. 아무리 친하다 해도 서로가 하고 있는 일에 대해서는 이야기하지 않은 것이다. 간혹 알링턴 홀의 카페테리아에서 점심을 같이 먹기도 하고, 구역만 다를 뿐 똑같이 일본 육군의 암호해독하는 일을 했는데도 말이다. 두 여성은 자신이 얼떨결에 비밀을 말하지나 않을까 늘 조마조마하며 지냈다. "우리는 무서워 죽을 지경이었다"고 훗날 도트는 말했다.

* * *

루스의 풀 네임은 캐럴린 루스 웨스턴이었다. 그래서 루스로도 불리고 캐럴린으로도 불렸다. 어느 날 알링턴 아파트로 캐럴린Carolyn을 '크롤린Crolyn'으로 잘못 적은 우유 배달 계산서가 배달되었다. 그것을 보고 도트는 재미있어 죽겠다는 듯이 깔깔대고 웃으며 "크롤린, 와서 계산서 가져가!"라고 소리를 질렀다. 이때부터 그녀는 루스를 '크롤린'으로 부르기 시작했다. 시간이 지난 뒤에는 크롤린을 '크로Crow'로 줄여 불렀고, 이 별칭이 이름처럼 굳어졌다. 아니, 다른 사람은 그러지 않았는데 도트만 루스를 크로라고 불렀다. 크로가 마치 무슨 암호명이라도 되는 듯이.

아파트도 전보다 북적거렸다. 이사한 지 6개월이 지나자 크로의 언니 루이즈가 자신도 워싱턴에 와서 정부 일자리를 찾고 싶다는 편지를 보내왔다. 크로는 그 소식이 달갑지 않았다. 집에서 왕언니로 통했던 루이즈에게 눌려 지내다 이제야 비로소 해방감을 느끼고 있는 찰나에 느닷없이 날아온 소식이었기 때문이다. 하지만 어쩌겠는가? 크로와 도트는 (크로의 표현을 빌리면) 차를 여러 차례 'trans-fuh(트랜스퍼~)'하여 유니언 역으로 왕언니를 데리러 갔다.

두 여성은 비가 쏟아지는 중에 역에 도착하여 왕언니를 찾았다. 큰 키에 피부가 희고 붉은 머리칼을 가진 루이즈는 폭풍우에 옷이 젖어 후줄근한 모습으로 크리스토퍼 콜럼버스의 동상이 있는 광장의 분수 근처, 아치형 외관을 지닌 기차역 밖에 서 있었다. 뜨개 모자를 쓰고 있는 품이 영락없이 미시시피주 버번에서 온 여성임을 말해주었다. 입고 있는 리넨 옷도 오그라들어 속치마가 드러나 보였다. "저걸 어째." 크로가 중얼거렸다. 이제는 어엿한 도시 여자가 된 그녀들과 달리 왕언니는 완전 촌구석 여자로 보였기 때문이다. 두 여성은 그 지역의 버스와 전차의 운영 체계를 알려주며 루이즈를 필모어 가든 아파트로 데리고 와, 거실에 있는 침대 겸용 소파에서 재웠다. 침실의 간이 침대는 리즈가 차지하고 있었다. 그러나 미시시피 왕언니와의 동거에도 좋은 점이 있었다. 서로 요리를 해주다 보니 왕언니가 해주는 강낭콩 밥을 얻어먹게 된 것만 해도 그랬다. 미국 남부요리인 케이준 음식을 먹어본 적이 없는 도트에게 추운 날 8시간 교대 근무를 마친 뒤 빗속을 뚫고 2.4킬로미터를 걸어와 맛보는 강낭콩 밥은 큰 즐거움이었다.

여성들은 비용을 갹출하여 자취를 했다. 침실이 하나뿐인 그 아파트에는 보통 대여섯 명의 여성들이 묵어 지냈다. 왕언니도 있었고 크로의 막냇동생 키티 웨스턴도 여름이면 그곳에 와서 함께 지냈다. 도트의 어머니도 버스를 타고 그곳을 종종 찾았으며 고향 친구와 가족들도 그들을 보러 왔다. 크로의 남동생 클라이드도 뉴욕의 해군에 배치돼 있었던 만큼 그들의 알링턴 집에 자주 들렀다. 그러다 (그의 표현에 따르면) 정말 귀엽고 개방적이며 크로의 좋은 친구이기도 했던 도트와 가벼운 연애도 했다. 비좁은 아파트에 이 많은 사람들을 받아들이기는 생각보다 어렵지 않았다. 무례하게 굴거나 (도트의 표현을 빌리자면) 새침하게 방석에 앉아 바느질이나 하는 여성들이 없었기 때문이다. 그들은 왕언니가 해주는 강낭콩 밥과, 설탕이 없을 때 디저트 대용으로 쓴 냉동 복숭아를 군말 없이 먹었다. 냉동 복숭아를 먹다가 입이 얼어붙고 입술이 오므라든 것을 보고 폭소를 터뜨리기도 하고, 집에 죽치고 앉아 얼어붙은 입에 대해 수다를 떨기도 했다.

노스캐롤라이나주에 사는 리즈의 어머니도 이들의 아파트를 찾아와, 도트가 처음 보는 조리법으로 돼지 옆구리 위쪽 비곗살을 이용한 그린빈 요리를 만들어주었다. 그녀는 식사가 끝난 뒤에는 나중에 재활용한다며 그린빈 속에 든 비계를 건져내 따로 보관해두었다. 그러면서 "아껴두어야지"라고 말하는 것이었다. 도트와 크로에게는 그것도 몹시 촌티 나는 행동으로 보였다. "아껴두어야지"도 그들만의 심심풀이 농담이 되어, 두 여성은 "아껴두어야지!"를 말하며 포복절도했다.

도트와 크로는 모든 면에서 궁합이 잘 맞았다. 일상생활에서도 서로의 빈자리를 잘 메워주었다. 아침잠이 많은 크로를 위해 아침 끼니는 대개 도트가 커피와 토스트 혹은 시리얼로 간단히 마련했다. 크로도 도트의 식사 준비가 끝나기를 잠자코 기다려주었으며, 그렇게 식사를 마치면 두 사람은 함께 출근했다.

* * *

알링턴 홀의 암호해독부 상관들에게는 시골 출신 여성들이 너무 많은 것이 골칫거리였다. 벽지에서 온 여성들이다보니 그들이 전쟁에 대해 아는 것이라곤 식량 배급, 라디오 청취, 남자친구와 남자 형제들의 안위에 대한 걱정이 전부였던 것이다. 물론 알링턴 지역 신문들에는 전쟁에 관한 기사가 많이 났다. 하지만 고위급 장교들은 그것만으로는 부족하고 따라서 여성들에게 교육과 동기부여가 필요하다고 느꼈다. 이윽고 알링턴 홀에는 젊은 여성들에게 세계지리를 가르치고 전투의 실상과 그에 대한 암호해독자들의 기여를 일깨우기 위한 연사들이 초빙되었다. 강연의 목적은 미국 각지(노스캐롤라이나주의 더럼, 버지니아주의 린치버그, 미시시피주의 버번 등)에서 온 전직 교사 출신 여성들에게 이번 전쟁은 우리의 전쟁이고 그들 역시 이 전쟁의 일부임을 알려주면서, 2차 세계대전의 전역이 얼마나 큰지와 그 전역에서 암호문이 행하게 될 중요한 역할을 깨우쳐주는 것이었다.[2]

그것은 힘겨운 일이었다. 그리고 그 힘겨운 일을 맡은 첫 번째 주요 고관들 가운데 한 사람이 바로 해군정보국장을 맡고 있던 조지프 R. 레드먼 소장이었다(그의 형제 존도 해군 정보장교로서 암호해독부의 장을 맡고 있었기 때문에 두 사람은 사람들 사이에서 자주 혼동되었다). 그는 해군이 아닌 다른 군대의 강연 요청에도 흔쾌히 응하여 포토맥강을 넘어오는 수고를 아끼지 않았다. 레드먼은 크로와 도트가 알링턴 홀에 오기 얼마 전이던 1943년 9월 7일 실시한 강연에서 '해군의 공격'을 주제로 그때까지 여성들이 보았거나 상상할 수 있었던 모든 바다를 초월하는 태평양의 광활함을 일깨워주려고 했다. 신문 기사에는 아군과 적군의 배들이 어떻게든 매번 적국의 선박을 찾아내 포격을 시작하는 것으로 나와 있지만, 일은 그렇게 간단치 않다고 하면서 이렇게 말했다. "여러분은 태평양이 얼마나 넓은지 상상도 못할 거예요. 쾌속선을 타도 샌프란시스코에서 일본까지 가는데 3주가 걸립니다. 태평양은 그야말로 망망대해고, 해상에서는 사람 구경하기도 힘들어요." 그의 말은 태평양에서 적선을 찾기는 마른풀 더미에서 바늘 찾기처럼 어렵다는 뜻이었다.

레드먼은 신문에는 잠수함과 마주치거나 선박을 발견해 교전을 벌이는 일이 별것 아닌 것처럼 나와 있다고도 말했다. 그러면서 기사가 그렇게 작성된 이유는 교전이 성사된 것이 자신과 같이 통신 업무에 종사하는 사람들이 비밀리에 작업을 수행한 결과라는 것을 신문사 사람들이 모르기 때문이라고 말했다.

레드먼은 해상에서 양쪽 군대가 만나 교전을 벌이기는 쉽지 않다고 하면서, 그것이 가능했던 것은 순전히 적의 움직임을 정확히 탐지할 수 있도록 도와준 암호해독자들 덕분이었다고 말했다. "여러분이 하는 일은 여러분 스스로에게는 따분하게 여겨질 수도 있겠지만 다른 누군가에게는 손에 땀이 나도록 조마조마한 일이고, 여러분이 야전의 작전 부서에 보내주는 정보 또한 적의 동향을 파악하는 데 중요한 역할을 합니다. 물론 날이 더우면 피곤하고 졸음이 쏟아지는 날들도 있겠지요. 그러나 중요한 정보일 경우 단 몇 시간만 늦어도 해상 작전에는 치명적인 영향을 미칠 수 있으니 그 점을 유념해주세요."

연사들은 모두 고위급 장교들이었다. 미 육군 군수지원사령부 참모장이던 윌럼 D. 스타이어 소장도 그들 중 한 사람으로, '이기기 위한 싸움'이라는 제목으로 강연을 했다. 하지만 제목은 그렇게 정했어도 그 역시 '우리가 활동하는 전역의 광대함'을 여성들에게 인식시키기 위해 노력했다. 자신이 속한 군대는 육군이므로 당연히 싸우는 곳도 육지지만, 전역이 있는 유럽으로 가기 위해서는 바다를 건너야 한다는 사실과 보급 물자 또한 태평양과 대서양 양쪽 대양 모두를 통해 운송된다는 점을 강조했다. 그는 이전 전쟁 때만 해도 미국에서 유럽으로 병력을 보낼 수 있는 해로가 하나뿐이었는데, 이제는 미군이 보유한 해외 항구와 해로가 각각 106곳과 122곳이나 되고, 1만 9,300킬로미터에 이르는 '아시아 전역'의 보급로도 확보돼 있다고 말했다. 스타이어는 여성들에게 모로코의 두 도시 마라케시와 카사블랑카, 알제리의 수도 알제를 다녀온 경험과 미국과 동맹인 중국군 병사들을 처음 보았던 소감도 전해주었다. "중국 군인들은 미국 군인들에 비해 키는 작아도 체격은 다부졌어요. 게다가 정선된 군인들이어서 용모도 준수했습니다."

스타이어는 세계 곳곳의 많은 사람들이 행복해 보이지 않았다는 의견도 피력했다. "그들은 시무룩하고 의욕이 없어 보였어요, 그런 사람들을 보고 귀국을 하면 미국인이라는 사실에 자긍심이 생기고 현재의 상태를 유지하기 위해서라면 무슨 짓이라도 할 결의가 생깁니다."

알링턴 홀에서 진행된 강연들 가운데 가장 흥미진진했던 것은 아마도 연방수사국의 내적 활동을 공개하는 이야기였을 것이다. 휴 H. 클레그 FBI 부국장이 알링턴 홀을 찾아 '우리들 속에 있는 적'이라는 제목으로 범죄인, 밀고인, 유괴범, 스파이, 제5열 분자들 등 국내 적들과 벌인 FBI의 전쟁에 관한 비화를 소개한 것인데, 암호해독 여성들의 환심을 사기 위한 기관들 간의 경쟁이 치열했음을 반영하듯 말 속에는 다음과 같은 농담반 진담반 이야기도 섞여 있었다. "이곳에 오자마자 저는 위협을 느꼈습니다. 제가 어떻게든 여기 앉아 계신 아름다운 숙녀분들을 FBI의 지문인식부에 채용하려 들고, 그로 인해 제가 전쟁의 또 다른 희생자가 되어 워싱턴에 돌아갈 때는 다리를 절룩거리게 될 수도 있다는 위협 말입니다."

그렇다고 알링턴 홀의 여성들이 교육과 아부만 들은 것은 아니었다. 그들은 민감한 메시지도 함께 전달받았다. 전시 노력에 참여하는 그들의 행위(아파트에 함께 세 들어 살고, 가구를 구입하며, 요리를 하고, 새롭게 자유를 얻게 된 것 등)로 성가신 사회 변화가 야기되고 있다는 것이었다. 찰스 P. 태프트도 '전쟁 중인 미국'을 주제로 그것에 중점을 둔 강연을 했다. 제27대 미국 대통령 윌리엄 하워드 태프트의 아들이었던 그는 그 무렵 2차 세계대전으로 갈가리 찢긴 미국 사회의 분열에 대처하기 위해 신설된 미 연방보안국의 지역사회전쟁구호사무소 소장을 맡고 있었다.

연단에 오른 태프트는 "커튼을 돌아 나오니 수많은 여성들이 한군데 모여 있는 모습에 조금 놀랐습니다"는 말로 말문을 열었다. 그러고는 '문제'라는 단어가 되풀이되어 등장하는 강연을 본격적으로 시작했다. 그는 자신이 말하는 문제들이 1939~1940년에 실시된 독일 공군의 영국 본토 폭격에 대한 대응으로 미국에 새로운 산업 시설이 들어서기 시작하면서부터 불거지고 있다고 하면서, 그로 인해 미국은 현재 혼돈의 아수라장이 되고 있다고 말했다. 공장이 신설되고 건설 공사가 시작되자 인구 수용 능력이 없는 지역사회들로 노동자들이 몰려들고, 소수 민족들 또한 고임금의 일자리를 찾아 한 번도 본 적 없는 낯선 고장들로 이주하며, 남부의 흑인 교회들은 신도들을 아예 캘리포니아로 통째 옮겨놓고 있다는 것이었다. 태프트는 학교, 주택, 놀이터, 병원 등의 기반 시설도 갖춰지지 않은 곳에 하루아침에 뚝딱 새로운 산업 시설이 들어서고 있다고도 했다. 미국의 일상적 리듬에 일어나는 다른 변화들에 대해서도 이야기했다. 사람들이 밤낮없이 직장에 매여 있다 보니 정상적인 시간대에는 가사 활동을 할 시간이 없다는 것이었다. 태프트는 "나만 해도 매주 집에 세탁물을 보냈다가 매주 돌려받고 있습니다"라면서 가족을 신시내티에 두고 기러기 생활을 하는 자신의 사생활까지 털어놓았다. 심지어 장 보는 일도 쉽지 않다고 하면서 그는 이렇게 말했다. "특별히 저녁 시간을 내 야간 영업을 하는 곳에서 장을 보지 않으면 심각한 곤경에 처할 수 있어요."

그러나 가장 심각한 문제는 아무래도 그들, 여성들인 것 같았다. 태프트는 공장 근로자 대부분이 여성들이고(그는 근로자를 거의 모두 여성들로만 채용한 가방 공장을 언급했다) 그들의 20퍼센트가 아동들인 점을 지적했다. 그러면서 그것이 자신이 말하는 성가신 문제들이라고 말했다. 태프트는 아동보호 문제에 대처하기 위해 미국 정부가 연방 차원의 다양한 보육 프로그램을 실시하고 있다는 점도 이야기했다. 유아들을 위한 어린이집 사업과 학령기 어린이들을 위한 방과 후 활동은 물론, 심지어 기숙사에 유아용 홈케어 서비스를 도입하기도 했다는 것이었다. 그런데도 아이들의 어머니들은 그것이 새로운 생각이고, 전에는 그런 방식을 누구도 제안한 적이 없다는 이유만으로 정부의 보육 정책을 불신하고 있다고 개탄했다. 그리하여 아이들은 통제 불능이 되고, 정부는 정부대로 사회복지사들을 각지로 보내 아이들을 탁아 시설에 보내는 것이 모두에게 이롭다는 점을 직장 엄마들에게 납득시키기 위해 안간힘을 쓰고 있다는 것이었다. "아이 어머니들 중에는 물론 말썽을 일으키는 것은 남의 집 아이지, 우리 아이는 절대 남의 아이에게 해코지 하지 않는다고 믿고 싶은 사람들이 있을 거예요. 그것이 인지상정이니까요."

태프트는 성性과 관련한 문제도 제기했다. 그는 전국적인 교차로, 시카고에서 플로리다주 또는 멕시코만 연안 주를 연결하는 북-남철도 교통의 중심지이자, 워싱턴 D.C.에서 세인트루이스를 연결하는 동-서 교통의 중심지가 된 신시내티 터미널에서 벌어지는 일들을 실감나게 묘사하며 준비한 이야기를 시작했다. 그 철도역이 여행객들로 넘쳐나고 여행객 대부분이 남자들인데, 남자 승객들을 찾아다니는 철새 여행객들이 있다는 이야기였다. 그는 그러면서 그 철새들이 누구인지는 짐작이 갈 것이라고 말했다. 여성들이라는 것이었다.

태프트는 신시내티의 유니언 터미널에 남자를 유혹하는 여자들이 깔려 있다고 말했다. 이쯤 되면 강연을 듣는 여성들이 웅성대며 자리를 뜨는 장면을 연상할 수도 있을 것이다. 미국에 만연한 도덕적 병리와 사회적 혼란의 많은 부분을 여성들 책임으로 돌리고 있으니 말이다. "일부 전문가들로부터 시작된 그 일이 이제는 다수의 아마추어들에게까지 확산되어, 여성들은 역으로 가서 주변을 배회하고 다니다 군인을 보면 함께 공원으로 갑니다. 나무와 덤불과 그 외의 많은 것들이 있는 드넓은 공원으로요. 그리하여 그 공원이 지금은 아주 몹쓸 곳이 되어 가고 있습니다." 태프트는 그가 언급한 '전문가'와 '아마추어'가 구체적으로 무엇을 뜻하는지는 밝히지 않았다. 대신 매춘의 주제로 자주 돌아와 건축 공사 현장과 군 주둔지를 돌아다니며 성병과 함께 '매음과 난교'를 확산시키는 '군부대 철새들'만을 이야기했다.

세탁, 장보기, 말썽꾸러기 아이들, 매독, 매춘, 그리고 여성들의 행위가 야기한 전시 변화와 그로 인해 발생한 여타 문제들을 다룬 독백에 가까운 태프트의 강연이 끝나자 여성들은 그의 권유로 자리에서 일어나 미국의 국가인 '성조기'를 제창했다.

* * *

새롭게 얻은 자유는 분명 여성들의 삶에 변화를 일으키고 있었다. 이제는 남성들이 오히려 여성들보다 결혼에 적극적인 태도를 취하게 된 것만 해도 그랬다. 남성들은 누군가 집에서 자신들의 편지를 기다려 주기를 바랐고, 대를 이을 자식을 원했다. 몸에 부상 입은 사람이든 부상 없이 온전한 사람이든, 전장에서 돌아오면 집에서 자신을 기다리고 있는 사람이 있기를 바랐다. 주객이 전도되어 좀 더 생각할 시간이 필요하다고 말하는 쪽은 이제 여성들이었다. 도트 브레이든도 그런 딜레마에 빠졌다.

당시에는 남녀가 연락할 수 있는 방법이 편지뿐이었다. 전화 통화도 가능했으나 전화를 거는 일은 극히 드물었다. 장거리 전화를 쓰는 일도, 통화를 자주 하는 일도 거의 없었다. 장거리 전화는 비싸기도 했거니와 병사들에게는 접근이 허락되지 않았고, 기숙사나 하숙집 생활을 하는 여성들에게도 그 점은 마찬가지였다. 기숙사나 하숙집에서 접근 가능한 것은 주민들이 공동으로 쓰는 칸막이 공중전화 부스나 외따로 설치된 공중전화가 고작이었다. 필모어 가든 아파트에도 지하에 설치된 공중전화 한 대가 전부였다. 반면에 편지는 누구나 쓸 수 있었다. 어머니들이 집안일을 끝내고 늦은 밤 멀리 가 있는 아들에게 (그리고 이제는 멀리 있는 딸들에게도) 걱정스런 마음으로 편지를 쓸 수도 있었고, 젊은 여성들이 혼잡한 도시의 버스 안에서 무릎 위에 종이를 놓고 급하게 몇 자 적을 수도 있었으며, 입대한 병사들이 주둔지와 해외로 가는 배 안에서 쓸 수도 있었다. 편지지와 펜과 연필은 누구나 갖고 있었으므로 사람들은 어디에서든 편지를 썼다. 비밀 장소 누설을 막기 위해 보안부서가 편지들을 검열하고, 누구나 다 아는 사실이듯 입이 싸면 배가 가라앉게 마련이었지만, 그런 것들도 편지들이 수천 마일이나 되는 육지와 바다를 넘나드는 것을 막지는 못했다.

도트도 다섯 명의 남자와 편지 교환을 했다. 그중 둘은 남자 형제고 한 명은 약혼자로 소문났던 조지 러시였다. 조지는 키가 크고 나이에 맞지 않게 벌써부터 머리가 뒤로 벗겨지고 있던 청년으로 도트가 랜돌프-메이컨 대학을 다닐 때 데이트하던 사람이었다. 춤도 잘 추고 사교 모임에도 나가기 좋아한 대학 때의 좋은 남자친구였다. 물론 언젠가 조지가 우선멈춤 표지판의 바탕색처럼 새빨간 드레스에 꽂으라고 분홍색 코르사주(가슴과 허리 등에 다는 여성용 꽃장식_옮긴이)를 준 것은 사실이고, 도트가 그 꽃을 벽에 던져버린 것 또한 사실이었다(분홍색과 빨간색이 어울리지 않는다는 것은 삼척동자도 알았다). 하지만 전체적으로 볼 때 그 시절 도트의 삶에 그는 좋은 동반자였다.

두 사람은 지난해에는 얼굴을 거의 보지 못했다. 조지가 진주만 공습으로부터 4개월 후인 1942년 4월 육군에 입대하고 그 뒤로 계속 서쪽으로 전출되었기 때문이다. 그리하여 그 무렵 캘리포니아의 군 기지에 배치돼 있던 조지는 막간을 이용하여 도트에게 작은 소포 꾸러미를 보냈다. 열어보니 당황스럽게도 다이아몬드 약혼반지가 들어 있었다. 조지는 그녀가 반지를 받고 기뻐할 것으로 예상했을 테지만 도트는 반갑지 않았다. 조지를 좋아하기는 했지만 그와 삶을 함께 한다는 생각은 해본 적이 없었기 때문이다. 그래서 반지를 돌려보내려다 젊은 여성이 집 떠난 병사의 기분을 언짢게 해서는 안 된다는 말을 듣고 그냥 가지고만 있었다. 하지만 소문이 날까 두려워 학생들을 가르칠 때도 손에 끼지는 않았다. 게다가 도트는 그와의 약혼을 정말이지 고려하고 있지 않았다. 조지도 그녀의 마음을 눈치챘는지 언젠가 대륙 횡단 열차를 타고 린치버그에 와서 그녀와의 관계에 못을 박으려고 했다. 그녀의 집 문간에 나타나 자신의 계획을 털어놓은 것이다. 그의 계획이란 사랑의 도주였다. 도트에게 린치버그에서 한 시간 거리에 위치한 로어노크로 가서 자신과 결혼을 하고, 캘리포니아의 자신이 복무하는 곳 가까이로 이사를 오라고 한 것이다.

도트는 그의 계획을 따를 생각이 추호도 없었다. 압박받는 것이 싫었고 그래서 거절했다. 그래도 조지는 고집을 부렸다. 그러자 도트는 꼼수를 부려 어머니에게 물어봐야 한다는 핑계를 댔다. 어머니를 끌어들이려는 작전이었는데 효과가 있었다. 딸이 조지와 도망가는 것을 막기 위해 버지니아 브레이든이 도트의 여행 가방을 깔고 앉아 시위를 벌인 것이다. 하지만 그것도 결과적으로는 필요 없게 되었다. 도트는 조지의 청혼을 거절하고, 조지는 부대로 돌아갔기 때문이다. 그래도 도트에게 편지는 계속 썼다. 하지만 도트는 전쟁부의 고용 제의를 받은 뒤로는 그와 얽매이는 게 더 싫어졌다. 캘리포니아로 이사를 가기도 싫었다. 그녀는 워싱턴에 가기를 원했고 전시 노력에도 힘을 보태고 싶었다. 모험심과 함께 애국심이 끓어오른 것이었다.

도트는 그런 와중에 미 육군의 기상 요원 짐 브루스와도 편지 교환을 시작했다. 가족이 버지니아주의 라이스에 낙농장을 보유하고 있던 짐은 키가 크고 느긋한 성격에 도트보다 나이가 네 살 많았다. 도트는 두 사람을 함께 알고 있던 친구들과의 가벼운 저녁 식사 자리 때 그를 처음 만났다. 그리고 그때부터 수년간 알고 지냈다. 짐은 심지어 도트가 조지 러시와 데이트할 때도 그녀가 머무는 장소와 들르는 곳을 남몰래 추적하고, 그녀 주위를 늘 맴돌며 자신과 사귀자고 설득했다. 또한 조지 러시의 반지를 그녀에게서 떼어내기 위해 꽤 오랫동안 그녀에게 공을 들였다. 그에게는 뭔가 꾸준하고 사람의 마음을 안도하게 하는 면이 있었다. 짐은 대학 졸업자이기도 하여 전쟁이 일어나기 전에는 듀폰 화학 공장에서 일했다. 문제는 그가 시끌벅적한 술꾼들과 어울려 다닌다는 것이었다. 그래도 도트의 어머니는 그를 좋아했다. 육군의 지시로 미시건 대학교의 기상 요원 양성 과정을 밟게 된 뒤에도 그는 이따금씩 시간을 내 도트를 보려고 린치버그에 왔다. 도트는 그때마다 조지 러시의 친구들에게 들키면 어쩌나 하는 조마조마한 마음으로 데이트를 했다.

한 번은 짐 브루스가 도트에게 리치먼드로 그의 누이들을 보러가자고 했다. 도트도 얼마간 그의 블루 앤드 화이트 쉐보레 자동차가 마음에 들기도 하여 그의 제안을 받아들였다. 두 사람은 가는 도중 햄버거 가게에 들러 식사를 하고 춤도 추었다. "있잖아, 네가 다이아몬드 반지 끼고 있는 걸 보면 사람들은 나를 너의 약혼자라고 생각할 거야." 짐이 춤을 추며 도트에게 나직이 속삭였다.

짐은 리치먼드에 도착하자 버드 공원으로 가서 그곳에 차를 주차했다. 도트도 그가 행실 바른 청년이고 따라서 비신사적 행동은 하지 않으리라는 것을 알았기에 가만히 있었다. 그러면서도 "너는 나하고 결혼하게 될 거야"라는 그의 말은 못 들은 척 피했다. 하지만 그녀의 마음 뒤편에는 언제나 짐 브루스가 있었다. 이유를 말하기는 힘들었다. 그의 제복 입은 모습이 멋져보였다고나 할까.

도트는 또 다른 군인과도 편지를 주고받았다. 심각한 사이는 아니었다. 커티스 패리스라는 다소 거부감이 느껴지는 이름을 가진 사람이었는데 도트는 그를 워싱턴의 한 무도회장에서 만났다. 같은 남부 출신인 도트에게 그가 편지를 써도 되겠느냐고 묻자, 그것은 남자들이 여자들에게 통상적으로 건네는 물음이었기에 그녀도 선선히 그러라고 했다.

도트가 샌프란시스코에서 복무 중이던 커티스의 편지를 받은 것은 워싱턴에 온 지 약 2개월이 지난 1943년 12월 초였다.[3] "친애하는 도티, 인사말, 실없는 주절거림"으로 말문을 연 그는 "평범한 군인 식당 같은 곳에서는 맡을 수 없는, 진귀하고 상큼한 사과꽃 향기가 은은히 퍼지는 것(화장품 파우더 냄새인가?)에 더해 마음까지 차분히 가라앉혀주는" 편지를 보내줘 고맙다고 했다. 그러고는 샌프란시스코의 군 기지인 프레시디오에서 병사들이 무슨 일을 하며 지내는지를 말하고, 일주일에 두세 번 16킬로미터 거리를 하이킹하고 미식축구도 많이 한다는 이야기를 들려주었다. "근육도 튼튼히 키우고 있는 중이지"라면서 육군의 어리석음을 조금 딱하게 여기는 말도 했다. 그 고장의 들판으로 흔히 하는 미식축구를 하러 갔더니 땅이 파헤쳐져 있더라고 하면서, "사병들이 축구 헬멧이 걸린 막대기들을 경계라고 세워놓았는데, 그 꼴을 보니 (1차 세계대전 때의 전쟁터였다는) 플랑드르(플랜더스) 들판이 어떤 모습이었을지 상상이 가더라고. 당연히 나도 볼을 들고 뛰지 못했지"라고 말한 것이다. 커티스는 북부식 표현인 'you guys'가 아닌 남부식 표현인 "y'all"(지칭하는 사람들이 여럿일 때 쓰는 호칭_옮긴이)을 쓰는 것 때문에도 그가 부대 안에서 놀림감이 되고 있다고 하면서, 그럴 때의 기분이 어떨지는 남부인인 그녀가 잘 알 것이라고 말했다.

커티스는 도트가 지난번 편지에 동봉한 사진에도 매료되었다.

그 사진! 와우! 내 인생에서 그보다 더 기쁜 일이 있을까 싶었지. 하늘을 나는 기분이었어. 동료들도 사진을 보더니 버지니아 여친의 모습에 놀라는 눈치였어. 물론 어디 출신이냐 등등 너에 대해서도 꼬치꼬치 캐물었지. 그런데 말해줄 게 별로 없어 유감이었어. 아니 최소한 내가 원하는 만큼은 해줄 수 없었다는 거지. 오늘은 외출증을 받아 사진에 멋진 액자를 끼우려고 해. 내 침상 주변 병사들의 도덕적 사기 좀 높여줄까 하고.

커티스는 그녀에게 편지를 써달라는 당부도 했다. "네가 쓰는 필체, 네가 사용하는 문구 모두 내 마음에 들어."

도트는 커티스의 편지를 심각하게 받아들이지 않았다. 여성들 모두가 병사들에게 편지를 썼고, 병사 여러 명에게 편지를 쓰는 여성도 수두룩했으며, 병사들로부터 하루 서너 통의 편지를 받는 여성들도 많았기 때문이다. 열두 명의 병사들에게 편지를 쓴 여성도 있었다. 여성들은 편지를 심심풀이로도 쓰고, 소일 삼아서도 쓰며, 병사들의 사기를 높여 전쟁에 이바지한다는 기분을 느끼기 위해서도 썼다. 뒷면에 손 글씨로 사연을 적은, 국회의사당을 배경으로 하거나 일광욕하는 모습의 소형 흑백 사진과 같은 스냅사진들도 보냈다. 그러나 물론 남녀의 만남이 편지로만 이루어지지는 않았다. 워싱턴에는 장교와 사병들이 끊임없이 들어왔다 나갔으며, 그러니 여성들이 식사 때마다 데이트 상대를 갈아치우는 일은 예사였다. 잡지와 신문들은 그런 행동을 워싱턴에서 일하는 여성들의 고독함으로 해석하는 기사를 썼다 (여성 공무원들에 대해 "그들은 좋은 일자리를 얻을 수는 있어도 좋은 남성을 얻을 수는 없다"고 쓴 기사도 있었다). 하지만 그것은 사실과 거리가 멀어도 한참 먼 이야기였다. 도트만 해도 사귀는 남자가 여럿이었다. 그녀는 매사추세츠 출신의 상사와 가끔 만나 춤을 추러 다니고 그의 배웅을 받으면서 전차를 타고 귀가했다. 둘은 어느 모로 보나 부담 없이 순수하게 즐기는 사이였다. 그런데도 도트는 그가 주는 맵시꽃에 집착하고, 상황에 따라 조지 러시의 약혼반지를 꼈다, 뺐다 했다. 말하자면 그녀는 반지를, 남자를 쫓아버리거나 가벼운 임시 데이트를 지속할 수 있는 유용한 도구로 사용한 것이다.

하지만 이윽고 도트도 알게 되었듯이 이중 데이트를 즐긴 것은 여성들뿐만이 아니었다. 커티스 패리스의 편지를 받은 때와 거의 같은 시기 도트는 짐 브루스의 전화를 받았다. 해외의 전장으로 파견될 예정이라고 하면서 자신의 근무지로 와서 배웅해줄 수 있는지를 묻는 전화였다. 도트는 그의 갑작스런 제안에 당황해 "지금 당장은 대답하기가 곤란하니 조금 있다 알려줄게"라고 한 다음 일단 전화를 끊었다. 그러고는 어머니에게 전화를 걸어 "짐 브루스가 배웅해달라고 하는데 어떻게 하면 좋을까?"라고 물었다.

"글쎄다, 너도 알다시피 나는 조지보다는 짐이 마음에 들어. 하지만 너는 조지의 약혼반지를 간직하고 있잖니. 그러니 결정은 네 스스로 해야지." 어머니와 전화를 마친 도트는 다시 짐의 부대로 장거리 전화를 신청했다. 그런데 전화가 연결되자 교환원이 이렇게 말하는 것이었다. "브루스 소위님이 다른 분과 통화 중이십니다. 그 여성분과 통화가 끝날 때까지 조금 기다려주시면 바로 연결해드리죠."

전화가 연결되자 도트가 짐에게 말했다. "인기가 많네."

"아냐, 누이였어." 짐이 얼버무리듯 말했다.

도트는 속지 않았다. 또 다른 여성이 있는 것이 분명했고 그래서 "미안하지만 배웅해줄 수 없어"라고 딱 잘라 말했다.

이것은 도트가 알링턴 농장에 살고 있을 때 벌어진 일이다. 이튿날 아침 '브루스 소위, 오늘 오후 워싱턴에 도착 예정'이라고 적힌 메모지가 도트의 방문에 압정으로 꽂혀 있었다. 메모를 본 도트는 교대 근무가 끝나면 만나야지 라고 생각하며 일터로 갔다. 그런데 근무 중인 그녀에게 행정관이 와서 전화가 왔다고 말했다. 알링턴 홀은 보안이 엄격해서 외부 전화 연결이 잘 안 되는 곳인데, 연결된 것을 보니 급한 전화임이 분명했다. 전화는 짐 브루스의 누이 중 한 명에게서 온 것이었다.

"짐 만났어요?"그녀가 숨을 헐떡이며 말했다. 도트는 만나지는 않았지만 그날 저녁에 만날 예정이라고 말했다. 그러자 짐의 누이가 "부대에서 그를 다시 찾고 있어요!"라고 소리쳤다. 짐이 생각했던 것보다 배가 일찍 출발하게 되었다는 것이었다. 그것은 드문 일이 아니었다. 적이 병력의 이동 상황을 예측하지 못하도록 상부의 지시가 막판에 전해져 군의 일정이 바뀌는 일은 흔했기 때문이다. "짐과 알고 지내는 모든 여성들에게 전화를 걸었죠. 당신에게 건 전화가 맨 마지막이에요." 짐의 누이가 말했다.

짐은 부대에서 그를 찾는 줄도 모르고 도트의 교대 시간이 끝날 무렵 그녀 앞에 나타났다. 사실 그에게는 그를 배웅해주겠다고 나서는 또 다른 여자친구가 있었다. 그런데 전장으로 떠나기 전 그가 진정으로 보고 싶은 단 한 명의 여성, 도트에 대한 그리움이 저도 모르게 솟구쳐 그 여성을 기차에 태워 돌려보내고는 자동차를 렌트해 알링턴으

로 달려온 것이었다. 그런 그에게 도트는 "너, 배로 돌아가야 해"라고
말했고, 그래서 그는 오자마자 황급히 작별인사를 하고는 빌린 차를
반납한 뒤 서둘러 리치먼드행 기차에 올랐다. 이것이 짐 브루스와의
마지막 만남이 되어, 근 2년간은 그를 보지 못했다.

　이것이 당시 삶의 모습이었다. 남자들은 오고 갔다. 때로는 밤에 공
습경보 사이렌이 울리기도 했고, 그러면 알링턴 농장의 거주자들은
전등을 끄고 암막 커튼을 쳤다. 버지니아주 채텀에 있는 사관학교에
서 생도들을 가르치다 당시에는 외교관으로 일하던 도트의 옛 친구
빌 랜돌프와 함께 도트와 크로가 저녁 식사를 하고 있을 때도 그런 일
이 벌어졌다. 근처 알렉산드리아에 사는 빌의 어머니 집에서 식사를
할 때였다. 경보 사이렌이 울리기 시작했고 그러자 빌이 기타를 가져
와 도트, 크로, 빌 그리고 그의 어머니는 어둠 속에 현관에 모여 앉아
한밤중에 노래를 불렀다. 도트가 두 남동생 티디와 부바 그리고 조지
러시와 짐 브루스의 커다란 액자 사진들을 간직하고 있고, 그녀 삶을
스쳐간 모든 남자들을 밤낮으로 걱정하던 그때, 삶은 이처럼 알 수 없
고 때로는 기묘하게 즐겁기도 했다.

2부

이 모든 너른 해역을 일본이 장악하고 있다

5장
가슴이 미어지는 일이었어요

1942년 6월

두 외교관이 은밀하게 미국인들을 분열시키기 위한 계획을 세우고 있었다.[1] 그들은 5천 마일 넘게 떨어진 두 대륙에서 장거리 교신을 통해 프로파간다로 점화될 수 있는 적국 사회조직의 약점을 포착하기 위한 전략을 면밀히 짜고 있었다. 1942년 6월 도고 시게노리 일본 외무대신이 주독일대사 오시마에게 '자료와 경험'을 공유하자는 메시지를 보냈다. 미국에 써먹을 수 있는 프로파간다에 대한 아이디어가 제시된 메시지였다. 그는 인플레이션과 '흑인들에 대한 대우'와 같은 요소를, 선동에 이용할 수 있는 미국 사회의 약점으로 꼽았다. 이에 대해 오시마는 6월 12일 일본은 고립주의자들을 표적으로 삼아야 하고, 전쟁에 따른 고난과 궁핍에 짜증이 나 있는 미국인들을 동요시키기 위해 모든 노력을 경주해야 한다는 답신을 보냈다. 오시마는 진주만 공습 뒤 미국이 보여준 단합 정신은 온데간데없이 사라져 이제는 사회 분위기가 취약하고 침체된 상태에 놓여 있다고, 베를린 주재 일본 대사라는 요직을 맡은 사람만이 펼 수 있는 견해도 피력했다.

"진주만 공습 뒤 미군과 연합군이 잇따라 퇴각하자, 6개월이면 일본군을 제압할 수 있고 미 해군은 무적이라고 믿도록 교육받은 미국인들의 도덕적 평정심은 완전히 무너졌습니다." 오시마가 우쭐대며 한 말이었다. 하지만 그들은 몰랐겠지만 암호문으로 보내진 이 말은 적국, 그것도 적국의 젊은 여성들에게 해독되고 있었다.

1942년의 처음 6개월이 미국, 특히 미 해군에 암울하고 의기소침한 시기였던 것은 사실이다. 지난 일이어서 과소평가하기 쉽지만 생각해보면 참으로 암담한 시기였다. 일본은 강력한 해군을 지닌 미국의 적수였다. 일본 해군은 개전 초에는 태평양의 4분의 1을 장악하고 있었고, 50여 년간 해전에서 패한 적도 없었다. 일본에는 진주만 공격을 지휘한 야마모토 이소로쿠 제독이라는 걸출한 사령관도 있었다.[2] 야마모토는 진주만 공격을 지휘한 장본인이기는 해도, 처음에는 전쟁을 반대했을 만큼 무모한 인물이 아니었다. 그는 하버드 대학교에서 경제학을 공부해 미국의 경제력도 알았고, 산업적 역량도 두 눈으로 확인한 사람이었다. 미국의 공장들이 본격적으로 가동에 들어가 선박과 비행기들을 양산하기 전부터 그는 이미 일본이 사용할 수 있는 카드가 제한적이라는 사실을 알았다. 하지만 일단 전쟁을 하기로 결정이 나자 그는 6개월에서 1년 정도는 자신이 태평양에서 활개를 칠 수 있겠지만, 미국이 함대를 증강하기 전 전쟁을 끝내려면 일본이 말하는 이른바 '결정적 해전'을 치러 미국에 결정적 타격을 입힐 필요가 있다고 상급자들에게 경고했다.

진주만 공격이 바로 그 결정적 타격이 되었어야 했다. 하지만 항공모함들도 항구에서 안전하게 피신해 있었고 폭격을 받은 일부 전함들도 수리돼 전열에 복귀했으니 그 공격은 결정적 타격이 되기에는 미흡했다. 그러나 이어진 태평양 다른 전역들에서의 공격은 거의 동시다발적으로 느껴졌을 만큼 빠르게 전개되었다.

진주만 공격이 있고 나서 몇 시간 후 일본은 필리핀을 폭격했다. 이틀 뒤에는 마리아나 제도에 속한 괌을 점령하고 성탄절 직전에는 웨이크섬을 접수했다. 일본 육군은 육군대로 서남쪽으로 치고 내려가며 영국령과 네델란드령 식민지들을 착착 점령해갔다. 1941년 성탄절에는 홍콩을 점령하고, 두 달 뒤에는 싱가포르를, 5월에는 버마(미얀마)를 장악했다. 일본은 네딜란드령 동인도(유럽 본국이 나치에 점령되어, 병력 지원을 기대할 수 없는 상황이었다)에도 무자비하게 칼을 휘둘러 말레이 반도를 따라 아래쪽 태평양의 오스트레일리아 방향으로 길게 뻗어나간 섬들(자바, 보르네오, 셀레베스, 수마트라)을 하나하나 손에 넣었다.

1942년 2월에는 미국이 최악의 타격을 입었다. 루스벨트 대통령은 2달간 전투를 벌이던 끝에 결국 필리핀 방어를 책임지고 있던 더글러스 맥아더 장군에게 필리핀을 떠나라는 명령을 내렸다. 필리핀의 코레히도르섬 요새에는 당시 미 해군 소속의 소규모 암호해독 팀이 숨어 있었다.[3] 그래서 그들도 일본이 숨 막힐 듯한 연전연승을 기록하며 그 섬을 점령하기 전 잠수함을 타고 오스트레일리아로 탈출했다. 일본의 거칠 것 없는 공격은 영국 전함 리펄스호와 프린스 오브 웨일스호를 격침시키며 영국마저 망연자실하게 만들었다. 영국 총리 윈스턴 처칠은 그때의 충격을 회고록에 이렇게 적었다. "잠자리를 뒤척이는데 그 소식이 완전한 공포로 내 몸을 엄습해왔다. 이 광막한 바다를 일본이 호령하고 있었고 우리는 모든 곳에서 약해지고 벌거벗겨졌다."

대서양 전역도 상황이 나쁘기는 매한가지였다.[4] 아니 오히려 태평양보다 더 나빴다. 세계 최대의 대양인 태평양과 대서양 양쪽 전역에서 연합군은 1942년 늦봄, 최악의 시기를 맞고 있었다. 그 무렵에는 미국도 독일 U보트들과 연합군 호송선단이 6년 동안 벌인 격전의 능동적 참전국이 되어 있었다. 대서양 전투는 개전 초부터 종전 때까지 계속되었다.[5] 윈스턴 처칠도 대서양 전투가 그를 가장 괴롭힌 전투였다고 말했다. 당시에는 대서양 전투를 이기는 쪽이 유럽 전쟁의 승자가 되리라는 것이 일반적인 믿음이었다. 1941년 봄에는 루스벨트 대통령이 영국으로 가는 물자 수송을 승인함으로써 미 해군 함선들이 북대서양에서 상선을 호위할 수 있게 되었다. 하지만 이는 미국이 공식적으로 교전국이 되기도 전에 미 해군이 위험한 상황에 놓이게 되는 것을 의미했다.

1942년, 미국은 더욱 강하고 직접적으로 U보트의 위험을 느끼기 시작했다. 진주만 공격으로 미국의 참전이 본격화되자 카를 되니츠 독일 해군제독은 기회가 무르익은 것을 감지했다. 메인주에서 플로리다주까지의 드넓은 대서양 연안이 무방비로 노출되었다고 본 것이다. 아니나 다를까 U보트 지휘관 카를 되니츠가 미 동해안으로 잠수함들을 출항시키자, 그것들은 놀랍게도 육지 가까운 연안까지 잠입해 들어와 화물선, 유조선, 트롤선, 바지선들을 무차별적으로 침몰시켰다. 얼마나 거칠 것 없이 휩쓸고 다녔으면 독일 해군은 이 시기를 '행복한 시간Happy Time'이라고 불렀다. 잠수함 공격은 군수품을 생산하지 못하게 물자 수송을 막아 연합군의 전시 노력을 좌절시키는 데 목적이 있었다. 그런데도 미 해군의 호위 체계 구축은 더디기만 했고, 그렇게 미적대는 동안 배들은 사람이 보는데서 침몰하여 미국 시민들을 충격에 빠뜨렸다. 해안가에 서면 화물선이 불타오르는 모습이 보였다. 노스캐롤라이나주의 아우터 뱅크스는 심지어 잠수함 공격으로 수많은 선박이 침몰하여 '어뢰 집결지'로까지 알려졌다. U보트 승조원들은 잠수함 위로 기어 올라가 난파된 배에서 기념사진을 찍기도 했다.

두려움을 확산시키는 기술 면에서 보면 U보트들은 테러 조직에 견줄 만했다. 눈에 보이지 않게 소리 없이 어디에나 존재했으니 말이다. U보트들은 상선들의 대서양 진로를 막기 위해 그 배들이 다니는 해로 곳곳에 잠복해 있었다. 그러다 배를 발견하면 중앙 지휘부에 무선으로 그 사실을 알렸고, 중앙 지휘부는 다른 잠수함들에게 집결 신호를 보냈다. U보트 함장들 중에는 잠항을 하다가 호송선단이 떠 있는 한가운데의 수면 위로 떠올라 연합군에 총격을 가하는 대담한 사람들도 있었다.

대서양 전투는 삶과 상업의 전쟁이었다. 영국은 식량을 필요로 했고, 연합군은 이탈리아와 북아프리카에서 적군을 압박하기 위한 병력과 군수물자가 필요했다. 미국 조선소들이 리버티선Liberty ship이라 불린 값싼 수송선들을 대량으로 건조해내고는 있었지만, 그래도 1942년에는 배를 건조하는 속도가 U보트가 배를 침몰시키는 속도를 따라잡지 못했다. 호송선단에 지시할 때 사용되는 연합군의 암호를 독일이 해독하고 있었던 것도 상황을 악화시킨 요인이었다. 미국은 그 사실을 어렴풋 알고 있었으나 영국은 그것을 인정하는 데 뜸을 들였다.

물론 연합국도 그 시기 얼마 동안은 독일의 암호를 해독했다.[6] 그 점에서 대서양 전투는 암호해독의 기량을 겨루는 전투이기도 했다. U 보트 암호문은 독일이 절대 해독되지 않을 것으로 믿고 있던 에니그마 기계로 작성되었다. 에니그마 암호는 세 개의 회전자를 특정 순서로 끼워 넣고 키보드의 글자를 타이핑하면 회전자들(하키의 퍽들을 옆으로 세워놓은 것처럼 마주 보게 배열돼 있었다)이 돌아가며 글자들을 변환하는 방식으로 만들어졌다. 키보드 상단의 램프보드 글자에 불이 들어오는 것이 변환된 글자였으며, 이것이 무선으로 송신되었다. 에니그마 기계는 세 개 이상의 회전자를 장착할 수 있고, 각 회전자에는 (1~26까지의 숫자가 적힌) 26개의 위치가 달려 있었다. 회전자 밖에는 움직이는 바퀴들이 붙어 있었으며, 기계 하단에는 짧은 전선들을 꼽을 수 있는 플러그보드도 설치돼 있었다. 이렇게 복잡하게 장치되다 보니 에니그마 기계가 글자를 암호화하는 과정에는 수없이 많은 경우의 수가 만들어졌다.

에니그마의 한 가지 주요 강점은 회전자들의 장착 순서와, (전선들을 플러그보드에 연결하는 방식을 달리 하는 것과 같이) 움직이는 장치들을 매일매일 다르게 설정할 수 있다는 것이었다. 이것이 에니그마 암호의 키였다. 독일은 1920년대와 1930년대에 상업용 에니그마 기계가 유럽에서 유통된 사실을 알았다. 그래서 연합국이 그것의 작동 방식을 알지도 모른다는 우려에서 그런 장치를 해놓은 것이었다. 독일은 컴퓨터 비밀번호와도 같은 이 에니그마의 키를 연합국이 절대 풀 수 없을 것이라고 믿었다. 이론상으로는 가능하지만 모든 경우의 수를 조합하려면 건물 한 채를 몽땅 기계들로 채워야 할 것이고, 연합국

이 그런 일을 할 수 있으리라고는 믿지 않았다.[7]

하지만 사실 폴란드 암호해독 팀은 전쟁이 시작되기도 전에 에니그마의 작동 원리를 파악하고 있었다. 강대국들에 둘러싸인 약소국들은 주변 국가들을 잠재적 적국으로 상정하고 극도의 경계를 유지하고 있었는데, 폴란드도 러시아 및 독일과 접경하고 있었으니 예외가 아니었던 것이다. 그렇기는 해도 기량이 뛰어났던 폴란드 암호국이 1930년대에 에니그마 암호를 풀 수 있었던 것은 얼마간 독일인 덕이었다.[8] 독일군 장교가 에니그마의 도식과 해독 서류를 프랑스 첩보기관에 넘긴 것인데, 그것을 상업용 에니그마 기계를 보유하고 있던 폴란드가 입수한 것이다. 에니그마 암호는 암호국과 협업하고 있던 폴란드 수학자 마리안 레예프스키가 해독했다. 이어 1938년에는 매일매일 바뀌는 에니그마의 설정 방식을 알 수 있는 '봄비bomby 머신' 여섯 대가 폴란드에서 만들어졌다.

폴란드는 나치의 침공을 받기 전이던 1939년 7월 봄비 머신과 암호해독 관련 기술을 영국과 프랑스에 넘겼다. 그것을 블레츨리 파크의 앨런 튜링과 다른 암호전문가들이 정교하게 다듬어, 크립을 이용해 문제를 해결할 수 있는 방법, 다시 말해 크립을 암호 밑에 적어 넣은 다음 회전자 세팅, 바퀴 세팅, 플러그들이 어떻게 결합되어 암호가 만들어지는지를 수학적으로 해결할 수 있는 방법을 개발했다. 장치들의 세팅 방식을 알아내기 위해 '메뉴'를 개발한 것인데, 그 점에서 메뉴는 컴퓨터 프로그램의 초기 형태였다고도 할 수 있다. 영국은 봄비를 바탕으로 '봄베 머신' 60대를 만들어 1941년부터 여성 왕립해군 구성원 2천여 명을 투입하여 기계의 실험에 착수했다. 요컨대 메뉴가 비밀 키 역할을 할 수 있는지의 여부를 알아보는 실험을 한 것이다. 그리하여 이 실험에서 메뉴가 비밀 키로 작동이 되면, 그 설정으로 프로그램된 소형 모조 에니그마 기계에 메시지를 입력했다. 그리하여 이 기계가 일관성 있는 독일어를 생성해내면 그 날의 비밀 키 설정은 옳은 것으로 이해했다.

영국은 처음에는 봄베 프로젝트를 철저히 비밀에 부쳤다. 적국이 그 사실을 알아내 암호를 바꿔버릴 수도 있다는 염려에서 동맹국들에도 알리지 않았다. 처칠도 블레츨리 파크에서 근무하는 암호해독자들을 '꽥꽥대지 않고도 황금 알을 낳는 거위들'이라고 불렀다. 그런데 1942년 2월 독일 해군이 U보트의 에니그마 기계에 네 번째 회전자를 추가하여 26개의 위치로 만들어지는 경우의 수는 더 늘어났다. 연합국이 '샤크Shark'라고 부른 이 새로운 암호 체계는 처음에는 난공불락으로 여겨졌다. 연합국이 U보트의 암호를 풀 수 없게 되면서 모든 시스템은 먹통이 되었다. 이 궤멸적인 사태의 전환은 미국이 참전한 지불과 몇 달 후에 발생하여 이후 8개월 동안 계속된 죽음, 파괴, 무기력함의 전주곡이 되었다. 이 기간에 배들은 연달아 침몰하고 전쟁도 역주행할 것 같은 분위기가 감돌았다.

* * *

세븐 시스터즈 대학들을 나온 젊은 여성들이 메이퀸 축제, 훌라후프 돌리기 대회, 아마추어 연극, 그 밖의 신성한 대학 전통들을 포기하고 암호를 해독하기 위해 미 해군본부의 찜통 같은 사무실로 들어설 때의 분위기가 딱 이렇게 침울했다. 해군의 암호해독 조직은 늘 그렇듯 그 무렵에도 육군의 암호해독 조직과 별개로 움직였다. 육군 암호해독 팀은 포토맥강 너머의 알링턴 홀에서 외교 암호를 공략하고 있었던 반면, 해군 암호해독 팀은 여전히 워싱턴 시내의 해군본부에 머물며 태평양 전역에서 사용되는 암호해독에 주력하면서 양 대양에서 사용되는 적군의 해군 암호를 푸는 일과도 씨름하고 있었다. 그것은 애당초 실행 불가능한 일로 여겨졌다. 암호해독 여성들이 해군 군무원으로 채용된 1942년 여름까지도 해군은 여전히 진주만 공격과 뒤이은 일본의 신속한 승리에 따른 충격에서 헤어나지 못하고 있었다. 장교들의 보직이 바뀌고 지휘 계통도 개편되었다. 미국은 도처에서 전쟁에 지고 있었으며(아니, 지고 있다고 느꼈으며) 분위기도 혼란스러웠다. 그런 가운데 암호해독 조직의 규모도 커져 1941년 1월에는 해군 청사의 여섯 번째 윙에 붙은 10개 사무실을 차지하고 있는 구성원이 60명에 불과했으나 1942년 중엽에는 그 수가 720명으로 늘어나고, 날마다 더 많은 직원이 들어와 이제는 사무실이 미어터질 지경이었다.[9]

주목할 점은 그때쯤에는 아그네스 드리스컬 외의 다른 민간인 여성들도 암호해독부에 채용된 상태였는데도 해군이 급료 면에서 그들을 남성과 다르게 대우한 것이었다. 1941년 11월의 연봉 조건 메모에는 여성 사무원, 타자수, 속기사의 연봉이 1,440달러로 나와 있었다.[10] 반면에 같은 일을 해도 남성 직원의 연봉은 1,620달러로 제시돼 있었다. 대학을 졸업하고 암호해독 초급 과정을 이수한 여성도 같은 자격을 가진 남성이 받는 연봉 2,000달러에 못 미치는 1,800달러의 연봉을 받았다. 석사 학위 소지자의 경우도 여성의 연봉이 2,000달러였던 반면 남성의 연봉은 2,600달러였다. 박사 학위 소지자의 경우도 여성은 2,300달러, 남성은 3,200달러의 연봉을 받았다. 암호해독 여성들의 배경도 초기에는 천차만별이었다.[11] 장교 부인과 딸들이 암호해독에 잠시 손대기도 했고, 뼛속까지 해군 가문 출신으로 이탈리아 해군의 암호해독 하는 일을 했던 유니스 윌슨 라이스같은 여성도 있었다. 그녀가 임신을 하자 남성들은 그녀를 빵빵한 라이스로 즐겨 불렀다.

이런 성차별은 오래된 전통이었다. 그런데도 여성들의 해군본부 도착은 더디기만 했다. 1942년 5월에는 OP-20-G라는 명칭으로 알려진 해군정보국의 수장 존 레드먼이 빠른 시일 내에 해군본부에 와주기를 바란다는 편지를 직접 써서 여학생들에게 보냈다.

"졸업 뒤 1~2주 내에 일을 시작할 수 있겠소?"[12] 레드민이 앤 화이트와 베아트리스 노턴 그리고 웰즐리 대학교의 다른 4학년생들에게 물은 말이었다. 그는 가우처와 해군의 계획에 협조적이던 다른 대학들의 여학생들에게도 동일한 편지를 보냈다. "중요한 일이 여러분을 기다리고 있어요"라고 한 뒤 "암호해독의 첫 단계부터 일을 시작할 수 있으니 여러분에게는 특히 좋은 기회가 될 것입니다"라는 말도 덧붙였다. 레드먼은 여성들에게 청사의 주소를 알려주고 대강의 도착날짜라도 알려달라는 부탁도 했다.

그 다음에는 초대한 여성들을 대상으로 적임자를 추리는 작업이 진행되었다.[13] 세븐 시스터즈와 가우처 졸업생들도 능력, 의지, 충성을 기반으로 선발되었으나 몇 달에 걸친 통신 교육 과정을 통해 스스로 끈기를 입증해 보여야 했다. 그 과정에서 일부 여성들은 의욕을 잃어 도중하차하기도 했고, 결혼을 하여 남편의 근무지로 주거를 옮기기도 했다. 문제를 정확히 풀지 못하는 여성들도 속출했으며, 중앙인사위원회의 신원 조회에 걸려 불합격되는 여성들도 있었다. 1941년 겨울에는 미 전역에 우국의 열정이 넘쳐 바너드 대학교도 당초 선발 인원은 20명에 달했으나 그중 7명만이 여러 난관을 통과하고 컨스티튜션 에비뉴의 해군본부에 최종적으로 모습을 드러냈다. 브린모어 대학교도 27명 가운데 12명만 시험을 통과했으며, 가우처 대학교도 16명 중에서 8명만 남았고, 마운트 홀리요크 대학교 역시 17명 가운데 7명만 남았다. 래드클리프 칼리지 또한 처음에는 59명에 달했던 선발인원이 끝에 가서는 8명만 남았다. 스미스 대학교도 일등급 인원이 30명에서 12명으로 줄었고, 웰즐리 여대도 28명 가운데 20명만 살아남았다.

결국 해군의 비밀 초대장을 받은 총 197명의 여성들 가운데 74명만이 최종적으로 낙점되어 워싱턴 D.C.의 해군본부에 가서 연봉 1,620달러를 받는 암호해독 조수 SP-4s로 채용되었다. 가우처의 두 졸업생 콘스턴스 매크레디와 조앤 릭터도 1942년 6월 8일 청사의 프런트에 모습을 드러내며 해군본부에 가장 먼저 도착한 사람들 축에 끼었다.[14] 6월 15일에는 브린모어의 비올라 무어와 마거릿 길먼이 해군본부의 문을 통과했고, 나머지 여성들도 6월 말에서 7월 초 사이 모두 해군본부에 도착했다.

해군은 단 한 명의 여성도 놓치고 싶지 않았다. 주거가 마련되지 않으면 그들이 그만둘 수도 있다는 걱정에, 집을 제공해줄 수 있는 학교 동창을 수소문해달라는 편지를 각 대학 총장들에게도 보냈다.[15]

해군의 배려로 일부 여성들은 워싱턴 D.C.에 있던 거주용 호텔인 메리디언 힐 여성 호텔에도 입주했다. 다른 여성들은 워싱턴 북서지구로 흩어져 클링글 로드와 유클리드 스트리트의 가정집들에 입주했다. 비올라 무어와 마거릿 길먼은 워싱턴 북서지구의 코네티컷 애비뉴 1751번가에 둥지를 틀었다. 스미스 대학 졸업생 앤 바루스도 베아트리스 노턴, 엘리자베스 '베츠' 콜비 그리고 다른 웰즐리 졸업생들과 함께 북서지구의 뉴햄프셔 애비뉴 1751번가에 집을 구했다. 그들의 주소는 빈번히 바뀌었다. 때가 전시였던 만큼 예닐곱 군데 집을 옮겨 다닌 여성도 많았다. 해군의 비망록에는 지하층 방과 하숙집을 차지하기 위해 쟁탈전을 벌인 여성들의 바뀐 주소를 사무원들이 타이핑하기에 바빴던 정황이 나타나 있다. 언젠가는 서점 직원들에게 화장실을 이용하게 해주는 대가로 책을 빌려보거나 전화를 이용할 수 있었던 조지타운의 프랜시스 스콧 키 서점 뒤쪽의 절반 공간을 차지하기 위해 여성들이 경쟁을 벌이기도 했다.

세븐 시스터즈 출신 여성들은 해군본부에 도착하자마자 신속히 작업에 투입되었다. 해군 조직은 이미 밤낮없이 24시간 교대 근무에 들어간 상태여서 여성들도 해군에서는 당직으로 알려진 '3교대' 팀으로 나뉘어 근무했다. 가우처 졸업생인 프랜시스 스틴과 웰즐리 졸업생 앤 화이트처럼 자정부터 아침 8시까지 근무하는 팀에 속한 여성들도 있었고, 오전 8시부터 오후 4시까지 일하는 주간 근무 팀에 속한 운 좋은 여성들도 있었으며, 오후 4시부터 자정까지 저녁 당직을 서야 하는 팀에 속한 여성들도 있었다.

여성들이 해군본부에 도착한 해의 여름은 날씨가 유난히 더웠다.[16] 깨끗한 면옷 차림에 하이힐을 신고 집을 나서면 사무실에 도착하는 즉시, 혹은 일을 시작한 지 30분만 지나도 땀에 옷이 흠뻑 젖어 얇은 천이 몸에 찰싹 달라붙기 일쑤였다. 작업 도중 테이블에서 팔을 들어 올려도 밑에 있는 종이가 젖어 있었다. 땀을 억제해준다는 잘못된 믿음 때문에 한동안 유행했던 휴대용 디스펜서의 소금(전해질) 정제를 사용하다가 메스꺼움을 느낀 여성들도 많았다. 게다가 예전의 해군본부는 비좁을 뿐 아니라 불결하기까지 했다. 브린모어에서 프랑스어를 전공한 비올라 무어는 여자 화장실에 기어 다니는 바퀴벌레 수를 파악해 보고하는 일을 부여받았을 정도다.[17]

해군은 재학 중인 여성들에게 암호해독 강좌를 할 때 그들을 가혹하게 훈련시켰고, 그들도 훈련을 심각하게 받아들였다. 강좌에는 영어 알파벳 가운데 사용 빈도가 가장 높은 글자들(E, T, O, N, A, I, R, S)을 암기하고 빈도를 세는 훈련도 포함되었다. 일반 글자들이 빈칸에 빼꼭히 적힌 그리드시트(모눈종이) 위에 특정 단어 수에 맞게 작은 구멍들이 뚫린 그릴(태블릿)을 겹쳐놓고 숨은 메시지를 찾는, 예전의 그릴grille 암호 방식도 소개했다. "가정해봅시다"를 암호해독의 좌우명으로 삼아야 한다는 것과 암호해독의 가장 중요한 보조 기구는 좋은 지우개라는 것도 가르쳤다. '숫자로 된 암호 알파벳', '다중문자치환 암호', '대각선 형태의 이중문자치환 암호'에 숙달되었는지를 테스트하는 시험도 일주일에 한 번씩 치렀다. 각 문제지 묶음에는 글자나 숫자들을 되는대로 뒤섞어 아무 의미도 나타낼 수 없는, 즉 풀리지 않는 문제가 하나는 포함돼 있었다. 때로는 암호해독자도 풀지 못하는 문제였다. 실패를 결코 장려하지 않는 일류 학교에 다니는 여성들에게는 당혹스러운 훈련 방식이었다.

그것은 훌륭한 강좌였고, 학생들도 기술을 숙달하기 위해 열심히 노력했다. 하지만 훈련은 훈련이었을 뿐 강좌에서 다뤘던 문제와 실제 상황에서 마주치는 문제가 매번 맞아떨어지지는 않았다. 막상 실무에 들어가면 생소한 문제가 많았던 것이다. 게다가 그 모든 일들은 훈련 과정이 아닌 실제 상황이었다. 요컨대 여성들은 병사들의 생명과 관련된 일을 하고 있었고, 그런 만큼 그들이 느끼는 책임감도 이만저만이 아니었다. 여성들은 대부분 일본 암호해독 팀에서 일을 시작했다. 하지만 이윽고 독일어를 아는 소수의 여성들이 대서양 전투에서 독일군과 싸우는 연합군의 조력자가 되었다. 그 무렵에는 영국 암호해독자들이 암호해독의 책임을 지고 있었다. 그러나 미국 암호해독자들도 결과에 이해관계가 걸려 있었던 만큼, 회전자 4개가 장착된 에니그마의 샤크 암호를 풀기 위해 있는 힘껏 그들을 도왔다. 그들은 봄베 머신의 도움 없이 순수하게 수작업만으로 그날그날의 키 설정을 알아내려고 했다. 영국 암호해독자들과도 끊임없이 연락을 주고받고 메모와 크립도 교환했다.

마거릿 길먼도 브린모어 대학에서는 생화학을 전공했으나 고등학교 때 독일어를 공부한 전력으로 독일어 능력평가시험을 보고 조그만 밀실에서 샤크 암호를 공략하는 팀에 배정되었다.[18] 감독관인 남성 장교 한 명을 빼고는 모두 여성들로만 구성된 팀이었다. 길먼은 해병 대원들이 경계를 서는 방에서, 그 무렵에는 독일에 점령되어 대규모 U보트 기지들이 들어서 있던 프랑스 서부 해안 앞 비스케이만에서 전송되는 나치 암호문을 푸는 일에 진력했다. U보트들이 연합군 호송선단이 다니는 대서양 해로에 닿으려면 비스케이만을 넘어야 했기에 나치는 U보트들이 기지를 떠나기 전 기상관측선들을 보내 기후 상황을 보고하도록 했는데, 그 보고문이 에니그마 기계로 작성된 것이다. 기후와 관련된 말은 바람, 비, 구름처럼 사용되는 단어 수가 제한적이어서 잘만 하면 크립을 이용해 암호 체계를 찾아내는 것도 가능했다. 에니그마 팀의 여성들도 자주 쓰이는 크립들과 메시지 내에 특정 단어들이 들어가 있을 개연성이 가장 높은 위치들을 가지고 그래프를 작성할 때 종종 'BISKAYAWETTER'를 크립으로 사용했다.

그것은 분초를 다투는 일이어서 여성들은 피가 마를 지경이었다. 미국 군인들이 U보트들이 기다리는 해역을 건너려 하고 있었으니 말이다. 마거릿 길먼도 나중에 그때를 회상하며 이렇게 말했다. "독일 잠수함들은 말 그대로 대서양을 지배하고 있었죠. 잠수함이 우글대는 대서양으로 미국 병사들이 탄 수송선을 보낸다는 걸 상상이나 할 수 있겠어요? 맙소사, 그것은 가슴이 미어지는 일이었어요."[19] 에니그마 암호 팀 작업실 벽에는 U보트들이 있는 곳들을 핀으로 일일이 표시해놓은 대서양 지도가 걸려 있었다. 마거릿은 차마 그 지도를 똑바로 쳐다보지 못하고 외면했다. 수송선이 한 척이라도 침몰하는 날에는 나라의 사기가 극도로 저하될 것이 뻔했고, 그러니 여성들도 책임에 대한 부담감을 느낄 수밖에 없었다. "우리가, 우리가 하는 일의 중요성에 조금이라도 의문을 갖는 눈치가 보이면 고위급 장교가 내려와 뭣들 하는 짓이냐고, 직무태만이라며 소리를 질렀죠." 일의 진척이 없어 며칠간 허송세월을 하던 그때를 떠올리며 마거릿이 말했다.

웰즐리에서 독일어를 전공한 앤 화이트도 에니그마 암호 팀에 배정되었다.[20] 그런데 그녀는 작업 도중 적의 인간적인 면모와도 접촉해야 하는 불편한 경험을 했다. 영국 암호해독 팀은 암호문의 길이, 암호문이 도달하는 곳의 위치, 항구로 복귀하라는 지시사항에 의거해 만드는 크립 개발에 보탬이 될 자료를 에니그마 암호 팀에 보내주었다. 침몰했거나 포획된 U보트에서 찾아낸 문건을 보낼 때도 있었다. 그런데 그 속에 간혹 익사했거나 생포된 독일 수병들의 가족사진 같은 개인 물품이 들어 있었던 것이다. 한번은 앤이 속한 에니그마 암호 팀이 아들의 출생을 알리는 나치 사령관의 암호문을 해독한 적도 있었다. 한 암호해독자는 그것을 영어로 번역해 엉터리 시 한 수를 지어냈다. "이곳에서 케이프타운으로/ 알리노라/ 귀여운 로이트가/ 방금 태어난 것을." 물론 이것은 남부 사투리를 쓰는 사람만이 지을 수 있는 시였다.

　그러나 이런 일은 드물고 대개는 좌절을 느낄 때가 더 많아 여성들은 슬픔과 패배감에 젖어들었다. 앤 화이트도 독일어 암호문을 영어로 번역하는 일을 했으니 암호문의 내용을 알고 있었다. 1942년에서 1943년으로 넘어가는 겨울에는 그녀의 에니그마 암호 팀이 카를 되니츠가 보낸 암호문 일부를 해독해 그린란드 남단을 지나고 있던 연합군 호송선단에 울프팩wolfpack 경고(대서양 전투 기간에 독일 U보트들이 무리지어 다니며 연합군 호송선단에 가한 공격 전술을 지칭하는 말로, 늑대 떼 전술로도 불린다 _옮긴이)를 발령했다. 영국과 미국의 암호해독자들은 U보트들이 잠복해 있는 위치를 찾아내기 위해 혼신의 노력을 기울였다. 하지만 여의치 않았고, 그러다 결국엔 연합군 함선 대부분이 침몰했다는 소식을 들었다. "우리는 죽기 살기로 에니그마 암호에 매달렸어요. 맹목적이었죠." 앤 화이트가 나중에 그때를 떠올리며 말했다. 그나마 할 일이 있다는 것이 여성들에게는 위안이 되었다. "우리가 알고 사랑하는 모든 사람들이 전장에 나가 있었어요. 바빠 일하느라 걱정할 틈이 없었다는 것이 우리에게는 큰 행운이었죠. 하지만 물론 남자들이 죽어가고 있다는 걸 우리는 알고 있었어요."[21]

일본 암호해독 팀도 절망적이기는 마찬가지였다. 여성들은 업무 파악을 하고 JN-25의 최신 반복 체계를 익히느라 고투를 벌였다. 그들이 얼마나 일을 힘겨워했으면, 비올라 무어가 속한 팀의 지휘관은 미국이 전쟁에서 질 수도 있다는 심경을 토로하기도 했다. 또 다른 지휘관은 연합군이 우세한 상황에서도 "매 전투가 다음 전투의 준비 과정에 지나지 않는다"는 말을 밥 먹듯 했다. 가우처 졸업생인 프랜시스 스틴도 개전 초 태평양상에서 비행기가 격추되어 약혼자를 잃는 아픔을 겪었다. 진주만 공격이 있기 전 태평양 섬들에 주둔해 있던 다수의 미국 군인들도 그 무렵에는 전쟁 포로가 되어 있었다. 메릴랜드 대학교에서 심리학을 전공하고 암호해독자로 채용된 에르마 휴스(벽돌공이었던 그녀의 아버지는 땅을 팔아 딸의 학비를 댔다)는 포로수용소의 동급생들에게 생필품 꾸러미를 보내고 있었다.[22] 같은 학년의 학군단 학생들 대부분이 낙하산병이 되었기 때문이다. 그러나 1942년도 졸업생들의 인명 손실이 워낙 컸던 탓에 그녀는 꾸러미들을 보내면서도 그것들이 수령인 손에 들어갈지에 대해서는 확신하지 못했다. 손에 들어가기는 고사하고 수령인의 생사 여부조차 알지 못했다. 그래도 혹시나 하는 마음에 그녀는 꾸러미들을 계속 보냈다.

*　*　*

해군 암호해독부는 여전히 먹구름 아래 난항을 겪고 있었다. 진주만 공격의 재앙으로 암호해독의 유용성에 의문이 제기되는가 하면, 다수의 해군 고위 관리들은 심지어 암호해독이 잘 되고 있을 때조차 느린 속도를 걱정하며 전투가 진행 중일 때는 암호가 무용지물이라고까지 생각했다.[23] 암호해독자들에게는 비좁고 바퀴벌레 우글대는 불결한 곳에서 일하는 것 외의 다른 불리한 점도 있었다. 해군은 암호해독 여성들이 계속해서 워싱턴으로 유입되자 남성 장교들을 태평양으로 보내 전역 가까운 곳 도청 기지의 소규모 암호 팀에서 일하게 했다. 그런데 이 태평양 야전 팀은 도청하는 즉시 암호문의 해독 작업을 벌일 수 있었고, 그러다 보니 때로는 워싱턴 팀보다도 먼저 암호를 해독했다. 물론 전체적으로 보면 기계 설비도 잘 갖춰져 있고 인원도 많은 워싱턴 팀이 더 많은 암호를 해독하기는 했지만 말이다. 그래도 워싱턴 팀은 도청 암호문을 장기간 기다려야 할 때가 많았다.[24] 해군본부에도 텔레타이프 통신선은 있었지만 충분하지 않았다. 팬아메리칸 항공이 운항하는 대형 비행정 퍼시픽 클리퍼들에 실려 항공편으로 받는 경우도 더러 있기는 했으나, 몇 주, 아니 심한 경우에는 한 달이 걸리기도 하는 배편으로 받는 일이 그보다는 더 많았다. 워싱턴 팀은 또 잡동사니들과 씨름하고, 코드군과 부가적 요소, 정보 조각들을 찾아내 그것들을 태평양 야전 팀과 공유하며 JN-25 암호를 해독하는 과정에서 그들과 협업만 한 것이 아니라 경쟁도 벌였다.

그러나 1942년 미 해군 암호해독부가 이렇게 고전하고는 있었지만 일본도 보기보다는 상태가 취약했다. 다수의 섬과 기지를 점령하는 것과 그곳들에 물자를 공급하고 방어하는 일은 또 다른 문제였기 때문이다. 1940년에는 미 의회가 제3차 빈슨법(양 대양 해군법)을 통과시켜 해군의 규모를 대폭 확장할 수 있는 길을 열었다. 진주만 공격 때 항공모함들이 안전하게 지켜진 것도 미국에게는 중요했다. 2차 세계대전은 바로 미 해군의 이런 규모 확장 결과가 항공모함과 항공모함에서 발진하는 함재기의 형태로 나타나게 될 첫 번째 전쟁이었다.

암호해독자들의 상황도 여성들이 도착하기 직전이던 1942년 6월부터 개선되는 기미가 보였다.[25] 다수의 서사적인 태평양 전투의 결과에 암호해독이 중요한 역할을 하게 되리라는 첫 조짐은, 한 일본군 함대가 실론(스리랑카)의 영국군에 대한 공격을 마치고 회항하는 중이고, 이제는 뉴기니의 수도 포트모르즈비 점령을 목표로 하고 있다는 JN-25 암호문을 해군 암호 팀이 해독하여 태평양 함대 사령관 니미츠 제독에게 전해준 1942년 5월 초부터 나타나기 시작했다. 일본 함대는 두 척으로 된 미 해군 항공모함 기동함대와 마주치자 소스라치게 놀랐다. 산호해 해전(1942년 5월 4일~5월 8일)은 양측 모두 전함은 구경도 못하고 항모의 함재기들로만 전투를 벌인 최초의 해전이자, 암호해독이 전투 결과에 중요한 역할을 한 첫 번째 태평양 전쟁이었다. 결과는 전술적 무승부로 끝이 났다. 미국도 항공모함 렉싱턴호가 침몰하고 요크타운호가 대파당하는 손실을 입었지만, 일본 또한 다수의 최정예 조종사를 잃은 것을 비롯해 큰 타격을 입었으니 말이다. 오스트레일리아 쪽을 향해 가던 일본의 팽창 계획도 이 해전으로 제동이 걸렸다.

5월 중순에는 미 해군이 산호해 해전보다도 더 큰 일본군 작전이 전개되리라는 정보를 입수했다. 일본이 어딘가로 대 함대를 보내고 있음을 시사하는 JN-25 암호문 수천 개가 오가는 신호를 미 해군이 포착한 것이다. 초기의 한 암호문에는 '작전이 개시된 듯한 어렴풋한 징후가 보인다'는 내용이 담겨 있었다. 그 무렵 진주만의 암호해독 팀은 아그네스 드리스컬에게 훈련받고 태평양 전역에서 복무 중이던 다수의 해군장교들 가운데 한 사람인 조지프 로슈포르가 지휘하고 있었다. 그런데 일본군 작전과 관련해 미 해군이 입수한 암호문들 가운데 유독 한 건이 이 팀의 구성원들 모두를 쩔쩔매게 만들었다. 암호문을 작성할 때 흔히 두 글자 지명을 사용하는 일본군이 'AF'로 향하고 있다고 말하는, 1942년 5월 중순에 해독된 암호문이었다. 암호해독자들은 일부 다른 지명들의 위치는 알아냈지만 AF의 위치에 대해서는 의견이 엇갈렸다. 로슈포르와 그의 팀은 AF가 그 무렵에도 미군 기지가 있었고 하와이와 서해안 방어에 중요하여 미국이 태평양에 기지를 계속 보유하려면 반드시 필요했던 조그만 환초 미드웨이일 것이라고 생각했다. 반면에 팀의 다른 구성원들은 AF가 하와이나 알류샨 열도일 것으로 생각했다.

그러자 로슈포르와 (로슈포르와 마찬가지로 아그네스 드리스컬에게 암호해독 훈련을 받은 니미츠의 수석 정보장교) 에드윈 레이턴은 비밀리에 계획을 하나 꾸몄다.[26] 미드웨이 기지의 병사들에게, 그곳 정수 시설이 고장 나 물이 부족하다는 게시문을 암호가 아닌 영어 평문으로 만들어 무선으로 보내라는 지시를 내린 것이다. 일본이 그 전문을 가로채 함대에 전달할 것을 염두에 두고 행한 일이었다. 아니나 다를까, 그들의 바람대로 현지의 한 일본 부대는 전문을 도청해 AF에 물이 부족하다는 내용으로 암호문을 만들어 일본 함대에 알렸다. 미국도 그 암호문을 도청했다. 계략은 성공했다. AF는 미드웨이였다.

야마모토 제독의 목표는 진주만 공격 때 미진했던 부분을 만회할 수 있는 압도적 승리를 거두는 것이었다. 그가 이번 해전을 위해 동원한 함정만 해도 전함, 수송선, 보조함 등 200척이 넘었다. 그는 이 큰 함대를 둘로 나누어, 규모가 작은 함대를 알래스카 반도 끝에서 러시아 쪽으로 길게 늘어진 알류샨 열도로 보내 섬들을 공격하도록 했다. 니미츠 제독이 서둘러 반격해올 것으로 예상하고 미국의 신경이 그쪽으로 쏠리게 하려는 미끼 전술이었다. 그런 다음 니미츠 제독 함대가 알류샨 열도에서 돌아오면 미드웨이에 대기하고 있던 일본의 주력 함대가 매복 공격하여 그를 끝장내겠다는 것이 야마모토의 복안이었다.

그러나 니미츠는 그 미끼를 물지 않았다. 일본 함대를 알류샨 열도로 가게 내버려두고, 자신은 그를 매복 공격하려 하는 적군을 도리어 자신이 매복 공격하기 위해 미드웨이섬의 전력 강화에 나섰다. 니미츠는 암호해독자들이 JN-25 암호를 해독한 덕에 대다수 일본 장교들보다도 일본군의 공격 계획에 대해 더 많은 것을 알았다. 해군의 내부 문건에는 '그가 일본군의 공격 목표, 날짜, 상륙 지점, 함대의 집결지를 알았던 것은 물론이고 일본군의 전력 구성도 훤히 파악하고 있었으며, 하와이와 미드웨이섬 사이의 해역에 일본이 잠수함 무리를 배치시키려 한 계획까지 파악하고 있었던' 것으로 나타나 있다.[27]

일본의 항모 기동부대는 예정대로 6월 4일 모습을 드러내, 미드웨이섬을 폭격하기 시작했다.[28] 그러나 미드웨이는 진주만과 달랐다.

미군 전투기들이 재빨리 출격하여 밀려드는 적의 공격대에 대항하고, 폭격기 편대도 일본 항공모함 쪽으로 네 차례나 발진했다. 일본도 미드웨이섬의 전투기들이 공격해올 것으로는 예상했다. 그러나 지척에 미 항공모함들이 있으리라고는 생각하지 못했다. 이윽고 호넷, 엔터프라이즈, 요크타운호가 모습을 드러내고, 이 항모들의 갑판에서 출격한 어뢰 공격기와 급강하 폭격기들이 미드웨이섬에 대한 또 다른 공격을 준비 중이던 일본 항모들을 포착했다. 항모들의 갑판을 가득 메우고 있던 폭탄과 연료 호스들에서 거대한 불길이 일어났다. 일본은 신속한 승리를 기대했겠지만, 첫날의 전투가 종료될 무렵 공격에 심각한 차질이 빚어지자 결과가 다르게 나타나리라는 사실은 분명했다. 과연 예상대로 일본이 작전 중지를 선언하고 병력을 철수했을 때 미 해군 함대는 함선 2척, 항공기 145대, 인명 307명을 잃는 데 그친 반면, 일본 해군은 항모 4척과 300대 가까운 항공기, 2,500명 이상의 인명을 잃는 궤멸적 손실을 입었다.

나흘간 치러진 미드웨이 해전은 미국의 압도적 승리로 끝났다. 세계사에서 가장 많이 회자되는 해전들 가운데 하나인 미드웨이 해전의 승리로 태평양에서 일본의 세력 팽창은 끝이 나고, 전쟁의 판도도 바뀌었다. 미국은 태평양 전쟁에서 느리지만 확실하게, 방어에서 공세로 전세의 주도권을 잡아나갔다. 함정 수에서 일본에 열세였던 미 함대가 일본의 무적함대에 완승을 거둔 사실은 미국인들의 사기는 물론이고 미 해군의 사기도 부쩍 올려주었다. 암호해독자들의 사기도 올라갔다. 승리의 공을 다른 사람들과 잘 나눠 가지려 하지 않는 지휘관들의 속성을 깨고 니미츠 제독이, 암호해독이 미드웨이 해전에 "값을 매길 수 없는 이점"을 가져다준 사실을 인정한 것이다. 물론 그 치하의 대부분은 태평양 야전 팀의 암호해독자들에게 해당되는 것이었다. 워싱턴의 해군본부 암호 팀은 그 무렵까지도 고위 관료와 암호해독자들 간의 알력이 심했으니 말이다. 그렇다 하더라도 해군 내부 문건에는 "미드웨이 해전이 해군의 암호해독부에 자신감을 심어주었다"고 기록되었으며, 암호해독자들도 그 덕에 자신감을 얻었다.[29] 워싱턴의 해군 암호해독부에는 직원이 늘고, 빠듯했던 예산에도 숨통이 트이며, 텔레타이프 통신선들도 추가로 설치되었다. 진주만의 불명예가 회복된 것이다.

역사에는 "미드웨이는 (비난에 대한) 변명이자 자극이었다"고도 기록돼 있다.

미드웨이 해전의 승리는 역사적으로 중요성이 큰, 신뢰를 저버리는 관료적 행태 하나를 야기했다.[30] 워싱턴 해군본부의 두 정보장교 조지프 웽거와 존 레드먼이 일본군의 미드웨이 공격이 본래보다 일주일 늦게 시작될 것으로 믿은 것이 사건의 발단이었다. 진주만 암호해독 팀의 조지프 로슈포르와 그의 팀은 공격 날짜를 올바로 알고 있었다. 하지만 (로슈포르가 그들 조직에 필적하는 다른 조직을 만들지도 모른다는 우려를 하고 있던) 워싱턴의 두 거물은 자신들의 실수를 은폐하기 위해 진주만 암호해독 팀이 오판을 했으며, 자신들은 공격 날짜를 정확히 파악하고 있었다고 알렸다. 이들의 충격적인 거짓말은 어니스트 킹 미합중국 함대 사령관의 귀에도 들어갔다. 레드먼과 웽거의 공모는 계속되었고, 로슈포르는 결국 암호해독 팀에서 방출되어 부선거浮船渠의 지휘관으로 밀려났다.

***

발군의 실력을 지닌 아그네스 드리스컬도 그 무렵에는 주변으로 밀려
났다. 1937년 그녀는 다리와 양쪽 턱에 심한 부상을 입는 자동차 사고
를 당했다. 회복하는 데 자그마치 1년이나 걸렸으며, 어찌 보면 회복
이 영영 안 되었을 수도 있었다. 많은 사람들이 사고 뒤 그녀의 성격
이 변했다고 말했다. 아그네스는 진주만 공격이 있기 전이던 1940년
JN-25 암호해독 팀을 떠나 영국의 도움 없이 미국 자력으로 문제를
풀어야 하는 에니그마 암호해독 팀장으로 자리를 옮겼다. 그녀의 위
상에 걸맞지 않는 직책이었다. 그녀도 높은 자존심에 상처를 입은 것
같았다. 어느 시점에는 영국 측에서 때 이른 협조의 뜻을 밝히기도 했
으나, 혼자 힘으로 문제를 풀겠다는 생각이 강해서였는지 그녀는 그
들의 제안을 거부했다. 아그네스 드리스컬은 암호해독 분야에 20년
넘게 종사한 베테랑이었다. 그런 그녀가 이제 와서는 해군의 존경과
무시를 동시에 받는 묘한 위치에 처해 있었다. 해군은 그녀를 어떻게
대해야 할지 모르는 듯했다. 적의 포화에는 과감히 맞서는 군인들이
그녀 앞에서는 쭈뼛거렸다. 그녀는 존경과 무시가 극명하게 엇갈리는
대우를 받고 있는 듯했다.

　"그녀에게 가서 세상이 타락했고 시대도 바뀌었다고 말할 생각은
결코 들지 않더군요."[31] 당시 그녀의 팀에 근무를 배정받았던 젊은 장
교 프레스콧 커리어가 말했다. 드리스컬은 자매를 조수로 채용하는가
하면 옛 친구 텔리 부인과 클라크 부인을 빈도 계수원으로 채용했다.
커리어가 '그저 그런 사무원 타입'밖에 되지 않는다고 평가한 사람들

이었다.

암호해독자는 시인이나 수학자들처럼 젊은 나이에 최고의 기량을 보이는 경우가 많다. 윌리엄 프리드먼 같은 뛰어난 암호해독자도 어느 시점에는 의욕을 상실했으니 말이다. 아그네스 드리스컬과 함께 일한 남성들은 나중에 인터뷰에서, 그녀가 극단적 수단에 의거해 자신의 권위를 지키려 하고, 사무실에서는 침묵의 법칙을 강요하며, 자신이 하는 일의 진행 상황을 딴 사람이 알지 못하도록 암호문을 감춰두는 버릇이 있었다고 말했다. 그녀가 그렇게 행동한 것은 그녀의 지적 전성기가 지났기 때문일 수도 있다. 한편 그녀가 암호문을 감춰두고 자신의 주위를 심복들로 둘러싸려 한 행위는, 그녀 주변의 세계가 점점 커지고 경쟁도 심해지며 남성들이 많아지는 상황 속에서 자신의 위상을 지키기 위한 고육책일 수도 있었다. 전쟁이 지속됨에 따라 군무원이었던 그녀의 위치는 그 어느 때보다 불리해졌다. 또 다른 신규 암호해독자였던 하워드 캠페인도 훗날 "그녀가 일을 하지 못하게 될까봐 두려워했다"[32]고 회고했다. 최하급 장교였던 그가 그녀보다 지위가 높았다. "장교였던 내가 그녀보다는 조직과 잘 어우러졌던 거죠." 이것을 뒤집어 말하면 그녀가 마치 윌리엄 프리드먼 만큼은 조직에서 정중한 대접을 받지 못했다는 뜻이 될 수도 있었다.

암호해독 조직의 질서도 바뀌고 있었다. 해군이 새로운 지식과 사고를 제공해줄 수 있는 남자 대학원생과 대학교수 그리고 예비군을 암호해독 직원으로 뽑기 시작한 것이다. 그들의 다수는 아그네스와 마찬가지로 수학자였다. 하지만 예일, 프린스턴, 매사추세츠 공과대학MIT과 같은 교육기관들에 속하여 연구를 하는, 아그네스라면 받지 못했을 수혜를 입은 점에서는 그녀와 달랐다. 그들은 말 그대로 거물이었다. 그중의 몇몇은 드리스컬을 슬쩍 한 번 쳐다보고는 '마녀' 같다고 생각하기도 했다. 수년 뒤 구술 기록을 진행할 때도 그들은 강박적으로 그 한 단어만을 사용해 그녀를 묘사했다. "(자동차 사고를 당하기 전) 40대 초반이었을 때만 해도 아그네스는 뛰어난 미인이었어요."[33] 그들 중 한 사람인 프랭크 레이븐이 말했다. "그러나 회복을 하고 사무실에 다시 나왔을 때는 지팡이를 짚고 다른 사람 한 명이 팔을 잡아주며 부축을 해야만 걸을 수 있는 70대 마녀 같은 모습이었죠."

아그네스 드리스컬을 몰락시킨 인물이 바로 이 레이븐이었다. 우쭐대기 좋아하는 예일 대학교 출신의 프랭크 레이븐은 싸우고 싶어 해군 암호해독부에 들어온 사람 같았다. 그는 유능한 암호해독자였다. 날마다 다르게 설정되는 퍼플 머신의 암호 키를 예상할 수 있는 방법을 찾아낸 것도 그였다. 반면에 그는 또 항상 뭔가 불만에 차 있고 사건을 유발하는 사람이기도 했다. 그는 해군의 옛 제독들이 드리스컬에게 사로잡혀 있다고 보고, 그것을 바로잡을 모종의 조치를 취하기로 마음먹었다. 그는 역사가들에게 이렇게 말했다. "여러분은 아그네스 주변 분위기가 어땠는지 상상도 못할 거예요.[34] 제대로 된 해군 장교가 한 명도 없었다니까요. 새퍼드만 예외적으로 그 여자에게 하고 싶은 말을 할 배짱을 지니고 있었죠."[35] 레이븐은 1942년의 첫 몇 달간 아그네스 팀이 일하는 사무실 곁의 한 사무실에서 20명 정도의 팀을 이끌며, U보트 암호문 이외의 다른 암호문을 이르는 통칭이던 '독일 해군의 기타 암호문'을 해독하고 있었다. 하지만 U보트의 에니그마 암호문을 손에 넣고 싶어 안달이 났던 그는 갖고 있던 열쇠로 아그네스 드리스컬의 금고를 열어 암호문을 훔치기로 마음먹었다.[36] 그는 야간 당직을 서는 날 아그네스의 문서들을 샅샅이 뒤져, 그 속에서 영국이 보내준 암호 자료들을 발견했다. 그리고 그것을 근거로 영국 팀은 그들 나름의 에니그마 해법을 갖고 있다고 확신했다. 반면에 아그네스가 만든 종이 모형을 살펴보고는, 애쓴 흔적은 역력하지만 해독에 성공하려면 이른바 '모진 시련'이 필요할 것이라고 판단했다.

후대의 역사가들은 아그네스가 준비한 에니그마 해법이 작동될 수 있었을 것이라고 하면서도, 훨씬 뒤에 개발된 슈퍼컴퓨터 같은 기계가 있어야만 가능했으리라는 단서를 달았다. 레이븐은 아그네스에게서 암호문 하나를 받으려면 한바탕 전쟁을 치러야 했을 것이라고도 생각했다. 나중에는 회전자 4개가 장착된 에니그마 암호를 본격적으로 풀기 위해 해군이 암호해독부에 영입한 수학자들이 아그네스 주변에서는 발소리조차 죽이고 다녀야 했다고 하면서, 그로 인해 미국의 에니그마 프로젝트는 3, 4개월 후퇴했다고도 주장했다. "드리스컬은 1944년까지도 에니그마 암호 해법의 저주였어요. 예전의 해군에서 아그네스는 신, 모종의 여신이었죠"[37]라고 레이븐이 말했다(여기서 '에니그마 암호 해법의 저주'는 '피라미드의 저주'를 빗댄 말이다_옮긴이).

레이븐은 아그네스 드리스컬만 혐오하는 데 그치지 않고, 자신과 함께 일하는 다수의 동료들도 싫어했다. 워싱턴 시내 해군본부의 암호해독실에서는 술책과 저변 기류가 가득 차 긴장의 분위기가 감돌았다. 그곳에는 강력한 카스트제도가 존재했다. 직업군인 장교들은 고학력의 신참 예비군을 불신했고, 예비군은 직업군인들보다는 자신들이 똑똑하다고 생각했으며, 그들 모두는 또 군무원을 얕잡아보았다.

군무원 중에서도 가장 불리한 위치에 있던 사람들이 여성이었다. 한 장교는 민망한 외설물들을 모아 책상 서랍 속에 보관해두었으며, 경비원들은 또 그걸 좋다고 와서 구경했다.[38]

레이븐은 아그네스를 몰락시키기 위한 계획을 꾸준히 실행에 옮겼다. 전쟁이 지속됨에 따라 아그네스에게는 별 볼 일 없는 시간 때우기용 일감만 주어졌고, 그러다 어느 시점에는 일본의 해군 무관들이 사용한, 기계 생성 암호를 해독하는 일을 부여받았다.[39] 해군 무관은 전통적으로 외국 대사관들을 들락거리며 친교를 맺는 척 하며 간첩 활동을 하는 군인이었다. 그런데 잠시 일이 없어 시간이 비자 옛 버릇이 도진 레이븐이 아그네스의 금고를 열어 해군 무관의 암호문을 무단 복제해 해독한 것이었다.[40] 그에게는 그것을 해독할 기계가 있었다. 유입되는 암호문을 받아볼 수 있도록 아그네스의 통신선도 감청했다. 레이븐은 그녀에게는 해독 기계의 존재를 숨기려고 했다. 하지만 결국에는 들통이 났고, 그러자 아그네스가 자신을 군법회의에 회부할 것을 요구했다고 그는 말했다. 그러나 레이븐은 기계 생성 암호를 풀었던 반면 아그네스는 풀지 못했고, 따라서 상처를 입은 쪽은 오히려 아그네스였다. 해고만 면했을 뿐 면직을 당한 것이다.

전쟁이 끝난 뒤 레이븐은 자신이 그녀의 몰락을 전쟁이 가져온 여러 비극들 중 하나로 보았으며, 자동차 사고 뒤에는 그녀가 업무에 복귀하지 말았어야 한다고 믿었다는 점을 역설했다. "돌이켜 보니 애기 드리스컬(애기는 아그네스의 애칭이다)은 세계 최고의 암호해독자들 가운데 한 사람이었다는 확신이 듭니다"[41]라고 한 뒤 이렇게 덧붙여 말한 것이다. "그 사고는 아름다운 한 여인을 마녀로 만들어놓았을 뿐 아니라 지력에도 영향을 주었어요. 업무에 복귀한 그녀는 단일문자치환 암호조차 풀지 못했죠.”

아그네스가 어떤 심경이었을지 아는 사람은 아무도 없었다. 그녀는 세계 최고의 암호해독자들 가운데 한 사람이었다. 그런데도 누구하나 그녀의 구술 기록을 작성하려고 한 사람이 없었다.

* * *

해군의 직업군인 세계는 반목, 거짓, 절도, 불안, 파워플레이 등의 역학이 작용하는 곳이었다. 여성들은 여러 면에서 해군의 그런 생리에 대해서는 아무 것도 모른 채 조직에 합류했다. 그들은 그곳에 있게 된 것이 기쁠 뿐이었다. 게다가 인력은 부족한데 할 일은 산적해 있다 보니 세븐 시스터즈 대학 출신 여성들은 해군에 채용되기 무섭게 책무를 떠맡았다. 그들이 의욕적으로 일을 시작함에 따라 암호해독은 이윽고 OP-20-GY라 불린 그룹이 담당하게 되었고, OP-20-GY는 다시 태평양 전역을 담당하는 GY-P와 대서양 전역을 담당하는 GY-A 팀으로 분리되었으며, 이 팀들에서 다시 또 다른 팀들이 분리돼나갔다. 옛 해군본부 건물의 세 윙이 GY로 흘러넘치자, 한 메모에 따르면 방 배정도 편리성이나 경제성을 고려하지 않고 임기응변식으로 이루어졌다.[42] 근무교대조의 크기도 이용 가능한 의자 수에 따라 결정되었다. 작업 일지들을 보관할 장소도 없었고, 방들 사이에 도청 방지용 전화도 설치되지 않았으며, 조그만 훈련 구역을 마련하기 위해 문서들도 한쪽으로 치워놓아야 했다. 청사를 드나드는 사람들이 많다 보니 비밀을 지키는 것도 해군으로서는 늘 골칫거리였다. 오래지 않아서는 JN-25 암호해독 팀이 건물의 두 윙을 차지했다. 비올라 무어는 이 중 덧셈 암호해독 작업을 하는 1515호실을 배정받았다.[43] 그런데 그녀와 같은 일을 하는 앤 바루스, 루이즈 와일드, 앤 화이트, 프랜시스 스틴 등의 다른 여성들은 그 방에서 십 리는 떨어진 3366호실을 배정받았다.

여성들은 대부분 복잡한 슈퍼 암호가 더 복잡해지고 있던 시기에 JN-25 암호해독 팀에서 일했다. 미드웨이 해전으로 활기를 띠었던 것은 비단 미국뿐만이 아니었다. 일본도 미드웨이 해전에서 충격 패를 당한 뒤에는 해군 암호를 5개 채널로 세분화하였고, 그에 따라 싱가포르와 필리핀 같은 특정 지역들이나 작전과 (비군사적) 행정에 관련된 정보들도 고유의 암호와 난수책자를 보유하게 되었다. 암호문의 양도 점점 늘어났다.[44] 1942년 상반기 6개월 동안 해군 암호해독자들이 매달 수령한 JN-25 암호문은 1만 8,000건이었는데, 그해의 후반기 6개월 동안에는 그들이 매달 받은 암호문이 그것의 곱절이 넘는 3만 7,000건이었다. 1943년 4/4분기에는 매달 받는 암호문의 양이 12만 6,000건으로 늘어났다.

여성들은 시련에 잘 대처해나갔다.[45] 스미스 대학에서 역사를 전공한 앤 바루스만 해도 훈련 과정에서는 다루지 않았던, 덧셈 암호를 규명하는 일을 부여받아 날이면 날마다 일주일 내내 암산과 씨름하는 일을 3년 넘게 수행했다. 앤이 속한 팀원들은 길이 91센티미터 너비 61센티의 큰 종잇장들을 제공받아, 그 종이들의 각 장을 (14579 35981 78632 90214와 같은) 5자릿수로 가득 채웠다. 가로열뿐 아니라 세로열도 빽빽이 채웠다. 단어들에 맞는 코드군을 배열한 다음, 그 바로 밑에 동일한 난수책자로 암호화된 5자릿수를 배열하는 방식으로 작성했다. 키 코드군의 값을 먼저 구하도록 훈련받은 여성들이 정한 대칭 배열 방식이었다. 그런데 여기서 앤이 한 일이 바로 일본의 난수책자를 복원해낼 수 있도록 덧셈 암호를 규명하는 것이었다.

그것을 알기 위해서는 일본이 사용한 것과 같은 '가짜 받아올림' 셈법을 마스터하되, 역순으로 해야 했다. 요컨대 앤과 그녀의 동료들은 최종적으로 암호화된 숫자를 가지고 뒤에서부터 (난수책자의) 비밀 코드군 찾는 작업을 해야 했던 것이다. 게다가 속도도 빨라야 했다. 앤도 세로열을 보면서 그 열의 모든 코드군을 암호화하는 데 사용된, 단일 비밀 숫자를 찾는 일을 했다. 그런데 그녀는 이 일을 하면서 자신의 지력뿐 아니라 무선 전송 때 나타나는 현상인 가블garble을 막기 위해 고안된 기발한 장치의 도움도 받았다. 일본이 무선 전송의 큰 골칫거리였던 가블에 대처하기 위해 수신자가 간단한 셈법만으로도 메시지가 정확히 전송된 것을 확인할 수 있도록, '가블 체크garble check'라는 기발한 장치를 개발한 것이었다. 그것은 현명한 방책이었다. 하지만 안전하지는 않았다. 다수의 가블 체크와 그것이 남긴 흔적 패턴이 암호문 해독에 도움이 되었기 때문이다.

JN-25 암호는 코드군 숫자의 합이 언제나 3으로 나눠지게 하는 가블 체크 방법을 사용했다. 그래서 앤도 작업표를 보면서 비밀 숫자가 될 만한 것을 정해놓고 세로열을 보면서 머릿속으로 재빨리 각각의 암호화된 숫자들에서 비밀 숫자를 제거한 다음, 나머지 숫자가 3으로 나눠지는지를 살폈다.[46] 나열된 각각의 암호화된 코드군들에서 가정된 비밀 숫자를 제거하고, 그것들 모두 (17436이나 23823처럼) 3으로 나눠지면 그 암호화된 숫자들은 유효한 것이 되고, 따라서 비밀 숫자도 올바로 추측한 것이 되었다. 비밀 숫자 하나를 얻는 데 이런 복잡한 과정이 수반되었으며 이렇게 얻어진 것이 난수책자에 기록되었다. 일본은 JN-25 암호 책자를 바꿀 때마다 이 일을 매번 다시 시작했다. 마치 해변의 모래를 확 쓸어버리고 다시 까는 것처럼.

앤은 암호해독실의 다른 여성들과 마찬가지로 적군이 범하는 흔한 실수를 찾는 기술도 터득했다. 7년여가 지난 시점에도 그녀는 그일을 똑똑히 기억했다. 일본 해군의 암호 체계는 방대했다. 그러다 보니 무선통신 기사도 간혹 깜빡 잊고는 다른 사람들이 암호로 보낸 메시지를 일본어 평문으로 보낼 때가 있었던 것이다. 이 평문 일본어는 여성들이 크립으로 이용할 수 있었다. 일본 해군은 또 독일과 마찬가지로 틀에 박힌 표현으로 암호를 보낼 때가 많았다. 상선의 선장들만 해도 항해를 할 때, 매일 정오 그들이 있게 될 위치를 shoo-goichi 암호로 보냈다. 앤도 그 코드군이 '정오 위치'를 나타낸다는 것을 배웠고, 문구 가운데 그것이 나타날 개연성이 높은 지점이 어딘지도 배웠다. 그리하여 만일 그 지점에서 암호화된 숫자군이 나타나면 그것을 제거하고 비밀 숫자를 얻었다.

암호해독을 어렵게 하려고 일본이 만든 여러 장치가 도리어 해독을 수월하게 해줄 때도 있었다. 적국의 암호 작성자가 간혹 다른 말을 하던 도중 암호문 작성을 시작하는 버릇이 있었던 것도 그런 경우에 속했다. 그리고 그럴 때면 그는 '메시지가 여기서 시작된다'는 뜻의 코드군을 포함시켜 메시지의 시작 지점을 알려주었다. JN-25 암호해독실 여성들은 '메시지가 여기서 시작된다'는 그 코드군(여러 군데였다)도 알아내, 메시지의 또 다른 시작 지점을 획득하는 수확을 거두었다. '꼬리 자르기tailing'라 불린 수법도 있었다. 암호 작성자들은 난수책자의 특정 부분에 나오는 비밀 숫자를 써서 메시지 하나를 작성했으면, 그 다음에는 그 부분에 이어지는 비밀 숫자가 아닌 다른 지점의 비밀 숫자를 이용해 메시지를 작성하라는 상부의 지시를 받았다. 그런데 나태하거나 당황하면 같은 지점의 비밀 숫자를 이용하는 실수를 범했다. 여성들은 이런 복잡한 과정과 기발한 장치들을 모두 터득했다. 실수를 발견할 때면 쾌재를 부르며 달려들었다. 그들이 익힌 shoo-goichi 암호만 해도 비밀 숫자를 알아내게 해준 것 이상의 일을 했다. 미군 잠수함 함장에게 일본 함선의 정오 위치를 재빨리 전송하여 그로 하여금 예상 수역에서 그 함선을 기다릴 수 있게 해준 것이다.

그것은 지루하고 따분한 일이었다. 그러나 예외적으로 그렇지 않을 때도 있었다. 배서 대학의 야심찬 건축학도였다가 뒤늦게 암호해독 훈련을 받고 동료 훈련생들과 함께 해군에 들어온 엘리자베스 비글로도 JN-25 암호를 해독하는 것으로 업무를 시작했다.[47] 그런데 어느 시점에 그녀는 심하게 가블된, 그러나 매우 급박했던 암호문을 해독하라는 지시를 받고 불과 몇 시간 만에 메시지를 복원해냈다. 호위함 한 척이 그날 늦게 항해하리라는 내용이었다. 나중에 그녀는 자신의 암호해독이 호위함 격침에 도움이 되었다는 말을 듣고 매우 기뻤다고 말했다.

JN-25 암호해독실은 공장의 조립라인과도 같은 신속성과 효율성을 갖추어갔다.[48] 공간이 허락하는 범위 내에서 여성들을 팀별로도 나누고 방별로도 나누었다. 기록실에서는 여성들이 작업표를 만들고, 키key실에서는 암호문 배치하는 일을 하며, 분류실에서는 가블된 암호문을 복원하는 일을 했다. 덧셈 암호 전문가들이 최신 암호문이나 중요성이 큰 암호문을 공격하는 특별실도 있었다. 번역자들에게 덧셈 암호를 전해주기 위한 핫라인도 구축되었다. 내용에 따라 어떤 암호문들에는 '보통'이라는 표시를 하고, 또 다른 암호문들에는 '긴급'이라는 표시를 했으며, 특별 암호문에는 '매우 긴급'이라는 표시를 했다. 1943년 4/4분기에 워싱턴 해군본부에서 JN-25 암호해독에 종사한 인원은 남성 183명과 여성 473명으로, 여성이 남성보다 두 배 이상 많았다.[49] 한 메모에는 암호문의 내용과 관련해 여성들의 존재를 비밀에 부치는 일은 불가능하다는 말도 적혀 있었다. 그 말과 함께 메모에는 가장 중요한 비밀은 바로 JN-25가 해독되고 있는 마당에 그 비밀이 유지되느냐의 여부가 전적으로 작업 일지를 훑어본 말단 직원에게 달려 있었다는 사실이라는 점도 덧붙여져 있었다.

여성들은 그 비밀을 지켰다. 그리고 조직에 꼭 필요한 중요한 존재가 되었다. 그랬던 만큼 미드웨이 해전 승리에 대한 진실이 언론에 새나갔을 때는 그들도 공분을 금치 못했다.[50] 해전이 여전히 진행 중이던 1942년 6월 7일, 《시카고 트리뷴》지의 일요판에는 "일본 함대 미국에 궤멸. 항공모함 2척 미드웨이에서 침몰. 미 해군, 일본의 미드웨이섬 공격 계획에 대한 첩보를 입수. 더치하버(알류샨 열도의 끝에 붙은 어널래스카섬의 항구도시 _옮긴이)가 속임수라는 것도 알고 있었음"이라는 제목이 붙은 핵폭탄급 기사가 실린 것이다. 기사에는 "미 해군 관계자들이 해전이 시작되기 며칠 전부터 일본군의 전력을 소상히 파악하고 있었다"고 적혀 있었다. 이 기사는 《시카고 트리뷴》과 연계된 다른 신문들에도 실렸으나, 일본의 주목을 받을 수 있다는 우려를 한 검열국에 의해 덮어졌다.

그러던 중 다수의 신문과 잡지에 기고문을 발표하던 가십 칼럼니스트 월터 윈첼이 7월 5일 자신이 진행하는 한 라디오 프로그램에서 "암호문을 가로채고 해독한 것 때문에 문명 세계의 운명이 두 번이나 바뀌었다"는 발언을 하여 정보 누설 위험성을 증대시켰다. 여기서 두 번이란 산호해 해전과 미드웨이 해전을 의미했다. 이틀 뒤에도 그는 《뉴욕 데일리 미러》지에 기고한 "브로드웨이에 대하여"라는 제목의 칼럼에서, "《시카고 트리뷴》의 기사로 워싱턴이 발칵 뒤집어졌는데, 그것은 안전을 창문 밖으로 던져버린 행위였고, 전해지는 바에 따르면 그 내막을 밝힌 것도 미국이 미드웨이 해전에서 승리한 이유를 밝히기 위해서였다"고 주장하는 글을 썼다. 그러나 윈첼도 자신이 비난한 것과 같은 행위를 저지르기는 마찬가지였다.

분노가 극에 달한 해군은 상황을 오히려 악화시키는 쪽으로 일을 몰고 갔다. 미드웨이 기사의 정보원이 항공모함 렉싱턴호에 탑승했던 《시카고 트리뷴》지 기자 스탠리 존스턴이라는 사실이 밝혀지자 그를 기소한 것인데, 그렇게 해서 열린 법정 심리로 해당 사건만 더 널리 알려지게 되었기 때문이다. 암호해독자들은 일본도 이제는 그 사실을 모른 체 하지는 않을 것이라 우려했고, 그들의 예상대로 일본은 오래지 않아 JN-25 체계를 통째로 바꾸다시피 한 또 다른 해군 암호를 만들어냈다. 암호해독자들은 이 새로운 암호가 존스턴을 조사했기 때문에 만들어졌을 것이라고 확신했다. 로렌스 새퍼드도 씁쓸해하며 "우리는 그 전까지는 입수 가능했던 적군에 대한 정보 없이 솔로몬 제도 전역에서 주요 해전들을 치러야 했다"고 썼다.

미국이 JN-25 암호를 해독한 사실을 일본이 알았는지 여부는 논란의 여지가 있다. 그 전에도 일본은 JN-25의 암호 책자를 주기적으로 교체했고, 8월 중순에 새롭게 바뀐 해군 암호 또한 한동안 계획했던 것을 실행에 옮긴 것일 개연성이 가장 크기 때문이다.[51] 그래도 어쨌거나 그 사건은 미 해군이 태평양 전역에서 새롭게 잡게 된 승기의 여세를 몰아 일본이 점령한 솔로몬 제도를 되찾기 위해 공세를 취하며 그곳에 침입하기 시작했을 때 터진 것이 사실이었다. 육해공군 합동으로 전개된 과달카날 전투와 함께 시작된 동부 솔로몬 해전은, 처음에는 순조롭게 진행되는 듯하다가 수개월에 걸친 처절한 혈투의 수렁에 빠져들었다. 전투가 진행되는 도중 미 해군이 지하 180센티미터 땅속에서 발견한 JN-25 암호 책자들 또한 아쉽게도 이용 가치가 없는 예전 것들이었다.[52]

그래도 다행이었던 건 미 해군이 (JN-25 암호가 빈번히 교체된 것을 감안하면) 현명하게도, '2급 (작전) 암호'라 부른 것을 해독하기 위해 소규모 해독팀을 구성하기로 한 것이었다. 대단할 것 없는 암호였지만 그렇다고 중요하지 않은 것은 아니었다. 태평양 전역은 워낙 방대했기 때문에 해군의 모든 암호가 주된 메시지로 분류되지는 않았고, 그래서 일본도 점령된 섬들 간, 기상 관측소와 쌀 수송 배들 간, 혹은 단순히 수위와 어황을 알려주기 위한 임시 교신용 보조 암호를 다수 사용하고 있었던 것이다. 전투 때만 일시적으로 사용하는 '접촉 암호'도 있었다. 미국도 미드웨이 해전 때 이들 암호 일부를 해독한 덕을 보았다. 일본은 해전이 일어나기 직전이던 5월 28일 JN-25 암호를 바꾸었다. 따라서 해전이 진행되는 내내 미국이 그나마 일본 전투원들이 나눈 대화 내용을 알 수 있었던 것은 접촉 암호와 그 외의 다른 2급 암호를 해독한 덕이었던 것이다.

다행인지 불행인지 2급 암호해독 팀은 아그네스 드리스컬의 후반 인생을 망친 주범인 프랭크 레이븐이 지휘했다. 그의 '독일 해군의 기타 암호문' 해독 팀이 그 무렵에는 해군본부 건물의 'W'로 표시된 잡동사니 상자에 쌓아둔 서류 뭉치 속에서 끄집어낸 '일본의 기타 암호문'의 해독 작업을 벌이고 있었던 것이다. 레이븐에 따르면 팀원들은 1942년 3월부터 매주 한 건의 암호 체계를 알아냈을 만큼 우수했다. 그런데 이 팀의 남성들도 이제는 여성으로 교체되었다. 1942년 5월만 해도 레이븐 밑에서 일하는 해군 남성이 23명에 달했으나 그 한 달 뒤인 6월에는 10여 명의 여성 군무원들이 해군에 들어와 새로운 팀의 중핵을 이루게 된 것이다.

그중에는 웰즐리에서 처음 암호해독자로 선발된 베아트리스 노턴과 엘리자베스 콜비도 포함돼 있었다.[53] 다행히 레이븐은 아그네스 드리스컬에게 했던 것과 달리 이들에게는 심술을 부리지 않았다. 훗날 그는 새로운 팀원들이 '끝내주는 여성들'이었다고 말했다. 물론 '기가 막힌 미인들'이었다는 설명도 붙였다. 당시 레이븐 팀은 대부분의 공식 문서에는 JN-20 암호로 기록되었으나 여성들은 '섬 간 암호'로 불렀고, 다수의 다른 2급 암호들과 마찬가지로 주목받지 못한 것에 비해서는 중요성이 컸던 암호의 해독을 상시 업무로 삼고 있었다. 베아트리스 노턴도 세월이 한참 흐른 뒤 미드웨이섬의 식수 부족 메시지도 섬 간 암호를 통해 전달되었다고 하면서, "그런데도 해군은 그 사실을 단 한 차례도 언급하지 않았다"고 썼다. 그녀는 "섬의 일본인 통신기사가 평문으로 된 미드웨이섬 식수 부족 메시지를 도청해 해군 본부에 암호로 전송했고, 그것이 해군 주력 함대로도 보내진 것"이라고 주장하면서, 그런데도 레이븐 팀이 그 공로를 인정받지 못한 것은 전통적으로 해군은 의미 있는 성과는 모두 정규 군인들이 행한 것이라는 관점을 지니고 있었던 탓에, 심지어 예비군이 행한 일일지라도 민간인이 거둔 성과는 인정하지 않았기 때문이라고 말했다.

그녀의 주장에는 설득력이 있다. 설사 설득력이 없다 해도 미국이 일본의 주요 해군 암호의 다수를 해독하지 못하고 있을 때(JN-25의 암호 책자가 바뀐 탓에 해독이 안 되었던 상황) 섬 암호가 그것의 귀중한 대안 정보원이 되었던 것은 분명하다. 해군의 한 내부 기록에도 이런 글이 적혀 있다. "주요 암호가 해독되지 않을 때마다 절망과 분노의 감정이 무선정보조직 내에 퍼져나갔고, 그것이 자극제가 되어 구성원들은 새로운 성공에 대한 각오를 다졌다. 하지만 그런 절망의 시기에도 암호해독이 완전히 안 되었던 것은 아니고, 2급 암호는 해독이 되고 있었다. 2급 암호로 얻어진 정보가 중요성 면에서, 주된 해군 암호로 얻어진 정보와 쌍벽을 이룰 때도 많았다."[54]

레이븐 팀의 여성들은 섬 간 암호를 해독하는 과정에서, 미 해군이 미드웨이 해전의 여세를 몰아 태평양 전역에서 일본 세력을 몰아내려 함에 따라 수천 마일 떨어진 화산 섬의 해변과 울창한 정글에서 전개되고 있던 전투를 생생히 접해볼 수 있는 기회도 가졌다. 1942년 8월 미 해병대가 과달카날 해변에 상륙했을 때도 레이븐 팀은 섬을 점령하고 있던 일본군과 함대 사이의 교신을 위해 일본이 비상용으로 개발한 암호의 해독 작업을 벌였다.[55] 미 해병대의 추격을 받던 소규모 일본군 부대가 정글로 후퇴해 짧은 임시 암호로 하루 20~30개의 메시지를 보내고 있었던 것이다. 여성들은 이 암호에서도 죽음에 직면한 사람이 느꼈을 법한 비감한 형상을 머리에 떠올릴 수 있었다. 한 암호문에는 이런 내용이 담겨 있었다. "바다를 못 본지 2주가 되었다. 하늘도 3주나 보지 못했다. 천황을 위해 죽을 때가 되었다."[56] 이 저항 부대의 교신 방법도 종국에는 섬 간 암호로 바뀌었다. 병사들의 수효도 줄어, 레이븐의 말을 빌리면 나중에는 "서너 명만 남아 모터보트에 탔다. 우리는 상황이 나쁘다고 말하는 내용의 JN-20 암호를 해독하면서 그들을 하루 단위로 계속 추적했다. 보트도 침몰시켰다."

베아트리스 노턴은 레이븐 팀에 들어와 업무를 시작할 때 암호문의 낱글자 빈도를 산출하는 지루한 일을 부여받았다. 암호문은 웨스턴유니언사의 천공 테이프에 찍혀 도착했다. 문밖에는 무장한 해병대원이 지키고 있고, 사진과 같은 개인 물품을 책상 위에 올려놓는 것도 금지된 방에서 일했다. 레이븐 팀이 다룬 암호는 알파벳 표를 이용해 메시지의 글자들을 새로운 글자들로 바꾼 뒤, 그 글자들의 일부를 혼합해 다시 암호화하는 것이 포함된 '치환 전치' 암호였다. 따라서 대학 때 훈련받은 지식이 쓸모가 많았다.[57] 그리하여 일단 알파벳 표가 작성되면, 다시 말해 알파벳들의 배열 방식이 파악되면, 그 표는 변하지 않고 한 달에 한 번 글자들의 결합 방식을 말해주는 암호 키만 바뀌었다.

그런데 이렇게 한 달에 한 번 바뀌는 암호 키를 중심으로 일이 돌아가다 보니 레이븐 팀은 기묘한 작업 리듬을 갖게 되었다. 새 암호 키 찾는 일에 열성적으로 뛰어든 결과 여성들이 전문가 빰치는 실력을 갖게 되어(한 메모에는 "여성들의 JN-20 암호문 해독 실력이 갈수록 좋아져, 속도도 빨라지고 능률도 올랐다"[58]고 적혀 있었다) 유휴 시간이 생긴 것이다. 여성들은 유휴 시간을 알차게 이용했다. '머리가 비상한 여성'이라며 레이븐이 애지중지했던 웰즐리 출신의 엘리자베스 콜비만 해도 난장판까지는 가지 않았지만 시끌벅적한 파티 열기를 좋아했다. 레이븐은 그때를 정감 있게 떠올리며 이렇게 말했다. "그녀가 내게 오더니 파티를 열고 싶다면서 어떤 날들이 가능한지를 묻더군요. 팀원들을 열흘간이나 빼내가는 일이어서 부서의 규정상 내 승인을 받아야만 파티를 열 수 있었기 때문이죠."[59]

그는 벽에 걸린 달력을 보고는 암호 키가 바뀌기 선의 열흘을 기한으로 정해 그 기간 동안에는 파티를 열 수 있다고 말해주었다. 벽걸이 달력에 섬 암호의 키가 바뀌는 날짜가 표시돼 있었던 것이다. 여성들은 그런 식으로 업무에서 쌓인 스트레스를 열흘 동안 풀고 가뿐해진 마음으로 사무실로 돌아와 새로운 키를 찾는 작업에 몰두했다.

여성들은 관료들의 이전투구로 주위가 시끄러운 것도 아랑곳하지 않고 자신들의 일을 즐겼다. "작지만 재미있는 팀에 속했던 것과, 제가 하는 일의 가치를 느낄 수 있었던 것이 저로서는 행운이었어요."[60] 베아트리스 노턴이 나중에 말했다. 많은 여성들이 그 일을 평생 준비해 온 것처럼 느꼈다. 앤 화이트도 그때를 떠올리며 이렇게 말했다. "그때만큼 도전 의식을 느낀 적이 없었습니다. 사회의 필요와 개인의 필요가 맞아떨어졌을 때에 관해 헤겔이 생각했던 것처럼, 우리도 성취

감을 느꼈던 거죠."⁶¹

유일한 골칫거리는 더위였다.⁶² 근무 중에 냉방기를 설치하러 외부 기사들이 방문할 예정이니 책상 위에 펼쳐놓은 일감을 치우라는 지시가 떨어질 때도 있었지만, 그럴 때마다 프랭크 레이븐이 냉방기를 놓을 곳은 그곳이 아니라 고위급 장교들의 방이라고 말하여 그들의 희망을 꺾어놓았다.

여성들이 가치 있는 일을 하고 있었음은, 그들의 선발에 도움을 준 도널드 멘젤 하버드 대학교 천문학과 교수가 여성들의 상관들에게서 그들에 대한 칭찬의 말을 들었다며 아다 콤스톡 래드클리프 칼리지 학장에게 편지를 쓴 사실로도 알 수 있다. "이곳에 온 여성들은 많았죠. … 그들 모두 잘해내고 있는 것으로 확인되었습니다. 제게 편지를 보낸 상관들만 해도 결과에 흡족해하며 기대 이상으로 들뜨고 흥분해 있습니다."⁶³ 해군은 이 성과를 바탕으로 처음 학생들을 선발했던 학교들 외에 배서 대학교와 휘튼 대학교에서도 훈련생들을 모집할 계획을 세웠다. 강사들이 자료를 완벽하게 숙지하고 모두가 자리를 잡아감에 따라 당초 생각했던 것보다 탈락 인원도 많지 않았다. 강좌를 들은 1943년도 졸업생 247명 중 222명이 끝까지 훈련을 마쳤으니 말이다. 래드클리프 칼리지의 1943년도 졸업생 43명은 매주 금요일 오후 하버드 대학교의 한 건물 4층에서 강좌를 듣고, 훈련이 끝날 무렵엔 기억에 남을 수 있도록 교재를 불태우는 극적인 광경을 연출하기도 했다. 하지만 신참들이 이렇게 유입되는 상황에서도 해군은 여전히 인력이 부족하다고 느껴 또 다른 채용 계획을 고려하고 있었다.

6장
Q는 communications를 의미해요

1942년 7월

전시 노력에 대한 여성들의 유용성이 입증되자 여성들에게는 군복무라는 새로운 기회의 문이 열렸다.[1] 1942년에는 영국과 캐나다같은 동맹국들이 여성의 군 입대를 허용했고, 그러자 주요 여성난체들은 미국도 여성들에게 군 입대를 허용하라며 정부를 압박했다. 의회에는 여성 의원이 많지 않았다. 하지만 그런 중에도 이디스 너스 로저스 매사추세츠 공화당 의원은 여성의 군 입대를 의회의 안건으로 제기하는 일에 발 벗고 나섰다. 그녀는 1941년에 이미 조지 마셜 장군을 만나 육군여군지원단 창설 법안을 의회에 제출하겠다는 의사를 밝혔다. 하지만 누구도 그녀의 제안을 심각하게 받아들이지 않았다. 진주만 사건이 터지기 전까지는.

그러나 정책 입안자들은 남성들만으로는 양 대양 전쟁을 감당하기 힘들다는 사실을 납득하면서도 여성의 군 입대에 대해서는 여전히 상반된 입장을 보였다. 한 하원의원은 "그러면 모든 여성들이 헌신해온 밥 짓기, 빨래하기, 바느질하기, 집안 허드렛일은 누가 하고, 아이들 양육은 누가 한답니까?"라고 목청을 높였다. 군복무가 여성다움을 잃게 만들어 결혼에도 지장을 주지 않을까 걱정하는 사람들도 있었다. 여군을 사실상 군 주둔지를 따라다니며 매춘을 하거나 기식하는 여자들을 에둘러 일컫는 말인 '비전투 종군자'가 될 것이라고 믿는 사람들도 많았다.

그러나 마셜 장군은 여성들이 서기나 암호 작성자로 일할 때의 이점을 알아보았다. 다수의 사람들과 마찬가지로 그도 기민한데다 단순하고 지루한 일도 마다하지 않는 여성들이 통신 업무에는 적합할 것이라고 본 것이다. 그는 남성들보다 여성들이 실수를 적게 할 것이라고도 믿었다. 1942년 5월에는 루스벨트 대통령이 여성들의 군 입대를 허용하는 육군여군지원단WAAC 법안에 서명했다. 하지만 지원병이나 하급병의 지위로만 입대가 가능한 법이어서 여성들에게는 반쪽 승리에 지나지 않았다. 육군여군지원단 여성들은 남성들보다 급여도 적고, 동등한 계급이나 혜택도 부여받지 못했다. 그러다 1943년 육군여군지원단이 '지원'이란 단어가 빠진 명칭인 육군여군단WAC으로 개편되어 남녀 간 불균형이 얼마간 시정되었으나, 그렇다고 여성이 남성과 동등한 대우를 받은 것은 아니었다. 육군여군지원단 시절부터 계속돼온 흑색선전의 화살을 정면으로 맞으며 정숙하지 못하다는 빈정거림과 군인이 되기에는 품행과 동기부여가 부족하다는 비난을 감수해야 했던 것이다.[2]

그런데도 군에 입대하려는 여성 지원자들은 쇄도했다. 1942년 5월 28일자《뉴욕타임스》에는, "미국 여성 만 명, 신설된 육군여군지원단에 앞다퉈 입대하려 하다"[3]라는 제목의 기사가 실렸다. 접수 첫날 본인이 모병소에 직접 와서 신청한 사람도 1,400명이나 되었고 우편으로 신청한 사람도 1,200명에 달했다는 내용이었다. 기자는 미사여구가 나열된 현란한 문체로 "친절하고 난폭한 힘이 여성 군단들을 막는 데 이용되었고 … 경비병의 넓은 어깨가 밀물처럼 밀려드는 애국적 아름다움을 제지했다"고 지원자들로 북새통을 이룬 모병소의 모습을 묘사했다. 여군은 전투원으로 복무하는 것은 금지되었으나 중요한 보조 지위는 가질 수 있었다. 운전병, 회계병, 제도병, 취사병, 작업치료병, 인코딩 수행병으로는 복무할 수 있었던 것이다. 여성들은 정형화에 대한 우려도 떨쳐냈다. 비상사태 때는 분별력을 잃는다거나 여성의 목소리는 부드러워 잘 들리지 않는다는 염려를 불식시키고 비행기 관제탑에서 일한 것이다.[4] 그럭저럭 해낸 정도가 아니라 잘해냈다.

너스 로저스 하원의원은 그 점에 고무되어 완고한 해군에도 여성들을 입대시키기 위한 작업에 착수했다. 1941년 12월 (당시 항해국 국장으로 해군 인사를 담당하고 있던) 니미츠 제독에게 전화를 걸어 해군 여군단의 창설을 촉구한 것이다. 하지만 그는 시큰둥한 반응을 보였고, 나이든 여타 장성들도 다를 게 없었다. 니미츠가 해군 부서들을 상대로 여성 입대의 찬반을 묻는 여론조사를 벌였을 때도 두 부서만 찬성 의사를 밝혔다.[5] 이미 알고 있는 바와 같이 여성 군무원들이 근무하는 암호해독부와 항공국이 그들이었다. 항공국의 비행사들이 개방적 태도를 보였던 것은 얼마간 전직 서무계 여하사관 조이 브라이트 행콕 덕이었다. 그녀가 여성도 비행기 엔진의 수리 및 유지·관리를 하는 공병 훈련을 받을 수 있게 해달라고 해군을 설득한 것이다. 그녀 역시 훈련받은 조종사였다.

1942년 5월에는 프랭클린 루스벨트 대통령이 그 법안의 처리를 촉구하고 나섰다. 영부인 엘리너 루스벨트도 미국대학여성협회와 같은 압력단체들에 합세하여 해군을 압박했다. 바너드 대학교 학장 버지니아 길더슬리브와 다른 여대의 학장들도 여성의 입대를 허용하라며 해군을 닦달했다. 길더슬리브는 나중에 "개, 오리, 원숭이를 쓸 수 있었다면 나이든 장성들의 몇몇은 아마도 여성들이 아닌 그것들을 쓰려고 했을 거예요"[6]라고 독설을 날렸다.

길더슬리브는 상원의 해군 군사위원회 위원장도 '여성의 해군 입대를 허용하면 가정이 깨져 문명이 퇴보할 것'이라는 주장을 했다고 말했다. 해군 인사사령관이던 랜달 제이콥스 소장도 바너드 대학교의 영어과 교수 출신으로 그의 특별조수로 채용되어 그 일을 해결할 위치에 있던, 체구는 작아도 다부진 엘리자베스 레이너드에게 마치 부하 다루듯 "배의 좌우현에 여성들 출현. 시정거리 짧음. 즉시 오라"는, 훗날 유명해진 전보를 보내 그녀를 충격에 빠뜨렸다.

1942년 7월 루스벨트 대통령은 여성해군예비역군 창설을 내용으로 하는 공법 689호에 서명했다. 해양 복무로부터 장병들을 해제시키고 (육상 시설의 여성들로 그들을 대체해) 전시 노력을 촉진하는 데 목적을 둔 법이었다. 그리하여 여성들은 뜻을 이루게 되었으나 행동은 사려 깊게 했다. 여성해군예비역군의 정식 명칭이 된 여군비상지원단 WAVES: Women Accepted for Volunteer Emergency Service만 해도, 엘리자베스 레이너드가 단어 하나하나를 신중하게 골라 정한 것이었다. 징집이 아닌 것을 밝혀 국민을 안심시키기 위해 '지원volunteer'을 넣었고, '비상emergency'을 넣은 것도 "그 단어에 여성의 입대가 일시적 위기에 대응하기 위해서일 뿐 해군에 영원히 머물러 있으려는 의도가 아니라는 뜻이 내포돼 있어, 노령의 장성들이 안심할 수 있을 것"이라는 길더슬리브의 전략에 따른 결정이었다.[7]

여군비상지원단은 용어 자체에 지위가 낮다는 뜻이 명백히 드러나 있는 '보조군auxiliary'이 아니라, 남성과 동등한 지위를 갖는 해군 예비역군이었다. 해군과 함께하는 존재일 뿐 아니라 해군의 일원이기도 했던 것이고, 그것이 여성들이 거둔 승리의 요체였다. 그래도 불평등한 요소는 많이 남아 있었다. 봉급은 같았지만 은퇴 연금도 남성보다 적었으며, 초기에는 높은 계급에 오를 수도 없었다. 그러다 카리스마 넘치는 밀드러드 맥아피 웰즐리 대학교 총장이 WAVES 단장의 지명을 수락함으로써 최초의 해군 소령이 되고 1943년에는 대령으로도 진급했다. 하지만 그녀도 결정 과정에서는 자주 배제되었고, 교활하고 완고한 해군 관료제를 조종하는 데 필요한 지원도 받지 못했다. 상냥한 성격에 부하 해군 여성들의 사랑도 받았던 그녀는 남성 동료들의 태도가 꼭 시편 88편 7의 구절인 "주의 진노가 나를 무겁게 짓누르고, 주의 모든 파도가 나를 덮쳤습니다"와 같았다고 꼬집었다.

여성의 해군 입대를 위해 노력한 기획자들은 제복과 같은 문제를 논의하기 위해 열린 지루한 회의들에서도 뿌리 깊은 조직 내 저항에 맞닥뜨렸다. 바너드 대학교 학장 길더슬리브도 훗날 그들 가운데 한 사람이던 '젊은 미남 대위'가 여성 제복은 남성 제복과 같은 네이비 블루색서는 안 된다는 의견을 피력했다고 하면서, "그 순간 긴 테이블을 둘러싸고 앉은 여성들의 얼굴을 보니 속 들여다보이는 그의 초반 공세에 터져 나오려는 웃음을 참는 기색이 역력했다"고 썼다.[8] 그러나 네이비블루색 사용이 허용된 뒤에도 해군 지휘부는 여전히 금몰 부착 여부에 대해서는 머뭇거렸다. 그들은 금몰 부착 대신 빨간색, 흰색, 청색 테두리가 쳐진 제복을 대안으로 제시했다. 맥아피는 그 제복의 야한 모양새가 꼭 '코믹 오페라의 의상'과 같다며 대경실색했다.[9]

그 일은 결국 (나중에 해군부 장관이 된 제임스 포레스탈의 부인인) 조세핀 오그던 포레스탈이 총대를 메고 나섬으로써 해결되었다. 그녀가 고급 양장점 맹보쉐와 제복 디자인 논의에 들어간 것이다. 그런데 포켓과 같은 세부사항을 논의하는 과정에서 길더슬리브는 일하는 여성들에게 반드시 필요하다며 포켓을 달아야 한다고 주장한 반면, 디자이너들은 제복에 포켓을 달면 라인에 손상이 갈 것이라며 난색을 표했다. 길더슬리브는 그 점이 조금 불만스러웠다는 투로 회고록에서 이렇게 썼다. "실용성이 겉모습에 희생당한 것이다. 제복은 확실히 멋졌고, 그 덕에 여성 지원자 수가 많아진 것도 사실이다. 그래도 포켓을 없앤 것은 유감이었다(뒤에 나온 제복에는 안주머니가 있어 기뻤다!)."[10]

그러나 완성된 결과물은 놀랄 만큼 훌륭했다. WAVES의 제복은 둥그스름한 칼라에 어깨 각이 잡힌 상의, 여섯 쪽을 이어 붙인 고어드 스커트, 흰색 반소매 셔츠, 타이, 회색빛 도는 하늘색 줄, 하늘색 또는 백색 윗부분의 탈부착이 가능한 종 모양의 작은 모자, 어깨에 가로질러 메도록 만들어졌고 흰색 제복을 입을 때도 어우러지도록 흰색 줄을 넣은 사각형의 검정 핸드백으로 구성돼 있었다. 이 제복 외에 여성들에게는 레인코트와 머리가 비에 젖는 것을 막아주는 두건 모양의 헐렁한 쓰개도 지급되었다. 여성들은 백색 혹은 검은색 장갑도 착용해야 했다. 핀, 귀걸이, 장신구 착용은 금지되었고, 속치마가 겉으로 드러나게 입거나 모자를 한쪽으로 삐딱하게 써서도 안 되었다. 우산도 비군용 물품이었기 때문에 휴대가 금지되었다. 여성들은 체육복을 입을 때나 군법회의에 나갈 때를 제외하고는 이 제복을 항시 착용해야 했다. 이것 외에 흰색 제복, 작업복, 청백의 줄무늬가 있는 봄·여름용 시어서커 와이셔츠 형 블라우스도 있었다.

이것들 모두 사소하고 하찮은 일처럼 들릴 수도 있겠지만 그렇지 않았다. 여성들에 대한 태도가 완고하고 그들의 입대를 싫어하기는 했지만, 이 제복을 통해 해군은 해군에 회의적이던 대중에게 여성을 배려하고 여성에 대한 이해도 또한 높다는 이미지를 보여줄 수 있었기 때문이다. 다수의 암호해독자들도 입대를 결정하게 된 한 가지 이유가 멩보쉐 제복 때문이었다는 사실을 인정했다. 암호해독자들 중에는 그들이 보유한 의복들 가운데 해군 제복이 최고로 돋보이는 옷이라고 생각한 사람들도 있었다. 육군여군단의 카키색 제복보다 전통적인 네이비블루색 제복이 마음에 들어 육군이 아닌 해군을 선택한 여성들도 있었다.[11] 해군 여성들은 육군여군단 여성들이 속옷도 겉옷에 맞게 카키색으로 입어야 한다는 사실에 실소를 금치 못했다. 그들과 경쟁의식을 느끼고 있던 차에 속옷만은 자기들 마음대로 입을 수 있다는 사실에 우월감을 느낀 것이다.

* * *

WAVES의 창설은 워싱턴 해군본부에서 암호해독자로 근무하는 여성 군무원들에게도 해군 예비역군 장교로 임관될 수 있는 길을 열어주었다. 원하면 민간인으로 남을 수도 있었지만 민간인 신분을 유지한 여성은 소수에 그치고 대부분이 임관을 택했다. 그리하여 그들이 워싱턴에서의 삶에 틀이 잡혀가고 있던 1942년의 가을과 겨울, 암호해독에는 아무 쓸모없는 해군 장교가 되는 데 필요한 기초 교육을 받기 위해 하던 일을 멈추고 훈련 캠프로 떠나야 하는 상황이 되자, 해군본부의 남성들이 반대를 하고 나섰다. JN-25 암호해독이 또 다시벽에 부딪친 데다, U보트의 에니그마 암호 또한 해독이 안 되고 있었기 때문이다. 미드웨이 해전이 있었든 없었든, 때는 해군에 엄혹한 시기였다. 해군정보국(OP-2-G)의 수장 존 레드먼도 여성들이 암호해독실을 비우는 것에 대해 이의를 제기했다. "여성들의 부재와 그로 인한혼란을 감내하기에는 그들이 현재 수행하고 있는 일이 전시 노력에는너무도 중요합니다."[12] 해군은 결국 레드먼을 달래기 위해 시차를 두고 훈련을 실시하기로 결정했다. 10월에 6명을 먼저 훈련 캠프에 보내고 11월에 2차로 소수의 인원을 보내는 등, 순차적 방법으로 훈련을 진행하기로 한 것이다. 이리하여 여성들은 대개는 그들의 모교에세워진 훈련 캠프로 출발하게 되었다.

매사추세츠주에 있는 스미스 칼리지와 마운트 홀리요크 대학교에도 WAVES의 장교훈련학교OTS가 세워져 베아트리스 노턴, 프랜시스 스틴, 앤 화이트, 마거릿 길먼, 비올라 무어, 그리고 여타 암호해독자들은 1942년 말 미국 북부 지역으로 향했다. 이들이 도착함에 따라스미스 칼리지 캠퍼스는 졸지에 평소의 곱절이나 되는 여성들로 북적이게 되었다. 그러자 허버트 데이비스 총장은 한 마디 해야겠다는 생각이 들었는지 전국에 나가는 라디오 방송의 연설을 자교 학생들에게 전하는 특별 메시지로 끝맺었다. 다트머스 대학교의 훈련 캠프에 참가한 남성 해군 장교가 천 명에 달한다는 사실에 주목하여, 다트머스에는 여성 훈련 캠프를 세우고 스미스에는 남성 훈련 캠프를 세우는 식으로 남녀의 훈련 캠프를 바꿔 설치했더라면 그의 학생들이 더 좋아했을 것이라고 말한 것이다. 그러면서도 그는 전 세계가 위기에 처한 시점에서 여성들의 관심사는 오직 남자친구들뿐일 것이라고 지레 짐작하고는 "(남녀 훈련 캠프가 바뀌어 설치되지는 않았지만) 그렇더라도 실망한 내색은 하지 말고, 여러분의 경쟁자인 WAVES 훈련생들을 최대한 관대하게 대해달라"[13]고 당부하는 말을 했다.

여성들은 그 무렵에는 아직 제복을 지급받지 못해 민간인 복장에 굽 높이가 3.8센티미터인 검정 옥스퍼드화를 신고 훈련했다. 그런데 이 굽이 문제였다.[14] 행군을 하다가 후진할 때면 후열의 뒤쪽으로 곧잘 넘어졌던 것이다. 지면이 젖어 있거나 얼어 있을 때 특히 그랬다. 여성들은 옥외 훈련뿐 아니라 강의실에서 해군의 기본 교육도 받았다. 전체 군인과 계급의 미묘한 차이, 깨알같이 적힌 해군 규약 내용, (BUAER, BUSHIPS, BUPERS와 같은) 해군 부서들을 나타내는 호칭과 약자들을 암기하면서, 해군 교범인 '더 블루재키츠 매뉴얼The Bluejackets' Manual'을 공부했다. 미 해군의 관점에서 본 미국 역사를 공부하며 이런 저런 제독이 해양 세력에 대해 어떤 말을 했는지도 열심히 외웠다. 여성들은 줄무늬 수장stripes과 갈매기표 수장chevrons의 차이, 난해한 해군 용어들도 배웠다. 교대 근무는 'watch(당직)'라고 하고 부대의 일원이 된 사람에게는 'welcome aboard(승선을 환영합니다)'라고 말한다는 것, 또 설사 건물 안이라 해도 발을 딛고 선 면을 floor(바닥)

가 아닌 'deck(갑판)'라고 부른다는 것, 개인 소지품은 'gear(장비)', 모임은 'muster(집합)', 식사meal는 'mess'로 말한다는 것도 배웠다. 병가 명단에 오른 사람은 'on the binnacle list(나침함 명단에 올랐다)'라고 말하며, 화장실은 'the head(변소)'라고 부른다는 것도 익혔다.

적절하지 않은 것도 있었지만 자료를 습득하는 일은 그럭저럭 할 만 했다. 여성들은 전열함과 구축함의 기능, 순양함에 장착되는 대포가 몇 문인지도 배웠다. 그들로서는 알 필요가 없는 적선과 적기의 윤곽을 파악하는 법도 익혔다. WAVES에는 해외에 진출할 희망으로 입대한 사람이 많았지만 하와이로 파견된 소수를 제외하고는 해외 복무가 허용되지 않았다. 그럼에도 여성들은 또 모두 남성들처럼 디프테리아, 천연두, 장티푸스, 파상풍 등의 예방접종을 받았다. 주사는 여성들이 줄지어 걸어가면 양쪽에서 번갈아 주사를 놓는 일종의 '데이지 체인' 방식으로 행해졌다. 주사는 놓는 횟수도 여러 차례인 데다 약성도 강했다. 그래서인지 쓰러질 것 같은 증상이 나타나는 사람은 바깥으로 나가 있으라는 말을 들었다.

여성들은 해군 규율에 복종해야 했고, 복무 기간도 전시 기간 외에 6개월이 추가되었다. 최소한 훈련 기간에는 광란의 파티를 벌이거나 예전같이 열흘 동안 흥청거리며 놀 수는 없게 되었다. 오전 5시 30분에 기상 신호가 울리고 밤 10시면 소등이 되었다. 훈련 기간에는 알코올 섭취도 금지되었다. 침대도 수병이 하듯 반듯하게 정돈해야 했다. 반듯하게 정돈한다는 것은 담요의 모서리를 직각이 되게 반으로 접은 뒤 그것을 다시 세 겹이 되게 접고, 그것을 또 반으로 접어 침대 발치에 놓아두는 것을 의미했다. 침대보도 동전이 튕겨나갈 정도로 팽팽

한 상태가 되게 만들어야 했다. 잠을 잘 때도 이층 침대의 여성은 아래층 침대 여성의 발치에 머리를 두어야 했다. 군화도 발끝 부분을 앞쪽으로 향하게 하여 옷장 속에 가지런히 정렬해놓아야 했다. 여성들 대부분은 청소부가 침대 정리와 방 청소를 해주는 대학을 다녔는데, 그것도 이제는 옛이야기가 되어버린 듯 했다.

해군의 견지에서 보면 여성들에게는 의료적 문제도 존재하지 않았다. 생리통도 하소연하지 말라는 지시가 떨어졌다. 서랍 속에 생리대 박스를 두는 것은 허용되었지만 박스의 형태가 사각형이 아니면 벌점을 받았다. 여성들은 또 남성들처럼 칼리스데니스라는 체력 운동도 해야 했다. 로프를 기어오르지 못하면 다른 사람이 도와주었다. 이런 일도 있었다. WAVES의 한 부대에 해군과 민간기업 간에 극비로 진행되고 있던 합작 프로젝트 업무를 담당하는 리브라는 여성이 있었다. 그런데 그녀가 아무리 힘을 써도 로프를 기어오르지 못하자 그녀의 두뇌가 연합군의 전시 노력에 얼마나 중요한지 알고 있던 여성들 모두가 달려들어 그녀를 끌어올려준 것이다.

여성들은 이제 더는 개인으로는 존재하지 않았다. 두발도 칼라 밑으로 내려오지 않도록 잘라야 했다. 머리가 길면 룸메이트가 잘라주었다. 잠은 한 방에 네 명이 자도록 배정되었다. 학급을 지휘하는 장교에게 말을 걸 때는 '수병'이라고 신분을 밝혀야 했다. 경례하는 법도 배웠으나 생각보다 쉽지 않았다. 스미스 칼리지에서 교육받은 WAVES의 첫 장교들만 해도 엘리너 루스벨트의 사열을 받을 때, 경례하라는 명령을 받고 손을 들어 올리는 것까지는 잘 했으나, 엄지손가락을 제멋대로 움직이는 바람에 영부인을 우롱한 꼴만 되고 말았다.[15] 그 다음 학급의 여성들은 같은 실수를 반복하지 말라는 주의를 들었다. 집게손가락에 엄지손가락을 딱 붙여 경례하라는 말을 들은 것이다.

여성들은 그들이 하는 일은 좋든 나쁘든 모두 WAVES에 영향을 미치게 된다는 경고도 받았다. 해군의 한 뉴스레터에도 "제군들도 이미 알고 있겠지만 해군 여성이 가는 곳에는 모든 이들의 이목이 쏠린다"는 말과 함께, 자중하는 여성이라면 "타인과 대화를 나눌 때 책상이나 카운터 위로 몸을 굽히지 않고, 항상 깨끗하고 다림질 잘된 옷을 입어 외관을 말끔하게 유지하며, 모자도 똑바로 쓰고 … 때와 장소를 불문하고 제복에는 절대 꽃을 달지 않는다"는 지휘관의 훈계성 기사가 실렸다.

여성들은 행군도 했다. 모든 지역으로 행군을 했다. 벽돌공의 딸 에르마 휴스도 1943년 2월의 어느 추운 날 스미스 칼리지의 장교훈련학교에 입교하여 행군을 했다.[16] 그런데 행군할 때는 키순으로 줄을 세웠기 때문에 단신이었던 그녀는 맨 뒷줄에 서게 되었고, 그러다 보니 뜀박질을 하거나 뒷걸음질을 쳐서라도 앞줄 여성들과 보폭을 맞추느라 매번 애를 먹었다. 여성들은 동도 트지 않은 컴컴한 새벽에 밖으로 나가 정렬을 했다. 스미스 칼리지에서 교육받은 여성들은 교내 기숙사나 시내에 있는 호텔 노샘프턴에서 잠을 잤다. 하지만 식사는 일률적으로 위긴스 간이식당에서 했기 때문에 교내 기숙사 생활을 하는 여성들도 하루 세 차례 시내로 행군을 해야 했다. 근처에 주둔하는 육군 병사들이 구경하러 와 그들을 놀려댈 때도 있었다. 그러면 여성들도 지지 않고 육군항공대 군가를 약간 변형시켜 "육군항공대를 막을

수 있는 것은 없다네. … 해군만 빼고는!"이라고 노래를 부르며 그들을 놀렸다.[17]

여성들은 거리에서도 행군하고 캠퍼스에서도 행군하고 운동장에서도 행군했다. 행군하다가 쓰러지거나 실신하는 여성이 나오면(다시 말해 해군식 표현으로, 물에 빠지는 여성이 나오면) 그 여성 주변을 맴돌다 쓰러진 채로 놔두고 그곳을 떠나라는 지시를 받았다. 행군할 때는 노래도 불렀다. 바다의 노래도 부르고, WAVES용으로 곡을 쓰거나 대중가요 멜로디에 좀 더 창의적이고 신선한 몇몇 음악적 상징들을 가미하여 번안한 노래들도 불렀다. 가사들 중에는 원조 페미니즘 구호라 할 만한 내용도 있었다.

나를 동정해줄 남자는 필요치 않아
전에는 왜 남자를 필요로 했는지 알 수가 없네

라든가,

영광에 찬 과거를 존중하라
밝은 미래를 쟁취하기 위해 애쓰라
우리도 해상의 군인들처럼
싸울 것이기에

또는(암호해독자 루이즈 앨런이 쓴 가사로),

달밤에 체조하는 선원이 있다면

두말할 것 없이 1소대의 그 멍청이, 지니겠지

곱슬거리는 머리와 주름장식으로 여성스러움을 과시하는 그녀

하지만 그녀의 동료들은 훈련하는 그녀의 목을 조르고 싶어 한다네

"앞으로 가, 앞으로 가" 구령에는 뒤로 미끄러지고

"줄줄이 우로 가, 줄줄이 우로 가" 구령에는 방향을 바꾸고 행군을 지연시

키니 말이야

그런데도 그녀는 자신의 잘못을 모르고 우리의 욕을 들은 체 만 체 해

그녀는 그렇게 훈련을 하고, 시간은 늘 부족하다네

여성들은 훈련의 모든 과정을 즐겼다. 맛있는 조식과 전설적인 블
루베리 머핀을 제공하는 위긴스 간이식당에서 식사하는 것도 좋았
고, 전쟁에서 목적이 있다는 것도 좋았다. 위반 행위를 하면 벌칙으
로 추가 훈련받는 것도 개의치 않았다. 오히려 벌 받는 느낌이 나도록
심하게 행군하기를 좋아했다. 여성들은 노래를 부르고 또 불렀다. 그
들에게 자리를 내준 남성들에게는 관념적인 사랑마저 느꼈다. 일요
일에 예배당으로 행군하여 장교 훈련을 받는 남성들과도 조우했다.
WAVES는 미 해군가인 '닻을 올려라Anchors Aweigh'의 대위 선율로 만
든 그들만의 군가도 가지고 있었다.

해군의 여군비상지원단,

배 한 척이 만으로 내려가네

그 배는 두 번 다시 항구로 돌아오지 않는다네

승리의 그날까지는.

그러니 그 씩씩한 배와

모든 용감한 영웅을 위해 임무를 계속해가세

그가 뭍에 올랐을 때

자신의 능력이 요구되는 일을 한 것은

해군의 여군비상지원단이었다는 것을 알 수 있도록

복무 기간 중에는 남성들이 주선율을 노래하고 여성들이 그보다 높은음을 화음으로 불렀다.[18] 이 하모니가 얼마나 감동적이고 힘이 있었는지, 1943년에 브린모어 대학을 졸업한 프랜시스 린드는 그때를 떠올릴 때면 언제나 머리털이 곤두설 만큼 흥분된다고 말했다.

그렇다고 해군 여성들만 화려한 의식을 좋게 본 것은 아니었다. 일반인들도 WAVES의 장교 졸업식을 사진에 담기 위해 각지에서 왔다. 겨울에는 카메라가 얼어 작동되지 않고 여름에는 도로의 타르가 녹아 발걸음을 옮길 때마다 철벅거리는 소리가 났다. 여성들은 그럴 때면 해군 노래들을 생각하며 철벅거리는 소리가 꼭 음악의 일부 같다고 느꼈다. 졸업할 때는 소위 계급장이 달린 제복을 지급받았다. 그들이 사랑한 밀드러드 맥아피는 스스로를 해군 지휘부에 맞서 싸우는 존재로 느꼈을 테지만(그리고 실제로도 싸웠지만) 여성들은 스스로를 미 해군의 일원으로 느꼈다.

여성 암호해독자들은 장교훈련학교에 오래 머물지 못했다. 그들의 공백으로 인한 타격을 견디다 못한 해군이 훈련을 시작한 지 고작 4주 만에(여성들은 이 기간을 30일의 기적이라고 불렀다) 그들을 낚아채

다시피 해군본부로 데려갔기 때문이다.[19] 스미스 칼리지에서 열린 이 첫 훈련생들의 졸업식 날에는 밀드러드 맥아피 WAVES 단장도 왔다. 그녀가 웰즐리 출신 여성들(블랑슈 드퓨와 베아트리스 노턴)을 알아보고, 그들을 일일이 호명하며 축하해주자 그들도 자신들의 중요성을 인정받은 기쁨에 감격해 했다. 캠프를 떠나기 전날 밤에는 여성들이 일렬로 늘어서서 제복을 지급받았다. 마운트 홀리요크 대학교에서 훈련받은 가우처 출신의 프랜시스 스틴도 제복을 받기 위해 줄을 섰다가 사이즈를 묻는 질문에 4라고 답했으나 14치수의 제복(그것밖에 남은 게 없었다)이 주어져 나중에 몸에 맞게 수선해 입어야 했다. 스커트는 발등을 덮을 정도로 치렁치렁했고 따뜻하고 두툼한 해군 모직 코트도 발목 주변에서 찰랑거렸다.

여성들은 돌아오는 기차 안에서 몇몇 아이들로부터 수녀라는 오해도 받았다. 워싱턴에서도 제복 입은 여성은 서무계 여하사관 시대 이후로 처음 보는 광경이었다. 그들은 교통을 마비시키기도 했다. 자동차 접촉 사고도 일어났다.[20] 제복 입은 여성을 난생처음 본 한 구경꾼은 "몇몇 아가씨들은 멋져 보이네!"라고 놀란 투로 남편에게 속삭이기도 했다. 여성들이 일반인들 앞에 나설 때의 규칙을 익히는 데는 한참이 걸렸다. 배서 대학교를 나온 이디스 레이놀즈만 해도 뉴욕시의 그랜드 센트럴 터미널에서 서둘러 기차를 타려다가 한 남성 장교 앞을 가로지르는 실수를 범했다. 그러다 뒤늦게 상관 앞을 지날 때는 "실례하겠습니다"라는 말을 해야 한다고 배웠던 것을 생각해내고는 밑도 끝도 없이 그 말을 했다. 그러고 나서 그의 얼굴을 쳐다보니 자신에게 작업을 거는 줄로 생각한 그가 깜짝 놀란 표정으로 그녀를 바라보고 있었다.

워싱턴 해군본부 사람들이 첫 장교 훈련생들을 대하는 태도도 제
각각이었다. 상관들은 그들의 복귀를 기뻐해주었다.[21] 하지만 베아트
리스 노턴이 느끼기에 방들을 지키는 해병대원들은 여성들에게 되풀
이하여 경례를 시키는 것에 악의적 쾌감을 즐기고 있었다. 블랑슈 드
퓨도 제복 입은 여성이 남성들과 함께 있는 것을 불쾌하게 느끼는 태
도, 다시 말해 숨겨진 분노를 감지했다.[22] 그녀는 아버지가 육군 대령
이었기 때문에 군대에서 벌어지는 비상식적 행태에 익숙해 있었다.
따라서 그들의 분노가 딱히 해롭다고는 느끼지 않았지만 감정을 잘
숨기지 못하는 것이 문제였다. 웰즐리 출신의 낸시 돕슨도 남성 장교
로부터 단추를 달아달라는 요청을 받고(해군 남성이라면 누구나 할 수
있는 일이었다) 거꾸로 달았다가 질책을 받았다.[23]

그 밖의 여성들은 그들의 새로운 지위에 만족했다. 프랜시스 스틴
도 장교 계급 중에서는 최하위인 소위에 지나지 않았으나 그녀가 속
한 일본 암호해독 팀에서는 수석 장교였다. 팀 내에서 그녀보다 높은
지위를 가진 사람은 없었다.[24] 그러다 보니 규정에 정해진 것보다 머
리가 길어도 머리를 자르라고 말하는 사람이 없었다. 남성들은 그토
록 빨리 해외로 파견되고 있었고, 해군본부에는 여성 암호해독자들이
계속 들어오고 있었다.

* * *

자엔 코즈가 엉클 샘(미국을 상징하는 인물_옮긴이)이 당신의 해군 입

대를 바란다는 포스터가 그려진 우편물 트럭을 본 것은 캘리포니아에
서 따분한 사서 생활을 하고 있을 때였다.[25] 광고에 마음이 동한 그녀
는 지역 모병소로 갔다. WAVES가 창설되어 모집 요건을 갖춘 여성
이면 누구나 입대가 가능했던 것이다. 별도의 유인책을 쓰거나 비밀
편지를 보낼 필요도 없었다. 학사 학위를 갖고 있거나, 2년제 대학을
나오고 2년간의 실무 경험만 있으면 해군 장교가 될 수 있는 기본 요
건이 되었다. WAVES의 대다수를 차지한 사병은 또 고등학교 졸업장
만으로도 복무하는 데 어려움이 없었기 때문에 대학을 졸업하지 않은
여성에게도 문은 열려 있었다. 이런 저런 이유로 이번에도 예상보다
많은 여성이 입대를 신청했다. 해군 장교들은 WAVES의 총수가 만
명 정도일 것으로 추산했으나 결과적으로 WAVES에서 복무한 여성
은 10만 명이 넘었으니 말이다.

여성들이 해군에 입대한 이유는 다양했다. 집에 남자 형제가 없어
가족 대표로 전시 노력에 힘을 보태려고 입대한 여성도 있었고, 전장
에 나가 있는 남자 형제를 집에 데려오겠다며 입대한 여성도 있었다.
WAVES가 창설된 초기에는 또 장교 수의 상한선이 정해져 있었기 때
문에 입대하는 여성들이 필요 이상의 자격을 갖춘 경우가 많았다.[26]
단순히 WAVES에 들어오기 위해 사병으로 응모한 여대생들이 적지
않았던 것이다.

WAVES의 신병들은 자격과 쿼터 상황에 따라 장교 훈련 과정에
속하기도 하고 사병 훈련 과정에 속하기도 했다. 그들은 수학과 어휘
는 물론 심지어 에세이 쓰기도 포함된 적성 및 지능 검사, 면담, 직업
적성 검사와 더불어 신체검사도 받았다. 이 과정을 거치면 특별 훈련

을 받는 곳으로 보내졌다. 그러고 나면 이들은 최종적으로 낙하산 정비, 통신용 비둘기 훈련, 라디오 수신기를 작동하여 일기예보하는 일 등을 부여받았다. 서무와 경리 업무와 같은 기본 하사관 실무를 익히는 신병도 있었다. 반면에 지능검사와 충성도 검사 그리고 타이핑 기술과 비서 실무에서 높은 점수를 받은 3천 명 이상의 여성들은 통신 교육 과정을 거친 뒤 워싱턴 D.C.의 해군본부로 가서 명시되지 않은 업무를 수행하게 될 것이라는 은밀한 통보를 받았다. 이들의 일부는 암호해독자로도 선발되었다.

그 무렵에는 군용열차들이 여성들을 미 전역으로 실어 날랐다. WAVES의 일원이 된 에설 윌슨도 입대는 사우스캐롤라이나주 콜롬비아에서 했으나 오래지 않아 신병훈련학교로 개조된 오클라호마 농업-기계 대학 캠퍼스로 가기 위해 오클라호마주의 스틸워터로 가는 열차에 몸을 실었다. 콜롬비아에서 워싱턴 D.C.로, 워싱턴에서 다시 시카고로, 시카고에서 오클라호마주의 쇼니까지 가는 기차였는데, 그곳에서 버스로 다시 갈아탔다. 에설은 기차가 미시시피 강변을 달릴 때 보았던 풍경을 결코 잊지 못했다. 강둑이 범람해 땅이 물바다가 되었던 것인데, 차창 가에서는 그 모습이 마치 기차가 물속을 지나듯 거대한 물보라를 일으키며 강물 위를 달리는 것처럼 보였다.

여성들 앞에는 나라가 펼쳐져 있었다. 촌에서 온 여성들은 차를 타고 도시들을 지날 때 아파트 건물들 사이에서 사람들이 빨랫줄을 밀고 당기는 광경을 보고도 눈이 휘둥그레졌다. 조지아 오코너는 멋진 제복, 모험을 하고 싶은 욕구, 시험을 통과할 수 있을지 여부를 알고 싶은 호기심에 WAVES에 입대했다.[27] WAVES가 멋져 보인다는 생각에 그들의 일원이 되면 자부심이 느껴질 것도 같았다. 에이바 코들도 노스캐롤라이나주의 외딴 농촌을 벗어나고 싶은 소망으로 WAVES에 입대했다.[28] 그 달에 일어난 가장 흥미진진한 일이 순회 도서관 차가 방문한 것이었을 정도로 심한 벽촌이었다고, 훗날 그녀는 자신이 살던 곳을 떠올리며 말했다. 에이바는 소녀 시절에 영화 한 편 본 적이 없었다. 고등학교 졸업 후 가질 수 있는 직업도 미용사뿐이었다. 이 여성들 모두 암호해독부 직원으로 뽑혔다. 게다가 이들 다수는 대학 졸업자들이 하는 일과 같은 일을 했다.

머틀 오토는 심지어 남자 형제들이 입대하기도 전에 WAVES에 입대했다. "무언가를 하고 싶은 열망이 강했어요."[29] 그녀가 말했다. 머틀도 WAVES의 또 다른 기초 훈련 캠프가 세워진 아이오와 주립 교육대학(노던 아이오와 대학교의 전신_옮긴이)에 가기 위해 시더 폴스행 기차를 탔다. 보스턴 남역을 떠나 북쪽의 캐나다로 갔다가 다시 미시간주의 캘러머주로 가고, 거기서 다시 시카고로 갔다가 미시시피강을 가로질러 아이오와주로 가는 기차였다. 그녀가 침대 차를 타보기는 그때가 처음이었다. 시더 폴스에 가니 제복을 지급해주었다. 신으면 다리가 통나무처럼 두꺼워지는 두툼한 라일 스타킹도 신어야 했다. 면 라일은 무릎을 굽혔다 일어나면 무릎 모양이 스타킹에 그대로 남을 만큼 재질이 뻣뻣했다. 아이오와의 쌀쌀한 추위 속에 검열을 받으려고 서 있다 보면 콧물도 줄줄 흘러 내렸으나 규정 때문에 닦을 수도 없었다. 샤워도 첫 종이 울릴 때 한 명, 다음 종이 울릴 때 또 한 명이 하는 식으로 구령에 맞춰서 했고, 샤워 후에는 3분 안에 옷을 입어야 했다. 3분 안에 젖은 몸 위로 거들을 당겨 입기는 쉬운 일이 아니었다. 그러다 보니 여성들은 종종 속옷 없이 제복만 입은 채 샤워장에서 병영으로 행군하기도 했다. 시더 폴스의 날씨는 콜라병을 차게 식히려고 창턱에 올려놓으면 병 속 액체가 밤새 얼어, 병뚜껑이 펑 소리와 함께 튕겨나가고 콜라가 퍼져나가면서 분수 모양으로 얼어붙을 만큼 혹한이었다.

암호해독자로 선발된 다수의 WAVES 여성들은 가족의 반대를 무릅쓰고 해군에 입대했다. 콜로라도주 출신의 아이다 메이 올슨도 그런 여성들 중 하나였다.[30] 아이다는 초등학교 5학년 때는 그녀가 유일한 학생이었을 만큼 작은 시골 학교를 다녔다. 그녀의 가족은 더러운 30년대(먼지 폭풍과 대공황에 시달렸던 미국의 30년대를 일컫는 말_옮긴이) 기간에 콜로라도주 동부의 베순 북쪽에 위치한 한 농장에 살았다. 휘몰아치는 모래 폭풍에 엉겅퀴들이 끝도 없이 실려와 울타리에 걸리면 아이다의 아버지는 그것을 쌓아두었다가 소들의 먹이로 주었다. 그것 외에는 달리 먹이로 줄 게 없었기 때문이다. 아이다는 덴버에서 간호보조원으로 일하던 중 같이 살던 룸메이트가 입대하자 혼자 방세를 감당할 수 없어 입대를 했다. 그런 그녀에게 어머니는 "군대는 나쁜 여자나 가는 데란다. 거 있잖니, 난잡한 여자 말이다"라며 입대를 반대했다. 그래도 그녀는 뜻을 굽히지 않았고, 어머니도 결국은 태도를 바꾸었다. "휴가를 받아 집에 오면 어머니는 제복 입은 저를 사진으로 찍으셨어요. 참으로 자랑스러워하셨죠."

그래도 미국인들 중에는 여전히 여군을 남성에게 봉사하기 위해 입대한, 제복 입은 매춘부라고 보는 사람이 많았다. 1차 세계대전 때 서무계 여하사관을 비방하던 낡은 관점이 사라지지 않고 남아 있던 것이다. 여성들에게 원한을 가진 사람들도 있었다. 아들을 전장에 떠나보내 심란해진 어머니들 중에는 여성들이 입대해 사무직을 차지하는 바람에 아들이 전장에 나간 것이라며 WAVES 창설에 그 책임을 돌리는 사람도 있었다. 그러나 그 밖의 사람들은 WAVES를 훌륭하게 보고, 구성원들을 집으로 초대해 다과나 명절 음식을 대접했다.

해군은 WAVES 여성들에 대한 여론에 민감해했다. WAVES 규정에는 구성원이 되려면 최소한 키 152센티미터, 몸무게 43킬로그램 이상이어야 된다는 세부 항목이 있었다. '품행이 단정한' 여성이어야 된다는 항목도 있었다. 해군에는 용모와 관련된 불문율이 있다고 느끼는 사람들도 많았다. 밀리 웨덜리도 그런 경험을 했다. 그녀는 노스캐롤라이나주에서 전화 교환원으로 일하다 친구 한 명과 함께 모병소를 찾았다. 그런데 '충분히 예쁘지 않다'는 이유로 친구는 탈락하고 그녀만 뽑혔다는 것이다.

여성들에게는 기초 훈련 과정도 다방면으로 학습 경험이 되었다. 사우스캐롤라이나주의 촌 동네를 벗어난 적이 없던 베티 하이엇도 시더 폴스행 기차를 타고 가다가 궁금하다는 듯 혼잣말로 "유대인 여성은 어떻게 생겼을까?"라고 중얼거렸다가 당황스럽게도 옆에 앉은 여성이 유대인인 것을 알게 되었다.[31] 베티는 언짢아하며 화를 내는 그녀에게 황급히 사과했다. 그녀는 그때까지는 유대인이나 가톨릭교도를 본 적이 없었다. 시더 폴스에서는 입장이 바뀌어 그녀가 도리어 창피를 당했다. 남부인들은 느리다는 선입견이 있다 보니 학급에서 타이핑 속도가 가장 빠른 그녀를 지도 선생이 못미더워하며 뭔가 잘못된 것처럼 이야기한 것이다.[32] 베티는 수영 테스트에서는 낙제점을 받았다. 그런데도 지능지수 검사를 받은 뒤 특별 허가가 났다는 말을 듣고 워싱턴으로 갔다. 아이큐 테스트를 통과한 것이냐고 그녀가 묻자 지휘관은 "금시초문이야"라고 대답했다.

* * *

스미스와 마운트 홀리요크 대학교의 장교 훈련 캠프는 중단 없이 운영되었다.[33] 다만 사병을 위한 WAVES의 신병훈련소들은 1943년 2월 무렵 헌터 칼리지 브롱크스 캠퍼스로 통합되었다. 한 번에 5천 명이나 수용 가능했던 초대형 훈련소였다. 헌터호USS Hunter(헌터 칼리지의 해군 신병훈련소를 부르던 별칭_옮긴이)에서 6주간의 기초 훈련을 받은 여성이 대략 9만 명이었다. 숙박 시설이 부족해 인근 아파트들의 주민들까지 퇴거시켜야 했다. 그 무렵에는 해군도 여성들의 중요성을 깨달아 각 부서들은 WAVES 여성들을 최대한 많이 확보하려고 아우성을 쳤다. 여성들의 임무도 포술 교관, 보급계원, 의무하사, '링크 트레이너'로 알려진 비행 시뮬레이터 사용법을 남성 조종사에게 설명해주는 교관 등으로 범위가 확대되었다. 훈련소 졸업반을 전담하는 별도의 부서도 해군 내에 신설되었다. 암호해독부도 졸업생 확보를 위해 타 부서들과 경쟁을 벌였다.

훈련받으러 온 여성들에게 뉴욕은 신세계였다. 남부인들 중에는 북부 도시를 난생 처음 보는 사람이 많았다. 지방 소도시 출신 여성들은 지하철 속으로 흔적 없이 사라질 것을 두려워했다. 뼛속 깊이 파고드는 습기 찬 동부 연안 지방의 추위는 남부인들은 물론이고 심지어 중북부의 미네소타주에서 온 여성들에게도 충격이었다.

캘리포니아의 사서 출신인 자엔 마그달렌 코즈도 닷새 동안이나 군용열차를 타고 미 동부를 여행한 끝에 얇은 민간인 복장 차림으로 발목이 눈에 빠지는 뉴욕에서 기차를 내렸다.[34] 오래지 않아 그녀는 그 얇은 옷들을 상자에 담아 집으로 보냈다. 왼손잡이였던 그녀는 또 학교에서는 오른손을 사용해야 했기 때문에 좌우 구별에 애를 먹었고 그러다 보니 행군하는 것도 힘들어했다. 성탄절 날 밤 습기 찬 브루클린의 눈과 흙이 뒤범벅된 진흙탕 길을 행군할 때는 추위와 향수병에 설움이 복받쳐 급기야 울음을 터뜨리고 말았다. 하지만 도량 좁은 장교는 그녀에게 입 다물라고 하면서 눈으로 더럽혀진 아파트 건물 복도를 걸레로 닦는 벌을 내렸다. 훈련하는 동안 고향인 캘리포니아의 샌프란시스코에서 복무하게 해달라는 그녀의 요청도 묵살당해 자엔은 워싱턴 D.C.로 보내졌다.

다른 여성들은 자엔과는 다른 내용으로 충격을 받았다.[35] 로니 매키가 그런 경우였다. 델라웨어주 출신으로 대가족 틈에서 자란 그녀는 아버지가 민간요법을 좋아해 그때까지 의사를 본 적이 거의 없었다. 그러다 보니 신체검사도 그녀에게는 놀라움으로 다가왔다. 부인과 진료소에서 골반 검사를 받을 때는 의자 위에 발을 올려놓은 그녀에게 간호사가 "고개를 숙이고 가만히 있으라"고 하는데도 긴장하여 몸이 뻣뻣하게 굳자 못된 해군 군의관이 그런 근육을 가진 것을 보니 수영선수나 축구선수를 했나 보다고 그녀에게 막말을 했다. 그녀는 여성들이 '상륙 허가(일시 휴가를 뜻하는 해군 용어)'를 받기 위해 대기실에 앉아 있을 때, 장교가 콘돔 배급소에 들러도 된다고 말하는 것에도 충격을 받았다. 수녀원 학교 교육을 받은 그녀가 콘돔이 무엇인지 알 턱이 없었다.

1943년 중엽에는 WAVES가 주요 사안이었다.[36] 피오렐로 라과디아 뉴욕시장도 헌터 칼리지 훈련소 여성들의 열병식을 즐겨 참관했다. 그는 마지막 순간에 나타나 외국 대사나 다른 해외 요인을 데려오려고 했지만 그러지 못했다고 말했고, 그러면 여성들은 하던 일을 멈추고 집결을 했다. 매주 토요일 오전에는 해군 취주악단, WAVES 고적대, 헌터호의 푸른 물결 깃발을 든 군기 위병이 함께하는 열병식이 열렸다. 버지니아 길더슬리브 바너드 대학교 학장도 열병식을 보기 위해 헌터 칼리지를 자주 찾았다. 그녀는 열병식이 '모든 인종과 종교를 망라하고 미 전역의 사회경제적 계층을 대변하는 미합중국 여성들의 주목할 만한 단면'과 관련해, 유용한 사회학적 연구 과제가 될 수 있을 것으로 보았다. 미국의 집합적 여성성이 어떤 모습을 띠는지에 대해 연구할 기회가 온 것을 반기며, 대중문화와 할리우드 영화 산업이 그녀에게 기대하도록 만든 것과는 그 모습이 다르다는 것도 발견했다. 그녀는 거리에서 여성들이 행군하는 것을 지켜보며 생각했던 것보다 금발 머리 여성이 많지 않고 여성들의 키도 예상보다 크지 않다는 사실을 알게 되었다.

WAVES 입대로 시야가 넓어진 것은 비단 농촌 출신의 여성들만이 아니었다.[37] 제인 케이스는 (영화 사운드 기술을 개척하고 1차 세계대전 중에는 해군의 선박-육상 간 통신을 개발하는 등의) 통신 기술에 기여한 공으로 큰 부자가 된 물리학자 시어도어 케이스의 딸이었다. 제인은 뉴욕주 오번의 저택에서 사무치도록 외롭게 자랐다. 심리적으로 불안정했던 어머니는 딸을 하찮게 취급했고, 이것은 그녀로 하여금 쓰고 있던 안경을 불쑥 벗어 근시임을 드러내는 방식으로 자신의 결점을 의식하게 만들었다. 다행히 제인은 뉴욕시 어퍼이스트사이드의 채핀 스쿨로 보내졌다. 그런데 그녀는 학교는 마음에 들어했으나 맨해튼의 상류 사회는 혐오했다. 상류 사회는 고루하고 따분했다. 기숙학교의 상류층 남학생들도 어느 곳에 참석할지를 결정한답시고 여학생들이 보낸 댄스파티 초대장에 다트나 쏘는 게으름뱅이들이었다. 반면에 당시의 사회 분위기는 험악했다. 그녀의 사교생활도 진주만 공격으로 갑자기 끝이 났다.

제인은 언제나 시각적으로 사고했다. 따라서 마음의 눈으로는 바다에서 빛나는 바다까지 펼쳐진 나라, 동쪽에서 서쪽까지 그녀 앞에 펼쳐진 미국과 미국 시민을 모두 볼 수 있었다. 산, 밀밭, 강, 모든 종교와 인종을 아우르는 미국인들을 눈앞에 그려볼 수 있었다. 제인은 미국의 풍부한 다양성에 전율을 느꼈다. 그녀는 WAVES가 창설되자마자 지하철을 타고 로어 맨해튼으로 가 입대했다. 시력검사표를 미리 외워서 안경을 쓴다는 사실을 드러내지 않고 시력 검사를 통과하는 데도 성공했다. 하지만 그녀의 전략은 여성들에게 탈의 지시가 내려졌을 때 뜻밖의 난관에 부딪쳤다.

이전까지는 남성들만 단체 알몸 검사를 받도록 되어 있었는데 그 무렵에는 여성들도 알몸 검사를 받도록 규정이 바뀐 탓이었다. 제인은 조그만 부스에 들어가 블라우스와 브래지어를 벗으라는 지시를 받았다. 탈의를 하고 나오자 여성 장교가 그녀의 가슴 한 가운데에 숫자 10을 쓰고는 9번과 11번 여성 사이에 가 서 있으라고 했다. 제인은 그

때까지 벌거벗은 여자를 본 적이 없었다. 채핀 스쿨에서는 '젖가슴'이 란 단어가 금기어였다. 근시인데도 안경을 쓰지 않았던 제인은 결국 다른 여성들의 벌거벗은 가슴에 눈을 들이대며 번호를 찾아다닐 수밖 에 없었다.

제인은 장교가 될 수 있을 것으로 기대하고 해군에 입대했다. 하지 만 해군에서는 그녀가 매사추세츠 케임브리지의 롱이 음악원에 다녔 던 기간을 대학 2년과 같은 것으로 쳐주지 않았다. 제인도 굳이 이의 를 제기하지 않았다. 그녀는 일반 사병으로도 충분히 만족했다. 또한 입대한 아들의 희생과 공헌을 자랑하기 위해 창문에 별을 붙였던 다 른 가정과 달리, 제인은 자신이 받은 별을 어머니 앞에 내던지며 이렇 게 말했다. "별이에요. 엄마가 이걸 가지고 할 수 있는 일은 아무 것도 없을 걸요." 제인은 헌터 칼리지 훈련소에서 노래하는 소대에 배정된 것도 좋아했다. 워싱턴에서 복무할 때는, 아버지가 만들어준 작은 관 모양의 뮤직박스를 무척 자랑스러워한 장의사의 딸과 같은 침대를 썼 다.

"매일 그것을 바라보며 '도티, 너무 예뻐!'라고 말해주어야 했죠." 제인이 말했다.

* * *

1942년 말엽에는 워싱턴 D.C. 해군본부의 암호해독부도 늘어나는 인원을 감당하지 못해 육군 암호해독부와 마찬가지로 새로운 곳으로 장소를 이전할 필요가 생겼다. 몇백 명이던 직원이 불과 6개월도 못돼

천 명 이상으로 불어났으니 말이다. 이에 장소 물색에 나선 해군은 전형적인 엘리트 해군의 방식으로 워싱턴 북서쪽의 명성 자자한 구역에서 이전하기에 적합한 여자 초급대학을 발견했다.[38] 가까이에 아메리칸 대학, 워싱턴 국립 대성당, 다수의 외국 대사관과 같은 명소들이 있는데다 저택들도 많은 부촌, 텐리타운에 위치한 마운트 버논 대학이 그곳이었다. 알링턴 홀을 점유한 초급대학보다 더 엄격하고 인맥도 넓었던 마운트 버논은 외교관, 정치인, 각료, 그리고 (과학자 겸 발명가인) 알렉산더 그레이엄 벨을 비롯한 여타 토박이 워싱턴 거물들의 딸들이 나온 학교였다. 얄궂은 운명의 장난으로, 해군 암호해독부 창설을 도왔던 아다 콤스톡 래드클리프 칼리지 학장도 마운트 버논 대학을 다녔다. 마운트 버논은 고지대의 15만 4천 제곱미터나 되는 대지에 세워져 있었다. 그곳에 서면 버지니아주의 펜타곤은 물론이고 블루리지산맥과 메릴랜드주의 포트 미드까지도 보였다. 조지 왕조풍의 붉은색 벽돌 건물로 지어진 본관은 학교 출판물의 표현을 빌리자면 "여학생들이 운동할 자유는 누릴 수 있었지만 대중의 시선으로부터는 차단된" 닫힌 회랑들이 있는 큰 식당이었다. 이렇게 대중의 시선으로부터 여학생들을 지켜주는 곳이었으니 암호해독자들을 외부의 시선으로부터 보호하는 데도 물론 더할 나위 없는 장소일 터였다.

마운트 버논은 20세기 초에 지어진 뒤로 규모가 계속 확장되었다. 학생들의 방도 모든 침실이 하루 중의 어느 시점에는 반드시 햇빛이 들도록 배치되었다. 학교에는 욕실 딸린 기숙사 방, 음악실, 화실, 체육실과 실내 수영장, 학교 설립자인 엘리자베스 서머스의 초상화가 걸린 대형 홀도 있었다. 벽면에는 마운트 버논의 교육 이념인 '자신을 정복하는 자가 승리한다'는 뜻의 'Vincit qui se vinci'가 새겨져 있었다. 한 건물에는 모든 면의 치수가 정확히 일치하는 '수학의 문'도 있었다. 소음 방지를 위해 코르크 바닥을 깐 자습실도 있었고, 회양목으로 테두리를 쳐 식민지풍으로 조성한 정원도 있었으며, 감리교 예배당의 외관을 반영해 설계하고 전면을 백색으로 칠한 조지 왕조풍의 아름다운 예배당도 있었다. 그리고 이 모든 것들은 여성의 교육을 가치 있게 여긴 토박이 워싱턴 거부들이 출연한 기금으로 지어졌다.

마운트 버논의 이사들은 미 육군이 점유한 알링턴 홀뿐 아니라 그 무렵에는 미 육군 의무대의 차지가 되어 있던 메릴랜드주의 내셔널 파크 여자대학도 포함하여, 그 일대의 학교들을 무모하게 인수하려는 군대의 조치를 불안하게 지켜보고 있었다. 그들은 마운트 버논이 너무 협소하여 이용 가치가 없다는 결론이 나기만을 바랐다. 하지만 이들의 희망은 허사가 되어 1942년 12월 5일 마운트 버논 캠퍼스와 건물 9동의 소유권은 결국 해군에 넘어가고 말았다. 이후 해군 내부에서는 건물의 예배당 내부를 싹 비우고 2층짜리 사무용 건물로 개조한다는 이야기가 오갔다. 하지만 이 논의는 건축의 역사를 무시하는 행위로 널리 비쳤고 미국 건축가협회로부터 고소를 당하기도 했다. 예배당은 결국 살아남았다(학교가 새 부지를 찾는 동안 학생들은 가핑켈 백화점에서 수업을 받았다). 소유권이 넘어가기 전 조지 로이드 학장은 자정이 넘은 시각에 예배당 안으로 잠입하여 설립자의 성경책, 제단 십자가, 촛대 등의 제단 용구들을 몰래 가지고 나왔다. "그것들 모두 해군에는 불필요한 물건들이었지만 우리에게는 없어서는 안 될 중요한 것들이라고 느꼈기 때문이에요." WAVES 여성들이 업무를 시작하기 전 비밀을 누설하면 총살당할 수도 있다는 경고를 받은 곳이 바로 이 예배당이었다.

마운트 버논에 들어선 해군의 새로운 극비 암호해독부는 새들이 지저귀고 나무들이 아름답게 심어져 있어 믿을 수 없을 만큼 평화로운, 워싱턴 D.C.의 네브래스카 애비뉴 3801번가에 위치해 있었다. 해군 지도자들도 그 점을 감안해 이전하기 전 사전 모임을 갖고 분위기를 해치지 않을 시설의 명칭을 찾으려고 했다. 모임에서는 '해군 연구소'라든가 '해군 훈련소'와 같은 몇 가지 위장 명칭이 제시되었다.[39] 그러다 '해군정보국 별관'으로 정해졌었으나, 대다수 사람들은 그곳을 그냥 별관으로 부르든가 아니면 마운트 버논호 혹은 WAVES의 병영 D라고 불렀다. 학교가 매사추세츠 애비뉴와 네브래스카 애비뉴가 교차하는 워드 서클(미국 독립 전쟁 때 활약한 알테마즈 워드 장군의 이름을 따 붙여진 명칭이다) 가까이에 위치해 있다 보니 택시 기사들은 워드 서클도 WAVES 서클이라고 부르기 시작했다.[40] 해군정보국 별관의 비공식 뉴스레터를 보면 싱긋 웃는 얼굴로 WAVES 병영의 창문을 들여다보려고 애쓰는 워드의 동상이 만화로 그려져 있기도 한데, 이 병영도 이전한 지 몇 달 만에 길 건너 암호해독 단지 맞은편에 세워졌다. 잔디와 저택들 사이에 늘어선 반원형의 아름다운 막사들이었다.

엘리자베스 비글로가 해군에 입대한 1944년에는 암호해독 단지가 마치 높은 펜스에 둘러싸인 흉측한 가건물들 주위를 해병대가 지키는 대규모 야영지처럼 보였다.[41]

병영 D는 WAVES 병영들 가운데에서는 세계 최대 규모였고, 이곳의 거주 여성들은 사실상 모두가 암호해독자들이었다. 오래지 않아

이곳에는 미용실과 볼링장이 들어섰다. 여성들에게 침대와 키 큰 사물함들도 지급되었다. 밀크셰이크와 핫 퍼지 아이스크림으로 잘 알려진 현지 유명 레스토랑 체인인 핫숍이 요리를 제공하는 식당도 생겼다. 여성들은 24시간 연속으로 교대 근무를 했기 때문에 잠잘 시간이 부족했다. 수많은 여성들이 그렇게 한곳에 붙어살기는 그때가 처음이었다. 자엔 코즈는 임질 전염을 우려해 변소도 맨 마지막 칸만 사용했다.

해군정보국 별관은 병영 위쪽의 약간 경사진 곳에 세워져 있었다. 그러다 보니 여성들은 비가 오는 날이면 신발을 벗고 맨발로 물이 흘러내리는 언덕길을 걸어 올라갔다.[42] 장교들에게는 주급이 지급되고 영내 밖에 사는 것도 허용되었다. 한 여성 장교는, 밤새 잠도 안 자고 버티며 그녀가 일과 관련한 잠꼬대를 중얼거리기를 기다리던 별난 룸메이트와 하숙을 하기도 했다. 워싱턴 사람들은 해군정보국 별관에서 무슨 일이 벌어지는지에 대해 몹시 궁금해했다. 무장 해병대원들도 여성들의 배지와 가방을 검사했다. 해병대원들 중에는 과달카날과 같은 전장에서 충격적인 장면을 목격한 사람이 많았다. 이들에게 경비 임무를 맡긴 것도 그때 입은 정신적 외상에서 회복될 수 있게 하기 위해서였다. 앤 바루스도 오갈 때마다 자신에게 경례하는 해병대원들을 습관적으로 바라보았다.[43] 그녀에게는 태평양 전장에 나가 싸우는 남자 형제가 있었다. 그래서 해병대원들이 끔찍한 일을 겪은 사실을 알고 있었다.

해군 여성들에게는 계급도 주어졌다. 견장에는 그것이 Specialist Q(Communications Specialist: 통신 전문병)로 새겨졌다. Q에는 아무 뜻이 없었다. 그런데도 사람들은 그 의미를 매우 궁금해했다. 사교계에 데뷔했던 제인 케이스가 어느 날 위스콘신 애비뉴를 걷고 있을 때였다.[44] 그녀 앞에 차 한 대가 멈춰 서더니 태워주겠다고 했다. 전시 규정에는 군인을 보면 태워주도록 되어 있었고, 마침 비도 퍼붓고 있었기 때문에 제인도 그들의 제안을 고맙게 받아들여 차의 뒷좌석에 기어 올라탔다. 비옷 입은 남자가 운전을 했고 조수석에는 그의 아내가 앉아 있었다. 운전자는 차가 위스콘신 대로를 달리는 동안 제인에게 쉴 새 없이 질문을 퍼부었다. 정보국 별관에서는 무슨 일이 벌어지고 있느냐, 해군에서 그녀가 하는 일은 무엇이냐 등을 캐물었다.

제인은 항상 준비해놓고 있던 답변을 했다. "잉크병을 채우고 연필을 깎고 사람들이 필요로 하는 물건을 준다"고 말한 것이다.

"Specialist Q에서의 Q는 무슨 뜻인가요?" 그가 또 물었다.

그러자 제인은 웃으며, "Q는 communications를 의미해요. 그게 그러니까, 해군이 철자에는 좀 약해서요"라고 경박스럽게 말했다.

목적지인 병영에 도착하자 운전자가 건너편으로 와서 그녀를 위해 차 뒷문을 열어주었다. 그때 비옷의 소매 끝이 위로 약간 밀려 올라가며 금줄이 하나 보이고, 이어 몇 개의 금줄이 더 보였다. 제인은 그제야 운전자가 해군 장성인 것을 알았다. 그도 그녀에게 구면이라는 듯 희미한 미소를 지어보였다. 그는 제인을 시험했던 것이고, 그녀는 시험을 통과한 것이었다.

그렇다고 WAVES 여성들 가운데 제인만 그런 우연한 만남을 경험한 것은 아니었다. 루스 래더와 몇몇 다른 여성들도 워싱턴에 왔을 때 그런 일을 겪었다.[45] 훈련 과정이 끝나자 그들에게는 업무가 시작되기 전 며칠간의 휴가가 주어졌다. 사람들이 명소 관광을 추천하여 그들은 관광을 다녔다. 그렇게 다니던 중 그들은 다수의 낯선 남자들과 마주쳤다. 남자들은 그들에게 치근대고 술을 먹이며 이것저것 꼬치꼬치 캐묻는가 하면 심지어 그들을 유혹하려고도 들었다. 그런데 휴가를 마치고 첫 출근한 여성들이 인사를 하려고 보니 그 남자들이 있는 것이었다. 그들은 여성들의 품성과 분별력을 시험한 해군 장교들이었다.

마운트 버논에 와서도 여성들이 하는 일에는 변함이 없었다.[46] 다른 점이라면 주위 환경이 여유로워졌다는 것이었다. 여성들은 강의실로 쓰던 곳들과 새로 지은 임시 건물들에 분산 배치되었다. 체육관을 개조해 만든 카페테리아도 있었다. 단지 안에 문서들을 불태우는 소각장과 권총 사격장도 지어졌다. 단지 뒤쪽에, 장교와 전시 노무자들이 기거하는 매클레인 가든[부유한 매클레인가(개인 용도의 암호를 개발하려고 윌리엄과 엘리제베스 프리드먼 부부를 고용해놓고 임금을 잘 지불하지 않았던 《워싱턴포스트》의 발행인도 이 가문 사람이었다)의 사유지였던 곳에 지어졌다] 아파트 건물로 이어지는 통로도 만들어졌다. 공교롭게도 엘리제베스 프리드먼 역시 해군정보국 별관으로 이사를 와, 엄밀히 말하면 OP-2-G(해군정보국)의 감독을 받는 해안경비대 사무실에서 일했다.[47] 해안경비대는 미국의 참전을 앞두고 중립국 선박의 감시 임무를 맡고 있었는데, 그것이 대서양 일대에서 다량의 도청문을 수신하는 임무로 이어지고, 그것이 또 독일과 서반구 비밀 요원들 간에 주고받는 스파이 교신을 들여다보는 본격적 임무로까지 이어지게 된 것이었다. 엘리제베스는 그중에서도 아르헨티나의 비밀 기지에서 사용하는 변형 에니그마 암호를 해독하는 팀에 속해 있었다. 아그네스 드리스컬과 마찬가지로 그녀도 공직에 오랫동안 몸담았다는 사실이 무색하게, 전시에 신분이 민간인이라는 이유로 불이익을 받고 있었다. 그녀가 아닌 남성 장교가 팀장을 맡고 있었던 것이다. 엘리제베스는 입신출세주의자인데다 자기중심적으로 보이는 그와 자주 충돌을 일으켰다. 나중에 그녀는 "부서의 적절한 업무가 무엇인지에 대해 그와 자주 논쟁을 벌였다"고 하면서, 그녀가 보기에 부서는 중요한 일을 놓치고 있다는 느낌이 들었다고 말했다. 해군 여성들은 그런 사실을 알지 못했다. 엘리제베스 팀의 임무가 대 스파이 활동과 연관돼 있어 극도의 보안을 유지하다 보니 그들과는 업무상의 교류가 없었기 때문이다.

그 무렵에는 해군 여성들이 모든 부서에 배치돼 암호해독을 하고 정보 보고서를 작성하는 임무를 수행했다. 일부 여성들은 '부수적' 임무를 수행하는 부서에 속해 의회도서관과 그 밖의 기관들을 돌아다니며 선박명, 도시들, 유명 인사들, 크립으로 쓸 수 있는 것과 암호문 내용을 파악하는 데 도움이 될 만한 자료를 수집하기도 했다. 그들이 일하는 부서에서는 대학교 같은 쾌활한 분위기가 감돌았다. 버지니아 대학교 교수 출신으로 혈색 좋고 근면했던 셰익스피어 서지학자 프레드슨 바워스, 유명한 브리지 선수였던 오즈월드 저코비, 하버드 대학교 교수 출신으로 철학자 겸 수학자였던 윌러드 밴 오먼 콰인 등, 평시에 학구적 직업을 가졌던 예비역 남성 장교들이 많았기 때문이다. 그들 외에도 브린모어 대학교에서 고전문학을 가르치고 나중에는 호메로스의 『일리아스』도 번역한 리치먼드 라티모어, 출판업자를 대표하는 (찰스 스크리브너즈 선 출판사의) 찰스 스크리브너 주니어와 더블데이 출판사의 파이크 존슨, 그리고 엘리자베스 비글로에게 누구보다 뛰어난 수학자라는 인상을 주었던 배서 대학교의 엘리자베스 셔먼 '비바' 아널드라는 여성도 있었다.[48] 해군도 이렇게 많은 지식인이 모인 점을 고려해 부서명을 대학교수실로 지었다. 하지만 여성들은 그곳을 정신병동이라고 불렀다.[49]

물론 그것은 좋은 뜻으로 한 말이었다. 교수들도 여성들을 대학생다루듯 했다. 서지학자 프레드슨 바워스의 조수로 일하게 된 웰즐리출신의 수잰 하폴도 그런 경험을 했다.[50] 바워스는 《더 뉴요커》에 작품을 발표한 소설가 낸시 헤일의 남편이기도 했다. 수잰에게는 이 두사람이 매혹적인 문인 커플로 보였고, 따라서 그런 유명인들 곁에서일하게 된 것이 기뻤다. 바워스는 시간 가는 줄 모르고 일에 몰두하는사람이었다. 그런 그가 어느 일요일 수잰의 자리로 건너오더니 책상모서리에 걸터앉았다. 그리고는 담배 케이스에서 담배 한 개비를 꺼내 책상에다 신중하게 톡톡 치며 말했다. "하폴 양에게 죽음의 키스를해주려고 해."

"제가 뭘 잘못했나요?" 수잰이 불안하게 물었다.

"하폴 양을 당직 장교로 만들어주려고." 그가 약간 극적인 투로 말했다. 바워스는 수잰을 진급시키려는 것이었다. 당직 장교는 교대 근무 책임자였다. 그는 다른 방식으로도 수잰에게 친절을 베풀었다. 그녀가 오페라와 음악을 좋아한다는 것을 알고 그녀가 가장 좋아하는가수들의 78rpm 음반(rpm은 분당 회전수를 의미한다_옮긴이)을 선물한것이다. 종전이 되면 영국의 글라인드본 오페라 하우스에서 유명한 오페라를 감상하게 해주겠다고도 약속했다.

* * *

별관에서 일하는 여성의 수는 꾸준히 늘어 이윽고 남성의 수를 앞지르게 되었다. 1943년 7월에는 남성 장교가 269명, 남성 사병이 96명이었던데 반해 여성 장교는 96명, 여성 사병이 1,534명이었다. 그랬던 것이 이듬해 2월에는 여성의 수가 곱절 가까이 늘어나고 남성의 비중은 줄어들어 남성 장교가 374명, 남성 사병이 447명이었던 반면, 여성은 장교 406명에 사병도 무려 2,407명이나 되었다. 여성 병사의 수는 이후에도 계속 불어나 마운트 버논호에서 적국 해군의 암호해독 업무에 종사한 여성은 전체 인력의 80퍼센트에 달하는 4,000명이었다.

여성들로서는 메시지 내용을 비밀리에 접하는 것이 좋지 않은 면으로 눈이 뜨이는 경험이었다. 1943년 초에는 대다수 미국인들이 미국이 전쟁에서 이기고 있거나 혹은 승기를 잡고 있다고 믿도록 유도되었다. 그렇다고 그것이 꼭 틀린 정보는 아니었지만, 암호해독자들은 전반적인 피해 상황을 알고 있었기 때문에 그들보다는 좀 더 균형 잡힌 시각을 가질 수 있었다. 별관에는 암호를 해독하는 부서들뿐 아니라 전장에서 들어오는 미 해군의 암호 메시지를 수신하는 암호실도 있었다. 마저리 패더 소위가 피해 상황을 접한 곳도 이 암호실이었다. 출근 보고를 한 그녀에게 부여된 일은 미국 암호문의 송수신용으로 사용되고 있던 시끄럽고 투박한 전기암호기ECM를 작동시키는 것이다.[51] "암호문은 매우 분명하게 미국이 태평양 전역에서 지고 있다고 말하고 있었어요." 그녀가 훗날 당시를 떠올리며 말했다. 그녀는 전역에서 일어난 일을 생생히 기억했다. "사상자도 많고 선박들도 침몰하고 있었으며 잠수함들은 행방불명되고 있었죠." 패더 소위는 정부 뉴스와 비공식 진실 사이에 괴리가 큰 것에 충격을 받았다. "당직 근무를 마친 뒤 신문을 보니 일본군 사망자는 엄청나게 많고, 우리는 전쟁에서 이기고 있다는 헤드라인 기사가 실렸더군요. … 자랄 때 신문은 진실만을 말한다고 배웠던 제가 빠르게 프로파간다가 무엇인지를 알게 되었죠."

남성 지휘관들 중에는 여성을 정식 군인으로 보지 않은 사람들이 있었다. 여하사관 루스 쇼언도 소속 부대의 한 장교로부터 그런 대우를 받았다.[52] 그는 '섹시한 눈빛'을 가졌다고 말하며 그녀에게 치근거렸다. 커피를 타오라고도 시켰다. 루스는 그의 지시를 단칼에 거설하여 두 번 다시 그런 말을 못하게 만들었다. 그녀가 "나는 누구에게 커피 타다주는 일로 업무를 시작하고 싶지는 않아요"라고 말하자 장교는 움찔 놀랐다. 루스는 나이는 어렸지만 침착하여 그를 피하는 법을 알고 있었다.

그러나 다른 지휘관들은 여성들을 중요한 인적자원으로 보고 소중히 다루었다. 어느 날 자엔 코즈가 휘파람을 불자 신입 남성 소위가 선상에서는 휘파람을 불면 안 된다고 말하며 그녀를 '규칙 위반자 명단'에 올리겠다고 말했다.[53] 상부에 보고하여 징계 조치를 받도록 하겠다는 말이었다. 이에 그녀 부대의 지휘관(자엔 코즈는 나중에 한슨이라는 이름의 텍사스 사람으로 그를 기억했다)이 소위의 상관을 만나 불만을 토로하자(그녀는 그렇다고 들었다), 소위가 도리어 해상으로 보내졌다. 한슨은 암호해독자들이 일하는 방의 청소도 그의 휘하 장교들에게 시켰다. 책상을 닦거나 바닥 대걸레질하기도 포함된 그 청소는 본래 보안상의 이유로 암호해독자들이 하게 되어 있었다.

또 다른 날에는 이런 일도 있었다. 캘리포니아에 사는 가족이 오렌지 한 상자를 보내와 자엔 코즈는 쉬는 시간에 홀에 들어가 그것을 하나 먹었다. 미 해군의 두 거두였던 제임스 포레스탈 해군 장관과 어니스트 킹 미합중국 함대 사령관이 들어설 때도 그녀는 그곳에 서 있었다. 홀 입구에서는 오렌지 냄새가 풍겼고 그녀의 팔에서는 오렌지 즙이 흘러내렸다. 자엔은 창피함에 몸 둘 바를 몰랐다.

"수병, 보아하니 좋은 시간을 갖고 있는 것 같군." 포레스탈 장관이 멈춰 서 그녀를 살피며 말했다. 자엔은 바닥이 푹 꺼져 밑으로 사라져버리고만 싶었다. "장관님, 저는 캘리포니아 출신의 하찮은 수병인데요, 방금 집에서 오렌지 한 상자를 보냈습니다. 그래도 이런 곳에서 오렌지를 먹다니 꼴불견이죠." 자엔이 밑도 끝도 없이 그 말을 하자 포레스탈이 웃으며 이름을 묻고는 그녀와 한담을 나누기 시작했다. 그때 한슨이 나타났다.

"장관님, 이 여성은 제 부하 중 한 사람입니다." 한슨이 말하자 포레스탈이 물었다. "그래요, 중령의 골치를 많이 썩이는 여성입니까?" "썩이다마다요!" 한슨의 이 말에 두 사람은 함께 웃었다.

포레스탈은 그렇게 한바탕 웃고는 "하던 일 계속하게, 수병"이라는 말을 남기고 킹과 함께 가던 길을 계속 갔다. 이 일이 있은 뒤 자엔이 가끔 비밀 급보를 전해주러 가면 포레스탈은 '오렌지'라고 부르며 그녀를 맞았다.

자정 당직을 서는 부서 책임자였던 와이먼 패커드도 여성들을 소중히 다룬 또 다른 지휘관이었다. 태평양 전역에서 전시 복무를 마치고 돌아온 지 얼마 안 되었던 그는 여성 부서를 지휘하게 될 거라는 말을 듣고 처음에는 아연실색다가 이내 평정심을 되찾았다. 그는 등사기로 《미드워치 머머스Midwatch Murmurs》라 불린 브로드시트 판 신문을 발행해, 소프트볼 게임, 담배 품귀, 질병이나 스트레스로 병원에 입원한 사람 수, 결혼에 따른 개명을 다루는 뉴스를 여성들에게 전해주었다.[54] 여성들에게 기삿거리가 될 만한 소재나 '재미난 가십들'을 보내달라고도 했다.

패커드는 여성들에게 그들의 외관을 감시하는 일도 거북하지만 그의 임무라는 사실을 알려주었다. 그들에게 "남성들을 지휘하는 일은 어려울 게 없다. 그러나 여러분도 수긍하리라 믿지만 현 상황에서는 내가 곤혹스러운 입장이다"라고 하면서, 그 까닭은 여성의 의복이나 헤어스타일에 대해서는 아는 것이 없기 때문이고 그러니 "제복 규정을 준수하여 나로 하여금 불필요하게 황당한 일을 겪지 않게 해주기를 바란다"고 당부하는 메모를 썼다.

패커드는 통신 업무가 '해군에서 힘만 많이 들고 생색은 안 나는 일'로 정평이 나 있으며, 그중에서도 여성들이 일하는 부서는 열심히 일해도 멋져 보이는 구석이라고는 없고 고달프기만 한 곳이지만 그래도 해군에서 손꼽히는 주요 부서들 가운데 하나라고 하면서 여성들을 칭찬하는 메모도 썼다. "여러분은 끝 모르는 투지, 의무에 대한 진심 어린 헌신, 확고부동한 충성심으로 일하고 있어요. 그리고 그 점이 나로 하여금 여러분을 계속 칭찬하게 만듭니다."

여성들은 업무를 수행하는 과정에서 예전에는 미처 몰랐던 자기 안의 숨겨진 적성도 발견했다. 제인 케이스도 수학에 젬병이라는 말을 듣고 자랐으나 암호해독 부서에서 자신이 숫자에 재능이 있다는 것을 알게 되었다.[55] 그녀는 커다란 작업실에서 컨베이어벨트가 실어다주는 메시지를 살피는 일을 했다. 자신의 수학 실력을 이용해 JN-25 암호문의 첫 부분에 나오는 숫자들을 보고, 상부에 전달해야 할 만큼 중요한지 여부를 가리는 것이 그녀가 하는 일이었다. 제인은 (가령 중요한 암호문을 전달하지 않았을 때와 같은) 판단 착오가 파멸적인 결과로 이어질 수 있음을 알고 있었다. 그래서 결정을 내릴 때는 매우 신중을 기했다. 문제는 그것이 끝없이 이어지는 반복 업무인데다 항상 고도의 집중력을 유지해야 한다는 사실이었다. 그것이 그녀에게는 스트레스였다. 모든 메시지를 일일이 해독하기에는 양이 너무 많았다. "일본이 암호문을 보내면 산더미처럼 쌓이지 않는 때가 없었어요." 그녀가 나중에 당시를 떠올리며 말했다. 제인은 또 워싱턴 북서쪽의 고립된 구역에서 작업했지만, 쌓여가는 암호문 더미만 보고도 태평양 전역에서 주요 교전이 벌어지고 있음을 알 수 있었다. "트래픽 양만 봐도 큰 전투가 벌어지고 있다는 것을 알 수 있었죠."

태평양 전역에서 연합군이 본격적 공세를 취함에 따라, 해외에서 벌어지는 전투에 마치 소리굽쇠처럼 반응하며 엄청난 양의 일을 속도감 있게 처리하는 과정에서 전쟁의 흐름에 가속도가 붙고 있음을 체감한 것은 비단 제인 혼자만이 아니었다. 미국이 모래사장과 정글을 돌파하는 길고 지루한 혈전을 치른 끝에 1943년 2월 일본으로부터 과달카날을 안전하게 지켜내고, 이후 몇 달에 걸쳐 길버트 제도와 마셜

군도, 그리고 마리아나 제도의 사이판, 괌, 티니안섬으로 진격해 들어간 것이었다.

남성들이 전장에서 소름끼치는 임무를 용감하게 수행하자 해군 별관의 여성들도 있는 힘껏 그들을 도왔다. 군대의 공격과 상륙이 있기 전에는 항상, 마치 먼 곳에서 줄이 당겨지면 그 줄의 힘을 느끼기라도 한 듯 여성들의 작업에는 가속도가 붙었다. 상부로부터 휴가 취소를 알리는 메모도 하달되었다. 1943년 5월 25에도 JN-25 덧셈 암호 작업실에 "여러분 모두가 알고 있는 바와 같이, 우리는 지금 맹렬한 활동기가 될 것으로 예상되는 시기로 접어들고 있다"는 암호문이 들어오자, 앤 바루스와 다른 팀원들에게 작업 속도가 빨라진 사실이 외부로 누설되지 못하게 하라는 지시가 떨어졌다.[56] 별관 내의 다른 부서들도 예외가 아니었다. 메모에는 "가장 맹렬한 활동기가 정확히 언제일지는 알 수 없다"는 말과 함께 "그렇더라도 앞으로 사나흘은 수신되는 트래픽 양이 상당할 것인데, 그것들은 최대한 신속히 처리되어야 한다"는 말이 적혀 있었다.

메모 작성자 W. S. 위든은 과달카날 해전이 벌어질 동안에는 그 작업실이 업무 성과에 대한 표창도 받았다는 사실을 기록했다. "그런 일이 또 일어난다면 당연히 매우 기쁠 것이다." 또 다른 메모에는 JN-25 암호해독의 최고 책임자였던 찰스 포드 중령이 "24시간 작업 총량이 또 한 번 2,500건을 넘어서도록 여성들을 몰아치고 싶어 했다"는 내용이 기록되었다. 그 말은 포드가 원한 덧셈 암호 규명 건수가 하루 2,500개 이상이기를 바랐다는 뜻이었다.

메모에는 "그렇다고 포드가 여성들을 윽박지른 것은 아니고, 그의 의도를 정확히 말하면, 6월 8일에 수신되는 트래픽들 중 최고를 골라 필요하면 여분의 노력을 기울여서라도 최상의 성적을 내달라는 요구였다"고 적혀 있었다.

여성들도 그의 말에 따라 여분의 노력을 기울였다. 그리고 머지않아 위든의 메모에는 "어제는 그 작업실의 모든 여성들이 실로 눈부신 성과를 거두었다"는 말이 기록되었다. 여성들이 2,500건을 초과하는 데 그치지 않고 2,563건을 규명해냄으로써 그들이 세웠던 이전 기록마저 깬 것이었다.[57] 포드도 위든에게 이런 메모를 보냈다. "여성들에게 그들이 이뤄낸 결과를 축하한다는 말을 전해주게. … 개인과 팀이 하루하루 수립해가는 기록이 내게는 실로 놀라울 따름이네. 신기록이 수립되는가 싶으면 그보다 더 좋은 기록이 나오니 말일세."[58] 이것은 그가 예전에 보냈던 몇몇 다른 메모보다 더 큰 만족감을 나타내는 말이었다. 포드의 또 다른 메모에는 이런 내용도 적혔다. "부스러기들은 줍고! 재떨이를 이용하고! 빈병과 캔들은 버리고! 개인 용구는 말끔하게 유지할 것!"

여성들은 빠르게 책임 있는 지위로 올라갔다. 소위로 출발한 여성 장교들의 다수가 그 다음 계급인 중위가 되고, 중위에서 다시 대위로 올라서는 것은 물론 소령까지 진급을 한 것이다. 베티 하이엇도 처음에는 5자릿수 빈도를 세는 지루한 임무를 부여받았으나 이윽고 거의 모든 부서를 드나들 수 있는 허가를 받았다.[59] 그 무렵 미군은 적군에 점령된 태평양 섬들을 탈환하기 위한 공격을 벌이고 있었다. 그리고 그 과정에서 간혹 퇴각하는 적군이 남기고 간 암호 책자를 입수하기도 했는데, 1944년 한 해군 장교가 이목이 쏠리는 것을 피하려고 사업가 행세를 하며 돌아다니다 일본군 암호 책자를 입수했을 때도 베티 하이엇은 그 업무를 수행하고 있었다.[60] 해군 장교가 가져온 것은 불에 타다 만 몇 장을 제외하면 상태가 완벽한 최신 암호 책자였다. 게다가 그 책자에는 JN-25 최신 버전의 코드군들을 확인할 수 있는 암호 체계가 담겨 있어, 여성들은 그것으로 그동안 정리·보관해놓았던 그 체계의 메시지들을 모두 해독할 수 있었다. 베티도 이틀낮밤이 꼬박 걸리는 고된 작업을 자청하여 돕겠다고 나섰다. 훗날 그녀는 그 암호문에 "일본 배들의 위치와 그 배들에 무엇이 있었는지, 누가 타고 있었는지에 관한 정보와 군항 정보가 적혀 있었다"고 기억했다.

베티는 그 일을 할 때 해독된 메시지를 우선 취급 부서에 가져다주는 일도 했다. 한 번은 메시지를 들고 전달할 방으로 가 문을 여니 일본인이 기다리고 있었다. 그 모습에 놀란 그녀는 몸이 얼어붙은 채 문간에 서서 어쩔 줄을 몰랐다. 그 무렵 미국 정부는 자국민들에게 가장 독하고 강력한 대일본 프로파간다를 전개하고 있었다. 베티는 훗날 이렇게 말했다. "동양인은 누가 됐든 미국의 적이니 그들을 절대 믿어서는 안 된다고 배웠죠." 그렇게 알고 있었으니 그녀가 최악의 상황이 벌어져 해군 별관이 적군에게 점령되었다고 믿은 것도 무리는 아니었다. 게다가 암호해독부 여성들은 '이곳은 언제라도 적의 침입을 받을 수 있다'는 주의도 받은 참이었다. 베티는 끝까지 버티기로 작정하고 손에 든 자료를 내놓지 않았다. 그런 그녀에게 우선 취급 부서의 남성이 인자하게 웃으며 "난 미국인이에요"라고 안심시키는 말을 했다. 그는 미국에서 태어난 일본인 2세 니세이로, 암호해독부에서 번역자로 일하는 남성이었다. 그 말을 듣자 맥이 탁 풀린 베티의 입에서 저도 모르게 "미국인처럼 보이지 않는데요"라는 말이 불쑥 튀어나왔다. 그녀는 남은 생애 동안 그 말을 한 것을 계속 후회했다.

* * *

여성들 중에는 남성들 틈에서 일할 수 있으리라는 기대감을 가지고 해군에 들어온 사람이 많았다. 하지만 실망스럽게도 그들 대부분은 여성 일색인 부서에서 근무하는 것으로 군 생활의 끝을 맺었다. 그것도 모자라 해군은 여성들이 업무 내용을 소문내고 다닐 것을 우려해, 가령 이 병영 저 병영으로 옮겨 살게 하는 방식으로 그들 사이에 친밀감이 형성되는 것도 막으려고 했다. 하지만 그 전략은 실패했다. 그것도 완전히. 여성들이 옛 정체성을 깡그리 벗겨내는 자고이래의 군대 의식을 치러냈기 때문이다. 한 여성의 표현을 빌리면 "그리하여 그들은 더는 예전의 그들이 아니게 되었다." 여성들은 추운 겨울날의 행군, 훈련소 생활, 부인과 검사, 데이지 체인 방식에 의한 예방 접종, 알몸 신체검사를 통해 새롭게 태어났고, 그리하여 모두가 하나라는 인식을 갖게 되었다.

자료실(OP-20-G-L)에 속한 여성 수십 명도 끈끈한 우정을 형성하고 있었다. 자료실에서는 텔레타이프를 통해 들어온 최신 메시지들을 목록 카드에 타이핑하여 분류하고, 일치와 반복이 일어나는 단어들을 꼼꼼히 기록하는 일을 했다. 덧셈 암호 규명하는 일을 하는 여성들처럼 그들도 전장의 군사 행동에 반응하고 있었다. 일리노이주 소도시에서 사서로 일한 베티 앨런이 자료실에 도착했을 때도 그들은 일본의 알래스카 침략을 예상해 그곳 지도를 가지고 지명 색인을 만들고 있었다. 오래지 않아 베티도 끈끈한 우정을 나누는 이 여성들의 일원이 되었다. 미주리주 출신의 촌 여성 조지아 오코너, 보스턴의 양모 상인 가게에서 일한 린 램스델, '섹시한 눈빛'을 가졌다며 치근거린 장교의 코를 납작하게 해준 변호사 비서 출신의 여하사관 루스 쇼언도 마찬가지였다.

루스 쇼언은 그 여성들 가운데 유일한 유대인이기도 했다.[61] 그녀의 조부모가 미국으로 이민 온 헝가리계 유대인이었다. 루스는 대다수 미국인들이 그랬듯 그 무렵에는 아직 나치의 집단 학살 수용소에 대해 알지 못했다. 그런데도 애국심이 강해 미국인으로서 자기 몫을 다하고 싶은 생각에 체중도 미달이고 미성년이었는데도 입대를 했다. 루스는 뉴욕주 롱아일랜드의, 여러 계층 사람들이 혼재해 살고 종교적으로도 상당히 관대한 지역에서 성장했다. 비록 소녀 시절에는 아버지가 '독일계 미국인 동맹'의 회원으로 판명난 친구와 친하게 지내기는 했지만 말이다. 루스는 학교 성적도 뛰어나 고등학교도 한 학년 월반하여 열일곱 살에 졸업했다. 하지만 대학은 가지 못했다. 그녀는 가고 싶어 했으나 가계 수입에 보탬이 되는 일을 하라는 아버지의 반대에 막힌 것이다. 루스는 맨해튼의 변호사 사무실에 취직했다. 거기서 일하는 동안 선서 증언, 소환장, 소장을 비롯한 여러 법률 양식을 독학으로 익혔다. 그녀는 또 임금의 일부를 남자 형제의 수업료로 지불하면서 자신은 브루클린 칼리지의 야간 수업 과정에 등록하여 공부했다. 1943년 6월 입대할 때 해군을 택했던 것은 1차 세계대전 때 해군에서 복무한 아버지의 영향이었다. 미성년이었던 쇼언이 입대를 하려면 부모의 동의가 필요했는데, 아버지의 동의는 못 받고 어머니의 동의만 받았다. 500그램 정도 모자란 체중은 폭식을 하여 통과했다. 그녀가 사직을 하자 변호사는 눈물을 흘렸다.

루스는 자료실 여성들 중에서는 가족이 그들이 일하는 곳과 제일 가까운 곳에 살고 있었다. 그래서 새 친구들을 곧잘 집으로 초대했다. 부모님도 여성들을 대접하기를 매우 좋아하셨다고 루스는 말했다. 그녀의 양친은 여성들을 모두 예뻐해주었고 일요일이면 그들이 가고 싶어 하는 교회를 찾을 수 있게 도와주었다. 린 램스델도 "두 분은 우리를 한 무리의 병아리들처럼 대해주셨다"고 당시를 떠올렸다.

워싱턴에는 매주 금요일 밤 파티가 열리는 유대교 회당이 있었다. 루스는 이곳에서 1943년 말 데이브 머스키라는 군인을 만나 데이트를 했다. 데이트를 조금 하고 있을 무렵의 어느 때인가 데이브의 형제 해리가 데이브를 찾아왔다. 그런데 데이브가 대전차포 부대를 따라 해외로 파견되자 해리가 두 사람의 빈틈을 파고들며 루스에게 호감을 보였다. 자료실 여성들도 사교적이고 재미난 해리 머스키를 모두 좋아했다. 해리는 지프에서 떨어져 부상을 입은 적이 있어 건강을 회복하느라 미국 본토에 계속 머물러 있었다. 그러다 보니 데이트도 잦아져 루스가 교대 근무를 마치고 돌아올 때면 여성들은 "아래층에 누가 와 있게!"라며 그녀를 놀려대고는 했다. 루스는 데이트를 할 때 해리가 무슨 일을 하느냐고 물으면 화제를 다른 쪽으로 돌려버렸다. 그렇게 만난 지 두 달 후 저녁 식사 자리에서 해리가 돌연 "나의 아내가 되어 달라"며 그녀에게 청혼을 했다.

루스가 "난 너에 대해 아는 게 거의 없는데"라며 거부 의사를 밝히자 해리는 애교스럽게 "내 마음은 이미 결정됐다"고 말했다. 두 사람은 1944년 12월에 만나 이듬해 5월에 결혼했다. 루스의 친구들은 프렌치 레스토랑에서 그녀에게 축하파티를 열어주었다. 군대에서는 웨딩드레스가 민간인 복장으로 간주되어 루스는 착용 신청을 하고 허가를 받은 뒤에야 입을 수 있었다. 결혼 휴가도 엿새밖에 얻지 못해 드레스를 고르고, 예식을 준비하고, 식을 치르고, 뉴욕주 캐츠킬로 신혼여행 가는 일을 모두 그 기간 내에 마쳐야 했다. 루스의 결혼식에는 통신 전문병들(Specialist Q)인 자료실 여성 모두가 참석했다. 휴가를 낸 여성도 있고 잠시 짬을 내 무단 외출한 여성도 있었다.

자료실에서 루스 다음으로 결혼한 여성은 조지아 오코너였다.[62] 가난한 집 출신이었던 그녀는 전시에는 시카고의 나치 첩자를 색출하는 일을 했지만 프랑스의 유명 휴양지 칸 부근에 가족 별장도 보유하고 있는 부유한 출판업계 상속인과 결혼했다. 상류층 여성인 그녀의 시어머니가 아버지의 직업을 묻자 오코너는 솔직하게 "돼지를 친다"고 말했다.

당시에는 그런 일이 비일비재했다. 평상시라면 상상도 못할 남녀 간 만남이 전시의 격동기에는 정상이 되었다.

여성들은 불투명한 미래를 안고 현재를 살았다. 군인을 만나 데이트를 네 번이나 했는데도 청혼을 못 받으면 그와의 연애는 실패한 것으로 받아들였다. 로맨스는 당연히 일터에서도 꽃을 피웠다. 웰즐리 출신의 마지 보인턴도 하버드 대학교 교수 윌러드 밴 오먼 콰인과 정신병동에서 사랑의 싹을 틔워 종전이 되고 몇 년이 지난 후 결혼을 했다.

＊＊＊

해군 별관의 여성들은 함께 힘을 모아 아그네스 드리스컬이 토대를 놓은 해군 암호를 해독하고 재해독했다. 섬 간 암호도 해독하고 일본 해군의 움직임을 추적하는 일도 계속 도왔다. 그런데도 미드웨이 해전과 같은 유명 전투들에서 미국이 승리한 공로는 태평양 전역에서 활동한 조지프 로슈포르, 토머스 다이어, 에드윈 레이턴 같은 남성들이 차지했다. 물론 그들에게도 영예를 차지할 자격은 있었다. 하지만 태평양 전역에서 미국이 거둔 승리는 개인들이 거둔 성과가 아닌 집단이 거둔 성과였다. 프랭크 레이븐도 나중에 이렇게 말했다. "태평양 전쟁의 미 해군 역사는 시스템의 역사고, 그러므로 시스템으로 기록되어야 합니다. 다수의 뛰어난 개인들이 있었던 것은 사실이에요. 그렇다고는 해도 미드웨이 해전에서 승리한 공로나 주요 암호 체계를 부순 공로를 어느 개인이 차지하는 것은 옳지 않습니다. 그것은 공동 작업이었으니까요."[63]

그 공동 작업을 수행한 사람들이 바로 여성들이었다. 해군 별관의 거의 모든 부서에서 여성 병사의 수가 남성 병사의 수를 압도하고 있었으니 말이다. 1945년 해군 별관에서 태평양 전역의 암호문 해독에 종사한 인력은 남성 군인 254명, 여성 군인 1,252명, 민간인 33명이었다. 하지만 비록 공적 영예는 차지하지 못했지만 몇몇 여성들은 그들이 일하는 밀폐된 작은 방들에서 전설이 되었다. 해군 내부의 한 메모에도 WAVES의 한 여성이 "등외로 분류돼 있던 메시지들에서 덧셈 암호를 정확히 밝혀낸 실력을 인정받아 일 년 동안은 그 외의 다른 업무를 보지 않아도 되는 특권을 누렸다"[64]고 감탄하는 글이 적혀 있었다.

해군 별관의 인력 대부분이 여성이었던 점은, 아니 좀 더 정확히 말해 여성들이 해외로 파견되지 않았던 점은 병참적 문제도 야기했다. 남성들 중에도 해외 복무를 쉬고 싶어 하는 사람들이 있었고 여성들 중에도 그들을 대신해 해외로 나가고 싶어 한 사람이 많았다. 하지만 이 두 가지 바람 중 어느 것도 실현되지 않았다. 수잰 하폴만 해도 매년 전출을 원하는지를 묻는 질문지를 받을 때마다 해외로 나가고 싶다는 뜻을 밝혔으나, 그에 대한 반응은 한결 같았다고 말했다.[65] "귀관의 요청서를 받았으나 규정에는 남성만 해외로 파견하도록 나와 있다는 것이었어요. 매번 그런 식이었죠. 그럴 때마다 '간호사는 파견하면서 해군 여성은 왜 안 된다는 거지?'라는 생각이 들더군요."

가우처 출신의 프랜시스 스틴도 비행기 조종이 하고 싶어 비행학교에 보내달라는 요청을 했다가 거절당했다. 그녀는 결국 자력으로 버지니아주의 워싱턴 내셔널 공항(지금의 로널드 레이건 워싱턴 내셔널 공항_옮긴이)에 가서 이론 시험을 보고 비행기 조종술도 배웠다.

여성들이 능력을 입증하자 별관에 남은 소수의 남성 장교들은 여성들이 할 수 있는 것과 할 수 없는 것을 즉흥적으로 판단해야 하는 문제에 부딪쳤다. 여성 장교들에게 사격을 가르쳐야 될지를 결정하는 것도 그런 문제들 가운데 하나였다.[66] 한 남성 장교는 직원 회의에 그 문제를 상정했다. 해군 별관의 암호실들에는 불청객이 들어오면 언제든 사용할 수 있도록 권총이 비치돼 있었고, 폐기된 문서들이 담긴 '소각용 자루들'을 소각장으로 가져갈 때도 권총 찬 장교들이 운반인 곁에서 호위를 했다. 그런데도 남성들은 그 문제가 회의석상에 제기되고 나서야 비로소 WAVES에게 사격술을 가르쳐야 될지를 말해주는 뚜렷한 지침이 없다는 사실을 깨달았다. 결국 그 문제는 회의실의 누군가가 다른 부서에는 여성의 사격을 허용한다고 말하자 그들도 즉석에서 그렇게 하기로 결정하는 것으로 결론이 났다. 그 덕에 프랜시스 스틴도 권총 사격장에서 사격 훈련을 받았고, 수잰 하폴, 앤 화이트도 사격술을 배웠다. 그들의 지휘관은 훈련 중에 제복의 라인이 망가진다며 소형 권총이 필요하겠다는 농담을 하기도 했다. 1943년 9월의 메모에는 "권총 사격 훈련이 만족스럽게 진행되고 있다"는 말이 기록되었다.

남성 지휘관들이 직면했던 곤란한 문제는 또 있었는데, 교대 근무조에서 일하는 남성들에 대한 여성 장교들의 감독 권한(그 무렵에는 많은 여성들이 진급하여 남성 장교들에 대한 감독권이 있었다)을 어느 정도나 부여할지에 대한 것이었다. 그것은 논쟁적인 주제였다. 규정에는 WAVES 장교와 남성 장병들 간의 관계가 민간인 교관과 장병들 간의 관계와 같다고 제시돼 있었다. 그 말은, WAVES 장교는 부대 내에서는 남성 장병들에게 교관으로서의 권위를 갖지만 부서 밖에서는 갖지 못한다는 뜻이었다. 회의록에도 WAVES는 남성 장병들의 경례를 받을 권리가 있다는 말과 함께 "다만 규칙으로서가 아닌 예외적으로 그럴 수 있다"는 단서가 붙었다.

* * *

암호를 해독하는 과정은 피를 말리는 고된 작업이었고 여성들은 그 일을 진지하게 받아들였다. 엄청난 작업 분량과 일처리 속도 때문에 병에 걸리는 여성도 많았다. 제인 케이스도 감염성 단핵구증에 걸려 베데스다 해군 병원에 한 달이나 입원해 있었다. 입원해 있는 동안 그녀의 사교계 데뷔 경력을 알 턱이 없던 담당 의사가 "사회적 지위 좀 높여 보려고 군에 입대했나 보네"라고 말하는 것을 듣고 그녀는 실소를 금치 못했다.

지역단체들도 해군 여성들에게 성의껏 경의를 표했다. 도심의 해군본부를 비롯해 워싱턴 일대의 다양한 구역에서 일한 WAVES 구성원이 10만 명이나 되었으니 그럴 만도 했을 것이다. 젤레프 백화점은 자사 주최의 패션쇼에 해군 여성들을 모델로 기용했고, 헥츠 백화점은 해군 여성의 날을 가졌다.[67] 해군 여성들은 공공시설에도 거의 무료로 입장했다. 전시 배급제가 실시되고 있었지만 해군 여성들은 선내 점포에서 장신구, 담배, 나일론 제품 같은 물건들도 살 수 있었다. 비번일 때는 국립동물원과 워싱턴 기념탑을 구경하러 가거나 국립미술관의 원형 홀에서 개최되는 연주회를 보러가기도 했다. 비올라 무어가 의회도서관에서 부다페스트 현악 사중주단의 연주회가 열린다는 소식을 듣고 그 말을 전해주자 여성들은 야간 근무가 끝난 뒤 오전 8시부터 표를 사기 위해 줄을 섰다.[68] 표 값은 25센트였다. 지금의 워터게이트 건물 부근에 있던 유람선에서도 (분투 중이던) 워싱턴 오페라단(워싱턴 내셔널 오페라단의 전신)의 무료 공연이 열려 여성들은 계단에 앉거나, 카누를 빌려 노를 저어 가 공연이 시작되면 진창에 노를 눕혀놓고 음악을 들었다. 국회의사당에서도 미 해병 군악대의 연주회가 열렸으며, 헌법회관에서는 내셔널 교향악단의 연주회가 개최되었다. 여간한 용기 없이는 들어갈 엄두를 내지 못했을 버지니아주의 리버밴드라 불린 노변 술집을 찾아 춤을 추며 신나게 노는 여성들도 있었다.[69]

자유분방한 어머니를 둔 자엔 코즈도 이따금씩 민간인 복장을 하고 그녀 말을 빌리자면 남몰래 "도시의 음침한 곳"으로 가서 (흑인 여성 가수) 어사 키트의 노래를 들었다.[70] 금요일에는 프랭크 시나트라가 노래하는 클럽 400도 찾았다. 그런 곳에서는 맥주 한 피처 가격이 단돈 몇 센트밖에 되지 않았다. 부두에 나가면 물 좋은 생선도 살 수 있었다. 자엔은 브리지 게임과 게임을 하면서 내기하는 법도 배웠다.

워싱턴에는 윌라드, 칼튼, 스타틀러, 메이플라워 등 고급 호텔이 많았다. 그리고 이 호텔들의 무도장에서도 미국의 각 주들이 주최하고 빅 밴드 재즈와 스윙 댄스로 흥을 돋우는 댄스파티가 자주 열렸다. 여성들은 아메리칸 대학에 가서 해군 장병들의 야구 시합도 구경하고, 체서피크만에서 뱃놀이도 즐겼다. 극장들도 철야 영업을 했으므로 영화도 아무 때나 관람할 수 있었다. 누구를 만나게 될지도 알 수 없었다. 한 해군 여성은 대위와 저녁을 먹으러 나갔다가 우연히 아이젠하워 부부와 대화를 나누었으며, 또 다른 여성은 상이군인들을 위한 파티장에서 루스벨트 대통령을 만났다.

해군 여성들 다수는 살림을 해본 적이 없어, 병영 밖에서 살게 된 여성들은 조개탄을 어디서 구하는지도 몰랐고 해병들이 파티장에 가

저오는 고깃덩어리를 어떻게 조리하는지도 몰랐다. 여성 장교들이 모여 살던 한 가옥에는 거주 인원은 일곱뿐인데 침대는 여섯뿐이어서 침대가 비면 자리를 선점하기 위한 쟁탈전이 벌어졌다.[71] 베갯머리에 쪽지를 남기는 방식으로 물건을 거저 주거나 할인율이 높은 호텔과 레스토랑에 대한 정보도 서로서로 주고받았다.

여성들은 여행도 했다. 운임 할인이 되는 기차를 타면 어디든 다닐 수 있었다. 로키 마운틴 로켓과 같은 낭만적 이름이나 '꿀꿀이와 느림보'라는 별칭을 가진 열차들도 있어 원할 때 그것들을 타볼 수도 있었다. 36시간 휴가를 얻은 여성은 뉴욕시를 방문할 수 있었고 72시간 휴가를 얻은 여성이라면 그보다 더 먼 곳도 가볼 만했다. 메리 루도 아이다 메이 올슨의 초대를 받아 콜로라도에 있는 그녀의 고향 집을 함께 찾았다.[72] 양친이 자동차 사고로 사망한 뒤 부유한 삼촌이 자신을 어떻게 해야 할지 고민하는 것을 보고 WAVES에 입대한 그녀는 아이다 메이의 고향에서 일군의 아메리카 원주민을 보고는 깜짝 놀라 그들이 사람을 공격하는지 물었다. 건조지의 농장을 보고는 보드라운 흙 위를 맨발로 뛰어 다녀도 되는지 물어보기도 했다. 도시내기인 그녀로서는 결코 해보지 못한 일이었다.

여성들은 군용기도 타보았다. 제인 케이스가 아버지의 임종이 가까워졌다는 소식을 듣고 부대 지휘관의 배려로 긴급 휴가를 얻어 군용기를 얻어 타고 뉴욕까지 간 것이다.[73] 하지만 가보니 아버지는 이미 상태가 악화되어 딸을 알아보지도 못했다. 제인은 늘 자신이 '통신병'으로 근무한다고 말하면 해군을 위해 일한 적이 있던 아버지가 그 말뜻을 알아듣고 자신을 자랑스러워하리라는 생각을 했었는데, 이제는 그 기회가 영영 사라진 것이었다.

여성들은 하숙집에서도 다양한 사람들과 교류했다. 수잰 하폴도 워싱턴의 명문가 출신인 커빙턴 부인이 운영하는 하숙집에 기거할 때 캐나다인 및 백계러시아인(러시아 바깥에 거주한 반볼셰비키-반소비에트파 러시아인_옮긴이)들과 식사를 하면서 지적 자극이 되는 대화를 끊임없이 나누었다. 하숙집에는 온갖 배경을 가진 사람들이 다 모여들었다. 그러다 보니 수잰에게는 전시가 마치 창의적 사고를 하게 하고 삶이란 무엇이며 공동체란 무엇인가에 대해 관심을 가질 수 있는 기간처럼 여겨졌다.[74] 해군 별관의 주간 프레젠테이션 시간에는 전황과 관련된 최근 소식을 들을 수 있었다. 수잰에게도 군견 소대(적의 매복병을 찾는 데 훈련받은 군견을 이용했다)를 지휘하는 해병 남자 형제가 있었기 때문에 첫 군견 소대가 뉴기니의 부건빌섬에 상륙했다는 발표자의 말을 듣자 저도 모르게 "그 지휘관, 내 남자 형제예요!"라고 소리를 지를 뻔 했다.

여성들은 자유를 만끽하는 과정에서 미국의 추한 면과 관련된 의외의 사실도 알게 되었다. 워싱턴이 인종차별적인 공교육 시스템을 운영하고, 도시에서 가장 낙후되고 가난한 구역을 흑인 거주지로 배정하는 등 여러 가지 면에서 남부 도시와 다를 게 없다는 것을 알게 된 것도 그중 하나였다. 버지니아주와 가까운 곳일수록 상황이 더 심각했다. 마저리 패더도 결혼식 뒤 짧은 신혼여행을 다녀오려고 기차를 탔다가 남부 도시에서나 일어날 법한 일을 겪었다. 빈 좌석이 많아 텅텅 빈 객차에 앉아 있는 그들에게 승무원이 다가오더니, (이곳은) 유색인 전용 칸(그들은 그런 것이 있는 지도 몰랐다)이라고 하면서 백인 전용 칸으로 그들을 안내한 것이었다. 낸시 돕슨도 워싱턴 D.C.에서 버지니아행 버스를 탈 때마다 어이없는 일을 겪었다. 버스가 버지니아 주로 넘어가는 다리 중간에만 오면 아프리카계 미국인 승객들이 자리에서 일어나 일제히 뒷자리로 옮겨갔고, 그 순간 버스 안에는 '죽음과도 같은 정적'이 감돌았다는 것이다. 브린모어 대학을 나온 프랜시스 린드도 가구를 구입해야 될 필요가 생겨, 소형 트럭을 가진 아프리카계 미국인 두 명을 고용해 시내로 가구를 사러 갔다가 그와 유사한 일을 겪었다. 필라델피아 출신이어서 인종차별 문제를 알 리 없던 그녀가 그들과 함께 차에서 내리려고 하자 두 흑인이 기겁을 하면서 백인 여성이 그들 곁에 앉았던 사실이 탄로 날까 봐 벌벌 떤 것이었다.

전쟁의 여파로 사회 변화가 일어나고 민권운동가들이 그 변화의 끈을 이어나가려 함에 따라, 워싱턴과 미 전역에서는 간헐적 불안이 야기되었다. 1944년에는 영부인 엘리너 루스벨트와 밀드러드 맥아피 WAVES 단장이 아프리카계 미국인 여성도 WAVES에 입대할 수 있는 권리를 얻어내는 데 성공했다.[75] 하지만 고루한 사고방식을 가진 사람들은 여전히 '인종적 실험'을 하지 않으려 했고, 해군 별관의 고위 지휘관들 중에는 심지어 비정통적 배경을 가진 신참자 모두를 보안 위험을 초래할 수 있는 사람들로 간주하는, 편집증에 사로잡힌 사람들도 있었다. 조지프 N. 웽거 중령도 1945년 6월에 작성한 메모에서, 해군정보국 별관에 유색인 WAVES를 고용하는 문제를 연구해보았으나, 그랬다가는 암호해독 부서의 통합이 위태로워질 것 같다고 기록했다.[76] 그러고는 보안이 생명인 부서에서 그런 심각한 결과가 예상되는 실험을 하는 것은 어리석다고 결론지으면서 해군에는 그런 실험을 하다 곤란한 일이 생겨도 심각한 위험에 빠지지 않을 다른 부서들이 많다는 의견을 내놓았다. WAVES의 흑인들은 결국 그들이 가진 애국심, 지성, 재능을 다른 분야에서 발휘해야만 했다. 아쉽게도.

* * *

여성들은 일만 열심히 한 것이 아니라 재미난 일도 겪었다.[77] 암호실도 예외가 아니었다. 어느 날 저녁 제인 케이스의 작업실에 해군 장성이 들른다는 소식이 전해져 이튿날까지는 방을 말끔하게 유지해야 될 필요가 생겼다. 제인은 그 방에서 덩치가 아기 코끼리만하여 다루기 힘든 버핑 머신 작동하는 일을 했다. 그래서 스위치를 켰으나 아무 소식이 없어 테이블 밑을 살펴보니 플러그가 빠져 있어 그녀는 테이블 밑으로 기어들어가 플러그를 꽂았다. 그러고는 문제가 해결됐다고 기뻐하며 테이블 밖으로 나와 보니 기계가 작업실 여기저기로 날아다니고 있었다. 제인이 날뛰는 기계를 간신히 진정시켰을 무렵에는 사무실이 난장판이 되어 있었다. 여성들은 결국 사방에 흩어진 메시지들을 밤새 주워 담은 뒤에야 페인트칠을 한다 청소를 한다 하며 때 빼고 광내는 일을 할 수 있었다.

제인은 암호실의 두 여성이 하는 행동도 흥미롭게 지켜보았다. 벽에 함께 기대 앉아 다량의 메시지를 타이핑하는 것이 그들이 하는 일이었다. 제인은 두 여성을 머트(머틀)와 거트(거트루드)로 생각하기를 좋아했다. 한 여성은 결혼하여 남편이 있었고 또 한 여성은 약혼자가 있었지만, 두 남성 모두 전쟁 통이라 멀리 떨어져 있다 보니 여성들은 그 틈을 타 여러 남성과 바람을 피우고 있었다. 제인은 그들이 대위 아래 계급의 남성들과는 데이트를 하지 않았고, 데이트 상대에 대해서도 동네방네 떠들고 다녔던 것으로 기억했다. 그 방의 사람들은 머트와 거트가 밀회 중에 성관계를 했을 것이라고도 거의 확신했다. 제인은 채핀 스쿨을 다닐 때 남성과 데이트 하려면 그 전에 정식으로 소개를 받아야 한다고 배웠고, 때문에 전쟁이 끝날 때까지 데이트 한 번 변변히 해보지 못했다. 나중에 그녀는 "돌이켜보면, 여러 남성과 데이트를 할 수도 있었는데 그러지 못했다는 아쉬움이 든다"고 하면서, "그 규칙이 평생 내 삶을 옥죄었다"고 말했다.

사교생활은 다른 여성들에게도 암호해독 못지않게 피곤한 일이었다. 배서 대학교를 나온 이디스 레이놀즈도 그런 경험을 했다.[78] 그녀는 한때 영국군의 노새 수송부대를 지휘한 적이 있는 아일랜드인 소령(진정한 노새몰이꾼이었다)의 열렬한 구애를 받았다. 그녀가 별로 탐탁해 하지 않았던 또 다른 남성의 구애도 받았다. 그런데 이 남성은 시애틀에 사는 자기 어머니까지 비행기로 실어와 이디스에게 대면을 시켰다. "아들이 아가씨와 먼저 낯을 익히라고 해서 왔어요"라는 그녀의 말에 이디스가 어리둥절해하며 "먼저 무슨 낯을 익힌다는 거예요?"라고 되물었다. 그 말을 하고 나니 퍼뜩 그 남성이 자신과의 결혼을 염두에 두고 있다는 생각이 머리를 스쳤다. 이디스는 그와 결별하고 룸메이트와 결혼했다.

영화관에 갔다가 인연을 만난 한 여성도 있었다.[79] 표를 사려고 매표소에 줄을 서 있다가 뒤에 해군 장교가 있는 것을 깨닫고 고개를 돌려 인사를 한 것인데, 허둥대는 그녀의 모습에 반한 그가 그녀와 연락처를 주고받은 것이 결혼으로 이어졌다. 이디스 레이놀즈는 살고 있던 하숙집 파티에서도 재미난 남성을 발견했다. 에그노그(우유를 주재료로 하는 음료)에 달걀을 능숙하게 깨뜨려 넣는 남성이었는데, 알고 보니 그는 배관공이었다. "배관을 고치러 왔다가 하도 재미있어 보이기에 그냥 눌러앉아 있었죠." 그가 이디스에게 말했다.

여성들은 열심히 일했고, 따라서 스트레스를 푸는 것이 당연했다. 문제는 그것이 이웃 주민들의 불편을 야기한다는 것이었다. 1943년 6월 16일 해군 별관의 E. E. 스톤 대령에게 제임스 만이라는 한 워싱턴 변호사의 항의 편지가 배달되었다. "이런 편지를 쓰기가 주저됩니다만, 부디 제 뜻을 오해하지 말아주십시오"[80]라고 서두를 꺼낸 그는 이렇게 말을 이어나갔다. "네브라스카 애비뉴와 위스콘신 애비뉴 사이 반 네스 거리의 북쪽에 사는 주민들은 밤 11시부터 새벽 2시 반까지는 잠을 이루지 못합니다. 별관의 젊은 남녀들이 비정상적으로 내는 큰 소음 때문이지요. 이번 주 어느 새벽 1시 30분에는 WAVES 여성들이 고성방가를 하며 반 네스 거리 한복판을 휘젓고 다녔고, 그로부터 5분인가 10분이 지났을 무렵에는 해군 남성 두 명이 큰 소리로 노래를 부르며 지나가더군요." 변호사는 이런 일들을 낱낱이 고해바친 다음 화가 난 투로 이렇게 적었다. "WAVES 여성과 남성들의 친밀감이 높아질수록 그들의 행동도 본능을 따르게 되어 반 네스 거리가 이제는 아주 음란 장소로 변했습니다."

스톤 대령은 변호사에게 편지를 보내준 데 대한 사의를 표하고 "귀하가 말씀하신 불쾌한 상황이 끝날 수 있도록" 노력하겠다는 답신을 보냈다.

해군도 어느 정도는 여성들이 기분 내는 것을 허용해주었다. 하지만 그에 따르는 결과에는 단호했다. 임신을 허용하지 않은 것이다. 제인 케이스도 병영에 살 때 한 여성의 몸이 불어나는 것을 보았다. 그때를 돌이켜볼 때 무엇보다 놀라웠던 것은 '임신한 여성에 대한 조용한 무시'였다고 하면서 제인은 이렇게 말했다. "사람들은 스쳐 지나가며 그녀에게 안녕이라고 인사를 건네는 게 전부였고, 나도 그들처럼 행동했어요. 내게 그 일은 너무도 충격이었거든요."

임신에 대한 징계는 굴욕과 함께 전역시키는 것이었다. 그 말은 임신한 병사는 해군의 전통인 '비사법적 징계' 절차에 따라 규칙 위반을 가리는 심문을 받아야 한다는 뜻이었고, 몇몇 임신한 여성들이 그 대상이 되었다. 자엔 코즈도 그때를 떠올리며 이렇게 말했다. "여성들이 모두 병영에 살 때였죠. 임신한 여성이 몇 명 있었어요. 그래서 그녀도 비사법적 징계 절차에 따라 심문을 받고, 배지와 갈매기표 수장이 제복에서 뜯겨 나가는 것을 뻔히 지켜보는 굴욕을 당했습니다. 불행한 일이었죠. … 여성들 모두 그 자리에 서서 소리 내 울었습니다. 그 상황이 너무 슬퍼서요."

결혼을 했다고 해서 임신이 허락되는 것도 아니었다. 1943년 말 베아트리스 노턴은 결혼한 상태에서 임신을 했다.[81] 그래서 그 사실을 상관들에게 알리자 그들은 이런 반응을 나타냈다고 한다. "그들은 어이가 없어 하며 사흘 내에 제복을 벗으라고 하더군요. 그러면서 그 정도면 명예 제대인줄 알라고 말하는 것이었어요." 그녀의 팀장인 프랭크 레이븐이 규칙의 부당함에 분노하며 민간인 신분으로라도 업무에 복귀하게 해달라고 간청했지만 그녀는 지치고 화가 난 나머지 12

월에 사직을 했다. 브린모어 대학을 나온 프랜시스 린드도 비슷한 일을 당했다. 일본의 쌀 상인과 섬 기상예보관들이 사용하는 암호를 해독하고 있던 그녀는 그 일을 자신이 상상할 수 있는 가장 재미난 일이라고 여겼다. 대학교 때 사귀던 남자친구와 결혼했을 때도 임신이 되는 걸 피하려고 노력했다. 하지만 친정어머니도 사망하고 없는 데다 피임법을 알려주는 사람도 없어, 그녀는 여성용 콘돔인 질격막(다이어프램)을 사용하는 법도 몰랐다. 프랜시스는 신혼여행 중에 임신을 했다.[82] 자신이 좋아하고 가치 있다고 생각하는 일을 수행하는 평판 좋은 해군 장교였던 그녀는 그렇게 해서 한순간에 남편과 몇몇 다른 동거인들과 살아가는 고립된 가정주부가 되고 말았다. 치수에 맞는 유일한 해군 제복이었던 비옷도 엄밀히 따지면 이제부터는 입을 자격이 없어졌다. 프랜시스는 살림을 꾸려나가는 데도 애를 먹었다. 전시 배급제가 실시되었다고는 하지만 며칠간 구할 수 있는 식량이 볼로냐 소시지와 파인애플 통조림뿐일 때도 있었고, 그래서 두 식재료만으로 음식을 만들어 내놓으면 동거인들은 타박을 했다. 아들이 태어난 뒤에는 어린아이가 주는 즐거움을 잠시 맛보기도 했지만, 나중에는 심각한 산후 우울증을 겪었다.

그녀는 회고록 『나의 무용담Saga of Myself』에서 모든 것을 가진 존재였다가 아무 것도 아닌 존재가 된 것처럼 느껴졌다고 당시를 회상했다.

* * *

여성들은 장교와 사병들 간의 친교를 막는 신성한 해군 규칙도 곧잘 무시했다. 수잰 하폴이 살던 커빙턴 부인 하숙집에는 노스캐롤라이나주 플로라 맥도널드 대학교를 나온 로버타라는 사병이 있었다. 둘은 같은 사무실에서 같은 일을 했다. 그런데도 친구로 지내지 않았다면 그보다 더 우스운 일도 없었을 것이다. 하숙집에는 알링턴 홀(육군 암호해독부)에 근무하는 여성도 두 명 있었다. 네 사람은 뉴욕주의 윌리엄스버그, 버지니아주의 루레이 동굴, 뉴욕시 등으로 함께 여행을 다녔다. 하지만 그렇게 어울려 다니면서도 자신들이 하는 일에 대해서는 입도 벙긋하지 않았다. 그들은 윌리엄스버그의 롤리 태번과 버지니아주의 하우스 오브 버제스를 보고 감탄을 하면서도 정작 서로가 암호해독자라는, 그보다 더 흥미로운 사실에 대해서는 알지 못했다.

워싱턴에서 근무하는 해군과 육군의 암호해독부 여성들에게는 길을 가다 마주쳐도 상호작용을 하지 않거나 아는 체를 하지 않는 것이 상례였다. 훗날 그 넓다는 병영 D에 인원이 넘쳐 일부 여성들이 알링턴 농장에 가서 살게 되었을 때도 그 점은 달라지지 않았다. 그것과 별개로 두 기관의 여성들은 식당, 극장, 전차 등 온갖 종류의 장소들에서 마주칠 기회가 있었다. 그런데도 같은 일을 하고 있다는 사실을 알지 못했다. 어떻게 그런 일이 벌어질 수 있었을까? 극비 사항이어서 본인들이 하는 일에 대해서는 함구를 해야 했기 때문이다.

그래도 간혹 소수의 여성들은 강 건너에서 벌어지는 일의 낌새를 눈치 챘다. 펜실베이니아주 코크런스 밀즈 출신의 도로시 라말리도 그런 사람들 가운데 하나였다. 학창 시절 수학 교사의 꿈을 키웠던 그녀는 알링턴 홀에 채용되어 최고의 두뇌들이 맡는 직종들 가운데 하나로 암호해독 과정의 최종 단계인 '판독자'로 일하고 있었다.[83] 그렇게 고도의 전문적인 일을 하다 보니 의도치 않게 한 일본 암호에도 손을 대게 되었다. 그 암호는 새로운 부서의 신설로 이어질 만큼 중요한 암호였다. 그러자 도로시의 상관이 그녀가 새로운 부서에 출입하는 것을 막았다. 그녀를 그 부서에 빼앗길 수도 있다는 우려 때문이었다. 결국 그녀는 그 일이 갖는 의미를 알지 못했다. 그러다 일 년 후 해군 암호해독부에 대한 말을 듣고 응모를 하자 해군은 그녀를 열렬히 받아들였다. 해군 채용으로 매클레인 가든에도 입주할 수 있는 자격이 생겨 도로시는 펜타곤의 여성 공무원g-girl이었던 여형제와 함께 그곳에 와서 살았다. 덕분에 주거비에 몽땅 쏟아 붓던 봉급도 절약할 수 있게 되어 그녀는 그동안 꿈꾸었던 세상 구경을 하기 위한 준비 단계로 자동차를 구입하는 데 그 돈을 썼다.

직원들 사이에는 교류가 없었지만 두 기관의 상급 관리들 간에는 교류가 있었다. 해군 별관은 알링턴 홀과 일주일에 한 번 정례적으로 연락관 회의를 가졌는데, 이때 해군 대표로 강 건너 연락관 회의에 참석한 여성이 바로 WAVES의 장교 재닛 버첼 소위였다.[84] 연락관이 되려면 육군과 해군의 코드와 사이퍼 체계를 두루 알아야 했는데, 그녀가 그 두 가지 요건을 모두 갖추고 있었던 것이다. 회의에서는 도청 암호문과 획득한 자료의 전송, 별개의 암호 체계로 보내진 중복 메시지, 육군과 해군 모두에 유용한 정보가 담겼을 수도 있는 전쟁 포로의 심문 내용, 그 밖의 자질구레한 내용이 논의되었다. 한 번은 태국 말로 된 암호문 해독에 애를 먹고 있던 프랭크 레이븐이 알링턴 홀에 그 일을 도와줄 만한 교수가 있다는 것을 알고 버첼에게 들려 보낸 사안이 논의되기도 했다.

* * *

앞에도 언급했듯 여성들은 미드웨이 해전을 승리로 이끈 암호해독의 공을 남성들과 나눠 갖지 못했다.[85] 하지만 열 달 뒤에는 그들도 태평양 해전과 관련된 또 다른 암호해독 과정에 전적으로 개입하고 능동적으로 참여도 했다. 1943년 4월 13일 미 해군 암호해독부에 '솔로몬 제도의 방어군, 제204비행단, 제26항공전단, 발랄라에섬의 위수부대 사령관' 앞으로 보내는 JN-25 암호문이 E-14 채널을 통해 접수되었다. 전체를 해독하기는 불가능하여 일부만 단편적으로 해독해보니, 암호문에는 일본 해군의 연합함대 사령관 야마모토 이소로쿠 제독이 4월 18일 발랄라에섬으로 향할 것임을 암시하는 내용이 담겨 있었다. 미군 정보장교들은 그 여행이 전선 시찰일 것으로 추정했다.

암호해독의 물꼬를 튼 것은 태평양 전역이었지만, 워싱턴의 해군 암호해독부도 덧셈 암호와 코드군을 규명하여 암호문의 빈 칸 채우는 일을 하느라 분주했다. 도청되는 암호문 양도 늘어나 전선 각지에 파견되어 속도감 있게 일하는 암호해독 팀들도 새롭게 알아낸 사실을 서로 주고받기 바빴다. 가우처를 졸업한 프랜시스 스틴도 이들 팀의 일원이었다. 야마모토의 임박한 전선 시찰에 관한 더욱 상세한 내용이 섬 간 암호인 JN-20을 통해 들어오자 레이븐이 지휘하는 여성 팀도 사실과 통찰을 곁들인 암호해독을 하느라 분주했다. 이렇게 협업을 한 결과로, 암호해독자들은 솔로몬 제도의 일본군 기지들과 뉴기니의 뉴브리튼섬을 하루 안에 오가야 되는 야마모토의 시찰 일정을 완벽하게 재구성했다. 해독된 암호문을 번역하여, 야마모토가 중간 크기의 공격기를 타고 전투기 6대의 호위 속에 새벽 6시(0600) 라바울(RR)을 출발, 아침 8시(0800) 발랄라에섬에 도착하고, 오전 11시(1100) 그곳을 떠나 11시 10분(1110)에 (뉴기니의 도시) 부인(RXP)에 도착하며, 오후 2시(1400) 비행기와 소해정을 번갈아 타고 3시 40분(1540) 라바울에 돌아올 것이라는 구체적인 스케줄도 알아냈다. 전선 시찰을 하고 부상병과 환자 위문을 하는 것이 그의 여행 목적이라는 것도.

그것은 엄청난 성과였다. 적국이 소중하게 여기는 (그리고 누구도 대체할 수 없는) 해군 사령관의 비행 일정을 시간대로 정확히 파악했으니 말이다. 야마모토는 시간 엄수를 하기로도 유명했다. 덧셈 암호 규명하는 일을 하는 암호해독자들에 비하면 계급이 까마득하게 높은 니미츠 제독과 다른 고위급 해군 사령관들은 야마모토의 비행기를 격추시키기로 결정했다. 적군 사령관을 암살하는 것은 쉬운 결정이 아니었지만, 그렇게 하기로 했다. 나중에 작성된 한 메모의 표현을 빌리면 야마모토의 비행 일정이 그의 '사형 집행 영장'에 대한 결재 도장이 된 셈이었다. 1943년 4월 18일 미 육군 항공대의 록히드 P-38 라이트닝 전투기 18대가 '복수 작전'으로 알려진 야마모토 제거 작전에 따라 과달카날의 비행장을 이륙했다. 미군은 야마모토가 제로 전투기들(2차 세계대전 때 사용된 일본 해군의 주력 전투기로 통칭 '제로센'으로 불린다_옮긴이)의 호위 속에 (미국인들이 '베티'라고 부른) 일본 폭격기로 비행할 것이라는 사실도 파악했다. 또한 예상되는 야마모토의 비행경로에 맞게 비행 계획을 세워 부건빌섬 상공에서 그와 우연히 마주치게 한다는 작전도 수립했다. 부건빌섬까지의 비행 거리는 조종사들이 졸음을 느낄 정도로 길었다. 그렇게 그들이 눈 아래 펼쳐진 백색 해안선과 앞서거니 뒤서거니 경주를 벌이고 있는데 조종사 한 명이 갑자기 무선 침묵을 깨면서 "적기다! 열한시 방향!"이라고 소리쳤다. 그래서 그쪽을 바라보니 과연 제로 전투기 6대와 베티 2대가 수평선 위에 떠 있었다. 일본기들은 처음에는 미국기들을 포착하지 못했다. 하지만 일단 발견을 하자 호위기들인 제로 전투기들이 미군 전투기들 쪽으로 이동해 진로를 차단하면서 발포를 하여 폭격기들이 빠져나갈 수 있는 틈을 만들어 주었다. 이어 하늘에서는 난전이 벌어져 어떤 비행기가 어떤 비행기를 격추시켰는지 파악할 수도 없는 상황이 되었다. 그때 베티 폭격기 한 대가 나무들 속으로 추락하고, 또 다른 폭격기가 바다로 떨어졌다. 야마모토의 시신은 부건빌섬의 밀림에서 발견되었다. 흰 장갑을 낀 그의 손에는 검이 단단히 쥐여져 있었다.

해군 별관 사람들은 그 소식을 듣고 환호성을 질렀다. 진주만 공격의 입안자가 죽은 것이고 그로써 복수가 완료되었기 때문이다.

"이 말씀을 드리고 싶네요. 야마모토의 비행기가 격추된 날 해군 별관은 열광의 도가니였다는 것을요."[86] 남자 형제들보다도 먼저 입대를 한 보스턴 출신의 머틀 오토가 그때를 떠올리며 말했다. "우리 스스로 대단한 일을 해냈다는 느낌이 들었던 것은, 뭐랄까, 그것이 종말의 시작 그 이상이었기 때문이에요. 별관 사람들도 비행기가 격추되리라는 예상은 했죠. 하지만 진짜로 격추될 줄은 몰랐거든요. 그날은 정말 짜릿했어요."

7장
버려진 구두

1944년 봄

구성원들의 근무 태도와 조직 문화로만 보면 버지니아주 교외에 위치한 알링턴 홀은 해군 별관과 천양지차여서, 군대 조직이라기보다는 민간인 조직에 가까웠다. 업무적인 면에서는 해군 별관 못지않게 진지했지만 생활면으로는 한층 여유롭고 자유분방했다. 도트 브레이든도 어느 날 육군 암호해독부의 분방한 분위기를 얼핏 느끼는 경험을 했다. 책상에 앉아 일을 하는데 속이 메슥거려 소화제라도 먹을까 하여 의무실을 찾은 그녀에게 간호사가 "혹시 임신한 것 아니에요?"라고 물은 것이다.

　그 질문에 도트는 "아닐 걸요"라고 말했다. 하지만 대답하기 무섭게 곧 한심한 말을 했다는 생각이 들었다. "아닐 걸요"라니. 그녀는 임신했을 리가 없었다. 하늘을 봐야 별을 딸 것이 아니겠는가. 그런데 어떻게 그런 말이 튀어 나왔을까? 예상치 못한 질문에 당황했기 때문일 것이다. 그녀는 그제야 주위를 둘러보며 알링턴 홀에는 수많은 여성이 근무하고 있다는 사실을 깨달았다. 간호사들은 그 여성들을 모두 친절하고 배려심 있게 대했으며, 그곳에는 여성 근무자들의 사직을 예상하는 사람도 없었다. 알링턴 홀에는 기혼자도 있고 미혼자도 있었다. 하지만 누구도 그들의 기혼, 미혼 여부를 묻지 않았다. 일은 일어나기 마련이었다. 워싱턴은 활짝 열려 있었다. 병사와 수병들은 어디에나 있었고, 무엇을 해도 용인되었다. 느닷없이 배에 실려 해외로 파견될 수도 있었고, 결혼이 예정되었던 남녀가 결혼 기회를 얻지 못할 수도 있었다. 결혼식이 단순한 요식 행위에 그칠 때도 있었다.

도트로 말하자면 순결했다. 워싱턴에서 그녀의 삶은 남성들에게 편지를 쓰고 다른 여성들과 흥겹게 노는 것이 전부였다. 룸메이트인 크로도 별반 다를 게 없어 놀기는 좋아했지만, 내성적이어서 데이트는 별로 하지 못했다. 시간도 없었다. 알링턴 홀에서의 그들 스케줄은 7일간은 암호해독 일을 하고 8일째 되는 날 하루 쉬는 일정으로 짜여졌다. 하루 쉬는 날도 (도트의 말을 빌리면) 파김치가 되도록 피곤한 상태로 컬럼비아 파이크까지 걸어가 볼일을 보고 장을 보는 것이 고작이었다.

여가 시간에 즐기는 모험도 단조롭고 유쾌하게 노는 정도에 그쳤다. 한번은 린치버그에 사는 친구가 도트의 집에 놀러와 두 여성이 함께 호텔 무도회에 참석하기로 했다. 홀에 들어서니 어색한 분위기를 해소하려고 사회자가 플로어의 한쪽에 여성들을 서게 하고 다른 쪽에 남성들을 서게 했다. 그 상태에서 여성들이 구두를 벗어 플로어에 던지면 남성들이 그중 하나를 집어 구두 주인과 춤을 추는 방식으로 진행되는 무도회였다. 그런데 구두가 문제였다. 때가 전시다 보니 사람들은 구두를 많이 갖고 있지 못했고, 구두를 자주 살 형편도 못 되었다. 신발도 식량처럼 배급제여서 새 구두를 장만하려면 배급표를 모아야 했으니 새 구두가 생길 때까지는 밑창을 갈아가며 낡은 구두를 계속 신는 수밖에 없었다. 도트도 거주하는 아파트에서 알링턴 홀까지 5킬로미터나 되는 거리를 구두 밑창이 뚫어지도록 매일같이 걸어 다녔다. 아이 밀러I. Miller 구두를 좋아해 그것을 구입하기도 했지만 그 날 무도회에는 다른 구두를 신고 갔다. 그녀가 갖고 있던 또 다른 고급 구두인 끈 달린 백색 샌들이었는데, 그 구두의 밑창에는 25센트 동전 크기만 한 구멍이 나 있었다.

도트는 그런 줄도 모르고 플로어에 샌들을 던졌다. 그러자 샌들이 발랑 뒤집어지면서 방안의 모든 불빛을 빨아들인 듯 밑창의 구멍이 훤히 드러났다. 남성의 선택도 받지 못해 구멍 난 샌들은 커플들이 그 주변을 돌며 춤을 추는 동안 볼썽사납게 플로어에 계속 나자빠져 있었다. 도트도 댄스 파트너를 얻지 못했다. 그녀의 친구도 엉뚱 발랄한 구석이 있어, 두 여성은 그 일을 처량하게 여기기보다는 구멍 난 도트의 구두가 볼썽사납게 뒤집어진 것과 버려진 구두를 집으려 한 남성이 없었던 것을 그때까지 그들이 보았던 것들 중 가장 우스웠던 장면으로 생각했다.

그들은 무모할 수도 있는 또 다른 재미난 일도 벌였다. 도트가 종종 카본지를 이용하여 머리 염색을 한 것이다. 염색제 가격이 비싸다 보니 물 뿌린 카본지를 머리에 문질러 머리색을 짙게 물들이는 방법을 고안해낸 것이다. 크로는 그것을 보고 카본지로 머리 물들이는 것을 소문내겠다며 도트에게 장난을 쳤다. 그러나 도트는 그것이 농담이라는 것을 알았다. 카본지 염색도 늘 잘되는 것은 아니었지만, 그래도 그들은 최선을 다했다.

도트와 크로는 해군 여성들과 달리 장거리 기차 여행은 하지 못했다. 군인이 아니었기 때문이다. 아니, 원하면 할 수는 있었지만 전액 요금을 지불하거나 좌석을 배정 받지 못하는 불편을 감수해야 했다. 요금 할인과 좌석 우선권은 군인에게만 주어졌다. 그래도 두 여성은 드물게 찾아오는 여가 시간을 알차게 보낼 거리들을 많이 찾아냈다. 번화가에서 아이쇼핑도 하고 적은 돈으로 멋 내는 방법도 터득했다. 도트는 은빛 여우털 코트도 요령껏 장만했다. 두 여성은 박물관과 기념관을 탐방하고, 아직 완공되기 전이었는데도 경외감이 느껴지는 워싱턴 국립 대성당도 찾았다. 기차를 타고 세련된 상점들이 많은 볼티모어에 가서 모자도 샀다. 워싱턴 번화가의 우드워드 앤드 로스로프 백화점에서 립스틱도 샀다. 도트는 자주 우울해하는 크로의 자매 '왕언니' 루이즈의 기분을 북돋워주기 위해 아파트에서 파티도 개최했다. 하지만 필모어 가든의 전 주민을 위한 파티라는 사실이 무색하게 그것은 젊은 커플이 대부분인 주민들의 사교성 야회에 그들, 젊은 여성들이 초대받은 모양새가 되어버렸다.

도트와 크로는 쉬는 날이면 가끔 버스와 전차를 차례로 타고 다니며 일광욕과 수영도 즐겼다. 체서피크만의 주간 리조트와 메릴랜드주의 비벌리 비치에는 모래 해변과 더불어 댄스홀, 연주대, 슬롯머신과 같이 사람을 끌어당기는 놀이 시설들이 많이 갖춰져 있었다. 버지니아주 콜로니얼 비치의 포토맥강변에도 수영 구역이 마련돼 있었다. 두 곳 모두 가는 데 시간이 오래 걸려 도착하면 벌써 집에 가야 할 때가 다가오고는 했지만 그래도 그들은 그곳에 갔다. 그리고 부족한 시간임에도 용케 피부를 태웠다. 그러고 나서 집에 돌아올 때면 그들은 항상 살결이 희어서 해변에 잘 가려 하지 않는 왕언니가 햇볕에 벌겋게 익은 그들의 피부를 보고 남몰래 고소해할 것이라고 생각했다. 그들은 왕언니의 시샘을 재미있어 했다. 도트는 여행을 다니는 동안 "그 여자는 교회에서 살다시피 해"라는 식으로 사람들에 대해 날 선 비판도 했다. 그러면 크로는 "도트, 너 진짜 별종이다"라고 말하며 웃어 넘겼다. 도트가 엔터테이너라면 크로는 안목 높은 청중이었다. 두 여성은 상극이면서 찰떡궁합이었다. 성탄절에는 크로가 얼마 안 되는 봉급을 쪼개 작은 금 귀걸이 한 쌍을 도트에게 선물했다. 이런 크로가 도트에게는 여러모로 동기 간보다도 더 가깝게 느껴졌다.

두 여성은 이웃에게서도 진기한 체험을 했다. 도트와 크로가 사는 동네에 이따금씩 그들을 알링턴 홀까지 태워다주기도 하는 기묘한 여성이 살고 있었다. 빨래하기 싫다고 '흙빛이 도는 옷'을 입고 다닐 정도로 별난 여성이었다. 그래도 도트와 크로는 차를 태워주는 것이 고마워 그런 기벽을 눈감아주려고 했다. 하지만 그녀가 자신에게 경적을 울리는 차에 본때를 보여주겠다며 차를 후진하여 들이받는 것을 보고는 생각을 바꿔 걸어 다니기로 했다.

도트는 때때로 기차를 타고 린치버그의 고향집도 찾았다. 그리고 그럴 때면 같은 기차를 타는 WAVES를 얼핏 바라볼 기회가 있었다. 열차 안은 해군 여성들로 가득했다. 그래도 운이 좋아 좌석을 차지하고 앉아 있노라면(어느 날은 크로, 리즈, 루이즈와 함께 바깥 승강단에 서서 온몸에 매연을 뒤집어쓴 채 간 적도 있었다) WAVES는 멋진 여성들 같고 제복도 맵시 있어 보여 내심 부러운 생각이 들었다. 그녀와 알링턴 홀 여성들은 WAVES와 달리 전시 봉사에 대한 인정도 거의 받지 못했다. 그들을 환대하거나 찬양하는 사람들도 없었으며 패션쇼의 모델로 서달라는 곳도 없었다. 도트의 가족도 그녀가 하는 일이 모종의 전시 업무라는 것은 알았지만, 일의 종류는 수준 낮은 비서직 같은 것일 거라고 생각했다. 도트는 어머니한테도 자신이 하는 일을 말하지 못했다. 도트는 또 WAVES 여성들의 복장에 감탄하면서도 그들이 자신과 같은 전시 업무, 다시 말해 파시스트의 위협을 저지하고 암호를 해독하여 청년들을 귀향시키기 위해 노력하는 사람들일 거라고는 꿈에도 생각하지 못했다. 자신과 크로, 매력 있어 보이는 해군 여성들을 포함해, 그토록 많은 여성들이 극비 업무에 종사하고 있으리라고는 전혀 생각하지 못한 것이다. 도트는 미 육군이 태평양 전역에서 해군의 성과를 따라잡으려고 노력함에 따라 오랫동안 부글거리던 양자의 경쟁이 폭발할 지경에 이르렀다는 사실 또한 눈치채지 못했다.

8장
도처의 일본군

1943년 4월

앤 카라크리스티가 세탁비누로 머리를 감았다.[1] 그 모습을 보며 윌마 베리먼은 냄새가 독하고 얼룩을 지울 때나 사용되는 펠스 나프타 비누일 거라고 확신했다. 펠스 나프타는 옻이 올랐을 때와 같은 급한 상황이 아니면 살갗에는 사용하면 안 되는 비누였고 그러니 머리에도 써서는 안 되었다. 그래도 일부 사람들은 썼다. 그 무렵에는 다른 물품과 마찬가지로 샴푸 또한 구하기가 쉽지 않았기 때문이다. 세탁비누로 감은 앤의 머리는 당연히 꼴이 말이 아니어서 두껍고 곱슬곱슬한 머리털들이 온 사방으로 흩날렸다. 그러나 부스스한 헤어스타일을 좋아하는 성향은 도리어 앤에 대한 윌마의 애정을 더욱 깊게 만들어주기만 할 뿐이었다.

푸른 눈에 금발머리를 지니고 성격도 수더분했던 앤 카라크리스티는 매일 아침 바비 삭스(접어서 신는 짧은 흰 양말_옮긴이), 플랫 슈즈, 출렁이며 몸을 휘감아 도는 주름 스커트 차림으로 알링턴 홀에 출근했다. 그 모습이 꼭 남자친구와 스윙댄스가 인생의 전부인 듯 근심 걱정 없이 사는 십대 소녀나 여대생 같았다. 하지만 겉모습만 보고 그녀 안에 깊숙이 숨겨진 능력을 판단해서는 안 되었다. 더글러스 맥아더 장군은 몰랐겠지만 사실 그녀는 그의 비밀 병기, 아니 비밀 병기들 가운데 하나였다. 뉴욕시의 준교외 지역인 브롱스빌의 중상류층 출신이었던 스물세 살의 귀엽고 붙임성 좋은 앤은 지력도 활발하여 12시간 교대 근무로 일했다. 수두에 걸렸을 때가 그녀가 유일하게 결근한 날이었다. 그날 사무실로 전화를 건 그녀는 다 죽어가는 목소리로 출근을 못해 미안하다고 말했다. 윌마는 아픈 앤에게 수프를 끓여주었다.

앤 카라크리스티는 암호해독 실력으로 모두를 놀라게 했다. 누구보다 그녀 자신이 놀랐다. 앤은 대학에서는 영어를 전공했지만 공학적 사고를 지니고 있었다. (웨스트버지니아주에서 학교 선생을 하다가 암호해독부가 뮤니션즈 빌딩에 입주해 있던 초기에 윌리엄 프리드먼에게 뽑혀 일했고 그 무렵에는 알링턴 홀 주요 부서의 책임자로 진급해 있던) 윌마 베리먼도 앤의 재능을 홀린 듯 지켜보았다. 일본의 어떤 책략도 앤을 동요시키지 못했다. 그녀는 (암호 책자와 난수책자로 암호문을 만들 때 사용하는) 변환표, 암호 키 저장부, 교묘하게 헝클어 놓은 난수책자 등 일본이 쓰는 계략을 훤히 꿰뚫어 보았다. 윌마도 이런 앤의 재능을 인정하여 그녀를 자신이 관장하는 연구팀의 책임자 자리에 앉혔다. 알링턴 홀에서는 대학을 갓 졸업한 여성을 주요 부서의 장으로 앉히는 것이 이상한 일이 아니었다. 흔히 있는 일이었다.

알링턴 홀은 또 해군 암호해독부와 달리 구성원들이 다국어를 구사하고 개방적이며 위계적이지도 않았다. 누구나 부서의 장이 될 수 있었다. 연령대도 다양하고 배경도 천차만별인 사람들이 목재 테이블에 나란히 앉아 일했다. 그곳에서는 안경 낀 중년의 남성들이 핀컬 퍼머를 하고 에메랄드와 벨벳 등의 이름을 가진 젊은 여성들 곁에 앉아 낑낑 애쓰는 모습도 드물지 않게 볼 수 있었다. 그렇다고 겸손한 척하며 성적性的 우월감을 갖는 남성이 없었던 것은 아니다. 뉴욕에서 편집인으로 일했던 책벌레 윌리엄 스미스만 해도 알링턴 홀의 남부 출신 여성들을 '보석들'이라고 불렀다.[2] 그들의 부모가 보석명으로 자식의 이름을 짓는 것을 전적으로 온당하게 여겼다는 점에서, 알링턴 홀에서 일하는 다수의 여성들을 그렇게 부른 것은 사람을 얕잡아보는 오만한 행위였다. 물론 그의 말도 전적으로 틀리지는 않았다. 흔해빠진 오팔Opal이나 펄Pearl 같은 이름 외에도 그곳에는 주얼Jewel 호건(기계부에서 일했다)과 같이 단어 자체가 보석이란 뜻을 가진 이름도 있었고, 사우스캐롤라이나주의 고등학교에서 밴드 지휘자로 일하다 알링턴 홀에 들어온 주얼Jeuel(Jewel과 어원이 같은 단어다_옮긴이) 배니스터 같은 이름도 있었으니 말이다.

알링턴 홀에는 일본에서 선교사로 활동한 가정에서 태어나 자란 뒤 미국으로 건너와 번역 부서에서 일한 'BIJs(born-in-Japans: 일본 태생의 미국인들)'도 있었다.[3] 배우 토니 랜들도 있었다. 훗날 TV 드라마 〈별난 커플The Odd Couple〉(1970~1975)에서 펠릭스 웅거 역을 맡아 유명해진 그는 펜타곤으로 가져다줄 해독 요약문을 기다릴 때면 테이블 위에 올라가 춤을 추는 등 익살을 떨었다. 형제자매 및 사촌으로 이루어진 오하이오주 출신의 대가족 어스킨가 사람들도 있었다. 나중에 억만장자 미디어 거물이 된 섬너 레드스톤도 당시에는 번역 부서의 젊은 장교였다. 브린모어 대학교의 학생처장을 지낸 줄리아 워드도 잘 돌아가는 자료실의 권력자였다. 알링턴 홀에는 유모, 미용사, 비서, 식당 여종업원도 있었다. 워싱턴의 맥킨리 고등학교를 나온 조세핀 팔럼보도 열여덟 살의 어린 나이에 인사 부서를 거의 운영하다시피 했다.[4] 이탈리아 이주민 노동자의 딸로 체구가 자그마했던 그녀는 신입직원들의 비밀 엄수 서약도 받았다. 조세핀이 비밀 엄수 서약식을 진행하는 모습을 지켜보던 한 암호해독자는 그것에서 영감을 얻어 그녀에게 경의를 표하는 서정시를 지었다.

알링턴 홀에는 해군 별관과 달리 아프리카계 미국인 암호해독 부서도 있었다.[5] 그렇다고 대단할 것은 없었다. 육군이 특별히 관대해서가 아니라 엘리너 루스벨트 혹은 최상부에 있는 누군가가 알링턴 홀 인력의 12퍼센트 내지 15퍼센트를 흑인들로 채우겠다는 공언을 한 데 따른 조치였기 때문이다. 게다가 그것은 펜타곤과 여타 군 시설을 짓기 위해 알링턴에 살던 흑인 거주민들을 다른 곳으로 내몬 것에 비하면 형편없는 보상이었다. 그래도 일자리는 환영받았으니 없는 것보다는 나았던 셈이다. 알링턴 홀의 아프리카계 미국인들은 출퇴근할 때 백인과 유색인 칸으로 분리된 교통수단을 이용해야 했으며, 그들이 하는 일도 대개는 수위나 사환 같은 천한 직종이었다. 대학졸업자도 예외가 아니었다. 반면에 알링턴 홀에는 다수의 백인 직원들도 존재를 몰랐던 특수 암호해독 부서가 있었다. 아프리카계 미국인들로 구성된 그 부서는 전 세계의 민간 영역에서 주고받는 메시지 내용을 파악하고, 히틀러 및 무솔리니와 거래하는 기업을 알아내기 위해 회사와 은행들 간에 송수신하는 암호문을 모니터했다. 그곳에는 전 세계의 주요 상업용 암호의 주소와 특징을 꼼꼼하게 정리·기록한 암호 체계집이 150권이나 비치돼 있었다. 자격을 갖춘 흑인을 구하기는 어렵지 않았다. 인종차별적 학교 시스템이 운영되고 재원이 불평등하게 분배되고는 있었지만, 그래도 워싱턴시에는 미국 최고의 흑인 대학들 가운데 하나인 유서 깊은 하워드 대학교를 비롯해 높이 평가되는 흑인 학교들이 많았기 때문이다. 특수 암호해독 부서에 속한 애니 브리그스도 비서로 출발해 해독 요약문 산출 팀의 책임자가 되었으며, 에셀 저스트도 전문 번역 팀을 이끌었다. 테네시주 녹스빌 대학교에서 영어를 전공한 그 부서의 팀장 윌리엄 커피도 알링턴 홀에서 수위와 사환으로 일하다 그 자리에까지 오른 흑인 남성이었다.

간단히 말해 알링턴 홀의 분위기는 절충적이고 때로는 엉뚱했다는 점에서 미군이 만들어낸 그 어떤 분위기와도 달랐다. 대학교를 졸업하자마자 알링턴 홀에 들어온 노스캐롤라이나주 출신의 주아니타 모리스를 통해서도 그런 분위기를 엿볼 수 있다.[6] 그녀가 알링턴 홀에 첫 출근을 한 날 누군가의 안내를 받아 어둑한 방에 들어가 보니 한 여성은 머리에 얼음주머니를 대고 있고, 또 한 여성은 선 캡을 쓰고 있으며, 남성 한 명은 속옷 차림으로 방안을 거닐고 있고(비를 맞아 옷을 말리는 중이었다), 또 한 남성은 맨발로 작업을 하고 있었다. 그녀에게 "여기는 독일 부서예요"라고 말한 뒤 자리를 뜬 사람도 있었다. 주아니타는 아버지에게서 상황이 여의치 않으면 가방 싸들고 집에 돌아오라는 말을 들었다. 하지만 출근한 지 2주 만에 그곳에 매료되고 말았다.

알링턴 홀은 군대 조직이었다. 그러나 명목상으로만 그랬다. 통신보안국장직을 인계받은 프레스턴 코더만 대령은 규율을 엄격하게 시행하는 사람이 아니었다. 그는 자신이 어떤 사람들을 상대하고 있는지를 알았다. 암호해독자들이 (동전을 집어넣은 뒤 벽면의 콘센트에서 플러그를 뽑아내는 방식으로) 콜라 판매기가 계속 돌아가면서 액체가 뿜어 나오게 하는 방법을 알아냈을 때도 그는 건조하게 "기계에 장난친 것을 축하한다"는 말과 함께, 소기의 목적을 달성했으면 이제 컵 당 5센트씩 콜라 가격을 지불하는 게 좋겠다는 메모를 돌렸다.[7]

알링턴 홀은 건축물들도 뒤죽박죽으로 구성돼 있었다. 오래된 버지니아 신부 학교의 나른한 분위기를 지닌 본관도 그대로 있었고 순전히 기능만을 고려해 지은 신축 가건물들도 있었다. 암호해독자들이 퍼플 암호와 그 밖의 암호들을 공격한 장소로, 천장이 불연성으로 처리된 지하 층과 2층으로 구성된 빌딩 A도 있었다. 2,200명 수용을 염두에 두고 지은 빌딩 A는 지어지자마자 수용 능력이 모자란 것으로 판명 나 빌딩 B가 또 세워졌다.[8] 알링턴 홀에는 미용실, 양복점, 이발소, 14개 침상을 갖춘 의무실, 620개의 객석을 갖춘 강당 겸 극장, 식당, 자동차 정비소도 있었다. 본관 건물 두 동은 단열이 되지 않아 겨울에는 춥고 여름에는 찜통 같이 더웠다. 그러다 보니 그곳에서는 미지근한 바람이 부는 쪽에 있는 사람들이 시원한 바람을 차지하기 위해 벌이는 전쟁, (한 암호해독자의 말을 빌리면) 선풍기를 이쪽저쪽으로 돌리는 전쟁이 그칠 새 없이 벌어졌다.

직원들을 먹이는 것도 여간 큰 문제가 아니었다. 알링턴 카운티에 속한 그 지역은 인구가 적어 식당도 한 곳뿐이고 간이식당이 있는 드럭스토어도 두 곳밖에 없었다. 음식의 질도 나쁘고 서비스도 엉망이었다. 주문 도시락도 시도하려다 그만두었다. 결국 카페테리아를 설치했으나 공간이 부족해 이윽고 그것을 대체할 더 큰 카페테리아를 세웠다. 하지만 그것도 인원이 넘치자 닫아놓았던 카페테리아 문을 다시 열어 두 곳을 함께 운영했다. 심야 근무자들을 위해 스낵바도 거의 철야로 영업했다. 밤에는 그 일대가 커피 향으로 가득했다.

교통도 식사 못지않게 큰 문제였다. 알링턴 카운티는 버스 기사도 부족하고 버스도 부족했다. 알링턴 홀에 들어가는 것도 쉽지 않아 직원들은 그곳에 있는 네 개의 문들 가운데 하나 앞에 가서, 색깔로 신원 수준이 표시되고 사진이 부착되어 있는 배지를 제시해야만 입장할 수 있었다. 배지 착용을 잊은 암호해독자는 '배지를 잊고 왔다'는 내용이 적힌, 수치심을 유발하는 배지를 옷에 부착해야 했다. 당나귀 만화 얼굴이 그려진 또 다른 형태의 배지도 있었다. 지능지수가 높다는 점 때문에 특별 선발된 병사들도 종종 암호해독을 하다가 호출되어 경계 서는 일을 했다. 그런데 이들 중에는 화기를 소지해보지 않은 사람이 많아서 총기 오발 사고가 났다는 소문도 돌았다.

그러나 오발이 아닌 진짜 전쟁이 벌어졌다는 증거도 많이 있다. 알링턴 홀은 장교들이 다수의 부서를 지휘하고 사병들은 그곳을 들락거리며 순환복무를 하는 체계로 돌아갔다. 그런데 이 군인들 사이에서도 계급이 별 의미를 갖지 못했다. 중위가 부사관이나 민간인, 심지어는 일등병에게도 보고를 할 수 있었다. 이를 거부하면 해외로 보내졌다. 암호해독부가 설치된 초기, 윌리엄 프리드먼에게 채용된 솔로몬 쿨백도 알링턴 홀에서는 "일이 계급으로 결정되지 않고 사람들이 아는 정도에 따라 결정되었다"[9]고 말했다.

그 룰은 여성들에게도 적용되었다. 그렇다고 알링턴 홀의 여성들이 남성들과 동등한 대우를 받았다고 말하는 것은 과장이다. 암호해독부의 설치 초기 윌리엄 프리드먼에게 채용된 남녀 직원들만 해도 프랭크 라울릿, 에이브러햄 신코브, 솔로몬 쿨백 같은 사람들은 장교로 임관되어 미 육군 고급 장교의 지위를 얻은 반면, 고참 여성들은 그 같은 지위를 얻지 못했으니 말이다. 반면에 윌마 베리먼, 델리아 테일러, 제너비브 그로찬 같은 초기의 여성 암호해독자들은 전원 주요 부서의 책임자가 되었다. 알링턴 홀은 아이디어만 좋으면 출처를 가리지 않고 채택하는 평등주의적 직장 문화를 지닌 곳, 요즈음 사람들이 말하는 이른바 '수평적' 조직이었다.

알링턴 홀이 그럴 수 있었던 것은 부서 책임자들이 어느 정도 열린 사고를 지니고 있었기 때문이기도 하지만, 그들이 암호해독에 필사적이기 때문이기도 했다. 1943년 초기 몇 달간 알링턴 홀은 태평양 전쟁을 치르는 미국의 가장 긴급한 과제들 중 하나의 돌파구를 찾기 위해 몸부림쳤다. 긴급한 과제란 일본 육군의 암호였다. 그런데 이 분투의 과정에서 해독의 첫 개가를 올린 여성들이 바로 윌마 베리먼과 출근할 때 바비 삭스를 즐겨 신은 윌마의 부하직원 앤 카라크리스티였다.

* * *

1942년 미 육군과 해군은 퍼플 암호를 해독하는 과정에서 벌인 홀수일-짝수일 경쟁(홀수 날에는 해군이, 짝수 날에는 육군이 퍼플 암호를 해독하기로 한 결정)을 그만두고, 제대로 된 업무 분장을 했다.[10] 일본 해군의 암호해독에 주력하면서 독일 해군의 에니그마 암호해독에도 힘을 보태고 있던 해군이 그 주요 암호 체계들이 제기하는 문제들을 감당하기만도 벅차지자, 퍼플 암호와 다수의 적국 및 중립국의 암호해독을 육군에 양보하기로 한 것이다. 그런데 육군이 부여받은 암호 체계들 가운데 가장 까다로웠던 것이 바로 일본 육군 암호였다. 일본 해군 암호와는 별개로 운영되는데다 전쟁이 그 정도로 진행된 시점까지도 해독이 안 되고 있던 그 암호는 악마처럼 복잡하게 뒤엉켜 있었다. 그 암호를 해독하는 일은 계란으로 바위치기에 비유할 수 있었다. 기술 좋고 노련한 윌리엄 프리드먼 팀조차 한동안은 불가항력으로 느꼈으니 말이다.

처음에는 메시지 트래픽 양이 부족한 것이 문제의 일부로 작용했다.[11] 전쟁이 발발하기 전 중국과 만주 국경 변에는 200만 명가량의 일본군 병력이 배치돼 있었다. 그런데 두 지역이 거리상으로 가깝다 보니 저주파, 저출력으로도 부대들 간의 메시지 전송이 가능했고, 그래서 미 육군도 무선 도청에 애를 먹은 것이었다. 일본군이 사용하는 것과 같은 복잡한 암호문을 해독하기 위해서는 도청된 암호문을 많이 모아 그것들을 한데 배열해놓고 비교해야만 얻을 수 있는, '깊이'를 갖는 것이 무엇보다 중요했는데 말이다. 그러나 프리드먼 팀도 진주만 공격 이후 분위기가 침체되기는 했지만 그런 가운데서도 문제 해결의 실마리를 찾아보려고 했다. 1941년 영국의 한 동료가 일본 육군의 암호문을 도청해 뮤니션즈 빌딩에 있는 그의 사무실로 보내주자, 휘하 직원 네 명(솔로몬 쿨백, 윌마 베리먼, 델리아 테일러, 에이브러햄 신코브)을 방에 집어넣은 뒤 뭐라도 해독하기 전에는 문밖으로 나올 생각을 하지 말라는 으름장을 놓기도 했다. 하지만 그 암호는 그런 식으로 간단하게 해결될 문제가 아니었다.[12] 결국 세 달 정도가 지나자 솔로몬 쿨백이 자리에서 일어나 독일 부서로 돌아갔다. 그는 "이 암호라면 지긋지긋하다"고 말하며 방을 떠났다. 첫 시도 때 거둔 성과라면 델리아 테일러와 에이브러햄 신코브가 사랑에 빠져 결혼을 하고 부둣가의 숙박용 요트로 이사했다는 것뿐이었다. 그 외의 다른 소득은 없어, 1942년의 겨울이 그들에게는 침울하기만 했다.

하지만 결과적으로는 일본이 거둔 큰 승리가 여러 면에서 일본군을 파멸시킨 요인이 되었다. 1942년 상반기에 예상외의 큰 승리를 연달아 거두자 일본군은 여러 곳으로 퍼져 나가, 병력 수백만 명이 확대된 영토들을 점령하기 시작했다. 일본군 부대들이 중국, 홍콩, 필리핀, 태국, 버마, 말레이 반도, 네덜란드령 동인도 등, 아시아와 태평양의 섬들로 분산 배치된 것이다. 일본군이 그곳들에 이어 여덟 번째로 배치된 곳은 뉴브리튼섬에 있는 라바울 요새 부근이었다. 그런데 이렇게 산개된 상황에서도 각 부대들은 일본 본영과 연결돼 있었고, 그러다 보니 사상자와 증원부대의 필요성 같은 세세한 일들까지도 본국에 보고를 해야 했다.[13] 현지 부대와 본국 간의 거리가 멀어져 메시지의 전송 출력도 높여야 했다. 그것이 미국의 도청 가능성을 크게 높여준 것이다.

오래지 않아 알링턴 홀에서 도청 암호문의 부족은 더 이상 문제가 아니게 되었다. 수만 건의 메시지가 항공우편, 케이블, 텔레타이프를 통해 쏟아져 들어왔으니 말이다. 그런데 이번에는 각기 다른 방식으로 전보다 더 복잡해진 암호 체계가 많아진 것이 문제였다. 알링턴 홀의 암호해독자들은 1942년 후반기 몇 달과 1943년 초반 동안, JN-25 암호를 해독한 해군 동료들이 금몰이 쳐진 제복 소매에 얼굴을 박고

는 좀처럼 진전을 보지 못하는 자신들을 비웃을 것이라는 고통스런
자각을 하며 열에 들떠 작업을 했다.

* * *

알링턴 홀의 암호해독자들은 태평양 전역의 상황이 임계점에 이르렀
다는 것 또한 알고 있었다. 미드웨이 해전 이후 미 육군과 해군이 세
계 최대의 대양에서 분업을 하기로 결정함에 따라 미국의 반격 작전
이 계획대로 진행되고 있었기 때문이다. 양군은 상당한 힘겨루기 끝
에 체스터 니미츠 제독이 태평양 함대 사령관을 맡는다는 것과, 거대
한 푸른 대양에 조그만 환초들이 육지의 전부인 점을 고려해 중북 태
평양 전역에는 니미츠 휘하의 미 해군 병력을 전개시키기로 하는 데
합의했다. 반면에 육지가 많은 남서 태평양 전역은 맥아더 장군이 지
휘하는 미 육군의 통제하에 두기로 했다. 미 육군은 비행장 탈취와 양
국(미국과 일본) 공군력이 중복되는 구역을 만드는 것에 목표를 두고,
'섬 건너뛰기' 전략에 따라 일본이 점령한 섬들 중 일부는 공격하고
일부는 우회함으로써, 우회당한 섬들이 고립된 채 군수품과 증원군
지원을 받지 못해 고사하게 한다는 전략을 세웠다.

맥아더의 궁극적 목적은 필리핀 탈환과 일본 침략에 있었다. 그래
서 그것을 염두에 두고 수립한 카트휠(수레바퀴) 작전을 실행하려면
해군의 협력이 필요했다. 맥아더의 육군이 해변에 상륙해 전투를 벌
일 동안 '황소'라는 별명을 가진 사나운 윌리엄 홀시 제독은 남태평
양의 함대에서 육군을 지원하는 육해군 합동 작전이 필요했던 것이

다. 그런데 그 중차대한 시점에 미 육군 병력은 대서양 전역보다 태평양 전역에 더 많이 배치돼 있었다. 그리고 그 병력은 몇 달, 아니 몇 년이나 지속될 수도 있는 해변과 밀림에서의 전투에 직면해 있었다. 따라서 미 육군으로서는 적의 지상군이 위치한 곳과 그들이 어떤 일을 벌이고 있는지를 알 수 있는 정보력이 필요했다. 일본의 해군 암호 JN-25가 해독되고는 있었지만, 일본 육군 암호에도 접근할 필요가 있었던 것이다.

암호해독자들에게는 그들이 하는 일의 성패에 사람의 목숨이 좌우된다는 사실을 아는 것보다 더 긴장되는 상황도 없었다. 암호를 해독하면 사람이 살고, 해독하지 못하면 죽을 것이었으니 말이다. 결국 프리드먼의 수제자들 가운데 한 명이던 (그러나 전혀 그럴 사람으로는 보이지 않던) 프랭크 루이스를 책임자로 하는 일본 육군 암호해독 팀이 또 한 번 꾸려졌다. 카우보이가 된 영국인의 아들로 유타주에서 태어난 루이스는 음악에도 재능이 있고, 재담도 즐겼으며, 퍼즐도 광적으로 좋아하여 훗날 주간지 《더 네이션》에 엄청나게 복잡한 십자말 퍼즐도 연재했다.[14] 그렇게 재기 넘치는 사람이 전쟁 전에는 관청의 사망 급여 부서에서 비서로 일하며 활력을 잃고 미치도록 따분한 삶을 살았다. 그런 그를 프리드먼이 낚아채온 것이었다. 프리드먼의 여성 수제자들도 일본 육군 암호 팀에 합류했다. 그들 모두 암호해독부가 알링턴 홀로 이전한 뒤, 찜통 같이 더운 옛 학교 건물 위층 작업실에서 암호해독을 하느라 구슬땀을 흘렸다. 멋지고 여유로운 컨트리클럽 같은 분위기를 띄었을 곳이 힘든 과제를 부여받은 사람들로 북적이는 장소가 된 것이었다. 그곳에서는 지친 암호해독자가 욕조에서

낮잠을 자는 것도 특이한 일이 아니었다.[15]

보이지 않는 적을 상대로 두뇌 싸움을 하는 그 소규모 암호해독 팀은 수적으로도 적에 크게 뒤졌다.

루이스는 훗날 "메시지 준비와 전송을 중심으로 삶이 돌아가는 인력 수천 명을 가진 일본군 정보 조직을 마음에 그려보고, 그 다음에 미 육군의 소규모 암호해독 집단과 그 거대 조직을 비교해보면 당시 상황이 어땠는지 짐작이 갈 것"[16]이라고 말했다.

일본 육군 암호해독 팀이 풀어야할 과제는 대부분 적군이 활동하는 섬의 환경과 관련돼 있었다. 일본군이 태평양 전역으로 퍼져나가자 적의 암호 작성자들도 새 암호 체계를 개발하고 옛 암호 체계를 세분화할 필요가 생겼기 때문이다. 일본은 다수의 부암호와 4자릿수 코드군을 사용하는 최소한 4개의 주암호 체계를 개발했다.[17] 주암호 체계 중 하나는 지상군, 또 하나는 공군, 다른 하나는 행정(고위 관리), 나머지 하나는 기름, 식량, 장비를 포함한 물자 수송을 위해 군이 징발한 마루maru, 즉 상선들의 생명선이라 할 '수운水運기관'용이었다. 게다가 이 각각의 암호 체계는 암호화되지 않은 첫 4자리 코드군으로서만 판별이 가능했다. 따라서 엄청나게 복잡한 암호였다. 하지만 1943년 1월, 이 모든 암호 체계들을 풀어야 할 프랭크 루이스의 인력은 민간인 15명, 장교 23명, 사병 28명이 전부였다.

* * *

세탁비누로 머리를 감는 스물세 살의 앤 카라크리스티도 그 민간인들 가운데 한 사람이었다. 뉴욕주 트로이에 위치한 여자대학교 러셀 세이지에서 뽑혀온 앤은 이탈리아와 오스트리아 혈통을 가진 브롱스빌의 중산층 가정에서 자랐다.[18] 위로 남자 형제도 둘 있었는데, 그중 한 명은 당시 인도에서 복무 중이었다. 사업가 겸 발명가였던 아버지가 큰아들만 대학을 보내고, 인문학을 전공하고 싶다고 하는 작은 아들의 말을 귓등으로 듣고 그의 대학 진학을 허락하지 않아 벌어진 일이었다. 앤의 아버지는 그녀가 십대일 때 사망했다. 따라서 그녀도 대학진학이 어려울 뻔했으나, 앤에게서 지적 가능성을 발견하고 브롱스빌의 여성들을 설득해 학자금 지원을 받게 해준 어머니의 친구 덕에 진학을 할 수 있었다. 앤은 대학에 다닐 때는 야구도 하고 학교 신문과 문학 잡지의 편집도 했다. 그녀 자신은 스스로 머리가 좋다고 생각하지 않았으나 그녀를 가르친 교수들의 생각은 달랐다.

1942년 5월 워싱턴의 메이플라워 호텔에서 미 육군 통신대와 20개 대학 대표들의 회의가 열렸다. 대표들 중에는 러셀 세이지 대학 학장 버니스 스미스 박사도 포함돼 있었다. 육군 통신대는 스미스 박사에게도 최우수 학생을 몇 명 뽑아달라는 요청을 했다. 결국 그 먼 곳에서 열린 고위급 회의의 결과로 앤 카라크리스티는 그녀가 잘 알고 있던 학장의 사무실에서 스미스 박사와 면담하게 되었다. 학장은 앤과 다른 두 명의 동급생에게 지력 좋고 상상력 풍부한 여성들을 위한 일자리가 워싱턴에 있다고 말했다. 이리하여 세 친구는 대학을 졸업하자 약간은 들뜬 마음으로 워싱턴에 가서, 한때는 미국 주재 타국 대사관이 입주해 있기도 한 와이오밍 애비뉴의 한 하숙집에 방을 얻었다.[19] 그리고 오래지 않아 앤은 알링턴 홀에 있는 학교 건물의 골방 처

아그네스 마이어 드리스컬. 텍사스주의 고등학교 수학 교사 출신인 그녀는 1920년대와 1930년대에 일본 해군 암호를 해독하여, 전무후무한 위대한 암호 해독자들 가운데 하나가 되었다. (사진 출처: 미 국가안보국)

엘리제베스 스미스 프리드먼. 또 다른 교사 출신으로 일리노이주에 있던 한 괴짜의 사설 연구소 리버뱅크에 취직해 미 정부 최초의 암호해독부 설립을 도 왔으며, 금주법 시행 기간에는 주류 밀수업자들의 암호도 해독했다. (사진 출 처: 버지니아주 렉싱턴의 조지 마셜 재단)

제너비브 그로찬. 수학 교수가 되고픈 희망을 갖고 있었으나 여성을 받아주는 대학 이 없어 뜻을 이루지 못한 그녀는 미 육군의 민간인 암호해독자가 된 지 1년도 되지 않은 1940년 9월 일본 퍼플 머신의 비밀을 밝혀내 연합군으로 하여금 2차 세계대전 이 진행되는 내내 일본 외교 암호를 도청할 수 있게 해주었다. (사진 출처: 미 국가 안보국)

주 나치 독일 일본 대사 오시마 히로시. 히틀러와 친분이 두터 웠던 그는 연합국이 '퍼플'이라고 부른 암호 기계를 이용해 도 쿄와 교신했다. 그런데 그로찬이 이 기계의 작동 원리를 알아 냈고, 그 덕에 미국은 전시의 유럽에서 나온 몇몇 최고의 정보 들이 포함된 그의 교신 내용을 탐지할 수 있었다. 연합국은 그 정보를 '매직'이라 불렀다. (사진 출처: 미 국가안보국)

독일군이 사용한 휴대용 에니그마 암호기계.
(사진 출처: 미 국가안보국)

유모와 남동생들과 함께 한 어린 시절의 도트 브레이든. 대공황기의 미국은 아직 농촌 국가여서, 1940년 무렵에는 고작 전체 여성의 4퍼센트만이 4년제 대학을 졸업했다. 다수의 대학들이 여성에게는 입학을 허가하지 않은 것이 일이 그렇게 된 부분적 이유였다. 도트 브레이든이 랜돌프-메이컨 대학교를 나올 수 있었던 것도 딸에게는 결코 자신의 전철을 밟지 않게 하겠다는 그녀 어머니의 확고한 의지 덕분이었다. (사진 출처: 도로시 브레이든 브루스)

1943년 졸업앨범에 실린 도로시 라말리의 모습. 펜실베이니아주의 한 시골 농장에서 자란 그녀는 인디애나 주립대학교에 다니며 수학교사의 꿈을 키우던 중 미 육군에 또 다른 일자리가 있다는 학장의 말을 듣고 암호해독자가 되었다. (사진 출처: 펜실베이니아 인디에니 대학교 스페셜 컬렉션)

위: 1942년에 메이퀸 후보로 뽑힌 가우처 대학교의 여학생들. 재클린 젠킨스(왼쪽에서 네 번째)와 기네스 그민더(오른쪽에서 두 번째)의 모습이 보인다.

아래: 프랜시스 스틴. 1940년대의 여자 대학들에는 지적 욕구, 결혼에 대한 야망, 신성한 대학 전통에 이끌린 여성들이 혼재돼 있었다. 하지만 이들도 프랜시스 스틴처럼 미 해군의 은밀한 부름을 받은 뒤에는 삶이 바뀌었다.
(사진 출처: 가우처 대학교 문서보관소)

아다 콤스톡 래드클리프 칼리지 학장. 여성 인재들을 선점하기 위한 미 육군과 해군 간의 경쟁은 해군이 아다 콤스톡 학장에게 암호해독 훈련을 받기에 적합한 학생들을 선발해달라는 요청을 하면서부터 시작되었다. 일본의 진주만 기습으로 미국 정보의 취약성이 드러나자 고학력 여성들에 대한 전례 없는 요구가 생긴 탓이었다. (사진 출처: 하버드 대학교, 래드클리프 대학원의 슐레진저 도서관)

제복 차림의 여성. 전쟁이 진행되면서 여성에 대한 요구가 늘어나자 미국은 1942년 여성의 군 입대를 허용하는 결정을 했고, 이는 많은 물의를 일으켰다. "군대는 나쁜 여자만 가는 데란다"라고 말한 암호해독자의 어머니도 있었다. 하지만 신병 모집은 이내 전면적으로 시행되어, 그 말을 했던 어머니도 결국은 제복 입은 딸을 자랑스럽게 사진에 담는 지경이 되었다.

모병소에 몰려든 여성들. 한 신문기자는 육군여군지원단 모병소에 몰려든 여성들을 "밀물처럼 밀려드는 애국적 아름다움"이라고 표현했다. 이들 중 지능검사와 직업 적성 검사에서 높은 점수를 받고 신원 조회를 통과한 여성들은 암호해독자로도 선발되었다. (사진 출처: 미 육군 정보보안사령부)

린치버그의 버지니안 호텔. 미 육군 암호해독부는 여선생들 영입에 공을 들이며 남부의 각 주들로 젊은 미남 장교들을 파견했다. 하지만 도트 브레이든이 린치버그의 버지니안 호텔에 상주해 있던 채용 담당관들에게 다가갔을 때 그들은 여성들이 하게 될 일의 성격에 대해서는 잘 설명하지 못했다. 아마도 그들 역시 몰랐을 것이다. (사진 출처: 린치버그 히스토리 사이트. 사진 저작권자, 낸시 마리온)

워싱턴의 유니언 역. 여성들이 수도로 밀려들기 시작하자 유니언 역에도 군인 식당과 신입 여성 공무원들을 위한 안내 창구들이 새로 생기고 승리의 결의를 다지는 포스터와 깃발들이 펄럭였다. 옆의 사진은 당시 정부 사진가였던 고든 파크스가 찍은 것이다. (사진 출처: 의회도서관)

전시에 여성 공무원들의 주거용으로 지어진 버지니아주 알링턴 농장의 내부 모습. 지역 주민들은 여성 근로자 7,000명이 모여 살았던 그곳을 '28에이커의 여자 동네'로 불렀다. 옆의 사진은 정부 사진가로 활동하면서 알링턴 농장 여성들의 삶을 기록한 에스더 버블리가 찍은 것이다. (사진 출처: 의회도서관)

도트 브레이든이 일했던 알링턴 홀의 모습. 찻집과 백합 연못 등이 완비된 신부 학교였던 곳인데, 전쟁이 일어나자 일본과 다른 여러 국가들의 암호를 공격하는 육군의 대규모 암호해독 단지로 개조되었다. (사진 출처: 국가안보국)

해군이 암호해독 시설로 이용한 마운트 버논 대학. 해군 암호해독부가 늘어나는 인원을 감당하지 못해 징발한 여자초급대학으로, 워싱턴 북서쪽의 고지대에 있었다. 해군은 암호해독 시설 외에 여성 4,000명이 거주할 수 있는 병영도 급조했다. (사진 출처: 워싱턴 교통국)

알링턴 홀에서 근무 중인 앤 카라크리스티(사진 맨 오른쪽). 러셀 세이지 대학교에서 영어를 전공한 그녀는 일본의 암호 작성자들과 지력 싸움을 벌인 끝에 주소 암호를 해독함으로써 미군 정보 당국이 일본군의 배치 장소와 방향을 알 수 있는 '전투 서열'을 체계화할 수 있게 해주었다. 이렇게 해독된 주소 암호로 도트 브레이든과 여타 여성들이 본문 메시지를 해독했고, 그것이 일본 배들의 침몰로 이어졌다. (사진 출처: 국가안보국)

알링턴 홀의 아프리카계 미국인 암호해독 부서. 구성원 대부분이 여성이었고 다수의 백인 근무자들에게도 알려지지 않았던 이 비밀 부서는, 히틀러 및 무솔리니와 거래하는 기업들을 알아내기 위해 상업용 암호문들의 내용을 살피는 일을 했다. (사진 출처: 국가안보국)

해군 여성 암호해독자들. 전 세계의 주요 해역에서 사용된 적국의 해군 암호를 해독하는 일을 했던 이들은 공장의 조립라인처럼 체계적으로 움직이며 일본의 해군 암호 25를 해독했다. 진주만 공격의 입안자 야마모토 이소로쿠 제독의 비행기를 격추시키는 데도 이들의 도움이 컸다. 머틀 오토도 그때를 떠올리며 "우리는 정말 뭔가 대단한 일을 해냈다는 느낌이 들었죠. 그날은 정말 짜릿했어요"라고 말했다. (사진 출처: 국립문서기록관리청)

기계실의 모습. 암호해독부 여성들은 독일 에니그마 암호를 공격한 기계들을 운전하고, 지도가 걸린 방에서 U보트들을 추적하며, 전역의 해군 지휘관들이 사용할 수 있도록 정보보고서도 작성했다. (사진 출처: 국가안보국)

우편물 데스크 앞에 선 여성들. 여성들은 여가 시간에 편지도 많이 썼다. 대상은 육해군 병사들이었으며 때로는 스냅사진도 동봉했다. 열두 명의 병사들에게 편지를 쓴 여성도 있었다. (사진 출처: 의회도서관)

동료들과 쉬고 있는 배서 대학교 출신의 해군 여성 암호해독자 이디스 레이놀즈(사진 중앙). 여성들은 교대 근무가 끝나면 아침을 먹는지 저녁을 먹는지도 모를 만큼 밤낮 없이 일했다. (사진 출처: 이디스 레이놀즈 화이트)

도트 브레이든(사진 오른쪽)과 그녀의 단짝 친구 루스 '크로'. 여성들은 자유를 만끽했다. 도트와 루스도 혼잡한 알링턴 농장을 벗어나 민영 아파트에 그들만의 주거 공간을 마련했다.(사진 출처: 루스 '크로' 웨스턴의 가족)

알링턴 홀의 암호해독자들. 사진 맨 왼쪽이 크로고, 기둥 뒤에서 빼꼼히 얼굴을 내밀고 있는 여성이 도트다. 여성들은 드물게 며칠 휴가를 얻으면 버스나 전차를 타고 버지니아주와 메릴랜드주의 해변으로 바람을 쐬러 갔다. (사진 출처: 도로시 브레이든 브루스)

1943년 봄, 오하이오주의 데이턴에 도착한 여성들. 비밀 명령을 받고 서부로 향할 때만 해도 그들은 행선지가 캘리포니아이기를 바랐다. 하지만 도착해보니 데이턴이었다. (사진 출처: 데이턴 히스토리 컬렉션)

내셔널 캐시 레지스터 컴퍼니(NCR). 독일 해군의 에니그마 암호해독을 위해 설계된 100대 이상의 '봄베' 머신이 이 회사의 한 극비 건물에서 여성들의 도움으로 만들어졌다. (사진 출처: 데이턴 히스토리 컬렉션)

목가적 분위기가 깃든 슈거 캠프. 봄베 머신 제작에 참여한 여성들의 숙사로 이용된 곳인데, 단풍나무 군락지여서 슈거 캠프라는 명칭이 붙여졌다. 이곳에 사는 여성들은 혼자서는 절대 시내에 나가지 말라는 주의를 들었다. 스파이들에게 납치될 우려 때문이었다. (사진 출처: 데이턴 히스토리 컬렉션)

슈거 캠프의 여성들. 여성들은 해외에서 복무하는 남자 형제, 남편, 약혼자들의 안위에 대한 책임감을 느낄 때조차 굳건한 동료애를 유지했다. 일부 여성들은 전쟁이 끝난 뒤에도 그때 입은 심리적 타격에서 좀처럼 헤어나지 못했다. (사진 출처: 데버라 앤더슨의 개인 수집물)

스티븐 체임벌린 소장. 태평양 전쟁 때 맥아더 장군의 작전장교였던 그는 2차 세계대전이 끝나자 암호해독자들 덕에 전쟁도 단축되고 수천 명의 인명도 구할 수 있었다고 공표했다. 하지만 종전 뒤 미국 암호해독자들에게 보낸 찬사의 어디에도 그중의 만 명 이상이 여성이었다는 사실은 언급되지 않았다. (사진 출처: 육군 정보보안사령부)

수십 년 동안 우정을 나눈 여성들. 여성들은 전시 복무가 끝난 뒤에도 수십 년간 우정을 유지했다. 사진에서 보듯 70년 동안이나 '라운드 로빈' 편지 쓰기를 계속한 해군 여성들도 있었다. 사진 맨 왼쪽 여성이 엘리자베스(베트) 앨런 버틀러, 앞줄 오른쪽에서 두 번째 여성이 루스 쇼언 머스키, 뒷줄 오른쪽에서 두 번째 여성이 조지아 오코너 루딩턴이다. (사진 출처: 루스 머스키)

도트와 짐, 그리고 크로와 빌 부부. 도트와 크로는 크로가 도트 부부를 워싱턴으로 불러 약혼자 빌 케이블을 선보이고 두 사람의 동의를 받은 뒤에야 결혼할 정도로 우정이 깊었다. 사진의 오른쪽 남성이 짐 브루스, 왼쪽 남성이 빌 케이블이다. (사진 출처: 도로시 브레이든 브루스)

97세 생일날 손자들과 자리를 함께 한 도트 브레이든. 암호해독 여성들이 비밀 엄수 서약을 얼마나 진지하게 받아들였는지, 도트 브레이든은 아흔일곱 살의 나이에도 전시에 알링턴 홀밖에서는 발설이 금지되었던 일부 단어들을 말하는 데 여전히 어려움을 겪었다. (사진 출처: 도로시 브레이든 브루스)

마 아래서 암호와 씨름하고 있는 자신을 발견했다.[20] 그녀는 먼저 트래픽 편집과 도청 암호문 분류하는 방법부터 배웠다. 코드군들을 비교할 수 있도록 그것을 타이핑하여 IBM 펀치카드 실로 보내기 전에 하는 일이었다. 그런데 그곳에서는 직원들이 모두 각자의 방식으로 융통성 있게 일을 했기 때문에 새내기들도 새로운 작업 방식을 창출할 수 있었고 실제로도 그렇게 했다. 앤 이외의 또 다른 새내기 여성이었던 직원만 해도 처음에는 날짜와 시간대별로 편집하는 것이 중복 메시지 판별에 효과적이라는 의견(이후 중복 제거로 알려지게 되었다)을 제시하여, 작업 능률에 일대 혁신을 불러왔다.[21]

그래도 진전은 더디기만 했다. 조력자들이 유입된 뒤에도 상황은 달라지지 않았다. 육안으로는 일본 육군의 암호 체계가, 5678 8757 0960 0221 2469 2808 4877 5581 1646 8464 8634 7769 3292 4536 0684 7188 2805 8919 3733 9344와 같이, 4자릿수 코드군이 끝도 없이 이어진 줄처럼 보였다.[22] 암호해독자들이 아는 것이라고는 그것이 암호와 난수책자 두 가지 모두를 필요로 하는 JN-25 암호와 유사한 체계라는 것뿐이었다. 하지만 그것만 알 수 있을 뿐 암호화된 방법은 도무지 알 길이 없었다. 아무리 공격해도 제자리걸음이었다.

암호해독 팀은 결국 메시지들의 첫머리에 적힌 주소(수신자 정보)라도 해독할 수 있지 않을까 하는 마음에, 머리 좋은 블레츨리 파크의 동료 존 틸트먼이 제안한 방식에 따라 그 일을 세분화하기로 했다. 주소는 6개가량 되는 일련의 코드군에 지나지 않았지만 그래도 중요했다. 일본군은 메시지를 암호화하면 그것을 무선 기사에게 보내, 메시지를 보내는 사람hatsu, 메시지를 수령할 사람tchiya, 그들이 위치해 있는 장소와 부대(주소지)ate를 나타내는 별도의 코드군을 덧붙여 전송하는 시스템을 운영했다. 따라서 주소에는 육군 사령부, 군 기지, 혹은 암호문을 수령할 장교가 누구인지가 나타났다.

이렇게까지 세세하게 따지는 것이 지루하고 평범하게 보일 수도 있겠지만 거기에는 적군의 조직과 위치에 관련된 놀랄 만한 정보가 많이 담겨 있었다. 주소가 무선 기사만 사용하는, 따라서 메시지 본문과는 별개로 운영되는 암호 체계로 만들어졌기 때문이다. 따라서 만일 알링턴 홀이 주소암호를 해독하면 일본군 내의 누가 어디에 있는지를 알게 되는 것은 물론, 메시지의 본문 해독에 도움이 될 만한 실마리도 얻게 될 가능성이 있었다.

윌마 베리먼이 주소암호 부서를 맡은 것은 1942년 4월이었다.[23] 윌마 팀이 그 일에 본격적으로 착수한 6월에는 앤 카라크리스티도 팀에 합류했다. 두 여성은 함께 애쓰며 전략을 세우는 과정에서 즉시 의기투합했다. 그들은 어울리지 않는 한 쌍이었다. 남부 냄새 물씬 풍기는 웨스트버지니아주 토박이 출신으로 큰 키에 골격이 컸던 윌마는 사람들을 '허니honey'라고 부르기를 좋아하고, '역겨운stinkin'(stinkin은 stinking의 방언_옮긴이)과 같은 형용사를 즐겨 사용한 영리하고 세상 물정 밝은 여성이었다. 그녀가 워싱턴으로 이사한 직후 남편이 죽었을 때는(윌마는 세 번 결혼했다), 동료들이 마치 가족처럼 함께 모여 슬픔을 헤쳐 나갈 수 있게 해주었고, 훗날 그녀가 말한 대로 "인생을 진정 살아갈 가치가 있는 것으로 느끼게 해주었다". 반면에 앤은 윌마보다 나이도 열 살이나 어리고 교양 있게 자란 북부 사람으로, 아직은 자신의 능력을 확신하지 못하고 직장 경험도 없으며 끈끈한 동지애로

뭉친 알링턴 홀 암호해독자 집단에도 겨우 진입한 새내기였다. 두 여성의 공통점이라면 유머 감각이 있다는 것이었다. 윌마는 재미난 사람이었고 앤은 그녀와 일하기를 좋아했다. 두 여성은 쾌활함, 유머, 지력, 상상력, 반드시 해내겠다는 의지를 공유했다.

윌마와 앤은 일을 즐겼다. 훗날 앤은 알링턴 홀에서 보낸 시간이 노동이라기보다는 '오락'으로 느껴졌다고 말했다. 두 여성은 암호를 해독할 때 여러 가지 접근법을 시도했다. 앤만 해도 팀의 일원인 한 장교의 제안에 따라[24] 두 코드군이 동일한 덧셈 암호로 암호화되었기를 바라는 마음으로, 한 코드군에서 다른 코드군을 감하는 '차이 연결하기differences chaining'로 알려진 기법을 사용했다. 그것은 가장 기계적이고 시간이 오래 걸리는, 따라서 실마리가 보이지 않을 때나 일의 시작점을 모를 때 사용하는 무식하고 고통스러운 방식이었다.

그래도 조금은 운이 따랐다.[25] 영국인들이 버마에 추락한 일본 비행기의 잔해에서 암호문 작성 때 사용하는 메시지 템플릿(템플릿은 빠른 일처리를 위해 코드군 몇 개만을 채우고 나머지는 빈 칸으로 남겨놓은 서식 판이다)을 몇 개 획득해 보내준 것인데, 그것이 1943년 1월 말 윌마와 앤 수중에 들어온 것이다. 두 여성은 그 자료를 가장 유용하게 쓸 수 있는 방법에 대해 은밀한 대화를 나누었다. 그리고 의논 끝에 차이 연결하기 기법은 쓸모가 없다는 결론을 내리고, 템플릿과 그들이 가진 소량의 정보만을 이용해 작업하기로 했다.[26]

두 여성에게는 다른 두 개의 방편도 있었다. 하나는 남서 태평양 전역에서 활동하는 일본군 부대의 일부 명칭과 식별번호가 포함된 오스트레일리아 기지에서 보내준 보고서였고, 다른 하나는 미 해군으로부터 건네받은 몇 개의 크립이었다. 그 무렵 일본 육군은 형편상 해군의 무선 회로를 이용해 암호문을 보내고 있었는데, 그럴 때는 암호문에 해군 주소암호가 덧붙여졌다.[27] 게다가 그것은 전에 해독된 적이 있는 간단한 암호로 구성되었고, 부대명에 이어 숫자 둘을 기재하고 그 다음에 분대장과 같은 경칭을 넣는, 일본 군부가 사용하는 주소암호의 기본 패턴도 나와 있었다.

주소암호 팀 작업실에는 자료도 잘 보존돼 있었다. 윌마 베리먼은 그중에 일본 해군 주소와 같을 수도 있는 주소를 가진 일본 육군 메시지들이 있다는 사실을 기억해냈다. 그래서 그것들을 찾아내 해군 주소암호의 평단어들을 육군 암호들 밑에 적어 넣고는 이리저리 머리를 굴려보았다. 윌마는 나중에 그때의 상황을 이렇게 설명했다. "그 파일에서 뭔가를 본 것 같은 기억이 나서 가보니 있더군요. 그거라고 생각했던 것, 똑같은 것을 찾은 거죠. 하지만 막상 그걸 가져와 책상에 펼쳐 놓으니 아닌 것 같았어요."[28]

그때 갑자기 같은 부서에서 일하는 남성들 중 한 명인 앨 스몰이 그녀 뒤에 서 있는 것이 느껴졌다. 그는 거기 서서 한참 동안 윌마가 일하는 모습을 지켜보고 있었다.

스몰이 "윌마, 뭐하는 거예요?"라고 묻자 그녀가 일본 육군 메시지에 해군 크립 배열해놓은 것을 보여주었다. 스몰이 보니, 그럴듯했다. 메시지 템플릿으로는 기본 코드군을 파악할 수 있고, 해군 크립으로는 의미 추정이 가능했기 때문이다. 가령 윌마 앞에 암호화된 코드군 8970이 있고 템플릿을 통해 기본 코드군이 1720인 것을 알아냈다면, 덧셈 암호는 7250이 되는 것이었다. 해군 크립에는 그것의 의미가 음절 'mo'로 나타났다. 윌마는 믿을 수가 없었다. 헛것을 본 것 같았다. 앨 스몰도 그것을 한참 동안 바라보았다. 그러더니 마침내 "그거예요. 그거라고요!"라고 소리쳤다.

하지만 윌마는 그 배열이 환상일 수도 있다는 걱정에 "아니에요, 내가 무리하게 갖다 붙인 것 같아요. 어떻게든 결과를 만들어내야겠다는 욕심에 너무 세게 밀어붙인 것 같다고요"라고 말했다. 하지만 스몰은 계속해서 "아니에요. 그거예요. 그거라고요"라고 되풀이해 말했다.

그것이 알링턴 홀이 찾은 일본 육군 암호 체계에 대한 진정한 첫 실마리였다. 1943년 2월 초에 작성된 메모에도 "메시지 템플릿 덕에 암호화된 주소를 처음으로 읽을 수 있었다"는 글이 적혔다. 하지만 이후 몇 달간은 마치 광산에서 채굴하는 것과도 같은 고통스런 기간이 이어졌다. 암호화된 코드군은 기계로 생성된 암호와 달리 그 즉시 해답이 나오지 않았다. 기본 원리를 터득한 뒤에도 할 일이 태산이었다. 팀원들은 산더미 같은 덧셈 암호들 속에서 각 코드군이 의미하는 것을 하나하나 알아내야 했다. 아그네스 드리스컬과 그녀의 팀이 일본 해군 암호 체계를 알아내는 데는 수년이 걸렸다. 윌마 팀에게는 그만한 시간도 없었다. 각 코드군의 의미를 파악하는 일은 마치 한 덩이, 한 덩이 광석을 힘겹게 쪼아내는 과정 같았다. 앤 카라크리스티도 정해진 지침 없이 "대부분의 문제를 알아서 해결해야 하는 것을 당연시하는" 작업 환경을 묵묵히 받아들이며 작업에 매진했다.[29]

알링턴 홀은 펜타곤과 다른 기관들에 작업 진척 상황을 알려주기 위한 일간 메모도 발행하기 시작했다.[30] 1943년 3월 15일 자 메모에는 주소암호의 의미 파악에 진척이 많았다는 글이 적혔다.[31] 앤, 윌마 그리고 소수의 팀 동료들이 코드군 6972는 i, 6163은 aka, 4262는 tuki, 3801은 si, 0088은 u, 9009는 dan을 뜻한다는 사실을 알아낸 것이다. 덧셈 암호도 밝혀내기 시작했고, 합계 검사와 같은 그 암호 체계에만 있는 특유의 미묘한 차이도 알아냈다. 해군 암호와 마찬가지로 육군 암호도 가블을 막기 위한 안전판으로 합계 검사 방식을 즐겨 사용한 것이다. 두 체계의 차이점이라면 '코드군의 합이 3으로 나눠지게 한' 해군 암호의 가블 체크 방식과 달리, 육군 암호는 4자릿수 코드군에서 앞의 세 숫자만 실제 코드고 나머지 하나는 가블 체크용으로 덧붙여진 숫자라는 것이었다. 가령 0987이라는 코드군이 있다면, 098만이 진짜 코드군이고 7은 (가짜 덧셈을 이용한) 가블 체크용 숫자라는 말이었다(0+9+8=7).[32]

일본 육군 암호 팀은 '책자 해독book-breaking'으로 불린 적군의 암호 책자를 복원하는 일도 했다. 이 부분에서는 언어학자들과 손발을 맞춘 앤 카라크리스티가 발군의 실력을 나타냈다. 1943년 여름 그들은 1113이 shibucho, 1292가 taichoo, 1405가 butai, 3957이 bukkan을 의미하는 코드군이라는 것을 알아냈다. 히로시마, 싱가포르, 쿠팡(인도네시아 티모르섬의 도시 _옮긴이), 도쿄를 의미하는 코드군도 밝혀냈다.

주소암호에는 다량의 작전용 군사 정보도 담겨 있었다.[33] 따라서 앤 카라크리스티와 윌마 베리먼이 하는 일은 미군 정보 당국이 병력 규모, 장비, 종류, 활동지, 배치와 같은 일본 육군에 대한 정보, 즉 전투 서열을 체계화하는 데도 도움을 주었다. 그것만 있으면 적군이 배치된 곳과 그들이 가는 방향을 정확히 알 수 있었다. (솔로몬 쿨백의 말을 빌리면) 그리하여 맥아더 사령부는 이윽고 일본군의 편제를 그의 군 조직만큼이나 훤히 알 수 있게 되었다. 일본 주소암호 팀의 중요성이 커지자 직원도 늘어났다. 앤과 윌마 외에도 그 팀에는 올가 브로드, 베시 E. 그럽, 에드너 케이트 헤일, 밀드러드 W. 루이스, 에스더 A. 스와니, 로티 E. 밀러, 베시 D. 월, 바이올렛 E. 베넷, 골디 M. 픽스, 메이블 J. 퓨가 새롭게 합류했다. 아, 그리고 보석의 이름을 가진 루비 C. 존스도 있었다.

"그 팀의 구성원은 백 퍼센트 여성들이었어요. 주소암호 체계를 밝혀내는 일에 종사한 직원 모두가 여성이었죠."[34] 솔로몬 쿨백이 나중에 말했다. 군인 두 명(루번 와이스와 모트 배로)이 그 부서의 유일한 남성이었다. 그렇게 그들은 여성들만 있는 곳의 청일점이 되어 부서를 돌아다니며 장난을 치고 분위기를 띄우며, 한밤중에 불쑥 나타나 심야근무자들을 즐겁게 해주는 등 여성들의 활력소 역할을 톡톡히 했다. 쿨백도 그때를 떠올리며 "최소한 여성 백여 명이 일하는 곳에 장교는 단 두 명뿐이었다"고 말했다.

윌마 팀과 함께 일하던 트래픽 분석 팀도 대부분 여성들로만 구성되었다.[35] 내용은 신경 쓰지 않고 메시지의 트래픽상에 나타나는 변동 사항을 파악하는 것이 그들의 주된 업무였다. 전투 서열을 체계화하는 데는 외적 정보도 도움이 되었다. 가령 낯선 지역을 오가는 무선 메시지 양이 폭주하면 그것은 누군가가 이동 중이라는 의미였다. 오래지 않아 윌마 뒤에는 군 정보 담당관G-2이 날마다 지키고 서서 그녀를 독려하며 집중적으로 살펴야 할 주소를 알려주는 지경이 되었다. 알링턴 홀은 일간 전투 서열 상황표도 만들기 시작했다. 매일 아침 5

시에는 논의된 사항을 오후에 보고서로 작성하여 펜타곤에 제출하기 위한 '블랙북 회의'도 열렸다.

여성 암호해독자들은 그 일을 하며 의욕이 샘솟는 것을 느꼈다. 일본 육군의 모든 암호 체계에는 동일한 주소암호가 사용되었고, 그러다 보니 공군, 행정, 수운기관, 지상군 등이 사용한 모든 종류의 암호문이 머지않아 그들 손을 거치게 되었다. 윌마도 나중에 "그것이 일을 재미있게 해준 여러 요소들 중 하나였던 것 같다"[36]고 말했다. "우리는 모든 것을 보았고, 모든 것이 우리를 통해 들어왔어요. 암호해독, 트래픽 분석, 전투 서열 등 우리가 다루지 않은 분야는 없었죠. 그러니 뭘 더 바랐겠어요. 우리는 천하를 얻은 기분으로 도처의 일본군을 시시각각 좇고 있었죠. 암호문 내용도 '설탕 3파운드와 쌀 10파운드를 보내라'처럼 가지각색이었어요. 그보다 흥미진진한 일은 없었답니다."

* * *

그러나 적군의 움직임을 따라잡는 일은 끝이 없는 작업이었다. 해군과 마찬가지로 일본 육군도 암호 책자와 암호화 방법을 주기적으로 바꾸었기 때문이다. 한 번은 홀수 코드군만으로 주소를 암호화하는 방식을 쓰다가 그 다음에는 짝수 코드군만으로 주소를 암호화하는 방식으로 넘어가, 주소암호 팀을 초주검으로 몰아간 끔찍한 기간도 있었다. "그 상황이 실로 난감했던 것은 때가 전쟁 중이었기 때문이에요."[37] 윌마 베리먼이 나중에 그때를 떠올리며 말했다. "순조롭게 입수되던 전투 서열(일본군 정보)이 한 순간에 뚝 끊겼으니 말이에요. 따라서 우리도 뭔가 손을 써야만 했죠." 윌마와 앤은 짝수 코드군을 가진 트래픽 작업에 착수했다. 그리하여 메시지를 거의 읽을 수 있는 지점에 도달했는데, 솔로몬 쿨백이 그곳을 지나가다가 도와주겠다고 나섰다. 그는 메시지의 절반만 그러모아 자기 사무실로 가져오라고 했다. 그러고는 "짝수 트래픽은 내가 살필 테니, 여러분은 홀수 트래픽 작업을 하세요"라고 말했다.

여성들은 상황이 엄중했던 만큼 짜릿한 흥분을 느꼈다. 짝수 코드군은 그들이 이미 작업해놓은 게 있어 쿨백이 할 일은 그들보다 한층 수월했다. 따라서 그를 따라잡으려면 평정심을 잃지 않고 속도를 내는 것이 중요했다. "앤과 나는 무작정 달렸어요. 그런데 그게 그렇게 재미있더라구요." 윌마가 말했다. 그 일이 있고 난 뒤 몇 년간 윌마가 한 말은 "너는 홀수 작업을 해, 나는 짝수 작업을 할테니"가 전부였고, 그러면 앤이 문제를 해결했다.

앤 카라크리스티를 흔들 수 있는 것은 아무 것도 없었다. 그녀는 수재들만 모인 팀에서도 단연 독보적인 존재였다. 윌마도 "앤과 비교하면 내 능력은 보잘 것 없었어요"라고 말했다. 윌마는 그런 앤을 소규모 연구팀의 책임자로 앉혔다. 앤 솔로몬이라는 수학자와 신체적 조건 때문에 병역에서 탈락한 하버드 대학교 졸업생 벤저민 헤저드Hazard[(헤저드는 운luck의 뜻을 가진 햅hap이라는 별칭으로 불렸다 (haphazard가 hap + hazard(위험)로 구성된 단어여서 생긴 일_옮긴이)]가 포함된 연구팀이었다. 그들은 젊었으나 능력은 막강했다. 미군이 태평양 섬들을 탈환하기 시작하자 일본군은 고립된 군 기지들에 새 암호책자 배포하는 일에 어려움을 겪고 있었다. 간혹 잠수함으로 암호 책자를 몰래 전달해주기도 했지만, 그보다는 암호 작성자들이 옛 암호 책자를 새로운 방식으로 이용하여 임시 암호 체계를 만들어내는 일이 더 잦았다. 옛 암호 책자에서 덧셈 암호들을 취하되, 그것들을 더하지 않고 가로 세로 방향으로 나열해 사각형 표를 만드는 것이 그들이 사용하는 흔한 수법이었다. 사각형 암호는 여러 가지 이유로 해독하기가 어려웠다. 더하기를 하지 않은 탓에 기본 코드군과 전송하기 직전 암호화된 코드군 사이에 수학적 관계가 성립하지 않은 것이 그 이유들 가운데 하나였다.

다행히 코드군과 합계 검사에서는 패턴이 나타났다. 그리고 앤도 불충분하나마 훈련받을 때 사각형 암호 체계에 대해 나름의 대비를 해둔 게 있었다. 그래서 그런 종류의 낯선 암호 체계를 처음 접하면서도 당황하지 않고 자리에 앉아 곧장 문제 해결에 골몰했다. 솔로몬 쿨백도 문제 해결의 실마리가 보이자 그녀 곁에 다가와 격려해주었다. "그 분야에서 일한다는 것과 그런 사실을 아는 것, 그리고 수학자나 언어학자가 아닌데도 뭔가 유용한 일을 할 수 있다는 사실을 깨닫는 것은 참으로 멋진 일이었죠."[38] 수년이 지난 뒤 앤이 그때를 떠올리며 말했다.

그것은 멋진 일 이상으로 중요성이 컸다. 일본이 암호를 만들어내는 족족 앤과 그녀의 팀은 그것을 깨뜨렸으니 말이다. 그들은 밤샘 근무를 하며 암호 키를 찾아냈다. 내키지는 않았지만 적군에 대해 탄복하는 마음도 생겼다. 공격받는 와중에도 암호 책자들을 휙휙 훑어보고 표들을 참고하며 다량의 수작업이 필요한 암호 체계들을 만들어낸 능력이 감탄스러웠던 것이다. 솔로몬 쿨백도 방문객이 찾아오면 암호 책자, 난수책자, 종이더미들이 테이블 위에 수북이 쌓인 방으로 그들을 데려가, "이것이 현재 일본이 암호문 작성 때 사용하는 재료들입니다"라고 즐겨 말했다.[39]

고참 직원들이 자신들의 실력을 연마한 뒤에 하는 일은 신참 직원들의 역량을 파악하는 것이었다. 월마 베리먼도 앤에게 (획득한 적의 암호 책자에서 빼냈다는 사실을 알리지 않고) 소량의 코드군을 건네준 뒤, 책자 해독을 얼마나 할 수 있는지 살폈다.[40] 그녀를 상대로 즉석 실험을 한 것이었다. 앤은 암호해독에 입문한 뒤 1년 후부터는 사병들을 훈련시킬 정도로 실력이 뛰어났다. 수년이 지난 뒤 솔로몬 쿨백에게 무인도에 고립돼 있는 상황에서, 암호를 해독해 그를 집에 데려갈 수 있는 사람이 한 사람뿐이라면 누구를 택하겠냐는 물음에 그는 주저 없이 '앤 카라크리스티'를 원한다고 말했다.[41] 주소암호 팀은 야마모토 제독을 격추시킬 때도 맡은 임무를 충실히 해냈다.[42] 야마모토의 전선 시찰과 관련된 첫 암호문이 입수되고 난 뒤의 긴박했던 시기에 미 해군이 육군 주소암호 팀에 도움을 요청해온 것이었다. 월마도 그 일을 그녀의 팀이 거둔 '가장 주요한 성과들' 가운데 하나로 기억했다. 하지만 그런데도 나중에는 해군이 육군의 도움을 받은 사실을 일정하지 않으려고 했다며 아쉬움을 드러냈다. "(야마모토의 비행기를 격추시킨 공은) 대부분 해군이 차지했죠. 기분이 좋지는 않더군요."

* * *

미 해군이 육군과 오랫동안 반목하며 가졌던 불만 가운데 하나는, 육군이 군기도 잡히지 않고 분별력도 없어 비밀 엄수가 힘들 것으로 보이는 민간인을 암호해독자로 고용하는 것이었다.[43] 하지만 그것은 번지수를 잘못 짚어도 한참 잘못 짚은 생각이었다. 물론 알링턴 홀에도 민간인들이 비밀을 누설했을 때 벌어질 일에 대해 입방아를 찧은 사람들이 있기는 했다. 비밀 엄수 서약을 하고도 비밀을 누설하면, 기소되어 벌금 만 달러나 10년 징역형에 처해질 수 있었으니 말이다. 월마도 공무원 봉급으로 만 달러를 마련할 수 있는 사람은 없을 것이니 서약을 어긴 사람은 징역살이를 해야 할 것이라고 농담을 했다.[44] 그러나 해군의 예상과 달리 알링턴 홀 직원들은 비밀 엄수 서약을 진지하게 받아들였다. 앤도 알링턴 홀에서 무슨 일을 하느냐는 질문을 받으면 태연하게 사무직이라고 말했다.

일일이 대답하기도 귀찮은 일이어서 그들은 질문받는 상황을 아예 만들지 않으려고 했다. 가장 손쉬운 방법은 끼리끼리 어울리는 것이었다. 일본 육군 암호부서의 고참 직원들만 해도 점심 식사를 같이 하고 외식도 정해진 소수의 식당에서만 했다. 앤과 월마 그리고 몇몇 다른 팀원들은 심지어 몇백 달러 정도 되는 돈을 모아 요트를 공동으로 구매하고, 바람이 거센 포토맥강에서 항해를 한다며 버둥거리기도 했다.[45] 그러다 한 번은 버지니아의 노퍽으로 가는 밤배와 거의 충돌할 뻔하기도 했다. 날이 어두워 그들의 배는 꼼짝 못하고 있는데, 밤배에서는 뱃고동 소리가 울리고 요란한 웃음소리가 났다. 암호해독자들은 합창단과 연극 동아리도 만들고 테니스도 치며, 그곳에서 멀지않은 클라렌든 빌리지와 콜로니얼 빌리지의 볼링장에서 덕핀볼링도 즐겼다.[46] 술도 많이 마셔, 피아노를 치다가 그 밑으로 기어들어가 술기

운과 피로감에 곯아떨어지는 사람도 있었다.

암호해독자들은 연애도 하고 영원히 지속될 깊은 우정도 쌓았다. 앤도 캔자스주의 전직 교사와 거트루드 커틀랜드라는 작가 지망생과 친하게 지냈다. 거트루드는 앤보다 사교적이고 외향적이며 나이도 열여섯 살이나 많고 치열하게 문학을 추구하는 유식한 여성이었다. 노스캐롤라이나 대학교 채플힐 출신으로 친화력이 좋았던 그녀는 머지않아 인사과로 적을 옮겨, 고위급 장교들과 친구들 간에 다리를 놓아주는 직접 통로가 되었다. 거트루드와 앤 그리고 윌마는 기름 배급권을 모아 두었다가 주말이면 윌마의 낡은 자동차로 버지니아주 리스버그의 시골길에서 드라이브도 즐겼다.[47]

그러나 주말의 활력 충전은 가끔 있는 일이었을 뿐 대개의 경우 그들은 일에만 몰두했다.[48] 상대방을 밀치고 승진하겠다는 사람도 없었다. 그들은 그 모든 일이 일시적인 것임을 알았다. 그들에게는 미국이 승리하여 정상적인 삶의 궤도를 되찾는 것이 중요했다. 한 민간인 여성이 호봉에 대해 자주 불만을 터뜨리자, 앤은 출세에 목을 매는 그녀의 태도에 질겁했다.[49] 그들이 일하는 목적은 승진에 있지 않고 전시 노력에 힘을 보태는 데 있었기 때문이다. 물론 그들도 해군 동료, 영국의 동료, 오스트레일리아의 동료와 경쟁을 하고, 그들끼리도 경쟁을 했다.[50] 그러나 경쟁을 하더라도 해법을 찾는 것이 우선이었다. 그들은 사람들이 일하는 것을 멈추게 해서는 안 되었다. 언어학자들도 여가 시간이 생기면 하다못해 기록하는 것이라도 도와주었다. 그들은 거대한 눈보라를 맞고 있었고, 그래서 모두들 눈보라에 휩쓸려가지 않도록 보조를 맞춰 걸으려고 안간힘을 썼다. 협력, 재미, 진지함, 지적인 꼼수가 그곳을 지배하는 분위기였으며, 그것이 결국 다음번의 중요한 암호해독으로 이어져 미드웨이 해전과 같은 유명 전투는 아니더라도 중요성 면에서는 그에 뒤지지 않는 다른 전투에 영향을 미치게 된 것이었다.

* * *

주소암호를 해독한 일은 대단한 성과였다. 그러나 일본 육군의 주암호는 여전히 미제로 남아 있었다. 1943년 봄에도 상황은 암울했다. 알링턴 홀의 일본 육군 암호 팀은 오스트레일리아의 동료들과 함께 일본군이 물자 보급선, 다시 말해 상선들의 항로 지시에 사용하는 수운 기관용 암호 2468 체계를 규명하는 일에 화력을 집중하기 시작했다. 그들이 아는 것은 2468이 암호라는 것과, 난수책자의 어느 부분을 참고했는지를 말해줄 네 자릿수 코드군 두 개로 이루어진 암호화 지시자indicator가 메시지의 어딘가에 박혀 있다는 것이었다. 따라서 2468 암호의 핵심도 지시자였으나 파악하기가 쉽지 않았다. 전 세계의 모든 암호해독자들도 그것을 규명하기 위해 총력을 기울였다. 상황은 1943년 3월까지도 절망적으로 보였다. 펀치 카드에 구멍을 내 IBM 기계를 연속으로 돌리고 가설을 세우고 무차별 대입 공격을 하면서 희망을 불러일으키려 한 노력은 매번 수포로 돌아갈 뿐이었다.
"사실과 숫자들의 단순한 나열로는 그 일의 흥미진진함과 믿을 수 없을 정도로 짜릿한 양상에 대한 생각을 제대로 전달할 수 없다. 마치 공격 사슬의 마지막 고리라도 되는 양 암호문 하나하나와 드잡이를 하며 밤샘 작업을 했던 일, 완전한 백지상태와 완전한 해독 간의 경계가 위험하도록 가까워 보였던 시기, 트래픽 분석 팀과 손발을 맞추던 암호해독 팀이 간신히 성공을 거둘 때도 있었던 피 말리는 순간 등을 사실과 숫자만으로 어떻게 온전히 전달할 수 있을 것인가."[51] 프랭크 루이스는 나중에 낭만적이지만 정확하게 당시의 상황을 그렇게 묘사했다. "그곳에서 벌어진 일을 빠짐없이 기록하면 내로라하는 '스파이 스릴러' 물도 당해내지 못할 것이다."

그런데 1943년 4월 고전을 면치 못하던 일본 육군 암호 팀에 두 가지 일이 벌어졌다.[52] 하나는 메시지의 두 번째 코드군에 나오는 첫 숫자가 무작위로 보이지 않는다는, 2468 암호의 특징이 언급된 영국에서 보내준 전보였고, 다른 하나는 그 발견을 확인하면서 그에 대한 설명도 덧붙여놓은 오스트레일리아에서 보내준 전보였다. 당시 오스트레일리아의 브리즈번에서는 미국의 청년 장교 조 리처드가 밤낮없이 암막 커튼이 드리워진 교외 2층 주택의 '희미한 이동식 램프' 아래서 트래픽을 분류하는 일상 업무를 수행하고 있었다. 그런데 그도 영국 팀처럼 2468 암호의 첫머리에 나오는 어떤 코드군들 사이에서 모종의 연관성, 상호 조응성을 나타내는 비무작위적 움직임을 포착한 것이다. 그는 2468 암호의 세 번째 코드군의 첫 숫자가 두 번째 코드군의 첫 숫자와 관련이 있다는 것, 요컨대 무작위 배열이 아닌 것을 포착했다. 두 번째 코드군의 숫자가 0이면 세 번째 코드군의 숫자는 2, 4, 혹은 9임을 알게 된 것이다.

알링턴 홀의 육군 암호 팀은 이 작은 단서를 가지고 두 번째와 세 번째 코드군에 초점을 맞추고 새로운 방식으로 2468 암호를 검토하기 시작했다. 남성 셋과 여성 넷[(결혼을 하여 성이 신코브로 바뀐) 델리아 테일러, 메리 조 더닝, 루이즈 루이스, 낸시 콜먼]으로 구성된 엘리트 팀이 4월 4일 자정 무렵부터 그 다음 날 새벽까지 문밖에 출입금지 팻말을 붙이고 작업실에 틀어박혀 일에 몰두했다. 그리하여 그들도 이제 암호문의 첫머리에 나오는 코드군의 일부 숫자가 다른 숫자들에 지배력을 행사하고 있음을 알게 되었다. 11이나 77과 같이 쌍으로 된 두 자릿수가 어느 지점에 나타나면, 또 다른 지점에도 같은 현상이 나타난다는 것도 알아냈다. 그 숫자들은 마치 그룹들 간에 '부르고 응답하기'를 하듯 상호의존적임을 나타내는 방식으로 서로의 움직임을 통제하고 있었다. 자정 무렵에는 문제의 답이 보이기 시작했다. 그들은 숫자들이 계시적 형태로 정렬돼 있다는 사실을 깨달았다.

그들이 깬 2468은 수세미처럼 복잡한 암호 체계였다. 페이지마다 10×10 크기의 사각형 변환표에 네 자릿수 덧셈암호가 위아래로 순서 없이 기재된 100쪽 짜리(따라서 총 1만 개의 덧셈암호가 기재된 셈이다_옮긴이) 난수책자 3권을 사용한 것만 해도 그랬다. 지시자는 2개의 네 자릿수 코드군으로 구성되었는데, 그중 첫 번째 코드군의 첫 숫자는 암호 책자의 번호, 두세 번째 숫자는 페이지 번호를 나타냈다. 네 번째 숫자는 합계 검사용으로 덧붙여진 것이었다. 암호해독자들은 이 패턴을 'book page page sum check(암호 책자 번호, 페이지 번호, 페이지 번호, 합계 검사)', 즉 BPPS로 불렀다. 두 번째 지시자 코드군은 (해당 페이지의) 행row과 열column이 만나는 지점의 수들을 나타냈다. 따라서 전체 지시자의 패턴도 BPPS RRCC가 되었다.

하지만 진짜 난해한 부분은 따로 있었다. 일본군이 지시자 코드군

두 개를 암호문의 초기에 나오는 두 코드군 사이에 박아놓은 것이다. 그렇게 위치시켜 놓고 두 코드군을 암호화한 뒤, 그것을 이용해 지시자 코드군을 암호화했다. 간단히 말해 일본군은 메시지를 먼저 암호화하고, 그것을 가지고 지시자 코드군을 암호화하는 방법을 쓴 것이었다. 그것은 마치 (몸통 속에 작은 인형들이 켜켜이 들어앉은) 러시아의 목각인형 마트료시카만큼이나 복잡한 암호 체계였다. 그것이 얼마나 중요했으면, 팀원들이 2468 암호해독 사실을 알리자 그들의 상관 프레스턴 코더만은 문밖에 적군이 있기라도 하듯 본능적으로 방의 블라인드를 쳤다. 그들은 암호해독 사실을 철저히 비밀에 부칠 것까지도 고려했다. 그러다 지혜를 모아 오스트레일리아에만 통지를 했다. 그런데 이게 웬일, 같은 시간 브리즈번 기지도 그 암호를 해독하는 놀라운 우연의 일치가 일어났다.

알링턴 홀은 흥분에 휩싸였다. 1943년 4월에 작성된 메모에도 이런 글이 적혔다. "그것이 모든 부문에 활기를 불어넣어 팀원들은 전에는 난공불락으로 여겼던 몇몇 문제들도 2468을 통해 입증된 내용의 관점에서 공격을 했다."[53] 메시지에 자주 등장하는 'maru'를 이용해 덧셈암호를 규명하고, 이어 다른 암호 체계들을 계속 깨뜨리면서 일본 육군이 편제된 방식을 통해 도움받을 수 있는 길을 모색했다. 라바울에 본부를 둔 제8방면군만 해도 덧셈암호는 다른 작전 지역과 동일한 것을 쓰면서 사각형 변환표만 다른 것을 이용한 암호문을 작성해 보냈다. 알링턴 홀의 암호해독자들은 중복 메시지들을 비교하는 방식(그들은 그것을 교차 확인cross-dupes이라 불렀다)으로 덧셈암호를 어렵사리 찾아냈다.

그들이 성취한 것의 진가가 드러나는 데는 오랜 시간이 걸리지 않았다. 1943년 7월 그들이 해독한 첫 2468 암호문들 가운데 하나에, 4척의 상선maru이 머지않아 일본의 주요 공군 기지가 있는 뉴기니섬의 웨와크에 입항할 것이라는 내용이 담긴 것이다.[54] 암호해독자들은 그 정보를 군 정보기관에 넘겼다. 그리고 오래지 않아 솔로몬 쿨백은 미 해군이 와웨크에서 일본 상선 4척을 격침시켰다는 소식을 라디오에서 들었다. 그는 그 소식에 흡족해했다. 때가 전시였던 만큼 익사한 적군 수병과 병사들에 대한 동정심은 일지 않았다.

2468 암호해독은 태평양 전쟁의 가장 중요한 사건들 중 하나였다.[55] 어느 관점으로 보나 에니그마 암호해독이나 미드웨이 해전의 승리에 뒤지지 않는 사건이었다. 2468 암호해독으로 태평양 전역을 오가며 일본군 부대들에 물자를 공급해주던 상선들은 거의 일망타진되었다. 일본의 육군 상선들도 해군 선박들처럼 그들이 정오에 있게 될 위치를 알려주는 암호문을 보냈고, 미 군부는 그 정보를 잠수함 사령관들에게 전달했다. 솔로몬 쿨백도 나중에 "모일 모시 모처에 특정 선박이 나타날 것임을 알려주는 것보다 잠수함에 더 값진 정보가 있었겠는가?"[56]라고 그때를 떠올리며 말했다. 미 군부는 계략을 써서 상선들이 암호해독의 결과로 침몰되었다는 사실을 일본이 알지 못하게 했다. 하늘에 비행기들을 띄워 그 비행기들이 상선들을 포착한 것처럼 꾸민 것이다. 일본은 섬 해안가에서 스파이 활동을 하는 연안 감시원이 상선을 포착한 주범으로 생각된다는 암호문을 보냈다. 알링턴 홀 암호해독자들은 그것을 읽으며 포복절도했다.

2468 암호해독으로 의기양양해진 알링턴 홀은 더 큰 야망을 가

졌다.[57] 일본 육군의 모든 암호를 깨부수기로 작정한 것이다. 그들은 2468 해독에 이어 5678, 2345, 6666, 7777 암호들도 해독했다. 공군 암호인 3366과, 진급과 전출, 봉급과 자금 요청, 병력 이동, 일본군 사상자 수와 발진티푸스 및 여타 질병에 걸린 환자 수를 알려주는 '위생국'의 보고용 암호인 6789 체계도 깨뜨렸다. 알링턴 홀이 적군의 위치와 봉급뿐 아니라 그들의 건강 상태까지도 알게 된 것이다.

그들은 행정용 암호인 7890도 공격했다.[58] 암호해독부가 하나의 거대한 공동 두뇌가 되는 방식으로 집단이 거둘 수 있는 성과가 얼마나 큰지를 보여주게 될 공격이었다. 행정용 암호는 몇 주 동안이나 그들의 노력을 무력화시키는 것처럼 보였다. 그러던 어느 날 그 팀에서 일하던 중위 한 명이 프랭크를 데리러 와서, 두 사람은 함께 근처의 체육관에서 펜싱 게임을 했다. 그렇게 게임을 마치고 돌아갈 채비를 하던 그들은 행정용 암호에 대한 이야기를 주고받기 시작했다. 중위가 7890도 다른 암호 체계에 사용된 변환표로 암호화되었을 가능성을 제기하자, 루이스는 그럴 리가 없다고 했다. 중위가 복잡한 변환표를 그렇게 쉽게 결론내리는 근거가 무엇이냐고 묻자, 루이스는 사각형 변환표 내에서 암호(사이퍼)들이 되풀이만 되고 교차되지는 않는다는 것, 평문의 한계, 암호 키의 한계 등에 대한 공허한 설교를 한바탕 늘어놓았다. 그러면서 그럴 가능성은 없지만 설령 그 모든 조건이 부합한다 해도 그들이 시작점으로 예상할 수 있는 숫자는 9939뿐이라는 점을 덧붙였다.

그때 델리아 테일러 신코브가 두 사람의 대화를 귓결에 듣고, 5678 암호에 가장 빈번하게 나오는 코드군이 9939라고 알려주었다. 이 우연한 대화(두 남성이 뜻하지 않게 세운 가설에 델리아 신코브의 비상한 기억력이 더해진)가 결국 행정용 암호해독으로 이어져, 미국은 적군의 사상자 수와 일본이 계획 중이던 주요 공격에 대한 전술적 정보가 최소한 하나는 포함된 정보를 입수할 수 있었다.

그로써 일본 육군의 모든 암호는 해독되었다. 솔로몬 쿨백도 "일본이 전송한 암호문치고 우리가 해독하지 못할 것은 없었다"[59]고 말했다. 알링턴 홀의 암호해독자들은 일본인 수령 예정자가 암호문을 받기도 전에 그것을 해독했다. 그들은 일본이 암호 보안에 철저하게 굴었던 태도의 득도 보았다. 일본군이 암호 책자를 분실하거나 적에게 빼앗긴 사람을 엄벌하다 보니, 병사들이 암호 책자를 분실하고도 그 사실을 숨길 때가 있었던 것이다. 1944년 1월에도 오스트레일리아 병사들이 뉴기니의 일본군 20사단이 쓰던 암호 책자 일습을 깊숙한 물구덩이 속에서 찾아내 알링턴 홀에 보내준 적이 있었다.[60] 그리하여 암호해독자들이 그것을 이용해 해독한 암호문들 속에는, 상관들이 보유하고 있던 암호 책자를 철저히 파기했다고 그들을 안심시키는 내용으로 한 군인이 작성한 암호문도 들어 있었다. 획득한 암호 책자들로 얻어진 정보는 맥아더 장군이 뉴기니와 솔로몬 제도에서 작전을 펼칠 때 중요한 역할을 했다.

주소암호는 문제 해결의 단초를 제공한 뒤에도 알링턴 홀의 암호해독부에서 계속 중요하게 작용했다. 모든 암호문은 도청이 되면 일단 윌마 베리먼의 부서로 먼저 보내져 그곳에서 주소를 해독해 메시지 본문에 그것을 첨부시킨 뒤에야 다음 단계로 이동했다. 한 암호문이 8개나 10개 부문을 거쳐야 할 때도 있었다. 이때도 주소암호의 일부를 이룬 일련번호는 직원들이 메시지를 분류하여 흩어진 조각들을 재조합하는 데 도움이 되었다. 암호문은 이 모든 과정을 거친 뒤에야 해독 부서로 옮겨졌다. "다음 부서로 암호문이 전달되어 사람들이 코드군들을 배열해놓고 해독 작업을 벌일 수 있도록 주소암호를 해독하는 것이 우리가 할 일이었죠." 앤 카라크리스티가 말했다.

하지만 일본 육군 암호 부서는 여전히 소규모 인력으로 운영되었다. 1943년 중엽에도 알링턴 홀의 인력은 암호해독부가 뮤니션즈 빌딩에 입주해 있을 때부터 근무했던 고참들, 앤 카라크리스티가 포함된 몇몇 유망한 민간인 그리고 소수의 군인들이 전부였다. 따라서 태평양 전역에서 치열하게 싸우는 미군을 돕기 위해서는 한 메모에 적힌 표현대로 '가능한 한 신속히 결과를 만들어낼 수 있는 조직'을 구성해야만 했다. 기름칠 잘 된 조립라인을 설치하고 더 많은 여성들을 고용해 작업을 세분화할 필요가 있었던 것이다. 이렇게 보면 도트 브레이든과 루스 웨스턴이 육군 암호해독부에 채용된 것도 2468 암호해독의 돌파구가 열린 덕이었던 셈이다.

9장
불평하는 것은 인지상정

1943년 8월

1943년 여름 알링턴 홀은 마치 거액의 벤처캐피털 자금을 지원받아 단기간에 회사 규모를 늘려야 하는 신설 기업 같았다. 지극히 중요했던 일본의 해운용(수운기관용) 암호 2468이 해독되자, 밀려드는 상선 관련 암호문 해독에 종사할 인력 수천 명을 충원할 필요가 생긴 탓이었다. 하지만 전쟁 중인 그 시점에 신규 인력을 구하기는 매우 어려웠다. 해군도 도처에서 여성들을 뽑아가고 있었고, 전략사무국과 연방수사국을 비롯한 연방 기관들, 공장, 방위산업체, 다른 민간 기업들도 마찬가지였기 때문이다. 그렇다고 육군이 사기업보다 봉급을 많이 주는 것도 아니었다. 그래도 근로자들의 애국심에는 호소할 만했고, 사기업 수준에는 못 미치지만 교사보다는 봉급이 높았으니 기대해볼 만했다.

   알링턴 홀이 미국 남부에 공을 들이며 학교 선생들을 유치하려고 했을 때의 상황이 딱 그랬다.[1] 육군 통신대가 남부 주들을 표적으로 삼은 것도 전략적 고려 때문이 아니라 중앙인사위원회의 까다로운 관료적 규정 때문이었다. 그 규정에 따르면 워싱턴에서 일할 육군 통신대 인력은 메릴랜드주, 웨스트버지니아주, 버지니아주, 노스캐롤라이나주가 포함된 제4공무원 구역에서만 뽑아야 했다. 비밀에 대한 강박관념 때문에 육군이 채용 담당관들에게 직종을 알려주지 않은 것도 쿼터를 맞춰야 된다는 압력에 더해 그들로 하여금 업무 내용을 부풀려 말하게 하는 좋은 근거가 되었다. 전시에 작성된 한 보고서에도 업무에 대한 사전 정보가 없다 보니 채용 담당관들이 "지원자들에게 직종에 대해 막연한 추측성 발언을 하는가 하면 부정확하고 오해의 소지가 있는 말을 했다"고 그것을 인정하는 내용이 적혀 있었다.[2] 채용 담당관들은 '들으면 솔깃해 할 약속'도 남발했다. 요컨대 그들은 거짓말을 한 것이었다.

육군은 공략지가 남부라는 이유로 남부 여성들에 대한 고정관념에 의거해 채용 전략을 짜기도 했다. 남부 여성들은 타 지역 여성들에 비해 남자도 더 밝히고, 감상적이며, 귀가 얇고, 결혼에 목을 맨다고 본 것이다. 도트 브레이든처럼 결혼과 담 쌓고 싶어 하는 여성들도 있다는 사실은 육군 사전에 없는 듯 했다. 그 때문인지 알링턴 홀은 채용 담당관도 미남 장교로 뽑았다. 핀란드계 미국인 파보 칼슨은 특히 미남으로 간주되었다. 버지니아주 리치먼드와 주변 지역이 그의 관할권이었으니 버지니안 호텔에서 도트 브레이든을 뽑은 사람도 필시 그였을 것이다.

"청년 장교들을 이용했던 것은, 여성들이 워싱턴에 올 때는 남편감을 찾는 것도 염두에 둘 것이라고 봤기 때문이에요."[3] 수년이 지난 뒤에도 그 채용 방법에 자부심을 느낀다는 듯 솔로몬 쿨백이 말했다.

"웨스트버지니아주의 촌 여성들은 많은 경우, 문자 그대로 맨발의 소녀들이었습니다. 우리는 그런 여성들을 데려다 훈련시켰어요. … 그 신출내기들에게 일본의 암호 체계, 기본 단어, 일반 단어 몇 개를 가르친 뒤 곧바로 조립라인의 2단계, 점검 작업에 투입했지요."[4] 물론 숙련된 직원들도 그들을 가르치며 생색내는 태도를 보인 점은 있었다. 앤 카라크리스티도 초짜들이 들어왔을 때 "우리 부서의 북부 출신 직원들이 남부 출신 새내기들에게 아량을 보이지 못한 면이 있다"고 인정했다.

알링턴 홀이 매달 충원한 민간인 여성은 수백 명에 달했다. 1943년 여름(버지니아주 린치버그 출신의 도트 브레이든, 미시시피주 버번 출신의 루스 '크로' 웨스턴도 이때 뽑혔다)과 1944년 2월에는 특히 대대적인 인력 채용이 있었다. 육군 통신대는 새로운 문제가 불거지거나 태평양 전역에서 대규모 군사 공격이 있을 때마다 외부로 나가 더 많은 여성 인력을 끌어왔다. 1944년 무렵에는 채용 지역의 범위도 중서부와 북동부로 확대되어 메인주, 미시건주, 위스콘신주, 일리노이주, 인디애나주, 미네소타주, 아이오와주, 네브래스카주, 캔자스주, 오클라호마주, 미주리주에서도 여성들을 뽑을 수 있게 되었다.[5] 육군은 일종의 유인책으로써 여성들이 워싱턴으로 오는 여비도 부담하기로 했다. 채용 담당관들에게 그간 공개하지 않았던 업무 내용도 알려주었다. 그러나 새로운 암호가 계속 깨지고 있는 데다 새로운 기법도 개발되어 업무 성격이 매번 바뀌었기 때문에, 어떤 기술을 요하는지 구체적인 내용을 그들이 알기는 힘들었다. 그래서 그들도 그냥 뽑는 일에만 열중했다.

한 메모에는 이런 글도 적혀 있었다. "충원해야 할 인력이 워낙 많다 보니 부서들은 자격 요건을 정할 엄두도 내지 못했다. 부서들은 늘 대규모 인력을 요청해왔다. 등급, 나이, 학벌, 경력 등에 관한 조건 없이 사무원 200명을 뽑아달라는 요청을 받는 것도 드문 일이 아니었다."

육군은 광고도 내고 공공장소에 전단과 포스터도 붙였으며, 보도 자료도 배포했다. 미네소타주에서 발행된 한 신문에도 육군의 여성 인력 채용에 주목하는 기사가 실렸다.[6] "쌍둥이 도시(트윈 시티)에서 워싱턴으로 진출한 여성만 100명이 넘는다. 그들 가운데 한 명인 필리스 라듀는 알링턴 농장에 가보니 세인트 폴 출신 여성들이 많았고, 하는 일도 흥미롭다는 편지를 부모에게 보내왔다."

육군은 사우스캐롤라이나주 록 힐의 윈스럽 대학교를 비롯한 군학 협력 대학들에 암호 훈련 과목도 개설했다. 그 과목의 강사였던 윈스럽 대학교의 수학과 천문학과 과장 루스 W. 스토크스는 '전시 비밀 강좌'의 요구에 부응하려면 수학 강사가 한 명 더 필요하다면서 채용에 필요한 예산 편성을 촉구하는 편지를 상급자들에게 보냈다.[7] 스토크스의 편지에는 당시 미 전역에서 여성 수학 전공자들을 차지하기 위한 경쟁이 얼마나 치열하게 벌어졌는지가 잘 나타나 있다.

에버딘 프로빙 그라운드의 미 육군 탄도 연구소에서 윈스럽 대학교의 수학전공 학생 14명을 전원 보내달라고 요청을 해왔습니다. 데이비드 테일러 모델 베이슨 기술 연구소도 졸업반 학생을 모두 보내달라는 말과 함께, 윈스럽이 훈련하는 학생이면 미 해군 선박국도 전원 채용할 의사가 있다는 뜻을 내비쳤습니다. 랭글리 공군 기지도 처음에 지원서를 낸 학생 6명을 봉급 2,400달러에 채용하겠다는 제안을 해왔습니다. … 지난주에는 말 그대로 수학과 학생 6명만 보내달라고 애걸하는 H. S. 하워드 해군소장의 전보도 받았습니다. 지난봄 제가 가르친 암호학과의 4학년생 34명 가운데 33명이 초봉 1,970달러의 조건으로 채용하겠다는 육군 통신대의 제안을 받았습니다. 탈락한 한 명도 부모가 외국인, 즉 시리아인이기 때문이지 다른 이유는 없습니다. 작년에 윈스럽 대학교 수학과가 훈련시켜 중요한 전시 업무에 투입한 여성은 50명이 넘습니다.

알링턴 홀은 다른 육군 부대에서 육군여군단 여성들을 빼내오는 일에도 전력을 다했다. 알링턴 홀 근무를 마치 리조트 휴가처럼 묘사한 여군용 팸플릿도 제작했다. 제임스 스튜어트가 주연한 영화 〈스미스 이등병 워싱턴에 가다Private Smith Goes to Washington〉(1939)를 제목으로 달고, 핸드백과 여행 가방을 든 육군 제복 차림의 젊은 여성 사진을 앞표지에, 워싱턴 기념탑과 벚꽃이 만발한 타이들 베이슨 사진을 뒤표지에 담은 팸플릿이었다.[8] 팸플릿 안쪽에도 미국 국기가 높이 휘날리고 멋진 전면을 가진 알링턴 홀 사진이 수록되었다. 육군은 알링턴 홀이 미국 남부에서 가장 멋진 건축물들 가운데 하나로 손꼽히는 건물이라고 자랑하면서, 그렇게 미려한 건축물이 "미국의 수도 워싱턴에서 아름답고 빠른 가로수 길을 8킬로미터만 내려오면" 있다고 떠벌렸다.

육군은 스미스 이등병이 "버스에서 내려 예쁘게 펼쳐진 길을 건너 커다란 문을 열고, 차분하면서도 움직임이 활발한 알링턴 홀로 걸어

들어왔다"고 그녀의 동선을 자세히 묘사하면서, 알링턴 홀에서 일하는 것의 매력을 한껏 강조하는 글도 실었다. "알링턴 홀은 평범한 육군 기지가 아니다. 이등병이 문턱을 넘는 순간부터 흥분과 신비한 분위기에 휩싸여 피가 용솟음치기 시작하는 곳이다."

팸플릿에는 그 외에도 매혹적인 사진들이 많이 삽입돼 있었다. (욕조와 샤워기가 갖춰진) 병영, (영양가 높고 입맛 당기게 하는) 음식, (맵시나게 지어진 제복처럼 보이는) 의복, 경력 쌓을 기회가 널려 있음을 과시하는 사진들이었다. 군대 매점PX, 미용실, 우편물을 배포할 때의 흥분된 순간을 선전하는 글도 실렸다. 육군은 월급 50달러 외에 식사, 잠자리, 의복, 일반 의료와 치과 관리, 생명보험을 비롯한 다양한 혜택이 제공되어, 기본급 또한 남성과 같다는 점도 부각시켰다. 그 말이 실감나도록 한 이등병이 했다는 말도 팸플릿에 게재했다. "월급 50달러는 공돈, 전부 내 돈이로세! 민간인 시절에는 청구서 대금을 지불하고 나면 남는 것이 거의 없었는데 이렇게 달라지다니."

그 팸플릿에 혹해 알링턴 홀에 들어온 여성이 천여 명이었다. 그러나 그들이 맡은 보직은 윌마 베리먼의 관점으로는 "알링턴 홀에서 가장 형편없는 일이었다"(7,000명에 달한 알링턴 홀 군무원의 대다수를 차지한 것이 여성이었고, 민간인 대 군인의 비율이 7:1이었는데도 말이다).[9] 그들의 숙사인 병영도 초라하기 그지없어 여성들은 배불뚝이 난로에 삽으로 석탄을 직접 퍼 넣어 난방을 했다. 심지어 인근 부대의 마구간을 숙사로 배정받은 여성들도 있었다. 그들에게는 텍사스주 기자 출신으로 당시 육군여군단을 지휘하고 있던 오베타 컬프 호비 대령에게 경의를 표하는 뜻에서 '호비의 말'이라는 호칭이 주어졌다. 여성들의 다수는 알링턴 홀의 기계실에 배정되고 일부 여성들은 의자에 앉아 문을 지키는 경비 임무를 부여받았다. 그런데 경비 임무를 부여받은 한 여성은 그 일을 진지하게 받아들이다 못해, 한 장군이 월마 베리먼의 방에 공무로 들어가려는 것까지도 막았다. 장군이 신원을 밝혀도 그녀는 "대령이든 뭐든, 그곳에는 못 들어간다구요!"[10]라고 악을 썼다.

그러나 육군은 여성들에게 형편없는 보직을 주기는 했을망정 해군과 달리 여군의 해외 배치는 허용했다. 여군지원단의 일부 구성원들이 암호 작성 훈련을 받고 미국의 암호문 작성을 위해 전역으로 파견된 것이다. 그들은 프랑스, 오스트레일리아, 뉴기니에 가서 벙커, 기지, 펜스 둘러쳐진 구역 안에서 작업을 했다.

무선 도청 훈련을 받고 캘리포니아 연안의 통신 기지와, 버지니아주 북부의 한 농장 적색 헛간에 설치된 도청 초소 빈트 힐 팜에서 극비 수신 업무를 담당한 여성들도 있었다. 다만 그것은 경력을 쌓기에는 좋은 기회였으나, 일부 구성원들에게는 정신적 고통이 뒤따르는 일이기도 했다. 빈트 힐 팜에 배치되었던 노마 마텔도 그런 경험을 했다.[11] 웨스트버지니아주에서 겨우 먹고살 정도의 농사를 짓는 빈농의 열한 번째 자식으로 자란 그녀는 전액 장학금을 받고 부근 대학에 들어갈 자격을 얻었으나 버스비 7달러를 마련하지 못해 입학을 포기한 여성이었다.

그리하여 여군지원단에 들어온 그녀는 하필이면 빈트 힐에서 복무하던 남성들이 그곳을 떠나는 날 그곳에 도착했다. "그 부대의 모든 남성들이 해외로 파견되었고, 그로부터 한 달도 못돼 그들 모두 해안가에서 전사했어요." 노마 마텔이 1999년의 인터뷰 때 당시를 회상하며 말했다. 그녀는 자신의 여군지원단 입단도 그들이 맞은 운명에 영향을 끼쳤다는 생각에 깊은 마음의 상처를 입었다. 그래서 평화주의를 받아들이고 퀘이커교도가 되었다. 하는 일이 극비다 보니 당시나 이후에나 부모, 친구, 상담치료사, 목사 누구에게도 죄책감을 털어놓지 못했다.

* * *

물론 모든 구성원들이 그런 힘겨운 임무만을 부여받은 것은 아니고, 일부 여성들은 고통스럽지 않은 방식으로 모험적이고 중요한 일을 수행할 수 있는 임무도 부여받았다. 1945년 5월 빈트 힐 도청 초소에 근무하는 여성 두 명(각각 리건과 솔렉의 성을 가진 여성들이었다)에게 암호해독 단지를 통과하여 비밀 정보를 캐낼 수 있는지를 알아보는 방식으로, 알링턴 홀의 보안을 테스트하라는 임무가 주어졌다.[12] 근처의 모텔에 숙박하며 일자리를 구하는 척 신분을 위장하라는 지시도 내려졌다. 두 여성은 알링턴 홀이 구획된 방식도, 시스템이 작동되는 방식도 몰랐다. 그 상태로 민간인 복장을 하고 정문에 가서 일자리를 구하러 왔다고 하자 경비병은 방문객 배지를 주고는 들어가라며 그들을 통과시켰다. 정문을 통과한 여성들은 단지 내 상황을 눈에 익히고 군대 매점에 들어가 수다를 떨면서 어떤 건물에 어떤 배지가 필요한지를 알아냈다. 그리고 상황에 맞게 그때그때 방문객 배지를 바꿔달면서 여기저기 널려 있는 외투들에서 더 많은 배지들을 훔쳤고, 주변을 어슬렁거리며 책상과 서랍 속에서 기밀문서들도 빼냈다. 물론 일이 끝난 뒤에는 그것들 모두 정보장교에게 반환했다. 이튿날도 똑같이 행동했으나, 누구 하나 배지나 문서의 분실 사실을 보고하는 사람이 없었다. 그 일은 《워싱턴포스트》에까지 알려져, "기밀 전시 문서, 감기만큼이나 얻기 힘든 것으로 드러나다"라는 제목의 기사로 가십란에 실렸다.

* * *

알링턴 홀의 군무원들도 이윽고 그들이 일하는 최고 기밀 조직이 채용 포스터에 묘사된 매혹적인 문구와 멋진 장교를 꿈꾸게 하는 달콤한 약속과는 다르다는 것을 깨달았다. 그곳은 혼돈스러웠다. 생산적인 혼돈이었으나, 혼돈은 혼돈이었다. 대다수 여성들은 60만~90만 명의 인구를 가진 자유 세계의 고동치는 심장, 워싱턴으로 이주하는 것에 흥분했다. 하지만 일단 명실상부 공무원이 되자 그들도(남성들도 마찬가지) 모든 공무원들이 태곳적부터 해온 불평을 하기 시작했다.

앤 카라크리스티와 어깨를 겨룰 만한 정도의 엘리트 암호해독자라면 의욕을 느낄 만했다. 그러나 보통 수준의 직원들은 선풍기 모터돌아가는 소리부터 동료직원들이 짝짝대며 껌 씹는 소리에 이르기까지 불평이 많았다. 불량 단열재, 기분 나쁜 상사, 담배나 피며 빈둥거리는 테이블메이트 등, 그들에게는 모든 것이 불평의 대상이었다. 여성들이 학교생활을 제외하고 일터다운 일터에서 시간을 보내보기는 그때가 처음이었다. 따라서 직장이란 본래 그런 곳이라는 것, 요컨대 짜증과 좌절감을 유발하고 보수도 짜며 의사소통도 잘 안 되고 능력도 과소평가되기 일쑤라는 사실도 그때 처음으로 알았다.

1943년에 작성된 한 보고서에도, 어느 특정 시점에 알링턴 홀 직원의 30~35퍼센트는 근로조건, 직무, 관리자, 봉급에 어느 정도는 대놓고 불만을 나타냈다는 기록이 있었다.[13] 보고서에는 소규모 불만 집단도 통제 불능의 상황에 불을 지필 수 있고, 노동조합도 그런 식으로 불만이 퍼져나간 끝에 발생했다는 점이 적시돼 있었다. 알링턴 홀은 결국 암호해독자들의 불만을 잠재우기 위한 행동에 나섰다. 그들에게 영감을 주는 포스터와 영화를 제작하고 1943년 초가을에는 감정을 배출할 수 있는 통로로 직원들에 대한 만족도 조사도 실시했다.[14]

불만 상당수는 당연히 조직의 규모가 급속히 팽창하는 것에서 나왔다. 반면에 근무 여건에 대체로 만족해하던 사람들도 싫은 점이 있으면 말해보라고 멍석을 깔아주자, 그럴 때면 으레 나오는 불만을 표출했다. 한 여성 근로자도 자신은 대다수 사람들이 그곳 업무에 만족하리라고 생각하지만 불평하는 것이 인지상정이라고 말했다. 기회가 주어지자 이때다 싶어 불만을 토로했다는 것이다. 조사 결과를 종합해 기록한 플로리다주 롤린스 대학교의 레아 스미스 교수도 그해에 거둔 모든 성과와 획기적 성공에도 1943년 여름, 근로자들에게는 불만이 많았다고 믿게 만드는 요소를 잔뜩 나열한 서문을 썼다.

스미스는 더위도 사람들을 신경질적으로 만들고 상상력을 과도하게 유발시켜 신경을 자극한 면이 있다고 하면서, 근로자들의 불만에 포함시켰다('여성들'의 기질을 대변했다고밖에 볼 수 없는 문구다). 쿼터 채우기에 급급하여 정보를 제대로 전달받지 못한 사람들을 뽑고, 매력적인 종다리 같은 외모를 가진 사람을 뽑는 일이 흔했다고도 비판

했다. 스미스는 앤 카라크리스티와 다른 엘리트 직원들과 달리 상당수 여성들은 봉급과 호봉에 대해서도 많은 관심을 보였다며, 급여 문제도 건드렸다. 속기 경력을 쌓고 싶어 한 여성들이 있었다는 것과, 타이피스트들이 훈련에 치여 타이핑 속도가 줄어드는 것에 불만을 나타냈다는 사실도 언급했다. 종전 뒤 직업전선에 뛰어 들었을 때 장래의 고용주에게 전시에 했던 일을 구체적으로 말하지 못하게 될까 봐 걱정한 여성들도 있었다고 했다.

젠더와 관련된 갈등도 있었다. 다만 그것은 남녀 간의 문제가 아니라 민간인 남성과 군인 남성들 간의 문제였다. 민간인 남성들은 징병 적령이 지나 병역 자격 요건을 상실한 사람들이 대부분이었다. 따라서 실전에 참가하지 않는 것이 이치에 닿는 일이었는데도 그에 대해 과민 반응을 보였다. 민간인과 군인이 어깨를 맞대고 일하다보니 남성성에 대한 경쟁에 불이 붙은 것이었다. 군복무에 부적합한 F-4 등급을 부여받은 하버드 졸업생 레슬리 러틀리지도 "군인들이 우쭐대는 태도를 보였다"고 말했다.

민간인들 중에서도 가장 분개한 사람이 윌리엄 시먼이었다. 그는 민간인이 받는 대우가 군인에 비해 훨씬 나쁘다고 느꼈다. 정문에 들어설 때도 경비병이 군인에게만 경례를 하고 민간인에게는 배지를 엉뚱한 곳에 달았다며 호통을 친다는 느낌을 받았다. 그는 일을 제대로 처리하는 사람은 민간인뿐이라고도 주장했다. 그런데도 장교들은 다른 일로 자리를 일쑤 비우는 등 특권을 많이 누린다는 것이었다. 여군 지원단이 들어온 뒤에도 상황은 별로 달라진 게 없다고도 했다.

군인들에게도 할 말은 있었다. "처음에는 군인들 심기가 불편했어요. 여성들이나 민간인들에게 끌려간다는 느낌을 받았기 때문이지요. 그 상황이 바로잡아진 겁니다." 하비에르 세르세도 대위가 말했다.

부서들 모두 나름의 불만이 있었다. 메시지 선별 작업을 하는 부서에서도 대졸 출신 여성들이 대학을 나오지 않은 사람들을 깔보았던 것으로 기록돼 있다. 색인과 분류 작업을 하는 부서의 버니스 필립스라는 직원도 "몇몇 사람들은 하는 일 없이 자리만 차지하고 있다. 때가 전시라는 사실을 모르는 것 같다"고 탄식하는 말을 했다. 이 테이블, 저 테이블 기웃거리는 일에 시간을 다 보내는 수다쟁이와 게으름뱅이들에 대해 올리브 미클이 언급한 내용도 있었다.

내부 보고서를 작성하는 일을 했던 한 부서의 불만 사항에는, 많은 사람들이 모험과 스릴 넘치는 일을 할 것이라는 환상을 품고 이곳에 들어오지만, 결국에는 지루하고 기계적인 일이라는 것을 깨닫게 된다는 점이 포함돼 있었다. 정보실을 지휘한 존 코딩턴 교수도 자신이 필요로 한 사람은 "대학 졸업자이되 시시한 대학이 아닌 일류 대학을 나온 여성, 독서량도 많고 문화에 대한 식견이 넓으며 언어적 능력도 제법 있는 여성, 지리적 지식을 가진 사람들"이었는데, 현실은 그렇지 못하다고 불만을 드러냈다.

코딩턴은 그의 부서 여성들이 타이프라이터(당시 워싱턴 일대에는 타이프라이터 품귀 현상이 빚어졌다)를 구하기 위해 무척 애를 써야 했던 것과, 줄담배를 피워대는 한 직원에 대해 그들이 투덜거린 것도 언급했다. 정보실은 의뢰물을 처리하느라 늘 눈코 뜰 새 없이 돌아갔다. 스와스모어 칼리지를 나온 케이 캠프는 지리 부문에서, 스미스 칼리지를 나온 알렌 얼랭어는 일본 선박의 파일 구축 작업을 하는 부문에서, 애나 채핀은 일본 지명의 목록 작성하는 부문에서 바삐 일했다. 정보실의 여성들도 다른 부서들과 마찬가지로 밤샘 작업을 했다. 그들은 정문 앞까지 오는 심야버스를 이용할 수 있었던 알링턴 농장 거주 여성들과 달리, 자신들은 11번가와 E가의 도심으로 가는 버스를 타기 위해 한밤중에 버킹엄 지구까지 800미터나 되는 길을 걸어가야 하는 것에도 분통을 터뜨렸다.

다른 경쟁의식도 불거졌다. 일본 암호 이외의 다른 나라 암호를 담당하는 부서의 직원들이 과소평가되고 있다고 느낀 것이다. 근동, 터키, 페르시아, 이집트, 아프가니스탄, 아랍의 암호 부서에서 일한 사이러스 고든 중위도 세계대전은 전 세계의 모든 지역을 포괄하는 전쟁인 만큼, 일본 암호 부서만 훈련된 인력을 독식하는 것은 옳지 않다고 지적했다. 독일 부서의 한 중위도 몇몇 인간들은 시간이나 축내는 방해꾼과 다를 바 없다는 것과, 지독하게 무능한 인간, 그리고 일을 부정확하게 해서 바로 잡아주었더니 찔찔 울어 교정을 포기하게 한 여성에 대해 불만을 표출했다.

포르투갈과 브라질 외교암호 부서에서 일한 여성도 이따금씩 업무량이 폭주했던 것과, 기껏 암호를 해독해놓았더니 남아메리카의 트래픽이 급증했던 것은 종종 전쟁과 무관한, '대사들이 보낸 주말' 다시 말해 그들이 즐긴 대규모 파티 때문이었다는 것을 알고 허탈감을 드러냈다.

이탈리아 부서의 해럴드 데일 건도 사람들이 더운 날씨 때문에 고생했던 것을 불만으로 이야기했다. 1943년 여름을 지내는 동안 다수의 직원들이 작업실에서 가장 분통 터지는 일로 꼽았던 문제를 제기하면서 "베니션 블라인드(일반적인 형태의 블라인드로 베네치아에서 처음 개발되어 붙은 명칭 _옮긴이)에 대해 최근 내려진 상부의 지침에 많은 사람들이 화를 냈다"고 말한 것이다. 지침이란 창문의 블라인드들을 모두 같은 위치로 내리라는 것이었는데, 지나치게 포괄적이고 잘못 고안되었다는 점에서 고전적인 워싱턴식 조치, 이내 철회되었다는 사실로 인해 더욱 고전적이 된 조치였다는 것이 그의 주장이었다. "그 지침 때문에 세 사람이 거의 사직할 뻔하기도 했다"고 말한 또 다른 직원도 있었다. 불만 대장 윌리엄 시먼도 "장교들에게는 사람을 열 받게 하는 규칙을 만들 궁리를 하는 것 외에는 달리 할 일이 없다고 누군가는 생각할 만도 하다"는 독설을 날렸다.

여성들 사이에서도 경쟁이 벌어졌다. 젊은 여성과 나이든 여성, 기혼녀와 미혼녀 간의 경쟁이었다. 루스 M. 밀러 부인도 처녀들 중에는 근무 조건에 대한 장밋빛 환상과 낭만적 모험을 할 수 있으리라는 기대감으로 알링턴 홀에 들어온 경우가 많다고 말했다. 그러면서 약간은 거만한 투로 자신과 같은 기혼녀들은 부양가족이 있고 지켜야 할 무언가가 있기 때문에 열심히 일하는 것이라고도 말했다.

영원한 불만 대장 윌리엄 시먼도 이른바 싹수없는 여성들에게 괴롭힘을 당했던 듯 이런 말을 했다. "처음 우리 부서에 왔더니 소규모 아가씨들 집단이 텃세를 부리며, 신입 남성들에게 싫은 일을 시키고 전문적인 일을 배우지 못하게 막으면서 그들을 힘들게 만들고 있더군요. 지금도 텃세를 부리지는 않지만 신입 직원들에 대해 이러쿵저러쿵 험담을 하고, 일부 사람들의 전임에도 그들의 입김이 작용했다는 것이 일반적인 믿음이에요."

음식! 명령! 창문 블라인드! 여성! 동료! 젊은이! 이것이 일터에서 쏟아져 나온 대표적인 불만 사항들이었다. 여성들만 겪는 불편도 있었다. 교대제로 돌아가는 암호해독 업무와 집안일을 병행해야 하는 것, 물가 비싼 도시에서 겪는 경제적 어려움이 대표적인 사례였다. 루스 샤프도 육군에 복무하는 이혼한 전 남편으로부터 자녀 양육비를 받지 못해 애를 먹었으며, 미혼녀인 루실 홀도 저축을 하려다 포기했고, 제인 풀리엄도 어머니에게 송금받아 부족한 생활비를 충당했다.

그러나 그것은 일부에 국한된 일이었을 뿐 대다수 여성들은 충만하고 행복하고 활력 넘치는 삶을 살았다. 노스캐롤라이나주에서 온 도리스 존슨도 그곳의 업무가 재미있다고 말했다. 전직 교사 출신인 릴리언 팜리도 "여기서 하는 일은 학생 40명과 씨름하며 골머리를 앓았던 때와 비교하면 양반이다"라고 말했다. 레나 브라운도 "메시지에서 아무 것도 캐내지 못했을 때는 좌절했지만 뭔가를 이루자 기분이 고양되어 초과 근무도 했다"고 말했다. 속기 부서 책임자였던 릴리언 월도 자기 부서 여성들이 직업을 하나 배운다는 기대감에 즐거워했다고 말했다.

트래픽 분석 부서의 기록 부문 책임자였던 릴리언 데이비스도 자신의 팀을 마치 최고급 경주용 자동차처럼 운영했다. 잡담도 금하고 껌도 못 씹게 하고 남의 험담이나 잔소리도 못하게 한 것이다. 비협조적인 사람은 다른 곳으로 보냈다.

젊은 나이에 관리 역량을 유감없이 발휘한 여성도 있었다. 메릴랜드 대학을 갓 졸업하고 알링턴 홀에 들어온 제인 B. 파크가 암호 훈련 부서의 책임자가 된 것이었다. 본래 그 부서는 육군의 오판으로 역사학 교수 해럴드 브리그스 박사가 책임자로 임명되었는데, 조직이 엉망으로 돌아가자 브리그스를 포함한 전 직원이 그 업무에는 제인 파크가 더 적임자라고 판단을 내린 것이었다. 보고서에도 그녀는 '대학에서는 가정학을 전공했지만 성적도 우수하고 영리하고 발랄한 아가씨'로 평가돼 있었다. 그리하여 약관 스물세 살의 제인이 그 부서에서 맡은 일은(미국의 메시지를 암호화할 때) 절차 및 체계 분석과 더불어 암호 보안도 함께 훈련시키는 것이었다. 지금으로 치면 사이버보안 책임자였던 셈이다.

혼란과 어느 정도의 지루함 또한 나름의 쓸모가 있었던 모양이다. 일부 여성들이 자기 안에 내재된 문학적 소양을 비밀 업무를 찬양하는 일에 쓰며 침체기를 보낸 것을 보면 말이다. 1944년 4월 M. 밀러와 A. 어거스트로만 알려진 두 암호해독자(같은 팀에서 일한 마저리 A. 밀러와 앤 R. 어거스트였을 가능성이 높다)가 2468(해운용) 암호해독 1주년을 기념하는 시를 지었다.[15] 70년 가까이 기밀문서로 묶여 있다가 해제된 그 작품은 에드거 앨런 포의 시 '더 레이븐'에 사죄를 표하고, 대중가요 '피스톨 패킹 마마Pistol Packin' Mama'(1942년 컨츄리 음악가 알 엑스터가 작곡하고 빙 크로스비가 앤드루 시스터즈와 함께 노래하여 전쟁 중에 크게 히트했던 노래_ 옮긴이)에 묵례를 보내는 방식으로 지어졌다. 첫 세 연에는 2468 암호해독의 돌파구를 열기 위한 준비 단계, 그 다음 연들에는 암호해독에 성공한 일과 프랭크 루이스가 해독 기념으로 반다이크 수염(끝이 뾰족한 턱수염 _옮긴이)을 깎은 일, 그리고 2468 암호해독의 결과로 인력 채용이 시작된 것이 묘사돼 있다.

6월의 캐롤라이나주, 중국에서 활동하던 선교사들이 돌아와

신발을 신고 성서들을 꾸려 마치 메뚜기들처럼 알링턴 홀로 떼 지어 몰려

가네

전국의 학생들도 기약 없는 방학에 들어갔지

교사들이 채용 담당관들의 부름을 받고 역으로 향했기 때문이야

석사 학위자, 학사 학위자, 박사 학위자, 상병Sp-4 후보자들

(그들은 아직도 그 모습 그대로, 변한 것은 없다네)

7주기가 되자, 모든 사람이 날듯이 기뻐했어

펜대만 굴리던 여자들이 일본 배를 침몰시켰거든

그런데 글쎄 고약한 일본 놈들이 8주기 때 사각형 변환표를 바꿔버린 거야

비즈네르 표처럼 만들어버린 거지. 그래서 도표들은 다시 쓸모가 없어졌어

하지만 자이덴글란츠가 해법을 찾아냈지, 그래서 우리도 자신감을 되찾

았어

"제군들, 가구를 다시 옮기게나."

오늘은 4월 6일, 2468아, 우리는 지금 너의 생일을 축하하고 있어

한 해 두 해 해가 갈수록 너는 점점 강해지고 있지만

2단계 작업 또한 교착상태에 빠지고, 도표 산출도 줄어들고 있지만

암호해독은 여전히 우리의 소명, 이곳에서 끝장을 보고 말리!

그리하여 아이들이 전시에 무슨 일을 했느냐고 물으면

육군 통신대에서 일했다고 말하리

(다행이다, 이것으로 끝이니)

10장
펜대만 굴리던 여자들이 일본 배를 침몰시켰다

1944년 3월

암본(인도네시아 암본섬의 도시), 광둥, 다바오(필리핀 민다나오섬의 중심 도시), 하이퐁, 한커우(후베이성의 도시), 키스카섬(알류샨 열도 서부에 위치한 섬), 고베, 쿠칭(말레이시아의 보르네오섬의 북부에 있는 도시), 쿠팡, 오사카, 팔렘방(인도네시아 수마트라슬라탄주의 주도), 라바울, 사이공, 다카오(가오슝의 옛 이름), 웨와크. 도트 브레이든은 몇 달 전까지만 해도 이 대부분의 지역들을 들어본 적도 없었다.[1] 그런데 이제는 그곳들이 그녀의 삶을 지배하게 되어 그녀로 하여금 자신이 일하는 큰 테이블에서 중복 코드군을 찾는 2단계 점검 작업대로 갔다가 다시 제자리로, 사무실 이곳저곳을 정신없이 뛰어다니게 만들었다. 위에 언급된 지명들 모두 아시아나 남태평양의 어딘가에 위치한 곳들로, 일본의 해운용(수운기관용) 주암호인 2468이나 그보다 규모가 작은 다른 해운용 부암호들 중 하나의 첫머리에 언급되었을 개연성이 컸다.

아니, 그곳들은 그저 몇몇 지역들에 지나지 않았다. 해운용 암호 2468은 방대했다. 그것은 모든 곳에 걸쳐 있으면서 태평양을 지배했다. 일본군은 자신들이 필요로 하는 모든 것을 해운으로 보냈다. 쌀, 병력, 예비 항공기 부품의 모든 것들을 해상으로 운송한 것이다. 일본의 마루들은 육군이 필요로 하는 물자를 실어 나르느라 밤낮없이 항해했다. 그것들은 상시로 출발하고, 상시로 도착했다. 마루는 유조선, 상선, 화물선, 케이블 가설선, 차량 수송선의 어느 것이든 될 수 있었다. 그렇게 변신을 거듭하며 히로시마, 요코하마, 웨와크, 사이판, 도쿄, 마닐라, 트루크 라군(미크로네시아 연방의 섬으로 지금의 명칭은 추크 제도_옮긴이) 사이를 분주히 오갔다. 그 지역들 모두 이국적인 장소들이었다. 따라서 도트도 그 도시와 항구들이 어떻게 발음되는지까지는 알 필요가 없었다. 하지만 그곳들을 나타내는 4자릿수 코드군을 알면 해독에 도움이 될 수 있었다. 2468 암호 체계가 도트의 신경을 지배했고, 그녀의 행동을 통제했다. 그녀의 머릿속은 2468 암호 체계로 가득 차 있었다.

그 일은 버지니아에서 학생들을 가르치던 것과는 달라도 너무 달랐다. 도트는 더 이상 칠판 앞에 서서 눈망울을 굴리는 십대 학생들에게 물리 공식을 설명하지도 않았고, 최고학년 여학생들에게 행군과 경례를 하라고 지시하지도 않았다. 그 대신 테이블에 고개를 처박고 알링턴 홀에 들어오기 전까지는 들어보지도 못한 생소한 낱말들('소노sono', '지시자indicator', '판별 번호discriminant', 'GAT')을 쳐다보며 머리를 쥐어짰다. 소노는 전송되기 전 부분들로 나눠졌던 메시지들에 붙인 번호였다. 첫 부분에는 소노 #1, 둘째 부분에는 소노 #2를 붙이는 식이었다. 판별 번호는 2468과 같은 암호 체계의 종류를 나타내는 번호였고, 지시자는 난수책자의 어느 부분을 참고했는지를 말해주는 작은 실마리였다. 'GAT'는 'Group As Transmitted'의 약자로, 코드군에 사이퍼가 더해진 것이었다. 따라서 암호해독자들이 처음 접하는 메시지도 GAT였다.

도트는 물론 이중 펜스가 높게 쳐진 알링턴 홀 단지 밖에서는 그 말들을 입 밖에 내지 않았다. 건물 내에서 사용된 말들을 외부에서는 절대 발설하지 말라는 함구령이 내려졌기 때문이다. 훈련 자료에도 "이것은 극비 사항이니 최대한 신경 써서 다루어야 한다"[2]는 말이 적혀 있었다. "여러분에게는 기초 단어로 보이는 것도 '선박 침몰'의 뜻을 가진 KAIBOTSU SU처럼 이 암호에서만 사용된 말이다. 그러므로 여러분이 만일 추축국과 관련된 누군가에게 그 단어를 말하거나, 그릇된 사람들 귀에 그 단어가 들어가게 하는 날에는, 그것 하나만으로도 가장 최근에 작성된 해운용 암호를 우리가 읽고 있다는 것을 일본 측에 드러내는 것이 된다."

물론 도트와 알고 지내는 사람들 중에는 추축국과 관련 있는 사람이 없었다. 그런데도 그녀는 모든 사람들에게 아무 말도 하지 않았다. 버스 안에서도 침묵을 지켰다. 함께 살고 식사도 같이 하며 침대도 공유하는 크로와도 업무에 대한 말은 일절 하지 않았다. 남자 형제들이나 짐 브루스, 조지 러시에게 편지를 쓸 때도 직장에 대한 말은 하지 않고, 강낭콩 밥과 냉동 복숭아를 먹고 버스와 전차를 타고 해변에 놀러갔다는 등의 이야기만 했다. 쉬는 날에도 두 여성은 실없는 행동만 했다. 도트는 알링턴 홀에서 하는 일을 좋아했고 일부 동료들과 달리 불만도 별로 없었다. 북부 사람들이 남부 사람들을 시대에 뒤처지고 어리석다고 보는 것이 그녀의 유일한 불만이었다.

도트는 알링턴 홀의 나무 테이블에서 다른 여성들과 함께 일했다. 그들 모두 빌딩 B의 큰 방에 함께 앉아 있었다. 그녀 앞에는 4자릿수 GAT들이 줄줄이 적힌 카드들이 놓여 있었다. 도트가 하는 일은 GAT 코드군들을 그녀가 암기하고 있는 코드군들과 대조하는 것이었다. 도트가 다루는 메시지들은 긴급한 것들이었다. 통상적인 2468 암호라면 펀치카드실로 보내져 기계 작업을 하는 것이 보통이었다. 중요하지 않거나 평범한 메시지도 그 과정을 거치게 하는 것이 알링턴 홀의 규칙이었다. 정보적 이용 가치가 없는 메시지는 없었기 때문이다.

그러나 수작업으로 신속히 해독해야 될 것들, 군사행동이 필요할 수도 있는 메시지들도 있었고 도트가 다루는 것이 바로 그런 것들이었다. 따라서 도트가 이제부터 할 일은 그 메시지들을 면밀히 살피며 각 코드군을 미리 외워둔 코드군과 비교하는 것이었다. 그렇게 비교하면서 메시지 상의 위치로 볼 때 '마루' 혹은 (볼 때마다 사람을 흥분시키는) '출항'이나 '상륙'의 뜻일 수도 있는 코드군들을 찾게 될 것이었다. 도트는 기둥 옆에 앉아 있었으므로, 중요해 보이는 코드군을 발견했을 때는 일군의 여성들이 중복 코드군 작업을 하는 2단계 작업실로 그것을 가져다주려고 자리에서 벌떡 일어나 뛰어가다가 머리를 부딪칠 수도 있었다. 그렇게 도트가 가져다준 메시지를 2단계 작업실 여성들은 같은 덧셈암호로 암호화된 또 다른 메시지가 있는 커다란 종이 위에 펼쳐놓고 작업을 하게 될 터였다.

2단계 작업실에서 숨을 헐떡이며 도트가 가져다줄 메시지를 기다렸다 받는 여성은 대개 미리엄이었다. 미리엄은 뉴욕시 출신으로, 도트가 아는 북부인들 중에서도 가장 아니꼽게 구는 여성들 가운데 하나였다. 도트가 미리엄을 그렇게 보는 데는 이유가 있었다. 어느 날 도트가 카페테리아에서 점심을 먹는데 미리엄이 말했다. "나는 여태까지 표준 영어를 구사할 줄 아는 남부인을 한 번도 본 적이 없어." 도트가 그 말에 화가 났던 것은 미리엄이 그녀의 화를 돋우려고 일부러 그렇게 말한 것을 알았기 때문이다. '건방진 뉴요커가 또 한 분 납시었군.' 도트는 그렇게 생각했지만 그 말을 입 밖에 내지는 않았다. 대신 미리엄이 약지에 끼고 있는 옐로 다이아몬드를 보고 스스로를 위안했다. 미리엄에게는 약혼자가 있었다. 아니, 있다고 그녀가 주장했다. 따라서 만일 그 말이 거짓이었다면 다이아몬드와 약혼자 모두 가짜일 수도 있었기 때문이다.

그러나 두 여성은 서로에 대해 악감정을 가졌을망정 업무적으로는 원활한 관계를 유지할 필요가 있었고 실제로도 그렇게 했다. 도트가 일부 코드군들을 확인하여 메시지를 가져다주면 미리엄은 그것을 워크시트에 펼쳐 놓고 중복 코드군 찾는 일을 했다. 그 작업이 끝나면 워크시트는 다시 판독자에게로 넘겨져 해독이 되었고, 해독된 암호문은 영어로 번역되었다. 최종 번역문에서 나온 정보는 필요한 조치가 취해지도록 맥아더 장군의 참모나 잠수함 선장에게로 보내졌다.

2468 메시지는 형태가 전보 언어 같았다. 다른 군말 없이 운항 일정, 관할 항무관의 보고 내용, 항구의 수위와 화물 운송에 대한 내용만 짧게 담긴 것이다. 그중에서도 특히 간결했던 것이 운항 일정을 담은 것인데, 거기에는 수송 횟수, 날짜, 마루의 도착 시간이나 떠나는 시간, 행선지만 포함돼 있었다. 병력이나 장비의 이동과 관련된 메시지, 많지는 않지만 부상자나 사망자들의 유해 수송 문제와 관련된 또 다

른 메시지들도 있었다.[3] 태평양을 오간 마루들은 식품, 석유, 보급품, 인간의 유해 등 오만 잡동사니를 다 싣고 다녔다.

도트는 새 메시지가 들어오면 일단 같은 지점에 자주 등장하는 상투어부터 찾았다. 'maru'도 흔한 상투어였으나 메시지가 전송된 곳과 물자의 종류에 따라 다른 상투어가 쓰였을 수도 있었다. 싱가포르의 한 기지(#3 Sen San Yusoo)만 해도 히로시마, 마닐라, 도쿄로 가는 석유의 선적에 대해 정례적 보고 메시지를 전송했으므로, 상투어에는 선명과 배 번호, 경유, 원유, 중유, 항공 휘발유 등 배에 실린 각종 기름의 킬로리터 수, 배들의 항해 횟수, 항해 시기가 포함될 수 있었다.[4] 싱가포르의 또 다른 기지에서도 팔렘방으로 가는 배들에 대한 보고 메시지를 히로시마, 도쿄, 모지로 보냈다. 따라서 배 번호나 선명, 출발 날짜와 시간, 항해 속도, 항로, 무시강(팔렘방을 가로질러 흐르는 강_옮긴이)에의 도착 예정 시간이 상투어에 포함될 수 있었다.

안다만해, 남중국해, 황해 그리고 다른 먼 바다의 풍속과 풍향, 기온, 수면 상황 등의 데이터와 함께 일기예보 메시지를 전송하는 기지도 있었다. 도트도 다량의 일기예보 메시지를 취급했다. 그 일을 하면서 버지니아주 알링턴의 테이블에 앉아서도 1만 3,000킬로미터나 떨어진 곳의 기상 정보를 훤히 알 수 있다는 사실에 기쁨을 느꼈다.

보급품 전달에 용이한 소형 배들에 대한 보고 메시지를 전송하는 또 다른 기지도 있었다. 따라서 이 메시지에는 강철 바지선, 나무 바지선, 특수 보트, 소형 보트, 20톤 배, 합판 바지선, 화물 잠수함 같은 말들이 상투어로 자주 언급되었다.

수라바야(자바섬 북동부에 있는 항구 도시_옮긴이)의 기지에서도 해군 비행기의 엄호를 받으며 출발하는 배들에 대한 보고 메시지가 전송되었다. 따라서 여기에는 선명과 선박의 유형(동력선, 범선, 어선), 예인되는 바지선 수, 출발과 도착 일자, 속력, 도착 예정 일자, 항로, 며칠간 연속으로 항해하는 배가 어느 특정 시간에 있게 될 일자별 위치가 포함되었다. 상하이의 기지에서도 보급선에 대한 보고 메시지를 보냈으므로, '상하이에서 해안을 끼고 장강으로 갔다가 장강에서 다시 위쪽 안후이성의 우후시WUU: Buko로 가고, 거기서 다시 난징으로 내려왔다가 마지막으로 동중국해를 가로질러 일본의 모지에 도달하는 예상 항로'의 문구가 포함되었을 수 있었다.

도트가 작업을 진행하는 방식은, '도착'을 나타내는 코드군이 6268이라는 것과 메시지의 어느 부분에 그 낱말이 나타날 확률이 높은지를 안다는 가정하에, 그녀 앞에 놓인 GAT를 살피며 그 지점을 찾는 것이었다. 알링턴 홀에는 일반 암호어와 그것들이 암호화된 것일 수 있는 코드군들이 함께 수록된 암호 책자들이 있었다. 따라서 그 책자로 매치되는 쌍을 찾거나, 머릿속으로 암산을 하면서 덧셈암호를 걷어낼 수도 있었다. 코드군들을 선별해 가능한 모든 덧셈암호로 그것들을 암호화해보는, 암호해독자들이 급할 때 쓰는 방법을 사용할 수도 있었다. 그리하여 모든 방법을 동원해 도트가 2468 코드군들을 암호화해보니 대충 이런 결과가 나왔다.

4333 hassoo: 물자 보내기

4362 jinin: 인원

4400 kaisi: 시작, 개시

4277 kookoo: 항해

4237 toochaku yotei: 도착 예정

4273 hatsu yotei: 떠날 예정

항해 일정과 관련된 단어들도 있었다. 알링턴 홀에서 만든 훈련 자료에 따르면 atesaki는 '행선지' 혹은 '수신인', chaku는 '도착', dai ichi는 '제1의 것', honjitsu는 '금일'이란 뜻이었다. 또 maru는 '상선', sempakutu는 '선박', sempakutai는 '호위선단', teihaku는 '정박', yori 는 '~로부터', yotei는 '스케줄', gunkan은 '전함', Chu는 '지금'을 의미했다. 또 Hatsusen은 '배의 출발', hi는 '날日', hongetsu는 '이 달', senghu는 '선상', shuzensen은 '수리 중인 배', tosai sen은 '화물이 적재되는 배'를 뜻했다.

도트는 일단 해독이 되면, "PALAU DENDAI / 2 / 43 / T.B./ TRANSPORT / 918 / (/878/) 20th / CHAKU / ATESAKI / DAVAO / SEMPAKUTAI / 4 / CEBU / E.T./"와 같은 것들을 나타내는 메시지들을 보는 것으로 하루를 다 보냈다.[5]

힘들고 진 빠지는 일처럼 보이겠지만 실제로 그랬다. 알링턴 홀의 관리자들도 그곳에서 가장 난해한 일을 하는 곳이 일본 육군의 암호 부서(Section B-II)라는 결론을 내렸다.[6] 그 암호의 해독이 어려웠던 것은 암호 체계도 복잡한 데다 암호 체계가 작동되는 방식 또한 주기적으로 바뀌었기 때문이다.

처음에는 2468 암호 체계가 가짜 받아올림 셈법으로 만들어졌다. 그러다 도트와 크로가 알링턴 홀에 들어오고 나서 몇 달이 지난 1944

년 2월부터는 그것이 다시 사각형 변환표를 이용하는 암호 체계로 바뀌었다. 결과적으로 일본이 변화하는 섬의 환경에 대처할 동안 전직 교사들은 일본 육군의 달라진 암호 체계와 씨름을 해야 했다. 게다가 1944년 한 해 동안 미국이 매달 수신한 해운용 암호는 3만 건이나 되었고, 그러다 보니 하루에 해독해야 될 메시지만 해도 천 건이었다. 1944년 8월에는 일본의 해운용 암호가 다시 새로운 덧셈 암호, 새로운 사각형 변환표, 새로운 지시자 패턴을 사용하는 체계로 바뀌었다. 이 새로운 시스템을 파악하는 작업은 크로의 부서에서 했다. 크로가 수학 실력을 인정받아 배정된 연구 팀이 도트가 능동적으로 작업할 수 있도록 바뀐 암호 체계를 실시간으로 분석하는 일을 한 것이다. 하지만 도트도, 크로도 그 사실을 몰랐다.

전직 교사들은 소정의 전문화된 훈련을 받고 2468 해독 작업에 투입되었다. 교과 과정도 전원 여성(스키드모어 칼리지의 에벌린 애클리, 브린모어 칼리지의 앨리스 비어드우드, 엘리자베스 허드슨, 주아니타 슈로더, 밀드러드 로렌스, 올리비아 풀검)으로 구성된 위원회가 만들고, 강사진도 전원 여성(로이스 하레르, 레노어 프랭클린, 마거릿 루드비히, 마거릿 칼훈, 앨리스 굿슨)로 꾸려진 강좌였다.

여성 강사 팀은 제어와 지시자, 사각형 변환표와 차트들을 이용한 암호해독, 트래픽이 진행되는 과정, 메시지 첫머리에 나오는 코드군, 메시지 분석에 초점을 맞춘 열흘짜리 단기 강좌를 준비했다. 훈련생들에게 덧셈 암호를 수학적으로 규명하는 법, 메시지의 패턴, 사각형 변환표를 재현하는 법, 암호 지시자를 찾아내는 법도 가르쳤다. 훈련생들은 아래에 적힌 메시지들을 비교하는 법도 배우고, 그 메시지들이 매달 같은 날 바뀌는지, 특정 코드군들이 같은 지점에 되풀이 나타날 때 상투어일 개연성이 있는지의 여부를 알아보는 법도 배웠다.

> 1944년 10월 4일: 8537 1129 0316 0680 1548 2933 4860 9258 4075 4062 0465
>
> 1945년 2월 6일: 5960 1129 1718 6546 1548 3171 0889 9258 4075 4062 0465
>
> 1945년 3월 6일: 7332 1129 1718 3115 1548 8897 7409 9258 4075 4062 0519

2468 암호해독에 종사한 여성들은 기초 일본어 훈련도 받았는데, 선적 보고서에 나오는 단어들을 중점적으로 배웠다. 일본어 강의는 표음문자이자 음절문자인 가나문자에 집중되었다. 일본어는 보통 HI-RO-HI-TO, YO-KO-HA-MA와 같이 1자음과 1모음으로 구성된다는 것, 동사는 문장의 끝에 온다는 것, 명사에는 단수와 복수의 구분이 없다는 것을 배웠다. 여성들은 직무적성검사를 받고 그 결과에 따라 '사무', '기술', '분석'직으로도 나뉘어졌다. 셋 중 가장 힘든 일이 분석이었으나, 도트와 크로 모두 그 분야에 적합하다는 판정을 받았다.

도트가 육군 암호해독부에 채용될 무렵 K부(2468 암호해독 부서)는 규모가 두 배로 확장되는 과정에 있었다. 1943년 7월에 100명이던 직원이 1944년에는 217명으로 불어났고, 기술과 효율성도 점점 나아지고 있었다. 1944년에 작성된 한 메모에도 "지난해의 K부 역사는 해법을 찾는 데 필요한 시간을 지속적으로 줄여나가 산출력을 높인 역사였다"[7]고 적혀 있었다. "연초에는 중복 코드군의 해법을 찾는 데 최소한 열흘은 필요하다는 생각이었으나, 이제는 일부 코드군의 경우 사흘 만에 해법이 찾아지기도 하니 말이다." 개별 메시지는 그보다 훨씬 빨리 해결될 수도 있었다.

2468 암호해독부서는 24시간 연속으로 가동되었다. 따라서 여성들도 하루 3교대(주간 근무, 저녁 근무, 심야 근무) 팀으로 나뉘어 근무했다. 한 보고서에도 "모르면 몰라도 적군의 암호해독에 종사하는 전 세계의 기관들 가운데 미 육군의 일본 육군 암호 부서가 가장 많은 양을 취급할 것"이라고 적혀 있었다. 2468 암호 작업실은 정형성, 간결성, 유연성을 특징으로 하는 미국식 조립라인 원리로 설계되었다. 강사들도 여성들을 훈련시킬 때 히스테리 증상이나 신경과민 증상을 보이는 사람, 적응력이 떨어지는 사람은 추려내려고 했다. "이곳은 직장이지 컨트리클럽이 아니다"[8]라고 적힌 메모도 있었다. 혁신도 끊임없이 이루어져 육군은 기계 부서가 자리한 빌딩 A와 암호해독 부서가 있는 빌딩 B 사이에 공기수송관을 설치하여[9] 자료 전달의 속도를 높이고 택배도 크게 줄였다.

조립라인 설계를 한 것도 여성들이었다. 앨리스 굿슨은 메시지 첫머리에 나오는 주소들의 목록을 알파벳순으로 정리하는 배열표를 만들고, 도트와 같은 판독자가 작업을 시작할 때 도움이 되도록 상투어와 다른 장치들도 고안했다. 헬렌 오로크도 중복 코드군들을 확인하는 2단계 작업실의 설계를 했다. 2468 암호 작업실 여성들과 다른 암호 작업실 여성들 간의 업무를 조정하는 10인 부서도 설치되었다.

2468 암호나 여타 암호 책자들이 바뀐 시기를 추적할 수 있는 색상코드시스템(라벤더 색, 난초 색, 라일락 색)도 개발되었다.

1943년 말 K부에서 순환 교대 근무를 하게 된 브래들리 중위에 따르면 도트가 속한 K부는 '매우 유능한 팀'이었다.[10] 브래들리 중위는 새로운 사각형 변환표의 해법이 풀려 부서 전체가 환희에 차 있을 때도 그곳에 있었고, 수십 명의 여성이 신입으로 들어와 그 방면의 달인이 되는 과정도 지켜보았다. 처음에는 판독자들이 코드군들을 복원하는 데 10개~15개 정도의 메시지에서 나온 중복 코드군이 필요했는데, 시간이 갈수록 그 수가 점점 줄어들었다는 것이다. "패턴이 중요했어요. 그 무렵에는 정보적 편의도 없었고, 별도의 크립 취급 부서도 없었기 때문에 판독자들은 각자의 기억에 의존할 수밖에 없었거든요." 브래들리 중위가 말했다.

여성들도 자신들의 업무 수행 능력이 좋다는 것을 알고 있었다. 한 보고서에도 "2468 암호에서 나온 정보의 중요성이 그 부서를 움직이게 한 자극제였다"[11]고 도트가 속한 K부를 칭찬하는 글이 적혀 있었다. 모든 종류의 선박에 대한 정보, 석유나 가솔린을 받을 부대들이 어디인지를 예고해주는 정보, 특정 항구에 어떤 배들이 있는지를 알려주는 정보, 어떤 호위함들이 항해 채비를 하고 있고 그 배들이 향할 곳은 어디인지를 알려주는 정보가 모두 K부에서 나왔으니 말이다.

보고서에는 그 모든 정보가 이루어낸 성과도 적혀 있었다. 1944년 5월 3일 K부는 뉴기니행 선박 15척이 5월 8일 하루 종일 있게 될 위치가 나와 있는 일련의 메시지들을 판독했다. 그런데 그 직후 미 해군이 그 배들 가운데 4척을 격침시켰다는 것이다. 또 다른 메모에는 미군이 거둔 여러 성과들 중 하나가 《뉴욕타임스》에 보도된 사실이 언급되었다.[12] 1943년 9월 "아군의 중형 폭격기들이 강력한 호위를 받으며 수비대에 전해줄 증원부대와 보급품을 싣고 밤새 도착한, 화물선 5척으로 구성된 적군의 수송선단과 구축함 2척을 공격했다. 아군 폭격기들이 돛대머리 높이까지 하강하여 7,000톤급의 화물선 3척에 1,000파운드 폭탄을 명중시켜 그것들을 침몰시킨 것이다"라는 기사가 《뉴욕타임스》에 실렸다는 내용이었다. 알링턴 홀 내부에서 작성된 메모에도, 《뉴욕타임스》 독자들은 그 기사를 보고 폭격기들이 수송선단을 발견한 것은 우연의 일치라고 생각했겠지만 그것은 사실이 아니고, 알링턴 홀에서는 그 일이 일어나기 전에 이미 암호문을 도청해 해독했다는 글이 적혀 있었다.

　도트가 알링턴 홀에 오고 나서 한 달이 지난 1943년 11월, 일본은 태평양 전쟁을 통틀어 최악의 해운 피해를 입었다.[13] 미국 잠수함들이 일본 선박 43척을 격침시키고 22척에 손상을 입힌 것이다. 잠수함 선장들은 적선 76척의 동향에 대한 정보를 입수하고 12월에도 32척을 침몰시키고 16척에 손상을 입힌 것을 비롯해, 총 35만 톤의 적선을 침몰시키거나 손상을 입혔다.

　미 해군이 거둔 성과 뒤에는 암호해독자들이 있었다. 해군 보고서에도 "해저 전투의 승리는 얼마간 일본군 암호 메시지가 해독되고, 그 내용이 번역될 수 있었던 덕분이다"[14]라고 기록되었다. 미 해군의 한 사령관도 전후에 작성한 메모에서, 간혹 호송함이 도망칠 때도 있었지만 그것은 해독된 암호문에서 나온 정보가 워낙 많아, 미 잠수함들이 경계 대상으로 지목된 모든 호위함들을 한꺼번에 처리하지 못해 생긴 일이었다는 점을 지적했다. 게다가 해군 별관의 WAVES 조립라인도 일본 해군을 지원하는 마루들의 동향을 추적하고 있었으므로, 잠수함 선장들로서는 양군 암호해독부에서 보내주는 다량의 정보를 한꺼번에 감당하기가 벅찼던 것이다.

암호해독으로 입수된 정보가 얼마나 많았는지는 전쟁이 끝난 뒤 미국이 일본의 마루와 마루들이 맞은 운명에 대한 통계 작업을 벌이려고 했을 때 관련 서류철이 수십 박스에 달했던 것으로도 알 수 있다.[15] 그중의 한 문서에는 이런 내용이 적혀 있었다.

1943년 7월 2일, 이스즈 마루, 잠수함에 침몰되다.

1944년 12월 2일, 하와이 마루, 잠수함에 침몰되다.

1944년 10월 16일 혹은 그 무렵, #23 헨슈 마루, 항공기에 격침되다.

1944년 8월 31일, #20 히노데 마루, 잠수함에 격침되다.

1944년 10월 16일, #16 후라이 마루, 항공기에 격침되다.

1945년 1월 27일, 히슨 양 마루, 수뢰에 격침되다.

1944년 1월 2일, 이신 마루, 잠수함에 격침되다.

1944년 1월 20일, 진츠 마루, 항공기에 격침되다.

1944년 9월 12일, 가치도키 마루, 잠수함에 격침되다.

…

일본 해운이 입은 참화는 엄청난 파급효과를 낳았다. 병사들은 식량과 약품을 공급받지 못했고, 항공기들도 부품이 없어 비행 임무를 수행하지 못했다. 증원부대도 가야할 곳에 도착하지 못했다. 1944년

3월 12일에도 2468 암호해독으로 제21웨와크 수송선단의 경로와 일정이 노출돼, 그 선단은 웨와크를 떠나 팔라우로 돌아가던 도중 격침되었다. 제18방면군이 일본 육군본부에, 절실히 필요로 하는 물자를 보낼 수 있을 것 같다는 확신을 주기 위해 1월 중 라바울과 터키에서 출발하는 배들의 선적 목록을 완벽하게 작성해 보낸 메시지들에도 배들의 항해로가 나와 있어, 결국 제 발등을 찍은 꼴이 되고 말았다. 그 배들의 50퍼센트만 목적지에 도착하고, 그중의 30퍼센트만 귀항을 했으니 말이다.

전쟁이 끝난 뒤 미 해군이 작성한 보고서에도 이런 내용이 담겼다.[16] "모든 범주에 드는 몇몇 배들을 포함해 일본 상선 전체와 수많은 전함들의 3분의 2 이상이 침몰했다. 그리고 이것은 1944년 중엽 원자재와 석유의 해외 공급원이 막히자 일본 군수산업의 생산 역량이 감퇴하고 그로 인해 군사 행동이 제약을 받는 광범위한 파급효과를 낳았다. 먼 곳의 기지들이 증원부대와 보급품 지원을 받지 못해 약화된 끝에 아군의 공중 공격, 지상 공격, 육해공군 합동 공격의 희생양이 된 것이었다. 점령된 기지들에도 중폭격기들이 들이닥쳐 일본군의 사기를 꺾어놓았다." 이 글을 쓴 찰스 A. 록우드 태평양 잠수함대 사령관은 그의 부하들이 일본 해군과 상선들, 수송선단의 항해로와 선단의 구성, 잠수함 공격으로 입은 피해, 일본이 취했거나 취하려고 했던 대잠수함 조치, 아군이 사용한 어뢰의 유효성, 여타 적절한 정보를 다량 입수했다는 점도 보고서에 기록했다. 그러면서 암호해독이 이루어지지 않을 때면 정보의 부재를 뼈저리게 느꼈으며, 접적接敵이 있고난 뒤에 일어난 배들의 침몰 곡선은 입수 가능한 통신 정보의 양과 비례

했다는 점도 덧붙였다.

그는 태평양에서 활동한 미 해군의 초계 잠수함들이 암호해독을 통해 제공된 정보에 대응하느라 바빴던 시기가 많았다는 점도 덧붙여 기록했다.

사령관은 일본이 태평양을 초계한 미 해군 잠수함의 수를 실제보다 많게 느꼈던 것도 사실상 암호해독에서 얻은 정보 때문이었다는 점도 부연 기록했다. "1945년 초 우리는 일본의 한 전쟁 포로로부터, 미국이 잠망경을 통해 싱가포르 기지에 있는 사람이 일본으로 걸어가는 것까지도 볼 수 있다는 말이 당시 일본군 사이에 회자되고 있다는 사실을 알게 되었다. 그런데 일본인들이 그런 감정을 갖게 된 것은 수많은 아군 잠수함들이 초계를 했기 때문이 아니라, 그 잠수함들이 암호해독으로 얻은 정보에 따라 마치 일본 선박인 양 항상 동일한 장소에 있을 수 있었기 때문이다."

록우드 사령관은 공격으로 이어진 급송문들이 대개는 파기되는 점을 고려해 다른 것에 비해 현저한 성과를 거둔 공격들은 자신이 직접 명부에 기록했다고도 했다. 1943년 8월 미 해군 잠수함 포기pogy가 일본의 항공기 수송선 모가미가와를 격침시킨 것, 1943년 12월 잠수함 세일피시가 호위항공모함 추요를 격침시킨 것도 거기에 포함되었다. 명부에는 "1945년 4월 6일 미 해군 잠수함 트래드핀과 해클백이 야마토함이 주축이 된 일본 기동함대를 포착, 추적한 것이 이튿날 미 해군 항공모함 기동부대가 전함 야마토, 순양함 야하기, 구축함 하마카제, 이소카제, 아사시모, 카스미를 침몰시키는 결과로 이어진 것"을 비롯한 다른 공격들도 기재돼 있었다. 사령관은 미 해군 잠수함이 격침시킨 모든 마루들의 최소한 50퍼센트는 암호해독 덕이었다는 사실도 명기했다. 미 해군 잠수함들이 적군의 기뢰를 피해 다니며 일본 배들을 상대적으로 좁은 해로로 몰아넣을 수 있었던 것은 '적군 기뢰원에 대한 정보' 때문이었다고 쓴 것이다.

알링턴 홀은 미 육군 통신대의 오스트레일리아 위성부대였던 '브리즈번 중앙국Central Bureau Brisbane: CBB'과, 오스트레일리아와 뉴질랜드에서 활동하는 연합국 암호해독자들과도 긴밀하게 협력했다. 맥아더의 참모 장교가 CBB를 관장하며 정보를 주고받았다. 1944년에 작성된 한 메모에도 일본 육군의 모든 암호(해운용, 행정용, 공군용)가 해독된 것이 섬 건너뛰기 전략을 구사한 맥아더의 카트휠 작전이 성공하는 데 지대한 공헌을 했다고 기록돼 있었다. 메모에는 일본 육군 암호체계 대부분이 풀린 덕분에 맥아더는 보급품, 군사 훈련, 진급, 호위함들의 항해, 예비군, 증원부대, 임박한 공격에 대한 내용을 알 수 있었다고 적혀 있었다. 1944년 5월에도 미 육군은 알링턴 홀에서 해독되어 번역된 메시지들로 일본군 편제에 일어난 변화를 알게 되어 새로운 군대, 사단, 여단을 확인할 수 있었다. 맥아더의 참모는 일본 육군 항공대가 보유한 비행기 수와 철도의 상태도 알았고, 선박 손실에 대한 것과 상세한 현황도 파악했다. 메모에는 암호해독으로 거둘 수 있었던 몇몇 최고 성과들을 열거하면서[17] "연합군 사령관들 중 1944년 7월 10일과 11일 뉴기니의 아이타페에서 작전을 수행한 연합군 사령군보다 적군에 대해 더 많은 것을 알고 전투에 임한 사람은 없었다"는 내용도 기록되었다.

태평양 전쟁 때 활약한 사령관들이 암호해독에서 입수한 정보는 의료보고서, 질병 발생률, 부상자 수, 총병력, 사상자, 잠수함과 비행기 공격으로 인한 손실, 지체된 호위함, 침몰된 마루, 난파된 여단, 도구, 무기, 기계류, 분실된 암호 책자 등 다양했다. 미국의 필리핀 탈환 계획이 진행될 무렵에는 태평양 전역의 사령관들에게 적군의 증원부대, 미 공군의 임무수행에 대한 적군의 방해 공작, 전투 부대, 군수물자, 증원부대와 관련된 정보가 제공되었다.

암호해독자들은 미군 정보당국의 요구에도 응했다. 솔로몬 쿨백도 그때를 떠올리며 "일본에 대한 주요 군사행동(섬들에 대한 공격이든 마지막 큰 공격이든, 주요 군사행동이란 물론 일본 본토 침략을 의미했다)을 계획할 때면 정보당국은 우리에게 와서, 가능하면 특정한 한두 곳에서 전송된 메시지들을 집중적으로 살펴달라고 부탁했지요"[18]라고 말했다. 그러면서 맥아더가 다수의 지역들을 무모하게 침략하지 않을 수 있었던 것은 그 때문이었다고도 했다.

암호해독은 미군 사상자를 줄이는 데도 도움을 주었던 것으로 드러났다. 맥아더 휘하의 연합군 항공대 사령관이던 조지 C. 케니 장군이 제공권을 장악하여 지상전을 단축시키는 데 암호해독이 일조를 한 것이다. 1943년 8월 웨와크 비행장과 1944년 3월과 4월 홀란디아[인도네시아 파푸아주(서뉴기니)의 주도로 현재 명칭은 자야푸라_옮긴이] 비행장을 폭격하여 일본 육군 항공대를 궤멸시킴으로써 맥아더로 하여금 뉴기니 북부 해안에서 가장 중요한 섬 건너뛰기 작전을 실행할 수 있게 해준 것도 암호해독이었다. 미 해군이 선박 6척을 격침시키고, 1척은 항해 불능으로 만들며, 또 한 척에는 불이 붙게 만든 것도 1944년 11월 필리핀 주둔 일본군의 지원 병력이 두 수송선단에 타고 있다는 메시지를 알링턴 홀이 해독한 덕분이었다.

오스트레일리아 기지에서 복무할 때 뚜렷한 숫자 패턴을 찾아내 2468 암호해독의 단초를 제공한 청년 장교 조 리처드도 나중에 회상하기를, 1945년 6월 오키나와섬의 암호 책자를 복원한 것이 그들로 하여금 그 시기의 모든 메시지를 해독하고, 나아가 일본군이 본토에 상륙하는 군대와 싸우기 위해 전투태세를 갖추고 있다는 메시지까지도 읽을 수 있게 해주었다고 말했다. "그것은 자칫 일본인 모두가 휘말려들 수도 있었던 너무도 광범위한 군사행동이었죠. 연합군 장교들이 본토를 공격할 경우 (이오섬과 오키나와에서의 경험을 기초로) 100만 명의 사상자가 발생할 수도 있다고 예측했을 정도니까요. 트루먼이 원자폭탄을 이용해, 일본에 최후통첩을 보내며 무조건 항복을 강요한 프랭클린 D. 루스벨트의 엄포를 완화하고 천황 유지를 고집한 일본의 조건부 항복을 받아들이려 했던 것도 그 때문이었을 겁니다."

1944년 여름, 미군은 괌 탈환에 성공했다. 그와 더불어 도청 기지도 세워져 재가동에 들어갔고, 도트 브레이든도 이때부터 자신이 일하는 나무 테이블에 앉아 괌에서 보내오는 다량의 도청 암호문을 받기 시작했다. 태평양 근처에는 가본 적도 없던 그녀는 괌도 야자수 한 그루만 달랑 자라는 조그만 섬일 것으로 생각하여, 자신이 받는 것이 한 미국 병사가 그 적막한 섬에서 텔레타이프로 보내주는 도청 암호문일 것이라고 상상의 나래를 폈다.

* * *

태평양 전쟁의 전황이 얼마간 그녀 자신이나 크로, 미리엄 같은 여성
들의 노력 덕에 연합국에 유리하게 전개되고 있다는 사실은 전장에서
이역만리나 떨어진 곳에서 일하고 있던 도트도 알 수 있었다. 그래서
그녀도 이제는 자신이 일하는 테이블에서 미리엄이 중복 코드군 확
인 작업을 벌이는 테이블 사이를 신바람 나게 뛰어다니며 '우리도 이
제는 빛을 보고 있다'는 생각을 했을 것이다. 적선들의 침몰이 그들이
합심하여 노력한 필연적이고 당연한 결과라는 것은 도트도 알고 다른
여성들도 알았다. 따라서 침몰에 대한 양심의 가책은 느껴지지 않았
다. 미국은 일본과 전쟁 중이었고, 전쟁을 일으킨 당사국도 일본인데
다, 전쟁에 국가의 존망이 걸린 것은 물론 미국인들의 생명마저 위태
로운 상황에 처해 있었으니 말이다. 그들은 그저 할 일을 한 것뿐이었
다. 여성들은 때때로 그 방을 지나쳐가는 프랭크 루이스에게도 주의
를 기울였다. 그도 2468 암호해독에 일조한 사람이었기 때문이다. 도
트는 민간인인 윌리엄 프리드먼의 존재도 알고 있었다. 일이 순조롭
게 진행 중이라고 말하는 고위급 장교들의 대화 내용도 들었다. 도트
는 미국의 패전을 한 번도 생각해본 적이 없었다. 그런 그녀가 이제는
전황이 상승 국면에 접어들고 있다는 것을 거의 본능적으로 느꼈다.

　그래서 도트는 더더욱 교대 근무 때마다 총력을 기울여 일했다. 상
투어 찾는 일로 작업을 시작하고, 머릿속으로 암산을 하고, 변환표 세
로열의 위아래를 살피며 차이를 찾아내고, 파일 캐비닛을 열어 중복
메시지들을 알아내고, 미리엄에게 달려가 그녀가 남부인을 모욕하는

것도 눈감아주면서 협조를 구하는 등 할 수 있는 한 최선을 다했다. 도트의 부서는 전적으로 여성들에 의해 운영되고 있었기 때문에 그녀는 여성들이 한 일에 대해서도 자부심을 느꼈다.

"그것은 마치 퍼즐 같았어요." 도트가 훗날 그때를 떠올리며 말했다. "그리고 우리는 진전을 이루고 있었죠. 그게 자랑스러웠어요."

도트 브레이든이 그녀의 테이블과 2단계 점검 작업대 사이를 분주히 뛰어다니던 1943~1944년 동안 일본의 해운용 암호는 거의 다 해독되었다. 굶주림이 일본 병사들의 공통된 운명이 되기 시작한 것은 1943년 초부터였다. 관리들도 훗날 일본군 사망자의 3분의 2가 굶주림이나 의료 지원 결핍 때문에 발생한 것으로 추정했다.

일본이 입은 참화의 정도도 해독된 암호문 내용으로 드러났다. 한 메시지에 "밥을 짓지 않고 생쌀을 씹어 먹으며 식량의 지속 기간을 늘렸다"[19]고 일군의 일본 병사들이 열흘 치 쌀로 25일을 버틴 방법이 묘사돼 있었던 것이다.

2468과 여타 암호의 해독이 태평양 전쟁에 지대한 영향을 끼치고 있던 사실은 알링턴 홀의 훈련 자료에도 언급돼 있었다. JEB라 불린 암호 체계의 크립 목록과 상투어들이 담긴 문서도 있었다. 그 문서에는 일본의 한 송신 기지에서 인력의 도착, 미도착에 대한 메시지가 자주 전송되고 있다고 하면서, "만일 메시지가 미도착에 관한 것이면 그 다음에는 '그들은 어떻게 된 것일까?'라고 묻는 메시지가 등장할 수도 있다"[20]고도 적혀 있었다.

3부

형세의 전환

11장

슈거 캠프

1943년 4월

여성들이 비밀 명령을 받고 한밤중에 수도 워싱턴을 출발하는 열차에 올랐다.[1] 그들이 아는 것은 '서부'로 가고 있다는 것뿐이었다. 그들이 탄 기차는 침대도 없고, 불결하고 혼잡한 것이 전형적인 군용열차였다. 여성들이 자리에 앉아 어렵사리 잠을 청했다. 세 명은 그나마 자리도 없어 제동수들이 사용하는 비좁은 공간에 들어가 돌아가며 휴식을 취했다. 몇몇 여성들은 자신들이 캘리포니아로 가는 것이라는 희망 섞인 생각을 하기도 했다. 하지만 '서부'가 그들이 생각했던 서부가 아니라는 사실은 기차가 목적지에 도착하자 명백해졌다. 그곳이 오하이오주의 데이턴이라는 것만 다를 뿐, 그곳은 또 다른 유니언 역에 지나지 않았던 것이다.

여성들이 소지품을 챙겨 차가운 아침 공기 속으로 들어가 점호를 받기 위해 집합했다. 그들이 부여받은 것은 비밀 임무였다. 그런데도 사진사 한 명이 기다리고 있다가 그들을 맞아주었다. 그래서 여성들은 밤새 기차를 타고 와 꾀죄죄한 몰골에 몸도 피곤했지만, 단체 사진을 찍기 위해 말쑥하고 세련된 차림으로 정렬을 하고 미소도 지어보였다. 물론 그들은 여섯 쪽을 이어붙인 고어드 스커트, 몸에 착 들어맞는 세련된 재킷, 흰색과 청색의 모자, 흰 장갑, 청색 띠가 둘러쳐진 외투, 스타킹과 펌프스, 가죽 끈을 어깨에 대각선으로 가로질러 맨 핸드백 등 해군 제복을 입고 있었다. 여성들은 소지품이 든 딱딱한 재질의 소형 여행가방도 들고 있었다.

주차장에는 버스 한 대가 대기하고 있었다. 여성들이 올라타자 버스는 데이턴 도심을 벗어나 근처 시골로 들어가더니 거기서 다시 짧은 거리를 달려 돌로 된 문기둥이 세워진 자동찻길로 들어섰다. 버스는 목가적이고 평화로운 고지대의 푸르른 단지로 들어서고 있었다. 따라서 만일 여성들이 더 많은 사실을 알지 못했다면 걸스카우트 캠프장으로 가고 있다고 생각할 만도 했다. 단지 내에는 난풍나무들이 심어져 있고 중앙의 개간지 주위로는 오두막들이 다닥다닥 붙어 있었다.

차에서 내려 또 한 번 집결한 여성들을 해군 군기 위병이 맞아주었다. 미국 국기도 올려졌다. 여성들은 피곤했으나 그때쯤에는 이미 몸이 피곤에 절어 있는 상태였다. 그들은 줄 서서 침대보와 베개를 지급받고 각자의 오두막을 찾기 위해 흩어졌다. 해군에 갓 입대한 신병으로서 그들이 지난 두 달간 겪은 일들은 생소함의 연속이었다. 신병훈련소에 가서 훈련을 받고, 그 다음에는 워싱턴 D.C.의 해군정보국 별관으로 가 예배당의 딱딱한 수직 등받이 의자에 앉아 시험을 보고, 보안 강의를 듣고, 신원 조회가 끝나기를 기다린 것이 그들이 한 일이었다. 누구도 그들에게 데이턴에서 수행할 업무의 성격을 말해주지 않왔다.

오두막은 작기는 해도 쾌적했다. 목재 덧문을 밀어서 여니 햇빛도 들어왔다. 각 오두막에는 두 개의 침실이 있었고, 침실마다 두 개의 침대가 놓여 있었다. 각 침실에는 옷장도 두 개씩 있었으며, 침대 곁에는 목이 자유롭게 돌아가는 전기스탠드가 놓인 소형 붙박이 책상이 있었다. 격자 창을 막아줄 차폐물은 없었으나 오하이오주에 벌레는 없는 듯했다. 책상, 침대, 바닥, 벽면, 천장을 비롯한 오두막의 모든 것들은 거의 다 목재로 이루어져 있었다. 변기 하나, 샤워기 하나, 세면대 두 개가 놓인 화장실도 침실들 사이에 있었다. 난방은 되지 않았다.

여성들에게는 네 명당 하나의 오두막이 배정되었다. 하지만 그것도 잠시, 더 많은 신병들이 들어오게 되면서 여성들은 추가로 들어오는 사람들에게 공간을 마련해주기 위해 1943년 4월과 5월 내내 끼어 살았다. 처음(새로운 업무에 대한 불가사의한 훈련이 시작되었을 때였다)에는 캠프에서 식사도 제공해주지 않아, 여성들은 하루 몇 끼는 데이턴 시내에서 해결했다. 데이턴에는 빌트모어 호텔의 키티호크 룸을 비롯해 몇 군데 고급 식당이 있었다. 키티호크 룸은 데이턴 출신인 라이트 형제가 최초로 비행을 성공시킨 장소였던 노스캐롤라이나주의 키티호크를 기념해 붙인 명칭이었다. 주말에는 여성들이 라이크스 백화점으로 가서, 엘리베이터를 타고 올라가 5층 식당에서 점심 식사를 했다. 전망 좋은 그곳에서 식사하는 것이 그들에게는 특별한 즐거움이었다. 훈련이 시작된 몇 주 동안은 캠프의 사관실 지하에서도 저녁을 먹었다. 그곳의 토마토 수프와 구운 치즈 샌드위치는 그들에게 더할 나위 없이 만족스러운 식사로 여겨졌다.

여성들의 숙사로 배정된 곳은 면적 31에이커(4,047제곱미터)의 장소로, '슈거 캠프'라고 불리는 곳이었다. 슈거 캠프라는 이름은 그곳이 캠프로 개발되기 전에는 거대한 단풍나무 군락지여서 붙여진 명칭이었다. 오하이오주는 오랜 역사 동안 농업이 주를 이루었고, 한때 단풍나무가 메이플 시럽용으로 채취되기도 했다. 데이턴의 변화는 1812년에 발발한 미영전쟁 기간에 미국이 캐나다와 영국군에 대한 공격을 계획하면서 그곳이 북서 지역의 병력 집결지 역할을 하게 되자 은행, 기업, 공장들이 들어서면서부터 시작되었다. 그 변화는 데이턴이 북군의 물자 보급지 역할을 한 남북전쟁 때까지 계속되었다. 데이턴은 외형만 변한 것이 아니라, 그곳에 처음 자전거 상점을 연 항공 개척자 라이트 형제(오빌 라이트와 윌버 라이트)와 자동차용 자동 점화 장치를 개발한 찰스 케터링 등 다수의 발명가와 실업가도 배출했다. 데이턴에 제너럴 모터스 공장이 들어선 것도 케터링이 개발한 자동시동기 덕분이었다. 그밖에 데이턴에는 데이턴 일렉트릭, 프리지데어 본사, 비행과 비행 실험에 이용되었던 라이트필드도 있었다.

　　그러나 데이턴 경제의 중심은 뭐니 뭐니 해도 슈거 캠프를 소유한 내셔널 캐시 레지스터 컴퍼니NCR였다. NCR은 회계기, 가산기 그리고 박람회장의 증기오르간처럼 부피가 크고 번쩍번쩍 빛이 나는 금전등록기 등 미국의 상업을 매끄럽게 돌아가게 해준 각종 기계들을 만드는 회사였다. 20세기가 되기도 전에 해외 주재 영업 사무소를 두었을 만큼 시장도 전 세계에 걸쳐 있었다. NCR의 창업주 존 헨리 패터슨은 수년 동안 토지도 대거 취득했다. 슈거 캠프도 그렇게 사들인 땅이었다. 그는 현대적 세일즈 문화의 선구자이기도 하여, 전쟁 전에는 슈거 캠프를 NCR 영업사원들의 하계 수련회장으로 사용하기도 했다. 영업사원들은 그곳에서 수업을 받고, 동기 부여를 위한 연설을 듣고, 상금이 걸린 경쟁을 하고, 연간 할당량, 지역별 영업 구역과 판매 단계 같은 것들을 배우며 몇 주 동안 강도 높은 훈련을 받았다.

그러나 번쩍이는 금전등록기 제조에 쓰이는 원료는 군대도 필요로 하는 것이었고, 그리하여 90에이커(364,217제곱미터)에 달하는 NCR 산업단지도 결국은 전쟁 관련 기계류를 생산하는 곳으로 전환되었다. 포드, IBM, 코닥, 베들레헴 스틸, 마틴 에어크래프트와 같은 미 전역의 다른 주요 기업들도 무기와 군수품을 제조하고 시스템 개발을 도우며 정부의 전시 노력에 협조했다. 하버드 대학교와 매사추세츠 공과대학교MIT와 같은 대학들 역시 학교 운영을 전시 관련 업무로 전면 전환함으로써 정부의 전시 노력에 완벽하게 부응했다.

슈거 캠프도 팔 물건들이 없어지자 자연스레 600명 규모의 WAVES 병영으로 바뀌었다. WAVES가 데이턴에서 수행할 임무는 비밀이었다. 하지만 그들이 도시에 출현한 것까지 비밀은 아니어서 NCR은 정부의 전시 노력에 힘을 보태고 있다는 사실을 부담 없이 홍보할 수 있었다. 게다가 세련된 제복 차림의 여성들은 홍보에 안성맞춤이기도 했다. NCR은 슈거 캠프 훈련소에 사진사를 보내 여성들의 일상과 NCR이 그들을 따뜻이 환대하는 모습을 사진으로 계속 기록하게 했다. NCR 사보에 실린 그 사진들에는 여성들이 행군을 하고, 여유로운 시간을 보내고, 수영을 하고, 식사하는 모습과 같은 WAVES의 일거수일투족이 모두 담겨 있었다. 빠진 것은 일하는 모습뿐이었다.

여성들은 일주일에 7일, 하루 3교대로 근무했다. 100명 이상의 여성들이 하루 세 차례 슈거 캠프에 집결해 4열 횡대를 지어 눈이 오나 비가 오나 맑으나 흐리나 언덕을 오르내리고, 그들이 꼬마 줄리라고 부른 소녀가 창문에 다가와 그들에게 손 흔드는 집을 지나쳐 데이턴까지 행군을 했다. 오래지 않아 데이턴 주민들은 WAVES가 행군하는 것을 보고 시간을 맞춰놓으면 된다고 말하게 되었다. 그들의 목적지는 슈거 캠프에서 1.6킬로미터 정도 떨어진 NCR 캠퍼스(산업단지)였다. 그리하여 해군 여성들이 그곳에 출현한 이유를 해명하는 기사가 또 만들어졌다. NCR 사보에 "WAVES가 특수 회계기 작동법에 대한 강의를 들으러 왔다"[2]는 기사가 커버스토리로 실린 것이다. 몇몇 여성들은 그것을 보고 데이턴 주민들이 자신들을 회계기 작동법 하나 배우는 데 여름 한 철을 다 써야 할 정도로 머리 나쁜 인간으로 생각할 것을 우려했다.

NCR 산업단지는 도시의 11구획에 상당하는 지역을 점유하여 사실상 다운타운 데이턴을 지배하고 있었다. 시설도 방대하여 노란 벽돌 건물들, 사무실들, 공장들 외에 그곳에는 자체 우물, 자체 전기 발전소, 자체 영화관까지 갖춰져 있었다. 해군 여성들은 그 단지의 빌딩 26에서 일했다. 다른 건축물들과 적당히 떨어져 있어 한적한 데다 외형도 수수했던 그 건물은 본래 NCR 직원들의 야간학교 교실들이 있던 곳이었다. 빌딩 26 뒤에는 볼티모어와 오하이오 구간의 철도 지선이 깔려 있었다. 그 빌딩에 이제는 해병대원들이 상주하여 순찰을 돌며 외부인의 출입을 통제하고 있었다. 여성들도 작업실 안에 갇혀 지냈다. 면 작업복을 착용하고, 흰 장갑을 벗고 맨손으로 일하는 것만 허용되었다.

여성들은 그곳이 교실이었을 때부터 설치돼 있던 큰 테이블에서 매일 같은 좌석에 앉아 일했다. 작업실당 수용 인원은 12명 정도였고, 여성들 앞에는 천장 콘센트에 꽂힌 전깃줄에 매달려 있거나, 작업대의 조그만 그릇에 담긴 납땜인두기가 하나씩 놓여 있었다. 테이블 위에도 베이클라이트(인공 플라스틱), 놋쇠, 구리로 만든 바퀴가 하나씩 놓여 있었다. 여성들은 작업실에 도착한 직후, 역시 여성이었던 감독관으로부터 납땜인두기를 가지고 전선을 엮어 바퀴에 땜질하는 법을 배운 뒤 그 작업을 했다. 전선들은 짧고 색상도 다양했다. 여성들은 그 전선들을 도형에 나온 대로 축에 감은 뒤 전선의 끝부분과 바퀴가 닿는 지점에 인두기를 갖다 대 땜질을 했다. 연결 부위에 뜨거운 인두기로 땜납을 대 녹인 다음 식을 때까지 기다렸다가 그 부위를 세게 잡아당겨 납땜이 잘 되었는지를 확인했다. 그것은 매우 힘겨운 일이었다. 감독관들이 실수를 용납하지 않겠다고 엄포를 놓아 더 힘이 들었다.

여성들이 그 일에 숙달되기까지는 한참이 걸렸다. 개중에는 끝내 그 일을 해내지 못해 회로와 관련된 좀 더 쉬운 일을 부여받은 여성들도 있었다. 하지만 대부분의 여성들은 손재주가 좋아 레이스 짜기를 하듯 능숙하게 그 일을 해냈다.

여성들 다수는 기계류에 이미 익숙해 있었다. 꽤 많은 여성들이 전쟁 전에 전화교환원으로 일한 경력이 있었던 것이다. 로니 매키도 그런 여성들 가운데 하나였다. 델라웨어주 윌밍턴 출신이었던 로니는 고등학교 졸업 뒤 직물 전시실에서 일하다 보수가 더 높다는 이유로 전화교환원이 되었다. 노스캐롤라이나주에서 온 밀리 웨덜리도 진주만 공격이 있던 일요일에 홀로 전화교환대를 지킨 교환원 출신이었다. 그날 그녀의 전화교환대는 부근 기지에 복무하는 병사들이 집으로 연신 전화를 걸어대는 통에 불이 날 지경이었다. 부모에게 전화를 걸어 성탄절 날 집에 가지 못할 것 같다며 징징 우는 병사들도 있었다. 밀리는 가능한 한 신속히 병사들의 전화를 연결해주었다. 그리고 1년 뒤 밀리의 어머니가 "애야, 해군에서 성격 좋은 고졸 여성들을 뽑는다는구나"라고 말한 것이 밀리가 오하이오주에 오게 된 내력이었다.

지미 리 허치슨도 전화교환원 경력을 가진 또 다른 여성이었다.[3] 체구가 작았던 그녀는 오클라호마주 맥엘레스터의 사우스웨스턴 벨사에 근무할 때 나이가 고작 열아홉 살이었다. 미국의 모든 도시와 마을들이 그랬듯 그녀가 사는 곳도 전쟁으로 모습이 바뀌었다. 해군 탄약고와 일본계 미국인들을 억류할 수용소가 그곳에 설치된 탓이었다. 지미 리에게는 군 복무 중인 남자 형제도 넷이나 있었고, 그녀의 약혼자 로버트 파워스도 미 공군 조종사였다. 그런 중에 해군 신병 모집관이 지미 리와 그녀의 친구 베아트리스 휴가트가 근무하는 사우스웨스턴 벨사에 파견되었다. 두 여성은 자료를 꼼꼼히 읽어본 뒤 모병소를 찾았다. 딱히 입대할 생각으로 갔던 것은 아니고 병사들의 귀향을 돕는다는 생각에 마음이 동해 간 것이었다. 그리고 저녁 무렵 두 여성은 해군에 입대했다. 지미 리는 나이를 속여 입대했다.

지미 리는 헌터 칼리지 훈련소에서 적성검사를 받을 때 자신에게 청사진 읽는 기술이 있다는 것을 알고 깜짝 놀랐다. 청사진은 본 적도 없었기 때문이다. 다만 도형에 관한 무언가를 그녀는 직관적으로 이

해했다. 전화교환원 업무에도 복잡한 배선 패턴을 따라가는 능력이 필요했다. 그녀의 단짝 친구 베아트리스도 데이턴으로 배속되어 그들은 이곳에 와서도 직장 동료로 일했다.

전화교환원 경력이 없는 여성들도 집에 있을 때 다리미의 낡은 전깃줄을 교체하는 것과 같은 사소한 기계적 작업은 능숙하게 해본 경험이 있었다. 억세다 못해 독립적인 여성들도 있었다. 슈거 캠프에도 가족 내 언쟁이 벌어졌을 때 괭이를 들고 남자 형제를 쫓아갔던 일을 즐겨 이야기한 두 농촌 여성이 있었다. 그녀들이 괭이를 들고 설친 것이 "장난이 아니었다"는 식으로 말하는 것을 듣고 여성들은 기겁을 했다.

슈거 캠프의 여성들도 알링턴 홀과 워싱턴 해군본부에서 근무하는 여성들과 마찬가지로 공무원이 된 이유가 다양했다. 뉴올리언스에서 온 아이리스 플래스폴러는 급하게 한 결혼에서 도망치기 위해 WAVES가 되었다. 그녀와 그녀의 남편 어거스트는 진주만 공격 직후여서, 많은 커플들이 서둘러 결혼을 하던 때인 1942년 1월에 결혼했다. 두 사람 다 아직 고등학교도 졸업하지 않은 때였고, 그런 만큼 결혼이 철부지들의 실수였다는 것도 빠르게 나타났다. 두 사람은 결혼만큼이나 이혼도 손쉽게 결정했다. 그런데 합의 이혼을 하려면 1년하고도 하루를 더 기다려야 했고, 그러자 아이리스는 그 시간을 죽이기에는 해군 입대가 안성맞춤이라고 여긴 것이었다. 슈거 캠프의 동료들도 그 내력을 알고, 문자 그대로 그녀를 '앉아 있는 휘발유'라고 불렀다.

여성들은 쉬는 시간에는 작업대에 엎드려 휴식을 취했다. 전직 교사 출신의 감독관 도트 피러는 엎드려 있는 여성들에게 『밥시 쌍둥이』라든가 『작은 아씨들』 같은 소설이나 마음을 편안하게 해주는 이야기책들을 큰소리로 읽어주며 20분간 머리를 쉬게 했다. 야간 근무를 하는 날이면 여성들은 납땜할 때 졸지 않으려고 노래를 부르기도 했다. 그들 중 한 명이었던 아일랜드계 미국인 패트 로즈는 아일랜드 풍의 노블티 송(유머러스하고 익살스러운 가사가 특징인 노래_옮긴이) '그것은 예전의 지팡이It's the Same Old Shillelagh'를 더할 나위 없이 아름답고 경쾌한 소프라노로 불렀다.

여성들은 바퀴에 전선 연결 작업을 하면서도 바퀴의 용도에 대해서는 알지 못했다. 모종의 기계에 부착되리라고만 짐작했을 뿐(그 점은 분명해보였다) 기계의 종류가 무엇인지는 몰랐다. 여성들이 일하는 작업실 위층에서도 남성들이 한 번도 본 적 없는 종류의 기계를 만들고 있었다. 여성들은 그 사실도 알지 못했다. 그들은 용도가 무엇이든 바퀴가 중요하다는 것만 알았다. 데이턴의 발명가 조지프 데시라는 인물도 여성들 사이를 부지런히 돌아다녔다. 여성들은 그에게서 머리가 비상하고 비밀 프로젝트에 깊이 관여하고 있다는 인상을 받았다. 슈거 캠프에 카페테리아가 설치돼 운영된 뒤에는 그도 식사 시간에 자주 그곳에 들러 여성들과 잡담을 나누었다. 달걀, 베이컨, 해시브라운 접시를 앞에 둔 데시의 곁에는 큰 키에 체격이 호리호리하고 머리가 검은, 상냥한 그의 부인 도로시가 우아한 모자를 쓰고 앉아 있었다. 그리고 두 사람 곁에는 늘 비쩍 마른 랠프 I. 미더 해군 소령이 붙어 다녔다. 방이 두 칸뿐인 단출한 소형 벽돌주택에서 데시 부부와 함께 살고 있던 그는 조지프 데시를 말없이 경호하도록 임명된 사람처럼 보였다.

데시는 여성들에게 친절했고 그의 부인도 상냥하게 굴었다. 미더도 여성들에게 친절했으나 대하는 방식이 달랐다. 그는 여성들과 시시덕거리기를 좋아하고, 활달하면서도 약간은 정치인 같은 냄새를 풍겼다.[4] 여성들에 대한 공감 능력도 뛰어나 여성들은 그의 배려를 대하는 법까지 개발했다. 그를 피하는 여성들도 있었다. 반면에 일부 여성들은 손가락에 립스틱을 묻혀 그의 뺨을 꼬집으며 "나의 귀염둥이"라고 말하여 그를 즐겁게 해주었다.

그래도 여성들은 대개의 경우 행동의 제약 없이 하고 싶은 일을 하며 시간을 보냈다. 직장 일은 열심히 했지만(그 외에는 달리 해야 할 잡일도 없고 지켜야 할 가정도 없다 보니) 책을 읽거나, 편지를 쓰거나, 슈거 캠프에 설치된 올림픽 사이즈 풀장에서 수영을 하며 자유시간을 만끽했다. 야간 근무를 하는 여성들은 일이 끝난 이른 아침 들종다리가 우는 소리를 듣고 상큼한 토끼풀 냄새를 맡으며 슈거 캠프까지 산책을 하기도 했다. 전국대회에서 몇 차례 우승한 전력이 있는 수영 선수 출신의 베티 베미스가 수영할 때는 남성들(조지프 데시, 랠프 미더는 물론 심지어 오빌 라이트까지도)이 풀장으로 구경을 하러 왔다.

여성들은 데이턴에 나갈 때는 짝지어 다니라는 주의를 들었다. 라이트-패터슨 공군 기지 부근에는 병사와 조종사들이 살고 있었으므로 그들과 데이트는 할 수 있었지만 하는 일에 대해서는 함구해야 했다. 출입 금지 구역도 있었다. 오하이오주 남서부 지역에 독일계 미국인들이 다수 정착해 살았기 때문이다. 물론 그들의 대다수는 애국자였다. 하지만 나치 동조자들의 운동조직인 독일계 미국인 동맹의 잔

재가 남아 있는 것 또한 사실이었다. 여성들은 납치될 위험성이 있다는 것과, 독일 스파이들이 빌딩 26에서 진행되는 일을 염탐하기 위해 접근할 수 있다는 주의도 받았다.

여성들은 지시받은 대로 행동했다. 짝지어 다니고 질문도 하지 않았다. 자신들이 하는 일에 대한 억측을 하려고도 하지 않았다. 그래도 도형과 납땜인두기로 장시간 작업하다 보니 전선이 26개고, 바퀴에 숫자 26개가 찍힌 것 정도는 싫어도 알게 되었다. 숫자들은 0에서 25까지 연번으로 구성돼 있었다. 하지만 숫자들의 합이 26이라는 것은 어린아이라도 알 수 있었다.

26은 물론 알파벳 글자 수였다.

* * *

1942년, 연합군은 대서양 전투의 바닥을 쳤다.[5] 그해의 후반기 6개월 동안 북아메리카와 영국을 오가다 독일 U보트들에 침몰된 연합국 선박이 500여 척이었고, 이것을 톤으로 따지면 260만 톤이었다. 1943년에는 상황이 더 나빠져, 그해 3월 연합국은 상선 95척을 독일 잠수함들에 격침당하는 대서양 전투 사상 최악의 달을 보냈다. U보트가 보급선단에 가한 단 한 차례 공격으로 사흘 만에 선박 수십 척을 잃기도 했다.

그것은 강력한 미국의 전쟁 기계가 만들어내는 선박들로도 감당이 안 되는 큰 손실이었다. U보트 상황이 연합군에는 언제나 위기였다. 그런데 이번에는 그 위기가 자못 심각했다. 영국도 밀과 다른 식량 보급품을 필요로 했고 이오시프 스탈린도 러시아 중심지에서 독일군을 몰아내기 위해서는 무기가 필요했다. 연합군은 연합군대로 수송선단들이 광대한 항로를 안전하게 다닐 수 있게 하려면 U보트들을 대서양에서 소탕할 필요가 있었다. 그래야만 충분한 양의 병력, 탱크, 무기를 지원받아 오랫동안 별러온 프랑스 침공에 착수할 수 있었다.

한편 대서양 전역의 암호해독 작업은 그 무렵까지도 영국이 관장하고 있었다. 그러나 미국도 이제는 하위 협력자 이상의 위상을 얻어가고 있었다. 두 나라의 암호해독기관이 원활한 협조를 주고받기까지는 오랜 시간이 걸렸다. 에니그마 해독 작업을 벌이던 초기, 아그네스 드리스컬이 영국의 협조 제안을 거부한 것도 양측의 관계가 1941년의 상황으로 돌아가게 된 일부 원인이었다. 그러나 양측의 관계가 삐걱거리게 된 데에는 한 여성의 고집을 넘어서는 문제가 개입되어 있었다. 미 해군 정보조직의 아마추어적 운영 방식에 영국이 학을 뗀 것이었다. 영국 암호해독부가 정보를 공유하기 위해 보내주는 보고서에 미 해군 암호해독부는 한 번도 제대로 응대한 적이 없었다. 아마도 적임자에게 전달되지 못했기 때문이었을 것이다. 반면에 미 해군은 영국의 암호해독자들이 에니그마 해독 작업에 대한 내용을 숨기고 있다고 느꼈다. 두 기관의 추측 모두 옳았다. 미 해군 암호해독부가 초기에 미숙하게 작동되었던 것도 사실이고, 영국 암호해독부가 에니그마 해독 작업에 대한 내용을 숨기고 있었던 것 또한 사실이었기 때문이다. 영국이 그 내용을 비밀에 부쳤던 것은 에니그마 암호해독으로 얻어진 '특수 정보'를 얼마간은 방어용으로만 사용하려던 생각, 다시 말해 연합국 수송선단들이 다니는 항로를 안전하게 바꿔주는 용도로만 사용하려던 생각에서 비롯되었다. 요컨대 영국은 공세적인 미국이 행여 에니그마 해독에서 나온 정보를 공격적으로 사용하여 U보트를 침몰시키는 날에는 독일이 암호해독 사실을 눈치채지 않을까 우려한 것이었다.

하지만 시간이 가면서 합의가 이루어져 두 나라의 해군 정보당국 사이에는 안전한 통신선이 추가로 설치되었고, 그에 따라 양군의 암호해독부도 U보트들을 쫓고 그것들의 동향을 열심히 예측했다. 하지만 해독 작업은 쉽지 않았으며, 독일 잠수함들이 네 회전자 에니그마 암호를 사용하기 시작한 1942년 2월 이후에는 그 일이 더욱 힘들어져, 해독 작업에 기울인 연합국의 노력은 거의 다 실패로 돌아갔다. 그 암울했던 시기에 연합군은 고주파 방향 탐지(무선 신호를 이용해 잠수함의 위치를 찾아내는 방식으로 HF/DF의 약어로 표시된다)와 같은 방법을 써서 U보트들의 움직임을 알아내려고 발버둥을 쳤다. 연합군은 그 방법 외에도 선박의 침몰과 목격에 대한 뉴스 등 온갖 정보를 다 동원하여 U보트들의 위치를 추적하고 수송선단들에 U보트를 피해갈 수 있는 항로를 알려주려고 했다. 하지만 새로운 에니그마 암호를 해독하지 못해 그들은 계속 불리한 입장에 처해 있었다. 그러던 차에 1942년 10월 말 동지중해 유역을 초계하던 영국 구축함 4척이 독일 잠수함 U-559를 겨냥, 공격하는 일이 벌어졌다. 공격을 받은 U보트가 수면에 떠올랐다가 가라앉기 시작하자 영국 수병들이 급히 옷을 벗고 물속으로 뛰어들었다.[6] 그들은 헤엄을 쳐 잠수함 선내로 진입했고 문서와 장비들을 가지고 나왔다. 그 과정에서 장교 한 명과 수병 한 명이

사다리를 타고 올라오다가 갑자기 덮친 물살에 휩쓸려가고 나머지 수병들만 간신히 포경선으로 기어 올라왔다. 그런데 이들이 탈취한 두 책자 가운데 당시 독일이 사용하던 키 설정 방식을 알 수 있는 날씨 암호 책자가 들어 있었다. 그리하여 이것이 네 회전자 에니그마 해독 작업을 벌이고 있던 블레츨리 파크로 보내졌고 그곳 암호해독자들이 봄베 머신을 이용해 처음으로 샤크 암호 체계를 깨뜨려 U보트 15척의 위치가 표시된 메시지를 읽을 수 있게 해주었다. 암호해독자들이 돌아온 것이다.

하지만 그런 도움을 받고도 연합국의 에니그마 암호해독 능력은 여전히 일관성 없이 들쭉날쭉했다. 암호 책자들도 계속 바뀌는 데다, 매일 바뀌는 키 설정도 수작업으로 알아내야 할 때가 많았기 때문이다. 영국이 만든 봄베 머신도 큰 도움이 되지 못했다. 추가된 네 번째 회전자 때문에 알파벳 위치로 만들어지는 경우의 수가 26배로 늘어났고, 그러다 보니 영국의 봄베가 에니그마가 만들어내는 경우의 수를 모두 시험하기 위해서는 그 기계보다 26배 빨리 돌아가거나, 26배 많은 경우의 수를 가져야 했기 때문이다.

그 말은 연합국이 독일 해군의 에니그마를 공격하려면 영국이 사용하는 봄베보다 속도가 한층 빠른 또 다른 봄베가 필요하다는 뜻이었다. 연합국 장교들은 네 회전자 에니그마 암호에 대처할 만한 고속 기계를 만들어낼 수 있는 나라는 미국뿐이라고 판단했다. 다른 나라들에 비해 공장도 많고 원자재도 풍부하며 기술자도 많으니 미국이라면 봄베를 수십 대 아니, 수백 대라도 만들 수 있을 것으로 본 것이다. 미 해군은 데이턴의 발명가 조지프 데시를 미국 봄베 머신의 설계자로 고용했다. 그것은 탁월한 선택이었다. 데시는 내로라하는 아이비리그 출신도 아니고 심지어 박사학위 소지자도 아닌 일개 데이턴 대학교 졸업자였다. 그러나 수작업 능력, 다시 말해 공학적 재능이 뛰어난 데다 공장 작업 현장에서 익힌 실무 경험도 갖추고 있었다.

데이턴(발명의 재능을 타고난 아이에게는 훌륭한 실험의 장이었다)에서 자라고 교육받은 데시는 소년 시절에 이미 통신 판매 회사에 진공관들을 주문해 살 정도로 전자공학에 일찌감치 매료되었다.[7] 통신판매 회사는 그를 성인인줄 알고 물품을 보내주었다. 데시는 직업생활 초반에는 찰스 케터링이 세운 텔레콤 연구소에서 근무했고, 이어 프리지데어에서도 일했다. 그 다음에는 NCR로 직장을 옮겨 동료 직원과 함께 최초의 전자회계기를 만들어 특허를 냈다. 데시는 새로운 유형의 공기관을 설계해 직접 만들기도 했다. 이런 재능에 감탄해 그를 적소에 소개한 사람이 바로 국가방위연구위원회NDRC 의장으로 전쟁 관련 일을 하고 있던 MIT의 명망 있는 기술자 버니바 부시였다. 그리하여 해군의 계획이 수립되었다. 데시로 하여금 해군 기술자 및 수학자들과 함께, 고속 봄베 머신 설계를 하도록 한다는 계획이었다. 그가 설계를 하면 조립은 해군 기술자와 신원 조회 과정을 거친 NCR 직원들이 하도록 했다. 해군이 WAVES를 데이턴으로 실어와 수천 개의 '정류자 바퀴' 연결 작업을 하게 한 것도 에니그마로 만들어질 만한 모든 경우의 수를 테스트하기 위해 미국이 제작 중이던, 봄베 머신의 앞부분에 그것들을 장착하기 위해서였다.

간단해 말해 미국은 독일이 조립 불가능할 것으로 본 고성능 기계를 대량 생산하려는 것이었다.

이 단계에서 워싱턴 해군 정보국의 암호해독부 장교들이 할 일은 워싱턴과 데이턴 사이의 업무를 조정하는 것이었고, 해군의 고위급 장교들에게는 그것이 워싱턴과 오하이오주 사이를 분주히 오가야 하는 것을 의미했다. 데이턴의 빌딩 26도 구조가 바뀌고 명칭도 미 해군 계산기계연구소로 개칭되었다. 마운트 버논의 해군정보국 별관에도 데시와 손발을 맞출 일군의 기술자 및 수학자들로 구성된 극비 연구 부서 OP-20-G-M이 설치되었다. 그러나 일을 시작하기에 앞서 그들은 먼저 에니그마 암호해독 팀을 이끌고 있던 아그네스 드리스컬부터 무력화시키기로 했다. 1943년 1월 31일에 작성된 한 부대 일지에는 그날의 조치에 대해 "드리스컬 부인, 클라크 부인, 탈리 부인, 해밀턴 부인이 일본의 N.A.T. 프로젝트(궁극적으로 프랭크 레이븐이 해독한, 일본 해군 무관들이 사용한 기계 생성 암호) 팀으로 전보되었다"고 다소 비정하고 짧막한 글로 표현돼 있었다.[8] 에니그마 프로젝트는 예일 대학교 수학 교수 출신인 하워드 잉스트롬 해군 소령이 인계받아, 일군의 쟁쟁한 지식인들(MIT 출신의 엔지니어 존 하워드, 도널드 하버드 대학교 천문학과 교수, 마셜 홀 예일대학교 수학 교수와 여타 사람들이 포함되었다)의 조력을 받아 진행하게 되었다.

그 프로젝트에는 여성들도 포함되었다. 수학 관련 일을 하는 다수의 연구 부서 직원들이 여성이었던 것이다. 다른 기관들과 마찬가지로 해군도 고급수학(오랫동안 여성들의 입문이 권장되지 않던 분야)에 능한 여성들을 열심히 찾아다녔고, 해군 별관도 그래서 훈련소의 평가관들에게 적성검사 때 수학에서 고득점을 받은 여성들을 알려달라는 언질을 해놓았다. 그런 여성들은 대개 남성과 동등한 교육 기회를 얻지 못하고 기술자나 수학자로서의 경력을 쌓을 기회도 얻지 못했지만, 소질과 욕망, 역량이 있는 사람들이었다. 아닌 게 아니라 적잖은 여성들이 봄베 프로젝트 팀에서 일하는 동안 통계와 확률 업무야말로 그들이 오랫동안 찾아 헤맨 분야였다는 것을 알게 되었다.

시카고에서 60킬로미터 정도 떨어진 일리노이주의 교외 공업지 엘진에서 온 스물두 살의 루이즈 피어설도 그런 여성이었다.[9] 루이즈의 어머니는 전쟁이 벌어지기 전 미국 우선주의 운동조직의 일원(그녀가 속한 교외 브리지 클럽의 다른 회원들과 함께 그녀도 고립주의자였다)이었다. 하지만 카드놀이 테이블에서 오간 그들의 고립주의 수다는 1941년 12월 7일 엘진 출신의 청년 두 명이 전함 애리조나호가 침몰될 때 희생됨으로써 끝이 났다. 루이즈는 그런 어머니 밑에서 네 형제 중 맏이로 자라며 장학금을 받고 사립 고교인 엘진 아카데미를 다녔다. 장래에는 통계적 방법을 적용해 리스크를 종합적으로 관리해주는 직업인 보험계리사가 되어 보험회사에 취직하려는 희망을 갖고 있었다. 따라서 그 정도면 적당한 야망이었으나, 문제는 대학 학장들과 잠재적 고용주들도 그녀에게 자주 일깨워 주었듯, 보험계리학이 남성들의 분야라는 것이었다.

그래도 그녀는 아이오와 대학교에 진학하여 과의 홍일점으로서 다수의 수학 강의(분필 가루를 뒤집어쓴 단신의 미적분학 교수는 루이즈의 존재가 당황스러웠는지 강의실을 왔다갔다 하며 그녀를 뚫어지게 쳐다보고는 했다)를 듣고 성적도 잘 받았다. 그런데도 2년 뒤에는 학교를 떠났다. 아버지가 학비 마련에 어려움을 겪던 끝에, 딸이 취직도 못하고 결국엔 돈만 날릴 거라는 판단을 내린 것이었다. 루이즈가 WAVES에 입대한 것은 그래서였다. 본래는 장교가 되리라는 기대감으로 입대했으나 장교 반의 첫 정원이 너무 일찍 차는 바람에 몇몇 다른 고학력 여성들(훗날 그녀는 이들을 '진짜 지적인 여성들'로 기억했다)과 함께 가능한 한 빨리 전시 임무에 투입될 수 있는 일반 사병 반에 들어갔다.

해군에 입대한 루이즈는 위스콘신주 매디슨의 전문 훈련 캠프(무전기사 학교)에서 물리, 모스 부호, 무선 작동 과목을 이수했다. 하지만 난청 때문에 모스 수신에 어려움을 겪어 졸업은 하지 못했다. 그 타이밍이 완벽했던 것은 자칫 무전병이 될 뻔 했던 그녀가 에니그마 프로젝트 팀에서 근무하게 되었기 때문이다. 1943년 3월 루이즈는 워싱턴으로 가라는 명령을 받고, 해군 별관에 가서 몇몇 추가 테스트와 면접을 치른 뒤 MIT 출신의 기술자 존 하워드의 조수로 임명되었다. 미국 봄베 머신이 설계상의 정교함을 더해가고 있던 그때 루이즈가 할 일은 책상에 앉아 봄베가 완성되면 궁극적으로 더 빨리 처리하게 될 일, 다시 말해 에니그마의 키 설정을 테스트하는 것이었다. 순열을 이용해 가령 에니그마 암호에서 X가 M이 되고 T가 P가 되는 것이라면, 한 글자를 올바른 순서로 이끌어가는 수학공식이 무엇인지를 밝혀내는 것이 그녀가 할 일이었다. 고도의 집중을 요하는 매우 치열한 작업이었다.

"그것이야말로 제 일생의 일이었죠." 훗날 그녀가 말했다.

하지만 에니그마의 키 설정을 알아내려면 수학 이상의 것이 필요했다. 독일 U보트 사령관들이 보내는 메시지의 특성도 알아야 했던 것이다. U보트 사령관들은 일본인들과 마찬가지로, 그리고 그들과 같은 이유에서 다량의 메시지를 보냈다. 카를 되니츠 독일 해군제독이 그가 지휘하는 잠수함대의 완전한 통제를 원한 꼼꼼한 인물이다 보니, 그가 전술적 결정을 하여 명령을 내릴 수 있도록, 본국 사령부와 수시로 교신하며 최신 정보를 제공해주어야 했던 것이다. 문제는 U보트들이 간혹 독일에서 수천 마일 떨어진 곳에 있을 때도 있었고, 그럴 때는 원거리도 커버할 수 있는 고주파 회로로 메시지를 보내야 했는데, 이것이 태평양 전역에서 일본이 그랬듯 적의 메시지 도청을 가능하게 해준 것이었다. 연합군의 호송선단이 눈에 띄면 경보를 발령해 주변의 U보트들을 집합하게 만든 울프팩 전술 역시, 잠수함들이 해군 합동작전을 벌일 때는 반드시 준수했던 무선 침묵을 깨뜨리게 만들었다.

연합국의 수학자들은 에니그마의 그런 특성에 더해, 독일 해군의 인사법, U보트와 사령관들의 이름, 메시지의 표현법들도 익혔다. 되니츠가 보낸 짧은 메시지에 '위치 보고'를 하라거나, 프랑스 해안의 항구 쪽으로 가라는 명령이 포함될 수 있다는 것도 파악했다. 잠수함이 보낸 메시지들에는 위치와 연료 적재량을 알리는 것들도 있었다. 크립을 만드는 암호해독자들에게는 그 모든 것들이 유용했다. 만일 RWIVTYRESXBFOGKUHQBAISE로 적힌 암호를 '비스케이만의 일기예보weather forecast Biscay'를 뜻하는 독일어구 WETTERVORGERSAGEBISKAYA로 이해했다면 암호해독자들은 그 글자들을 두 줄로 늘어놓고 그것들의 위아래에 1234567…의 숫자들을 나열한 다음, 한 글자가 다른 글자로, 그 다음 글자가 또 다른 글자로 바뀌는 지점, 즉 '변환점loops'을 찾았다.[10] 그 원리로 위의 사례를 살펴보면 5지점에서는 T와 E, 4지점에서는 V와 T, 숫자 7지점에서는 R과 V, 1지점에서는 R과 W, 2지점에서는 W와 E가 짝을 이루면서, 변환이 끝나는 것을 알 수 있다. 봄베 머신이 완성되어 가동에 들어가면 그것들을 기계에 프로그램화하여, 그 모든 변환이 일어나는 곳에서 키 설정 방식을 찾게 할 것이었다. 하지만 아직은 기계가 완성되지 않았기 때문에, 루이즈와 소수의 팀 동료들도 (그녀 말을 빌리면) 작은 방에 앉아 '숫자 작업을 하는 사무실의 봄베'가 되어야 했다. "사무실에는 장비가 전혀 없었어요. 큰일을 할 만한 기계 하나 없이 무작정 일을 시작한 거죠."

그나마 에니그마에 있던 조그만 허점이 그들을 도왔다. 에니그마는 글자 자체를 암호로 쓰는 일이 없었다. 요컨대 B를 B로는 암호화하지 않은 것이다. 따라서 만일 에니그마가 특정한 키 설정에 따라 D가 B로 변환되는 주고받기식 특징을 지녔다면 B도 D가 된다는 의미였고, 그것은 암호화를 제한하는 요인이 될 수 있었다. 하지만 그럴 확률은 매우 미미했다. 에니그마가 만들어내는 경우의 수가 너무 많았기 때문이다. 팀원들은 며칠 동안은 키 설정 방법을 알아냈다가 또 어느 때는 전혀 알아내지 못했고, 명료한 순간을 맞았다가 기나긴 암흑기를 겪기도 했다. 그들은 작업에 일관성을 갖지 못하는 그런 상황(그리고 키 설정을 알아내지 못했을 때 느끼는 무력감)이 두렵기만 했다. 웰즐리에서 독일어를 전공하고, 해독된 에니그마 암호문을 영어로 번역하는 일을 하고 있던 앤 화이트도 당시를 떠올릴 때면 언제나 고위급 해군장교가 작업실에 들어와 메시지를 건네주며 "약간의 실마리라

도 찾을 수 없겠냐"며 통사정을 했던 어느 끔찍한 밤이 생각난다고 했다.[11]

1943년 여름이 다가오자 존 하워드가 루이즈 피어설에게 권총 사격술을 배우라고 했다. 수학 연구 부서의 일부 팀원들이 데이턴으로 전출되고 있을 때였는데, 그녀도 그 명단에 올라 있었던 것이다. 루이즈는 38구경 권총으로 사격 연습을 시작했다. 그리고 5월초 그녀와 다른 네 명의 여성 그리고 같은 수의 남성들은 권총을 지급받고 기차에 올라 서쪽의 데이턴으로 향했다. 오래지 않아 여성들은 슈거 캠프에 숙사도 배정받았다. 그들은 숙사의 다른 동료들과 달리 그곳에 온 이유도 알았다. 봄베 머신의 작동을 돕기 위해 왔다는 것을.

* * *

조지프 데시가 아담과 이브로 명명된 최초의 실험용 봄베 머신 두 대의 마무리 작업을 하고 있었다. 그가 느끼는 압박감은 이루 말할 수 없었다.[12] 감독관인 랠프 미더 소령이 죄책감을 심어주며 그에게 서두르라고 계속 닦달을 했기 때문이다. 미더는 고속 봄베를 신속히 만들어내지 못하면 수많은 장병과 수병, 상선 선원들이 죽는 데 대한 책임을 져야 할 것이라며 그를 압박했다. 그것도 모자라 봄베 설계자들이 일본 해군 암호해독 팀에 속해 있었다면 산호해 해전도 패했을 거라는 악담도 서슴지 않았다.

그것은 단순히 수학을 다루는 문제가 아니었다. 기계를 돌아가게 하는 문제였다. 키 2.1미터에 전장 3미터, 무게 2톤인 기계에 수백 개의 움직이는 부품이 들어가 있어 구리 분진이 조금만 들어가도 작동이 멈출 수 있는 커다란 봄베 머신들을 움직이게 하는 문제였던 것이다. "봄베 머신 제조에는 결과적으로 1만 2,000여 업체의 재료와 부품이 필요했다"[13]고 적힌 메모도 있었다. 몇몇 부품들은 시판이 되지 않아 그들이 직접 설계하여 만들어 썼다. (정류자에 사용되는) 다이오드(이극 진공관), 소형 가스관, 고속 정류기, 바퀴와 접촉하는 카본 브러시들도 필요했다. 빌딩 26의 여성들이 바퀴에 전선 연결 작업을 함에 따라, 기계 조립을 담당하는 NCR 전기 연구 부서에서도 1942년 8월에는 17명에 불과하던 직원이 1943년 5월에는 800명으로 불어났다.

해군은 전함이 새로 취역하면 선박과 승무원들의 순조로운 항해를 담보하기 위해 시험 항해를 실시하고, 미비점이 있으면 보완하는 절차를 가졌다. 미국 봄베 머신도 그와 마찬가지로 루이즈 피어설이 데이턴에 도착했을 무렵인 1943년 5월 시운전을 시작했다. 따라서 그녀의 팀이 할 일은 데시와 하워드, 봄베 제작에 참여한 몇몇 남성들과 함께 기계의 결함을 찾아내 해결하는 것이었다. 1943년 5월 3일 자 작업 일지에도 실험용 봄베 2대에 대한 예비 시험이 진행되었다[14]는 내용과, 기계의 여러 부분에 오류가 날 수 있으며 실제로 오류 난 부분이 많았다는 기록이 적혀 있었다. "몇몇 잘못된 배선과 작은 구리 입자들 때문에 바퀴 면들에 단락(합선)이 생긴 것을 발견했다"는 내용도 일지에 적힌 수많은 오류 기록 가운데 하나였다.

오래지 않아 강변 도시 데이턴은 덥고 습한 날씨로 변했다. 다행히 26번 빌딩에는 냉방기가 설치되었다. 그런데도 직원들은 열에 들떠 작업을 했다. 루이즈 피어설이 지휘하는 팀은 바퀴에 전선 연결 작업을 하는 WAVES와는 떨어져 별도의 작업을 했다. 정류기를 설치하고 봄베에 시동을 걸어 바퀴들이 회전하는 것을 보면서, 그들이 개발한 메뉴가 작동되는지 살피는 일을 한 것이다. 만일 작동이 되면 기계에 입력한 순열이 그날의 키 설정을 나타내는 것으로 볼 수 있었기 때문에, 그것을 다시 네 회전자가 장착된 소형 에니그마 복제품 M-9에 프로그램화했다. 그런 다음 M-9에 메시지 하나를 입력해 독일어 문장이 생성돼 나오는지를 살폈다. 독일어 문장이 나오면 대박을 치는 것이었다. 그들이 작업한 순열이 키 설정이 되는 것이었으니 말이다. "제게 그 일이 즐거웠던 것은 그 모든 기술자와 수학자들을 위해 일한다는 사실 때문이었어요." 루이즈가 나중에 그때를 떠올리며 말했다.

루이즈도 첫 대박을 터뜨린 주인공들 가운데 한 사람이었다. 그녀가 개발한 메뉴가 작동을 한 것이다. 그녀의 팀이 워싱턴에 결과를 보고하자, 해군정보국의 한 동료는 루이즈에게 전화를 걸어 "그것도 이제 시작일 뿐이지"라고 축하의 말을 해주었다. 루이즈가 연 돌파구는 미국 봄베들도 이제는 응당 해야 할 일을 할 수 있게 되었다는 징표였다.

1943년 6월 무렵에는 미국 봄베들이 가동되고 있었다. 하지만 아직은 단속적으로만 돌아갈 뿐이었다. 그리하여 더 많은 기계들에 대한 추가 성능 시험이 또 다시 실시되었다. 작업 일지를 보면 당시 팀이 어떤 종류의 문제에 부닥쳤는지를 알 수 있다. 6월 29일에는 아담과 이브 모두 수리가 필요했다고 기록돼 있었다. 붉은색 정류기 하나가 불량이었다는 것, 아담에 기름칠이 필요했다는 것, 시험 운전 때는 나타나지 않던 단락이 실제 운전 시 마지막 단계에 나타났다는 것이 그 내용이었다. 7월 1일에도 아담의 계전기 퓨즈가 끊어졌다는 것, 이브의 상태가 불안정해졌다는 것, 두 기계의 보수가 끝날 때까지는 작업을 완전히 멈춰야 했다는 것, 한 시간 뒤 이브의 운전이 재개되었다는 것, 두 시간 뒤에는 아담의 수리가 마침내 끝났다는 것, 45분 뒤에는 이브가 다시 작동을 멈추었다는 등의 내용이 기록되었다. 7월 13일에도 브러시 고장 때문에 이브가 작동 불능 상태에 빠졌다는 내용이 기록되었다. 이틀 뒤에는 타이머에 연결된 브러시들에 기름이 스며들어 자꾸만 합선이 일어났다는 내용, 다이오드와 계전기들이 문제를 일으켰다는 내용, 접속용 전선에도 문제가 생겼다는 내용이 적혀 있었다. 또 다른 날에는 하워드 씨가 결정적으로 찾아낸 이브의 고장은 기계의 코일 감는 일을 다시 하는 문제와 밀접한 관련이 있었다는 내용이 기록되었다. 일지에는 피로가 누적된 여성들이 재차 실수를 범해 기계를 다시 실행해야 했다는 내용도 있었다.

　루이즈도 녹초가 되도록 일을 하다가, 7월 6일이 되어서야 비로소 일주일 휴가를 얻어 엘진의 집으로 갔다. 딸이 오자 아버지는 (루이즈의 말을 빌리면) 끈질기게 캐물으며 데이턴에서 그녀가 하는 일을 알아내려고 했다. 그러나 루이즈는 끝끝내 입을 열지 않았다. 그녀의 아버지는 결국 딸에게 대준 2년간의 대학 등록금이 그가 상상할 수 있는 것보다 훨씬 유용한 일에 사용되었다는 것을 알지 못한 채 세상을 떠났다.

*　*　*

1943년 9월에는 봄베 프로젝트 팀이 1세대 고속 봄베들에 마무리 손질 작업을 했다. 마운트 버논에 들어선 해군의 극비 암호해독부 단지에도 여름 동안 철근 콘크리트로 바닥이 튼튼하게 다져진 여러 층의 '연구동'이 세워졌다. 그리고 어느 야심한 밤 빌딩 26 뒤쪽에 깔린 철도 지선에 화차들이 멈춰 서더니, 그 위로 나무틀로 포장된 기계들이 실렸다. 이후 몇 주 동안 워싱턴으로 옮겨진 봄베는 총 100대가 넘었다. NCR이 만든 또 다른 기계 M-9들도 워싱턴으로 수송되었다. 루이즈 피어설도 첫 봄베들이 실린 열차에 탑승했다. 열차는 여느 때보다 늦게 출발했다. 자리에 앉아 지연 이유를 궁금해하는 루이즈에게 그녀의 상관 존 하워드가 옆에 앉더니 열차가 지연된 이유를 털어놓았다. 거동이 미심쩍어 열차의 진행을 가로막을 수도 있어 보이는 사람들을 억류하느라고 그랬다는 것이었다.

열차의 지연 이유를 아는 사람은 루이즈와 하워드뿐이었다. 워싱턴으로의 여행은 하룻밤이 꼬박 걸리는 긴 여정이었다. 루이즈 피어설은 그 긴 시간을 좌석에 꼿꼿이 앉아 보냈다.

*　*　*

기차가 워싱턴에 도착하자 남성 장교들은 도착 사실을 알리러 해군본부로 가고, 루이즈와 다른 WAVES 사병들은 워싱턴 업무 복귀에 필요할 정식 절차를 밟기 위해 미 해군 기지의 중앙 신원확인 센터로 갔다. 그런데 그곳 수병들이 절차를 시작하면서 그들에게 빈정거리는 말을 했다. 한심하다는 듯 큰 소리로 "데이턴에서 왔네!"라고 말한 것이다. 여성들은 그 말을 듣자 어이가 없었다.

루이즈는 피곤하고 귀찮기도 하여 그의 말을 무시하고 수속을 빨리 마쳐달라고만 했다. "업무에 복귀해야 되거든요."

"그들은 그 말밖에는 하지 않았어요." 수병이 조롱조로 말했다.

루이즈는 수병들이 자신과 동료들에게 왜 그런 막말을 했는지 이유를 알지 못했다. 그도 그럴 것이 그해 여름 다수의 데이턴 WAVES가 군기를 위반하자 해군이 그들을 보안상의 위험인물로 간주했고, 미더 소령이 그들을 워싱턴으로 돌려보낸 사실을 그녀가 알 턱이 없었던 것이다.[15] (내막을 아는 데이턴의 몇몇 여성들은 해군의 조치를 '집단 가지치기'라고 불렀다.) 기록물에도 1943년 8월 20일 WAVES의 한 사병이 데이턴에서 쫓겨나 워싱턴 D.C.의 신원확인 센터로 보내졌다는 사실이 적혀 있었다. 과다 월경으로 데이턴 의무실을 찾았더니 해군에 입대하기 전 임신 6주차였고 불완전 유산을 했다는 검사 결과가 나온 것이었다. 같은 날 또 다른 여하사관도 월경과 비정상적인 월경통으로 의무실을 찾았다가 워싱턴으로 보내졌다. 그녀도 입대하기 전 낙태한 병력이 있었다. 1942년 WAVES가 창설되고 관련 규칙이 만들어졌을 때 일부 장교들은 임신 금지 규정이 입대를 원하는 여성들의 낙태를 유발할 것이라는 우려를 표명했는데, 그것이 현실이 된 것 같았다.[16]

몇몇 다른 여성들은 메모에는 명시되지 않은 규칙 위반으로 데이턴에서 쫓겨났다. 1943년 8월 14일 한 WAVES 사병이 워싱턴으로 전출되었을 때도 메모에는 "X의 상황 때문에 복무에 부적합하다고 간주된다"는 내용만 기록되었을 뿐 'X의 상황'이 정확히 무엇을 의미하는지는 나와 있지 않았다. 모르긴 몰라도 임신 때문이었을 것이다. 7월 30일에도 데이턴의 또 다른 WAVES 사병이 "X의 자격 요건에 미달한다"는 메모와 함께 워싱턴으로 보내졌다. 또 다른 여성은 "꾀병을 부린다"는 이유로, 또 어떤 여성은 "군기가 빠졌다"는 이유로 워싱턴으로 쫓겨났다. 데이턴의 WAVES는 이렇게 보안이 엄격하다는 바로 그 이유 때문에, 다른 부대보다 여성들이 쫓겨날 확률이 높았다.

간단히 말해 데이턴에서 온 여성들은 워싱턴의 해군 신원확인 센터에서 그 시대의 성차별적 기준에 따라 오명을 뒤집어쓴 것이고, 그래서 수병들은 새로 도착한 여성들도 뭔가 손가락질 당할 일을 했을 거라고 성급히 판단한 것이었다. 그 사실을 알 리 없던 루이즈는 무례하게 구는 수병들에게 항의하는 말만 했다. "믿지 못하겠으면 하워드 대위님께 전화를 걸어보세요. 그 분과 함께 왔으니까요."

그러나 수병들은 전화를 걸기는커녕 능글맞게 웃으며 여성들에게 유리창 청소를 시켰다.

그 사태는 결국 해군본부의 여성 장교가 그들을 직접 찾으러 와서야 해결되었다. 여성 장교는 눈앞에서 벌어지고 있는 광경에 입을 다물지 못했다. 봄베 프로젝트의 자랑거리인 최정예 여성 수학자들이 유리창을 닦고 있었으니 말이다.

"맙소사, 뭣들 하는 짓이야. 이 여성들은 해군 최고의 브레인이라고!" 그녀가 수병들에게 말했다.

이리하여 여성들은 해군 별관으로 가 워싱턴으로 운송된 첫 봄베들의 설치를 도왔다. 그 과정에서 루이즈는 존 하워드가 "그녀들에게 대체 무슨 일이 생긴 거지?"라며 사방팔방으로 자신들을 찾아다녔다는 사실도 알게 되었다.

* * *

더 많은 봄베들이 데이턴에서 도착하자 해군 별관의 에니그마 팀도 초과근무까지 해가며 기계들을 설치하고 가동하느라 분주했다. 크립 부서, 해독 부서, 트래픽 준비 부서도 새로 꾸려졌다. 슈거 캠프의 여성 수백 명도 워싱턴으로 복귀하여 병영 D에 기거하면서 봄베 머신 운전하는 일을 했다. 여전히 기계의 진짜 용도는 모르는 채로.

기계에 오류가 발생하면 바로잡는 일을 하는 루이즈 피어설도 봄베에서 출력되는 인쇄물을 점검하는 임무를 부여받았다. 워싱턴 봄베 팀에서도 머지않아 700여 명의 여성들이 일하게 되었지만, 초기에는 작업 인력이 소수였기 때문에 루이즈도 휴일 없이 하루 12시간씩 근무했다. 봄베 팀 직원들은 남성, 여성, 사병, 장교, MIT와 IBM에서 파견된 전문가 할 것 없이 모두 같이 어울려 지내며 강한 결속감을 형성했다. 그 팀의 청일점이었던 남성 수병은 파티를 열어 루이즈에게 혼성주(리큐어)인 서던 컴포트(버번위스키에 복숭아 향을 첨가한 술_옮긴이) 맛을 보여주기도 했다. 그녀가 그 술을 마신 뒤 숙취에서 깨어나는 데는 꼬박 하루가 걸렸다. 커피를 마시지 않았던 그녀는 콜라만 벌컥벌컥 들이키고서야 정신을 차렸다.

워싱턴은 언제나 술독에 빠진 도시였고, 전쟁 중에도 예외는 아니었다. 암호해독자들도 그 고장의 주류 관련 법규에 빠삭하여, 병 술은 메릴랜드주나 버지니아주에 가서 사야 된다는 것과, 버지니아주에서는 주에서 운영하는 주류 판매점들이 일찍 문을 닫는다는 것 정도는 알고 있었다. 루이즈에게도 음주는 긴장감과 압박감, 트라우마에서 벗어날 수 있는 하나의 수단이었다. 그렇다고 암호해독자들만 심한 압박감을 받았던 것은 아니다. 워싱턴의 모든 사람들이 전시의 긴박감을 느꼈다. 루이즈도 군사훈련 일정을 짜는 임무를 수행하면서 머리를 쥐어뜯으며 괴로워한 여성 한 명을 알고 있었다.

루이즈가 나중에 한 말에 따르면 봄베는 우선순위가 아주 아주 높은 프로젝트였기 때문에 팀원들 하나하나가 모두 중요했다. 언젠가는 일처리가 엉성한 (혹은 피곤했던 나머지 일을 어설프게 하고 있던) 기계 운전자가 봄베에서 출력된 인쇄물을 소각용 자루에 던져 넣는 것을 보고, 존 하워드가 의자 위에 올라가 그들의 임무는 생사를 가르는 중요한 일임을 팀원들에게 각인시키기도 했다.[17]

그 프로젝트의 중요성은 잘나가는 해병대 조종사였던 루이즈의 남동생 버트가 누이를 만나기 위해 해군 별관에 들어오려고 했을 때도 명백히 드러났다. 루이즈의 남자 형제 둘은 모두 군인이었고, 엘진에서도 그들은 주요 인물이었다. 하지만 해군 별관에서는 아니었다. 그곳에서는 루이즈가 주요 인물이었다. 버트가 두 동료 조종사들과 함께 해군 별관에 와서 그처럼 해병대였던 첫 번째 초소의 경비병들에게 누이를 만나러 안에 들어가겠다고 말하자, 경비병들이 "안 됩니다"라고 말하며 그들을 제지한 것이었다. 남매는 루이즈가 교대 근무를 마치고 병영 밖으로 나온 뒤에야 상봉을 했다. 루이즈는 남동생과 함께 택시를 대절해 운전사에게 컨스티튜션 애비뉴 쪽으로 천천히 운전해달라고 하여, 그에게 워싱턴 관광을 시켜주었다.

루이즈에게 남동생의 방문은 온 힘을 소진하며 일하는 매일의 일과에서 해방감을 선사해준 즐거운 휴식이었다. 에니그마 프로젝트는 그것과 연관된 모든 사람들에게 악영향을 끼쳤다. 해군 별관의 고위급 장교들 중 한 명이던 조지프 웽거도 1943년 가을 심각한 신경쇠약에 걸려 플로리다에서 6개월 동안 요양을 해야 했다. 조지프 데시도 신경쇠약에 걸렸다. 1944년에는 랠프 미더 소령의 심한 질책을 견디다 못해 NCR을 박차고 나가 데이턴 외곽에 있는 친구의 농장에 가서 나무를 베고 장작 패는 일을 하며 몇 주 동안 머리를 식히기도 했다. 데시는 봄베 설계 프로젝트가 끝난 뒤에는 일본의 새로운 암호 기계를 개발하는 일을 부여받았다. 태평양 전역에서 복무하던 그의 네 조카 중 한 명도 그 무렵 목숨을 잃었다. 데시의 딸 데버라 앤더슨은 아버지가 수년 동안 죽어가는 병사들이 나오는 악몽에 시달렸다고 말했다.[18]

에니그마 프로젝트에 종사한 사람들은 모두 수학자이거나 기술자들이었다.[19] 그들은 사람을 죽이는 것에는 관심이 없고, 문제를 풀고 멋진 물건을 만들기만 좋아한 정밀하고 신중한 사람들이었다. 에니그마 프로젝트는 여성들, 특히 그 일의 위험성을 아는 루이즈 같은 여성들에게도 버거운 일이었다. 얼마나 힘이 들었으면 정류자 관리 업무를 맡고 있던 여성들 가운데 한 명이던 뉴욕주 버펄로 출신의 샬럿 맥러드는 며칠이라도 더 쉴 요량으로, 호수 쪽에서 대형 눈 폭풍이 몰아닥치리라는 기상예보에 맞춰 집에 가는 시기를 정하려고까지 했다.[20]

1944년 2월 25일 자 작업 일지에도 올슨이라는 이름의 한 WAVES 사병이 전반적인 신경과민 증세로 작업 수행이 불가능하여 병영으로 보내졌다는 내용이 적혀 있었다.[21] 일지에는 약간 취한 상태로 들어왔다는 이유로 징계를 받은 또 다른 여성도 언급돼 있었다.[22] 상태가 나쁘지는 않았지만 음주를 한 것은 분명해 보였다는 내용이었다. '엄청난 압박감'이라는 단어가 언급된 일지도 있었다.

그러나 여성들은 스트레스에서 벗어날 길을 찾기는 했어도 자신들의 의무를 장기간 방기할 생각은 추호도 없었다. 루이즈 피어설도 1943년 말 군으로부터 사병 계급에 더는 머무를 수 없다는 말을 듣고 괴로워했다. 해군이 2차 세계대전 최고의 극비 프로젝트들 가운데 하나를 그녀가 속속들이 알고 있는 점을 고려해, 싫다는 그녀를 억지로 장교로 진급시킨 것이었다. 1944년 1월 루이즈는 스미스 칼리지에 파견되었다. 그리고 그곳에서 그녀와 마찬가지로 역시 장교로 진급되는 과정에 있던 몇몇 훈련소 동기들과 재회했다. 고참이 되어 다시 만난 것이다. 그렇게 그들은 고참이 되어, 마음 추스르는 법에 대한 깜짝 조언을 들려주기도 하면서 훈련소에 새로 입소한 여대생들에게 별난 강의를 했다. 새내기 훈련생들에게 재미삼아 엉뚱한 말을 하기도 했다. 루이즈는 업무에 복귀하고 싶어 좀이 쑤셨다. 뭐라도 일을 하려고 군악대에 들어가 스네어 드럼(군대용 작은 북)까지 쳤다. 그런데 가는 날이 장날이라고 졸업식 날 열병식을 하는데 하필이면 비가 내려, 손으로 붙잡고 있던 드럼에 빗물이 고이는 바람에 드럼이 자꾸만 밑으로 처졌다.

초급 장교들이 사병 때 하던 업무로 복귀하는 일은 극히 드물었다.

하지만 루이즈는 예외였다. 스미스 칼리지에서 두 달을 보낸 후, 1944년 3월 셋째 주에 그녀는 소위 계급장을 달고 지난 번 신원확인 센터에서 받았던 것보다 한층 정중한 대접을 받으며 해군 별관으로 돌아왔다.[23] 인사과의 한 대위는 루이즈를 보고, 그녀가 언제 돌아오느냐며 볶아대는 존 하워드의 등쌀 때문에 괴로웠다고 말했다. 루이즈가 통상적인 오리엔테이션을 받기 위해 강의실에 앉아 있는데 이번에는 또 해군 소령이 들어와 업무에 즉시 복귀해달라고 통사정을 했다. "루이즈, 지금 당장 강의실에서 나가줘야겠어. 자네 상관의 잔소리 때문에 미칠 지경이야."

* * *

여성들 모두 빠르게 고참이 되었다. 해군에 입대한 지 불과 여섯 달 만에 정류자 바퀴의 전선 연결 작업을 하던 (그리고 그 무렵엔 워싱턴에서 봄베 운전하는 일을 하게 된) 여성들이, 헌터 칼리지 훈련소를 막 퇴소한 젊고 풋풋한 여성들(개중에는 열여덟 살밖에 안 된 어린 아가씨들도 많이 있었다)을 지도하는 고참이 된 것이다. 오클라호마주에서 전화교환원으로 일한 지미 리 허치슨도 그 무렵에는 봄베를 운전하는 4인실의 책임자였고, 지미 리의 친구 베아트리스도 가까운 곳에서 기계 작업을 했다. 그들은 마운트 버논 대학의 해군 예배당 옆에 지어진 연구동 1층 전체를 작업장으로 썼다. 세 개의 공간으로 나눠진 격납고 같은 곳이었는데, 각 공간은 다시 '격실'들로 나눠졌고, 격실 하나당 네 대의 봄베가 설치돼 있었다. 연구동에 설치된 봄베는 총 120대였다.

기계는 소음이 심했다. 여름날 격실이 너무 더워 여성들이 일하다 쓰러지지 않으려고 창문을 열어놓으면 네브래스카 애비뉴까지 기계 돌아가는 소리가 들렸다.

지미 리 허친슨은 조수 한 명과 기계 운전자 네 명을 거느린 봄베실의 책임자였다. 출근하면 봄베들 옆 프린터 위에 놓인 작업 일지에 서명하는 것으로 업무를 시작했다. 일지를 관리하고, 부여받은 메뉴에 따라 기계들 중 하나에 시동을 거는 것이 그녀가 하는 일이었다. 시동을 건다는 것은 정류자 바퀴들을 움직여 출발점으로 회전시키는 것을 의미했다. 바퀴는 무게가 거의 1킬로그램이나 나가 매우 무거웠기 때문에 조심해서 다루지 않으면 축에서 이탈하여 누군가의 다리를 부러뜨릴 수도 있었다. 바퀴들을 설치하여 출발점에 위치시킨 다음에는 걸상에 앉아 메뉴가 작동하는지 살폈다. 기계들은 돌아가는 속도가 매우 빨라 바로바로 멈춰지지 않았다. 기억장치 기술이 아직은 초기 단계여서, 바퀴들이 수초 동안 돌아가다가 멈추고 후진을 한 뒤에야 키 설정이 기록되어 메뉴의 작동 여부를 알 수 있는 인쇄물을 출력해냈다. 그렇게 출력돼 나온 인쇄물을 지미 리가 창문으로 가져가면 누군지 알 수 없는 여성 장교의 장갑 낀 손이 그것을 집어갔다. 힘과 집중력이 요구되는 피곤한 작업이었다. 여성들은 특히 동일한 메뉴로 기계를 돌리는 데도 바퀴의 회전 방향이 달라질 개연성에 대비해, 기계의 작동 상태를 면밀히 살피며 몇 번이고 바퀴를 교체하기 위해 자리에서 일어났다 앉았다를 반복해야 하는 기나긴 '뜀뛰기' 작업을 싫어했다.

그 무렵 지미 리는 고등학교 때부터 사귀던 남자친구 밥 파워스와 결혼한 상태였다.[24] 운 좋은 우연의 일치로 밥은 노스캐롤라이나주와 켄터키주의 바우먼 필드 공항으로부터 데이턴의 비행장들로 항공기를 수송하는 임무를 부여받았다. 두 사람은 1943년 6월 18일 바우먼 필드에서 결혼했다. 지미 리의 WAVES 친구들도 데이턴에서 그들을 위해 결혼 축하파티를 열어주었다. 신혼부부는 밥 파워스가 데이턴에 올 때마다 시간을 함께 보냈다. 간혹 밥이 지미 리의 교대 근무가 끝나기 전에 도착하면 호텔 방에서 아내의 단장이 끝나기를 기다렸다가 함께 저녁을 먹으러 나갔다. 한 번은 지미 리가 오두막의 수채에 약혼반지를 빠뜨려 새파랗게 질려 있는데 친절한 관리인이 악취 역류 차단용 트랩을 빼내 거기서 반지를 찾아준 적도 있었다. 1943년 10월에는 그들이 데이턴에서 첫 번째 할로윈을 맞았다. 오클라호마주 출신이어서 할로윈 날 아이들이 사탕 모으러 다니며 외치는 말("사탕 안 주면 장난칠 거예요")을 들어본 적이 없던 그들은 그날 마치 어린아이가 된 듯한 기분을 느꼈다. 지미 리가 워싱턴으로 전출된 뒤에는 두 사람의 만남이 뜸해졌다.

그 무렵에는 지미 리와 다른 여성들도 업무를 안정적으로 수행하여, 사실상 그곳의 모든 여성들이 서로 달라붙어 일하는 에니그마 해독 작업 사슬의 일부가 되었다.[25] 메시지가 해군 별관에 도착하면 제일 먼저 크립 부서가 받아 보았다. 크립 작성은 선박 침몰, U보트 목격 사례, 일기예보 메시지, 전투 결과를 포함해 전역에서 들어오는 정보들을 샅샅이 훑어야 하는 가장 힘겨운 업무 가운데 하나였다. 크립 부서 여성들은 그런 정보를 가지고 도청 암호문들을 주시하면서, 길지 않은 메시지를 하나 골라(메시지가 길면 키 설정도 하나 이상일 수 있었기 때문에) 그 의미를 추측하여 크립을 만들었다. 그런 다음 크립과 메시지를 위아래로 늘어놓고 메뉴를 개발했다. 메뉴 개발은 루이즈 피어설도 하고, 가우처 대학교에서 생물학을 전공한 프랜시스 스틴도 했다. 일본 암호해독 부서에서 1년을 보낸 뒤 독일 암호해독 부서로 적을 옮긴 프랜시스는 그 무렵 당직 장교로 승진해, 영국 암호해독자들과 연결이 되는 보안전화 접근권도 갖고 있었다.[26] 그녀는 좋은 날씨를 뜻하는 'Pretty Weather'를 코드명으로 썼고, 그녀와 교신을 주고받은 영국 파트너(그녀가 한 번도 본 적 없는 남성)는 처녀 철갑상어를 뜻하는 'Virgin Sturgeon'을 코드명으로 썼다.

그곳에서 메뉴가 개발되면, 작동 여부를 시험하기 위해 지미 리나 또 다른 봄베 운전자에게 전달되었다. 그리하여 만일 작동이 되면 브린모어 대학 출신의 마거릿 길먼과 같은 사람에게로 보내졌다. 그러면 그 사람이 M-9에 이를 프로그램화하여 메시지를 입력한 뒤 뜻이 통하는 독일어 문장이 생성돼 나오는지를 살폈다. 키 설정만 알아내면 그날 들어오는 후속 메시지들은 봄베를 통하지 않고 M-9으로 직행할 수 있었다.

머지않아 봄베 작업은 물 흐르듯 순조롭게 진행되어 단 몇 시간 만에 암호 키 대부분을 알아내고, 메시지들도 대부분 즉시 해독되었다. 해군의 한 내부 메모에도 미국 봄베들이 대서양 U보트들의 암호를 푸는 데 있어 모든 예상을 뛰어넘는 효과를 거두었다고 적혀 있었다.[27] "1943년 9월 13일 이후에는 모든 U보트 암호문들이 해독되었고, 1944년 4월 1일 이후에는 그날그날의 키 설정을 알아내는 데 평균 12시간 정도가 소요되었다. 그 말은 하루의 반나절 동안은 우리가 대서양과 인도양의 U보트들이 주고받는 메시지들을 적과 동시에 읽을 수 있다는 의미였다. 그 기간에는 사실상 U보트들이 보내는 모든 메시지의 번역문을 그것이 처음 전송된 후 20분이 지나면 우리가 사용할 수 있었다. 현재 그 메시지들의 암호 키는 15퍼센트 정도만 영국이 알아내고 있고, 나머지는 모두 OP-20-G가 풀고 있다."

해독된 에니그마 메시지는, 라틴어를 전공한 1943년도 가우처 졸업생으로 그 무렵에는 봄베들이 설치된 연구동 위층 잠수함 추적실에서 근무하고 있던 재니스 마틴 같은 누군가에게로 보내졌다.[28] 볼티모어 출신으로 변호사의 딸이었던 재니스는 문을 열면 복도에 선 채 빈 벽을 마주하도록 설계된 방에 배치돼 있었다. 그녀와 그녀의 동료들이 볼 수 있도록 커다란 북대서양 지도가 걸린 방이었다. 해독된 메시지는 그곳에서 번역되어 비서에 의해 타이핑된 뒤 남성인 선임 당직 장교에게 건네지고, 거기서 다시 하급 장교에게로 보내졌다. 하급 장교는 재니스일 수도 있고, 볼티모어 출신으로 재니스와 가까운 동네에서 자라고 가우처도 함께 다닌 그녀의 어릴 적 친구 제인 손튼일 수도 있었으며, 또 다른 가우처 동기생일 수도 있고, 래드클리프 칼리지를 나온 여성일 수도 있었다. 메시지들에는 U보트들이 연합군 선박을 침몰시켰다거나 U보트가 격침되었다고 보고하는 내용이 담겨 있었기 때문에, 여성들은 (개별 U보트 및 U보트 사령관들에 대한 파일과 더불어) 그 암호문을 이용해 식별번호로 위치가 알려진 U보트들과 호위함을 추적했다. 잠수함 추적실의 또 다른 공간에서도 재클린 젠킨스[그녀는 훗날 〈빌 아저씨의 과학 이야기〉(어린이 대상 과학 교육 텔레비전 프로그램 _옮긴이)로 유명한 빌 나이의 어머니가 된다]를 포함한 몇몇 가우처 졸업생들이 일간 위치 보고서를 바탕으로 '중립국 선박'을 추적했다. 중립국 선박이 중요했던 이유는 그 배들이 정해진 항로를 벗어날 경우, U보트의 은밀한 보급선일 가능성이 있었기 때문이다.

재니스의 방에서는 추적 작업을 하는 것 외에 밤새워 예비 정보 보고서를 작성하는 일도 했다. 그렇게 보고서를 작성해 메시지들과 함께 봉투에 담아놓은 뒤, 이튿날 아침 7시 반에서 8시 사이 문 두드리는 소리가 나면 배달인에게 넘겨주었다. 배달인은 그것을 다시 자물쇠가 채워진 큰 주머니에 넣어 워싱턴 시내의 해군본부 건물로 가지고 갔다. 해군본부에는 영국의 잠수함 추적실과 정보를 주고받는 케네스 놀스라는 지휘관이 있었다.[29] 그가 그 정보를 아군 수송선단들의 항로를 바꾸는 데 이용할지, 아니면 U보트들에 대한 공격용으로 사용할지를 결정했다. 해군 별관 연구동의 추적실에는 본래 남성 사병들만 근무했는데, 전쟁이 진행되는 과정에서 WAVES도 근무하게 되었다. 한 남성 장교는 WAVES의 업무 성적이 남성들보다 좋았다고 하면서, WAVES의 입단 요건이 남성들보다 까다로웠던 점을 그 이유로 꼽았다.[30] 추적실에서 알아낸 정보는 필요한 행동을 취하도록 함대에 전달되었는데, 이때도 정보의 출처는 노출되지 않았다. 재니스는 나중에 1943년 말에는 잠수함과 선박에 관련된 전반적인 추적 임무가 영국에서 미국으로 넘어왔다고 말하기도 했다.

* * *

연합군은 1942년과 1943년 초에 대참사를 겪은 뒤 대서양 전투에서 놀라운 반전을 이루어냈다.[31] 1943년 9월에는 대서양 전역에서 활동하던 U보트들이 대부분 소탕되었다. 이런 결과를 낼 수 있었던 것은 고속의 신형 봄베들뿐 아니라, 연합군이 개발하고 조치를 취한 다수의 다른 방책들(레이더, 음파 탐지기, 고주파 방향 탐지 기술의 향상, 항공모함과 장거리 항공기의 더 많은 투입, 발전된 호송선단 시스템 등) 덕분이었다. 그 무렵 연합군은 호송선단의 암호도 교체했는데, 되니츠는 그것도 읽지 못했다. 형세가 역전된 것이다. 1943년 여름에는 미국의 헌터킬러 부대(잠항 중인 잠수함을 탐지해 격침시키는 잠수함 부대_옮긴이)가 다른 정보와 암호해독을 이용해, U보트 연료 보급을 위해 파견된 대형 독일 잠수함들을 찾아 격침시켰다. 미국 함재기들도 6월부터 8월까지 젖소로 알려진 유조 잠수함을 5척이나 침몰시켰으며 10월에는 한 척을 뺀 모든 유조 잠수함들을 격침시켰다.[32] 유조 잠수함은 본국 기지에서 멀리 떨어진 곳에서 활동하는 U보트들에게는 생명처럼 중요했다. 그렇게 중요한 젖소들이 침몰하자 U보트들도 본국 쪽으로 표류하기 시작했다.

그래도 U보트들이 돌아올 가능성은 상존해 있었고, 실제로 돌아왔다. 1943년 10월 U보트들이 다시 모습을 드러낸 것이다.[33] 하지만 돌아온 대가는 참혹했다. 연합군 상선이 한 척 침몰할 때 U보트는 일곱 척이나 격침되었으니 말이다. 입장이 바뀌어 이제는 도리어 되니츠가 아무리 다시 빨리 만들어내도 만회할 수 없을 만큼 많은 U보트를 상실한 것이다. 1943년 11월에도 U보트 30척이 북대서양에 진출했으나, 연합군 함선을 한 척도 침몰시키지 못했다. 그러자 U보트들은 작전을 바꿔 다른 해역을 어슬렁거리기 시작했다. 다가올 프랑스 침공 대비를 목적으로 운송되는 물자라도 탈취할 수 있지 않을까 하며 영국 해안을 떼 지어 잠항하기 시작한 것이다. 이 U보트들은 잠수함의 신기술 개발에 언제나 적극적이던 되니츠가 기존 잠수함들에 덧대도록 한, 슈노르헬(잠수함의 수중 통기 장치)이 장착돼 있어 장시간 잠항이 가능했다. 되니츠는 필요하면 잠수함과 병사들도 기꺼이 희생시킬 태세였고, 그래서 연합군의 보급 물자 수송을 가로 막는 데까지 U보트를 이용한 것이었다.

하지만 그것은 승산 없는 싸움이었다. 1944년 4월 연합군은 작전 중인 U보트 절반을 침몰시킴으로써 독일에 감당할 수 없는 타격을 입혔다. U보트 승조원들의 4분의 3 이상이 죽은 끔찍한 해양 참사였다. 잠수함 추적실의 여성들도 공포와 전율이 느껴지는 그 사건을 남몰래 공유했다.

그 무렵에는 영국이 관장하던 네 회전자 봄베 해독 작업도 미국으로 완전히 넘어왔다. 종전 뒤 미 해군이 영국 암호해독부 동료들이 보낸 메시지들로 만든 파일에는, 그들이 미국의 동료들에게 정중하게 사의를 표하는 내용이 담겨 있었다. 블레츨리 파크에서 보낸 한 공문서에는 "굉장했던 … 주에 대해, 오두막 6호에서 축하를 보내며"[34]라고 적혀 있었다. 영국이 내부 회람용으로 작성한 한 메모에도 "1944년의 절반이 지났을 무렵에는 미국이 샤크 암호를 완전히 통제하여, 암호 키에 관한 한 영국이 알고 있는 수준을 훌쩍 넘어섰다"며, 에니그마 암호해독의 주도권이 미국으로 넘어갔음을 인정하는 내용이 담겨 있었다.

* * *

독일은 에니그마 암호를 다른 용도로 쓸 수 있다는 사실도 알아냈다. 세간에는 잘 알려지지 않았지만 사용법이 상당히 인상적이었다. 나치는 1943년 6월에서 1944년 여름 사이 연합군의 봉쇄망을 몰래 뚫고 유럽과 일본을 오가며, 자국군에 보급품을 전달해주는 데 잠수함을 이용하려고 했다. 이를 위해 독일과 일본이 함께 쓸 수 있는 특수 에니그마 암호 키를 개발하고, 새로운 암호도 도입했다.

잠수함들은 필사적으로 원거리를 잠항했다.[35] 1944년 4월 16일에는 마츠Matsu라는 일본어 암호명을 가진 잠수함 한 척이 독일 기술자 4명과 일본군 14명 외에, 대對잠수함 대응 장비, 어뢰, 레이더 장치, 잠항 속도가 빠른 잠수함의 도면, 인플루엔자 바이러스를 싣고 프랑스 북서부 브르타뉴 반도 남안에 있는 군항도시 로리앙을 떠나 일본으로 향했다. 연합군은 잠수함이 매 단계마다 주고받는 메시지들을 통해 잠수함의 경로를 추적했다. 한 메시지에는 잠수함이 루손섬 부근의 발린탕 해협을 지나고 있는 것으로 나타났고, 7월 26일에는 미 해군 잠수함 소피시Sawfish가 "잠수함이 지나가지 않았다. … 일본 잠수함이 어뢰 3발을 맞고 불길과 자욱한 연기를 피우며 파괴되었다"고 적힌 회답 메시지를 미 해군본부에 보내왔다. 그 일이 있고 나서 연합국 암호해독자들은 마츠가 보급품을 싣고 일본으로 향하던 중 "불운하게 침몰하여 보급품을 활용하지 못하게 된 것은 실로 유감이고, 제국의 육해군도 그로 인해 심대한 타격을 입을 것 같다"는, 도쿄에서 베를린으로 보내는 메시지들을 해독했다.

1944년 2월 7일에도 모미Momi라는 암호명을 가진 잠수함이 일본 히로시마현의 도시 구레를 곧 출발해 독일로 갈 것임을 확인하는 메시지가 도쿄에서 전송되었다. 모미는 4개월간의 잠항 끝에 연합군의 D-데이 침공이 전개되는 와중에 유럽에 도착했다. 그러자 베를린은 "미영 연합군이 르아브르와 셰르부르 사이에 있는 프랑스 해안에 상륙했지만 귀함의 목적지는 변함없이 로리앙이다"라는 메시지를 잠수함 모미에 보냈다. 모미에는 고무 80톤, 금괴 2톤, 주석, 몰리브덴, 텅스텐 228톤, 그리고 아편과 키니네가 실려 있었다. 이 잠수함도 침몰하자 베를린은 도쿄에 "일본과 독일 간의 수송에서 중요한 역할을 하고 있던 차제에 이 연락 잠수함들이 맞은 재앙은 양국 모두에 참으로 유감스러운 손실이 아닐 수 없다"는 메시지를 보냈다.

* * *

1943년이 지나고 1944년으로 접어들 무렵에는 미국 봄베들이 24시간 가동 체제를 유지했고, 봄베의 사용 범위도 넓어졌다. U보트 문제가 해결되자 독일 육군과 공군이 사용하는 세 회전자 에니그마 암호의 매일 바뀌는 암호 키를 풀고 있던 블레츨리 파크가 미국에 도움을 요청해온 것이었다. 루이즈 피어설도 루프트바페(독일 공군) 암호해독 부서로 옮겨갔다. U보트 문제가 해결되었다지만 유럽 전역에서는 여전히 전투가 맹렬히 전개되고 있었기 때문에, 봄베 팀 작업실도 예전과 마찬가지로 분주하게 돌아갔다. 여성들은 오전에는 해군의 U보트 암호해독 작업을 하고, 나머지 시간에는 다른 암호의 해독 작업을 벌였다. 미 해군이 작성한 한 메모에도 "U보트 암호가 얼마나 순조롭게 풀렸던지 Op-20-G가 하루에 쓰는 봄베 용량의 40퍼센트만 쓰고도 충분히 감당할 만했다"[36]는 말과 함께 "그래서 공동의 선을 위해, 남아도는 봄베 용량은 영국이 관장하는 독일 육군·공군의 암호를 해독하는 일에 썼다"고 적혀 있었다. 메모에는 연합군의 D-데이 침공 직전과 침공 전개 기간 봄베의 이용이 급증했다고 하면서 "그 덕에 프랑스 침공이 전개되고 있던 지극히 중차대한 국면에서 연합군은 정보면에서 상당한 득을 보았다"고도 기록돼 있었다.

한편 데이턴의 WAVES 요원들은 여전히 작업대에 앉아 교체 부품으로 사용될 바퀴의 전선 연결 작업을 하고 있었다. 여성들은 그런 아름다운 환경 속에서 피아노를 치고, 노래를 부르고, 시내로 외출하는 등 전쟁 기간임에도 삶을 즐기고 있다는 사실에 죄책감을 느꼈다. 캘리포니아주의 베벌리힐스 컨트리클럽만 해도 거리는 멀었지만 칵테일 새우 요리를 단돈 1달러, 러시아산 캐비아를 2.75달러에 먹을 수 있었고, 밤에는 플로어 쇼도 두 차례나 열렸기 때문에 여성들로서는 충분히 가볼 엄두를 낼 만했다. 여성들은 날씨가 추워지면 난방이 되는 병영으로 옮겨 따뜻하게 지내기도 했다. 감독관인 에스더 호텐스타인 대위가 샤워를 마치고 뮤지컬 〈오클라호마!〉에 수록된 '오, 아름다운 아침'을 흥얼거리며 알몸으로 욕실을 나올 정도로 난방 상태가 좋았다. 여성들은 데이턴에서 거의 독립된 생활을 했고, 그것을 좋아했다.

그들은 정예 인력이었고, 잘 어울려 지내기도 했다. 물론 늘 있어온 일이듯 때로는 사건도 벌어졌다. 어느 날 밤 두 여성이 성관계하는 장면을 호텐스타인이 우연히 보게 되었을 때도 한바탕 소동이 벌어졌다. 여성들이 웅성거리며 모여들자 그들 가운데 누군가가 '퀴어 queer'라는 말을 입에 담았고, 그러자 그들 중 최연소자였던 로니 매키가 "그들이 퀴어라는게 무슨 말이에요?"라고 물었다. 그러자 샬럿 맥러드가 대화에 끼어들며 퀴어의 뜻을 설명해주었다. 또 다른 사건으로는 한 WAVES 구성원이 장소를 불문하고 비옷을 입고 다니기 시작한 일이 있었다. 다른 여성들은 처음엔 별 관심을 기울이지 않다가, 그녀가 병원으로 옮겨져 남자 아이를 출산한 뒤에야 사건이 터진 것을 알았다. 여성들은 핏덩이를 쇼핑용 카트에 담아 슈거 캠프의 의무실로 데려오고, 오래된 해군용어이자 선원들이 빙 둘러서서 수다를 떨던 식수통을 가리키는 말이었던 '스커틀벗'이라는 이름도 지어주면서 아이에게 애정을 듬뿍 쏟았다. 하지만 모자는 결국 동성애 커플과 마찬가지로 WAVES를 떠날 수밖에 없었다.

슈거 캠프의 다른 여성들도 평상시라면 비정상이라고 생각했을 연애에 몰두했다. 베티 베미스의 오두막에는 남자친구와 편지를 주고받는 한 WAVES 사병이 있었다. 그리고 그 남자친구에게는 편지를 쓸 직계가족 하나 없는 에드 쇼티 로바츠라는 허물없는 친구가 있었다. 그런데 그 사정을 알게 되자 오두막의 모든 여성들이 쇼티에게 편지를 쓰기 시작한 것이다. 그러다 다른 여성들은 하나둘씩 떨어져 나가고 수영선수 출신의 베티만 남아 얼굴 한 번 본 적 없는 쇼티와 진지하게 편지를 주고받았다.

슈거 캠프에서는 그런 일이 비일비재하게 일어났다. 이혼한 상태나 마찬가지였던 아이리스 플래스폴러도 북마리아나 제도의 틴니언

섬에 복무하는, 얼굴도 모르는 수병과 편지를 주고받았다. 아이리스와 그녀의 편지 파트너 루퍼트 트럼블(이름에 걸맞게 그의 별명은 '트러블'이었다)은 하루가 멀다 하고 편지를 쓰면서, 둘만의 내밀한 농담까지 주고받는 사이가 되었다. 그들이 아이를 가진 기혼자라는 것도 그들이 주고받은 농담들 가운데 하나였다. 트럼블이 아이리스에게 아이들이 어떻게 지내냐고 물으면 아이리스는 재미난 이야기를 꾸며내 들려주는 식이었다. 또 다른 날에는 트럼블이 그녀의 꿈을 꾸고 있다고 말하는 편지를 썼다. 한번은 그녀의 편지가 자신의 감정에 어떤 영향을 끼치는지 알려주려고 그가 봉투에 재만 담아 보낸 적도 있었다.

12장

사랑하는 짐이

1944년 5월

알링턴 카운티의 월터 리드 드라이브 609번가 아파트 632A의 우편함에는 매일같이 편지가 수북이 쌓였다. 도트 브레이든은 그 편지들을 교대 근무를 마치고 귀가할 때 우편함에서 직접 꺼내기도 했고, 귀가가 빠른 크로나 루이즈가 우편함에서 꺼내 테이블 위에 올려놓은 것을 나중에 발견할 때도 있었다. 테이블에는 언제나 큰 편지 다발이 놓여 있었다. 그 아파트의 여성들 모두 편지를 쓰고, 편지를 받았기 때문이다. 도트 브레이든도 두 남동생 티디, 부바와 종종 편지를 주고받았다. 커티스 패리스로부터는 조금씩 소식이 줄더니 그 무렵에는 완전히 끊겼다. 그러나 조지 러시와는 지속적으로 편지를 교환했다. 도트는 그를 버리고 싶었지만 여의치가 않았다. 군 복무중인 그의 사기가 저하될까 우려되었기 때문이다. 그러다 시간이 가면서 점차 짐 브루스의 편지가 조지 러시의 편지를 누르고 도트의 우선순위를 차지하게 되었다. 짐 브루스는 작고 정확한 필체로 정성스럽게 편지를 썼고, "Dear Dot(도트에게)"의 D를 쓸 때는 잔뜩 기교를 부린 필기체를 이용했다. 그런 편지를 깃털처럼 가벼운 항공우편 편지지에 써서 여섯 겹으로 접은 뒤, 그 위에 '도로시 브레이든 양 앞'이라고 적었다. 편지를 보낼 때는 그도 다른 군인들과 마찬가지로 군사우체국APO 시스템을 이용했다. APO 주소를 반송 주소로 기재하여 미군의 해외 주둔지들을 감추기 위해 도입된 시스템이었다. 짐에게서 오는 봉투에는 언제나 이발소 간판처럼 흰색, 파란색, 빨간색 줄무늬가 들어간 항공우편 테두리가 처져 있었다. 반송 주소는 대개 마이애미나 뉴욕의 미 육군 우체국 소인과 더불어 제임스 T. 브루스 주니어 소위 앞으로 기재돼 있었다.

짐은 극비 주둔지에 복무하는 일부 군인들과 달리 알려진 주둔지에서 복무했다. 가나의 미 육군 전략항공사령부에서 기상예보를 하는 것이 그의 임무였다. 따라서 생명을 위협하는 일은 아니었으나 중요한 일이었다. 조종사들이 먼지 폭풍을 맞는 등의 재난을 당하지 않도록 정확한 일기예보를 하여 그들의 생명을 지켜주는 일이었으니 말이다.

도트는 집에 돌아와 짐 브루스의 편지를 볼 때면 늘 가슴이 콩닥콩닥 뛰는 경험을 했다. 두 사람의 편지 교환은 짐이 1943년 말 해외로 파견된 뒤 도트에게 애정 어린 편지를 보내면서 시작되었다. 그녀를 보려고 알링턴으로 헐레벌떡 달려왔을 때를 포함하여, 해외로 파견되기 전 그가 보여준 진지한 관심의 연장선상에 있는 편지였다. 짐의 흥미로운 점은, 직접 만나면 말수가 적은데 편지에서는 수다를 떨며 감상적인 사람이 된다는 것이었다. 그는 도트를 부를 때도 성이 아닌 이름을 자주 사용하며 그녀에 대한 진심을 은연중에 드러내보였다.

짐과 도트는 편지를 쓸 때 전쟁과 관련된 말은 하지 않으려고 조심했다. 해외 우편물은 모두 정부 보안부서의 검열 대상이었기 때문에 편지에서는 감정적인 말과 일상 잡사에 대한 말만 하고 다른 일은 일절 언급하지 않았다. 1944년에는 짐이 잇몸질환인 참호 구강염이 부대 내에 돌고 있어, 그곳과 가장 인접한 도시인 아크라로의 외출 금지령이 내려졌다는 편지를 도트에게 보내왔다. 그래서 재미난 이야기를 들려줄 게 없다고 하면서 그는 이렇게 썼다.

오늘 아침에는 해변가에 잠시 다녀왔어. 어젯밤에는 특별 개봉된 〈나의 길을 가련다〉를 보았지. 빙 크로스비가 신부 역을 맡은 영화였어. 너는 상상이 안 가겠지만, 아주 좋은 영화였단다. 뉴욕에서도 다음 주에 개봉한다니까 너도 오래지 않아 볼 수 있을 거야. 워싱턴에 있는 너와 달리 나는 칠지난 영화를 기다렸다 보지 않아도 되고, 그래서 기뻐.[1]

짐은 언제나 도트의 편지를 간절히 기다렸다. 재치 있고 문학적 감성이 깃든 도트의 편지 읽기를 좋아해, "제발 편지 좀 자주 보내줘. 나의 사기를 올리는 데는 너의 편지만 한 게 없단 말이야"라며 사정을 했다. 도트가 사진 한 장을 보내주었을 때도 그는 "근래에 찍은 사진들을 몇 장 더 보내줄 수 없을까. 그 사진도 좋기는 한데, 그래도 더 많이 가졌으면 해"라며 칭얼거렸다. 그는 도트의 편지가 뜸하면 가끔, 아니 곧잘 불평도 했다. 해외 장병들에게 보내는 우편물이 수송 중에 정체되는 일이 잦아 뒤죽박죽이 되어 도착하는 바람에 늦는 경우에도, 짐의 편지에서는 오랜 기다림에 지친 뭔지 모를 처량함이 묻어났다. 도트는 그런 편지들을 읽으며 미소지었다. 4월 30일에도 짐은 이런 편지를 썼다. "나는 지금 내가 아는 누구보다도 심한 푸대접을 받고 있어. 너의 편지를 받은 지 벌써 보름이 지났다고."[2] 그것도 모자라 그는 이 말도 덧붙였다. "이번에도 지난번처럼 편지 쓰는 데 뜸을 들이면, 내가 무슨 생각을 하게 될지는 너도 알 거야."

하지만 짐은 온순한 기질의 사람이었고, 따라서 그녀를 원망하는 감정도 오래 가지 않았다. 그 말을 적은 다음 단락에서 그는 언제 그랬냐는 듯 영국 장교와 민간인들이 아크라에서 주최한 댄스파티에 다녀왔다는 말을 했다. 짐은 그 파티를 아주 흠뻑 젖은 파티였다고 말하면서, 그 이유로 "처음에는 비가 내리고 그 다음에는 거나한 술판이 벌어졌기 때문이야. 나도 취할 정도로는 마시지 않았지만 사교를 위해 몇 잔 마셨지"라고 말했다. 짐은 댄스파티에 온 여성들 대부분이 간호사거나 그 동네에 거주하는 영국 신사들의 부인 그리고 딸들이었다고 하면서, 그중 사십대로 보이는 노처녀 한 명과 대화를 나누며 매우 흥미로운 시간을 보냈다고도 말했다.

다음 달에는 짐이 도트의 편지를 한 다발이나 받고 입이 찢어졌다. 이제는 아주 '사랑하는 도트'라는 호칭까지 써가며 브라질행 군용기 탑승에 초대돼 비행 중 기상예측을 하게 되었다며 신이 나서 떠들었다. 편도만 열네 시간이 걸리는 비행인데, 이제 막 돌아왔다고 했다. 짐은 자신이 갔던 곳들의 지명은 밝히지 못했지만, 소형 비행기를 타고 한 도시에서 다른 도시로 갔던 것과 부조종사 역할을 했던 것을 그 비행의 가장 흥미로운 점으로 꼽았다. 어느 순간 조종사가 그에게 비행 조종 장치를 넘기며 조종간을 잡아보라고 했다는 것이다. 짐은 비행기 조종을 해본 적이 없었다. "비행기는 처음에는 바른 항로를 제외한 모든 항로로 접어들더니만 이내 올바른 항로로 진입했어. 일단 기계장치의 용도를 알고 나니 다루기가 아주 쉽더라고."[3]

천 피트 상공에서 바라본, 대양 위에 낮게 걸린 구름은 지금까지 내가 본 자연 현상 중 가장 아름다운 것이었어. 꼭대기의 구름은 모양과 크기가 천차만별인 것이 꼭 눈 모자를 쓴 설산 같더군. 너에게 사진이라도 몇 장 보내줄 수 있으면 좋으련만. 하지만 걱정 마. 이번 전쟁이 끝나면 자가용 비행기에 너를 태우고 대양 위를 날아다니면서 그보다 더 멋진 구름 구경을 시켜줄 테니.

짐이 자가용 비행기에 도트를 태우고 싶어 한 바람은 물론 현실성 없는 감정의 폭발일 뿐이었다. 그렇지 않더라도 그의 편지에서는 두 사람이 자신들의 관계를, 전시의 사람들이 으레 그렇듯 전화 통화나 만남 없이 순수하게 서신 교환만으로 발전시키는 사이로 알고 있음을 나타내는 표시가 났다. 시간과 거리만 보더라도 그들의 관계는 위태롭고 모호할 수밖에 없었다. 짐이 브라질에 잠시 머물고 있을 때였다. 식량이 넉넉하지 않은 그곳에서 그는 아이스크림과 콜라를 먹을 정도로 풍족하게 지냈다. 그래서 도트에게 선물이라도 사줄까 고민했으나 사적인 물건을 보내도 될 만큼 둘 사이가 가까운지에 대한 확신이 서지 않아 그만두었다. 짐은 누이들에게만 옷 한 벌씩을 사서 보내고 도트에게는 "도트, 브라질에서 실크 스타킹을 사서 네게 보내주기 시작했는데, 네 생각이 어떤지 몰라 옷은 사지 않았어"라면서, "원하면 사이즈를 알려줘"라고 말했다. 짐은 그런 다음에야 브라질에서 근무하는 친구에게 옷을 사달라고 부탁했다.

1944년 7월에는 도트가 비벌리 비치에서 친구와 함께 찍은 사진을 짐에게 보내주었다. 그런 편지들을 보며 짐은 그녀가 거의 딜레탕트적이라 할 만한 태평한 삶을 살고 있다고 느꼈을 것이다. 사진 뒤에는 "배경은 코니아일랜드"라고 적혀 있었다. 또 다른 여성 친구와 일광욕하는 사진을 보낼 때도 도트는 "이 사람들 가운데 카메라가 작동 안 될 때 매번 고쳐준 사람은 우리 뒤쪽의 남자"라고 적었다. 그녀는 크로를 포함해 알링턴 홀의 다섯 동료들과 콜로니얼 비치에 소풍을 가서 찍은 사진도 보내주었다. 도트만 기둥 뒤에 반쯤 가려진 채 나왔을 뿐, 다른 여성들 모두 여름옷 차림이든, 반바지 차림이든, 블라우스 차림이든 매력적이고 기쁨에 찬 모습들이었다. 크로는 사진 맨 왼쪽의 바위 턱에 걸터앉은 모습이었다. 사진 뒤에는 "모두 함께!"라는 말과 더불어, "왼쪽의 첫 번째 여성이 캐럴린인데, 기둥이 더 크지 않은 게 유감이야! 추신: 캐럴린의 머리는 실제로는 호박처럼 생기지 않았어!"라고 적혀 있었다.

도트는 1944년 8월에도 크로와 함께 둘이서 모래 위 타월에 엎드린 모습의 사진을 보내주었다. 뒷면에는 "우리, 귀엽지 않아? 둘 중 한 사람이 캐럴린이야. 추신: 살갗이 벌겋게 탔어"라고 적혀 있었다.

도트의 편지들에서는 쾌활함이 느껴졌다. 그래도 둘의 대화가 말다툼이나 불투명한 미래 쪽으로 흘러갈 때는 어쩔 수 없이 전시의 긴장감이 표출되었다. 짐은 여전히 시간이 흘러도 도트의 편지가 오지 않으면 불평을 했다. 참다못한 도트가 어느 날 밤 홧김에 답장을 쓰기 시작했다. "지금 나는 침대에 앉아 캐럴린이 불 끄기를 기다리며 지난 번에 네가 보내준 편지를 다시 읽어보고 있어. 그동안 나는 문제 해결에는 내가 선수인줄 알았는데 이제 보니 J. 브루스, 선수는 너였어! 편지를 보니 어떤 지점들에서는 같은 문장으로 나를 두 번이나 저주하고 있더라! … 사실 나는 너를 부러워하고 있어. 너는 지난번에 내가 한 말을 단순히 선심성 발언이라고 생각하는 것 같은데, 그렇다면 처지를 한번 바꿔 살아보자. 언제든 말만 하면 바꿔줄 테니까."[4] 하지만 도트는 간밤에 써놓은 편지를 아침에 맑은 정신으로 읽고는 내용이 너무 센 것 같아 부치지 않았다.

편지 교환 때 간격이 유지되는 것은 두 사람이 생각할 여유를 가질 수 있다는 점에서 좋았다. 1944년 8월 도트가 짐에게 보낸 두 통의 편지도 오는 데 각각 2주가 걸렸다. 그래서 반가웠던 그는 대뜸 "네 편지들을 읽으니 기분이 좋아"[5]라고 써놓고, 편지에 담아도 될 만한 내용을 찾아 헤맨 끝에 사병들이 열띠게 브리지 게임을 하고 있다는 것, 그날 그가 마쳐야 될 일기도日氣圖를 거의 마무리했다는 것, 요즘 들어 포커놀이에 대한 장교들의 관심이 시들해진 듯한데, 안 그래도 최근에 한 포커놀이 때문에 정신적으로 피곤했는데 잘 되었다는 등의 이야기를 적었다. 덧붙여 탁구대와 해군이 남기고 간 축음기와 질 좋은 레코드판들, 그리고 피아노가 있으니 즐길 거리는 충분하다고도 썼다.

전쟁은 그칠 줄 모르고 계속되었다. 그에 따라 짐도 해외에 파견되기 전 도트를 리치먼드의 누이들에게 소개했던 것에 더해, 1944년 초부터는 편지에서도 슬슬 결혼에 대한 생각을 전하기 시작했다. 도트도 정착을 해야 할지, 한다면 언제, 누구와 할지에 대해 고민을 하고 있었다. 하지만 마음을 못 정하고 계속 갈팡질팡했다. 1944년 10월에는 짐이 또 다른 부대로 파견될 예정이라고 하면서 그녀의 편지가 없는 것에 투덜대는 내용으로 편지를 보냈다. 그가 워싱턴으로 달려가 그녀를 만난 지도 어느덧 1년이 지난 때였다. 짐은 편지에서 "보아하니 너는 아직도 린치버그의 친구들과 좋은 시간을 보내고 있는 것 같네"[6]라고 처량하게 말했다. 그러고는 새로 전출될 부대에는 65파운드 정도의 개인 물품만 가지고 갈 수 있기 때문에 가방에 담을 것을 추려야 하는데, 생각해보니 호주머니 속에도 2파운드 정도는 이것저것 넣어갈 수 있을 것 같다고 했다. 그러면서 "자기야, 내 걱정은 안 해도 돼. 새 부대의 일이 이곳보다는 훨씬 수월할 것 같으니까 말이야"라고 말했다.

1944년 11월에는 짐의 편지가 이란의 주둔지에서 왔다. "이곳의 기상 상황은 다소 흥미로운 데가 있어. 조금 전에는 내가 예보하지도 않은 구름이 하늘에 껴 있지 뭐야. 그래서 당황스러웠지."[7] 그는 도트에게 촛대와 펜도 보내주었다. 그녀도 그것들이 마음에 든다는 편지를 썼다. 그래도 짐은 여전히 그녀의 애정을 믿지 못하는 태도를 보였다. "도트, 네가 진정으로 나를 생각한다면 네 남자 형제들과 나에 대한 걱정은 그만했으면 해. 어느 모로 보나 나는 상처받을 일이 많은 미국보다 이곳에 있는 것이 더 안전하니까 말이야. 이곳에는 나에게 해를 끼칠 나쁜 여자들도 없고 말이지."

짐의 진지한 말은 계속되었다. "도트, 내가 우려하는 것은 이 전쟁이 우리가 생각했던 것보다 장기화되어 내가 귀국해서 너를 보기까지 오랜 시간이 걸릴지도 모른다는 거야." 1944년 12월에는 짐이 지난 번 자신이 쓴 편지 이후로 그녀의 편지를 받지 못했다고 하면서, 그가 있는 곳이 도트로부터 6,000마일이나 떨어진 곳이라는 사실에 불안감을 드러내는 편지를 썼다. 짐은 "그 정도면 엄청나게 먼 거리, 아니 내가 바라는 것보다 6,000마일이나 더 먼 거리라고 말하는 게 옳겠지"[8]라고 쓴 다음 편지를 이렇게 끝맺었다. "잘 지내고, 편지 자주 해줘. 네가 쓰는 것이면 나는 무엇이든 즐겁게 읽을 거야."

도트는 마음이 흔들릴 때도 애정이 넘치는 편지를 썼고, 그도 그점에 유념하여 답장을 썼다. "편지에 사진을 동봉했어. 어제 온 네 편지를 보니, 아직도 내 뺨에 보조개가 있는지 궁금해하는 것 같아 보여주려고 넣은 거야. 보다시피 보조개도 그대로 있고 콧수염도 길렀어. 하지만 귀국 전에는 콧수염을 자르겠다고 약속할게."[9]

도트, 근 열흘 만에 너의 편지들을 받고 얼마나 행복했는지 몰라. 그걸 읽는 게 나는 너무 즐거워. 너, 나에 대한 너의 사랑이 얼마나 깊은지 내가 알고 싶어 하면 말해주겠다고 했지. 알고 싶어, 제발 말해줘.

하지만 그렇게 말하면서도 짐은 외교관으로 근무하는 도트의 옛친구 빌 랜돌프에 대해서도 신경을 쓰는 듯한 태도를 보였다. "도트, 부영사인 멋진 친구가 있어서 좋겠다. 하지만 내가 귀국할 때까지는 그가 남아메리카에 계속 머물러 있었으면 좋겠어. 네가 그와의 관계를 단순한 오누이 이상으로 생각할 수도 있다는 노파심이 들어서 말이야." 짐은 스카치위스키와 프루트케이크로 파티를 열 계획이라고도 말했다. "도트, 이 편지는 크리스마스 무렵에 받게 될 거야. 크리스마스와 새해 즐겁게 보내고, 다음 크리스마스는 너와 함께 보낼 수 있기를 진심으로 바랄게."

이듬해 1월 짐은 도트의 편지 두 통과 크리스마스 카드를 받고 뛸듯이 기뻐했다. "도트, 사랑해. 귀국해서 너를 보게 될 날을 손꼽아 기다릴게."[10] 하지만 이어진 편지에서 그는 다시 도트의 편지가 없는 것에 불안감을 나타냈다. 교회에 자주 나가지 않는다는 사실을 인정하면서, 도트에게 기존에 사용하던 APO 주소로도 보내고, 다른 장교들이 사용하는 APO 주소들로도 편지를 보내달라고 한 것이다. 그래놓고는 편지가 어느 APO로 가장 빨리 도착하는지를 알기 위해 APO 주소들에 일련번호까지 매겼다고 했다.

짐은 자신이 관측한 최근의 일기예보에 대해서는 만족감을 드러냈다.

내가 관측할 때는 비가 멈추고 날이 개더군. 오늘 아침에도 내가 예보한 대로 처음에는 안개가 끼더니 그다음에는 날이 개더라고. 그래서인지 오늘 아침 식당에 들어서는 나를 보더니 조종사 몇 명이 뜬금없이 축하의 말을 하는 거야. 여느 때라면 예보가 틀릴 때는 하아!라며 탄식을 하다가, 결과가 괜찮게 나타나면 언제 그랬냐는 듯 대수롭지 않게 넘겨버리던 친구들이 말이야.[11]

짐은 해외에서 복무한 지도 13개월 가까이 되었다고 하면서, 앞으로 넉 달이나 다섯 달 후면 딴 곳으로 전출되리라는 희망을 가져볼 수 있을 것 같다고 했다. 그러면서 "귀국하여 너를 볼 수 있도록 모든 방법과 수단을 동원해 손을 써볼게"라고 말했다.

> 도트, 얌전히 지내고 편지 보내줘. 언젠가는 네 마음속에만 묻어두고 편지에는 쓰지 않았던 것들을 내게 모두 털어놓을 날이 있겠지.
>
> 사랑하는 짐이

이후에도 짐은 결혼에 대한 화제를 계속 입에 올렸다. 두 사람은 1944년 가을 내내 그 문제를 두고 편지로 티격태격했다. 도트는 갈피를 잡지 못했다. 자유를 만끽하는 삶을 살며 짐을 피하는 태도를 보였다가, 마음을 바꿔 그의 제의에 동의하고, 그랬다가는 또 마음을 바꿨다. 1945년 2월에는 그녀가 편지를 매일 한 통씩 쓰자고 짐에게 제안했다. 하지만 그달 말 짐이 도트에게 보낸 답장에는 이런 말이 적혔다. "오늘 도착한 네 편지를 보니 지금이라도 약혼하자는 내 청을 너는 거절하고 있구나."12

짐은 실망한 빛이 역력한 투로 "물론 네가 옳은 결정을 했다는 것을 알아. 하지만 놀랐던 건 사실이야. 지난 가을, 결혼 문제를 두고 너와 편지를 주고받을 때만 해도 너는 나와의 약혼을 최선으로 생각한다는 말을 했잖아"라고 한 뒤, "그렇다면 지난 가을에 한 말은 건성이었던 거네"라고 넘겨짚는 말을 했다. 그런 다음에는 또, 혹시 자기가 집안 자랑을 하여 그녀가 떠난 것은 아닐까 하는 걱정에 이렇게 변명하는 말을 했다. "내가 너에게 우리 집안 좋다는 얘기를 한 것은 결혼에 영향을 끼치려고 그런 게 아니야. 나는 그저 네가 혹시 우리 가족에 대해 궁금해할지도 모른다는 생각에 그 말을 한 것뿐이야. 내가 언제 우리 가족하고 결혼해달라고 했니? 나하고 결혼해달라고 했잖아."

짐 브루스의 좋은 점은 도트를 을러대거나 그녀에게 자기 뜻을 강요하려 하지 않는다는 것이었다. 그는 그녀의 결정을 존중한다고 말했다. 그렇다고 그녀를 단념하지도 않았다. 편지에서도 그는 온건하게 "결혼 문제는 당분간 거론하지 않는 게 상책일 것 같아"라고 썼다. 크로와 루이즈가 미시시피주의 집에 다녀올 예정이라고 도트가 말한 것에 대해서도, 짐은 그들이 잘 지내기 바란다고 말했다.

도트, 이제는 일터로 가서 그들의 비행 임무를 도와줘야겠어.

사랑하는 짐이

13장

센강 어귀에 적군 상륙

1944년 6월

1944년 중반 독일 총통 아돌프 히틀러는 유럽 북서해안을 적의 침공으로부터 지켜야 하는 불가능한 과업에 직면했다. 대규모 영토 점령에 따른 결과였다. 물론 나치도 (유럽에 주재하는 일본 외교관들이 1943년부터 침공에 대한 말을 퍼플 암호로 떠들고 있었기 때문에) 연합군이 점령지 유럽을 침공할 개연성이 있다는 것을 알고 있었다. 하지만 공격시기와 장소는 몰랐다. 연합군도 한동안은 그것을 몰랐다.

연합군이 유럽을 침공할 결심을 굳히는 데 중요한 역할을 한 것이 암호해독이었다. 1943년 11월 알링턴 홀의 퍼플 머신이, 독일 주재 일본 대사 오시마 히로시가 미국의 정보 수집 노력에 기여한 것들 가운데 가장 값진 정보 하나를 토해냈다.[1] 브르타뉴와 벨기에 그리고 그 사이의 모든 지역을 망라해 독일이 프랑스 북서해안에 구축한 요새에 대해 다소 감정적인 어조로 장황하고 꼼꼼하게 작성한 보고서였다.

보고서라고는 했으나 기실 그것은 일련의 암호문들이었다. 그중 첫 암호문에는 오시마가 프랑스의 나치 작전 구역을 둘러보고 온 것을 도쿄의 외무성 동료들에게 자랑하는 내용이 담겨 있었다. 그와 몇 몇 대사관 동료들이 열차를 타고 베를린에서 브레스트(브르타뉴 반도 서쪽 끝의 항만 도시)로 가서, 그곳 요새와 독일인들이 대서양 방벽이라 부른 프랑스 해안가의 요새를 둘러보고 왔다는 것이었다.

　나치의 열렬한 숭배자였던 오시마의 암호문에는 독일 육군 실세들의 면면(게르트 폰 룬트슈테트 독일 육군 원수의 환대를 받은 내용도 들어 있었다)과 그들을 만난 것이 얼마나 큰 영광이었는지가 자세히 적혀 있었다. 동료들과 브르타뉴 반도 남안의 군항도시 로리앙에 세워진 독일 방벽을 시찰했다는 것 외에도 그는 야간 기동훈련을 참관한 것, 야영지와 항구들을 시찰한 것, 파리에서 하룻밤을 보낸 것, 보르도에 가서는 봉쇄돌파부대들이 기동작전 훈련하는 것을 참관한 내용을 줄줄이 기록했다. 그 다음에는 푸아티에와 낭트로 가서 독일 사령관들을 만났다고 하면서, 와인을 곁들여 만찬을 할 때는 요소요소에서 활약 중인 최적의 인물들과 의견을 나눌 기회를 얻었다고도 썼다.

　오시마의 두 번째 메시지는 첫 메지지보다도 길어 마치 군대의 관광 안내서를 방불케 했다. 요약하면, 히틀러가 지은 대서양 방벽은 위협적이기는 하지만 군데군데 방비가 허술한 구간들도 보인다는 것이었다.

　오시마는 또, 프랑스 해안에 구축된 독일의 모든 요새는 기슭과 인접해 있는데, 이는 가능한 한 물가에 붙어 상륙하려는 적군의 그 어떤 시도라도 막고야 말겠다는 독일의 의중을 보여주는 것이라며 흡족해하는 글을 썼다. 그러면서 기관총 진지들도 철근콘크리트로 강화되었다는 것, 연합군이 상륙하면 요새화된 모든 구역에서 그들을 저지

할 수는 없을 테지만, 설령 일부 병력이 상륙에 성공한다 해도 번개처럼 빠르게 집결하여 반격하는 강력한 독일 예비군을 격파하기는 쉽지 않으리라는 의견도 언급했다. 오시마는 '사랑과 애정을 가지고' 자신들의 무기를 '자신감 있게' 다루며 씩씩하게 임무를 수행하는 나치 병사들의 '사기와 군인 정신'도 찬양했다. 독일 병사들과는 모든 곳에서 편안하게 대화를 나눌 수 있었고, 히틀러 총통을 향한 그들의 깊은 존경과 애정도 여러 차례 목격했다고도 했다.

그것도 부족했는지 그는 병사들에 대해 이런 말도 했다.

완벽한 통일성(지위 고하를 막론한 독일 군인들의 완전한 단합)과 임무에 전념하는 그들의 진지한 태도는 독일인들의 전반적인 국민성뿐 아니라, 그들이 받은 나치 교육에도 기인한다고 여길 수밖에 없다. 그런 정신이 모든 병사들의 마음속에 스며들어 있다. 내 눈에는 그 모습이 뚜렷이 보였고, 그것을 보니 내 마음이 편안해지고 안도의 한숨이 쉬어졌다.

나치 군대와 그들의 훈련 상태에 이토록 열광했던 오시마가 연합군에게 적군을 쳐부수는 데 필요한 생생한 현장 정보를 제공해준 것은 의외였다. 아니 어쩌면 바로 그 이유 때문이었는지도 모른다. 그는 암호문에 "독일 육군이 요새화 계획을 세우고 병력을 배치할 때 최우선으로 꼽는 곳이 해협 지역이다"라고 썼다. 여기서 해협이란 물론 영국 해협 구간에서 폭이 가장 좁은, 따라서 도하에 최단시간이 걸리는 곳으로 도버와 프랑스 칼레를 이어주는 도버 해협을 의미했다. 이어 그는 이렇게 썼다. "그 다음으로 중요한 곳은 노르망디와 브르타뉴 반도다. 그 외의 다른 곳들은 부차적인 전선에 지나지 않는다." 이 말을 한 뒤에도 오시마는 네덜란드 점령군이 라인강 어귀까지 뻗어나가 있고, 또 다른 군대도 그곳에서 르아브르 서쪽 지역까지 진출해 있다는 등의 말을 하며, 독일군 부대들의 위치마저 낱낱이 노출시켰다. 보병 사단, 기갑사단, 기계화사단, 공수사단 등 독일군 사단들의 숫자도 까발렸다.

이 모든 정보가 베를린 주재 일본 대사관의 퍼플 머신을 통해 도쿄로 전송되었고, 그것을 빈트 힐 팜 도청 초소에 근무하는 육군여군단이 가로챈 것이었다. 그들이 그것을 알링턴 홀의 (빌딩 A에서 한 테이블에 나란히 앉아 일하는, 거의 민간인 여성들로 구성된) 퍼플 암호 팀에 넘겨주면 퍼플 암호 팀은 이를 해독해 외국어 능통자들이 일하는 번역 부서로 보내주었고, 번역 부서에서는 그것을 영어로 번역했다. 제너비브 그로찬이 만일 리본으로 예쁘게 포장해 보냈다면, 그 해독문들은 연합군 사령관들에게 최고의 선물이 되었을 것이다. 해군 별관의 프랭크 레이븐과 그의 팀도 일본 해군 무관이 사용한 기계 생성 암호문을 해독해, 오시마 메시지의 부족한 부분을 채워주었다. 게다가 공교롭게도 주 베를린 일본 대사관의 해군 무관 아베 가쓰오는 오시마와 상극인 사람이었다. 프랑스 전역에 자신만의 스파이망을 구축할 정도로 나치를 증오하고 불신한 인물이었는데, 그의 암호문을 도청하는 연합군으로서는 그것도 잘된 일이었다. 레이븐과 그의 팀은 그를 기특한 아베라고까지 불렀다.[2] 이렇게 입수된 해안 방벽 관련 정보가 알링턴 홀뿐 아니라 D-데이 침공 작전본부에도 전달되었다. 독일 육군이 사용하는 에니그마 암호문도 해군 별관 봄베 머신들의 도움을 받아 해독되었고, 노르망디 해안 방어와 관련해 에르빈 롬멜 독일 야전사령관이 보낸 장문의 메시지도 블레츨리 파크에서 해독했다.[3]

이런 암호해독 노력에서 나온 정보가 연합군 사령관들로 하여금 칼레에 대한 기만전술로 독일을 속이고 병력을 결집시켜, D-데이에 노르망디 상륙 작전을 전개하기로 결정하는 데 도움을 준 것이었다.

* * *

그러나 연합군이 공격에 성공하려면 독일군의 허를 찌르는 기습 공격이 필요했다. 해협을 도하하는 침공의 성공 여부는 어디까지나 연합군 부대들이 상륙했을 때 해안 요새를 지키는 전체 독일군 병력을 마주치지 않는 것에 달려 있었기 때문이다. 연합군은 다른 지역들에 있던 기동부대들을 빼내 노르망디 해안 방어에 투입할 때도, 독일군이 낌새를 알아채지 못하게 할 필요가 있었다. 그리고 그것에 성공할 수 있는 한 가지 방법이 바로 윈스턴 처칠이 '거짓 경호원bodyguard of lies'이라고 부른 것을 만들어, 상륙 시간과 위치에 대한 정보를 꽁꽁 숨기는 것이었다.

이리하여 공격 지점에 대한 거짓 정보를 흘려 독일군을 교란시키기 위한 기만전술(취지에 맞게 보디가드 작전이라는 명칭이 붙여졌다)이 침공을 앞두고 몇 달에 걸쳐 연합군 사이에 수립되었다. 연합군의 병력이 실제보다 많고 넓게 퍼져 있으며 연합군의 유럽 침공 또한 거의 동시다발적으로 여러 곳에서 진행될 것처럼 독일을 속이는 것이 이 작전의 목적이었다. 보디가드 작전에는 연합군의 주 상륙 지점이 칼레 인근의 파드칼레 지역인 것처럼 속이는 것도 포함되었다. 그리고 이를 위해 연합군은 그곳에 배치된 독일 병력을 움직이지 못하게 하려는 눈속임용 유령 군대도 만들었다. 이중 첩자도 고용했다. 영국이 영국에서 독일을 위해 활동 중이던 스파이들을 회유하여 유령 군대가 실제로 존재하며 공격을 위해 집결 중이라는 소문을 퍼뜨리면서 독일에 거짓 무전 보고를 하게 만든 것이다. 다만 가짜 군대를 진짜처럼 보이게 하려면 눈에 안 보이는 강력한 그 무엇, 거짓 통신이 필요했다.

* * *

연합군 사령관들이 D-데이 침공을 기정사실화하여 병참 계획을 세우는 과정에서 고려해야 할 사항은 한두 가지가 아니었다. 통신도 그중 하나였다. 작전에 투입될 병사들이 다수의 해안에 상륙해 프랑스와 벨기에로 밀고 들어갈 때 전화선은 어떻게 부설하고 무선국은 어떻게 세울 것인가? 결국 이것이 미 육군 통신대의 주요 임무가 되었다.

연합군 사령관들이 고려해야 될 사항은 그밖에 또 있었다. 그 무렵 작전이 아직 시작되지도 않았는데 영국에는 연합군 병력이 모여들고 있었다. 따라서 연합군이 분주히 행하는 일을 독일도 분주히 행하리라는 것을 염두에 두어야 했던 것이다. 요컨대 독일은 연합군의 전투서열을 체계화하고 요인들의 이동 사항을 파악하기 위해 무선통신을 감시할 거라는 얘기였다. 게다가 독일군은 프랑스 해안을 거의 다 장악하여 연합군의 저주파 통신도 감시할 수 있었기 때문에 미국, 영국,

캐나다 부대들이 교신하는 내용을 감청하지 않으리라는 보장이 없었다. 설령 독일군이 연합군의 암호문을 해독하지 못한다 해도, 트래픽 분석만으로도 많은 정보를 얻을 수 있었다. 전후에 작성된 육군 통신대의 메모에도 "연합군이 특정 출력 이상으로 송출하는 트래픽은 독일 점령지의 어딘가에서 수신될 가능성이 컸기 때문에, 사실상 적군은 그 트래픽 전체를 읽는다고 보아야 했다"[4]고 적혀 있었다. 그렇다면 연합군의 해법은? 가짜 트래픽으로 전파를 채우는 것이었다.

연합군은 이를 위해 두 개의 유령 군대를 조직했다. 하나는 연합군의 대규모 병력이 노르웨이에 상륙하기 위해 스코틀랜드에 집결하는 것처럼 나치를 속이기 위해 만들어졌다. 북포티튜드 작전으로 알려진 이 기만전술은 연합군이 상륙할 때 스칸디나비아 반도에 있던 독일군 병력이 프랑스로 이동하지 못하도록 묶어두기 위해 고안되었다.

또 다른 유령 군대는 롬멜이 가장 존경하고 두려워한 패튼 장군이 지휘하는 것처럼 꾸민 제1군 집단First U.S. Army Group: FUSAG이었다. 남포티튜드 작전으로 불린 이것은 패튼의 유령 FUSAG가 영국 남동부의 켄트와 서섹스에 집결하는 것처럼 꾸며 연합군이 파드칼레 지역으로 상륙할 것처럼 독일을 속이기 위해 고안되었다. 실제로 패튼은 잉글랜드에 있었다. 그러나 FUSAG는 그곳에 없었고, 다른 어느 곳에도 없었다.

독일군이 패튼의 유령 부대가 실제로 존재한다고 믿었을 뿐 아니라, D-데이 상륙이 있고 나서도 유령 부대의 존재를 계속 믿었다는 점은 의미심장했다. 이는 그들이 노르망디 침공을, 연합군의 주공격 지점이 파드칼레인 것을 숨기기 위한 견제 공격으로 생각했음을 나타내는 것이었기 때문이다. 독일군은 바로 그런 믿음 아래 대규모 방어 병력을 파드칼레에 계속 유지함으로써, 연합군이 노르망디 해안에 교두보를 구축하고 파리로 진군할 수 있는 시간을 벌어준 것이었다.

연합군은 연합군대로 가짜 군대의 존재를 믿게 하려면 진짜 군대가 보내는 것과 똑같은 무선 트래픽을 보낼 필요가 있었다. 침공이 시작되기 훨씬 전부터 송신을 시작하고, 침공이 끝난 뒤에도 몇 주간 송신 상태를 계속 유지해야 되는 것은 물론, 송신소도 진짜 군 통신에 사용되는 것을 써야 했다. 이 업무는 복잡하면서도 중요했다. 실수를 해서도 안 되고, 낯선 용어나 부적절한 말을 사용해 이목을 끌어서도 안 되기 때문이었다. 그런데 이렇게 중차대한 일을 신병 모집 팸플릿을 보고 육군여군단에 입대한 알링턴 홀 여성들이 수행한 것이다.

* * *

The ploughman homeward plods his weary way(농부가 지친 걸음으로 터벅터벅 집으로 간다). The ploughman plods homeward his weary way. The ploughman plods his weary way homeward. The ploughman his weary way homeward plods. The ploughman his weary way plods homeward. His weary way the ploughman homeward plods. His weary way homeward the ploughman plods. His weary way the ploughman plods homeward. Homeward the ploughman plods his weary way. Homeward his weary way the ploughman plods.[5]

알링턴 홀 암호해독부에는 암호 메시지를 보낼 때 문장의 순서를 다양하게 할 것을 직원들에게 각인시키는 포스터들이 벽면 어디에나 붙어 있었다. 위에 적힌 것처럼 18세기 영국 시인 토머스 그레이가 쓴 시, '어느 시골 교회의 묘지에서 쓴 비가'에 나오는 시어들이 어떻게 재배열될 수 있는지를 보여주면서, "다르게 말할 수 있는 방법은 언제나 존재한다"고 적은 것도 그중 하나였다. 8,000명에 달한 알링턴 홀 직원들은 암호해독 이상의 일을 했다. 미국이 보낼 트래픽을 암호화하고, 그 트래픽이 안전하게 흘러가는지를 지속적으로 확인하는 일을 한 것이다. 그들은 미국이 일본과 독일의 암호를 푸는 데 결정적 역할을 했던 것과 같은 류의 상투어나 예측 가능한 반복어를 사용해서는 안 된다는 말을 귀가 닳도록 들었다. 1차 세계대전 때 한 전투의 패배 원인이 메시지 하나를 암호문으로도 보내고 평문으로도 보낸 방식에 있었다는 점을 주지시키기 위해 "유사 문구가 전투를 패하게 만들었다"고 적은 포스터도 붙여 놓았다. 포스터에는 "단어들의 위치 바꾸기, 유의어를 다른 단어로 대체하기, 수동태 사용하기"가 글의 순서를 다양하게 할 수 있는 방법으로 제시돼 있었다.

알링턴 홀에는 '방호 보안'만을 전담하는 부서도 있었다.[6] 이 부서 역시 다른 부서들과 마찬가지로 직원 대부분이 여성이었고, 그들의 다수가 WAC 구성원이었다. 미국판 에니그마 기계였던 SIGABA 암호 기계를 운전한 사람들도 이들이었다. SIGABA는 본래 윌리엄 프리드먼이 미 육군 메시지를 암호화하기 위해 고안한 것인데, 이후 프랭크 라울릿이 성능을 개선시킨 기계였다. 그런데도 이 기계가 독일의 에니그마만큼 유명하지 않았던 이유는 에니그마 암호와 달리 이

기계의 암호는 한 번도 해독된 적이 없었기 때문이다. 해독이 안 되었던 이유는 무엇보다 프랭크 라울릿의 뛰어난 설계 덕이었다(에니그마보다 무거워 휴대하기가 불편했던 관계로 과다 사용되지 않은 탓도 있었을 것이다). 그밖에 또 다른 이유는 이 기계를 사용한 사람들, 다시 말해 WAC 구성원들의 보살핌과 능력 덕분이었다. 전장의 병사들이 익힐 수 있도록 기계 사용법을 담은 매뉴얼을 만들고, 알링턴 홀의 SIGABA들을 건사하고, 기계의 성능을 시험해 운영상의 변경 사항이나 기계상의 변경 사항을 건의한 것이 바로 이들이었으니 말이다. 여성들은 전장의 통신병들이 보안 규칙을 위반하는 일이 없는지 살피기 위해 기계가 사용되는 과정도 모니터했다(미국은 무선보안에 취약하기로 악명이 높았고, 그래서 독일에 많은 정보를 빼앗겼기 때문에 끊임없는 모니터링이 필요했다). 미국이 보내는 트래픽을 유심히 살피며 암호화 과정에서 생기는 오류도 찾았다. 암호가 얼마나 쉽게 혹은 어렵게 풀리는지 알기 위해 메시지들에 대한 암호 분석도 했다. 요컨대 그들은 암호실에서 실책을 범하지는 않는지, 일을 불안하게 처리하지는 않는지를 조사한 것이었다.

지금은 '통신 보안'이라는 용어로 알려진 이 모든 일들은 암호화된 메시지를 보내는 것 이상으로 업무 영역이 매우 다양했다. 일례로 알링턴 홀에는 전장의 미군 부대들이 메시지를 보낼 때, 그들이 자신들이 배치된 곳에 대한 정보를 과다 노출하는 일은 없는지를 감시하는 부서도 있었다. 여성들은 미군이 보내는 트래픽 흐름을 주시하면서, 적군이 연합군에 노출시키는 것과 같은 정보를 연합군도 적군에 노출하지 않는지 눈에 불을 켜고 감시했다. 아군의 비밀이 적군에 넘어가지 않는지를 알기 위해, 차트와 그래프를 만들어 특정 전투와 사건이 벌어질 동안과 특정 지역과 특정 시간대에 미군이 주고받는 교신도 검토했다. 여성들은 특정 회로의 특성도 조사했다.

WAC는 자신들이 가진 이런 기술로 가짜 트래픽도 만들었다. 유령 부대들이 실제로 존재하고 이동 중이라고 적군이 깜빡 속아 넘어갈 수 있게, 미군이 사용하는 진짜 트래픽과 똑같은 가짜 무선 트래픽을 만든 것이다. 가짜 트래픽은 노르망디 침공 때뿐 아니라 정치적 움직임과 군사적 움직임을 숨길 때도 유용했다. 처칠이 정확하게 묘사한 것과 같은 보디가드를 만들어내 군대와 지도자들 주변에 보호막을 치는 데도 가짜 트래픽이 효과적이었던 것이다. 알링턴 홀은 미군이 태평양 전역에서 괌과 사이판 공격을 계획할 때도 가짜 트래픽을 이용해, 일본의 주의를 알래스카로 돌리는 데 성공했다. 아이슬란드 기지 사령부에 배치돼 있던 미 제5보병사단을 영국에 전개시킬 때와 얄타 회담에서 논의된 사항을 숨길 때도 가짜 트래픽이 이용되었다.

여성들은 가짜 트래픽을 진짜처럼 보이게 하기 위해 연합군이 사용하는 트래픽도 분석했다. 그 일은 계산 부서에서 담당했다. 한 보고서에도 군계수의 도수분포, 우선순위 백분율과 보안 등급, 충전 시간의 분포, 주소 조합, 트래픽 조작이 이루어지는 기지들을 위해 도입한 크립토넷과 같은 다양한 회로의 특성을 알아내는 일을 했다는 내용이 적혀 있었다.

가짜 트래픽을 만드는 여성들은 전에 송신되었던 진짜 트래픽, 회로, 그리고 트래픽이 일어나는 송신소에 대한 내용을 완벽하게 숙지하고 있어야 했다. 그렇게 해서 트래픽이 일단 만들어지면 절차에 따라 송출을 했다. 그럴싸한 스케줄을 만들고, 준비된 가짜 트래픽을 그런 트래픽이 일어날 만한 시점에 내보내며, 회로의 흐름을 유지하고, 송출되는 내용을 모니터해야 했던 것이다. 그러므로 이 일을 하는 여성들은 회로, 콜사인, 주파수, 최대 사용 시간 등등 모든 것을 알고 있어야 했다.

여성들은 독일군의 무선 트래픽도 분석했다. 노르망디 상륙 작전이 전개될 동안 알링턴 홀의 트래픽 분석 팀에서 일한 WAC의 구성원 앤 브라운도 그때를 떠올리며 "당시의 여성들은 정말이지 모든 면에서 전력투구했다"고 말했다.

유령 군대에는 모형 전차상륙정, 가짜 사령부, 군함과 결합된 두 강습 부대가 포함되었다. 그래서 연합군도 D-데이 상륙이 있기 몇 달 전부터 패튼의 유령 군대가 잉글랜드로 이동해 집결하는 것처럼 가짜 트래픽을 송출하기 시작했다. 이중 첩자들도 독일군과 열심히 교신하면서, FUSAG가 파드칼레 공격 준비에 박차를 가하고 있다는 생각을 그들에게 교묘히 주입했다.

퍼플 머신도 기만전술이 잘 진행되고 있다는 기쁜 소식을 전해주었다. 1944년 6월 1일 지칠 줄 모르고 언제나 싹싹하던 오시마가 정교하게 다듬어진 메시지를 퍼플 암호로 만들어 도쿄에 보낸 것이다. 알링턴 홀에서 해독해보니 그것은 히틀러가 연합군의 침공을 예상하고 있고, 노르웨이, 덴마크, 프랑스의 지중해 쪽 해안을 연합군의 견제 상륙지로 추측하고 있다는 내용이었다.

오시마는 그 말에 덧붙여 히틀러가 연합군의 진짜 공격이 도버 해협 너머 파드칼레 쪽에서 전개될 것으로 예상하고 있다는 말도 했다.

이것이 결정적이었다. 연합군이 고대하던 바가 이루어졌으니 말이다.

* * *

"오늘 밤에는 설마 침공이 없겠지." 1944년 6월 5일 늦은 밤 웰즐리 출신의 앤 화이트가 워싱턴 북서쪽의 평화로운 거리를 걸으며 생각했다.[7] 일 년 중 그맘때의 워싱턴 날씨는 따뜻하여 암호해독부가 위치한 동네의 가지런히 정돈된 울타리에 핀 장미들도 꽃망울을 터뜨리려 하고 있었다. 제복 차림의 앤 화이트가 네브래스카 애비뉴로 접어들어 해군정보국 별관으로 들어선 때는 자정 가까운 시각이었다. 별관에 들어선 그녀는 이제는 익숙해진, 이중으로 된 해병대 경비 초소를 지나며 배지를 보여주고 남성들에게 경례를 한 다음, 에니그마 부서가 있는 방들로 들어가 야간 당직을 서고 있던 장교와 임무 교대를 했다. 앤 화이트도 그 무렵에는 대위로서 에니그마 트래픽을 감시하는 일을 하는 야간 근무조 여성들을 감독하는 당직 장교였다. 사격 훈련도 받아, 당직 장교 책상에 언제나 놓여 있는 권총도 쏠 줄 알았다. 에니그마 작업실은 버저로 출입을 통제하고, 직원들에게도 기밀 자료에 대한 접근 등급을 나타내는 배지를 착용하게 하여 보안에 철저를 기했다.

해군 별관의 다른 부서 여성들은 몰랐겠지만, 에니그마 팀에서 일하는 여성들은 머지않아 연합군의 프랑스 침공이 전개되리라는 것을 알고 있었다. 여성들이 그 사실을 알게 된 것은 며칠 전이었고, 그와 동시에 그들에게는 함구령이 내려졌다. 봄베 머신들이 풀가동되어 에니그마 암호를 해독하고 상륙 시점이 언제일지 궁금해하며 여성들이 때를 기다리는 동안, 그곳에는 긴장과 서스펜스의 무거운 분위기가 감돌았다. 상륙은 언제라도 전개될 수 있었다. 하지만 그날 밤, 이제는 OP-20-GY-A-1로 알려진 부서로 걸어가며 앤이 하늘을 쳐다보니 환한 보름달이 떠 있었다.

그녀로서는 영국 해협을 도하하는 기습 작전을 전개하기에는 밤이 너무 밝다고 충분히 생각할 만했다.

하지만 앤이 교대 근무를 시작한 지 2시간도 채 지나지 않아 에니그마 팀에는 그녀의 예상과 달리 도청 암호문이 들어왔다. 팀의 일지에는 그것이 "새벽 1시 30분 해안 회로로 들어온 메시지들을 번역해 보니, 그것들은 프랑스 침공 소식을 U보트들에게 전하는 내용이었다"[8]라고 적혀 있었다. 여성들이 암호문을 독일어로 출력하기 위해 M-9에 메시지를 입력하는 등 부서가 갑자기 분주하게 돌아갔다. 앤은 독일어를 알고 있었으니 출력된 에니그마 메시지가 위층으로 보내져 영문으로 번역되기도 전에 그것을 읽을 수 있었다. 독일군 중앙 사령부가 순회 중인 모든 U보트들에게 보내는 그 메시지에는 '센강 어귀에 적군 상륙'이라고만 간단히 적혀 있었다. 프랑스 해안 위아래의 에니그마 기계들도 달그락거리며 '센강 어귀에 적군 상륙'이라는 동일한 메시지를 다량으로 연신 토해냈다. 워싱턴 북서쪽 해군 별관의 여성들도 U보트 승조원들만큼이나 신속히 그 메시지를 읽었다.

D-데이 상륙이 전개되고 있었다. 노르망디 상륙 작전은 영국 해협의 기상 악화로 하루 넘게 지연된 후 야간 도하를 해도 좋을 만큼 날씨가 호전된 6월 6일 밤에야 전개되었다. 보름달은 연합군에 유리한

조류를 제공했고, 해협에 휘몰아치던 거센 풍랑도 잦아들어 며칠 동안 대기해 있던 선박들도 출항이 가능했다. 그날 밤 낙하산과 글라이더로 해안가 벌판에 낙하한 공수부대원은 2만 5,000명에 달했다. 역사상 최대의 해상 작전이었던 노르망디 상륙이 시작된 것이고, 마침내 일이 벌어져 연합군이 프랑스를 침공하고 있었다.

트래픽도 이제는 본격적으로 들어오기 시작했다. 상륙을 경고하는 메시지에 이어 (7,000여 척의 전함, 소해정, 상륙 주정, 지원선들로 구성된) 연합군 함선 수천 척이 노르망디 해안 주변의 영국 해협을 가득 메우고 있다는 메시지가 들어왔다. 메시지에는 구축함, 순양함, 유조선, 지원선들이 자세히 열거돼 있었다. 더 많은 메시지들이 속속 들어왔다. 여성들은 그 메시지들을 보며 (희망, 두려움, 호기심을 가득 안고 그들이 미친 듯이 일하는 장소에서 수천 마일이나 떨어진 곳) 서 멀리 거대한 선박들의 실루엣이 아침 하늘을 배경으로 불쑥 모습을 드러내는 광경을 상상했다. 16만 명 이상의 미국, 영국, 캐나다 병사들과 그들이 프랑스 해안을 공격하는 데 필요한 무기와 물자들이 실린 선박들이었다.

뒤이어 들어온 메시지에는 미군이 유타 해변(연합군은 노르망디 해안을 유타, 오마하, 골드, 주노, 소드의 다섯 구역으로 나누어 작전을 전개했다_옮긴이)을 점거하는 내용이 담겨 있었다. 수륙양용 전차들이 설계에 맞게 정확히, 하부에 설치된 작은 프로펠러들이 물속에서 돌며 얻은 추진력으로 파도를 헤치며 나아가고 있다는 것, 미 육군 레인저 공격부대가 위에서 쏟아지는 적군의 엄청난 포화를 받으며 프앙테 뒤 오크로 기어 올라가고 있다는 것, 잠수 부대들이 헤엄쳐 들어오고 있다는 것, 병사들이 해안을 떠나 산울타리 쪽으로 전진해 북프랑스로 진격할 수 있도록 공병 부대들이 길을 폭파하고 있다는 내용이었다. 주노 해변에도 캐나다의 위니펙 소총부대와 공수부대인 퀸스 오운 라이플스가 많은 인명 손실을 입은 끝에 모습을 드러냈다고 했다. 바람이 휘몰아친 오마하 해변에 관한 메시지에는, 강풍에 노출된 전차들이 절벽 위에서 비 오듯 날아드는 독일군의 총포탄을 맞으며 거센 풍랑에 휩쓸려 물속으로 가라앉고 있다는 내용이 담겨 있었다. 연합군은 배 멀미에도 굴하지 않고 해안으로 진격해 박격포, 화염방사기, 기관총, 장거리포의 포격에 맞서며 계속 전진하고 있었다.

　해군 별관의 여성들은 D-데이에 일어난 트래픽을 밤새 추적하며 저항하는 독일군의 관점에서 노르망디 침공 메시지를 읽었다. 연합군 병사들이 위험을 무릅쓰고 해변을 돌파해 절벽을 기어오르고 있다는 등의 메시지들을 오전을 지나 그날 하루 종일 읽었다. 당직 장교의 일지에는 그날 새벽 1시 40분에 "우리가 노르망디 상륙 작전을 알고 있다는 사실에 대한 그 어떤 종류의 언급도 해서는 안 되고, 이 지침은 공식적으로 뉴스가 나간 뒤에도 변함이 없다"는 경고가 여성들에게 하달된 사실도 기록돼 있었다.[9] 여성들은 연구동 계단을 밤새 오르내리며 위층의 번역 부서에 메시지를 날라다 주었다. 앤은 물론 독일어를 알았으니 그 전에 메시지를 읽었지만 말이다. 여성들은 그 일을 하며 흥분, 안도감, 전율을 느꼈다. 노르망디 상륙 작전이 2차 세계대전의 중요한 분수령이라는 것은 그들도 잘 알고 있었다. 그러나 작전이 어떻게 전개되고 있는지는 몰랐다. 메시지들에도 약간의 힌트는 나와 있었지만, 모르는 것이 더 많았다. 전사자는 얼마나 나왔는지, 나치는 반격을 가하고 있는지, 강습은 어떻게 진행되고 있는지 등, 그들은 궁금한 것이 많았다.

　여성들은 최선을 다해 일했다. 6월 6일 오전 7시 30분부터 오후 5시 30분까지의 12시간 동안 그들이 봄베 머신에서 터뜨린 대박은 11건에 달했고, 그중 8건이 노르망디 해안에서 벌어진 일 이외의 침공에 대한 소식을 독일군과 동시에 읽고 있던, 한 교대 근무 시간 중에 터진 것이었다. 여성들은 프랑스 레지스탕스가 발 빠르게 움직여 독일군의 통신을 두절시켰다는 사실도 알게 되었다. 그 많은 저항과 그 많은 용감한 사람들이 자유세계를 지키기 위해 힘을 모은 것이었다. 앤 화이트도 훗날 "작업실에 앉아 있는 우리도 나라의 힘을 느낄 수 있었다"고 썼다.

　독일군에게 노르망디 상륙 작전은 완전한 기습이었다. 이 기습으로 목숨을 구한 연합군 병력이 어림잡아 1만 6,500명이었다. 연합군은 이후 몇 주 동안 오마하, 유타, 주노, 골드, 소드를 잇는 진정한 교두보를 구축하고, 보카주의 산울타리를 돌파해 파리 해방을 향한 진격에 착수했다.

　상륙이 일어난 날 오전 8시(프랑스 시간으로는 오후), 앤 화이트가 밤샘 근무를 마치고 몽롱하고 불안한 마음으로 해군 별관을 걸어 나왔다. 그곳에 워드 서클에서 조지타운 북쪽의 위스콘신 애비뉴에 신고딕풍으로 지어진 워싱턴의 랜드마크, 국립 대성당 주변까지 가는 버스 노선이 있었다. 그리고 성당 곁에는 규모는 작지만 절묘하게 아름다운, 게다가 하루 종일 문이 열려 있는 성 알반스 교회가 있었다. 이 교회는 이번 전쟁이 일어난 이후 한 번도 비어본 적이 없었다. 아니, 앤 화이트가 갔을 때는 그랬다. 그녀와 몇몇 다른 암호해독부 여성들이 그 교회 안으로 살그머니 들어가 좌석에 앉았다.

D-데이는 대단한 성과였다. 여성들도 알고 있었다. 하지만 왠지 축하할 일은 아닌 듯 했다. 아니 축하해서는 안 될 일이거나 축하하기에는 시기상조인 것 같았다. 그들이 교회에 간 것도 느낄 수는 있어도 정도는 알 수는 없는 비극과 상실을 기릴 수 있는 유일한 방법이라고 생각했기 때문이다.[10] 엎어진 채 배낭 아래서 익사한 연합군 병사들, 땅에 꽂은 나이프로 몸의 균형을 유지하며 절벽을 기어오르다 총격을 받아 숨진 레인저 공격부대원들, 해변에 널린 시체들, 안개와 자욱한 연기 속에 격추된 비행기 조종사들, 습지에 빠져 익사한 낙하산병들. 여성들이 생각하기에 이런 희생자들을 기릴 수 있는 방법은 교회에 가는 것뿐이었다.

앤도 나중에는 노르망디 침공을 2차 세계대전의 주요 사건들 가운데 하나로, 그리고 자신이 수행한 전시의 암호해독 임무도 그녀 인생에 일어난 주요 사건으로 회상했다.[11]

하지만 당시에는 죽은 자들의 영혼을 위해 기도하는 것이 그녀가 할 수 있는 일의 전부였다.

* * *

자리에서 일어났다 앉았다, 다시 일어났다 앉았다, 축들에 바퀴들을 끼우고 기계에 프로그램을 입력한 뒤 앉아서 기다리고, 그런 다음 다시 일어나 축들에 바퀴들을 끼우고, 기계에 프로그램을 입력한 뒤 앉아서 기다리고. 노르망디 상륙 작전이 일어난 뒤 며칠간 해군 별관에는 메시지들이 폭주했다. 그에 따라 봄베 머신을 운전하는 WAVES도 눈코 뜰 새 없이 바쁘게 일했다. OP-20-GY-A-1의 그날 일지에도 "노르망디 침공으로 트래픽 양이 엄청나게 늘었다"고 기록돼 있었다. 다수의 회로를 통한 행정 트래픽이 꽤 많이 출현한 것이었다.[12] 지미 리 허친슨 파워스도 봄베를 운전하는 4인실 책임자로서, 노르망디 상륙이 진행되는 동안은 물론이고 그 이후까지도 작업을 계속했다. 그녀의 고향 친구 베아트리스 휴가트도 마찬가지였다. 연합군 병사들이 파리를 향해 용전분투 진격을 시작하자 오클라호마주에서 전화교환원으로 일했던 두 여성도 자리에서 일어났다 앉았다를 반복하며, 바퀴들을 교체하고 메뉴를 입력하기에 바빴다. 그러다 보니 여성들은 영광스러운 파리 해방도 봄베 머신들이 내뿜는 열기, 소음, 긴박함, 그리고 그들이 사랑하는 남성들이 해외 전장에서 싸우고 있다는 두려운 현실로 경험했다.

지미 리의 남편 밥 파워스도 글라이더 조종사로 노르망디 상륙 작전을 지원했다. 그는 영국에서 이륙한 일련의 글라이더들 가운데 첫 번째 조에 속해 있었다. 글라이더는 엔진과 같은 추진 장치가 없어, 비행기의 견인 줄에 매달려 가다가 아래에 벌판과 숲이 있는 적당한 고공에서 견인줄이 풀리면서 비행하도록 만들어진 활공기로, 무기와 병력은 물론이고 심지어 낙하산병과 해변으로 상륙하는 병사들을 실어 갈 지프 같은 차량도 수송했다. 하지만 취약한 구조와 임무의 위험성 때문에 글라이더는 '나는 관棺'으로 알려져 있었다. 따라서 조종사들도 사망 확률이 높다는 것을 알고 있었다.

그 무렵에는 미국인들 모두가 전사자를 통보하는 전보는 모양이 특별하다는 것을 알고 있었다. 그 전보는 일요일 아침에 배달되었다. 전보에는 수신인의 주소가 보이도록 작고 투명한 창이 나 있었는데, 전보의 주인공이 전사했을 경우에는 푸른 별들이 주소 주위에 둘러쳐져 있었다. 노르망디 상륙 작전이 전개된 지 며칠 후 지미 리도 전보를 받았다. 그러나 전사자를 알리는 전보는 아니었다. 고등학교 때부터 사귀다 결혼하여 이제 그녀의 1년차 남편이 된 밥 파워스는 글라이더 착륙지 가운데 한 곳에 인접한, 프랑스의 생메레 에글리즈 마을에 추락했다. 대공포가 발사되면서 일어난 화재로 현장에는 연무가 자욱하게 피어올랐다. 전보에는 그가 전투 중 행방불명되었다고 적혀 있었다. 악몽과 같은 불확실한 시간이 한동안 이어졌다. 그리고 난 뒤 9월, 지미 리는 남편이 사망했다는 청천벽력 같은 소식을 들었다. 베아트리스 휴가트의 약혼자도 D-데이에 목숨을 잃었다. 두 여성 모두 미국인들, 특히 그들이 알고 사랑하는 사람들의 목숨을 구하는 일을 돕기 위해 해군에 입대했다. 그런데 중요한 임무 수행에는 성공한 그들이 정작 자신들의 개인적 임무 수행에는 실패한 것이다.

지미 리가 자신이 수행하는 일의 중대성을 실감한 것도 그때였다. 오클라호마주에서 거행되는 남편의 장례식에 가려고 휴가를 신청했다가 거부당한 것이다. 그녀와 똑같은 전보를 받은 다른 봄베 머신 운전자들의 휴가 신청도 거부되었다. 그녀는 결국 작업실을 떠나지 못했다. 얼마 지나지 않아서는 지미 리의 아버지까지 사망하여, 그녀가 집에 가서 아버지에게 남편 잃은 심정을 하소연할 기회는 영영 사라지고 말았다. 하소연은 고사하고 아버지에게 마지막 작별인사조차 하지 못했다.

연합군이 승승장구하는 와중에도 인명 손실은 컸다. D-데이 상륙 작전이 전개된 지 10개월이 지난 1945년 4월에는 프랭클린 루스벨트 대통령이 사망했다. 여성들은 어린아이처럼 엉엉 울었다. 운구 행렬이 대통령이 사망한 장소인 조지아주의 웜스프링스를 떠나 워싱턴에 도착했을 때는 공적인 애도가 표해졌고 여성들은 고인에게 경의를 표하는 퍼레이드를 펼쳤다. 사람들은 신임 대통령 해리 트루먼이 나라를 잘 이끌어갈 것인지 궁금해했다. 몇몇 여성들은 심란한 마음에 백악관을 찾아, 경비병들의 교대식이 열리고 나무에서 떨어지는 물방울 소리가 유일한 소음인 기이하도록 고요한 백악관 앞 라파예트 광장을 서성이기도 했다.

* * *

2차 세계대전의 마지막 며칠간은 여러 면에서 피비린내가 진동한 최악의 기간이었다. 추축국 지도자들이 대서양과 태평양 양쪽 전역 모두에서 연합군에 인명 손실 측면으로 가장 희생이 큰 승리를 안겨주려는 각오를 다지고 있었기 때문이다. 일본은 연합군의 육해공군과 해병대 병력이 일본에 점령된 섬들을 공격할 때 사상자가 끔찍하게 많이 발생하면 미국이 종전을 서두르게 될 테고, 그러면 협상에 의한 평화를 얻을 수 있을 것으로 기대했다. 실제로 태평양에서는 가미카제 특공대의 자폭 공격이 시작되었고, 자살 보트들의 공격도 진행되었다. 해군 별관의 '키keys'로 불린 부서에서 일본 암호를 해독하고 있던 엘리자베스 비글로도 훗날 적군이 와해되고 있음을 보여주는 여러

징조들이 나타났다고 말했다.[13] 상황이 그렇다 보니 여성들은 연합군이 승리하고 있다는 것을 알면서도 최악의 소식이 담긴 메시지가 오면 어쩌나 하는 두려움 속에 살았다.

암호해독자들도 사랑하는 이들의 안위를 알아보기 위해 있는 힘껏 노력했고, 때로는 그 노력이 결실을 맺기도 했다. 해군 별관의 자료실에 근무한 조지아 오코너도 ECM(미국의 내부 메시지를 송출하던 기계)을 통해 들어오는 미 해군 메시지들 덕에, 그녀의 남자 형제가 탑승한 호위 항공모함 마커스 아일랜드의 동향을 지속적으로 파악할 수 있었다.[14] 그녀는 필리핀 침공, 오키나와 전투, 레이테만 전투 등 태평양 전역의 마지막 전투들을 살피며 항공모함의 동향을 추적했다. 그리고 그 과정에서 마커스 아일랜드가 수리가오 해협과 레이테만 그리고 루손섬 연안을 지나던 중 가미카제의 공격을 받고 위기일발의 순간을 맞았다는 것을 알게 되었다. 사고가 일어났을 때 조지아의 남자 형제는 무선실에 있었다. 물론 그녀는 그와 사적인 통신을 주고받지는 못했다. 그래도 가족에게 그가 안전하다는 말은 해줄 수 있었다. 어떻게 알았는지 출처는 말하지 못했지만 말이다. "우리는 남태평양에서 일어나는 일은 상시로 알 수 있었어요." 조지아가 나중에 말했다.

다른 사람들은 그녀만큼 운이 좋지 못했다.[15] 배서 대학교를 나온 엘리자베스 비글로에게도 태평양 전역에서 복무하는 남자 형제 둘이 있었다. 하나는 해병대에서 복무 중이었고, 프린스턴 대학교를 나온 또 다른 남자 형제 잭은 태피 원Tappy 1이라고 불린 항모 부대의 호위 항공모함 스와니에 탑승하고 있었다. 집안의 장남이었던 잭은 모든 가족 구성원, 특히 엘리자베스의 숭배를 받은 '엄친아'였다. 키는 작아도 체격이 좋아 프린스턴 대학교에 다닐 때는 체조선수로도 활약했다. 나중에 엘리자베스는 해군 제복을 입고 찍은 옛 사진들 속 그의 모습이 호리호리한 몸에 어울리지 않게 너무 큰 모자를 써 어색해 보였다고 말했다. 조용한 데다 성격도 좋았던 잭은 1938년 프린스턴 대학교에 입학해 전기공학을 공부했다. 그가 해군 예비역군에 입대한 것은 진주만 공격 뒤였다. 그리고 그해 크리스마스, 그와 마찬가지로 역시 해군에 갓 입대한 친구들과 모임을 가졌을 때는 엘리자베스가 설렘과 희망이 가득 찬 그들의 목소리에 감동을 받기도 했다. 잭은 1942년 해군에 징병되어 레이더 담당 장교로 복무했다. 스와니에 탑승해 길버트 제도, 콰잘레인 환초, 팔라우에서 진행된 군사작전에도 참여했다. 1944년 초에는 해군 동료가 "피곤에 지쳐 실물보다 몇십 년은 더 늙어 보이게 나온" 잭의 사진 한 장을 엘리자베스에게 보내주었다.

미군의 필리핀 탈환 작전은 1944년 10월에 시작되었다. 태피 원 항모 부대도 필리핀 탈환에 결정적이었던 레이테만 전투에 참여했다. 레이테만 전투는 2차 세계대전 최대의 해전, 아니 어쩌면 역사상 최대의 해전일 수 있었다. 그런데 암호해독도 일조를 했던 이 전투에서 미군은 한때 재앙을 맞을 뻔 했다. 미군이 조직화된 가미카제 특공대의 공격을 받은 것은 이때가 처음이었다. 며칠간 계속된 이 전투에서 미해군 제독 윌리엄 홀시가 지휘하는 제3함대가 적군의 유인작전에 말려들어 전역을 벗어난 것이고, 그 틈을 타 일본군이 제7함대를 공격하자, 스와니가 포함된 호위 항공모함들이 졸지에 방어 최일선에 서게 된 것이다. 스와니는 가미카제 공격을 받고 비행갑판에 구멍이 났다. 이때 전투기의 폭탄이 갑판을 관통하면서 비행갑판과 격납고 사이에서 폭발이 일어나 위 갑판의 비행기들에 불이 붙고 거기에서 새어나온 항공연료 때문에 끔찍한 화재가 발생했다. 항공모함의 해당 부분에 있던 병사들의 다수가 불에 타 죽고, 개중에는 물속으로 뛰어든 사람들도 있었다.

엘리자베스의 가족도 두려운 전보를 받았다. 그녀가 이틀간의 휴가를 받아 집에 가보니 하룻밤 새에 아버지는 머리가 하얗게 새어 있었다. 가족 누구도 잭을 잃은 상실감에서 벗어나지 못했다. 엘리자베스에게 사진을 보내준 잭의 동료는 그의 시신이 온전한 상태였다고 말했다. 하지만 나중에 그녀가 해군 파일에서 알게 된 사실은 그녀의 오빠 잭도 불에 타 죽은 병사들 가운데 하나였다는 것이다.

일부 여성들은 물론 그 일이 있기 전 공격을 암시하는 메시지를 해독했다. 하지만 그렇다고 그들이 공격을 막을 길은 없었다. 가우처 출신의 프랜시스 스틴도 당직 장교로 근무하고 있다가, 그녀의 남자 형제 에길이 함장으로 있던 구축함이 태평양에서 가미카제의 공격 목표가 되고 있다는 메시지를 수신했다. 그래서 해군에 신속히 경고를 발령했으나 공격을 막지는 못했다. 그래도 그녀는 자신의 임무를 계속 수행했다. 그녀가 할 수 있는 일은 그것뿐이었음을 알았기에. 구축함은 가미카제의 자폭 공격을 받고 침몰했다. 그래서 그녀도 당시에는 에길이 죽었을 것으로 생각했다. 하지만 나중에 알고 보니 그는 공격에서 살아남은 몇 안 되는 사람들 가운데 하나였다. 가미카제의 폭격이 구축함 사관실, 그가 서 있던 지점을 비껴간 덕분이었다.

도나 도 사우스올 또한 해군 별관 암호실에서 배들의 침몰 소식이 담긴 메시지들을 수신했던 WAVES 장교 200명 가운데 한 사람이었다.[16] 태평양 전역의 메시지를 점검하는 것이 그녀의 주 업무였으나, 대서양 전역의 배들이 침몰하는 것에 대한 트래픽도 살피고 있었고, 그 과정에서 그녀의 남자 형제가 탄 배가 침몰했다는 메시지를 보게 되었다. 그 때문에 당시에는 그녀 역시 남자 형제가 죽은 줄 알았으나, 이번에도 그 배에 탄 병력의 3분의 1이 목숨을 건졌고, 그녀의 남자 형제 또한 영국 구축함 잔지바르에 의해 물속에서 건져 올려졌다는 사실이 밝혀졌다. 그는 영국으로 후송돼 폐렴 치료를 받고 적십자로부터 의복도 제공받았다.

도나의 어머니는 아들에게 의복을 제공한 여성에게 몇 년간 계속 소포 꾸러미를 보냈다. 그중에는 도나가 신부 들러리를 할 때 입었던 푸른 드레스가 포함된 소포도 있었다. 영국 여성들도 얼마든지 결혼식 때 입을 수 있는 드레스였다. 하지만 도나의 남자 형제는 예전의 모습을 결코 되찾지 못했다. 그는 미국에 돌아와서도 조현병 증세를 보여 보훈 병원에 입원해 있다가 쉰아홉 살에 갑자기 숨을 거뒀다. 도나도 해군 장교와 결혼했는데, 그가 승선한 배 역시 오키나와 연안에서 가미카제 공격을 받았다. 폭발의 충격으로 신발이 벗겨져 시신 더미에 내 꽂혔던 그는, 시신 더미가 처분되기 전 가까스로 의식을 되찾고 살아남아 도나와 가정을 일구고 살았다.

14장
실종 전보

1944년 12월

도트의 남동생 티디는 누나보다 다섯 살이 적었다. 브레이든가의 형제들은 우애가 좋았고, 티디와 도트는 유머 감각도 뛰어났다. 남매는 서로 장난치기도 좋아했다. 형제들이 자랄 때는, 티디와 도트의 또 다른 남동생 부바가 누나의 남자친구들을 품평하는 것도 즐겼다. 린치버그의 패더럴 스트리트 511번가 앞뜰을 서성이며, 누나를 만나려고 집안을 들락거리는 '남친'들을 평가한 것이다. 형제는 도트가 서 있는 곳 건너편에서 붐비는 전차에 기어올라, "누가 파마 머리를 한 저 쪼끄만 여자애와 데이트를 하고 싶겠어?"라고 소리 지르는 짓도 곧잘 했다. 도트도 그에 질세라 남동생들의 연애사를 가지고 그들을 놀려 댔다. 어느 해 여름에는 가족이 헤엄치러 가 찍은 사진에서, 다른 사람들은 모두 카메라를 응시하고 있는데 티디만 옆쪽을 쳐다보는 상태로 나온 것을 보고 도트가 사진 뒤에 "티디의 시선을 강하게 잡아끈 것은 무엇일까? 여성 안전요원이 아니었을까?"라고 적어놓기도 했다.

티디 브레이든은 1943년 6월 어느 금요일 고등학교를 졸업했다.[1]

그런데 이틀 뒤인 월요일에 그는 이미 미 육군에 입대해 있었다. 티디가 처음 신병 훈련을 받은 곳은 텍사스주의 캠프 패닌이었다. 그런데 훈련을 시작한 지 1년도 되기 전 아이젠하워가 지휘하는 연합군이 노르망디 상륙을 끝내고 프랑스와 벨기에의 들판과 숲으로 진격하던 중 증원군이 필요해졌고, 그러자 육군은 티디를 켄터키주의 캠프 브레킨리지로 보냈다. 그 무렵에는 아직 훈련병들의 용도가 결정되지 않은 상태였다. 그래서 티디도 D-데이 침공 한 달 후였던 1944년 7월까지는 캠프 브레킨리지에 머물러 지내며, 1944년 7월 3일에 떠나 7월 16일 훈련소에 복귀하는 일정으로 2주간 휴가를 얻어 린치버그의 집으로 향했다.

티디는 집에 갈 때 "누나가 짬을 내 린치버그 집으로 내려올 수 있었으면 좋겠는데 말이야. 얼굴이라도 좀 보게"[2]라고 도트에게 편지를 썼다. 하지만 그녀는 시간을 내지 못했고, 그러자 그는 훈련소에 복귀한 뒤 다시 편지를 썼다. "잘 지내? … 마음 같아서는 워싱턴에 올라가 누나 곁에 잠시 머무르고 싶었는데, 생각해보니 일정에 차질이 빚어질 것 같아 그러지 못했어."[3] 티디는 휴가를 다녀온 뒤 복무에 다시 적응하느라 애를 먹었다는 말도 했다. "바깥바람을 쐬고 왔더니 당최 일이 손에 잡혀야 말이지. 게다가 맙소사, 온갖 잡일이 나를 기다리고 있는 거야. 주방 순찰부터 변소 청소까지. 그 변소 청소, 진짜 죽을 맛이었어! … 어휴."

그는 캠프에서 뭔가 일이 벌어진 것 같다는 말도 했다. "'몸수색'과 장비 점검이 이루어지고 있는데, 그것 때문에 캠프 내에서는 각종 소문이 난무하고 있어."

7월 31일에는 티디가 2주 내에 메릴랜드주의 포트 미드로 이동할 것 같다는 편지를 도트에게 썼다. "만일 가게 된다면, 이건 우리 훈련병들 모두 이제나저제나 닥치리라 예상했던 보트 타기 쪽으로 가는 첫 단계일 게 분명해."[4] '보트 타기'란, 병력 수송선에 올라 대서양 너머 유럽의 격전장으로 가는 것을 완곡하게 표현한 말이었다. "훈련병들 모두 소총수로 가게 되겠지." 티디는 그의 부대가 야간 도하 훈련을 했다는 말도 했다. 남매의 공통 친구들이었던 거스와 조니에게 도트의 사진을 보내주었는데, 답장을 못 받았다고도 했다. "걔들도 보트타기를 예상하고 있었으니 해외로 파병되었을 개연성이 있어."

티디는 예상대로 포트 미드로 이동했다. 그리고 머지않아 제28보병사단 112 보병연대에 배속되었다. 양동이 모양의 부대 휘장과 이후 참여한 전투의 사연이 더해져 '붉은 양동이'라는 별칭이 붙은 펜실베이니아주 방위군에 속한 한 부대였다. 티디는 노르망디 상륙과 이후에 벌어진 전투의 과정에서 사망한 병사들의 대체 병력으로 유럽에 파견된 수천 명의 앳된 청년들 중 하나였다.[5] 이 신병들은 여러 가지 면에서 불리한 입장에 있었다. 급하게 훈련받았다는 것과 전투 경험이 없다는 것도 그랬고, 전장의 몇몇 고참병들이 죽은 동지들의 대체 병력으로 온 그들을 애송이 취급하며 상대해주지 않아서도 그랬다. 한 장교에 따르면 그들은 이렇게 지내느니 하루 빨리 사상자 축에 끼는 게 낫겠다는 생각을 할 정도였다. 티디는 그런 상황에 밀어 넣어졌다. 떠나기 전에는 린치버그의 어머니가 올라와, 그는 어머니와 도트의 전송을 함께 받으며 배에 올랐다. 아직 스무 살도 채 안 된 티디가 배 밑창의 봉들에 매달린 해먹에서 잠을 자고 통조림 살구가 잔뜩 들어간 식사를 하면서 U보트들이 사라진 대서양을 열흘간 횡단하는 항해 길에 오른 것이었다.

하선한 뒤에는 그가 유럽 전역에서 미군이 감내해야 했던 몇몇 최악의 전투에 투입되었다. 그 무렵 독일군은 연합군의 추격을 받고 있었다. 그 과정에서 나치 병사들이 극렬하게 저항하자 프랑스로 돌진 중이던 연합군 부대들의 행렬과 보급선이 길게 늘어진 것이었다. 히틀러는 연합군의 공세를 꺾고 물자를 고갈시킬 수 있는 최후의 한방, 완벽한 승리를 노렸다. 1944년 11월 초에는 티디의 부대가 휘르트겐 숲 전투(나치 군대가 지뢰와 부비트랩을 매설하고, 철조망을 설치하고, 나무들 사이에 벙커를 지어놓은, 벨기에와 독일의 국경지대 변에서 벌어진 치열한 전투)에 휘말려들었다. 휘르트겐 숲은 깊은 계곡 위로 경사지들이 가파르게 나 있는 울창한 소나무 숲이었다. 티디의 112 보병연대는 이 휘르트겐 숲 전투에서 2,000명 이상이었던 병력이 한 순간에 300명으로 줄었을 만큼 엄청난 병력 손실을 입었다.[6] 독일군도 나중에 휘르트겐 숲 전투를 1차 세계대전 때의 전투보다도 심각했다고 말했다. 휘르트겐 숲 전투를 '살인 공장'이라고 부른 장교도 있었다.

그러나 휘르트겐 숲 전투도 준비운동에 지나지 않았다. 그로부터 2주도 지나지 않아 독일군이, 나중에 벌지 전투라고 불리게 될 전투에서 연합군에 대규모 공격을 감행했기 때문이다. 벌지 전투는 히틀러가 벌인 최후의 큰 도박이었고, 미국이 유럽 전역에서 싸운 전투들 중 가장 처절한 전투였다. 벌지 전투는 정보 면으로도 최악의 실책을 범한 전투들 중 하나였다.[7] 연합군 암호해독자들이 독일군의 무선 침묵에서 공격이 있을 것임을 알아채고 경고를 했는데도, 군대가 그에 대한 대비를 충분히 하지 않아 병사들이 기습을 당한 것이었으니 말이다.

그 무렵 미군 병력은 기나긴 전선에 들쭉날쭉 무질서하게 형성돼 있었고, 독일군은 이런 군대를 기습해 안트베르펜을 탈환하려는 계획을 세웠다. 제28보병사단도 벨기에 남부의 아르덴(스위스와 유사하게 평화로운 고장)에 지친 몸을 추스르러 가 있다가, 병력과 무기 두 가지 모두 부족한 상황에서 독일군의 기습을 받았다. 티디의 부대에 남은 것이라고는, 연합군 전선을 돌파하려 하는 독일군과 며칠간 벌인 격전의 과정에서 눈덩이처럼 불어난 사상자뿐이었다. 제28보병사단은 망가진 상태에서 싸우고 또 싸웠다. 도트가 나중에 들은 바에 따르면 그녀의 어머니 버지니아는 린치버그에서 친구들과 수다를 떨고 있다가 티디가 전투 중 행방불명이 되었다는 두려운 전보를 받았다. 린치버그의 주민들이 그녀를 찾아와 애도를 표했다.

버지니아 브레이든은 마음이 찢어질 듯한 슬픔 속에서도 도트에게는 티디가 실종된 사실을 알리지 않았다. 다행히 도트는 그 사실을 모르고 있었다. 벌지 전투가 진행될 동안은 알링턴 홀의 암호해독자들도 상한 햄을 먹고 욕지기와 구토를 일으키면서도 손에서 일을 놓지 못했기 때문이다. 해군 별관의 봄베 머신들도 쉴 새 없이 윙윙 돌아가고 있었으며, 슈거 캠프의 여성들도 벌지 전투가 벌어진 사실을 알고 있었다. 에스더 호텐스타인 대위도 훗날 "유럽과 대양에서는 학살이 벌어지고 있는데 나는 그토록 아름답고 편안한 곳에서 전쟁의 나날을 즐기고 있다는 사실에 죄책감이 들었다"고 썼다. "특히 기억에 남는 것은 우리가 초과근무를 한 1944년 겨울(12월이었다)의 벌지 전투였다."

　그런데 막상 전쟁의 안개가 걷히고 나자 티디 브레이든은 살아 있었던 것으로 드러났다. 티디는 세월이 한참 흐른 뒤에야 수십 년 전의 관점에서 그때 살아남을 수 있었던 이야기를 털어놓을 수 있었다. 전선들이 들쭉날쭉 어수선할 때였는데, 어느 순간 그와 몇몇 병사들이 적진의 한 가운데 있더라는 것이었다. "저는 장갑차에 탄 채 악착같이 버텼어요. 그렇게 차에 탄 채 반대쪽으로 나오다가 판처파우스트(로켓 추진식 휴대용 발사기)를 들고 도랑에서 나오는 독일군과 마주쳤죠." 독일군이 판처파우스트를 장갑차의 옆구리에 발사하자 티디는 공중으로 붕 날아가 도로를 가로질러 나무에 가 쳐 박혔다. 그러고는 의식을 잃었다. 의식을 회복해 보니 그의 눈앞에는 불타는 전차들과 구급차들, 독일 전차들이 연합군 차량들 측면에 발포할 때 생기는 녹색 불길이 보였다. 나치 병사들이 이리 뛰고 저리 뛰며 미군 병사들에게 총질하는 모습도 보였다. 어찌 보면 그를 살린 것은 촌스런 본능이었다고도 할 수 있었다. 티디는 비무장인 채로 나무가 있는 곳으로 살살 기어가다 동료 병사 몇 명이 숲속으로 조심조심 이동하는 것을 발견했다. 그래서 그도 그들 틈에 끼어 숲을 헤쳐 나오고 독일군이 총을 쏘면 땅에 납작 엎드렸다가 총질이 멈추면 다시 일어나 냅다 뛰었다.

　"그렇게 정신없이 뛰는데 돌연 50구경 기관총이 우리 앞에 불쑥 나타났고, 그제야 우리는 제82공수사단과 마주쳤다는 것을 알았죠." 티디가 그때를 떠올리며 말했다. 그들이 무사히 탈출한 것이었다. 제82공수사단은 초주검이 된 이 미국인들에게 궁전이 나올 때까지 길을 따라 계속 내려가라고 말해주었다. 그래서 티디도 그들이 가르쳐준 대로 길을 떠났으나, 나무에 부딪칠 때 뇌진탕을 일으켰기 때문인지 또 다시 의식을 잃고 말았다. 그는 길가에 쓰러져 있다 미군 전차에 구조되어, 지친 병사들로 만원이었던 성으로 옮겨졌다. 그리고 그곳 타일 깔린 욕실 바닥의 변기와 벽 사이 좁은 공간에서 잠잘 공간을 찾아냈다. 이튿날 아침에는 그가 한때는 짧게 깎여 있었을 성의 잔디밭에 서서 독일을 향해 날아가는 미군 폭격기들을 바라보며 커피를 마셨다. 절단 난 부대들에서 낙오되었다가 살아남은 많은 병사들이 분류되어 재편성되기까지는 오랜 시간이 걸렸다.

티디는 고향 사람들에게는 이런 이야기를 하지 못했다. 1945년 1월 도트에게 쓴 편지에서도 그는 "한동안 겨를이 없어 편지를 못 썼으니 누나도 걱정이 많았겠지"[8]라고만 했다. 붉은색 펜으로 써 미안하다고 하면서, 그것밖에 찾을 수가 없었다는 말도 했다. 편지가 뜸했던 것에 대해서는 엄마에게만 두어 차례 편지를 쓸 수 있었을 뿐이라고 하면서, 말을 아끼는 느낌으로 크리스마스 때 정신없이 바빴기 때문이라고 둘러댔다.

그래도 티디답게 농담은 했다. 큰 누나 도트가 배우는 것을 보고 자기도 고등학교 때 프랑스어 과목을 들었는데 그것이 유럽에서 유용하게 쓰였다고 했다. 벨기에의 고급 레스토랑에서 어쩌다 식사를 하게 되었을 때 손가락을 튕겨 갸르송(남자 종업원)을 멋지게 불렀다는 것이었다. 티디는 벨기에 여성들이 굉장한 미인이었지만 자신은 고대 건축물과 도시 역사에 관심이 많았기 때문에 그들에게는 눈길도 주지 않았다고 너스레를 떨었다.

그래놓고는 "허튼 소리로 들리겠지만, 나는 그저 내가 예전처럼 잘 지내고 있다는 것을 누나에게 알려주고 싶었을 따름이야"라는 말로 끝맺었다. 티디는 5벨기에 프랑을 기념품으로 편지에 동봉하고는 미화 12센트의 값어치가 있다는 말도 했다. "12센트 값어치밖에 안 되는 돈치고는 멋지지 않아? 지금쯤은 모두 재미난 새해 목표를 세워놓았기를 바라. 그럼 안녕! 사랑하는 티디가."

티디는 유럽에서 무사히 귀국했다. 도트가 어머니에게 그 사실을 알리자 버지니아 브레이든은 버스를 타고 득달같이 워싱턴으로 달려와 살아 있는 티디의 모습을 두 눈으로 직접 확인했다.

* * *

1945년 봄, 연합군은 미군 병사 수만 명을 마지막 전시 노력의 희생양으로 바친 끝에(벌지 전투 때만 미국인 2만 명이 목숨을 잃었다) 전쟁의 주도권을 되찾는 데 성공했다. 독일군의 저항을 물리치고 라인강을 넘어 독일로 쳐들어가 공장과 군수 시설, 그리고 부끄럽게도 드레스덴까지(훗날 이 폭격을 두고 논란이 야기되었던 것을 의식하며 말하는 것_옮긴이) 대규모 폭격을 가한 것이다. 동부 전선에서도 러시아 병사들이 독일 침략군을 격퇴하고 베를린으로 밀고 들어가 다수의 사상자를 발생시켰다. 아돌프 히틀러는 소련군의 포위망이 좁혀오자 1945년 4월 30일 베를린의 지하벙커에서 자살했다. 이제 연합군의 승리는 시간문제일 뿐이었다. 연합군은 (서방 연합군에게는 가장 힘들고 지루한 전장들 가운데 하나였던) 이탈리아에서도 파시스트 동지들을 지원했을 개연성이 있는 독일 병사들을 제압하고, 군부 내 파시스트들을 타도 했다. 베니토 무솔리니와 그의 연인 클라라 페타치는 4월 28일 처형되어 파르티잔에 의해 지붕에 매달려졌다. 1945년 5월 7일에는 독일이 항복했다. 제3제국이 멸망한 것이다.

연합군은 대서양 전투, 유럽 전쟁에서 승리했다. 독일의 새로운 국가수반이 된 되니츠는 U보트들에 해산을 명령했다.[9] 해군 별관의 에니그마 팀이 해독한 메시지에는 되니츠가 살아남은 잠수함 선장들에게 이렇게 말한 것으로 나타나 있었다. "제군들은 사자처럼 싸웠다. … 영웅적으로 전투를 벌인 뒤 부끄럽지 않게 무기를 내려놓는 것이다."[10] 강제수용소들도 미군 병사들에 의해 해방되어 인류 역사의 영원한 오점이었던 다하우와 부헨발트 강제수용소의 참상이 세계인들에게 노출되었다. 다수의 암호해독 여성들과 그 가족들도 아들, 형제, 사랑하는 이들을 잃은 상실감에서 영영 헤어나지 못했다. 그래도 유럽에서 싸우다 남은 병사들은 귀환을 했고, 워싱턴의 거리들은 그들을 축하하기 위해 콩가 춤을 추는 사람들로 시끌벅적했다. WAVES의 몇몇 여성들도 호텔 옥상에 올라가 행사를 구경했다. 장교 클럽에서 기념 탁구 게임을 벌이다 상대 남자와 눈이 맞아 결혼하게 된 WAVES 구성원도 있었다. 많은 암호해독자들이 그날, 전쟁 때문에 오랫동안 어둑했던 불빛들이 밤에 수도 워싱턴을 다시 환하게 밝히는 광경을 본 황홀한 경험을 잊지 못했다. 도트, 크로, 루이즈도 월터 리드 드라이브 변의 아파트에서 경사스러운 뉴스를 홀린 듯이 들었다. 물론 그렇다고 작업량이 줄어들지는 않았지만 말이다.

줄어들기는커녕 오히려 그 반대였다. 워싱턴 D.C.의 해군 별관과 알링턴 홀의 암호해독자들 모두 태평양 전쟁은 여전히 진행 중이고,

비밀 엄수에 대한 필요성 또한 유효하다는 주의를 들었다. 도트가 서명한 비밀 엄수 서약문에도 이런 문구가 적혀 있었다. "나는 유럽 전쟁의 종결이 미 육군 통신보안국SSA(처음에는 통신정보국SIS이었다가, 몇 번 오락가락 한 끝에 이 명칭으로 바뀌었다)의 극비 활동과 운영에 관한 비밀을 지속적으로 지켜야 할 필요성에 영향을 미치지 않았음을 통보받고 이해했다. 전쟁의 남은 날들과 종전이 되는 날까지는 기존의 보안 기준이 유지되어야 한다는 것 또한 통보받고 이해했다."

* * *

그로부터 한 달이 지난 1945년 6월 버지니아 브레이든이 미시시피주의 한 군부대에 머물고 있던 티디에게 애정 어린 편지를 보냈다. "내 아들 티디에게. 아들, 아무 일 없기를 바란다. 엄마는 비벌리 비치에 갔다가 목요일에 돌아왔단다. 토요일에 가서 아주 즐거운 시간을 보내고 왔지. 뗏목으로 파도타기도 했는데 네게 그 모습을 보여주지 못해 아쉽구나. 피부도 멋지게 태웠고, 모래사장에서 그냥 쉬기도 했는데, 그것도 좋았어."[11]

버지니아는 큰 누나 도트에게 일어난 일도 편지에 적었다. 이런 내용이었다. 도트가 조지 러시에게 그와 결혼할 생각이 없다고 통보하는 편지를 보내자 조지 러시는 그가 사랑하는 여성은 도트뿐이라는 답장을 보냈다는 것, 이랬던 그가 린치버그에 또 다른 도로시와 나타났는데, 그 여성은 다름 아닌 그의 새색시였다는 것이었다.

조지 러시가 결국엔 결혼을 하고 새색시와 함께 지금 이곳에 와 있다. 아직 얼굴은 보지 못했지만 이름이 도로시라는구나. 크리스마스 무렵만 해도 조지는 자신이 사랑하는 여성은 도트뿐이라는 편지를 도트에게 보냈고, 그에 대해 도트는 답장을 보내지 않았어. 그랬던 그가 결혼이라니, 사람 마음이란 알 수가 없구나.

그 말에 덧붙여 버지니아는 진짜 뉴스는 따로 있다고 하면서 도트가 조지 러시에게 짐 브루스와 결혼하기로 했다는 사실을 알렸다고 했다. "세상에! 도트가 누군가에게 진정으로 정착하리라고 누가 생각이나 했겠니. 내 딸에게 더 많은 힘을!"

15장

항복 메시지

1945년 8월

1945년 2월 11일에 개최된 얄타 회담, 그리고 같은 해 7월과 8월에 개최된 포츠담 회담에서 연합국 지도자들은 일본에 패배 인정과 천황 퇴진을 골자로 하는 무조건 항복을 요구했다. 일본 정부는 이를 거부했다. 그리고 같은 해 8월 6일 B-29 슈퍼포트리스 중 하나인 에놀라 게이가 히로시마 상공에서 전투 역사상 처음으로 원자폭탄을 투하했다.

그 일이 있고 난 후 얼마 지나지 않아 앨러시아 체임벌린이 그녀가 배치된 초소의 자리에 앉아 머리에 헤드폰을 꼈다.[1] 체임벌린은 샌프란시스코 북쪽 패탈루마 인근의 아름다운 농경지 내에 있는 육군 통신대의 도청 초소, 투 록 랜치에 배치된 WAC의 통신병이었다. 그곳은 통신병들이 히치하이킹을 해서 샌프란시스코에 갈 수도 있는 쾌적한 근무지였다.

체임벌린이 히로시마 방송의 전파를 잡기 위해 다이얼을 만지작거렸다. 그런데 평소에는 깨끗하게 수신되던 방송이 먹통이었다. 하지만 그녀로서는 먹통이 된 이유가 무엇인지, 무엇이 잘못되었는지, 전파가 왜 잡히지 않는 것인지 알 수가 없었다.

1945년 8월 9일, 또 다른 원자폭탄이 이번에는 나가사키에 떨어졌다. 그래도 일본은 항복은 고려하겠으나 천황의 퇴진은 받아들일 수 없다는 입장을 고수했다. 암호해독자들 중에는 태평양 전역의 부대들에 머물며 1945년 11월로 예정된 일본 본토 침공을 준비하는 남자 형제를 둔 여성들이 많았다. 그중에는 루스 '크로' 웨스턴의 막냇동생도 있었다. 일본 본토 남단의 섬 규슈 상륙이 수반될 그 침공은 만일 실행이 되면 100만 명가량의 미국인이 희생될 수도 있었다. 미국 전함과 항공기들에 대한 가미카제의 공격도 8월 전반부 내내 계속되었다. 알링턴 홀의 일본 육군 암호 팀에서도 일본 본토 침공을 격퇴할 각오를 다지는 병사들 수를 언급하는 메시지들이 해독되고 있었다. 그러나 일본의 외교 메시지들은 그와는 조금 다른 이야기를 하고 있었다.

* * *

앤 카라크리스티는 알링턴 홀에 들어서는 순간 뭔가 중요한 일이 벌어졌다는 것을 감지했다.[2] 때는 1945년 8월 14일 오후 2시 경, 브롱스빌에 사는 발명가의 딸이었던 앤은 교대 근무를 하려고 그곳에 막 도착한 참이었다. 명백한 환희의 물결이 건물 복도를 따라 일렁이며 그녀가 가는 방향으로 움직였다. 환희의 쓰나미가 일어난 곳이 어딘지는 분명했다. 언어 부서였다.

알링턴 홀의 언어 팀은 일본어에 능통한 사람들이 일본어로 된 암호문을 영어로 번역하는 일을 하는 엘리트 군단이었다. 1940년대에는 미국인으로서 일본어를 아는 것이 특별한 기술이었다. 번역자들 중에는 육군의 재정 지원으로 캘리포니아 대학교 버클리와 콜로라도 대학교 볼더에서 어학연수를 받은 젊은 장교들j-boys(일본어 번역자들)도 있었고, 또 다른 번역자들은 에드윈 라이샤워와 같은 학자들이었으며, 그 밖의 번역자들은 일본에서 선교사로 활동하다 돌아온 사람들이었다. 이들 중 후자의 두 범주에 드는 번역자들 다수는 일본 및 일본 문화에 대한 관심과 애정에서 일본어를 배운 사람들이기도 했다. 이런 사정으로 일본어 번역 일을 하는 사람들은 대개 일본에 애착을 갖고 있었고, 그곳에 사는 사람들과 그곳에서 일하는 사람들도 잘 알았다. 그랬던 그들이 이제는 한때 문화 이식과 연구의 대상이었던 나라를 쳐부수기 위한 일을 하고 있었다.

번역자들은 알링턴 홀에 없어서는 안 될 중요한 존재였다. 하지만 인원은 늘 부족했다. 번역자들은 책자 해독(코드군의 의미를 알아내는 일)을 하는 데도 도움이 되었기 때문에, 앤 카라크리스티도 해독자들과 긴밀히 협력했다. 번역자들의 또 다른 주 업무는 외교 암호의 로마지를 영어로 번역하는 것이었다. 게다가 외교 메시지들은 뜻이 모호하고 복잡하여(암호문도 외교 문서였으니 당연했다) 의미의 미묘한 차이를 감지하는 능력이 중요했기 때문에, 언어 부서는 알링턴 홀로 들어오는 외교 메시지들을 빠짐없이 읽을 필요도 있었다. 그렇게 읽은 암호문이 그때까지 50만 건이었다. 언어 부서는 말하자면 암호해독 팀과 펜타곤 및 해군에 제출할 보고서를 작성하는 군 정보부를 연결해주는 핵심 축이었다. 따라서 그들은 가장 높은 수준의 정보를 깊숙이

들여다보며 전황을 정확히 파악할 수 있었다.

지난 6개월간의 외교 암호문들에서는 긴장과 비참함이 느껴졌다. 유럽 주재 일본 외교관들이 본국에서 벌어지는 일에 본능적으로 반응한 것이 메시지들에 그대로 반영된 것이었다. 번역자들은 그런 비참함을 쫓고 있었고, 그 과정에서 간혹 그런 메시지들에 마음이 기울기도 했다.

알링턴 홀에 들어오는 외교 메시지들은 퍼플 암호뿐 아니라 다른 암호 체계로도 만들어졌다. 외교 문서라고 모두 등급 높은 퍼플 암호로만 작성되지는 않았던 것이다. 중공업, 금융 거래, 스파이 활동, 공습, 물자에 관한 메시지만 해도 퍼플 암호 이외의 다른 암호 체계로 작성되었다. 점령된 섬이나 영토들에서 사용된 JBB 암호도 그중 하나였고, 전 세계에서 이용되고 외교 암호의 가장 많은 분량을 차지한 JAH 암호도 있었다. 이중 JAH는 수십 년 전으로 역사를 거슬러 올라갈 만큼 오래되고 다목적으로 쓰인 암호였다. 허버트 야들리가 암호해독국을 이끌던 1920년대에도 JAH 암호의 한 버전이 사용되었다. 미국인들이 JAH를 LA로 부르고, 야들리가 몇몇 오래된 도청 암호문들을 파일 캐비닛에 숨겨둔 덕에 프리드먼의 신참 암호해독자들이 그것을 훈련 때 첫 시험 재료 중 하나로 삼기도 하던 시절이었다. 이렇게 케케묵은 암호를 일본인들은 업데이트해서 2차 세계대전 때까지도 사용하고 있었던 것이다.

JAH의 기묘한 점은, 급여나 휴가 소식 같은 것을 전할 때나 쓰는 실용적 암호였던 그것이 한 보고서가 '수많은 일급 자료들'이라고 부른 메시지들을 전할 때도 사용된 것이었다. 보고서에는 "보안의 중요성을 아는 일본이 진짜 중요한 메시지는 곧잘 JAH 암호로 보내면서도, 쓸데없는 정보는 극비 암호 체계로 보낸다"며 어이없어 하는 글이 적혀 있었다. JAH는 이론상으로는 소식을 주고받는 용도나, 행정적 성격을 지닌 낮은 등급의 메시지만 보내도록 되어 있었다.[3] 그런데도 JAH 메시지들에는 간혹 미군 정보장교들이 문제점과 특징을 파악하기에 충분한 정보가 담겨 있었던 것이다. JAH에는 크립으로 사용될 수 있는 문서, 연설, 명령, 메모, 발표문과 같은 기록 자료도 포함돼 있었다. 점령지들의 경제적·정치적 데이터도 담겨 있어 프로파간다를 유포하는 데 이용되기도 했다.

알링턴 홀의 언어 부서들은 거의 젊은 장교들이 이끌었다. 그런데 JAH만은 예외적으로 버지니아 데이 애더홀트라는 여성이 담당했다. 한 메모에 따르면 애더홀트는 크리스천 교회(제자회)가 설립한 4년제 대학으로 미국 최고의 언어학과가 있고 선행도 많이 한 웨스트버지니아주의 베서니 대학교(윌마 베리먼의 모교)를 졸업한 여성이었다. 기독교 계통의 학교답게 졸업생들 다수는 해외에서 선교사로 활동했고, 애더홀트도 4년간 일본에서 지낸 적이 있었다. 그런 그녀에게 JAH가 맡겨진 것이었다. 애더홀트는 그 암호를 완벽하게 지배했다.[4] JAH 수신을 위해 제작된 기계를 통해 메시지가 들어오면 읽고, 해독하고, 번역하는 일을 거의 받는 즉시 해냈다.

번역자들은 전쟁을 독특한 관점으로 경험했다. 일본 관리들이 나누는 대화를 통해서만 전쟁을 경험한 것이다. 그들은 일본의 통제를 받는 꼭두각시 정부들이 약화되기 시작할 무렵부터 점령지들에서 일어나는 일들을 지속적으로 추적했다. 마닐라의 필리핀 괴뢰 정부가

1945년 1월부터 어려운 시기를 보내다 결국은 이름뿐인 통치자가 도망쳤을 때, JBB 암호를 해독해 그가 대만으로 도주했다는 사실을 알아낸 것도 그들이었다. 번역자들은 같은 달 말, 도쿄가 미군 항공기의 공습을 받은 사실을 알리는 일본 외무성의 급보도 해독했으며, 일본이 중국 남부 지역에서 자국민들을 대피시키기 시작한 시점도 알아냈다.

번역자들은 소련 주재 일본 대사 사토 나오타케가 열심히 노력한 일의 실체도 밝혀냈다. 일본과 연합국 간의 평화 협상을 중재해주도록 소련에 탄원하는 것이 그의 임무였다. 그는 1945년 봄과 여름 동안 눈코 뜰 새 없이 바삐 일했다. 그해 4월 소련이 소련-일본 중립 조약(1941)을 파기하고, 일본을 공격하기 위해 병력을 집합시키고 있는 것으로 드러났기 때문이다. 사토는 그 상황을 움직여 일본에 유리하게 판을 바꿔보려고 온갖 노력을 기울였다. 소련 외무장관과의 면담을 간청하고, 메시지를 보내며, 사방팔방으로 뛰어다니는 등 자신이 할 수 있는 모든 일을 했다. 알링턴 홀의 번역자들은 그의 일거수일투족을 다 쫓았다. 모스크바의 트래픽이 불이 날 지경이었지만, 그들도 그 못지않게 트래픽을 열심히 추적했다. 하지만 그 모든 노력이 수포로 돌아가자 사토는 결국 천황에 대한 의무를 다하지 못했다는 생각에 사의를 표했고, 번역자들은 묘하게도 그에게 동정심이 이는 것을 느꼈다.

사토의 사임 메시지가 그를 진정으로 좋아하기 시작한 미국의 외교 암호 번역자들에게 큰 놀라움으로 받아들여진 사실은 전후의 한 역사책에도 언급되었다. 도쿄 외무성은 그에게 대사 자리에 계속 머물러 있어 달라고 요청하는 답신을 보냈다.

번역자들은 열렬한 나치 동조자 오시마 히로시 대사가 베를린 함락 직전 오스트리아의 바트 가슈타인으로 피신했다가 1945년 5월 연합군에 체포되는 과정도 추적했다. 그런 메시지들을 보면서 전쟁이 막바지로 치닫고 있음을 감지했다. 역사에는 그 사실이 "소련 주재 일본 대사 사토 나오타케, 스위스 주재 일본 대사 토시 카세, 스웨덴 주재 일본 대사 오카모토 수에마사, 일본 외무성 모두 5월에 폭격이 시작된 사실을 메시지로 알렸다. 일본이 그 전투에서 벗어날 수 있는 최선의 조언이 담긴 메시지들이 끊임없이 들어왔다. 해외 주재 외교관들은 일본에 대한 공습이 격렬해지자 본국의 처지를 생각하며 슬픔에 빠져들었다"고 기록되었다.

미군의 공습으로 도쿄는 쑥대밭이 되어 1945년 5월 24일에는 일본 외무성이 97식 구문인자기(B형 암호기. 즉, 퍼플 머신)조차 사용하지 못할 만큼 힘을 잃었다. 물론 오래지 않아 백업이 되어 재가동되었지만 말이다. 한여름이 되자 상황은 매우 빠르게 전개되기 시작했다. 사토 나오타케도 종전 관련 회담을 하고, 일본의 한 금융인도 스위스 베른에서 전략사무국의 앨런 덜레스와 비밀 회담을 가졌다. 역사에는 그것이 "메시지들은 외교 암호 부서로 들어가 기름칠 된 차바퀴로 빠져나왔다"고 표현되었다. 소련과의 협상 노력이 담긴 메시지만 해도, 포츠담 회담장에 가 있던 트루먼 대통령에게로 곧장 전해졌다. 외교 암호문들은 그런 식으로 소련과 일본 간의 비공식 회담을 감시할 수 있게 미국을 도왔다. 한 번은 알링턴 홀의 빠른 일처리 덕분에 트루먼이 이미 알고 있던 정보 하나를 처칠이 귀띔해 준적도 있었다.

1945년 8월 초부터는 알링턴 홀의 번역자들이 (통신선 두절로 교신을 못하게 되어 미국과의 직접적 의사소통이 불가능해지자) 일본이 이따금씩 나라들 사이에서 중재 역할을 맡기도 했던 중립국 스위스를 통해 항복 의사를 알리는 메시지를 보낼 계획을 세우고 있음을 암시하는 트래픽을 포착하기 시작했다. 그래서 그들도 미군 정보당국과 함께 그 중요한 메시지가 올 것에 대비하고 있었다. 도쿄에서 베른의 일본 대사관으로 메시지를 보내면 대사가 스위스 외무부로 그것을 가져가는 경로로 되어 있었기 때문에, 미군도 특수 도청 망을 설치해놓고 그 트래픽을 가로챌 준비를 했다. 이전 메시지들을 통해 이번 메시지는 퍼플 암호가 아닌 그보다 등급이 낮고, 많이 사용되며, 과소평가되기도 한 JAH 암호로 보내질 것이라는 것도 파악해놓았다. 1945년 8월 14일 알링턴 홀의 번역 부서는 안절부절 초조함을 감추지 못했다. 불안해서 점심을 먹으러 나가지도 못했다. 그러던 중, 드디어 JAH 암호로 된 메시지가 들어왔다. 하지만 가블된 메시지였고, 이는 추가 메시지들이 곧바로 도착하리라는 신호였다. 가블된 메시지를 본 번역자들은 미칠 것 같았다. 역사서에는 당시의 분위기가 이렇게 기록되었다. "그러기 무섭게 메시지 두 개가 들어왔다. 처음에는 일본어 메시지였고, 곧이어 영어로 된 두 번째 메시지가 들어왔다. 메시지들이 해독되기 시작하면서 고조되던 흥분은, 그 내용이 기다리던 것이었음이 밝혀지자 하늘 높이 치솟아 올랐다."

　　버지니아 애더홀트는 전광석화처럼 빠르게 항복 메시지를 해독했다. 프랭크 라울릿도 나중에 일종의 경외심을 가지고 그때를 이렇게 회상했다. "그녀는 JAH 암호 작업을 했고, 그 일을 좋아했으며, 그 암호를 기억했어요. 그런 그녀를 우리는 텔레타이프 바로 옆에 앉혀 놓았죠. 그랬더니 그 젊은 아가씨는 텔레타이프를 지켜보며 글자가 타이핑돼 나오는 것과 거의 동시에 실시간으로 평문을 적어내려 가는 것이었어요.[5] (프랭크 라울릿은 애더홀트를 이름으로 부르지 않고 웨스트버지니아주 출신이라고만 했으나, 정황상 다른 사람일 리는 없었다)." 그렇게 완성된 번역문을 군 정보기관에 전화를 걸어 읽어주자 그곳의 속기사는 재빨리 그 내용을 타자로 쳤다.

재담꾼이기도 했던 프랭크 라울릿은 그 메시지를 차지하기 위한 쟁탈전이 벌어졌을 때 다른 번역자들에게 짓밟힐 뻔 했던 버지니아 애더홀트를 자신이 구해주었다고도 했다. "그곳을 걸어가는데, B4의 그 망할 번역자들이 JAH 메시지를 힘겹게 해독하고 있는 그 작은 여성 주위에 숨어 어슬렁거리는 거예요. … 그 패거리들이 오는 게 보였죠. 그래서 대령의 견장이든 뭐든 가리지 않고 대령이라면 붙여야 할 것을 제복에 붙이고는 꺼지라고 호통을 쳤어요. 그제야 그들은 그녀를 혼자 내버려두고 그곳을 빠져나가더군요."

그 메시지가 스위스에 도착하려면 송신국 두 곳을 거쳐야 했다. 그래서 미국도 발 빠르게 움직여 메시지가 첫 송신국에 들어왔을 때 그것을 도청했고, 그리하여 반대편의 일본인들이 메시지를 받기도 전에 알링턴 홀은 그것을 이미 해독하고 있었다. 그 내용은 메시지가 해독되기 무섭게 깨끗한 사본으로 만들어져 대통령에게도 즉시 전달되었다. 알링턴 홀은 중립국 스위스의 메시지도 읽고 있었기 때문에, 스위스가 보내주는 메시지로 가블된 메시지도 재차 확인할 수 있었다.

알링턴 홀의 번역자들은 규정상 메시지들의 내용을 발설해서는 안 되었고, 그때까지는 규정이 잘 준수되었다.[6] 하지만 핵폭탄급 메시지가 들어온 이번만은 입 다물고 있는 것이 인간적으로 불가능했다. 2차 세계대전이 끝났다는 것, 아니 종전이 임박했다는 메시지를 보자 입이 근질거려 도저히 참을 수가 없었던 것이다. 앤 카라크리스티가 교대 근무를 하려고 알링턴 홀로 들어왔을 때 감지한 것이 바로 이들의 웅성거림이었다.

* * *

처음에는 프랭크 라울릿, 솔로몬 쿨백을 비롯한 몇몇 장교들이 사방을 돌아다니며 사람들에게 조용히 하라고 주의를 주는 데 그쳤다. 하지만 머지않아 그 소식은 광범위하게 퍼져나갔고, 그러자 알링턴 홀은 모든 종사자들을 불러 모아 오른손을 들고 침묵의 서약을 하게 했다. 도트도 그들 사이에 있었다. 커다란 목재 테이블에 앉아 교대 근무를 하고 있던 그녀는 다른 사람들처럼 열성적으로 작업실을 떠나 다른 사람들이 있는 곳에 집합해 오른손을 들고 선서를 했다. 그들은 그곳에서 일본이 항복했다는 것과 그날 늦게 대통령이 발표를 할 때까지는 그 사실을 누설하지 말라는 말을 들었다. 그 말을 들은 도트는 흥분이 되고 기뻤다. 하지만 놀라지는 않았다. 그 일의 중대성, 다시 말해 2차 세계대전이 끝났고 자신도 그 사실을 아는 극소수 세계인들 중 하나라는 사실에 놀라움보다는 겁이 났다. 그 아찔한 진실은 알링턴 홀 내에서만 부글거렸을 뿐 밖으로는 끓어 넘치지 않았다.

그날 오후 7시 트루먼 대통령이 지쳤지만 환희에 차 있던 미국인들에게 일본의 항복 사실을 알렸다. 도트 브레이든, 앤 카라크리스티, 버지니아 애더홀트를 비롯한 알링턴 홀의 암호해독자들 모두 밖으로 쏟아져 나왔다. 해군 별관의 암호해독자들도 마찬가지였다. 엘리자베스 비글로는 그 현상을 "도시가 폭발했다"고 표현했다. 그녀의 친구들 중 하나였던 해군 자료실의 린 램스델도 영화관에 앉아 있다가 스크린에 뉴스 속보가 뜬 것을 보고 일본이 항복한 사실을 알았다. "관객들 모두 자리에서 일어나 극장을 떠나더군요. 흥분한 사람들로 거리가 와글와글했어요." 엘리자베스가 그때를 떠올리며 말했다. 극장 밖은 극심한 교통 정체를 빚고 있었다. 차들은 오도 가도 못했고, 버스들은 만원이었으며, 사람들은 소리 지르고 춤추며 노래를 불렀다. 린 램스델도 해군 별관으로 돌아가려다가 사람들에게 떠밀려 누군가의 차 지붕으로 올라갔다. 또 다른 사람들은 전차 위에 퍼질러 앉아 있었으며, 그들 위 호텔에서는 투숙객들이 화장실 휴지를 창문 밖으로 던졌다. '행복한 날이 다시 왔네Happy Days Are Here Again!'를 '떼창'으로 부르며 팔짱을 끼고 뛰어다니는 사람들도 있었다. 군중들은 "트루먼 대통령님 나오세요!"를 외치며 백악관 경내로의 진입을 시도했다.

수천 명의 인파가 알링턴 홀을 나와 포토맥강을 건너 워싱턴으로 들어갔다. 일본어 번역일을 하는 젊은 장교들도 그들 틈에 끼어 팔짱을 끼고 노래를 불렀다. 여성 암호해독자 주얼 배니스터가 그 장교들 중 한 사람을 만나 미래의 남편임을 직감한 것도 그곳이었다. 한 번도 본 적 없던 그를 그곳에서 처음 마주치는 순간 미래의 남편이라는 생각이 들었고, 그녀의 판단은 옳았다. 이후 그녀는 'V-J Day(Victory over Japan Day: 대일 전승 기념일)'을 'Victory for Jeuel Day(주얼의 승전

기념일)'로 불렸다. 이튿날인 8월 15일에는 트루먼 대통령이 대일전 승리를 기념하는 이틀간의 공휴일을 선포했다. 그들이 해낸 것이었다. 연합군이 승리한 것이고, 세계대전이 끝난 것이었다.

* * *

일본 메시지들도 이제 뚝 끊겼다. 스위트 브라이어 대학교 출신으로, 일본 육군의 모든 암호를 지휘하는 연구 부서의 책임자 자리에까지 오른 델리아 테일러 신코브도 훗날 아들에게, 8월 15일 이후로는 자리에 앉아 십자말풀이를 하는 것 외에는 달리 할 일이 없었다고 말했다. 1945년 8월 18일에는 프레스턴 코더만 준장이 알링턴 홀 종사자들을 녹색 잔디밭으로 불러 모았다. 전후에 작성된 한 메모에는 그가 그들을 집합시킨 것이 알링턴 홀의 종사자들에게 통신보안국SSA의 과거 활동과 통신보안국이 평시 상태로 전환되는 것에 대한 연설을 하기 위해서였다고 기록되었다. 반면에 앤 카라크리스티와 그녀의 친구들은 그것을 '모자 여기 있는데, 뭐가 그리 급해Here's your hat, what's your hurry' 연설로 불렀다.

연설의 요지는 '여러분 매우 감사하다, 이제는 갈 시간이다, 수고 많았다'는 것이었다. 암호해독자들의 노고에 감사하지만 정부기관을 떠나는 것이 그들의 애국적 의무라는 것이었다.

앤 카라크리스티에게는 그 연설이 공정하게 느껴졌다. 그녀는 일을 좋아했다. 하지만 그녀의 근무를 더는 필요로 하지 않는다는 정부의 입장도 이해가 갔다. 앤은 브롱스빌로 돌아와 집안과 알고 지내는 사람의 도움으로《뉴욕 데일리 뉴스》보급소에 일자리를 얻었다. 데이터를 분석하여 구독자의 성향을 파악하는 것이 그녀가 하는 일이었다. 회사 상사들은 그녀가 대다수 사람들이 생각하는 것보다는 자사 신문의 구독자들이 식자층임을 입증해주기를 바랐다. 그 정도면 괜찮은 일이었으나 암호해독만큼 재미있지는 않았다. 그러던 차에 알링턴 홀에 머물고 있던 그녀의 좋은 친구들 윌마 베리먼과 거트루드 커틀랜드가 전화를 걸어오자 앤은 무척 기뻤다. 거트루드는 그 무렵 인사과 내에서 지위가 높아 영향력이 컸고, 윌마도 마찬가지였다. 그런 두 여성이 의기투합하여 모종의 동기생 네트워크를 만들어놓고 그것을 조직화하기 위한 준비 단계로 앤 카라크리스티에게 전화를 걸어 알링턴으로 돌아와달라고 한 것이었다. 앤도 그들의 제안을 즉각 받아들였다. 스스로 알아차리기도 선에 그녀는 벌써 워싱턴으로 향하고 있었다. 앤은 워싱턴에서 남은 생을 살았다. 당시에는 몰랐으나 알고 보니 알링턴 홀은 문을 닫은 것이 아니었다. 문을 닫기는커녕 이제부터 시작이었다.

16장
크로야, 안녕

1945년 12월

1945년 9월 짐 브루스는 해외 복무를 마치고 미국으로 돌아왔다. 2년 가까이 순수하게 서신으로만 관계를 유지하며, 그 과정에서 결혼하기로 합의했던 도트와 직접 만나 서로의 감정도 확인했다. 짐은 도트에게 반지를 맞추자고 했다. 도트도 반지라면 그동안 받을 만큼 받아보았지만 이번만은 확실한 상대임을 알았기에 그의 말을 따라주었다. 크로는 짐 브루스가 돌아온다는 소식에 엉엉 울었다. 질투 때문이 아니었다. 크로는 그런 류의 사람이 아니었다. 그녀가 울었던 것은 허물없는 동지처럼 지냈던 도트와의 우정, 그녀와 함께 다녔던 소풍, 함께 먹었던 아침 식사, 그녀와 나눈 농담들이 그리울 것 같아서였다.

12월에는 도트의 어머니가 크리스마스 준비와 관련해 수다스러운 편지를 딸에게 보냈다. "어제 쇼핑 좀 하려고 시내에 갔더니 괜찮은 물건들은 벌써 다 빠져나가서 이 상점 저 상점 돌아다니는 것 밖에는 할 일이 없더구나."[1] 버지니아는 여자 재봉사가 감기가 들어 도트의 의상 일부가 제작이 지연되고 있다는 말과 함께 곧 있을 결혼식(그 무렵에도 예식은 여전히 번잡하지 않고 간소하게 치러졌다)에 대해서도 언급했다. 그래도 도트의 실내복에 달 단추를 자신이 직접 준비해놓기도 했으니 모든 것은 제 시간에 준비가 될 거라고 했다. 버지니아는 편지에서 그들이 아는 60대 여성에 대한 농담도 했다. 그 여성이 결혼을 하려고 하는데 신랑 될 남자의 나이가 70대라는 것이었다. 그녀는 예비신랑이 250달러짜리 다이아몬드 반지를 주겠다고 하자, 주는 대로 받지 않고 자기 딸의 도움을 받아 고르기까지 했다며("그러니 내게도 희망이 있는 건가! 하!"라는 말과 함께), 그 여성에 대해 살짝 뒷담화를 하기도 했다.

버지니아는 도트가 알아야 할 필요가 있는 그 무엇, 닭 요리법도 알려주었다. "닭 요리는 고기가 부드러워질 때까지 삶아 팬에 얹은 뒤 육수를 자작하게 붓고 그 위에 밀가루를 뿌려 오븐에 집어넣은 다음, 마르지 않게 육수를 가끔 끼얹어주면서 겉이 노릇노릇해질 때까지 구우면 끝나는 거야."

도트 브레이든과 짐 브루스는 크리스마스가 지나고 며칠 후인 1945년 12월 29일에 결혼했다. 식은 린치버그의 코트 스트리트 연합 감리교회에서 간소하게 치렀다. 촌티를 벗고 도시 여성이 된 도트는 스스로 최신 유행이라고 느끼며 선택한 회색 실크 정장에 후크시아 장식이 된 모자를 신부복으로 입었다. "저는 제가 미스 스타일인 줄 알았다니까요." 도트가 훗날 웃으며 말했다. 신랑과 신부는 식이 끝나자 노스캐롤라이나주의 산맥으로 짧은 신혼여행을 떠났다. 하지만 짐은 그곳에서 오클라호마주로 돌아가야 했다. 아직 제대를 안 한 탓이었다. 육군을 떠나는 데는 시간이 걸렸다. 시간은 더디게 움직이는 듯 했다.

그리하여 도트만 기차에 태워 알링턴으로 보내고 짐은 오클라호마로 돌아갈 채비를 했다. 그런데 도트가 돌아가는 열차 안에서 보니 얼굴 곳곳에 불긋불긋 반점이 찍혀 있었다. 크로와 루이즈도 아파트에 돌아온 그녀를 보고는 화들짝 놀라 의무실에 갈 수 있도록 그녀를 도왔다. 붉은 반점은 홍역이었다. "너와 언니가 결혼할 때도 이런 일이 생길까?" 도트가 크로와 루이즈에게 물었다. 농담이 아니라 진담으로 물은 것이었으나 두 여성 모두 대답을 하지 못했다. 그래도 도트가 홍역을 결혼과 연관 지어, 결혼에 따른 모종의 신체적 반응으로 여긴 것은 그럴 듯해 보였다.

도트는 '모자 여기 있는데, 뭐가 그리 급해' 연설을 듣지 못했다. 아니 들었지만 못 들은 척 했다. 결혼 전이었던 12월 14일 도트는 프랑스어 평가 시험을 치르고 탁월한 성적을 받아, 독일 점령 이후 남겨진 메시지들을 정리할 목적으로 알링턴 홀에 신설된 B-Ⅲ부서의 프랑스어 암호해독 팀에 배정되었다. 직급도 CAF-4에서 SP-6으로 올라 봉급도 연 2,320달러를 받았다. 처음 알링턴 홀에 들어왔을 때보다는 700달러가 많고, 교사일 때보다는 훨씬 많은 금액이었다. 도트는 분기별 근무 평가 때 기술, 세부 사항에 대한 주의력, 지략이 포함된 자질 부분에서 '대단히 우수함'의 평가를 받는 등, 모든 분야에서 긍정적인 성적을 받기도 했다.

그런 저런 이유로 짐이 오클라호마에 머물 동안에는 두 사람 모두 도트가 일을 계속하는 것이 합리적이라고 느꼈다. 돈은 있는데 집 구하기가 어려웠던 것도 그런 생각을 하게 만들었다. 하지만 신혼부부가 떨어져 지내기는 쉽지 않았다. 오클라호마에서 오는 짐의 편지들에서는 현실적 고려와, 둘이 함께 지내고 싶은 조바심 사이에서 갈피를 못 잡는 기색이 느껴졌다. 그 편지들에서는 애정이 뚝뚝 흘렀다. 편지들은 "나의 사랑하는 아내"라고 시작되었다. 도트의 편지를 한꺼번에 두 통이나 받았다고 하면서 "그것들은 내가 지금까지 받았던 당신의 그 어떤 편지들보다도 좋았던 것 같아"[2]라고 쓴 편지도 있었다. "당신을 진정으로 사랑하고 있어. 신혼여행이 즐거웠다니 기뻐. 나도 무척 즐거웠어. 오후에 당신 편지를 받은 뒤로는 머릿속이 온통 당신 생각뿐이야. 군대 매점에서 물건을 산 뒤 계산대에 지갑을 놓고 온 것 때문에 신경이 자꾸 쓰이기는 했지만 말이야." 그 다음에는 지갑을 어떻게 찾았는지 설명이 길게 이어졌다.

짐은 도트가 오클라호마에 와서 그와 합치는 문제에 대해서는 갈등하는 모습을 보였다. "아내를 데려온 군인들을 보니 살 집 구하는 데 무척 애를 먹더라고. 나도 잠잘 수 있는 방 하나 정도는 구할 수 있을 것 같은데, 그 방의 상태에 대해서는 잘 모르겠어." 짐은 도트가 그녀의 일을 좋아한다는 것을 알고, 그래서 그녀가 그곳으로 오는 것이 현실적이지 못할 수 있다는 말도 했다. 그래놓고는 또 "그렇다고 우리가 언제까지 현실만 따지며 살 수는 없지 않겠어"라며 다른 말을 했다. 그렇게 갈팡질팡하는 편지를 몇 차례 보내다 결국은 "도트, 확실한 것은 내가 당신을 무척 사랑한다는 것과 가능한 한 빨리 당신을 다시 보고 싶다는 거야"라고 했다. 그는 도트 없는 삶이 너무도 외롭게 느껴진다고 솔직하게 말했다.

1946년 1월 31일 도트 브레이든 브루스는 알링턴 홀을 그만두고 오클라호마로 가서 남편과 같이 살 준비를 했다. 그녀 몫의 가구도 언니 루이즈와 방 한 칸짜리 아파트에 살고 있던 크로에게 팔았다. 그 무렵 루이즈는 해군관측소의 천문학자로 일하고 있었고 크로는 여전히 알링턴 홀에 근무하고 있었다. 대학 졸업반인 그녀의 막냇동생 키티도 컴퓨터 프로그래밍 분야에 진출할 계획을 세우고 있었다. 웨스턴가 딸들 누구도 버번으로 귀향해 살 생각은 하지 않았다. 도트도 린치버그로 돌아갈 일은 없을 터였다.

워싱턴 유니언 역(그녀가 처음 왔을 때보다 한층 익숙해진)은 혼란스러웠다. 매표소 직원이 도트에게 신시내티까지 가는 표만 끊어줄 수 있다고 하면서, 거기서부터는 운수에 맡겨야 될 것이라고 말했다. 역에는 도트를 전송하기 위해 크로도 나와 있었고 도트의 어머니 버지니아 브레이든도 나와 있었다. 도트는 단짝 친구 크로가 당시 자신을 떠나보낼 때 울면서 이런 말을 했던 것으로 기억했다. "너, 내가 왕언니와 이곳에서 평생 살 거라고 생각한다면, 착각이야!" 도트는 어머니가 그런 크로를 돌아보며 건넨 위로의 말도 잊지 않았다. "크로, 너도 짝을 만나게 될 거야. 전쟁터에서 돌아오는 청년들이 얼마나 많은데."

도트는 여행을 계속했다. 병사들 모두 지난 몇 달간 여자 구경을 못해 보아서인지 그녀에게 말을 붙이지 못해 안달이었다. 도트는 여행하는 동안 제 돈 내고 밥을 먹어본 적이 없었다. 그녀에게 기차에서 내려 자기 가족과 저녁 식사를 함께 해달라고 부탁하는 병사도 있었다. 도트가 결혼했다고 하는데도 상관없다면서, 그의 가족은 그녀를 만나는 것만으로도 기뻐할 것이라고 말했다. 그녀 옆자리에 앉아 자는 척하면서 그녀 몸에 슬쩍 팔을 두르려 한 병사도 있었다. 그것을 보고 한 수병이 끼어들어 "나쁜 놈"이라고 호통을 치며 그를 쫓아버렸다. 신시내티에 왔을 때는 병사들이 도와준답시고 도트를 번쩍 들어

올려 오클라호마행 기차에 태워주었다. 오클라호마에 오니 짐이 그녀를 기다리고 있었다. 지난 몇 주에 걸쳐 그럭저럭 제대 절차를 마친 그는 도트와 함께 리치먼드로 이사하고 그곳 듀폰사에 일자리도 얻었다.

1946년 2월 무렵 도트는 미 육군 보안국ASA으로 이름이 바뀐 옛 알링턴 홀에서 편지 한 통을 받았다. 전시 복무에 사의를 표한다는 내용이었다. "귀하에게 정보 임무를 맡겼던 것은 귀하가 평판도 좋고 미 합중국에 의심할 바 없는 충성심을 가진 인물로 조사되었기 때문입니다." 편지에는 그 말 외에 "귀하가 제공받은 정보는 어떠한 경우라도 권한 없는 사람에게 누설해서는 안 됩니다"는 글도 적혀 있었다.

전후에 집을 구하기란 끔찍히 힘들었다. 미국인 모두 살 집을 필요로 했다. 리치먼드로 이사 온 이 신혼부부도 도트가 최악의 아파트로 여기게 될 곳에 신접살림을 꾸몄다. 벽이 얇아 옆방 부부가 밀다툼을 하며 접시를 집어던지고 싸우는 소리가 다 들렸다. 전후에 맺어진 부부라고 해서 모두 그들처럼 행복하진 않았던 것이다. 그런 와중에 정부가 퇴역병들에게 제공할 조립식 주택들을 트럭으로 실어 나르자 짐도 줄 서서 기다렸다가 그중 하나를 얻었다. 새로운 동네는 살기가 편했다. 동네 부인들은 커피를 끓이고 새로 태어난 아이들에 대해서만 이야기를 나눌 뿐, 도트가 전시에 무슨 일을 했는지에 대해선 알려고 하지 않았다.

도트도 아이를 가졌다. 하지만 미숙아로 태어나 고생을 많이 했다. 지미는 병원에서 집으로 데리고 온 뒤로 울음을 그치지 않았다. 의사가 많이 먹이면 안 된다고 주의를 주면서 거의 맹물에 가까운 조제유만 먹이라고 하여 그것만 먹였더니, 허기가 져서 더 심하게 울었다. 아이를 가져본 적이 없는 도트는 아기들이 모두 그렇게 우는 줄만 알았다. 그래서 의사의 지시를 고지식하게 따르며 아기의 울음소리를 듣고만 있었다. 도트는 워싱턴에서 꽃을 들고 찾아와 준 크로 덕분에 악몽 같은 그 기간을 버틸 수 있었다. 그래도 지미는 무탈하게 자랐고, 밑으로 여동생도 둘이 더 생겨 가족 모두 건강하고 행복하게 살았다.

크로는 그 무렵에도 여전히 알링턴 홀에 근무하고 있었다. 하지만 자신이 맡고 있던 극비 프로젝트가 무엇인지는 도트에게도 말하지 못했다. 그로부터 몇 년이 흐른 후 크로는 버지니아 브레이든의 예언대로 빌 케이블이라는 남성을 소개팅 자리에서 만났다. 재향군인회에서 일하는 남성이었는데 그녀가 하는 일을 캐묻지 않을 만한 양식을 지닌 사람이었다. 도트는 크로에게는 그가 더할 나위 없는 남편감이었다고 하면서, 두 사람을 천생연분이라고 이야기했다. 말수가 적고 성격도 좋았던 빌은 어느 모로 보나 크로 못지않게 느긋하고 신중한 사람이었다. 그래도 크로는 도트와 짐을 워싱턴으로 불러 두 사람에게 그를 선보이고 그들의 동의를 받은 뒤에야 결혼을 했다. 그녀는 결혼 뒤에도 일을 그만두지 않고 전시의 몇몇 엘리트 암호해독자들과 함께 알링턴 홀의 계산원으로 계속 근무했다. 크로는 개인 성적표에 근무평점도 높게 받았으며, 1948년에는 그녀가 속한 수학 부서가 수상을 했다. 하지만 1952년 12월 31일 첫 아이를 임신하자 결국은 집에서 아이 돌볼 시간이 필요하다는 이유로 계산원 자리를 그만두고 싶다는 내용의 사직서를 친필로 작성해 정부기관의 상사들에게 제출했다.

그 무렵에는 아이를 가진 여성들이 일을 그만두는 것이 당연하게 여겨졌다. 그것이 전후 미국 정부의 방침이었다. 전시에 운영되었던 정부 지원 양육 시설도 그 무렵에는 운영되지 않았다. 전후 냉전기의 미국은 보육에 의심의 눈초리를 보냈다. 아이들의 집단 양육을 공산주의자들이나 하는 행동으로 치부했다. 미국 정부는 전시에 신병 모집을 하던 때와는 정반대의 정책을 펴기 시작했다. 여성들에게 직장을 그만두고 가정으로 돌아가 가족을 돌보라고 말하는 선전 영화들이 만들어졌다. 여성들이 남성들의 일자리를 빼앗아 가장 역할을 하는 것이 부자연스럽다고 지적하는 영화들이었다. 미국에서 직장을 그만두는 것은 이제 애국심의 문제가 되었다. 수많은 전시 여성 근로자들이 그런 분위기 속에 아이가 생기면 직장을 떠났다. 자신의 일을 무척이나 좋아했던 크로도 그들 중 한 사람이었다.

루스 '크로' 웨스턴 케이블의 딸들은 도트의 아들 지미 브루스와 왠지 모르게 연결돼 있다는 느낌을 받으며 자랐다. 두 전직 암호해독자들이 하도 친하게 지내다보니 아이들까지도 한 가족으로 여기게 된 것이었다. 루스 웨스턴 케이블이 도트 브레이든 브루스에게 전화를 걸어, "도트! 나 크로야!"라고 말하면 도트는 매트리스 모험 이야기를 끄집어냈고, 그러면 두 여성은 깔깔대며 숨이 넘어가게 웃었다. 도트는 크로가 선물로 준 금 귀걸이도 늘 착용하고 다녔다. 두 여성은 또 모두 집에만 있는 것을 답답해하여 아이들이 웬만큼 자란 뒤에는 일터로 복귀했다. 도트는 부동산 중개인이 되고, 알링턴에 여전히 살고 있던 크로는 운송 컨설팅 업체의 지도제작자로 취직했다. 크로는 지도를 좋아했으니 당연히 일도 좋아했다. 미국 대통령 선거일에는, 미시시피주의 버번에서 자랄 때 아버지에게 교육받은 대로 애국을 하고 시민의 의무를 다하기 위해 투표소에서도 일했다. 그녀에게는 여전히 선거일에 민주주의에 참여하는 행위가 신성하게 여겨졌다.

나오는 말
전쟁 뒤에 남은 것들

2016년 1월

쌀쌀하기는 했으나 매섭게 춥지는 않았던 2016년 1월의 어느 화창한 날, 세단, SUV, 픽업트럭들이 줄지어 버지니아주 북부의 산기슭에 있는 한 묘지로 향했다. 묘지는 워싱턴 외곽에서 110킬로미터 정도 떨어져 있는, 비밀스럽다고까지 할 것은 없는 호젓한 곳에 위치해 있었다. 차들이 풀이 무성한 주차 구역으로 들어가 멈추자 사람들이 밖으로 나왔다. 검은 양복에 오버코트를 입은 남성들은 바람에 넥타이를 펄럭이며 서 있고, 젊은이들은 나이든 사람들을 부축하고 있었다. 모자를 쓰고 장갑을 낀 조문객들의 무리가 부드러운 땅을 조심스레 밟으며, 차양 아래 늘어서 있는 접이식 의자에 앉았다. 조문객들은 가족, 이웃사람, 지지자, 미국 정보 및 국가 안보 분야의 저명인사들로 구성돼 있었다. 그들은 전시의 암호해독자들이 산파 역할을 해 탄생한 미 국가안보국에서 최초의 여성 부국장을 지낸 여성에게 조의를 표하기 위해 온 것이었다.

조문객들 속에는 앤 카라크리스티 밑에서 일한 남성들도 있었다.

그들의 다수가 손가락 사이에 연필을 끼우고 절대 떨어뜨리는 일 없이 튕기는 묘기를 부렸던 앤에게 주눅 들었던 경험이 있었다. 반면에 젊은 여성들은 그녀를 본보기로 분발했다. 앤은 아흔네 살에 숨질 때까지도 예리한 지력을 잃지 않고, 셰익스피어부터 키르케고르에 이르는 다양한 주제의 책들에 둘러싸여 잡지 《더 뉴요커》를 읽고 CNN 뉴스를 시청했다. 유머 감각도 여전했다. 죽음을 며칠 앞둔 시점이라 조지타운에 있는 그녀의 작은 집, 볕이 잘 드는 일층 주방의 침대에 꼼짝없이 누워 있어야 했을 때도 그녀는 키 큰 간병인이 구부정하게 허리를 굽히고 문간으로 들어설 때마다 그 모습을 보고 웃었다.

약관 스물세 살에 일본 육군 주소암호 연구 부서의 책임자 자리에까지 올랐던 앤 카라크리스티는 종전 뒤에도 알링턴 홀에 들어와 단순 복귀 이상의 일을 했다. 그녀는 냉전기가 제기한 가장 난해한 암호해독 과제의 일부를 해결했다. 신문사로 잠시 외도를 했다 돌아온 앤에게 주어진 일은 다면적 노력이 요구되는 '소비에트 문제'였다. 그녀가 처음 부여받은 업무는 소비에트 무기 체계에 관련된 암호해독이었다. 하지만 한 첩자에 의해 그 프로젝트의 존재가 소련에 누설되는 바람에 프로젝트가 중단되자 그녀는 동독 부서로 자리를 옮겼다. 엄혹한 시대에 엄혹한 일을 하게 된 것이었다.

앤 카라크리스티는 경력을 쌓아가는 과정에서 직급이 계속 올라 국가안보국 브레인트러스트의 원로위원까지 되었다. 보국훈장, 미 국방부가 민간인에게 수여하는 최고상인 민간인공로상을 포함해 다수의 훈장도 받았다. 로널드 레이건 대통령으로부터 상을 받을 때는 그 상이 얼마나 중요한지에 대해서는 한 마디도 하지 않고, 친구 거트루드의 조카에게 백악관에 같이 가달라고만 부탁했다. 앤이 받은 공적 영예는 전시와 전후에 활동한 여성들 대다수가 적어도 공식적으로는 인정받지 못할 때 받은 것이었다는 점에서 특별했다. 대부분의 남성들도 그 점에서는 마찬가지였다.

조지타운의 장례식장에서 거행된 조문 기간 동안에는 그녀와 관련된 스냅사진 전시회도 함께 열렸다. 그 속에는 새하얀 이브닝드레스에 모피 스톨을 두른 앤 카라크리스티의 사진도 들어 있었다. 세탁비누로 머리를 감고 바비 삭스를 신던 시절에 비하면 격세지감이 들만큼 발전을 이룬 모습이었다. 앤은 직장생활을 하는 내내 공정하고 똑똑하며 터프한 여성으로 인식되었다. 앤과 알고 지낸 한 남성은 연방 관료 기구를 움직여 결과를 얻어내는 능력이 탁월했다는 의미로, 그녀를 '뛰어난 관료주의자'라고 불렀다. 앤과 함께 일한 군 수뇌부 인사들도 그녀를 존경했다. 앤은 실수를 좋아하지 않았지만 실수가 일어날 수 있다는 것은 이해했다. 또한 집에서는 실없는 농담도 했으나 직장에서는 절대 그런 행동을 하지 않았다. 고등학교 졸업 뒤 알링턴 홀에 들어와 인력 관리 부문에서 경력을 쌓고, 앤을 좋아하기도 했던 여성 조세핀 팔럼보 패넌도 그녀가 잘 웃는 사람이 아니었다고 말했다. 전시에 일가친척 모두 알링턴 홀에 들어와 일했던 어스킨가의 젊은 친족 휴 어스킨도 전쟁이 끝나고 오랜 세월이 흐른 뒤 말하기를, 자신이 고등학교를 마치고 대학에 들어가기 전 여름 한철을 메시지 분류하는 작업을 하며 보낼 때(이 일은 앤이 입사 후 처음 한 일이기도 했다) 앤을 조금은 무서운 존재로 보았다고 했다.[1]

앤이 집에서도 그렇게 행동했는지는 모를 일이다. 하지만 앤이 죽기 전 내가 다섯 차례 인터뷰를 할 때는 그런 인상을 받지 못했다.[2] 그녀는 그저 자신이 담당했던 일본 육군의 주소암호를 조금도 생색내지 않고 유쾌하게 설명해주었을 따름이었다. 스스로를 깎아내리는 말투로 "주소암호를 알아내는 것 같은 일이 도움이 되었다는 말이 도리어 어처구니없게 들리더군요"라고만 말했다.

앤은 전쟁이 끝난 뒤 삶의 대부분을 조지타운의 한 골목길에 있는 빨간색 소형 주택에서 살았다. 호빗족이 살았을 만한 작은 집이었다. 앤은 그 집에서 공무원 생활을 접고 어린이 책 작가가 된 거트루드 커틀랜드와 평온한 동반자 관계를 유지하며 살았다.

장지에서는 목사가, 북부 출신인 앤이 좋아했고 잘 알기도 했던 버지니아주의 블루리지산맥에 대한 이야기를 시작하고 있었다. 앤 카라크리스티, 윌마 베리먼, 거트루드 커틀랜드가 전시에 드물게 휴식을 취할 때면 찾곤 하던 산맥이었다. 앤과 거트루드는 마운트 웨더(핵 공격과 같은 국가비상사태가 발생했을 때 정부 역할을 하도록 지어진 방공호)에서 멀지 않은 곳에 주말 주택도 한 채 마련했다. 언덕 위의 그 집에서 두 여성과 평온한 주말을 보내는 것은 국가안보국 직원들에게도 특별한 즐거움이자 영광이었기에, 초대만 하면 누구나 응했다.

앤의 무덤은 거트루드 커틀랜드의 무덤 곁에 조성되었다. 두 사람이 나란히 영면에 들 수 있도록. 앤의 가족이《워싱턴포스트》에 낸 부고에는 앤보다 일찍 사망한 거트루드가 앤 카라크리스티의 '오랜 동반자'로 묘사돼 있었다. 앤과 거트루드를 단순히 친한 친구 사이로 함께 살았던 두 독신녀인 줄로만 알고 있던 국가안보국의 몇몇 직원들에게는 그 의미심장한 문구가 약간의 충격으로 다가왔다. 앤의 가족도 두 사람의 진정한 관계를 몰랐으며, 물어볼 엄두도 내지 못했다. 살아생전 앤이 모든 면에서 철저한 비밀주의를 고수했기 때문이다. 그러나 두 여성이 수십 년 동안 서로 헌신적인 동반자로 지냈던 것은 분명하다. 장지의 목사도 앤이 거트루드와 어떻게 영원히 결합할 수 있을 것인지에 대한 말을 했다. 이들의 관계를 언급할 가치가 있는 것은, 전후 냉전기의 긴 기간 동안 정보 분야, 그것도 국가 안보 분야에 종사했던 다른 누군가는 동성의 사람과 동거 관계를 유지했다는 이유로 인생이 끝장났기 때문이다. 동성애자로 박해를 받다 음독자살을 한 앨런 튜링의 이야기다. 미국에서도 국가안보국 직원들은 오랫동안 다른 연방 기관 직원들과 마찬가지로 동성애자로 밝혀지면 사직을 강요받았다. 쫓겨난 것이다.

앤 카라크리스티가 죽기 전 그녀와 한 인터뷰에서 나는 전후에 기밀 서신 읽는 일을 한 여성들이 남성들에 비해 사생활 감시를 덜 심하게 받았을 개연성에 대해서도 물어보았다. 그녀도 그럴 가능성을 인정했다. 여성들이 사생활 면에서 남성들보다 좀 더 자유로웠던 것이 여성들의 커리어에 유리하게 작용한 드문 사례일 수 있다는 점에 동감을 표한 것이다. 그 말은 여성들이 남성들만큼 중시되지 않았다는 것, 여성들의 사생활에 대해서는 사람들이 별 신경을 쓰지 않았다는 것, 정보 분야에 종사한 여성들은 조용하지만 풍요롭게 내적 삶을 사는 복잡한 존재가 아니라 미인계로 남성들을 유혹해 조국을 배신하게 만드는 존재로나 인식되었다는 뜻이기도 했다.

앤과 거트루드는 종전 뒤에도 엘리제베스 프리드먼, 윌리엄 프리드먼 부부와 좋은 친구 사이로 지냈다. 그러나 윌리엄 프리드먼과 국가안보국의 관계는 좋지 않게 끝났다. 프리드먼은 전후의 국가안보국이 비밀과 기밀 등급 기준을 지나치게 높이 설정했다고 느꼈고, 국가안보국은 그가 집에 가져가서는 안 될 문건들을 가져갔다고 느껴, 양자 사이가 심하게 틀어진 것이었다. 하지만 지금은 국가안보국에 윌리엄 프리드먼의 이름을 딴 강당도 있다. 모든 것이 용서된 것이다. 프리드먼 부부는 은퇴 뒤의 삶을 프랜시스 베이컨이 셰익스피어의 희곡을 썼다는 설의 실체를 규명하는 일에 오롯이 바쳤다.

* * *

2차 세계대전 때 두각을 나타낸 다수의 여성 암호해독자들은 적국의 통신을 감시하고 미국의 통신은 보호할 목적으로 설립된 연방기관, 국가안보국에서도 승진을 계속했다. 텍사스주의 전직 교사 출신으로 한때 앤 카라크리스티의 상관이기도 했던 캐리 베리도 영국 첼트넘에 파견돼 국가안보국의 현지 연락관으로 활동했으며, 앤의 좋은 친구 윌마 베리먼(나중에는 윌마 데이비스가 되었다)도 국가안보국에서 중국 문제 책임자로 일했다.

　종전 뒤에는 해독 정보 조직의 성격이 달라져, 육군과 해군 조직이 통합되고 본부도 종국에는 메릴랜드주로 이전했다. 그러나 전시에 암호해독자들이 갖고 있던 호감과 양심은 변치 않고 남아 있었다. 스미스 칼리지를 졸업하고, 프랭크 레이븐이 일본 해군 무관들이 사용한 기계 생성 암호를 해독할 때 그를 보좌했던 폴리 부덴바흐가 종전 뒤 아그네스 드리스컬과 마주쳤을 때도 그런 일이 벌어졌다.[3] 폴리가 그 전설적인 '미스 애기'를 본 것은 그때가 처음이었다. 어느 날 복도를 걸어가다가 그녀 쪽으로 오고 있던 노부인을 본 것이었다. 아그네스 드리스컬은 그 무렵 고령이었다. 그런데도 증오했던 사람을 기억하고 앙심 품는 능력은 여전했던 듯, 인사 한 번 나눈 적 없는 부덴바흐가 자신을 파멸시킨 프랭크 레이븐의 부하 직원인 것을 단박에 알아보았다. 두 사람 모두 말없이 복도를 걸어가고 있던 그때 아그네스 드리스컬은 브덴바흐를 스쳐 지나가며 같잖다는 듯 콧방귀를 뀌었다.

몇몇 다른 여성들도 개편된 알링턴 홀에 머물러 있으면서 승진을 거듭했다. 국가안보국 내에서도 다수의 여성들이 (공무원에게 주어지는 최고 등급이던) '극상 등급'의 평점을 받은 것이다. 브린모어 대학교의 학생처장 출신으로 알링턴 홀에 들어와 자료와 정보 서비스실을 구축한 줄리아 워드도 그들 중 한 사람이었다. 노스캐롤라이나주의 대학을 나와 괴짜들이 많은 독일 부서에 배정되었던 주아니타 모리스(나중에는 주아니타 무디가 되었다)도 두각을 나타냈다. 전시에 해독의 가망이 없다며 그녀에게 접근조차 허락해주지 않았던 난해한 독일 외교 암호를 푸는 데 주도적 역할을 했던 그녀가, 전쟁이 끝난 뒤에도 쿠바 암호해독 부서의 책임자가 된 것이다. 쿠바를 변방으로 취급하던 관점도 쿠바 미사일 위기가 벌어지는 동안 깨끗이 사라졌다.

전시에 이어 전후에도 계속 활동한 몇몇 여성들은 핵가족 대신 우정을 택하는 삶을 살기도 했다. 1943년 초 사무실 책상에 앉아 소련의 도청 암호문들을 임무로 제시받은 교사 출신 암호해독자 진 그래빌도 그런 여성이었다.[4] 노스캐롤라이나주의 2년제 단과대학 마스힐과 버지니아주의 팜빌 주립 사범대학(지금의 롱우드 대학교)을 졸업한 그녀는 8학년생들에게 가정 경제를 가르치는 따분한 일을 하고 있다가 어릴 때부터 그녀를 알았던 프랭크 라울릿에게 발탁된 이후로 육군 암호해독부에서 근무했다. 그런 그녀에게 상관이 뒤죽박죽으로 섞인 소련의 교신 기록들을 주면서 해법을 찾아보라고 한 것이다. 소련은 당시 미국의 동맹이었으므로 알링턴 홀도 그들의 교신 기록을 읽어서는 안 되었다. 하지만 소련의 태도가 너무 모호했다. 미국으로서는 소련이 일본과 싸우겠다는 것인지, 대독일전에서 발을 빼고 개별 평화협상을 하려는 것인지 도무지 알 수가 없었다. 그래서 소련의 숨은 의도가 드러날 수도 있는 외교 암호 메시지들을 은밀히 찾는 극비 중의 극비 임무를 수행하고 있었던 것이다.

하지만 막상 알링턴 홀이 메시지들을 확보하고 나니 그것들은 (진 그래빌도 인지했듯이) 다수의 상이한 암호 체계로 작성돼 있었다. 메시지들에는 전시에 소련 첩자로 활동한 미국인과 다른 연합국 사람들의 이름이 담긴, 국가보안위원회KGB와 총참모부 총국GRU(소련의 외교와 군대를 대표하는 첩보기관들)이 보낸 것들도 있었다. 그런데 그것들이 한 번 쓰면 재사용되는 일이 거의 없던 일종의 난수책자인 '일회용 난수표'로 만들어진 것이었다. 적국의 암호해독자들이 깊이를 쌓지 못하도록 난수책자의 각 페이지를 한 번만 사용하여 만든 암호였다. 하지만 독일군이 모스크바로 진격하는 동안 소련의 공장들이 우랄산맥으로 이전하여 일회용 난수표를 만들어낼 수 없게 되자 소련은 난수표 몇 개를 재사용했다. 메시지들을 만드는 데는 난수표 몇 개로도 충분했다.

진 그래빌도 베노나 프로젝트로 알려지게 된 그 계획의 착수를 도왔다. 베노나 프로젝트라고 하면 사람들은 메러디스 가드너를 떠올릴 것이다. 메시지들을 해석하고 코드군들을 알아내 미국에서 활동하던 소련 스파이 여러 명을 법정으로 보내기도 했지만 다른 사람들의 삶을 파괴하기도 했던 언어학자 겸 암호해독자 말이다. 그런데 알고 보면 베노나 프로젝트에 종사한 직원의 90퍼센트가 여성이었다. 트래픽을 독립된 암호 체계들로 분리한 사람도 진 그래빌이었으며, 제너비브 그로찬 파인스타인(그녀는 화학자인 하이먼 파인스타인과 결혼했다)도 우연의 일치 중 하나를 알아냈다. 마리 메이어라는 언어학자 역시 또 다른 우연의 일치를 발견했다. 소련이 문제의 암호를 사용한 것은 고작 몇 년에 지나지 않았지만, 알링턴 홀은 옛 자료들을 뒤지고 이름들을 파헤치며 그 암호 체계를 수십 년 동안이나 연구했다. 그런데 그 일에 삶을 바쳐 일한 사람들이 바로, 일군의 교사들(캐리 베리, 밀드러드 헤이스, 진 그래빌, 그 밖의 여성들)이었던 것이다. 그들 다수는 결혼도 하지 않았다. 베노나 프로젝트에 참여한 여성들의 개인 사진들을 봐도, 시프트 드레스 차림에 핸드백을 들고 서 있는 모습이 꼭 정원 동호회 회원들 같았다. 그들은 그렇게 단짝 친구로도 지냈고 때로는 같이 살기도 했으며, 홀로 살기도 했다. 진 그래빌의 올케 엘리너 그래빌도 "진은 독립심이 강해 결혼의 책임을 지지 않으려고 했어요. 자유를 즐겼죠"[5]라고 말했다. 1980년 베노나 프로젝트가 종료되었을 때 전직 교사들이 그 일에 종사한 기간은 무려 30년이 넘었다.

하지만 그들 이후로는 알링턴 홀이 제도적으로 후퇴했다. 그곳 여성들 대부분은 종전 뒤 짐을 싸서 집으로 돌아갔다. 델리아 테일러 신코브와 제너비브 그로찬 파인스타인과 같은 여성들을 포함해 다수의 쟁쟁한 실력자들도 한때는 일을 쉬었다. 그런 일은 여성들이 아이를 갖기 시작하면서 주로 벌어졌다. 모성은 유능한 여성들로 하여금 일을 계속하느냐 마느냐를 가르는 경계선이었다. 아이를 기르는 여성은 경력을 이어갈 방법이 거의 전무했다. 국가는 전쟁이 발견한 인재들을 놓쳤다. 1950년대와 1960년대에는 전시의 암호해독자들을 대신할 수 있을 정도로 의미 있는 숫자의 여성들이 들어오지 않았고, 1970년대와 1980년대에는 여성들이 국가안보국 내에서 양성평등 문화를 이루고 인정을 받기 위해 새롭게 싸움을 벌여야 했다.

* * *

그 분야를 떠난 뒤 일을 계속하거나 공부를 계속하고 싶어 한 여성들이 전후에 가질 수 있는 기회도 고르지 못했다. 해군에서 전역한 여성들은 적어도 이론상으로는 제대군인원호법GI Bill의 적용을 받았다. 제대 군인들에게는 학비를 지원해주는 그 법이 손쉽게 대학을 나와 중산층에 진입하여 인생 역전을 이룰 수도 있는 혜택이었다.

그러나 해군 여성들은 그 법의 혜택을 받으려 할 때도, 여성이 최고 수준의 교육을 받는 것은 적절치 않다는 고루한 사고방식의 방해를 받았다. 배서 대학교에 다니다 스무 살에 해군에 선발되었던 엘리자베스 비글로도 그런 경험을 했다. 그녀는 재학 중에 배서 대학교가 실기 과정으로 제공한 기계 제도 과목들에서 두각을 나타내 건축가가 되려는 꿈을 키웠다. 해군 소장이 된 컴퓨터 개발 분야의 선구자로, 프로그래밍 언어인 코볼COBOL 개발에도 일조한 그레이스 호퍼가 그녀의 교수였다. 엘리자베스는 호퍼가 언제나 자신을 암호해독 프로그램과 연관 지었던 것으로 기억했다. 해군을 제대한 엘리자베스는 일류 건축학교 세 곳에 지원서를 냈다. 하지만 "세 곳 모두 돌아온 답변은 같았어요. 미안하지만 남성 전역병들을 위해 남겨둔 자리밖에 없다는 것이었죠"[6]라고 그녀는 나중에 말했다. 엘리자베스는 자신도 WAVES에 2년간 복무한 사람이라며 항의하는 편지를 보냈다. 하지만 비밀 엄수 규정에 막혀 자신의 암호해독으로 호위함 한 척이 격침되었다는 말은 하지 못했다. "그 편지에 대한 답도 '미안하지만 받아줄 수 없다'는 것이었어요." 결국 엘리자베스는 그쯤에서 포기하고 결혼하여 가정을 꾸렸다. 하지만 결혼하고 이사를 한 신시내티에서 기어코 그녀는 신시내티 대학교의 컴퓨터 시스템 운영자가 되었다. 컴퓨터는 독학으로 배웠다.

가우처 대학교에서 라틴어를 전공하고 잠수함 추적실에서 근무한 재니스 마틴 베나리오는 제대군인원호법을 이용해 존스홉킨스 대학교에서 박사학위를 취득했다.[7] 남편도 그곳에서 만나고, 조지아 주립대학교 고전학과 교수로 생산적인 이력도 쌓았다.

코크런스 밀즈에서 자라며 지구상의 모든 대륙을 가보고 싶어 한 도로시 라말리도 제대군인원호법을 이용해 석사학위를 받은 뒤 알링턴 카운티에서 수학 교사가 됨으로써 학창시절의 꿈을 이루었다.[8] 석사학위를 받았으니 당연히 봉급도 많이 받았다. 내 아이들도 그녀가 재직한 공립 중학교에 다녔다. 하지만 물론 그 아이들은 친절하고 인자한 그 수학 선생님이 암호를 해독하여 적선들을 침몰시키는 데 도움을 줬다는 사실을 몰랐다. 라말리는 남극대륙을 포함하여 지구상의 모든 대륙도 섭렵했다. 그것도 두 번이나.

D-데이에 남편을 잃은 지미 리 허친슨 파워스도 제대군인원호법에 따른 학비 지원으로 전문학교에서 화장품학 학위를 딴 뒤 오클라호마주로 돌아가 미용실을 운영하며 과부가 된 어머니와 자신의 생계를 책임지는 가장이 되었다. 3년 뒤에는 재혼도 했다. 결혼 1주년 때는 재혼한 남편이 기념 카드를 주기에 받아 펼쳐보니 어디서 본 듯 익숙했다. 그러고 나서 얼마 지나지 않았을 무렵, 지미 리의 어머니가 그녀가 전시에 해군 복무를 할 때 들고 다녔던 트렁크를 보고 싶은지 물었다. 트렁크를 열어 보았더니 가방 안에는 밥 파워스가 글라이더 비행에 나섰다가 죽기 전 그녀에게 보낸, 재혼한 남편이 준 것과 똑같은 결혼 기념 카드가 들어 있었다.

슈거 캠프에서 일한 수영 선수 출신의 베티 베미스는 서른다섯 차례나 출격한 폭격기 조종사 에드 로바츠와 전쟁 기간 동안 계속 편지를 주고받았다.[9] 그러던 어느 날 전화가 왔다는 호출을 받고 가보니 에드가 있었다. "안녕, 베티. 나 집에 왔어." 그가 말했다. 그 무렵 다른 여성들은 얼굴 한 번 본 적 없는 남성과 건성으로 편지를 주고받는 행위를 모두 끝낸 상태였다. 아이리스 플래스폴러도 부부 놀이까지 했던 루퍼트 트럼블에게 절교 편지를 보내 그를 낙심시켰다. 하지만 베티는 마이애미에서 이모와 삼촌을 모시고 부활절 저녁 식사를 함께하자는 에드의 초대를 받자 군용기를 얻어 타고 그를 만나러 갔다. 도착 사흘 뒤에는 그의 청혼도 받았다. "우리의 결혼식은 아름다웠어요." 2015년 11월 베티가 말했다.

일부 여성들, 특히 에니그마 프로젝트의 주요 부문에서 일한 여성들은 전후에 버거운 삶을 살았다. 에니그마 해독 팀에 속했던 루이즈 피어설도 그랬다.[10] 종전 뒤 그녀는 해군에 계속 남아달라는 제의를 받았다. 해군에서 암호해독자로 일한 몇몇 기술자와 수학자들이 해군용 암호해독 컴퓨터를 개발하는 협력 그룹을 만들어놓고 그녀에게 합류를 제안한 것이다. 그녀도 처음에는 참여를 고려했다. 하지만 정신적, 감정적, 육체적으로 지친 데다 일리노이주 엘진에 남자친구도 돌아와 있어 그녀는 해군을 제대하고 엘진으로 돌아갔다. 하지만 두 사람은 헤어졌고, 그러자 그녀도 일터로 복귀했으나 신경쇠약에 걸려 일을 그만두었다. 이후 그녀는 부유한 남자와 결혼했다. 그런데 이번에는 또 시집 식구들이 유세를 떨며(그녀의 남자 형제는 그렇게 기억했다) 그녀가 직업을 갖지 못하게 했다. 종전 1년 뒤 루이즈는 창밖으로 초등학교가 내다보이는 시카고의 조그만 아파트에 살고 있었다. 그녀의 딸 사라는 어머니가 생의 대부분 기간을 우울증에 시달렸다고 느꼈다. 아마도 결혼 뒤 아이들을 연달아 가진 것이 원인이었을 그녀의 우울증은 비밀 엄수와 전시에 겪은 일을 누구에게도 말할 수 없다는 사실 때문에 더욱 악화되었다. "그녀는 완전히 망가졌어요." 그녀의 남자 형제가 말했다. "신경쇠약 환자였죠. 곁눈질로만 쳐다봐도 감정을 주체하지 못했으니까요."

해군 별관의 자료실에서 팀원들과 끈끈한 우정을 나누었던 베티 앨런도 종전 뒤 힘겨운 시간을 보냈다.[11] 일자리 대부분을 남성들이 차지했기 때문이다. 그녀는 무려 3년 동안 일정한 직업 없이 떠돌았다. OP-20-G-L(자료실)에서 일한 그녀의 친구들도 전후에 맞닥뜨린 문제들에 힘겹게 대처했다. 그들 대부분이 결혼하여 아이를 낳고 비좁은 생활공간에서 고립된 생활을 했다. 가사도 쉽지 않았다. 미국의 산업들이 수년 동안 탱크, 비행기, 무기 제조에만 열을 올리고 가전제품 제조에 등한시하여 신제품 출시가 거의 없었기 때문이다. 새롭게 엄마가 된 여성들은 욕조에서 침대 시트를 빨고, 세탁한 기저귀의 물기를 손으로 비틀어 짰다.

전시에는 자료실 여성들이 생산적인 일에만 전념한 능동적이고 유능한 일꾼이었다. 식사도 핫숍이 제공해주어 저녁 식사 거리 한 번 고민해본 적이 없었다. 그랬던 그들이 전후에는 가사노동에 헉헉거리는 처지가 된 것이었다. 그러자 전직 자료실 여성들은 외로움을 극복할 수 있는 방법을 고안해냈다. 살면서 겪은 일들을 글로 적어 처지가 같은 여성들과 함께 돌려보는 라운드 로빈(사발통문식) 편지 쓰기를 시작한 것이다.

라운드 로빈 편지 쓰기는 이런 식으로 진행되었다.[12] 한 여성이 자신의 사연을 편지로 적어 두 번째 여성에게 보내면 두 번째 여성도 자신의 사연을 편지로 작성해 첫 편지와 함께 세 번째 여성에게 보낸다. 세 번째 여성도 자신의 사연을 담은 편지를 써서 세 통을 함께 네 번째 여성에게 보낸다. 편지 다발이 한 바퀴를 돌아 첫 번째 여성에게 다시 도달하면, 그 여성은 자신의 첫 편지를 다발에서 꺼내고, 새로 쓴 편지를 다발에 끼워 다시 보낸다.

라운드 로빈 편지는 직장을 얻은 베티 앨런에게도, 비좁은 아파트에서 어린아이들과 갇혀 지낸 여성들에게도 위안의 원천이었다. 편지 쓰기는 자녀 양육에 힘쓴 1950년대를 넘어 베트남 전쟁이 한창이던 1960년대, 페미니스트와 민권 운동이 열기를 뿜은 1970년대, 로널드 레이건이 선거에서 이긴 1980년대, 2001년 9월 11일 세계무역센터 쌍둥이 빌딩이 붕괴되는 충격적인 사건이 벌어지고, 이라크 전쟁이 발발하며, 버락 오바마가 대통령에 당선되고, 허리케인 샌디가 미 동부 지역을 강타해 초토화시키며, 도널드 J. 트럼프가 미국 대통령으로 당선되는 동안에도 계속되었다. 자료실 여성들의 라운드 로빈 편지 쓰기는 과거에도 계속되었고, 내가 이 책을 쓰고 있는 지금도 계속되고 있다.

물론 그들 대부분은 하나둘씩 숨을 거두었다. 조지아 오코너 루딩턴이 죽었을 때는 그녀의 아들 빌 루딩턴이 (호의 어린 마음으로 그도 알고 지냈던) 조지아의 전시 친구들에게 어머니의 사망 사실을 알리는 편지를 정성스럽게 써서 편지 다발에 포함시켰다. 하지만 루스 쇼언 머스키는 내가 방문한 2015년까지도 생존하여 린 램스델 스튜어트에게 편지를 쓰고 있었다. 그때까지 생존해 있는 편지 쓰기 참여자들은 루스와 린, 그리고 자료실 여성과 결혼했다 홀아비가 된 남성까지 세 명뿐이었다. 린이 죽은 뒤에도 루스와 홀아비는 계속 연락했다.

루스는 현재 뉴욕시 퀸스의 라커웨이 지구에 위치한 2층짜리 아파트에 살고 있다. 남편 해리 머스키는 사망했다. 하지만 그때나 지금이나 체구가 작은 그녀는 전시에 해군에 복무했던 것에 대한 자부심이 대단하여 이메일 주소도 'RuththeWAVES'로 시작된다. 워싱턴 호텔들의 옥상에서 찍은 사진들, 암호해독부 친구들이 지침을 어기고 몰래 빠져나가 참석한 결혼식 사진들을 포함해, 해리와의 연애 시절이 담긴 사진첩도 여전히 간직하고 있다.

루스는 종전 뒤 해군 별관의 모든 여성들에게 주어진, 부대 표창을 기념하는 약장도 여태껏 간직하고 있다. 하지만 그것을 보여달라는 나의 요청에는 마지못해 응했다. 타인에게 보여주지 말라는 지시를 받은 탓이었다. 내게도 보여주기만 했을 뿐 사진은 찍지 못하게 했다.

해군 여성들은 부대 표창을 소중히 여겼다. 하지만 그들 대부분이 그것을 과시하지는 않았다. 자격이 되는데도 약장을 구입하지 않은 여성들도 있었다. 배서 대학교를 다니다 해군에 선발돼 WAVES 장교가 된 이디스 레이놀즈도 "전투에서 이긴 적도 없는 우리가 표창을 받는 것은 적절치 않게 느껴지더군요"[13]라고 말했다. 이디스는 미국의 한 해군 장교가 침몰 중인 잠수함 선내에서 건져내 흠뻑 젖어 있던 암호 책자를 U보트 암호해독 팀이 인수했을 때도 해군 별관에 근무하고 있었다. 종전 뒤에는 해군에 한동안 머물러 있다가 결핵 환자를 치료하는 뉴욕의 한 병원으로 전출되었다. 그러던 어느 날 그녀는 부대 표창 수여자로 선정되었다는 통지를 받았다. 제복에 약장을 패용하고 오전 아홉시 정각에 국기 아래로 나오라는 내용이었다. 하지만 그녀에게는 구입해놓은 약장이 없었고, 그래서 약장을 가진 남성 장교를 수소문해 빌려야 했다. 그리하여 그녀가 젊은 의사에게 약장을 빌려달라고 부탁하자 그는 자신도 가서 볼 수 있으면 빌려주겠다고 했다.

훈장 수여식이 끝나자 젊은 의사는 그녀에게 저녁 식사를 대접하겠다고 했다. 약장을 빌려준 사람이 상대방에게 저녁 식사를 대접하는 것은 전통이니 걱정할 것 없다고 그녀를 안심시키는 말도 했다. 하지만 그런 전통은 없었고, 독자 여러분, 두 사람은 결혼했습니다. 그로부터 수년 뒤 이디스는 버지니아주의 도시 노퍽에 살던 중 잠수함 선내에서 암호 책자를 꺼낸 장교와 우연히 마주쳤다. 그녀가 그 암호 책자가 얼마나 유용하게 쓰였는지를 말해주자 그는 깜짝 놀랐다. 그에게는 그 말이 금시초문이었던 것이다. 나중에 그는 금몰이 장식된 해군 제복 차림으로 초콜릿 한 상자를 들고 이디스의 집에 나타났다. 이디스의 아들 포레스트가 그의 어머니가 전시에 모종의 중요한 임무를 수행했음을 알아챈 것은 그때가 처음이었다.

가우처 대학교에서 생물학을 전공한 프랜시스 스틴도 의사가 되려던 꿈을 접고 해군 장교와 결혼했다.[14] 그래도 비행기 조종사 면허증은 임신할 때까지 보유하고 있었다. 그녀의 남편은 1960년 골프를 치다 낙뢰에 맞아 숨졌다. 프랜시스는 해군 잠수함 승무원과 재혼하여 사우스캐롤라이나주의 찰스턴에 정착했고 인구조사원, 예술가, 패션모델로도 활동했다. 그녀는 전시에 해군 복무를 했던 것에 대해서는 말을 삼갔다. 하지만 결국에는 아들 제드에게, 당직 장교일 때 그녀의 남자 형제가 탄 구축함이 가미카제의 공격 목표가 되고 있다는 메시지를 받았던 것, 사격술을 배웠던 것, 봄베 머신들을 데이턴에서 워싱턴으로 운송했던 일에 대한 이야기를 들려주었다. 아들과 빈티지 비행기들의 에어쇼를 보러 갔을 때는 그중 한 모델이 워싱턴 내셔널 공항에서 자신이 조종술을 배울 때 탔던 기종이라는 말을 은연중에 흘리기도 했다.

제드는 언제나 그의 어머니가 대다수 사람들과는 생각하는 방식이 다르다고 느꼈다. 그것은 아마도 그녀가 에니그마 해독 작업을 할 때 완성된 메시지들을 역으로 훑어가며 키 설정을 알아내려 했던 작업 습관이 몸에 밴 탓이었을 것이다. 프랜시스는 노년에 여성단체인 찰스턴의 로우 컨트리 칵테일 클럽의 회원으로 활동했다. 그래서 제드가 그 모임에 어머니를 차로 데려다주면서 가는 방향을 묻자 프랜시스는 "잠깐 기다려봐"라고 하더니 역순으로 주소를 읽어내려 가는 것이었다. 그는 어머니 프랜시스의 사고 과정이 대다수 사람들과 달리 매우 분석적이었다고 말했다. 예비역 해군 소장 데이비드 쉼프도 찰스턴의 또 다른 칵테일파티에서 프랜시스 스틴 서데스 조지프슨을 우연히 마주치고는 깜짝 놀랐다. 그는 프랜시스가 야마모토의 비행기 격추로 이어진 메시지 해독에 진력한 암호해독 팀의 일원이라는 사실을 그동안 귀가 닳도록 들었다. 퇴역 군인들의 모임에서 옛 '크리피cryppie'(암호해독자cryptanalyst를 뜻하는 속어)를 만났을 때도 그녀의 이름을 들었다. 당시 그 퇴역 군인은 뭔가 불합리하다는 태도로 "그 빌어먹을 암호는 한 여성만이 풀 수 있었다"면서 "그 야마모토 자식을 요절낸 장본인이 바로 그녀였다"고 말했다. 하지만 그것은 술자리에서 가볍게 나누는 종류의 대화였기에 데이비드 쉼프도 그녀를 직접 만날 때까지는 그 사실을 믿지 않았다. 그는 암호해독에 종사한 퇴역 군인들의 만찬회 때 프랜시스에게 깜짝 상을 수여하기로 했다. 그녀의 아들 제드도 어머니를 차로 태워다주면서 모임의 성격을 말하지 않아, 프랜시스는 연설이 시작된 뒤에야 연사들이 자기 이야기를 하고 있다는 것을 알았다. 그 역시 해군 장교였던 제드도 자리에서 일어나 한마디 했다. "저는 한 사람의 미국 시민으로서 우리가 누리는 모든 자유로 어머니께 감사드리고, 같은 해군 장교로서는 경의를 표하며. 아들로서는 어머니를 사랑합니다." 하지만 프랜시스는 그때의 이야기를 조금 더 해달라는 쉼프의 요청에는 거듭 손사래를 쳤다. 그녀가 그 자리에서 한 말은, 자신이 살 수 있었던 삶이 아닌 살 수 없었던 삶에 대한 아쉬움을 토로한 것이 전부였다. "어머니의 마음속에 가장 큰 자리를 차지한 것은 언제나 그런 후회들이었어요." 제드가 말했다.

대중의 관점도 시간이 가면서 변했다. 누군가가 한 일에 언제나 분별력을 발휘할 수는 없는 일이기에. 고등학교 밴드 지휘자였다가 알링턴 홀에 들어와 일하던 중, 자신이 해독한 메시지가 호위함 격침에 도움이 되었다는 사실을 알게 된 주얼 배니스터 에스마셔도 그런 경험을 했다. 메시지에서 특정 암호어들을 발견하고 서둘러 '거물들'에게 그 사실을 알린 뒤 나중에 라디오를 통해 그 배의 침몰 소식을 듣게 된 그녀는 당시에는 그것에 우쭐하는 마음을 가졌다. 하지만 V-J Day(대일 승전 기념일)에 만난 언어학자 해리 에스마셔와 가정을 일구고 나니 아들을 잃은 일본인 가족들이 생각나면서 감정이 다층적이고 복잡하게 변했다. 자부심보다는 슬퍼하는 감정이 더 커진 것이다. 그녀는 나와 대화를 나눌 때도 그때를 떠올리며 "배가 침몰하면서 죽은 일본인들에게도 부모형제와 아내들이 있었겠죠. 하지만 선생도 지금이니까 그런 생각을 할 수 있는 것처럼, 나도 그때는 그런 생각을 하지 못했답니다"[15]라고 말했다. 엘리자베스 비글로 스튜어트도 자녀들에게 호위함 침몰에 일조했다는 말을 했다가 딸에게서 이런 대꾸를 들었다. "엄마, 끔찍해요! 그 모든 일본인들을 죽여 놓고 기뻐하셨다니요!" 엘리자베스는 딸의 말을 듣자 어이가 없었다. 미국은 전쟁의 실상, 악의 실체를 빠르게 잊어가고 있었다.

거부 물리학자의 딸이었던 제인 케이스 터틀도 종전 뒤 결혼했으나 비참하게 살았다. 그녀는 자신이 외로워할 때 재미난 편지들을 보내준 사람과 결혼했다. 그 결혼이 실수라는 것을 알았지만, 정상적인 생활을 원하고 가정을 일구고도 싶어 "남편이 하라는 대로 무조건 복종하며 살았다".[16] 하지만 결국에는 결혼생활에서 탈출하는 데 성공했고, 전시에 자신이 했던 일을 추억하는 것이 자존감 회복에 도움이 된다는 것도 알게 되었다. 노년에 들어서는 전시에 자신을 미치도록 좋아했던 남성과 결혼도 했다. 내가 방문했을 때는 제인이 메인주의 노인 보호시설에 살고 있었다. 민주당 대선 후보 버니 샌더스의 열렬한 지지자였던 그녀는 보행이 불편하여 젖히는 의자에 앉아 지내면서도 자신이 싫어하는 정치인이 텔레비전에 나오면 깨끗한 양말을 돌돌 말아 화면을 향해 던졌다.

앤 화이트 커츠도 전쟁 중에 결혼했다. 하지만 1944년 11월 남편이 몸이 안 좋은 상태로 돌아와(열대병에 걸린데다 정신적 혼란에 빠져 있었다) 병구완을 위해 부득불 해군을 떠나야 했다. "쉬는 동안 일이 얼마나 그립던지요. 일을 그만두기로 한 것은 잘못된 결정이었어요."[17] 그녀가 말했다. 앤의 몇몇 웰즐리 동기생들도 종전 뒤 앤 부부의 삶이 "결혼 속으로 사라졌다"고 표현했다. 앤은 나중에 그녀의 남편이 필요로 한 것은 '아내'였고, 따라서 (남편은) 내가 그토록 통제 불능이 된 이유도 이해하지 못했다고 말했다. 앤은 제대군인원호법을 이용해 박사학위를 딴 뒤 그와 이혼하고 교수가 되었다. 나이가 들어서는 평화봉사단에서도 활동했다.

스미스 칼리지를 나온 앤 바루스 실리도 결혼했다. 대학 다닐 때 커리어로 쌓으려 했던 국제관계 분야로는 진출하지 못하고, 직조업체를 운영하고 가르치는 일을 했다. 그녀는 90대 중반의 나이에도 여전히 케이프 코드의 집 근처에서 항해를 하고 카약을 탔다.

암호해독에 종사한 여성들 다수는 그들이 전후에 가진 직업과, 또 때로는 직장생활 중에 갖게 된 불만을 통해 페미니즘 운동을 촉진시키는 일도 했다. 알링턴 홀에서 일했던 암호해독자를 어머니로 둔 한 여성도 나와 인터뷰를 할 때, 어머니의 삶에서 무언가가 누락되었다는 느낌, 한때는 가졌으나 잃어버린 그 무엇이 있다는 느낌을 받았다고 하면서 그 자각이 그녀의 집에서 페미니즘의 씨앗이 되었다고 말했다. 반면에 페미니즘 운동으로부터 소외받았다고 느낀 여성들도 있었다. 벽돌공을 아버지로 둔 에르마 휴스 커크패트릭이 그랬다. 에르마는 종전 뒤 어머니, 주부, 자원봉사자로 살았고 그런 삶을 좋아했다. 하지만 남편도 존중해준 가정과 사회에 대한 그녀의 기여를 페미니즘은 존중하지 않는다고 느꼈다. 노스캐롤라이나주의 채플힐에 최초의 무료 급식 시설을 연 것도 에르마였다. "저와 남편은 동등한 존재였어요." 그녀가 말했다.

아니 그녀는 동등한 존재 이상이었다. 에르마가 예비역 대위로 전역하고, 남편이 해병대원으로 제대한 것만 해도 그랬다. 한 번은 부부가 자녀들에게 보여주려고 버지니아주에 있는 콴티코 미 해병대 기지를 찾았다. 하지만 남편은 정문 통과에 필요한 신분증을 제시하지 못했고, 그리하여 에르마가 갖고 있던 해군 예비역 신분증을 제시하자 초소병은 그제서야 들어가라고 손짓했다. 그것도 부족했는지 그는 그녀에게 경례도 붙였다. 그 순간 차안에는 잠시 정적이 감돌았다. 나중에 그녀는 "해병대원에게 경례를 붙일 필요까지는 없었는데 그가 괜한 짓을 했어"라며 농담을 했다.

＊＊＊

버지니아주 리치먼드 외곽에 위치한 노인 보호시설은 훌륭했다. 버터너트 스쿼시 수프와 햄 비스킷을 제공하는 식당도 있고, 거주자들이 한가할 틈이 없도록 파티도 자주 개최했다. 도트 브레이든 브루스도 차고에서 미끄러져 넘어지며 머리를 부딪친 뒤 이곳으로 옮겨졌다. 하지만 2017년에는 의식을 회복하고 생기도 되살아나 아흔일곱 살의 나이에도 프랑스어권인 서아프리카 출신의 간병인과 수다를 떨며 여전한 프랑스어 실력을 뽐냈다. "많은 사람들이 구태여 간병인들의 이름까지 알려고는 하지 않지만 나는 그렇지 않아요."[18] 한 번 선생은 영원한 선생인 것이다.

도트의 삶은 다시 원점으로 돌아와 그녀는 예전처럼 이제 방 한 칸 짜리 아파트에 살고 있다. 크로는 2012년에 죽고 짐 브루스도 2007년에 죽고 없었다. 하지만 그녀는 여전히 생기 넘치고, 읽고 쓰는 데도 문제가 없으며, "왜 어린 양은 메리를 그렇게 사랑할까요? 왜냐고, 메리가 어린 양을 사랑하니까 그렇지"와 같은 동요 구절도 즐겨 낭송한다.

그녀 방의 가구들은 가족사진들로 도배가 되어 있다. 사진에 있는 노년의 짐 브루스는 큰 키에 체격이 건장하고 호감형으로 생긴 배우 제임스 스튜어트의 판박이였다. 그 말을 듣자 도트는 자신도 예전에는 엘리자베스 테일러의 판박이였다고 농담을 했다.

짐은 말년에 기억이 흐릿해지기 시작하자 도트에게 자신들의 결혼생활이 원만했는지에 대해 물었다. 그가 "금실이 좋았소?"라고 물으면 그녀는 좋았다고 말했다. 그것은 사실이었다. 짐은 좋은 남편이었다. "참을성이 많았죠." 도트가 웃으며 말했다. 그는 도트의 유별난 독립심을 이해해주었다. 도트가 대리 교사로 일할 때는 그녀에게 시험지 채점 시간을 주기 위해 주말마다 세 아이를 자신이 돌보았다. 토요일에도 그는 동네 꼬마들에게 핫도그를 만들어주고, 기존 레시피를 따르지 않은 진짜 감자튀김 만들기를 좋아했다. 도트가 부동산 중개인이 되었을 때는 팔려고 내놓은 오픈 하우스들까지 그녀를 차로 태워다 주었다. 짐은 도트가 원하는 것은 무엇이든 다 들어주었다. 그들 사이에는 부부싸움이 없었다. 도트라면 이따금씩 말다툼하는 정도의 싸움은 개의치 않았겠지만 짐은 평화를 사랑했다. "남편은 성격이 느긋했어요. 63년에 걸친 우리의 결혼생활은 내가 그와 산 것이 아니라, 짐이 나와 살아준 것이었죠." 도트가 말했다.

두 사람이 젠더와 관련해 벌인 유일한 논쟁은 보행로까지 쓰레기통을 끌고 가려고 하는 그녀를 보고, 쓰레기통 끄는 일은 남자가 할 일이라고 그가 말한 것이 전부였다.

브루스가의 가족은 다복했다. 짐도 전후의 산업경제 속에서 훌륭한 이력을 쌓았고, 도트의 형제들도 마찬가지였다. 한때 전투 중 행방불명으로 발표되었던 티디도 여태껏 생존해 있다. 도트의 가족은 아들, 손자, 증손자까지 이름들이 온통 도트 남편의 이름을 딴 짐, 제이미, 제임스 투성이여서 누가 누군지 구별이 안 간다. 거기다 버지니아의 이름을 가진 가족도 있고 브레이든의 이름을 가진 꼬마도 있다. 도트는 일 년에 한 번 이 모든 가족들을 리치먼드의 호화로운 제퍼슨 호텔로 불러 풍성한 명절 식사를 대접한다. 가족들도 갓난아기들은 아기 띠로 둘러매고 꼬마 사촌들끼리는 커플 옷을 입혀 뉴올리언스, 뉴욕, 캘리포니아 등지에서 먼 길도 마다않고 가족 모임에 참석한다. 이것이 도트가 소녀 시절에 바라던 행복한 가족의 모습이었다. 그들은 사진도 많이 찍었다. 식대가 너무 많이 나왔다고 투덜거린 그녀의 불평도 진심이 아니었다. 도트는 나와 여러 차례 인터뷰를 할 때 보유 주식이 든 서류 가방을 의자 아래 두고 이야기를 나누기도 했는데, 거래하던 주식 중개인이 죽어 새 중개인을 물색하던 중이어서 그런 것이었다. 일부 지원자들이 식사 자리를 면접 장소로 이용한 것이었다.

도트는 지난날을 회상할 때면 가끔 자신이 왜 조지 러시와 결혼하지 않고 짐 브루스와 결혼했는지 궁금해한다. 그러면서 "조지 러시와 결혼했다면 내 인생은 완전히 달라졌겠지"라고 생각한다. 그녀는 자신의 선택이 옳았다고 느낀다. 물론 조지 러시도 더할 나위 없이 좋은 남자였다. 하지만 도트는 그가 있는 캘리포니아에 가서 살고 싶지는 않았다. 지금도 그녀는 워싱턴행 기차를 타고 알링턴 홀에 가서 친구 크로 웨스턴 케이블과 함께 암호해독 업무에 종사한 것을 잘한 일이라고 생각한다. "그 외의 다른 선택지는 받아들이지 않았을 거예요." 도트는 짐 브루스에게로 마음이 기울었던 이유가 그의 착실함과 친절함 때문이었다고 생각한다. 짐에게는 끈기와 유머 감각도 있었다. 도트와 결혼한 뒤, 그녀가 그녀의 영원한 십팔번인 '내 사랑, 어딘가에는Somewhere, My Love'을 부를 때마다 그는 "아직도 당신의 사랑을 못 찾았나 보지?"라고 놀려댔다.

게다가 "그는 그 모든 달콤한 편지들을 보내준 사람이기도 했죠." 도트가 그 시절을 떠올리며 말했다.

도트는 종전 뒤, 전시에 자신이 한 일을 누구에게도 말하지 않았다. 그녀가 그에 대한 말을 조금씩 내비치기 시작한 것은 전쟁이 끝난 지 15년 정도가 지났을 무렵의 어느 시점부터였다. 하지만 사람들은 그녀의 말을 믿지 않았다. 그러자 남동생 부바는 "그 정도는 일도 아니지"라고 하면서 "내가 그 일을 크게 만들어보겠다"고 말했다고, 도트는 그때를 떠올리며 말했다. 실제로 사람들은 그때부터 그녀를 믿기 시작했다. 아니 믿는 것처럼 보였다. 도트의 손자 손녀들 사이에서는 도트 단독으로 일본 암호들을 풀었다는 것이 일종의 교리처럼 되었다. 하지만 그 사실을 심각하게 받아들이는 사람은 아무도 없었다.

　기억은 우연치 않게 되살아나기도 한다. 도트도 증손자 한 명에게 잔 브렛의 동화 『털장갑The Mitten』을 읽어주다가 그런 경험을 했다. 숲속의 동물들이 몰아치는 눈보라를 피해 땅에 떨어져 있던 털장갑 속으로 꾸역꾸역 비집고 기어들어가다가 결국에는 장갑이 미어터질 지경이 되어 재채기 한 방에 장갑 속 동물들이 허공으로 날아간다는 내용인데, 그것을 읽어주다가 문득 알링턴의 침실 하나짜리 아파트에 그 많은 여성들이 북적이며 살았던 때가 떠오른 것이었다.

　도트의 아들 짐은 전시에 어머니가 행한 암호해독 임무에 대한 호기심이 언제나 많았다. 어릴 때는 누이들과 함께 다락에 올라가 엄마, 아빠가 연애 시절에 주고받은 편지들을 읽어보기도 했다. 짐에게는 의외의 그런 감성적인 면이 있었다. 하지만 그와 누이들의 집요한 호기심에도 도트는 요지부동으로 입을 열지 않았다. 게다가 이제는 오래 전 만들어진 비밀 엄수 규정도 수십 년 전에 해제되어, 주무 관청인 국가안보국도 발언을 승인한 상태였다. 정부도 그녀가 이야기해

주기를 바랄 것이다. 그런데도 그녀는 여전히 의구심을 떨치지 못한다. 믿지를 못하는 것이다. 하지만 설령 비밀 엄수 규정이 해제되지 않았다 한들 그 나이의 그녀에게 정부가 어떤 조치를 취할 수 있을 것인가? 감옥에라도 집어넣을까?

2014년 수요일 오후 이 책의 집필을 위해 첫 인터뷰를 진행하는 중에도 도트의 아들 짐은 그녀의 침실 하나짜리 아파트의 일인용 소파에 앉아 어머니를 설득하고 있었다. "엄마, 털어놓으세요!" 그때쯤에는 에드윈 레이턴의 『그리고 나는 그곳에 있었다And I Was There』와 프랭크 라울릿의 『마법 같은 이야기The Story of Magic』를 비롯해, 암호해독자들의 자서전도 시중에 많이 나와 있는 상태였다. 도트가 마침내 긴장을 조금씩 풀며 이 극적인 암호해독 이야기 속에서 자신이 행한 역할을 풀어놓으려고 했다. 어머니가 입을 열기 시작하자 짐도 그녀의 말에 귀 기울였다. 중복 코드군 확인 작업을 하던 미리엄(옐로 다이아몬드 하며, 그 아니꼽게 굴던 꼴이란!)을 언급할 때는 도트가 아차 싶었는지 입에다 손을 갖다 대기도 했다. 알링턴 홀 밖에서는 중복 코드군이라는 말을 입에 올려본 적이 없었기 때문이다.

도트는 그 모든 것이 오래 전에 일어난 일인데도 그에 대해 말할 때면 여전히 불법적인 그 무엇, 허용되지 않은 그 무엇, 위험하고 중요한 그 무엇을 말한다는 느낌을 떨치지 못한다. 창가의 적이 엿듣고 있기라도 한 것처럼.

감사의 말

먼저 전시에 암호해독 임무를 수행한 여성들에게 사의를 표한다. 그들 대부분이 무덤까지 비밀을 가져갔고, 그래서 직접 감사를 표하기에는 시간이 너무 늦은 것이 유감스러울 따름이다. 상황이 쉽지 않았는데도 이 책을 위해 인터뷰에 응해주신 많은 여성들께도 감사드린다. 재니스 마틴 베나리오만 해도 인터뷰가 있기 전날 저녁 손목 골절상을 입어 애틀랜타주의 병원 응급실에서 인터뷰를 진행했다. 도트 브레이든 브루스도 나를 점심 식사에 데려가주고, 내 가족을 만나주며 보행기 신세를 지면서도 나를 현관까지 바래다주었다. 앤 바루스도 나와 내 딸을 케이프 코드의 집으로 초대해주고, 종이에 네모 칸들을 그려가며 덧셈암호 규명하는 법을 설명해주었다. 마거릿 길먼 맥케나와는 인터넷 전화 스카이프로 대화를 나누었다. 루스 쇼언 머스키도 인터뷰를 할 때 이 책에도 언급된 사진첩을 들고 나와 주었다. 비올라 무어 블런트는 이메일로 지난 이야기들을 들려주었다. 도로시 라말리와 이디스 레이놀즈도 휠체어를 타는 처지면서도, 그 사실을 모르는 사람은 거동이 불편하다는 사실을 눈치채지 못할 만큼 세련된 옷차림을 하고 인터뷰에 응해주었다. 수잰 하폴 엠브리는 워싱턴 D.C.의 코스모스 클럽에서 칵테일 블러드 메리를 앞에 놓고 나와 추억을 공유해주었다. 그녀는 지하철이 고장나자 몇 블록을 걸어가 줄서서 버스를 기다렸다. 조세핀 팔럼보 패넌도 그녀가 70년 넘게 간직한 팸플릿에 대해 이야기를 나눌 때 자리를 함께 했다. 멋진 호피무늬 실내복을 입고 나를 맞아주었던 제인 케이스 터틀은 텔레비전에 나온 정치인이 멍청한 말을 할 때마다 화면을 향해 던진, 돌돌 만 깨끗한 양말 꾸러미를 내게 선물로 주었다. 이런 결기를 지닌 여성들이었으니 그들이 연합군의 승리를 어떻게 도왔을지는 안 봐도 눈에 선했다.

우리 가족들 중 대학 나온 여성들(어머니와 할머니들)에게도 고마움을 표하고 싶다. 애나 할머니가 후드 칼리지를 다닐 때 쓰던 동물학 공책들을 우연히 보았던 때가 지금도 생각나는데, 그런 사례야말로 감명을 주는 요소가 될 수 있는 것이다.

이 책은 암호해독 여성들 이야기가 공개되기를 원한 다수의 여성들이 기울인 노력 덕에 세상에 나올 수 있었다. 특히 미 국가안보국의 역사 담당관 벳시 스무트는 여러 가지 조언을 해주고, 지인들과의 접촉 및 관련 인사들과의 연결을 주선해주며, 많은 것들을 참을성 있게 설명해주었다. 국립암호박물관 관리자 제니퍼 윌콕스도 다수의 박물관 출판물들에 암호해독을 주제로 한 독창적인 글을 게재하고, 자료들도 공개해주었다. 암호박물관 자료실에 있는 모든 것들의 위치를 정확히 알고 그 대부분을 디지털화한 르네 스타인도 내가 질문할 때마다 지체 없이 답변해주었다. 오하이오주 데이턴에 사는 조지프 데시의 딸 데버라 앤더슨도 전직 암호해독자들에게 연락을 취해준 소수의 미국인들 가운데 한 사람이었고, 어쩌면 전직 암호해독자들의 재회를 주선한 유일한 사람이었을 수도 있다. 그녀는 자신이 모아둔 사진, 신문잡지에서 오려낸 기사들, 편지들을 가지고 며칠간 나와 재미난 이야기도 나누었다.

국가안보국의 역사 담당관 로버트 L. '루' 벤슨이 쓴 베노나 프로젝트 역사서를 읽고, 놀랄 정도로 많은 전직 여교사들이 베노나 프로젝트에 종사한 것이 그 책에 언급되었다는 사실을 내게 환기시켜준 나의 남편 마크 브래들리에게도 감사드린다. 로버트 한요크, 크리스 크리스텐슨, 조너선 비어드도 나와 개별적으로 만나 문서 검토, 조언, 설명과 부연 설명을 해주고, 전문 지식도 나눠주었다. 세 사람 모두 이 책의 원고본을 읽어주는 친절도 베풀었다. 마이클 워너도 자기 근무 시간을 할애해서까지 이 책의 원고를 읽고 통찰력 있는 의견을 제시해주어, 나에게는 그들 못지않게 많은 힘이 되었다. 줄리 테이트도 꼼꼼하게 사실 확인을 해주고 정신적으로도 나를 지지해주었다. 이렇게 모두들 철저하고 전문적인 검토를 했는데도 오류가 발견된다면 그것은 전적으로 나의 책임이다.

크리스티 밀러는 앤 카라크리스티와의 인터뷰를 수월하게 해주었고 여성사에 대한 지식도 내게 나눠주었다. 싱크탱크인 뉴아메리카의 브리지드 슐트, 앤-마리 슬러터, 그리고 뉴아메리카의 더 나은 삶 연구소도 이 책의 집필에 필수적인 요소를 제공해주었다.

몇몇 사람들은 예전에 그들이 계획했던 프로젝트의 자료를 내게 빌려줌으로써 암호해독 여성들에게 이바지했다. 웰즐리 동문회보에 멋진 글을 썼던 메리 카펜터만 해도 그때 사용한 설명 자료들을 남겨두었다가 내게 건네주었다. 내가 그것들을 얼마나 많이 읽었는지 그녀는 모를 것이다. 커트 돌턴도 자신의 책을 집필할 때 슈거 캠프의 여성들을 인터뷰했던 녹음테이프들을 내게 제공하는 아량을 베풀었다. 그것들은 돈으로는 살 수 없는 귀중한 기록물이다. 사우스캐롤라이나주 교육방송ETV의 케리 페덕도 고故프랜시스 스틴 서데스 조지프슨이 살아 있을 때 진행한 풀 버전 인터뷰를 편집 없이 재생해주느라 많은 애를 썼다. 그 인터뷰의 일부는 ETV가 제작한 〈사우스캐롤라이나주의 가장 위대한 세대〉 DVD에도 실렸다. 미 육군 정보보안사령부 역사국의 마이크 비글로 중령도 알링턴 홀에 대한 정보와, 나와도 만났던 카렌 코바크 지휘하에 작성된 육군여군단에 대한 구술기록을 내게 제공해주었다. 미 해군 역사유산사령부의 '역사 및 기록관 부서'의 레지나 에커스 해군 역사 담당관 역시 내게 깊이 있는 의견을 제시해주고, 역사 및 기록관을 안내해주었다.

다수의 기록 연구사들도 기록물이 빛을 볼 수 있게 도와주었다. 그들을 열거하면 다음과 같다. 의회도서관의 재향군인 역사 프로젝트의 참조 전문가 메간 해리스, 윈스럽 대학교의 기록 연구사 수재너 올라 리, 그린즈버러에 있는 노스캐롤라이나 대학교의 '마서 블래케니 호지스 특수 장서와 대학 기록관'의 '여성 재향군인 역사 프로젝트'의 큐레이터 베티 H. 카터, 가우처 대학교의 '특수 장서와 기록관'의 큐레이터 타라 올리베로, 칼리지파크의 미 국립문서보관소National Archives II의 참조 부문 기록 연구사 너새니얼 패치, 조지 C. 마셜 재단의 도서관과 문서보관소 관장 폴 배런, 지역역사학회인 데이턴 역사의 커트 돌턴, 래드클리프 칼리지 슐레진저 도서관의 연구서비스 부서장 엘런 셰이, 스미스 칼리지의 기록 연구사 낸시 영, 웰즐리 대학교의 기록 연구사 메리 열, 워싱턴 D.C. 역사박물관의 연구서비스 사서 제시카 스미스, 알링턴 카운티 공공도서관의 지역 역사 센터의 기록 연구사 존 스탠턴, 랜돌프 칼리지의 프랜시스 웹과 테드 호스테틀러, 노스텍사스 대학교의 '여성 재향군인 구술 기록 프로젝트'의 에이미 헤드릭, 2차 세계대전 태평양 전역의 무공기념관 수석 역사가 대니얼 A. 마르티네즈. 이들 외에 미 국무부의 레일라 캄가르도 나의 알링턴 홀 방문을 수월하게 해주었으며, 국토안보부의 브랜든 몽고메리는 네브래스카 애비뉴에 있는 옛 해군 암호해독 단지를 내게 구경시켜 주었다. 미 국가안보국의 데이비드 셔먼 역시, 지금까지도 힘겨운 싸움을 하고 있는 처지이기는 하지만, 더 많은 전시 기록물들이 기밀 목록에서 해제될 수 있도록 최선의 노력을 기울여주었다.

인터뷰 과정을 도와주고 추억담을 들려준 암호해독 여성들의 가족 구성원들께도 감사드린다. 특히 짐 브루스는 그의 훌륭한 어머니 도트 브레이든 브루스와 연락이 닿게 해주고, 이 책이 잘 되도록 성원해주었다. 포레스트 화이트도 그의 어머니 이디스 레이놀즈 화이트와의 인터뷰를 주선해주었으며, 캠 웨버는 그녀의 어머니 엘리자베스 비글로 스튜어트가 쓴 회상록을 나와 공유해주었다. 키티 벨러-맥케나도 인터넷 전화 스카이프로 마거릿 길먼 맥케나와 대화를 나눌 수 있게 도와주었고, 래리 그레이는 자신이 쓴 그의 어머니 고 버지니아 캐롤라인 와일리에 대한 수필을 제공해주었다. 사라 잭슨도 그녀의 어머니 고 (미리엄) 루이즈 피어설 캔비가 살아 있을 때 작성한 구술 기록을 내게 제공했다. 그밖에 바바라 달링거, 빌 케이블, 캐럴린 카터, 그리고 키티 웨스턴과 클라이드 웨스턴은 루스 웨스턴을 위해, 마이크 신코브는 델리아 테일러 신코브를 위해, 그레이엄 캐머런은 샬럿 맥러드 캐머런을 위해, 재니스 맥켈비는 사라 버지니아 돌턴을 위해, 로라 버크는 헬렌 C. 매스터스를 위해, 윌리엄 루딩턴은 조지아 오코너 루딩턴을 위해, 린다 헌드는 뮤리엘 스튜어트를 위해, 에디와 조너선 호턴, 버지니아 콜, 엘리너 그래빌, 그리고 다프네와 제리 콜은 진 그래빌을 위해, 팸 에마뉘엘은 마사 오덤을 위해, 게리 톰슨은 낸시 애벗 톰슨을 위해, 베티 다우스는 웰즐리 출신 암호해독자들을 위해, 제드 서데스, 메리 이저벨 랜달 베이커, 메이블 프로위, 샬럿 앤더슨 스트래드포드는 프랜시스 스틴 서데스 조지프슨을 위해 인터뷰를 해주었다. 데이비드 K. 쉼프 예비역 해군 소장도 프랜시스가 생존해 있을 때 최선을 다해 그녀를 기리고 인정하는 일을 했다.

내게 전문 지식을 나눠준 분들도 빼놓을 수 없다. 톰 존슨, 데이비드 해치, 로버트 르완드, 윌리엄 라이트, 미국대학여성협회의 수재너 굴드, 카렌 코바트. 그밖에 엘리자베스 와인가르텐, 재클린 오스트로우스키, 크리스틴 어스킨, 로절린드 도널드, 마돈나 리블링, 넬 미노우, 마거릿 탤벗, 케이트 줄리언, 데니스 윌스, 메건 로퍼, 마이클 돌란, 낸시 팁튼, 존 커틀랜드, 로이 카라크리스티, 앨리슨 우드와 나의 가족도 이 책이 만들어지는 내내 나를 돕고 지원해주었다.

온갖 지원을 아끼지 않은 나의 오랜 저작권 대리인, 에비타스 크리에이티브의 토드 슈스터에게도 감사함을 전하고 싶다. 특히 그가 소개해준 아셰트 출판사의 편집인 폴 휘틀래치는 책의 형태와 내용에 대한 첫 회의 때부터 마지막 손질 때까지 아이디어와 전문 지식을 샘물처럼 쏟아낸, 이 책에는 그야말로 더할 나위 없는 편집인이었다. 아셰트 출판사의 발행인 마우로 디프레타 역시 첫 회의 때부터 이 책에 전폭적인 지원을 해주었으며, 마케팅 이사 벳시 헐스보시, 부 발행인 미셸 에이엘리도 마찬가지였다. 아트 디렉터 어맨다 케인도 완벽한 책 표지를 만들어주었다. 홍보 이사 조애나 핀스커와 제작 편집자 캐 럴린 쿠렉스, 마이클 고데트, 제니퍼 룬티, 메리솔 샐러맨, 오뎃 플레 밍, 카를로스 에스파르자, 마크 해링턴, 그리고 모든 일을 원활하게 돌 아가게 해준 보조 편집인 로런 허멜, 원고 정리를 능숙하게 해준 아일 린 체티에게도 똑같이 감사드린다. 에비타스 매니지먼트 사의 첼시 헬러와 일라이어스 올트먼에게도 사의를 표한다.

전쟁, 암호해독, 20세기 역사의 양상에 대한 책을 저술하여 그 분 야를 이해하는 데 많은 도움을 준 다수의 작가와, 여성 및 그들이 이 룩한 업적에 대한 책들을 저술해 내게 영감을 준 작가들에게도 사의 를 표하고 싶다. 그 분들의 면면을 다 적지는 못하고 일부를 소개하면 다음과 같다. 캐런 애벗, 데이비드 알바레즈, 크리스토퍼 앤드루, 릭 앳킨슨, 줄리아 베어드, 앤서니 비버, 로자 브룩스, 스티븐 부디안스 키, 엘리엇 칼슨, 에드워드 드레아, 글렌 프랭클, 데이비드 개로우, 나 탈리아 홀트, 앤 헐버트, 월터 아이작슨, 존 키건, 데니스 키어넌, 게일 제마흐 레먼, 질 르포어, 캔디스 밀라드, 린 포비치, 존 프라도스, 고든 프란지, 스테이시 시프, 마고 리 셰털리, 마이클 스미스, 데이바 소벨, 마거릿 탤벗, 캐서린 조에프. 더불어 암호해독 분야의 선구자로 그 일 을 하는 과정에서 많은 사람들의 벗이 되어준 데이비드 칸에게도 특 별한 사의를 표하고 싶다. 그의 아량과 통찰력 그리고 연구자다운 태 도와 동지애적 마음으로 다른 수많은 저술가들에게 한 것처럼 내게도 그의 클럽에서 점심 대접을 해준 것에도 고마움을 전한다.

옮긴이의 말

올해 6월 6일은 노르망디 상륙작전(1944. 6. 6 개시)이 전개된 지 75주년이 되는 날이었다. 이날 프랑스 북부 해안에서는 참전국 정상들이 모인 가운데 사상 최대 규모로 전개된 그 작전의 성공을 기념하는 행사가 열렸다. 일본의 진주만 기습, 스탈린그라드 전투, 히로시마와 나가사키에의 원자폭탄 투하 등, 2차 세계대전의 여러 굵직굵직한 장면들과 더불어 우리의 뇌리에 아직도 생생한 그 숨 막히는 작전이 일어난 지 어느덧 75년이 지났다는 사실이 믿어지지 않는다. 이제는 비록 기념식과 같은 연례행사를 통해 의미를 되새기고, TV 케이블 채널과 잊힐 만하면 한 번씩 만들어지는 신작 영화로나 접하면서 역사의 뒤안길로 사라져가는 아쉬움을 달래고는 있지만, 2차 세계대전에 대한 역사가들의 사실史實 발굴 작업은 지금도 계속되고 있다. 여기 소개하는 흥미진진한 책도 그 같은 작업으로 빛을 보게 된 작품이다. 단, 이번 책은 전쟁의 주역이 아닌 조역, 그러나 결과에는 막대한 영향을 끼친 소수자에 초점을 맞춘 역사서다. 미국 최초의 유인 우주 비행 탐사 프로젝트, 머큐리 계획의 숨은 공로자들이었는데도 마고 리 셰털리의 논픽션 〈히든 피겨스〉(2016)와 동명의 영화로 50년 뒤 그 존재가 드러나기 전까지는 역사의 그늘에 가려져 있던 NASA의 흑인 여성 수학자들과 마찬가지로 연합국의 승전에 큰 역할을 하고도 기여도를 인정받지 못한 이름 없는 조연들을 재조명한 책인 것이다. 위에 언급한 노르망디 상륙작전만 해도 그 작전의 성공에는 D데이 직전 나치 독일의 신경을 딴 곳으로 분산시키기 위한 기만전술의 숨은 조력군 여성 암호해독자들이 있었다. 그런데도 공적 역사에는 그 사실이 누락된 것이다. 그들의 역할이 간과된 데에는 전쟁은 남성의 일이라는 오랜 믿음 탓에 여성들이 부차적 존재로 밀려났던 것과 비밀 엄수 규정에 막혀 여성들 스스로 전시에 자신들이 했던 일을 입 밖에 내지 못한 이유 등 여러 요인이 존재했다.

이 책 『코드걸스』는 저널리스트 출신의 저자 리자 먼디가 국가의 부름에 응해 적국의 암호를 해독하는 일을 했던 여성들이 직면했던 사회적 편견과 그들이 그 편견에 대처하며 겪은 좌절과 극복의 이야기들을 2차 세계대전이라는 장대한 드라마와 현대적 군사 정보가 비약적으로 발전해가는 과정과 유기적으로 엮어놓은 작품이다. 행정 분야에 만연했던 성차별주의, 지금도 이슈가 되고 있는 동성애, 낙태, 직장 내 임신에 대한 제재 등 그들이 맞닥뜨린 사회적 편견의 종류는 다양했다. 이 책에는 그런 사회학적 문제와 페미니즘적 요소뿐 아니라 2차 세계대전의 뒷이야기, 적군과 아군이 벌인 치열한 첩보전, 암호를 해독해가는 짜릿한 과정, 조직 내 알력과 관료들 간의 경쟁, 여성들이 나눈 진한 우정과 그들의 연애담, 그들이 살았던 소소한 일상 등 그 시대와 관련된 다른 재미난 내용도 많이 담겨 있다. 여성에 대한 참정권 부여로 여성의 지위에 변화의 바람이 불어 닥친 1920년도에 태어나 남다른 성취욕과 모험심을 지닌 고학력 여성들에게 전례 없는 사회 진출의 기회를 제공해준 것은 아이러니컬하게도 전쟁이었다. 미국에 충격과 모욕을 안겨준 진주만 공격 뒤 미국의 정보력 부족이 백일하에 드러나고 이에 자극받은 군 당국이 정보기관 확충을 꾀하면서 암호해독자들에 대한 요구가 급증하자 여성의 대학 진학이 드물던 1942년에 4년제 대학을 졸업한, 이른바 '뇌섹녀'들에게도 기회의 문이 열린 것이다. 그리하여 미 해군과 육군에서 전시에 암호해독자로 활약한 여성이 만 명이 넘었고, 이는 2차 세계대전 때 활약한 암호해독 인력의 50퍼센트를 상회하는 수치였다. 여성 암호해독자들은 대서양 전역을 휘젓고 다니며 연합군 선박들에 큰 피해를 입힌 독일의 U보트 작전, 태평양 전쟁의 판도를 바꿔놓은 미드웨이 해전과 같은 주요 전투들에서 연합군이 주도권을 잡는 데 맹활약을 펼치며 존재감을 드러냈다. 그런데도 암호해독부가 극비로 운영되었던 탓에 오랫동안 역사에서 투명인간 취급을 받았던 것이고, 그것을 이번에 리자 먼디가 역사의 창고에서 끄집어내 일반에 처음으로 공개한 것이다.

그들의 이야기를 한 권의 책으로 내놓기까지의 과정은 지난했다. 무엇보다 당시에 활약한 여성들의 다수가 이미 사망한 뒤여서 생생한 증언을 청취하기 힘든 것이 문제였다. 남아 있는 소수의 생존자들도 80대 후반에서 90대 중반에 달한 고령자들이어서 취재하기가 쉽지 않았다. 저자는 그런 힘든 여건 속에서도 마치 고고학자가 유적 발굴을 하듯 생존자들을 일일이 찾아다니고 근래에 기밀 서류 목록에서 해제된 방대한 자료들을 토대로 잊힌 역사를 생생하게 복원해냈다. 자칫 빛바랜 한 장의 사진으로나 남아 있었을 장면에 총천연색을 입혀 2차 세계대전에 대한 또 하나의 현장 보고서를 만들어낸 것이다.『코드걸스』가 나치 독일의 에니그마 암호, 일본의 퍼플 외교 암호, JN-25를 비롯한 일본의 해군 암호와 육군 암호들을 차례로 해독해 개가를 올린 여성들을 다룬 이야기책인 것에 그치지 않고, 2차 세계대전에 대한 또 하나의 진지한 역사서인 까닭도 거기에 있다.

『코드걸스』는 국내에서도 출간된 미셸 오바마의 평전『미셸 오바마 담대한 꿈』을 쓴 미국의 논픽션 작가 리자 먼디의 최근작이다. 다수의 수상 경력을 가진 베스트셀러 작가의 책답게『코드걸스』도 출간되자마자 미 언론 매체들의 호평을 받았고, 월간 〈스미소니언〉에 의해 10대 과학 서적들 중 하나로도 선정되었다. 아닌 게 아니라 책 군데군데에 섞여있는 암호해독 과정을 읽노라면 그 분야에 관심이 없는 사람이라도 스릴과 서스펜스가 느껴진다. 지금은 암호화폐가 세간의 화제지만, 2차 세계대전 때는 암호해독이 다수의 소중한 인명을 구하고 전쟁을 단축시키는 데도 중요한 역할을 했다니 놀라울 따름이다. 다만 역자로서는 암호가 생소한 분야여서 옮기는 데 다소 애를 먹었다. 정확한 의미 파악을 위해 나름의 공부가 필요했고, 적절한 우리말 표현을 찾느라 씨름도 해야 했다. 그런 저런 사정으로 시간이 오래 걸려 일정이 많이 지연되었는데도 너그럽게 양해해주신 출판사 대표님께 진심으로 감사드린다. 다수의 실수를 용케 찾아내 바로잡아 주고 불완전한 원고를 깔끔하게 다듬어주신 편집자님께도 고마움을 전한다. 그건 그렇고 전에는 외계어처럼 생소하게 들렸던 암호화폐나 알고리즘 같은 용어들이 이제는 친숙하게 들리는 까닭은 왜일까?

2019년 가을, 이순호

주

이 책을 집필하면서 내가 참조하고 자주 인용한 칼리지파크 국립문서보관소에 소장된 기록 수집물 세 건의 내역은 다음과 같다.

RG 38, Entry 1030 (A1), Records of the Naval Security Group Central Depository, Crane Indiana, CNSC Library.

RG 0457, Entry 9002 (A1), National Security Agency/Central Security Service, Studies on Cryptology, 1917-1977.

RG 0457, Entry 9032 (A1), National Security Agency/Central Security Service, Historic Cryptographic Collection, Pre-World War I Through World War II.

"NSA-OH" ID로 표시된 구술 기록:

https://www.nsa.gov/news-features/declassified-documents/oral-history-interviews/index. shtml의 Oral History Interviews, National Security, Agency에서 나온 것이다.

"WV" ID로 표시된 구술 기록과 유관 자료:

http://libcdml.uncg.edu/cdm/landingpage/collection/WVHP/의, 노스캐롤라이나 대학교 마서 블래케니 호지스 특수 장서와 대학기록관의 여성 재향군인 역사 프로젝트의 베티 H. 카터에서 나온 것이다.

비밀편지들

1. Gordon W. Prange, *At Dawn We Slept* (New York: Penguin, 1982), 517.

2. Ann White Kurtz, "An Alumna Remembers," *Wellesley Wegweiser*, no. 10 (Spring 2003): 3, http://www.wellesley.edu/sites/default/files/assets/departments/german/files/weg03.pdg; Ann White Kurtz, "From Women at War to Foreign Affairs Scholar," *American Diplomacy* (June 2006), http://www.unc.edu/depts/diplomat/item/2006/0406/kurt/kurtz_woman.html 더불어 메리 카펜터가 내게 건네준 자료, Mary Capenter and Betty Paul Dowse, "The Code Breakers of 1942," *Wellesley* (winter 2000):26-30도 함께 참조할 것.

3. Capenter and Dowse, "Code Breakers of 1942."

4. 앤 바루스 실리(해군 암호해독자), 2015년 7월 12일 케이프 코드에 있는 그녀의 자택에서 진행한 인터뷰.

5. "The Crypto logic Contributions of Dr. Donald Menzel," *Cryptologia* 30, no. 4 (2006): 306-339. RG 38, Box 113, "CNSG-History of OP-20-3GR, Dec 1941-2 Sep 1945"에는 버나드, 브린모어, 마운트 홀리요크, 래드클리프, 스미스, 웰즐리, 가우처만 비밀편지를 받은 첫 해에 해군에 협조 의사를 밝힌 대학들로 나와 있다. 배서 대학교는 고려 중이었지만 그해에는 협조하지 않았던 것 같고, 이듬해에는 휘튼 대학교와 함께 해군에 협조한 것이 확실하다.

6. Bauer and Ulrich, "Cryptologic Contributions of Dr. Donald Menzel," 310.

7. Kurtz, "An Alumna Remembers"; Kurtz, "From Women at War to Foreign Affairs Scholar"; Bauer and Ulrich, "Cryptologic Contributions of Dr. Donald Menzel," 310.

8. Carpenter and Dowse, "Code Breakers of 1942."

9. Frederic O. Musser, "Ultra vs Enigma: Goucher's Top Secret Contribution to Victory in Europe in World War II," *Goucher Quarterly* 70, no. 1 (1992): 4-7; Janice M. Benario, "Top Secret Ultra," *Classical Bulletin* 74, no. 1 (1998): 31-33; Robert Edward Lewant, "Secret Keeping 101: Dr. janice Martin Benario and Women's College Connection to ULTRA," *Cryptologia* 35, no. 1 (2010): 42-46; Frederic O. Musser, *The History of Goucher College*, 1030-1985 (London: Johns Hopkins University Press, 1990), 40, https://archive.org/details/

historyofgoucher00muss.

10. Ida Jane Meadows Gallagher, "The Secret Life of Frances Steen Suddeth Josephson," *The Key* (Fall 1996): 26-30; 사우스캐롤라이나주 교육 방송이 제작한 DVD 〈사우스캐롤라이나주의 가장 위대한 세대〉에 실린 프랜시스 조지프슨의 편집되지 않은 인터뷰.

11. 이디스 레이놀즈 화이트(해군 암호해독자), 2016년 2월 8일 윌리엄스버그의 그녀 자택에서 진행된 인터뷰.

12. RG 38, Box 113, "CNSG-A History of OP-20-3-GR, Dec 1941-2 Sep 1945"

13. 도로시 라말리(육군과 해군, 두 군데서 암호해독자로 활동한 여성), 2015년 5월 29일과 7월 12일 버지니아주 스프링필드의 그녀 자택에서 진행된 인터뷰.

14. Dr. Solomon Kullback, oral history interview on Aughst 26, 1982, NSA-OH-17, 72; 앤 카라 크리스티(육군 암호해독자), 2014년 11월과 2015년 11월 사이 워싱턴 D.C.의 그녀 자택에서 진행된 인터뷰.

15. 2014년 6월과 2017년 4월 사이 버지니아주 리치먼드 인근 그녀의 자택에서 진행된 인터뷰. Personnel Record Folder for War Department Civilian Employee (201) file: "Bruce, Dorothy B., 1, June 1920 Also: Braden, Dorothy V., B-720," National Personnel Records Center, National Archives, St. Louis, MO.

들어가는 말. 학생들, 국가가 여러분을 필요로 하고 있어요

1. 암호해독을 정보로 이용한 사실은 "Pearl Harbor and the Inadequacy of Cryptanalysis," *Cryptologia* 15, no. 4 (1991): 273-294, DOI: 10.1080/0161-119191865948을 비롯하여 데이비드 칸의 여러 글들에서 찾아볼 수 있다.

2. 해군의 암호해독자 선발 계획, 대학 지도자들의 회합, 콤스톡, 새퍼드, 노이즈, 멘젤의 편지들은 Craig Bauer and John Ulrich, "The Cryptologic Contributions of Dr. Donald Menzel," *Cryptologia* 30 (2006): 306-339에 나타나 있다. 나도 참고로 한 이 편지들은 Radicliffe's Schlesinger Library, "Office of the President Correspondence and Papers: 1941-42, Harvard-NA, II, Ser. 2," Box 57: 520-529, "National Broadcasting--Naval Communications."에서 찾

아볼 수 있다.

3. Virginia C. Gildersleeve, "We Need Trained Brains," *New York Times*, March 29, 1942; "Women's College Speed Up," *New York Herald Tribune*, January 24, 1942.

4. Bauer and Ulrich, "Cryptologic Contributions of Dr. Donald Menzel," 306. Radcliffe, "National Broadcasting-Naval Communications."

5. Bauer and Ulrich, 313.

6. Radcliffe, "National Broadcasting-Naval Communications."

7. Bauer and Ulrich, 310.

8. RG 38, Box 113, "CNSG-A History of OP-20-3-GR, 7 Dec 1941-2 Sep 1945."

9. Bauer and Ulrich, "Cryptologic Contributions of Dr. Donald Menzel," 312. Radcliffe, "National Broadcasting-Naval Communications."

10. Bauer and Ulrich, "Cryptologic Contributions of Dr. Donald Menzel," 311.

11. Ibid., 312.

12. 앤 화이트가 한 말도 Mary Carpenter and Betty Paul Dowse, "The Code Breakers of 1942," *Wellesley* (Winter 2000)L 26-30에 수록돼 있고, 다른 많은 여성들도 같은 말을 했다.

13. Bauer and Ulrich, "Cryptologic Contributions of Dr. Donald Menzel," 310, "National Broadcasting-Naval Communications."

14. Robert Louis Benson, *A History of U.S. Communications Intelligence During World War II: Policy and Administration* (Washington, DC: Center for Cryptologic History, National Security Agency, 1997)에는 육군, 해군, 그 밖의 여러 연방 기관들이 전시에 벌인 막후 경쟁에 관한 소중한 정보가 담겨 있다. RG 38, Box 109, "Resume of Development of American COMINT Organization, 15 Jan 1945."도 참조할 것. Stephen Budiansky, *Battle of Wits: The Complete Story of Codebreaking in World War II* (New York: Touchstone, 2000), 87에도 육군과 해군 간의 경쟁과 관련된 뛰어난 논점이 수록돼 있다.

15. Prescott Currier, oral history interview on November 14, 1980, NSA-OH-38-80, 37.

16. Budiansky, *Battle of Wits*, 296.

17. Patricia Clark Kenschaft, *Change is Possible: Stories of Women and Minorities in Mathematics* (Providence: American Mathematical Society, 2005), 32-38.

18. 1998년 4월 6일 미 국가안보국에서 한 앤 카라크리스티의 연설 '암호해독에서의 여성들 (Women in Cryptology)'.

19. Ann Caracristi, interview, undated(날짜 표시가 없는), Library of Congress Veterans History Project, https://memory.loc.gov/diglib/vhp-stories/loc.natlib.afc2001001.30844/ transcript?ID=mv0001.

20. 잔 해먼드, 2015년 9월 30일 메인주 스카버러에 있는 그녀의 자택에서 진행된 인터뷰.

21. 이디스 레이놀즈 화이트(해군 암호해독자)와 진행한 인터뷰.

22. 수잰 하폴 엠브리(해군 암호해독자), 2015년 8월 11일 워싱턴 D.C.의 코스모스 클럽에서 진행한 인터뷰.

23. Jeuel Bannister Esmacher(알링턴 홀의 암호해독자), 2015년 11월 21일 사우스캐롤라이나 주의 앤더슨에 있는 그녀의 자택에서 진행한 인터뷰.

24. Jaenn Coz Bailey, oral history interview on January 13, 2000, WV0141.

25. Kenneth Lipartito, "When Women Were Switches: Technology, Work, and Gender in the Telephone Industry, 1890-1920," *American Historical Review* 99, no 4 (October 1994): 1084.

26. "Signal Intelligence Service, General Files, 1932-1939."

27. 베티 다우스와의 전화 인터뷰. *Bryn Mawr Alumnae Bulletin*에도 브린모어 대학교 학장이 통상의 경우라면 여학생들에게 수학이나 과학 특히 물리 같은 과목을 전공으로 택하도록 장려하지 못했을 것이라며, 그 당시의 교육자들이 직면한 딜레마가 묘사돼 있다. "직장과 후한 봉급을 받으리라는 보장이 없었다면 여학생들에게 그렇게 말하기는 힘들었을 것이다. (하지만 이제는) 형세가 바뀌어 여성들에 대한 전례 없는 요구가 생긴 것이다. 문제는 전후에는 과학 전공 여학생들의 앞날을 예측할 수 없다는 것이고, 그것이 여자 대학들의 고충이다." Katharine e. McBride, "The College Answers the Challenge of War and Peace," *Bryn Mawr Alumnae Bulletin* 23, no. 2 (March 1943): 1-7.

28. 이것들 모두 베티 다우스가 웰즐리 대학교의 1943년도 졸업생들을 대상으로 실시한 조사서에 나오는 실제 사례들이다. 전시에 그들이 한 일은 무엇이었는지와, 남성들이 하던 일을 그들이 하게 된 것인지 등을 물었다. 6C/1942, Betty Paul Dowse, A01-078a, Wellesley College Archives.

29. Beatrice Fairfax, "Does Industry Want Glamour or Brains?" *Long Island Star Journal*, March

19, 1943.

30. 육군의 암호해독 요원 수는 RG 0457, 9002 (A1), Box 92, SRH 349, "The Achievements of the Signal Security Agency in World War II."에 나와 있다. 해군의 암호해독 요원 수도 RG 0457, 9002 (A1), Box 63, SRH 197, "U.S. Navy Communication Intelligence Organization Collaboration."에서 찾아볼 수 있다.

31. RG 38, Box 4, "COMNAVSECGRU Commendations Received by OP-20-G."

1장. 28에이커의 여자 동네

1. 이 부분과 책 전체에 걸쳐 등장하는 도트 브레이든과 관련된 내용, 즉 그녀가 워싱턴에서 응 모하고, 채용되고, 고용되고, 살았던 내용은 모두 버지니아주 리치먼드 부근에 있는 그녀 자택에서 그녀와 직접 진행한 약 스무 차례의 인터뷰와, 2014년 6월과 2017년 4월 사이 그녀와 진행한 전화 인터뷰에서 발췌한 것이다. 그녀의 Personnel Record Folder for War Department Civilian Employee (201) file: "Bruce, Dorothy B., 11 June 1920 Also: Braden, Dorothy V., b-720," National Personnel Records Center, National Archives, St. Louis, MO.에서도 그에 관련된 내용을 찾아볼 수 있다.

2. 당시 린치버그와 랜돌프-메이컨 대학에 대한 내용은 Writers' Program of the Work Projects Administration in the State of Virginia, *Virginia: A Guide to the Dol Dominion* (New York: Oxford University Press, 1940), 264-266에 훌륭하게 묘사돼 있다.

3. William M. Wright, "White City to White Elephant: Washington's Union Station Since World War II," *Washington History: Magazine of the Historical Society of Washington*, D.C. 10, no. 2 (Fall/Winter 1998-99): 25-31에는 전시의 워싱턴 유니언 역에 대한 매우 중요한 내용이 담겨 있다.

4. 알링턴 홀에 도착한 첫날을 묘사한 이 글은, 충성 선서문에 서명한 것을 비롯한 도트의 추억 담과 그녀의 인사 파일 외에, 2015년 4월 9일과 7월 17일 사이 메릴랜드주에 있는 조세핀 팔럼보 패넌의 자택에서 그녀와 가진 인터뷰에서 뽑은 것이다. 패넌도 인사 부서에서 신입 직원들의 비밀 엄수 서약 받는 일을 했으니, 도트를 침착한 젊은 여성으로 기억하고 있을 것

이다.

5. 알링턴 농장의 내력과 그에 대한 훌륭한 묘사는 Joseph M. Guyton, "Girl Town: Temporary World War II Housing at Arlington Farms," *The Arlington Historical Magazine* 14, no. 3 (2011): 5-13에서 찾아볼 수 있다.

6. 〈굿 하우스키핑*Good Housekeeping*〉과 〈리더스 다이제스트*Reader's Digest*〉 기사는 Megan Rosenfeld, "'Government Girls': World War II's Army of the Potomac," *Washington Post*, May 10, 1991, A-1에 실려 있다.

7. 알링턴 홀이 세계 최대의 암호 시설이었던 사실은 Ann Caracristi, interview, undated, Library of Congress Veterans History Projects, http://memory.loc.gov/diglib/vhp-stories/loc.natlib. afc2001001.30844/transcript?ID=mv0001, in comments by Jack Ingram, curator of the National Cryptologic Museum에 수록돼 있다.

8. RG 0457, 9032 (A1), Box 1016, "Signals Communications Systems."

9. "Marriage Bars: Discrimination Against Married Women Workers, 1920s to 1950s" (NBER Working Paper 2747, National Bureau of Economic Research, October 1988).

10. 알링턴 홀이 신참 암호해독자들에게 실시한 훈련에 관한 기록은 RG 0457, 9032 (A1), Box 1007, "Training Branch Annual Report"; RG 0457, 9032 (A1), Box 1114, "History of Training in Signal Security Agency and Training Branch"에 실려 있다.

11. "SSA, Intelligence Div, B-II Semi-Monthly Reports, Sept 1942-Dec 1943"에는 도로시 브레이든이 근무당번표에 이름이 올라 있었던 것과, 그해 가을과 겨울 그녀가 제6그룹에 속해 오리엔테이션을 받았던 사실이 언급돼 있다. 거기에는 루스 웨스턴이 도트의 오리엔테이션 그룹에 함께 속해 있다가 연구 부서로 배치된 사실도 나타나 있다.

2장. 이건 남자의 능력이 요구되는 일이지만, 저는 용케 해낸 것 같네요

1. 엘리제베스의 삶과 배경에 대한 내용은 주로 "Elizabeth Friedman Autobiography at Riverbank Laboratories, Geneva, Illinois" in the National Cryptologic Museum Library David Kahn Collection, DK 9-6, in Fort Meade, MD; "Elizabeth Smith Friedman Memoirs-

Complete," at the George C. Marshall Foundation, in Lexington, VA, in the Elizebeth Smith Friedman Collection, http://marshallfoundation.org/library/digital-archive/elizebeth-smith-friedman-memoir-complete; "Interview with Mrs. William F. Friedman conducted by Dr. Forrest C. Pogue at the Marshall Research Library, Lixington, Virginia, May-16-17, 1973," http://marshallfoundation.org/library/wp-content/uploads/sites/16/2015/06/Friedman_Mrs-William_144.pdf; 그리고 oral history interviews with Elizebeth Friedman on November 11, 1976, NSA-OH-1976-17; NSA-OH-1976-18에서 발췌한 것이다.

2. 베이컨, 두 글자 암호, 리버뱅크, 사진에 관한 뛰어난 서술은 William H. Sherman, "How to Make Anything Signify Anything," *Cabinet*, no. 40 (Winter 2010-2011), www.cabinetmagazine.org/issue/40/sherman.php에서 찾아볼 수 있다. 그밖에 윌리엄 시먼이 조지 C. 마셜 재단에서 행한 강연 "From the Cipher Disk to the Enigma Machine: 500 Years of Cryptography" (George C. Marshall Legacy Series sequence on Codebreaking, Lexington, VA, April 23, 2015)와 그가 기획한 *Decoding the Renaissance: 500 Years of Codes and Ciphers* (Washington, DC, November 11, 2014, to February 26, 2015) 전시회의 도움도 받았다.

3. 이 부분에서는 윌리엄 프리드먼의 전기와 다수의 자료를 참고했다. 2장의 주 1번에 인용된 엘리제베스 프리드먼의 회고록 외에 가장 유용했던 몇몇 자료를 열거하면 다음과 같다. Rose Mary Sheldon's "The Friedman Collection: An Analytical Guide" An the George C. Marshall Foundation's extensive William F. Friedman collection, http://marchallfoundation.org/library/wp-content/uploads/sites/16/2014/09/Friedman_Collection_Guide_September_2014.pdf; the foundation brief introduction to its series on code breaking, "Marshall Legacy Series: Codebreaking," George C. Marshall Foundation, http://marshallfoundation.org/newsroom/marshall-legacy-series/codebreaking/; *The Friedman Legacy: A Tribute to William and Elizebeth Friedman* (Washington, DC: Center for Cryptologic History, National Security Agency, 2006), https://www.nsa.gov/resources/everyone/digital-media-center/video-audio/historical-audio-friedman-legacy/assets/files/friedman-legacy-transcript.pdf.

4. *Friedman Legacy*에는 윌리엄 프리드먼이 코드와 사이퍼의 역사에 대해 논한 내용이 나온다. 아울러 David Kahn, *The Codebreakers* (New York: Scribner, 1967); Stephen Budiansky,

Battle of Wits: The Complete Story of Codebreaking in World War II (New York: Free Press, 2000), 62-68도 참조할 것.

5. Robert Edward Lewand, "The Perfect Cipher," *Mathematical Gazette* 94, no. 531 (November 2010): 401-411에는 1586년에 발표된 비즈네르 암호가 누구도 암호 키의 존재를 인지하지 못함에 따라 "오랫동안" 난공불락의 암호로 군림하다가, 300여년이 지난 뒤에야 "빅토리아 시대의" 두 "박식가들에 의해 풀렸다"는 점이 적시돼 있다. 영국의 수학자 찰스 배비지와 프로이센의 육군 장교 프리드리히 빌헬름 카지스키가 십 년 간격으로 비즈네르 암호의 공격 방법을 찾아냈다는 것이다.

6. 남북전쟁에 대한 훌륭한 논점은 RG 0457, 9032(A1), Box 1019, "Notes on History of Signal Intelligence Service"에서 찾아볼 수 있다.

7. Besty Rohaly Smoot, "An Accidental Cryptologist: The Brief Career of Genevieve Young Hitt," *Cryptologia* 35, no.2 (2011): 164-175, DOI: 10.1080/01611194.2011.558982.

8. Jill Frahm, "Advance to the 'fighting Lines': The Changing Role of Women Telephone Operators in France During the First World War," *Federal History Journal*, no.8 (2016): 95-108

9. RG 38, Box 109, "Resume of Development of American COMINT Organization, 15 Jan 1943."

10. Frank Rowlett, oral history interview in 1976, NSA-OH-1976-1-10, 87-89. 그의 휘하 직원이 대부분 여성들이었다는 사실은 RG 0457, 9032 (A1), Box 1019, "Notes on History of Signal Intelligence Service," 44에 언급돼 있다.

11. 이 사실은 David Kahn, "Why Weren't We Warned?" *MHQ: Quarterly Journal of Military History* 4, no.1 (Autumn 1991): 50-59; 그리고 *Friedman Legacy*, 200을 비롯하여 여러 곳에 나타나 있다.

12. Solomon Kullback, oral history interview on August 26, 1982, NSA-OH-17-82, 9-11.

13. Susan M. Lujan, "Agnes Meyer Driscoll," *NCVA Cryptolog*, special issue (August 1988):4-6.14.

14. Kevin Wade Johnson, *The Neglected Giant: Agnes Meyer Driscoll* (Washington, DC: Center for Cryptologic History, National Security Agency, 2015), https://www.nsa.gov/about/cryptologic-heritage/historical-figures-publications/publications/assets/files/the-neglected-

giant/the_neglected_giant_agnes_meyer_driscoll.pdf.

15. RG 0457, 9002 (A1), Box 91, SRH 344, "General Address and Signature Code No.2."

16. Colin Burke, "Agnes Meyer Driscoll vs the Enigma and the Bombe," monograph, http://userpagers.umbc.edu/~burke/driscoll1-2011.pdf.

17. Johnson, *Neglected Giant*, 9에는 아그네스가 자신의 진급 개연성이 희박한 것에 불만을 가졌던 것처럼 암시돼 있다.

18. 토머스 다이어가 급여 등급에 대해 언급했다는 사실은 Johnson, *Neglected Giant*, 21에 나와 있고, 그가 아그네스를 프리드먼과 "전적으로 대등하게" 보았던 사실은 Steven E. Maffeo, *U.S. Navy Codebreakers, Linguists, and intelligence Officers Against Japan, 1910-1941* (Lanham: Rowman & Littlefield, 2016), 68에 나와 있다.

19. RG 38, Box 93, "COMNAVSEC-GRU Letters Between Col Fabyan of Riverbank Laboratories and US Navy Oct 1918-Feb 1932."

20. Edwin T. Layton, Roger Pineau, and John Costello, *And I was there: Pearl Harbor and Midway-Breaking the Secrets* (New York: Morrow, 1985), 33.

21. David Kahn, "Pearl Harbor and the Inadequacy of Cryptanalysis," *Cryptologia* 15, no.4 (1991): 275, DOI: 10.1080/0161-119191865948.

22. Kahn, "Why Weren't We Warned?" 51.

23. Layton et al., *And I Was There*, 58.

24. Elliot Carlson, *Joe Rochefort's War: The Odyssey of the Codebreaker Who Outwitted Yamamoto at Midway* (Annapolis, MD: Naval Institute Press, 2011), 40.

25. Layton et al., *And I Was There*, 46.

26. Robert J. Hanyok, "Still Desperately Seeking 'Miss Agnes': A Pioneer Cryptologist's Life Remains an Enigma," *NCVA Cryptolog* (Fall 1997): 3.

27. RG 0457, 9002 (A1), Box 36, SRH 149, "A Brief History of Communications Intelligence in the United States," by Laurance F. Safford, 11.

28. Johnson, *Neglected Giant*, 20.

29. JN-25가 작동된 방식에 대한 설명은 RG 38, Box 116, "CNSG-OP-20-GYP History for WW II Era (3 of 3)" and "CNSG History of OP-20-GYP-1 WW II (1 of 2)"에 나와 있다.

30. RG 38, Box 115, "CNSG OP-20-GY History." Kahn의 "Pearl Harbor and the Inadequacy of Cryptanalysis"에도 나와 있다.

31. "나도 미해군 태평양암호해독부(FRUPAC)의 직원이었던 사람과 워싱턴 암호해독부의 직원이었던 사람이 한 코드군의 의미에 대해 그리 오래지 않은 8년인가 10년 전까지도 논쟁을 벌이는 광경을 목격했어요." Captain Prescott Currier, oral history interview on April 14, 1972, NSA-OH-02-72, 32.

32. Layton et al., *And Was there*, 58.

33. RG 0457, 9002 (A1), Box 36, SRH 149, "A Brief History of Communications Intelligence in the United States" by Laurance F. Safford, 15.

3장. 최대의 난제

1. "Pearl Harbor and the Inadequacy of Cryptanalysis," *Cryptologia* 15, no. 4 (1991): 282, DOI: 10.1080/0161-11919865948.

2. RG 0457, 9032, Box 17, SRH 58, "The Legendary William F. Friedman."

3. RG 0457, 9032 Box 751, "SIS Organization and Duties/SIS Personnel"; Box 779, "Signal Intelligence Service (SIS) General Correspondence Files."

4. R. Louis Benson Interview of Mrs. E.S. Friedman, January 9, 1976, Washington, D.C., https://www.nsa.gov/news-features/declassified-documents/oral-history-interviews/assets/files/nsa-OH-1976-22-efriedman.pdf.

5. RG 0457, 9002 (A1), SRH 361, "History of the Signal Security Agency," vol. 1, "Organization," part 1, "1939-45." NSA Cryptologic Histories, https://www.nsa.gov/news-features/declassified-documents/cryptologic-histologic histories/assets/files/history_of_the_signal_security_agency_vol_1SRH364.pdf.

6. Wilma Berryman Davis, oral history interview on December 3, 1982, NSA0OH-25-82, 2-8.

7. 미 해군 통신 강좌에 대한 내용은 Chris Christensen and David Agard, "William Dean Wray (1910-1962) The Evolution of a Cryptanalyst," *Cryptologia* 35, no. 1 (2010): 73-96, DOI:

10.1080/01611194.2010.485410에서 찾아볼 수 있다.

8. Frank Rowlett, oral History interview in 1976(날짜 표기는 이것이 전부다), NSA-OH-1976-(1-10), 380.

9. RG 0457, 9032, Box 751, "Army Extension Course in Military Cryptanalysis."

10. 라울릿은 그의 구술 기록 NSA-OH-1976-(1-10), 350에서, "우리도 도청이 불법인 줄은 알았다"고 하면서 "그러나 그것이 공공연히 발표되게 하지 않는 한, 트래픽 도청과 해독은 정당했다. … 우리는 얼마간 고립된 섬에 있는 존재였다"고 말했다.

11. RG0457, 9032 (A1), Box 1019, "Notes on History of Signal Intelligence Service," 76.

12. RG 0457, 9032, Box 780, "Signal Intelligence Service-General Correspondence file 1941"; Genevieve Grotjan, interview with David Kahn, May 12, 1991, National Cryptologic Museum Library, Fort Meade, MD, David Kahn Collection, DK 35-44, notes; Personnel Record Folder for War Department Civilian Employee (201) file: "Grotjan, G.," National Personnel Records Center, National Archives, St. Louis, MO.

13. Frank B. Rowlett, *The Story of Magic: Memoirs of an American Cryptologic Pioneer* (Laguna Hills, CA: Aegean Park Press, 1998), 128.

14. Abraham Sinkov, oral history interviews, NSA-OH-02-79 through NSA-OH-04-79.

15. RG 0457, 9002 (A1), SRH 361, "History of the Signal Security Agency," vol. 2, "The General Cryptanalytic Problems," 31-32. 온라인판 NSA "Cryptologic Histories"에서도 그 내용을 찾아볼 수 있다.

16. RG 0457, 9002 (A1), Box 92, SRH-349, "The Achievements of the Signal Security Agency in World War II," 17.

17. Frank Rowlett, oral history interview on June 26, 1974, NSA-OH-01-74, available in notebooks (온라인으로는 불가능) at National Cryptologic Museum Library, 457.

18. Kahn, "Pearl Harbor and the Inadequacy of Cryptanalysis," 280-281; "History of the Signal Security Agency," vol. 2, 32; William Friedman, "Preliminary Historical Report on the Solution of the 'B' Machine," October 14, 1940, https://www.nsa.gov/news-features/declassified-documents/friedman-documents/assets/files/reports-research/FOLDER_211/417607890999992.pdf; Rowlett, *Story of Magic*, 145.

19. Kahn, "Pearl Harbor and the Inadequacy of Cryptanalysis," 282.

20. Davis, oral history, 13.

21. RG 0457, 9032 (A1), Box 751, "Army Extension Course in Military Cryptanalysis."

22. Rowlett, *Story of Magic*, 117.

23. Ibid., 138.

24. Ibid., 139.

25. Ibid., 141.

26. 칸과 그로찬의 인터뷰.

27. Kahn, "Why Weren't We Warned?" 56. Stephen Budiansky, *Battle of Wits: The Complete Story of Codebreaking in World War II* (New York: Free Press, 2000)에도 크립의 중요성이 나타나 있다.

28. "History of the Signal Security Agency," vol. 2, 33-34.

29. Rowlett, *Story of Magic*, 150.

30. "History of the Signal Security Agency," vol. 2, 41.

31. RG 0457, 9002 (A1), Box 37, SRH 159, William F. Friedman, "The Solution of the Japanese Purple Machine."

32. Frank Rowlett, oral history, NSA-OH-01-74 to NSA-OH-12-74, 283.

33. Ibid.

34. Rowlett, *Story of Magic*, 151.

35. 일치하는 글자들이 나타난 곳을 세 군데로 말한 기록도 있지만, Rowlett, *Story of Magic*, 152 에는 네 군데로 기록돼 있다.

36. Ibid.

37. 칸과 그로찬의 인터뷰.

38. Frank Rowlett, oral history, NSA-OH-01-74 to NSA-OH-12-74, 284.

39. William Friedman, "Recommen dations for Legion of Merit and Medal of Merit Awards," September 27, 1943, https://www.bsa.giv/news-features/declassified-documents/friedman-documents/assets/files/correspondence/FOLDER_529/41771309081039.pdf.

40. "History of the Signal Security Agency," vol. 2, 44.

41. RG 0457, 9002 (A1), Box 81, SRH 280, "An Exhibit of the Important Types of Intelligence Recovered Through Reading Japanese Cryptograms."

42. RG 0457, 9032 (A1), Box 833, "Diplomatic Translations of White House Interest, 1942-1943."

43. RG 0457, 9002 (A1), Box 78, SRH 269, Robert L. Benson, "US Army Comint Policy: Pearl Harbor to Summer 1942"에는 처음에는 해독된 암호문들이 원문 그대로 전달되다가 뒤에 가서야 요약되어 전달되었던 것으로 기록돼 있다. Kahn, "Why Weren't We Warned?"에는 하루에 도청되어 해독된 암호문이 50건에서 70건 정도였고, 그중 가장 중요한 것만 자물쇠가 채워진 서류가방에 담겨 메신저 편으로 전달되었으며, 그런 다음에는 그것들이 다시 메신저에게서 회수되어 불태워졌던 것으로 적혀 있다.

44. RG 0457, 9032 (A1), Box 1115, "History of the Language Branch, Army Security Agency."

45. 육군과 해군이 짝수일, 홀수일 타협을 벌인 일은 Budiansky, *Battle of Wits*, 168을 비롯해 여러 기록들에 언급돼 있다. 프랭크 레이븐이 해군과 함께 암호 키 세팅 예측하는 법을 알아낸 내용은 John Prados, *Combined Fleet Decoded* (New York: Random House, 1995), 165에 나온다.

46. 1941년 12월 7일 미국이 입수할 수 있었던 정보와 입수할 수 없었던 정보에 대한 뛰어난 기술은 Robert J. Hanyok, "How the Japanese Dit It" *Naval History* (December 2009) 48-49에서 찾아볼 수 있다. Kahn, "Why Weren't We Warned?" 59에도 일본 해군이 자국 외교관들에게는 공격에 대한 실마리를 제공하지 않았던 점이 지적돼 있다.

47. 알링턴 홀에 대한 이 묘사는 육군 정보보안사령부 역사국의 마이클 비글로 중령이 제공해준 내적 역사와 한 다발의 브리핑 문서들에서 발췌한 것이다.

48. Wilma Berryman Davis, oral history interview, December 3, 1982, NSA-OH-25-82, 10.

49. RG 0457, 9032 (A1), Box 1125, "Signal Security Agency, History of the Cryptographic Branc."

50. Budiansky, *Battle of Wits*, 226.

51. RG 0457, 9032 (A1), Box 1114, "Signal Security Agency Weekly Reports, Jan to Oct 1943," Weekly Report for Section B-III, July 9, 1943.

52. RG 0457, 9032 (A1), Box 1114, "Signal Security Agency, B-III Weekly Reports Oct-Dec 1943," Weekly Report for October 9, 1943.

53. 칸과 그로찬의 인터뷰.

4장. 넘쳐나는 여성 근로자

1. 2015년 4월 10일 버지니아주 옥턴에 있는 조카 키티 웨스턴과의 집에서 한 대면 인터뷰, 그리고 2015년 10월 9일 남동생 클라이드 웨스턴과의 전화 인터뷰. Personnel Record Folder for War Department Civilian Employee (201) file: "Weston, Carolyn Cable," national Personnel Records Center, National Archives, St. Louis, MO.

2. RG 0457, 9002 (A1), Box 17, SRH 057, Lecture Series This Is Our War, Autumn 1943.

3. 1943년 12월 4일, 커티스 패리스가 도트 브레이든에게 보낸 편지.

5장. 가슴이 미어지는 일이었어요

1. RG 0457, 9032 (A1), Box 606, "Items of Propaganda Value."

2. RG 0457, 9002 (A1), Box 71, SRH 230, Henry F. Schorreck, "The Role of COMINT in the Battle of Midway," *Cryptologic Spectrum* (Summer 1975): 3-11.

3. Captain Rudolph T. Fabian, oral history interview on May 4, 1983, SNA-OH-09-83, 8-30.

4. RG 0457, 9002 (A1), Box 95, SRH 367, "A Preliminary Analysis of the Role of Decryption Intelligence in the Operational Phase of the Battle of the Atlantic."

5. David Kahn, *Seizing the Enigma* (New York: Barnes and Noble, 2001), vii.

6. "영국은 호송 전문 암호를 사용하고 있었고, 우리는 독일이 그것을 해독하고 있다고 확신했죠. 그리고 영국에, 우리가 그 사실을 영국에 납득시키기가 힘들다는 것도 알려주었어요. … 저는 또 우리가 우리의 논점을 입증하기 위해 트래픽을 조금 모니터링했을 것으로 생각했습니다. 하지만 알고 보니 아니더라고요." Dr. Howard Campaigne, oral history interview on June 29, 1983, NSA-OH-14-83, 49.

7. 하워드 캠페인 대위는 종전 뒤 진상조사단이 독일에 파견되었다고 하면서, "독일도 물론 에니그마 암호가 해독되리라는 것을 알고 있었대요. 하지만 그것을 해독하려면 건물 한 채를 전부 기계들로 채워야 할 것이라는 결론을 내렸답니다. 그런데 우리가 건물 한 채를 전부 기계들로 채우는 그 일을 해낸 거예요. 독일이 불가능할 것으로 본 것을 해낸 거죠"라고 말했

다. Campaigne, oral history, 15-16.

8. Chris Christensen, "Review of IEEE Milestone Award to the Polish Cipher Bureau for the 'First Breaking of Enigma Code,'" *Cryptologia* 39, no. 2 (2015): 178-193, DOI: 10.180/01611194.2015.1009751; Ann Caracristi, interview, undated, Library of Congress Veterans History Project, https://memory.loc.gov/diglib/vhp-stories/loc.natlib. afc2001001.30844/transcript?ID=mv0001, comments by National Cryptologic Museum curator Jack Ingram.

9. RG 38, Box 110, "Historical Review of OP-20-G."

10 . RG 38, Box 1, "CNSG Officer/Civilian Personnel Procurement 1929-1941 (1 of 2)."

11. Francis Raven, oral history interview on March 28, 1972, NSA-OH-03-72, 3에는 별별 재미난 이야기가 다 등장한다.

12. Personnel Record Folder for War Department Civilian Employee (201) file: "Beatrice A. Norton," National Personnel Records Center, National Archives, St. Louis, MO.

13. RG 38, Box 113, "CNSG-A History of OP-20-3-GR, 7 Dec 1941-2 Sep 1945."

14. RG 38, Box 1, "CNSG, General Personnel, 4 Dec 1941-31 Jan 1944 (3 of 3)."

15. Radcliffe, Schlesinger Library, "Office of the President Correspondence and Papers: 1941-42, Harvard-NA, II, Sec. 2," Box 57: 520-529, "National Broadcasting-Naval Communications."

16. Ann ellicott Madeira, interview, undated, Library of Congress Veterans History Project, https://memory.loc.gov/diglib/vhp-stories/loc.natlib.afc2001001.07563/ transcript?ID=sr0001.

17. 2016년 4월 22일부터 4월 30일까지 비올라 무어 블런트와 주고받은 이메일.

18. 2016년 4월 18일, 마거릿 길먼 맥케니와 스카이프로 진행한 인터뷰.

19. Ibid. 팀원들이 행한 크립 작업에 대한 내용은 RG 38, Box 63, "Crib Study of Message Beginnings, Signature, etc-German Weather Msgs (1941-1943)"에 나와 있다.

20. Ann White Kurtz, "An Alumna Remembers," *Wellesley Wegweiser*, no. 10 (Spring 2003), https://www.wellesley.edu/sites/default/files/assets/departments/german/files/weg03.pdf: Mary Carpenter, underlying notes for Mary Carpenter and Betty Paul Dowse, "Code

Breakers of 1942," *Wellesley* (Winter 2000): 26-30.

21. Ibid.

22. Erma Hughes Kirkpatrick, oral history interview on May 2001, WV0213.

23. 당시의 정세는 Schorreck, "Role of Comint."에 잘 분석돼 있다.

24. RG 38, Box 116, "CNSG-OP-20-GYP History for WWII Era (3 of 3).

25. Frederick Parker, *A Priceless Advantage: U.S. Navy Communications Intelligence and the Battles of Coral Sea, Midway, and the Aleutians* (Washing DC: Center for Cryptologic Hitory, National Security Agency, 193).

26. T. Layton, Roger Pineau, and John Costello, *And I Was There: Pearl Harbor and Midway-Breaking the Secrets* (New York: Morrow, 1985), 421.

27. Schorreck, "Role of COMINT."

28. Laurance E. Safford, "The Inside Story of the Battle of Midway and the Ousting of Commander Rochefort," 1944 in Naval Cryptologic Veterans Association, *Echoes of Our Past* (Pace, FI.: Patmos Publishing, 2008), 26.

29. RG38, Box 116, "CNSG-OP20-GYP History for WWII Era (3 of 3).

30. Safford, "Inside Story," 27; Stephen Budiansky, *Battle of Wits: The Complete Story of Codebreaking in World War II* (New York: Free Press, 2000), 23: John Prados, *Combined Fleet Decoded* (New York: Random House, 1995), 410-411.

31. Captain (ret.) Prescott Currier, oral history interview on November 14, 1988, NSA-0H-38-80, 44.

32. Campaigne, oral history, 33-34.

33. Francis Raven, oral history interview on January 24, 1983, NSA-OH-1980-03, 11.

34. Ibid., 86.

35. Ibid., 18.

36. Ibid., 13-25.

37. Ibid., 34.

38. Ibid., 42-43.

39. Campaigne, oral history, 33-34 "어느 시기에 모든 사람들이 풀기를 단념한 매우 까다로운

과제를 그녀에게 부여한 겁니다. 그렇게 한 데에는 그녀를 바쁘게 하려는 의도도 얼마간 깔려 있었어요. 게다가 어차피 풀릴 가망이 없는 것이었으니, 그녀가 해 끼칠 일도 없을 것으로 본 겁니다."

40. Francis Raven, oral history, NSA-OH-1980-03, 56-63.

41. Ibid., 37-38.

42. RG 38, Box 1, "CNSG-General Personnel, 5 Dec 1940-31 Jan 1944": RG 39, Box 2, "CNSG-Civilian Personnel, 18 Feb 1942-31 Dec 1943 (3 of 3))"; RG 38, Box 116, "CNSG History of OP-20-GYP-1 WWII Era (3 of 3)."

43. 1942년 7월에 있은 해군 암호해독부의 방 배정에 관한 내용은 RG 38, Box 117, "CNSG-OP-20-GY-A/GY-A-1"에서 찾아볼 수 있다.

44. RG 38, Box 115, "CNSG OP-20-GY History."

45. 앤 바루스 실리도 나와 인터뷰할 때 자신이 행한 덧셈 암호 작업에 대해 자세히 설명해주었다. 그녀의 말은 RG 38, Box 116, "CNSG-OP20-GYP History for WWII Era (3 of 3)을 포함해, "꼬리 자르기", 덧셈 암호, shoo-goichi 암호가 나타난 다수의 문서보관소 파일로 뒷받침되었다.

46. 앤 바루스 실리의 인터뷰. 스미스 칼리지를 나온 엘리자베스 코린도 당시의 작업 광경을 이렇게 기억했다. "앤이 속한 팀원들은 암호문들을 수평으로 배열해놓았어요. 세로열의 전체 코드군들과 맞아 떨어지는 비밀 숫자를 얻기 위해서였죠. … 나열된 각각의 코드군들은 비밀 숫자를 제거하고 3으로 나눠져야만 유효한 암호 숫자가 되었습니다. … 특별실에서 일하는 사람들은 그보다 더 흥미로운 것도 가지고 있었어요. … 우리가 해독 메시지를 넘겨주면 그 방 사람들은 암호 책자로 작업을 했죠." Elizabeth Corrin, oral history interview on February 8, 2002, NSA-OH-2002-06.

47. 딸인 캠 웨버가 제공해준 엘리자베스 비글로의 회상록.

48. RG 38, Box 116, "CNSG-OP20-GYP History for WWII Era (3 of 3)" and "CNSG History of OP-20-GYP-1 WWII Era (1 of 2).

49. RG 38, Box 115, "CNSG OP-20-GY History."

50. 신문 기사를 둘러싼 일련의 사태는 Safford, "Inside Story," 27-30에 기록돼 있다.

51. Parker, *A Priceless Advantage*, 66에는 "일본이 자국의 극비 작전 암호를 미국 암호해독자들

이 성공적으로 뚫은 것을 알았는지의 여부는 … 여전히 추측의 문제로 남아 있다"고 적혀 있다. 그러나 당시의 OP-20-G의 관리들은 그 점에 확신을 갖고 있었다.

52. RG 38, Box 116, "CNSG History of OP-20-GYP-1 WWII (1 of 2)."

53. 2급 암호 부서를 설치하기로 한 결정과 JN-20 암호가 치환 전치 암호였다는 사실은 RG 38, Box 116, "CNSG-OP-20-GYP History for WWII Era (3 of 3)"에, 2급 암호 팀의 구성에 대한 내용은 RG 38, Box 117, "CNSG-OP-20-GY-A/GY-A-1,"과 RG 38, Box 115, "CNSG OP-20-20-GY History (1,2,3,4,5)"에 나와 있다. Carpenter and Dowse, "Code Breakers of 1942,"와 Carpenter, underlying notes에도 베아트리스 노턴 빈스가 2급 암호에 대해 설명한 내용이 나온다.

54. RG 38, Box 4, "COMNAVSECGRU commendations Received by OP-20G."

55. RG 38, Box 117, "CNSG History of OP-20-GYP-1 (Rough), 1945 (1 of2).

56. Ibid.

57. Carpenter, underlying notes for Carpenter and Dowse, "Code Breakers of 1942."

58. RG 38, Box 116, "CNSG-OP20-GYP History for WWII Era (3 of3)."

59. Raven, oral history, SNA-OH-1980-03, 55.

60. Carpenter, underlying notes for Carpenter and Dowse, "Code Breakers of 1942."

61. Carpenter and Dowse, "Code Breakers of 1942."

62. Carpenter, underlying notes for Carpenter and Dowse, "Code Breakers of 1942."

63. Graig Bauer and John Ulrich, "The Cryptologic Contributions of Dr. Donald Menzel," *Cryptologia* 30, no. 4, (2006): 313.

6장. Q는 communications를 의미해요

1. WAVES의 창설과 WAVES 여성들의 훈련에 대한 내용은 Jacqueline Van Voris의 미간행 역사물 "Wilde and Collins Project," Folder "Women in the Military, Box 6," Ready Reference Section, Naval History and Heritage Command in Washington, D.C.와 밑에 열거된 기사들에 나와 있다. 아울러 Jennifer Wilcox, *Sharing the Burden: Women in Cryptology During*

World War II (Washington, DC: Center for Cryptologic History, National Security Agency, 2013)와 그것의 기초가 되는 Wilcox 문서보관소의 파일도 참고할 것.

2. Harriet F. Parker, "In the Waves," *Bryn Mawr Alumnae Bulletin* 23, no. 2 (March 1943): 8-11.

3. Lucy Greenbaum, *New York Times*, May 28, 1942, A1.

4. Mattie E. Treadwell, *United States Army in World War II: Special Studies; The Women's Army Corps* (Washington, DC: Center of Military History, United States Army, 1995), 290-91.

5. DAnn Campbell, "Fighting with the Navy: The WAVES in World War II," in Sweetman, Jack, ed., *New Interpretations in Naval History: Selected Papers from the Tenth Naval History Symposium Held at the United States Naval Academy, 11-13 September 1991* (Annapolis, MD: Naval Institute Press, 1993), 344.

6. Virginia Crocheron Gildersleeve, *Many a Good Crusade* (New York: MacMilan, 1954), 267.

7. Ibid., 273.

8. Ibid., 271.

9. D'Ann Campbell, "Fighting with the Navy," 346.

10. Gildersleeve, *Many a Good Crusade*, 272.

11. Myrtle O. Hanke, oral history interview, on February 11, 2000, WV0147 Myrtle Otto Hanke Papers.

12. Wilcox, *Sharing the Burden*, 5.

13. Smith College Archives, 1939-45 WAVES, Box, "Broadcasts by Mr. Davis 1942-1943."

14. WAVES 장교 훈련에 대한 이 부분의 묘사는 프랜시스 스틴과의 인터뷰; 2015년 10월 1일 메인주에 있는 낸시 돕슨 티트콤의 자택에서 그녀와 진행한 인터뷰; 낸시 길먼 맥케나와의 인터뷰; 이디스 레이놀즈와의 인터뷰; 앤 바루스 실리와의 인터뷰; 비올라 무어 블런트와 주고받은 이메일에서 발췌한 것이다.

15. Erma Hughes Kirkpatrick, oral history interview on May 2001, WV0213.

16. Ibid.

17. Frances Lynd Scott, *Saga of Myself* (San Francisco: Ithuriel's Spear, 2007).

18. Ibid.

19. Ann White Kurtz, "From Women at War to Foreign Affairs Scholar," *American Diplomacy* (June 2006), http://www.unc.edu/depts/diplomat/item/2006/0406/kurt/kurtz_women.html.

20. Mary Carpenter and Betty Paul Dowse, "The Code Breakers of 1942," *Wellesley* (Winter 2000): 28.

21. Ibid.

22. Carpenter, underlying notes for Carpenter and Dowse, "Code Breakers of 1942."

23. 낸시 돕슨 티트콤과의 인터뷰.

24. 사우스캐롤라이나주 교육 방송에서 한 프랜시스 스틴 서데스 조지프슨의 인터뷰.

25. Jaenn Coz Bailey, oral history interview on January 13, 2000, and papers, WV0141.

26. Van Voris, "Wilde and Collins Project," 17.

27. Georgia O'Connor Ludington, oral history interview on Sepember 5, 1996, NSA-OH-1996-09, 4.

28. Ava Caudle Honeycutt, naval code breaker, oral history interview on November 22, 2008, and papers, WV0438.

29. Hanke, oral history.

30. 해군 암호해독자 아이다 메이 올슨과 2015년 5월 8일에 행한 전화 인터뷰.

31. Betty Hyatt Caccavale, naval code breaker, oral history on June 18, 1999, and papers, WV0095.

32. Betty Hyatt Caccavale, *Sing on Mama, Sing on.* (자비로 출판한 회고록)

33. 헌터 칼리지의 해군 신병훈련소에 대한 묘사는 Campbell, "Fighting with the Navy," 349에 나와 있다.

34. WV0141 Jaenn Coz Bailey papers.

35. Veronica Mackey Hulick, telephone interview with the author, undated.

36. 뉴욕시장이 마지막 순간에 나타났던 것(285)과 멋진 열병식(278)에 대한 묘사는 Gildersleeve, *Many a Good Crusade*에 잘 나타나 있다.

37. 2015년 9월 30일 메인주의 스카버러에 있는 제인 케이스 터틀의 자택에서 행한 그녀와의 인터뷰.

38. 마운트 버논 대학, 해군의 학교 인수, 암호해독 시설로의 개조에 관한 이야기는 Nina

Mikhalevsky, *Dear Daughters: A History of Mount Vernon Seminary and College* (Washington, DC: Mount Vernon Seminary and College Alumnae Association, 2001), 63-135에 기록돼 있다.

39. RG 38, Box 81, "CNSG Staff Conference Notes-Oct-Dec 1942."

40. Elizabeth Allen Butler, *Navy Waves* (Charlottesville, VA: Wayside Press, 1988), 38.

41. 딸 캠 웨버가 공유해준 엘리자베스 비글로 스튜어트의 회상록.

42. 터틀의 인터뷰.

43. 실리의 인터뷰.

44. 터틀의 인터뷰.

45. Ruth Rather Vaden reminiscence; Jennifer Wilcox archives.

46. 마운트 버논의 시설 개조와 부서들이 점점 여성들 일색으로 변해가는 것에 대한 내용은 RG 38, Box 110, "A Historical Review of OP-20-G"에 나와 있다.

47. RG 0457, 9002 (A1), 미 해안경비대가 1940년부터 독일과 서반구 비밀 요원들 간에 주고받는 스파이 트래픽을 도청, 해독하여 FBI 및 영국 정보기관과 같은 다른 기관들에 넘겨준 복잡한 체계는 Box 79, SRH 270, Robert L. Benson, "The Army-Navy-FBI Comint Agreements of 1942,"에서 찾아볼 수 있다. 1942년에는 해안경비대의 조직이 OP-20-G(해군정보국)로 통합되었다.

48. 엘리자베스 비글로 스튜어트의 회상록.

49. Kirkpatrick, oral history.

50. 수잰 하폴 엠브리와의 인터뷰.

51. Majorie E. Faeder,"A Wave on Nebraska Avenue," *Naval Intelligence Professionals Quarterly* 8, no. 4 (October 1992): 7-10.

52. 루스 쇼언 머스키와의 인터뷰.

53. WV0141 Jaenn Coz Bailey papers.

54. Packard, Wyman (Capt, USN), Naval Code Room (OP-19C) Watch 3, in folder "Packard, Wyman Papers of Capt USN 1944-1945," Ready Reference Section, Naval History and Heritage Command in Washing, D.C.

55. 터틀의 인터뷰.

56. RG 38, Box 119, "Daily Log of Room 1219 (Additive Recovery) 1 Apr-23 June 1943."

57. Ibid.

58. Ibid.

59. Caccavale, oral history.

60. Caccavale, *Sing on Mama, Sing on*, 그리고 WV0095 Betty Hyatt Caccavale papers.

61. 루스 쇼언의 배경과 우정을 나눈 여성들에 대한 내용은 그녀와의 인터뷰와 Butler, *Navy Waves*에서 발췌한 것이다.

62. 이 부분의 서술은 Butler, *Navy Waves*와 조지아의 아들 빌 루딩턴과의 전화 인터뷰에서 발췌한 것이다.

63. Francis Raven, oral history interview on January 24, 1983, NSA-OH-1980-03, 79-81.

64. RG 38, Box 116, "CNSG-OP20-GYP History for WWE Era (3 of 3)."

65. 엠브리의 인터뷰.

66. WAVES에게 사격술을 가르치는 것과 관련된 해군 직원회의, WAVES는 남성 장병들의 경례를 받지 않는다는 것, Q계급(통신 전문병)에 대한 특집 기사를 지속적으로 만들어낼 필요성과 관련된 사항은 RG 38, Box 81, "CSNG Staff Conference Notes, Jul-Dec 1943"에 나와 있다.

67. 머스키의 인터뷰.

68. 해군 암호해독 여성들의 워싱턴에서의 삶과 관련된 다수의 이야기는 비올라 무어 블런트와 주고받은 이메일에서 발췌했다.

69. Kirkpatrick, oral history.

70. WV0141 Jaenn Coz Bailey papers.

71. 티트콤의 인터뷰.

72. 아이다 메이 올슨의 인터뷰.

73. 터틀의 인터뷰.

74. 엠브리의 인터뷰.

75. Campbell, "Fighting with the Navy," 351.

76. J. N. Wenger, "Memorandum for Op-20-1," June 26, 1945, Wilcox archives.

77. 터틀의 인터뷰.

78. 화이트의 인터뷰.

79. 린 램스델 스튜어트(문제의 WAVES 구성원은 아니었다)와 2015년 10월 27일에 한 전화 인터뷰.

80. RG 38, Box 1, "CNSG-General Personnel, 5 Dec 1940-31 Jan 1944."

81. Carpenter, underlying notes for Carpenter and Dowse, "Code Breakers of 1942." 그녀가 사직한 내용은 RG 38, Box 1, "COMNAVSECGRU-OP-20G Headquaters Personnel Rosters & Statistics" (3 of 4)에 나와 있다.

82. Scott, *Saga of Myself*, 167, and Library of Congress oral history interview.

83. 도로시 라말리와의 인터뷰.

84. RG 38, Box 91, "CNSG-COMNAVSECGRU Joint Army-Navy Liaison."

85. 야마모토 암호문과 관련된 내용은 RG 38, Box 138, files marked "Yamamoto Shootdown, 1-4"에 나와 있다. 야마모토의 전선 시찰에 대한 "보다 상세한 내용"이 섬 간 암호인 JN-20을 통해 "들어온" 것은 RG 38, Box 116, "CNSG-OP20-GYP History for WWII Era (3 of 3)" and "CNSG History of OP-20-GYP-1 WWII (1 of 2)에서 찾아볼 수 있다. 베아트리스 노턴 빈스도 1998년 9월 27일 학창 시절의 학급서기에게 보낸 편지에서, 전선 시찰에 나선 야마모토 비행기의 격추를 비롯해 섬 간 암호해독이 "아군에게 많은 행운을 가져다주었다"고 말했다. Carpenter, underlying notes for Carpenter and Dowse, "Code Breakers of 1942." 프랜시스도 사우스캐롤라이나주의 ETV와 인터뷰할 때, 야마모토의 시찰 일정을 구성하는 일에 관여했던 것에 대해 이야기했다. 앤 엘리콧 마데이라 또한 의회도서관의 구술 기록에서, "우리가 행한 일로 야마모토 비행기의 격추가 확실해졌을 때" 흥분했던 것에 대해 언급했다.

86. Hanke, oral history.

8장. 도처의 일본군

1. Wilma Berryman Davis, oral history interview, December 3, 1982, NSA-OH-25-82, 39.

2. 2015년 6월 버지니아주 더 플레인스에서 전 국가안보국 역사가 로버트 L. 벤슨과 한 인터뷰.

3. Ann Caracristi, interview, undated, Library of Congress Veterans History Project, https://memory.loc.gov/diglib/vhp-stories/loc.natlib.afc2001001.30844/transcript?ID=mv0001; Stuart H. Buck, "The Way It Was: Arlington Hall in the 1950s," *Phoenician* (Summer 88): 3-11.

4. 2015년 4월 9일과 7월 17일 사이에 행한 조세핀 팔럼보 패넌과의 인터뷰.

5. Jeannette Williams with Yolande Dickerson, *The Invisible Cryptologists: African-Americans, WWII to 1956* (Washington, DC: Center for Cryptologic History, National Security Agency, 2001), https://www.nsa.gov/about/cryptologic-heritage/historical-figures-publications/publications/wwii/assets/files/invisible_cryptologist.pdf.

6. Juanita Moody, oral history interview on June 12, 2003, NSA-OH-2003-12.

7. Solomon Kullback, oral history interview on August 26, 1982, NSA-OH-17-82, 119.

8. 알링턴 홀 구내와 건축물들에 대한 묘사는 RG 0457, 9032 (A1), Box 1370, "Signal Security Agency Summary Annual Report for the Fiscal Year 1944."에서 발췌한 것이다.

9. Kullback, oral history, 117.

10. Robert Louis Benson, *A History of U.S. Communications Intelligence During World War II: Policy and Administration* (Washington, DC: Center for Cryptologic History, National Security Agency, 1997).

11. Kullback, oral history, 34-37; David Alvarez, *Secret Messages: Codebreaking and American Diplomacy, 1930-1945* (Lawrence: University Press of Kansas, 2000), 150.

12. Davis, oral history, 11; RG 0457, 9032 (A1), Box 1016 "Signals Communications Systems."

13. Kullback, oral history, 38.

14. Douglas Martin, "Frank W. Lewis, Master of the Cryptic Crossword, Dies at 98," *New York Times*, December 3, 2010, htt://www.nytimes.com/2010/12/03/arts/03lewis.html.

15. Davis, oral history, 24.

16. RG 0457, 9002 (A1), Box 95, SRH 362, "History of the Signal Security Agency," vol. 3, "The Japan Army Problems: Cryptanalysis, 1942-1945."

17. RG 0457, 9002 (A1), Box 92, SRH 349, "The Achievements of the Signal Security Agency in World War II," 23.

18. 앤 카라스리스티와의 인터뷰.

19. Ibid; Ann Caracristi, oral history interview on July 16, 1982, NSA-OH-15-82, 2.

20. Caracristi, interview, Library of Congress Veterans History Project.

21. Caracristi, oral history, 7.

22. RG 0457, 9032 (A1), Box 831, "Japanese Army Codes Solution Section."

23. RG 0457, 9032 (A1), Box 1016, "Signals Communications Systems."

24. Caracristi, oral history, 10.

25. RG 0457, 9032 (A1), Box 1016, "Signals Communications Systems."

26. Caracristi, oral history, 10.

27. RG 0457, 9032 (A1), Box 831, "Japanese Army Codes Solution Section."

28. Davis, oral history, 51. 해군 크립의 유용성에 대한 내용은 RG 0457, 9032 (A1), Box 831, "Japanese Army Codes Solution Section"; RG 0457, 9032 (A1), Box 827, "Monthly Report No. 5, 15 February 1943."에 나와 있다.

29. Caracristi, oral history, 11.

30. RG 0457, 9032 (A1), Box 1114, "SSA, Intelligence Div, B-II Semi-Monthly Reports, Sept 1942-Dec 1943."

31. RG 0457, 9032 (A1), Box 827, "Monthly Report No. 6, 15 March 1943."

32. RG 0457, 9032 (A1), Box 831, "Japanese Army Codes Solution Section"; RG 0457, 9032 (A1), Box 1016, "Signals Communications Systems."

33. RG 0457, 9002 (A1), SRH 349, Box 92, "The Achievements of the Signal Security Agency in World War II," 25.

34. Kullback, oral history, 113-115.

35. Davis, oral history, 41.

36. Ibid., 43-53.

37. Ibid., 48-49. 홀수 코드군과 짝수 코드군의 문제에 관한 논점은 RG 0457, 9032 (A1), Box 831, "Japanese Army Codes Solution Section" 그리고 RG 0457, 9032 (A1), Box 827, "Monthly Report May 15, 1943"에도 나와 있다.

38. 카라스리스티와의 인터뷰.

39. Kullback, oral history, 39.

40. 카라스리스티와의 인터뷰.

41. Caracristi, interview, Library of Congress Veterans History Project.

42. Davis, oral history, 37.

43. 솔로몬 쿨백도 "육군의 암호해독자들은 사실상 모두 민간인이기 때문에 육군 관계자들에게는 말을 많이 하지 않겠다는 것, 그것이 해군의 태도였어요. … 보안을 믿지 않은 거죠"라고 말했다. Oral history, 121.

44. Davis, oral history, 26.

45. Ibid., 22.

46. Caracristi, interview, Library of Congress Veterans History Project.

47. Davis, oral history, 43.

48. Ibid., 38-43.

49. Caracristi, oral history, 15.

50. Ibid., 22.

51. RG 0457, 9002 (A1), Box 95, SRH 362, "History of the Signal Security Agency," vol. 3.

52. 2468 암호해독에 관한 내용은 RG 0457, 9032 (A1), Box 827, "Monthly Report No. 7, 15 April 1943"; RG 0457, 9032 (A1), Box 1016, "Signals Communications Systems," 393; Joseph E. Richard, "The Breaking of the Japanese Army's Codes," *Cryptologia* 28, no. 4 (2004): 289-308, DOI: 10.1080/0161-110491892944; Peter W. Donovan, "The Indicators of Japanese Ciphers 2468, 7890, and JN-25A1," *Cryptologia* 30, no. 3 (2006): 212-235, DOI: 10.1080/01611190 500544695.을 참조할 것.

53. RG 0457, 9032 (A1), Box 827, "Monthly Report No. 7, 15 April 1943."

54. Kullback, oral history, 81.

55. David Kahn, *The Codebreakers* (New York: Scribner, 1967), 594.

56. Kullback, oral history, 80.

57. RG0457, 9032 (A1), Box 831, "Japanese Army Codes Solution Section."

58. RG0457, 9032 (A1), Box 1016, "Signals Communications Systems," 244-246.

59. Kullback, oral history, 87-89.

60. "Indicators of Japanese Ciphers"; 쿨백은 NSA oral history, 40에서 일본의 암호 보안에 대해 논한다.

9장. 불평하는 것은 인지상정

1. 1943년과 1944년의 암호해독자 고용에 관한 내력은 RG 0457, 9032 (A1), Box 1115, "Signal Security Agency Annual Report Fiscal Year 1944"를 참조할 것.

2. RG0457, 9002 (A1), Box 95, "History of the Signal Security Agency," vol. 1, "Organization," part 2, "1942-1945" (또한 온라인으로는 NSA Cryptologic Histories 사이트가 있다).

3. Solomon Kullback, oral history interview on August 26, 1982, NSA-OH-17-82, 72. 쿨백도 동일한 인터뷰의 다른 부분에서 채용 담당관들이 거짓말했다는 것을 인정했다. "유감스럽 게도 일부 채용 담당관들이 그곳에 가면 더 많은 청년 장교들이 있을 것이라고 운을 띠우며 여성들을 워싱턴으로 끌어들이려고 거짓말을 조금 한 것 같아요." Ibid., 112.

4. 앤 카라스리스티와의 인터뷰.

5. "History of the Signal Security Agency," vol. 1, "Organization," part 2, "1942-1945."

6. Jennifer Wilcox archives.

7. 그녀가 쓴 편지는 수전 O. 리 윈스럽 대학교 문서보관소장이 제공해주었다. 윈스럽 대학교 의 암호 훈련 프로그램에 대한 정보는 Winthrop University Louis Pettus Archives, http:// digitalcommons.winthrop.edu/winthroptowashington/에서 찾아볼 수 있다.

8. 팸플릿 제공: 조세핀 팔럼보 패넌.

9. Davis, oral history, 41.

10. Ibid.

11. Norma Martell, oral history interview, WV0072 Norma Martell Papers.

12. RG 0457, 9002 (A1), Box 95, "History of the Signal Security Agency," vol. 1, "Organization," part 1, "1939-1945."

13. RG 0457, 9032 (A1), Box 991, "Report on Progress and Improvements in Section BII, 1943."

14. RG 0457, 9032 (A1), Box 1027, "Survey of Morale, Signal Security Agency, 1943."

15. Document ID A69346, "A Poem for a Birthday Celebration on April 6th," William F. Friedman Collection of Official Papers, National Security Agency, https://www.nsa.gov/news-features/declassified-documents/friedman-documents/assets/files/reports-research/FOLDER_060/41709519074880.pdf. 시를 쓴 사람들의 신원을 넌지시 알려준 사람은 국가안보국의 역사관 엘리자베스 스무트다.

10장. 펜대만 굴리던 여자들이 일본 배를 침몰시켰다

1. RG 0457, 9032 (A1), Box 844, "Japanese Army Transport Codes."

2. Ibid.

3. Ibid.

4. 이것과 이어진 상투어들의 사례는 RG 0457, 9032 (A1), Box 877, "Stereotypes in Japanese Army Cryptographic Systems (Vol III)"에서 찾아볼 수 있다.

5. 이 사례는 RG 0457, 9032 (A1), Box 844, "Japanese Army Transport Codes."에 나와 있다.

6. RG 0457, 9032 (A1), Box 1115, "Signal Security Agency Annual Report Fiscal Year 1944."

7. Ibid.

8. RG 0457, 9032 (A1), Box 1016, "Signals Communications Systems."

9. RG 0457, 9032 (A1), Box 1380, "History of the Distribution of Intercept Traffic in SSA."

10. Ibid.

11. RG 0457, 9032 (A1), Box 1115, "Signal Security Agency Annual Report Fiscal Year 1944."

12. RG 0457, 9002 (A1), Box 92, SRH 349, "The Achievements of the Signal Security Agency in World War II."

13. RG 0457, 9002 (A1), Box 82, SRH 284, "Radio Intelligence in WWII Submarine Operations in the Pacific Ocean Areas November 1943."

14. Ibid.

15. RG 0457, 9002 (A1), Box 36, SRH 156, "Weekly Listing of Merchant Vessels Sunk in Far

East Waters 14 Dec-March 1945."

16. RG 0457, 9002 (A1), Box 84, SRH 306, "OP-20-G Exploits and Communications World War II."

17. RG 0457, 9032 (A1), Box 878, "Capt. Fuld's Reports, 'Intelligence Derived from Ultra.'"

18. Solomon Kullback, oral history, interview on August 26, 1982, NSH-OH-17-82, 89.

19. RG 0457, 9002 (A1), Box 18, SRH-66, "Examples of Intelligence Obtained from Cryptanalysis 1 Aughst 1946."

20. RG 0457, 9032 (A1), Box 876, "Stereotypes in Japanese Army Cryptographic Systems."

11장. 슈거 캠프

1. 여성들이 슈거 캠프에 도착하는 장면에 대한 회상은, 데버라 앤더슨의 개인 소장품에 포함된 Iris Bryant Castle의 회상록 "Our White Gloves"에서 발췌했다. 그밖에 데버라 앤더슨의 개인 소장품에 들어 있는 것들로 데비 앤더슨이 빌려준 Jimmie-Hutchison Powers Long, Dot Firor, Esther Hottenstein의 회상록들도 11장을 쓰는 내내 계속 참고했다. Curt Dalton, *Keeping the Secret: The Waves & NCR Dayton, Ohio 1943-1946* (Dayton, OH: Curt Dalton, 1997)과 Dalton이 제공해준 underlying interviews의 사본도 참고했다. Millie Weatherly Jones, Veronica Mackey Hulick, Betty Bemis Robarts와의 인터뷰도 11장 집필에 사용되었다.

2. "Waves to be Occupants of Sugar Camp This Summer," *NCR News*, May 5, 1943.

3. Jimmie Lee Hutchison Powers Long, oral history interview on June 30, 2010, NSA-OH-2010-46.

4. 미더가 여성들에게 장난친 것과 그에 대해 여성들이 보인 반응은 밀리 웨덜리와의 인터뷰에서 발췌한 것이다. 하워드 캠페인도 미더에 대해 언급했다. "그는 누구에게나 '친절하게' 구는, 정치인 기질이 다분한 사람이었어요." Howard Campaigne, oral history interview on June 29, 1983, NSA-OH-14-83, 38로도 확인할 수 있다.

5. 침몰한 연합국 선박, 대서양 전투 때 봄베 머신이 행한 역할에 관한 내용은 여기 열거된 여러

자료들에서 나왔다. David Kahn, *Seizing the Enigma: The Race to Break the German U-Boat Codes, 1939-1943* (New York: Barnes and Noble, 1998); Jim Debrosse and Colin Burke, *The Secret in Building 26: The Untold Story of America's Ultra War Against the U-Boat Enigma Codes* (New York: Random House, 2004); John A. N. Lee, Colin Burke, and Deborah Anderson, "The US Bombes, NCR, Jeseph Desch, and 600 WAVES: The First Reunion of the US Naval Computing Machine Laboratory," *IEEE Annals of the History of Computing* (July-September 2000): 1-15; RG 0457, 9032 (A1), Box 705, "History of the Bombe Project"; Jennifer Wilcox, *Solving the Enigma: History of the Cryptanalytic Bombe* (Washing, DC: Center for Cryptologic History, National Security Agency, 2015).

6. Wilcox, *Solving the Enigma*, 21-22.

7. 데시의 배경에 관련된 내용은 DeBrosse and Burke, *Secret in Building 26*, 6-9에 잘 기술되어 있다.

8. 아그네스 드리스컬 팀이 다른 부서로 전보된 것과 존 하워드 교수가 워싱턴 D.C.와 데이턴 사이를 오간 내용은 RG 38, Box 113, "CNSG-OP-20-GM-6/GM-1-C-3/GM-1/GY-A-1 Daily War Diary."에 나와 있다.

9. 루이즈 피어설의 삶, 그녀의 WAVES 입대, 그녀가 봄베 프로젝트에 종사했던 내력은 딸 세라 잭슨이 제공한 oral history: "Interview with Louise Pearsall Canby," May 17, 1997, University of North Texas Oral History Collection Number 1163과 세라 잭슨 및 루이즈의 남자 형제 윌리엄 피어설과의 인터뷰에서 발췌한 것이다.

10. 이 사례는 Chris Christensen, "Review of IEEE Milestone Award to the Polish Cipher Bureau for 'The First Breaking of Enigma Code,'" *Cryptologia* 39, no. 2 (2015): 188에 제시돼 있다.

11. Ann White Kurtz, from Mary Carpenter, underlying notes for Mary Carpenter and Betty Paul Dowse, "The Code Breakers of 1942," *Wellesley* (Winter 2000): 26-30.

12. Debrosse and Burke, *Secret in Building 26*, 86에는 미더가 매우 가혹했던 감독관으로 묘사돼 있고, 데버라 앤더슨도 나와의 인터뷰 때 같은 말을 했다.

13. RG 38, Box 109, "CNSG Report of Supplementary Research Operations in WWII."

14. 여름의 무더위 속에 봄베를 제작하던 때의 무용담은 RG 39, Box 38 and 39, "Watch Officer's Log, 26 June-9 August 1943"에서 찾아볼 수 있다.

15. RG 38, Box 2, "CNSG, Assignment/Transfers, (Enlisted Pers), (1 of 5)."

16. 임신과 낙태에 관한 정책은 "Women in the Military Box 7," in the folder marked "Bureau of Naval Personnel Women's Reserve, First Draft Narrative Prepared by the Historical Section, Bureau of Naval Personnel" in the Ready Reference Section of the Naval History and Heritage Command in Washington, D.C.에 논의돼 있다.

17. Jennifer Wilcox, *Sharing the Burden: Women in Cryptology During World War II* (Washington, dc: Center for Cryptologic History, National Security Agency, 2013), 10.

18. 데시의 딸 데버라 앤더슨과의 인터뷰.

19. Debrosse and Burke, *Secret in Building* 26에는 그 점(수학자 아니면 기술자라는 것)이 잘 부각돼 있다.

20. 샬럿 맥러드의 아들인 그레이엄 캐머런과의 인터뷰.

21. RG 38, Box 40, "Watch Officers Log, 2 Feb-4 March 1944)."

22. RG 38, Box 39, "Watch Officers Log 26 September-26 November 1943."

23. 루이즈 피어설이 장교로 복귀한 날짜는 RG 38, Box 1, "COMNAVSECGUR-OP-20G Headquarters Personnel Rosters & Statistics (3 of 4)"에 나와 있다.

24. 이 부분과 다른 부분에 나오는 지미 리의 회고담은 *Keeping the Secret*의 저자인 Curt Dalton과의 인터뷰; 데버라 앤더슨에게 보낸 회상록; 그리고 그녀의 NSA oral history interview, Jimmie Lee Hutchison Power Long, on June 30, 2010, OH-2010-46에서 발췌했다.

25. 제니퍼 윌콕스도 나와의 인터뷰 때 봄베 머신 작동이 여성적 특질에 완전히 부합한다는 점을 지적했다.

26. 프랜시스의 아들 제드 서데스 조지프슨과의 인터뷰.

27. RG 38, Box 141, "Brief Resume of OP-20-G and British Activities vis-à-vis German Machine Ciphers," in folder marked "Photograph of Bombe Machine, about 1943."

28. 잠수함 추적실에서 근무한 재니스 마틴 베나리오와의 인터뷰. Janice M. Benario, "Top Secret Ultra," *Classical Bulletin* 74, no. 1 (1998): 31-33에는 그녀가 잠수함 추적실에 대해 묘사한 내용도 나온다; Robert Edward Lewand, "Secret Keeping 101: Dr. Janice Martin Benario and the Women's College Connection to ULTRA," *Cryptologia* 35, no. 1 (2010): 42-46.

29. 잠수함 추적실에 관한 내용은 David Kohnen, *Commanders Winn and Knowles: Winning the*

U-Boat War with Intelligence, 1939-1943 (Krakow: Enigma Press, 1999)에 나와 있다. 영국과 미국, 두 나라의 잠수함 추적실이 협력한 사실은 Kahn, *Seizing the Enigma*, 191에서 찾아볼 수 있다.

30. Kahn, *Seizing the Enigma*, 242-244.

31. 고주파 방향 탐지 기술의 향상, 헌터킬러 부대 등 1943 연합군이 이뤄낸 혁신은 Debrosse and Burke, *Secret in Building* 26, 117; Richard Overy, *Why the Allies Won* (New York: Norton, 1996), 45-62에 잘 서술돼 있다.

32. Kahn, *Seizing the Enigma*, 274-275.

33. RG 0457, 9002 (A1), Box 95, SRH 367, "A Preliminary Analysis of the Role of Decryption Intelligence in the Operational Phase of the Battle of the Atlantic."

34. RG 38, Box 4, "COMNAVSECGRU Commendations Received by the COMINT Organization, Jan 1942-8 July 1948."

35. RG 0457, 9002 (A1), Box 84, SRH 306, "OP-20-G Exploits and communications World War II."

36. RG 38, Box 141, "Brief Resume of Op-20-G and British Activities vis-à-vis German Machine Ciphers," in folder marked "Photograph of Bombe Machine, about 1943,"

12장. 사랑하는 짐이

1. 1944년 4월 21일, 짐 브루스가 도로시 브레이든에게 보낸 편지.

2. 1944년 4월 30일, 짐 브루스가 도로시 브레이든에게 보낸 편지.

3. 1944년 5월 26일, 짐 브루스가 도로시 브레이든에게 보낸 편지.

4. 1944년 4월 3일, 도로시 브레이든의 편지.

5. 1944년 8월 7일, 짐 브루스가 도로시 브레이든에게 보낸 편지.

6. 1944년 10월 28일, 짐 브루스가 도로시 브레이든에게 보낸 편지.

7. 1944년 11월 28일, 짐 브루스가 도로시 브레이든에게 보낸 편지.

8. 1944년 12월 1일, 짐 브루스가 도로시 브레이든에게 보낸 편지.

9. 1944년 12월 19일, 짐 브루스가 도로시 브레이든에게 보낸 편지.

10. 1945년 1월 9일, 짐 브루스가 도로시 브레이든에게 보낸 편지.

11. 1945년 2월 14일, 짐 브루스가 도로시 브레이든에게 보낸 편지.

12. 1945년 2월 21일, 짐 브루스가 도로시 브레이든에게 보낸 편지.

13장. 센강 어귀에 적군 상륙

1. RG 0457, 9002 (A1), Box 17, "Achievements of U.S. Signal Intelligence During WWII."

2. 코럴 암호(일본 무관이 사용한 기계 생성 암호) 팀과, 해안 방벽에 대한 아베의 메시지 내용
   은 RG 38, Box 116, "Cnsg-op20-GYP History for WWII Era (3 of 3)에 나와 있다.

3. Arthur J. Levenson, oral history interview on November 25, 1980, NSA-OH-40-80, https://
   www.nsa.gov/news-features/declassified-documents/oral-history-interviews/assets/files/nsa-
   oh-40-08-levenson.pdf.

4. RG 0457, 9032 (A1), Box 763, "Cover Plan in Operation Overlord." 북포티튜드 작전과 남
   포티튜드 작전에 대한 내용은 Thaddeus Holt, *The Deceivers: Allied Military Deception in the
   Second World War* (New York: Scribner, 2004), 510-584에 잘 서술돼 있다.

5. RG 0457, 9032 (A1), Box 833, "Security Posters and Miscellaneous Documents."

6. 방호 보안 부서에서 여성들이 행한 역할과, 얄타 회담 및 노르망디 상륙 작전 때를 비롯해 미
   군이 기획하고 실행한 다수의 기만 프로그램에 여성들이 포함되었던 사실은 RG 0457, 9032
   (A1), Box 980, "Pictorial History of the SSA Security Division Protective Security Branch
   Communications Security Branch."에 나와 있다.

7. Ann White Kurtz, in "From WomenatWartoForeignAffairsScholar," *AmericanDiplomacy*
   (June2006), http://www.unc.edu/depts/diplomat/item/2006/0406/kurt/kurtz_women.html
   에는 D-데이 메시지 수신, 여성들이 연구동 계단을 오르내린 것, 첫 번째와 두 번째 메시지,
   "뒤이어 전황 소식이 드문드문 들어온 것"에 대한 내용이 나온다.

8. RG 38, Box 113, "CNSG-OP-20-GM-6/GM-1-C-3/GM-1/GE-1/GY-A-1 Daily War Diary."

9. RG 38, Box 30, "OP-20-GM Watch Office Logs, 22 June 1943-31 Dec 1943."

10. Carpenter and Dowse, "Wellesley Codebreakers," 30, and Mary Carpenter, underlying notes for Mary Carpenter and Betty Paul Dowse, "The Code Breakers of 1942," *Wellesley* (Winter 200): 26-30.

11. Ibid.

12. RG 38, Box 113, "CNSG-OP-20-GM-6/GM-1-C-3/GM-1/GE-1/GY-A-1 Daily War Diary."

13. 딸 캠 웨버가 나에게 공유해준 엘리자베스 비글로 스튜어트의 회상록.

14. Georgia O'Connor Ludington, oral history interview on September 5, 1996, NSA-OH-1996-09. 해군 별관의 암호실들이 대서양과 태평양 전역에서 들어오는 통신 정보를 폭넓게 다루었던 사실은 RG 38, Box 111, "CNSG-OP-20GC War Diary 1941-43에 나와 있다.

15. Stewart, essay of reminiscence.

16. Donna Doe Southall, interview, undated, Library of Congress Veterans History Project.

14장. 실종 전보

1. 이 부분과 이 책의 다른 단원들에 나오는 티디의 회고담은 2015년 12월 조지아주의 소도시 굿 호프에서 존 "티디" 브레이든과 가진 인터뷰에서 발췌한 것이다.

2. 1944년 6월 26일, 티디 브레이든이 도트 브레이든에게 보낸 편지.

3. 1944년 7월 20일, 티디 브레이든이 도트 브레이든에게 보낸 편지.

4. 1944년 7월 31일, 티디 브레이든이 도트 브레이든에게 보낸 편지.

5. Antony Beevor, *Ardennes 1944: The Battle of the Bulge* (New York: Viking, 2015), 50-53.

6. Ibid., 68, 151-156.

7. 당시 블레츨리 파크에 파견돼 작업 중이던 미 육군의 한 암호해독자도 이렇게 말했다. "우리는 벌지 전투에 허를 찔린 것이고 부끄럽지만 약간의 정보 결여가 있었던 것도 사실입니다. 독일군의 무선 침묵 때문이었는데, 트래픽 왕래가 끊기기 직전의 상황이 지금도 생각납니다. … 독일군이 무선 침묵을 부과한 것이야말로 공격이 있을 것임을 시사하는 확실한 징표였는데 말입니다." Oral history interview on November 25, 1980, NSA-OH-40-80, 38.

8. 1945년 1월 1일, 티디 브레이든이 도트 브레이든에게 보낸 편지.

9. Richard Overy, *Why the Allies Won* (New York: Norton, 1996), 62.

10. RG 0457, 9032 (A1), Box 623, "COMINCH File of Memoranda Concerning U-Boat Tracking Room Operations."

11. 1945년 6월 7일, 버지니아 브레이든이 티디 브레이든에게 보낸 편지.

15장. 항복 메시지

1. "Breaking Codes, Breaking Barriers: WACs of the Signal Security Agency, World War II" (Fort Belvoir, VA: History Office, U.S. Army Intelligence and Security Command, 2001), 41.

2. Ann Caracristi, interview, undated, Library of Congress Veterans History Project, https://memory.loc.gov/diglib/vhp-stories/loc.natlib.afc2001001.30844/transcript?ID=mv0001.

3. RG 0457,9032 (A1), Box 1115, "History of the Language Branch, Army Security Agency."

4. 버지니아 애더홀트가 베서니 대학교를 나온 내용은 RG 0457, 9032 (A1), Box 1007, "Personnel Organization."에, 그녀가 "JAH 암호와 관련 메시지들을 검토하여 번역한" 내용과 일본어 번역자들이 외교 메시지들을 추적하는 방식으로 전쟁을 따라붙은 내용은 RG 0457, 9032 (A1), Box 1115, "History of the Language Branch, Army Security Agency."에 나와 있다.

5. Frank Rowlett, oral history interview in 1976, NSA-OH-1976-1-10, 189-192.

6. 솔로몬 쿨백은 알링턴 홀에서는 일본의 항복 메시지가 들어오리라는 것을 24시간 전에 알았지만 "그 정보가 외부로 새 나가지는 않았다"고 당시를 술회했다. Oral history interview on August 26, 1982, NSA-OH-17-82.

16장. 크로야, 안녕

1. 1945년 12월 10일, 버지니아 브레이든이 도트 브레이든에게 보낸 편지.

2. 1946년 1월 16일, 짐 브루스가 도트 브레이든에게 보낸 편지.

나오는 말. 전쟁 뒤에 남은 것들

1. 휴 어스킨과의 인터뷰.

2. 앤 카라크리스티와의 인터뷰.

3. Mary H. "Poly" Budenbach, oral history interview on June 19, 2001, NSA-OH-2001-27. 부덴바흐도 배우자를 가진 상태로 NSA에서 커리어를 쌓는 것의 어려움에 대해 논했다.

4. Robert L. Benson, "The Venona Story," https://www.nsa.gov/about/cryptologic-heritage/historical-figures-publications/publications/coldwar/assets/files/venona_story.pdf.

5. 엘리너 그래빌과의 인터뷰.

6. 캠 웨버가 공유해준 엘리자베스 비글로 스튜어트의 회상록.

7. 재니스 마틴 베나리오와의 인터뷰.

8. 도로시 라말리와의 인터뷰.

9. 2015년 12월 조지아주에서 해군 암호해독자 베티 베미스 로바츠와 진행한 인터뷰.

10. "Interview with Louise Pearsall Canby," oral history taken by her daughter, Sarah Jackson, May 17, 1997, University of North Texas Oral History Collection Number 1163; 세라 잭슨과의 인터뷰; 윌리엄 피어설과의 인터뷰.

11. Elizabeth Allen Butler, *Navy Waves* (Charlottesville, VA: Wayside Press, 1988).

12. 루스 쇼언 머스키와의 인터뷰.

13. 이디스 레이놀즈 화이트와의 인터뷰.

14. 사우스캐롤라이나주 교육 방송과 진행한 프랜시스 스틴 서데스 조지프슨의 인터뷰; 제드 서데스와의 인터뷰; 데이비드 쉼프와의 인터뷰.

15. 주얼 배니스터 에스마셔와의 인터뷰.

16. 제인 케이스 터틀과의 인터뷰.

17. Mary Carpenter and Betty Paul Dowse, "The Code Breakers of 1942," *Wellesley* (Winter 2000): 26-30.

18. 도로시 브레이든 브루스와의 인터뷰..

참고문헌

인터뷰 목록

Deborah Anderson in Dayton, Ohio, and by telephone, numerous between May 2015–May 2017

Janice Martin Benario, in Atlanta, Georgia, December 2, 2015

Viola Moore Blount (e-mail correspondence) numerous between April 27–30, 2016

John "Teedy" Braden, in Good Hope, Georgia, December 1, 2015

Dorothy "Dot" Braden Bruce, in Midlothian, Virginia, between June 2014 and April 2017

Ida Mae Olson Bruske, by telephone May 8, 2015

Ann Caracristi, at her home in Washington, D.C., numerous between November 2014 and November 2015

Suzanne Harpole Embree in Washington, D.C., August 11, 2015

Jeuel Bannister Esmacher, in Anderson, South Carolina, November 21, 2015

Josephine Palumbo Fannon in Maryland, April 9 and July 17, 2015

Jeanne Hammond in Scarborough, Maine, September 30, 2015

Veronica "Ronnie" Mackey Hulick, by telephone, undated

Millie Weatherly Jones in Dayton, Ohio, May 1, 2015

Margaret Gilman McKenna by Skype, April 19, 2016

Ruth Schoen Mirsky, in Belle Harbor, New York, June 8, June 16, and October 20, 2015

Helen Nibouar, by telephone, July 3, 2015

Dorothy Ramale in Springfield, Virginia, May 29 and July 12, 2015

Betty Bemis Robarts in Georgia, December 2, 2015

Anne Barus Seeley in Yarmouth, Massachusetts, June 12, 2015

Lyn Ramsdell Stewart, by telephone, October 27, 2015

Nancy Thompson Tipton, by telephone, January 27, 2016

Nancy Dobson Titcomb in Springvale, Maine, October 1, 2015

Jane Case Tuttle, in Scarborough, Maine, September 30, 2015

Clyde Weston, by telephone, October 9, 2015

Kitty Weston, in Oakton, Virginia, April 10, 2015

Edith Reynolds White, in Williamsburg, Virginia, February 8, 2016

Jean Zapple, by telephone, undated

원고와 문서보관소 자료 목록

National Archives and Records Administration II in College Park, Maryland

National Archives and Records Administration Personnel Records Center in St. Louis, Missouri
    Library of Congress Veterans History Project in Washington, D.C.

Betty H. Carter Women Veterans Historical Project, Martha Blakeney Hodges Special Collections
    and University Archives, The University of North Carolina at Greensboro, North Carolina.

William F. Friedman Papers and Elizabeth Smith Friedman Collection at George C. Marshall
    Foundation Library in Lexington, Virginia

National Cryptologic Museum Library in Fort Meade, Maryland

Naval History and Heritage Command Ready Reference Room in Washington, D.C.

Personal Archives of Deborah Anderson in Dayton, Ohio

Dayton History in Dayton, Ohio

Winthrop University Louise Pettus Archives

Center for Local History, Arlington Public Library, Arlington, Virginia

Historical Society of Washington, D.C.

Wellesley College Archives in Wellesley, Massachusetts

Schlesinger Library at Radcliffe Institute for Advanced Study in Cambridge, Massachusetts

Smith College Archives in Northampton, Massachusetts

Randolph College Archives in Lynchburg, Virginia

Jones Memorial Library in Lynchburg, Virginia

Pittsylvania County History Research Center and Library in Chatham, Virginia

Women Veterans Oral History Project, University of North Texas

구술 기록 목록

National Security Agency (available online):

Hildegarde Bearg-Hopt, NSA-OH- 2013-30, March 15, 2013

Mary H. (Polly) Budenbach, NSA OH- 2001 27, June 19, 2001

Benson Buffham, NSA OH 51 99, June 15, 1999

Lambros D. Callimahos, NSA-OH-2013-86, Summer 1966

Howard Campaigne, NSA OH 20 83, June 29, 1983

Ann Caracristi, NSA OH 15 82, July 16, 1982

Gloria Chiles, NSA-OH-32-80, September 15, 1980

Elizabeth Corrin, NSA OH 2002 06, February 8, 2002

Prescott Currier, NSA OH 02 72, April 14, 1972

Prescott Currier, NSA OH 03 80, November 14, 1980

Wilma (Berryman) Davis, NSA OH 25 82 December 3, 1982

Elizebeth Friedman, NSA OH 1976 16, November 11, 1976

Elizebeth Friedman, NSA OH 1976 17, November 11, 1976

Elizebeth Friedman, NSA OH 1976 18, November 11, 1976

Theresa G. Knapp, NSA-OH-1999-67, November 8, 1999

Solomon Kullback, NSA OH 17 82, August 26, 1982

Jimmie Lee Hutchison Powers Long, NSA OH 2010 46, June 30, 2010

Arthur J. Levenson, NSA-OH-40-80, November 25, 1980.

Georgia Ludington, NSA OH 1996 09, September 5, 1996

Dorothy Madsen, NSA-OH-2010-24, April 27, 2010

Georgette McGarrah, NSA-OH-2013-06, January 22, 2013

Juanita (Morris) Moody, NSA OH 1994 32, June 16, 1994

Juanita Moody, NSA OH 2001 28, June 20, 2001

Juanita Moody, NSA OH-2003 12, June 12, 2003

Helen Nibouar, NSA-OH-2012-39, June 7, 2012

Francis Raven, NSA OH 03 72, March 28, 1972

Francis Raven, NSA OH 1980 03, January 24, 1980

Frank Rowlett, NSA OH 1976 (1 10), undated 1976

Abraham Sinkov, NSA OH 02-79, May 1979

Sally Speer, NSA-OH-18-84, August 28, 1984

Margueritte Wampler, NSA-OH-2002-03, April 29, 2003

Betty H. Carter Women Veterans Historical Project, Martha Blakeney Hodges Special Collections and University Archives, The University of North Carolina at Greensboro, NC (available online):

Helen R. Allegrone, April 21, 1999, WV0062

Jaenn Coz Bailey, January 13, 2000, WV0141

Betty Hyatt Caccavale, June 18, 1999, WV0095

Myrtle O. Hanke, February 11, 2000 WV0147

Ava Caudle Honeycutt, November 22, 2008, WV0438

Erma Hughes Kirkpatrick, May 12, 2001, WV0213

University of North Texas Oral History Collection:

Louise Pearsall Canby, OH Collection No. 1163, March 17, 1997

William W. Pearsall, OH Collection No. 1185, June 18, 1997

Library of Congress Veterans History Project (available online, most undated):

Ann Caracristi

Ann Ellicott Madeira

Donna Doe Southall

Ethel Louise Wilson Poland

Elizabeth Bigelow Stewart

Frances Lynd Scott

서적 목록

Alvarez, David. *Secret Messages: Codebreaking and American Diplomacy, 1930–1945*. Lawrence: University Press of Kansas, 2000.

Atkinson, Rick. *The Guns at Last Light: The War in Western Europe, 1944–1945*. New York: Henry Holt, 2013.

Beevor, Antony. *Ardennes 1944: The Battle of the Bulge*. New York: Viking, 2015.

————. *D Day: The Battle for Normandy*. New York: Penguin, 2010.

Benson, Robert Louis. *A History of U.S. Communications Intelligence During World War II: Policy and Administration*. Washington, DC: Center for Cryptologic History, National Security Agency, 1997.

Browne, Jay, and C. Carlson, eds. *Echoes of Our Past: Special Publication*. Pace, FL: Naval Cryptologic Veterans Association; Patmos, 2008.

Budiansky, Stephen. *Battle of Wits: The Complete Story of Codebreaking in World War II*. New York: Free Press, 2000.

Butler, Elizabeth Allen. *Navy Waves*. Charlottesville, VA: Wayside Press, 1988.

Carlson, Elliot. *Joe Rochefort's War: The Odyssey of the Codebreaker Who Outwitted Yamamoto at Midway*. Annapolis: Naval Institute Press, 2011.

Center for Cryptologic History. *The Friedman Legacy: A Tribute to William and Elizebeth Friedman*. National Security Agency, 2006.

Clark, Ronald. *The Man Who Broke Purple: The Life of Colonel William F. Friedman, Who Deciphered the Japanese Code in World War II*. Boston: Little Brown, 1977.

Dalton, Curt. *Keeping the Secret: The Waves & NCR Dayton, Ohio 1943–1946*. Dayton: Curt Dalton, 1997.

DeBrosse, Jim, and Colin Burke. *The Secret in Building 26: The Untold Story of America's Ultra War Against the U Boat Enigma Codes*. New York: Random House, 2004.

De Leeuw, Karl, and Jan Bergstra, eds. *The History of Information Security: A Comprehensive Handbook*. Amsterdam: Elsevier, 2007.

Drea, Edward J. *MacArthur's ULTRA: Codebreaking and the War Against Japan, 1942–1945*.

Lawrence: University Press of Kansas, 1992.

Ebbert, Jean, and Marie-Beth Hall. *Crossed Currents: Navy Women in a Century of Change.* Washington, DC: Brassey's, 1999.

Friedman, William. *Elementary Military Cryptography.* Laguna Hills, CA: Aegean Park, 1976.

———. *Elements of Cryptanalysis.* Laguna Hills, CA: Aegean Park, 1976.

———. *Six Lectures Concerning Cryptography and Cryptanalysis.* Laguna Hills, CA: Aegean Park, 1996.

Gilbert, James L., and John P. Finnegan, eds. *U.S. Army Signals Intelligence in World War II.* Washington, DC: Center of Military History, United States Army, 1993.

Gildersleeve, Virginia Crocheron. *Many a Good Crusade.* New York: Macmillan, 1954.

Godson, Susan H. *Serving Proudly: A History of Women in the U.S. Navy.* Annapolis: Naval Institute Press, 2002.

Hanyok, Robert J. *Eavesdropping on Hell: Historical Guide to Western Communications Intelligence and the Holocaust, 1939–1945.* Mineola, NY: Dover Publications, 2012.

Hart, Scott. *Washington at War: 1941–1945.* Englewood Cliffs, NJ: Prentice Hall, 1970.

Harwood, Jeremy. *World War II at Sea: A Naval View of the Global Conflict: 1939 to 1945.* Minneapolis: Zenith, 2015.

Hinsley, F. H., and Alan Stripp, eds., *Code Breakers: The Inside Story of Bletchley Park.* Oxford: Oxford University Press, 2001.

Holt, Thaddeus. *The Deceivers: Allied Military Deception in the Second World War.* New York: Scribner, 2004.

Isaacson, Walter. *The Innovators: How a Group of Hackers, Geniuses, and Geeks Created the Digital Revolution.* New York: Simon & Schuster, 2014.

Johnson, Kevin Wade. *The Neglected Giant: Agnes Meyer Driscoll.* Washington, DC: National Security Agency Center for Cryptologic History, 2015.

Kahn, David. *The Codebreakers.* New York: Scribner, 1967.

———. *Seizing the Enigma: The Race to Break the German U Boat Codes, 1939–1943.* New York: Houghton Mifflin, 1991.

Keegan, John. *The Second World War.* New York: Viking Penguin, 1990.

Kenschaft, Patricia Clark. *Change Is Possible: Stories of Women and Minorities in Mathematics.*

American Mathematical Society, 2005.

Kessler-Harris, Alice. *Out to Work: A History of Wage-Earning Women in the United States.* Oxford: Oxford University Press, 1982.

Kohnen, David. *Commanders Winn and Knowles: Winning the U Boat War with Intelligence, 1939–1943.* Krakow: Enigma Press, 1999.

Kovach, Karen. *Breaking Codes, Breaking Barriers: The WACs of the Signal Security Agency, World War II.* History Office, U.S. Army Intelligence and Security Command, 2001.

Layton, Edwin T., Roger Pineau, and John Costello. *And I Was There: Pearl Harbor and Midway—Breaking the Secrets.* New York: Morrow, 1985.

Lewin, Ronald. *The American Magic: Codes, Ciphers and the Defeat of Japan.* New York: Farrar Straus & Giroux, 1982.

————. *Ultra Goes to War: The Secret Story.* London: Hutchinson, 1978.

Maffeo, Steven E. *US Navy Codebreakers, Linguists, and Intelligence Officers Against Japan, 1910–1941.* Lanham, MD: Rowman & Littlefield, 2015.

Marston, Daniel, ed. *The Pacific War: From Pearl Harbor to Hiroshima.* Oxford: Osprey, 2005.

McGinnis, George P., ed. *U.S. Naval Cryptologic Veterans Association.* Paducah, KY: Turner, 1996.

McKay, Sinclair. *The Secret Lives of Codebreakers: The Men and Women Who Cracked the Enigma Code at Bletchley Park.* New York: Plume, 2012.

Mikhalevsky, Nina. *Dear Daughters: A History of Mount Vernon Seminary and College.* Washington, DC: Mount Vernon Seminary and College Alumnae Association, 2001.

Musser, Frederic O. *The History of Goucher College, 1930–1985.* Baltimore: Johns Hopkins University Press, 1990.

Overy, Richard. *Why the Allies Won.* New York: Norton, 1996.

Parker, Frederick. *A Priceless Advantage: U.S. Navy Communications Intelligence and the Battles of Coral Sea, Midway, and the Aleutians.* Washington, DC: Center for Cryptologic History, National Security Agency (1993).

Pimlott, John. *The Historical Atlas of World War II.* New York: Henry Holt, 1995.

Prados, John. *Combined Fleet Decoded.* New York: Random House, 1995.

Prange, Gordon W. *At Dawn We Slept: The Untold Story of Pearl Harbor.* New York: McGraw-Hill, 1981.

Rowlett, Frank B. *The Story of Magic: Memoirs of an American Cryptologic Pioneer.* Laguna Hills, CA: Aegean Park, 1998.

Scott, Frances Lynd. *Saga of Myself.* San Francisco: Ithuriel's Spear, 2007.

Smith, Michael. *The Debs of Bletchley Park and Other Stories.* London: Aurum, 2015.

Treadwell, Mattie. *United States Army in World War II: Special Studies; The Women's Army Corps.* Washington, DC: Center of Military History, United States Army, 1991.

Weatherford, Doris. *American Women During World War II: An Encyclopedia.* New York: Routledge, 2010.

Wilcox, Jennifer. *Sharing the Burden: Women in Cryptology During World War II.* Fort Meade, MD: Center for Cryptologic History, National Security Agency, 1998.

———. *Solving the Enigma: History of the Cryptanalytic Bombe.* Fort Meade, MD: Center for Cryptologic History, National Security Agency, 2006.

Williams, Jeannette, with Yolande Dickerson. *The Invisible Cryptologists: African-Americans, WWII to 1956.* Fort Meade, MD: Center for Cryptologic History, National Security Agency,2001. https://www.nsa.gov/about/cryptologic-heritage/historical figures publications/publications/wwii/assets/files/invisible_cryptologists.pdf.

Writers' Program of the Work Projects Administration in the State of Virginia. *Virginia: A Guide to the Old Dominion.* New York: Oxford University Press, 1940.

기사와 소책자

Bauer, Craig, and John Ulrich. "The Cryptologic Contributions of Dr. Donald Menzel," *Cryptologia* 30.4: 306–339.

Benario, Janice M. "Top Secret Ultra," *The Classical Bulletin* 74.1 (1998): 31–33.

Benson, Robert L. "The Venona Story," https://www.nsa.gov/about/cryptologic-heritage/historical-figures-publications/publications/coldwar/assets/files/venona_story.pdf.

Buck, Stuart H. "The Way It Was: Arlington Hall in the 1950s," *The Phoenician* (Summer 1988).

Burke, Colin. "Agnes Meyer Driscoll vs the Enigma and the Bombe," monograph, http://userpages.umbc.edu/~burke/driscoll1-2011.pdf.

Campbell, D'Ann. "Fighting with the Navy: The WAVES in World War II," in Sweetman, Jack, ed., *New Interpretations in Naval History: Selected Papers from the TenthNavalHistorySymposium Held at the United States Naval Academy, 11–13 September 1991*. Annapolis: Naval Institute Press, 1993.

Carpenter, Mary, and Betty Paul Dowse. "The Code Breakers of 1942," *Wellesley* (Winter 2000): 26–30.

Christensen, Chris. "Review of IEEE Milestone Award to the Polish Cipher Bureau for 'The First Breaking of Enigma Code,' " *Cryptologia* 39.2: 178–193.

———. "US Navy Cryptologic Mathematicians During World War II," *Cryptologia* 35.3: 267–276.

Christensen, Chris, and David Agard. "William Dean Wray (1910–1962): The Evolution of a Cryptanalyst," *Cryptologia* 35.1: 73–96.

Donovan, Peter W. "The Indicators of Japanese Ciphers 2468, 7890, and JN 25A1," *Cryptologia* 30.3: 212–235.

Faeder, Marjorie E. "A Wave on Nebraska Avenue," *Naval Intelligence Professionals Quarterly*, 8.4 (October 1992): 7–10.

Fairfax, Beatrice. "Does Industry Want Glamour or Brains?" *Long Island Star Journal*, March 19, 1943.

Frahm, Jill. "Advance to the 'Fighting Lines': The Changing Role of Women Telephone Operators in France During the First World War," *Federal History Journal* Issue 8(2016): 95–108.

Gallagher, Ida Jane Meadows. "The Secret Life of Frances Steen Suddeth Josephson," *The Key* (Fall 1996): 26–30.

Gildersleeve, Virginia C. "We Need Trained Brains," *New York Times Magazine*, March 29, 1942.

Goldin, Claudia D. "Marriage Bars: Discrimination Against Married Women Workers, 1920s to 1950s," NBER Working Paper 2747 (October 1988).

———. "The Quiet Revolution That Transformed Women's Employment, Education, and Family," *AEA Papers and Proceedings* (May 2006): 1–21.

———. "The Role of World War II in the Rise of Women's Employment," *The American Economic Review* 81.4 (September 1991): 741–756.

Greenbaum, Lucy. "10,000 Women in U.S. Rush to Join New Army Corps," *New York Times*, May 28, 1942, A1.

Guton, Joseph M. "Girl Town: Temporary World War II Housing at Arlington Farms," *Arlington Historical Magazine* 14.3 (2011): 5–13.

Kahn, David. "Pearl Harbor and the Inadequacy of Cryptanalysis," *Cryptologia* 15.4: 273–294.

———. "Why Weren't We Warned?" *MHQ: Quarterly Journal of Military History* 4.1 (Autumn 1991): 50–59.

Kurtz, Ann White. "An Alumna Remembers," *Wellesley Wegweiser*, Issue 10 (Spring 2003).

———. "From Women at War to Foreign Affairs Scholar," *American Diplomacy: Foreign Service Dispatches and Periodic Reports on U.S. Foreign Policy* (June 2006).

Lee, John A. N., Colin Burke, and Deborah Anderson. "The US Bombes, NCR, Joseph Desch, and 600 WAVES: The First Reunion of the US Naval Computing Machine Laboratory," *IEEE Annals of the History of Computing* (July–September 2000): 1–15.

Lewand, Robert Edward. "The Perfect Cipher," *The Mathematical Gazette* 94.531 (November 2010): 401–411.

———. "Secret Keeping 101—Dr. Janice Martin Benario and the Women's College Connection to ULTRA," *Cryptologia* 35.1: 42–46.

Lipartito, Kenneth. "When Women Were Switches: Technology, Work, and Gender in the Telephone Industry, 1890–1920," *American Historical Review* 99.4 (October 1994): 1075–1111.

Lujan, Susan M. "Agnes Meyer Driscoll," *NCA Cryptolog* (August Special 1988): 4–6.

Martin, Douglas, "Frank W. Lewis, Master of the Cryptic Crossword, Dies at 98," *New York Times*, December 3, 2010.

McBride, Katharine E. "The College Answers the Challenge of War and Peace," *Bryn Mawr Alumnae Bulletin* 23.2 (March 1943).

Musser, Frederic O. "Ultra vs Enigma: Goucher's Top Secret Contribution to Victory in Europe in World War II," *Goucher Quarterly* 70.2 (1992): 4–7.

Parker, Harriet F. "In the Waves," *Bryn Mawr Alumnae Bulletin* 23.2 (March 1943).

Richard, Joseph E. "The Breaking of the Japanese Army's Codes," *Cryptologia* 28.4: 289–308.

Rosenfeld, Megan. " 'Government Girls:' World War II's Army of the Potomac," *Washington*

Post, May 10, 1999. A1.

Safford, Captain Laurance F. "The Inside Story of the Battle of Midway and the Ousting of Commander Rochefort," essay written in 1944, published in *Echoes of Our Past*, Naval Cryptologic Veterans Association (Pace, FL: Patmos, 2008).

Sheldon, Rose Mary. "The Friedman Collection: An Analytical Guide," http://marshallfoundation.org/library/wp-content/uploads/sites/16/2014/09/Friedman_Collection_Guide_September_2014.pdf.

Sherman, William H. "How To Make Anything Signify Anything," Cabinet Issue 40 (Winter 2010/11). www.cabinetmagazine.org/issues/40/sherman.php.

Smoot, Betsy Rohaly. "An Accidental Cryptologist: The Brief Career of Genevieve Young Hitt," *Cryptologia* 35.2: 164–175.

Stickney, Zephorene. "Code Breakers: The Secret Service," *Wheaton Quarterly* (Summer 2015).

Wright, William M. "White City to White Elephant: Washington's Union Station Since World War II," *Washington History* 10.2 (Fall/Winter 1998–99): 25–31.

웹사이트, DVD, 연설, 기고문

Dayton Code Breakers: http://daytoncodebreakers.org/

Undated television interview with Nancy Dobson Titcomb

Fran Steen Suddeth Josephson, *South Carolina's Greatest Generation* DVD, interview with South Carolina ETV, uncut version, undated

Margaret Gilman McKenna, videotape interview provided by family Elizabeth Bigelow Stewart, essay of reminiscence

Ann Caracristi speech, "Women in Cryptology," presented at the NSA on April 6, 1998

Larry Gray essay of reminiscence about his mother, Virginia Caroline Wiley, "Nobody Special, She Said"

Nancy Tipton letter of reminiscence, "Memoirs of a Cryptographer 1944–1946," February 2, 2006

Betty Dowse publication of wartime reminiscences by the class of 1942 at Wellesley, "The World of Wellesley '42"

찾아보기

금주법 111, 112

기비에르주, 마르셀 132

기초 암호론(로제 보두앵의 책) 132

길더슬리브, 버지니아 31, 239-241, 260

길먼, 마거릿 205, 206, 208, 209, 243, 418, 523, 527

길버트 제도 275, 462

ㄴ

나는 관 458

나이, 빌 419

나치 독일 81, 155, 156

남북전쟁 71, 74, 75, 90, 101, 170, 386

남포티튜드 작전 446

내셔널 캐시 레지스터 컴퍼니(NCR) 386~388, 398, 405, 408, 413

내셔널 파크 여자대학 264

낸, 웨스트콧 17

너스 로저스, 이디스 236, 238

네덜란드령 동인도 197, 316

노르망디 (상륙) 39, 54, 156, 442, 444, 446, 447, 450, 451, 453~459, 466, 467

노르웨이 21, 39, 129, 446, 451

노이즈, 리 28, 29, 40

노턴(버지니아주의 탄광촌) 63, 64

노턴, 베아트리스 17, 204, 206, 231, 233, 234, 243, 251, 252, 294

녹스빌 대학교 311

놀스, 케네스 420

뉴기니 39, 67, 213, 289, 298, 299, 338, 340, 348, 370, 375, 376

뉴딜 정책 134

뉴베리 도서관 92, 93

뉴브리튼섬 298, 316

뉴요커 270, 498

뉴욕 데일리 뉴스 488

뉴욕 데일리 미러 229

뉴욕시립대학교 133

뉴욕타임스 55, 237, 371

니미츠, 체스터 54, 88, 128, 213~216, 238, 299, 317

ㄷ

다이어, 토머스 120, 125, 283

다중문자치환 (암호) 20, 207

다트머스 대학교 18, 244

담, 아르비드 147

맥아피, 밀드러드 240, 241, 250, 251, 290

맥킨리 고등학교 310

맨리, 존 102, 105

머스키, 데이브 281

머스키, 루스쇼언 272, 280, 511, 523

머스키, 해리 281, 282, 511

메리 1세(스코틀랜드 여왕) 100

메리디언 힐 여성 호텔 206

메이어, 마리 505

메이플라워 호텔 34, 287, 320

멘델의 유전 법칙 98

멘젤, 도널드 29, 33, 235

멩보쉐 241, 242

모가미가와(항공기 수송선) 374

모리스, 주아니타 311, 503

모미(잠수함) 424

모본, 조지프 103, 137

모스 부호 95, 401

무솔리니, 베니토 136, 141, 310, 473

뮤니션즈 빌딩 130, 131, 137, 160, 161, 164, 308, 315, 341

미 농무부 75

미영전쟁(1812년 발발) 386

미 육군 보안국 혹은 통신보안국 (Signal Security Agency: SSA, Army Security Agency: ASA) 311, 474, 487, 494

미 육군 의무대 264

미 육군 통신대 107, 108, 320, 342~344, 346, 358, 375, 445, 446, 476

미 육군 통신정보국(SIS) 68, 110, 138, 159, 161, 165, 474

미 해군 계산기계연구소 399

미 해안경비대 112, 113, 128, 134, 268

미국 건축가협회 264

미국 독립전쟁 90, 101

미국대학여성협회 239, 528

미국암호협회 82

미더, 랠프 I. 392, 393, 404, 409, 413

미드워치 머머스 274

미드웨이 해전 41, 216, 217, 224, 228~230, 232, 243, 283, 298, 317, 334, 338

미리엄 362, 363, 378, 523

미시건 대학교 186

미시시피 여자대학교 170

미클, 올리브 353

밀러, 로티 E. 327

봄베 머신(영국, 미국) 37, 201, 208, 397, 398, 401, 403~406, 408, 410~413, 415, 416, 418, 421, 422, 424, 425, 443, 452, 456, 458, 459, 469, 513

부다페스트 현악 사중주단 286

부덴바흐, 폴리 502, 503

부시, 버니바 398

부암호(minor cipher) 319, 359

북포티튜드 작전 446

브라운 대학교 32

브라운, 레나 356

브라운, 앤 451

브라이, 넬리 23, 44

브레이든, 도트 25, 26, 59~88, 165~ 169, 173~177, 183~191, 301~306, 341, 343, 344, 359~371, 377~379, 428~439, 465~467, 469, 471~475, 485, 486, 489~496, 518~523, 527

브레이든, 버지니아 62, 63, 65, 69, 77, 185, 464, 467, 469, 470, 472, 474, 475, 489, 490, 493, 495, 514

브레이든, 보이드, 주니어('부바') 65, 68, 191, 428, 465, 521

브레이든, 존('티디') 65, 68, 191,

428, 465~472, 474, 519

브로드, 올가 327

브루스, 제임스 T., 주니어('짐') 185, 186, 189~191, 361, 428~439, 475, 489~492, 494, 495, 518~520

브루스, 지미 496

브리그스, 애니 311

브리그스, 해럴드 357

브리즈번 중앙국 375

브린모어 대학교 18, 31, 205, 207, 208, 250, 269, 290, 295, 309, 367, 418, 503

블랙 체임버 104, 109

블런트, 비올라 무어 205~207, 211, 224, 243, 286, 523

블레츨리 파크 37, 41, 46, 201, 202, 321, 397, 422, 424, 444

비글로, 잭 461~463

비밀 기호 95

비밀 엄수 서약 19, 38, 73, 310, 332, 474

비밀편지 16~18, 21, 22, 31, 45, 253

비벌리 비치 304, 433, 474

비셀, 윌리엄 J. 78

함께 읽으면 좋은 갈라파고스의 책들

『지식의 역사』
과거, 현재, 그리고 미래의 모든 지식을 찾아
찰스 밴 도렌 지음 | 박중서 옮김 | 924쪽 | 35,000원
• 한국간행물윤리위원회 선정도서 | 한국경제, 매일경제, 교보문고 선정 2010년 올해의 책

문명이 시작된 순간부터 오늘날까지 인간이 생각하고, 발명하고, 창조하고, 고민하고, 완성한 모든 것의 요약으로, 세상의 모든 지식을 담은 책. 인류의 모든 위대한 발견은 물론이거니와, 그것을 탄생시킨 역사적 상황과 각 시대의 세심한 풍경, 다가올 미래 지식의 전망까지도 충실히 담아낸 찰스 밴 도렌의 역작.

『물질문명과 자본주의 읽기』
자본주의라는 이름의 히드라 이야기
페르낭 브로델 지음 | 김홍식 옮김 | 204쪽 | 12,000원
역사학의 거장 브로델이 우리가 미처 알지 못했던 자본주의의 맨얼굴과 밑동을 파헤친 역작. 그는 자본주의가 이윤을 따라 변화무쌍하게 움직이는 카멜레온과 히드라 같은 존재임을 밝혀냄으로써, 우리에게 현대 자본주의의 역사를 이해하고 미래를 가늠해볼 수 있는 넓은 지평과 혜안을 제공했다. 이 책은 그가 심혈을 기울인 '장기지속으로서의 자본주의' 연구의 결정판이었던 『물질문명과 자본주의』의 길잡이판으로 그의 방대한 연구를 간결하고 수월하게 읽게 해준다.

『현대 중동의 탄생』

데이비드 프롬킨 지음 | 이순호 옮김 | 984쪽 | 43,000원

미국 비평가협회상과 퓰리처상 최종선발작에 빛나는 이 책은 분쟁으로 얼룩진 중동의 그늘, 그 기원을 찾아가는 현대의 고전이다. 종교, 이데올로기, 민족주의, 왕조 간 투쟁이 끊이지 않는 고질적인 분쟁지역이 된 중동이 어떻게 형성되었는지를 명쾌하게 제시해준다. 이 책은 중동을 총체적으로 이해하게 해주는 중동 문제의 바이블로 현대 중동 문제를 이해하기 위한 필독서다.

『푸코, 바르트, 레비스트로스, 라캉 쉽게 읽기』

교양인을 위한 구조주의 강의

우치다 타츠루 지음 | 이경덕 옮김 | 224쪽 | 12,000원

구조주의란 무엇인가에서 출발해 구조주의의 기원과 역사, 그 내용을 추적하고, 구조주의의 대표적 인물들을 한자리에 불러 모아 그들 사상의 핵심을 한눈에 들어오도록 정리한 구조주의에 관한 해설서. 어려운 이론을 쉽게 풀어 쓰는 데 일가견이 있는 저자의 재능이 십분 발휘된 책으로, 구조주의를 공부하는 사람이나 구조주의에 대해 알고 싶었던 일반 대중 모두 쉽고 재미있게 읽을 수 있는 최고의 구조주의 개론서이다.

코드걸스

2차 세계대전의 숨겨진 승리자, 여성암호해독자들의 이야기

1판 1쇄 인쇄 2019년 10월 4일

1판 1쇄 발행 2019년 10월 16일

지은이 리자 먼디 | 옮긴이 이순호

편집 백진희 김지하 | 표지 디자인 로컬앤드

펴낸이 임병삼 | 펴낸곳 갈라파고스

등록 2002년 10월 29일 제2003-000147호

주소 03938 서울시 마포구 월드컵로 196 대명비첸시티오피스텔 801호

전화 02-3142-3797 | 전송 02-3142-2408

전자우편 books.galapagos@gmail.com

ISBN 979-11-87038-49-8 (03900)

이 도서의 국립중앙도서관 출판예정도서목록(CIP)은 서지정보유통지원시스템 홈페이지
(http://seoji.nl.go.kr)와 국가자료종합목록시스템(http://www.nl.go.kr/kolisnet)에서 이용하실
수 있습니다. (CIP제어번호 : CIP2019034708)

갈라파고스   자연과 인간, 인간과 인간의 공존을 희망하며, 함께 읽으면 좋은 책들을 만듭니다.